John Lyons

Einführung in die moderne Linguistik

JOHN LYONS

Einführung in die moderne Linguistik

VERLAG C.H. BECK MÜNCHEN

Aus dem Englischen übertragen von W. und G. Abraham
Für den deutschen Leser eingerichtet von W. Abraham

Die englische Originalausgabe erschien unter dem Titel:
Introduction to Theoretical Linguistics

Mit 35 Abbildungen und Tabellen im Text

ISBN 3 406 34222 1

Siebente, unveränderte Auflage, 1989
Einbandentwurf: Bruno Schachtner, Dachau

Satz und Druck: Druckerei Georg Appl, Wemding
Printed in Germany

VORWORT

Es ist mein Anliegen, in diesem Buch einen verhältnismäßig geschlossenen Überblick über die wichtigsten Strömungen der gegenwärtigen Theorie der Linguistik zu geben. Das Buch ist zwar in erster Linie für Studenten der Linguistik geschrieben, doch hoffe ich, daß es auch dem Studenten der Psychologie, der Anthropologie, der Soziologie, der Biologie, der Computerwissenschaft und einer Reihe anderer Disziplinen, die sich alle auf verschiedene Weise mit der Analyse der menschlichen Sprache befassen, nützlich sein kann wie auch dem Studenten der ‹Geistes›- und der Literaturwissenschaften, zweier Gebiete, die ja schon länger zur Linguistik (oder der ‹Philologie›) in enger Beziehung stehen. Ich glaube sagen zu dürfen, daß das Buch aber auch ganz allgemein für jeden von Interesse ist, der etwas über die moderne Linguistik erfahren möchte.

Es handelt sich um eine Einführung, die keinerlei fachliche Kenntnisse voraussetzt. Doch wird vom Leser – und zwar vor allem von demjenigen, dessen Vorbildung wie meine eigene mehr auf dem Gebiet der ‹Geisteswissenschaften› als in der Mathematik und Naturwissenschaft liegt – erwartet, daß er die intellektuelle Anstrengung nicht scheut, die der Umgang mit Symbolen und Formeln erfordert. Es gibt nur wenige Gebiete, die mehr unter der Trennung zwischen Natur- und Geisteswissenschaften leiden, wie sie in den Lehrplänen unserer meisten Schulen und Universitäten noch immer aufrechterhalten wird, als gerade die Linguistik. Denn die gegenwärtige Linguistik greift gleichzeitig und etwa zu gleichen Teilen auf die traditionelleren Methoden zur Erforschung der Sprache zurück, wie sie für die Geisteswissenschaften kennzeichnend sind, und auf die den Naturwissenschaften entlehnten Methoden, die in jüngster Zeit im Zusammenhang mit Fortschritten in der formalen Logik, Computerwissenschaft und Automatentheorie entwickelt wurden. So manchen ‹amathematischen› Begabungstyp unter den Lesern mag die Überfülle undurchsichtiger Zeichen und Formeln in gewissen Abschnitten des Buches vielleicht entmutigen. Er möge sich mit dem Gedanken trösten, daß er seinen ‹mathematisch› veranlagten Kollegen wahrscheinlich im intuitiven Erfassen sprachlicher Nuancen und vielleicht auch in der historischen und philosophischen Einsicht einiges voraus hat. Beide Gruppen von Lesern werden, so bin ich überzeugt, aus einem gelegentlichen Exkurs in das Gebiet des anderen Vorteile ziehen.

Jedes Lehrbuch muß auswählen. Es ist daher einiges zu Abgrenzung und Akzentsetzung des vorliegenden Buches zu sagen. Ich habe es auf jene Themenkreise beschränkt, denen nach allgemeiner Übereinstimmung in der Theorie der Linguistik zentrale Bedeutung zukommt – Phonetik und Phonologie, Grammatik und Semantik; nicht behandelt wird Stilkunde, wenig wird über den Spracherlernprozeß beim Kind gesagt, über die Rolle der Sprache in der Gesellschaft oder die historische Entwicklung von Sprachen. Auch geht das Buch nicht auf die tatsächlichen oder möglichen Anwendungen der Linguistik – in Sprachunterricht, Sprachtherapie, Sprachplanung, Maschinenübersetzung und Informationsgewinnung usw. – ein. Absichtlich habe ich der Phonetik und Phonologie weniger Platz eingeräumt als die meisten anderen linguistischen Lehrbücher und dafür die Semantik ausführlicher behandelt; ich stehe der traditionellen Grammatik verständnisvoller gegenüber als die Mehrzahl der heutigen Linguisten.

Was die Syntaxtheorie betrifft, nehme ich einen generativen und im besonderen einen transformationellen Standpunkt ein. Chomskys System der transformationellen Grammatik wird ziemlich umfassend behandelt, da es gegenwärtig das bekannteste und weitest entwickelte System darstellt; die späteren Kapitel enthalten auch gewisse eigene Vorschläge und Anregungen (die für den Leser entsprechend ausgewiesen sind). Ich möchte nicht ausschließen, daß ich auch an anderer Stelle hie und da meinen eigenen Ansichten nachgegeben habe, doch geschah dies nicht mit Absicht.

Schließlich möchte ich noch allen jenen meine Dankbarkeit zum Ausdruck bringen, die mir beim Schreiben dieses Buches unmittelbar geholfen haben. Als ich mich für Linguistik zu interessieren begann, hatte ich das unschätzbare Glück, unter der Obhut vier anregender Lehrer studieren zu dürfen: W. Sidney Allen, C. E. Bazell, F. W. Householder und R. H. Robins. So manches im vorliegenden Buch enthaltene Wissen wurde mir von ihnen zuerst vermittelt, wenn sie auch zweifellos mit vielen meiner heutigen Ansichten nicht übereinstimmen. Ich möchte gerne, daß sie dieses Buch als Tribut betrachten, den der einstige Schüler ihnen zollt. Die anderen Freunde und Kollegen, die meine Ansichten auf dem Gebiet der Linguistik beeinflußten, sind zu zahlreich, als daß sie hier angeführt werden könnten; ich hoffe, daß auch sie das Buch mit Genugtuung lesen und daß sie seinen Unzulänglichkeiten gegenüber nachsichtig sind. Michael H. Black von der Cambridge University Press war so liebenswürdig, einen Großteil des Buches im Manuskript durchzulesen und zahlreiche Vorschläge zu machen. Der Hauptteil des Buches wurde von Sandra Morton und Margaret Ramsay in die Maschine geschrieben. Meine Kollegen E. K. Brown und E. C. Fudge sowie meine Frau halfen beim Korrekturenlesen. Ihnen allen drücke ich hier meine Dankbarkeit für ihre Hilfe aus. Schließlich möchte ich an dieser Stelle dankbar die Geduld und das Verständnis erwähnen, die meine Frau und meine Töchter während meiner Arbeit an dem vorliegenden Buch bewiesen haben.

Edinburg, 1. Januar 1968

J. Lyons

INHALT

5 *Grammatische Einheiten*

5.1 Einleitung

5.2 Der Satz

5.3 Das Morphem

5.4 Das Wort

6.5 Kontextabhängige Grammatiken

6.6 Transformationsgrammatik

7 *Grammatische Kategorien*

7.1 Einleitung

7.2 Deiktische Kategorien

7.3 Numerus und Genus

7.4 Kasus

7.5 Tempus, Modus und Aspekt

7.6 Die Wortarten

8 *Grammatische Funktionen*

8.1 Subjekt, Prädikat und Adjunktion

8.2 Transitivität und Ergativität

8.3 Verbalgenus

8.4 Existentielle, lokative und possessive Konstruktionen

ZEICHENKONVENTIONEN

* Sternchen: (1) ‹rekonstruierte Form›, 32
(2) ungrammatischer oder nichtakzeptierbarer Ausdruck, 145
Fußnoten der Übers., 326, bzw. neu zitierte Literatur, 493.

( ) runde Klammern: semantische Komponente (‹Markierung›), 482
Übersetzungen oder anderssprachige Fachterminologie

{ } geschlungene Klammern: (1) Morphem, 187
(2) extensionale Definition einer Klasse, 79

[ ] eckige Klammern: (1) phonetische Transkription, 62, 104
(2) grammatisches Merkmal, 169

/ / Schrägstriche: (1) Elemente der Ausdrucksebene, 62
(2) phonemische Transkription, 104

Kursive: orthographische Darstellung (oder Transkription), 62

KAPITÄLCHEN: Lexeme, 201

$+$ plus-Zeichen: (1) Verkettung, 94
(2) Positivwert einer binären Variablen, 125

$-$ minus-Zeichen: Negativwert einer binären Variablen, 125

$<$ ‹ist kleiner als›, 95

$>$ ‹ist größer als›, 95

$=$ Gleichheitszeichen: (1) ‹ist gleich (äquivalent mit)›, 79
(2) referentielle Identität, 397

$\neq$ ‹ist nicht gleich (nicht äquivalent mit)›, 79

$\in$ Epsilon: Klassenzugehörigkeit, 169, 397

$\rightarrow$ Pfeil: (1) ‹entwickelt sich diachronisch zu›, 32
(2) ‹ist zu ersetzen durch›, 164

$\subset$ Inklusionszeichen: ‹ist enthalten in›, 397

$\supset$ Inklusionszeichen: ‹enthält›, gebraucht für ‹impliziert›, 455

$\equiv$ Äquivalenzzeichen: bilaterale Implikation, 460

1 LINGUISTIK: DIE EXAKTE WISSENSCHAFTLICHE ERFORSCHUNG DER SPRACHE

1.1 *Einleitung*

1.1.1 *Definition der Linguistik*

Die Linguistik kann als die exakte wissenschaftliche Erforschung der Sprache definiert werden. Diese Definition reicht wohl kaum aus, dem Leser irgendeinen handfesten Hinweis auf die Grundsätze der Linguistik zu geben. Sie wird vielleicht ein wenig aufschlußreicher, wenn man die in der Qualifikation ‹exakt wissenschaftlich› enthaltene Bedeutung mehr im einzelnen aufzeigt. Vorerst soll die Feststellung genügen, daß unter der exakten wissenschaftlichen Erforschung der Sprache ihre Untersuchung mit Hilfe kontrollierbarer und empirisch nachweisbarer Beobachtung unter Bezug auf eine allgemeine Theorie der Sprachstruktur gemeint ist.

1.1.2 *Die Terminologie der Linguistik*

Es wird bisweilen die Kritik laut, die Terminologie oder der ‹Jargon› der modernen Linguistik sei unnötig kompliziert. Bei einer solchen Kritik braucht man nicht lange zu verweilen. Jede Wissenschaft hat ihr eigenes Fachvokabular, und nur deshalb, weil der Laie den etablierten Wissenschaften und hier besonders den Naturwissenschaften uneingeschränktes Vertrauen schenkt, stellt er ihr Recht nicht in Frage, sich ein eigenes Vokabular zu schaffen. Die Fachwörter, die der Linguist gebraucht, entstehen während seiner Arbeit und sind leicht verständlich für den, der sich dem Gegenstand guten Willens und ohne Vorurteil nähert. Man sollte nicht vergessen, daß die meisten Termini, die der Nichtlinguist verwendet, wenn er über die Sprache redet (‹Wort›, ‹Silbe›, ‹Buchstabe›, ‹Satz›, ‹Hauptwort›, ‹Zeitwort› usw.), ursprünglich als Fachausdrücke der traditionellen Grammatik entstanden und daß sie nicht weniger ‹abstrakt› sind als die jüngeren Prägungen der Linguisten. Wenn der zeitgenössische Linguist andere Termini benötigt als die dem Laien vertrauten oder wenn er Ausdrücke braucht, die neben die vertrauten treten, so ist dies zum Teil darauf zurückzuführen, daß die unfachgemäße Verwendung vieler Termini der traditionellen Grammatik ihnen die für wissenschaftliche

Zwecke erforderliche Präzision genommen hat, und zum andern Teil einfach darauf, daß die moderne Linguistik bei dem Versuch, eine allgemeine Theorie der Sprachstruktur aufzubauen, in so mancher Beziehung über die traditionelle Grammatik hinausgewachsen ist. Die im vorliegenden Buch verwendeten Fachausdrücke werden allmählich, mit umfassender Erklärung und, soweit möglich, unter Hinweis auf traditionelle Ausdrücke des allgemeinen Sprachgebrauchs eingeführt. Wie wir sehen werden, schaltet die Verwendung eines Spezialvokabulars Mehrdeutigkeiten und etwaige Mißverständnisse bei der Diskussion über die Sprache weitgehend aus.

1.1.3 *Objektivität gegenüber der Sprache*

Die Hauptschwierigkeit für den Neuling auf dem Gebiet der Sprachwissenschaft besteht darin, daß er die Sprache nicht objektiv betrachten kann. Denn die Sprache ist etwas, was wir gewöhnlich als selbstverständlich gegeben ansehen; etwas, womit wir von Kindheit an auf praktische und unbewußte Weise vertraut sind. Und es bedarf ja, wie schon oft bemerkt worden ist, einer ganz besonderen Anstrengung, vertraute Gegebenheiten mit neuen Augen anzusehen. Dabei ist es nicht einmal unser intuitives oder praktisches Vertrautsein mit der Sprache allein, das einer objektiven Untersuchung im Wege steht. Mit der Sprache verbinden sich nämlich alle möglichen gesellschaftlichen und nationalen Vorurteile und viele verbreitete irrige Vorstellungen, die von der verzerrten Version der traditionellen Grammatik gefördert werden, wie sie häufig in den Schulen unterrichtet wird. Sich von diesen Vorurteilen und Fehlvorstellungen freizumachen, ist ganz bestimmt nicht leicht; aber es ist ein notwendiger und ein lohnender erster Schritt.

1.1.4 *Die Geschichte der Linguistik*

Nichts hilft dem Laien oder dem Studierenden, der zum ersten Mal Bekanntschaft mit der Linguistik macht, mehr als ein Überblick über ihre Geschichte. Viele Vorstellungen von der Sprache, die der Linguist in Frage stellt oder überhaupt fallen läßt, werden weniger überzeugend erscheinen, wenn man etwas über ihren historischen Ursprung weiß. Das trifft nicht nur für einen Großteil dessen zu, was in der Schule gelehrt wird, sondern auch für vieles, was auf den ersten Blick eine Sache des gesunden Menschenverstandes zu sein scheint. Wie Bloomfield über Äußerungen des gesunden Menschenverstandes zu Fragen der Linguistik bemerkt, ist nämlich «was sich wie vieles andere als gesunder Menschenverstand maskiert, in Wirklichkeit äußerst kompliziert und liegt gar nicht weit ab von den Spekulationen antiker und mittelalterlicher Philosophen». Als

Beispiele für vom ‹gesunden Menschenverstand› diktierte Theorien über die Sprache, die von den von Bloomfield angedeuteten «Spekulationen antiker und mittelalterlicher Philosophen» herzuleiten sind, kann die allgemein verbreitete Meinung angeführt werden, daß alle Sprachen die gleichen ‹Redeteile› (so wird diese These gewöhnlich formuliert) aufweisen. Die herkömmliche Theorie der ‹Redeteile› (Wortarten) und dic Standarddefinitionen der klassischen Grammatik spiegeln, wie wir noch sehen werden, antike und mittelalterliche Versuche wider, die Kategorien der Grammatik, der Logik und der Metaphysik in ein System zu zwingen. Andere allgemein verbreitete Ansichten über die Sprache sind nicht so sehr eine Folge philosophischer Spekulationen als vielmehr der Tatsache, daß die Grammatik der Aufgabe untergeordnet wurde, geschriebene Texte zu interpretieren, und zwar vor allem griechische und lateinische Texte der klassischen Antike.

Aber die Geschichte der Linguistik ist für uns heute nicht nur insofern von Interesse, als sie uns ermöglicht, uns von gewissen, allgemein verbreiteten Fehlmeinungen über die Sprache freizumachen. Wie jede andere Wissenschaft baut auch die Linguistik auf der Vergangenheit auf; und sie tut das nicht nur, indem sie herkömmliche Lehrmeinungen in Frage stellt und verwirft, sondern auch indem sie diese weiterentwickelt und neu formuliert. Eine Kenntnis der Geschichte des Gegenstandes fördert das Verständnis der grundlegenden Prinzipien und Thesen der modernen Linguistik also auf positive wie auch auf negative Weise. Diese Feststellung wird im Laufe der vorliegenden Darstellung durch viele Beispiele untermauert werden. Es sei hier mit Nachdruck darauf verwiesen, weil viele der jüngsten linguistischen Arbeiten bei der Beschreibung der großen Fortschritte, die in der wissenschaftlichen Untersuchung der Sprache während der letzten Jahrzehnte gemacht worden sind, es verabsäumen, die Kontinuität gebührend zu betonen, die den abendländischen Sprachtheorien von den allerersten Anfängen bis zum heutigen Tag eignet.

Es mag hier auch erwähnt sein, daß das, was allgemein als ‹traditionelle Grammatik› bezeichnet wird (und wir werden diesen Terminus weiterhin verwenden), viel reichhaltiger und verschiedenartiger ist, als häufig aus den beiläufigen Verweisen in vielen modernen linguistischen Handbüchern hervorgeht. Vieles im Gedankengut der frühen Geschichte der abendländischen Linguistik erscheint dunkel und widersprüchlich. Dies ist vor allem darauf zurückzuführen, daß die meisten Quellen im Original verschollen sind; aus dem, was uns erhalten ist, geht klar hervor, daß es, obwohl sich eine kontinuierliche Entwicklungslinie von Plato und den Sophisten bis herauf zu den mittelalterlichen Scholastikern verfolgen läßt, während dieser ganzen Periode Grammatikerpersönlichkeiten gab, die eigenständiger Gedanken fähig waren. Noch ist eine endgültige und umfassende Geschichte der ‹traditionellen Grammatik› nicht geschrieben worden. Obwohl die folgende, notwendig kurze Übersicht über die Geschichte der Linguistik in erster Linie als Einführung in den gegenwärtigen Stand der Wissenschaft gedacht ist, soll in ihr der Versuch gemacht werden, soweit möglich, vergangene Entwicklungen in der Theorie der Linguistik mit den jeweiligen gesellschaftlichen Gegebenheiten und den philosophischen Ideen in einen Zusammenhang zu stellen.

1.2 *Die traditionelle Grammatik*

1.2.1 *Die philosophischen Anfänge der traditionellen Grammatik*

Die traditionelle Grammatik geht wie so viele unserer akademischen Traditionen auf das Griechenland des fünften vorchristlichen Jahrhunderts zurück. Für die Griechen war ‹Grammatik› von Anfang an ein Teil der ‹Philosophie›. Das heißt, sie war ein Teil des allgemeinen Fragens nach dem Wesen der Umwelt und der eigenen gesellschaftlichen Einrichtungen.

1.2.2 *‹Natur› und ‹Konvention›*

Die griechischen Philosophen waren uneins, ob Sprache auf ‹Natur› oder ‹Konvention› zurückgehe. Dieser Gegensatz von ‹Natur› und ‹Konvention› war in der philosophischen Spekulation der Griechen sehr häufig anzutreffen. Bezeichnete man eine bestimmte Einrichtung als ‹natürlich›, so meinte man damit, daß ihr Ursprung auf ewige und unveränderliche Prinzipien außerhalb des Menschen zurückging (und daher unantastbar war); nannte man sie hingegen ‹konventionell›, so verstand man darunter, daß sie lediglich das Ergebnis von Brauch und Überlieferung sei (d. h. auf ein unausgesprochenes Übereinkommen, einen ‹Gesellschaftsvertrag› zwischen den Angehörigen einer Gemeinschaft zurückging, auf einen ‹Vertrag› also, der, da er ja vom Menschen geschlossen war, auch vom Menschen gebrochen werden konnte).

In der Diskussion über die Sprache lief die Unterscheidung ‹Natur›/‹Konvention› auf die prinzipielle Frage hinaus, ob zwischen der Bedeutung und der Gestalt eines Wortes ein notwendiger Zusammenhang besteht. Extreme Anhänger der ‹naturalistischen› Schule, wie etwa Kratylos, dessen Ansichten Plato im gleichnamigen Dialog wiedergibt, behaupteten, alle Wörter und die Dinge, die sie bezeichnen, paßten tatsächlich ‹natürlich› zusammen. Zwar sei dies für den Laien vielleicht nicht immer zu erkennen, so pflegten sie zu argumentieren, es könne aber vom Philosophen nachgewiesen werden, der fähig sei, die ‹Wirklichkeit› hinter der Erscheinung der Dinge zu sehen. So entstand das bewußte und überlegte Etymologisieren. Der Ausdruck selbst (aus dem griechischen Stamm *etymo-* ‹wahr› oder ‹wirklich› gebildet) verrät seine philosophische Herkunft. Den Ursprung eines Wortes und damit seine ‹wahre› Bedeutung aufzudecken, hieß eine der Wahrheiten der ‹Natur› aufzuspüren.

Es wurden verschiedene Möglichkeiten der ‹natürlichen› Zugehörigkeit der Gestalt eines Wortes zu seiner Bedeutung unterschieden. Zunächst gab es die relativ kleine Gruppe von Wörtern wie *wiehern, meckern, tuten, schrillen, klingeln* usw. (um deutsche anstelle von griechischen Beispielen zu bringen), die auf die eine oder andere Weise die Laute, auf die sie sich bezogen, ‹imitierten›. Eine andere, aber verwandte Kategorie umfaßte Wörter (z. B. *Kuckuck, Uhu* usw.), die ebenfalls eine bestimmte Lautqualität ‹imitierten›, jedoch die Lautquelle und nicht den Laut selbst angaben. In beiden Fällen besteht in der Tat ein einleuchtender ‹natürlicher› Zusammenhang zwischen der physischen Gestalt des Wortes und dem, was es bezeichnet. Der Fachausdruck für Wörter dieser beiden Kategorien, der noch heute in dieser Bedeutung gebraucht wird, war *onomatopoeia,* griechisch für ‹*Namensschöpfung*›. Daß dieser Terminus von den Grammatikern auf Wörter beschränkt wurde, welche die von ihnen bezeichneten Laute ‹nachahmten›, läßt die Ansicht der griechischen ‹Naturalisten› (besonders der Stoiker) erkennen, diese Wörter seien die Kerngruppe der ‹Namen›, aus denen sich die Sprache entwickelt hat. Die Grundbeziehung zwischen einem Wort und seiner Bedeutung bestand in der ‹Benennung›; und ursprünglich ‹ahmten› die Wörter das Benannte nach. Onomatopoetische Wörter bildeten den Kern des Wortschatzes.

Es sind aber nur relativ wenige Wörter onomatopoetisch. Bei anderen erklärte man den ‹natürlichen› Ursprung unter Verweis auf einen oder mehrere in dem entsprechenden Wort enthaltene Laute. Von bestimmten Lauten glaubte man nämlich, daß sie an bestimmte physische Eigenschaften oder Tätigkeiten erinnerten oder diese ‹imitierten›, und man ordnete sie in ‹weiche›, ‹spröde›, ‹fließende›, ‹männliche› u. a. Man könnte zum Beispiel im Sinne der ‹Naturalisten› behaupten, *l* sei ein fließender Laut; die Wörter *liquid* (*flüssig*), *fließen,* usw. enthielten demnach einen Laut, der ‹natürlich› ihrer Bedeutung gerecht wird. Der moderne Terminus für diese Art von Zusammenhang zwischen den konstitutiven Lauten eines Wortes und seiner Bedeutung ist, soweit man darunter eine Eigentümlichkeit der Sprache versteht, *Lautsymbolik.*

Nachdem die griechischen Etymologen Onomatopoeia und Lautsymbolik voll ausgeschöpft hatten, blieben ihnen noch immer sehr viele Wörter zu erklären übrig. Sie stellten daher verschiedene Prinzipien auf, wonach Wörter voneinander abgeleitet oder sonst zueinander in Beziehung gebracht werden konnten; diese Prinzipien wurden schließlich als die traditionellen Gesetze der Etymologie festgelegt. Wir wollen sie nicht weiter behandeln und nur erwähnen, daß sie in zwei Gruppen zerfallen.

Erstens: Die Bedeutung eines Wortes läßt sich aufgrund eines ‹natürlichen› Zusammenhangs zwischen der ursprünglichen und der übertragenen Verwendung erweitern; z. B. der *Hals* einer Flasche, die Motor*haube* usw. (Es handelt sich hier um *Metaphern*; der von den Griechen geprägte Terminus wurde wie viele andere von den traditionellen Grammatiken und Werken über Stilistik übernommen.) Zweitens: Die Gestalt eines Wortes kann aus der eines anderen durch Hinzufügen, Weglassen, Ersetzen und Umstellen von Lauten abgeleitet werden (wobei ein ‹natürlicher› Zusammenhang in der Bedeutung der beiden Wörter gegeben sein muß). Nur durch eine sehr freie und willkürliche Anwendung dieser zweiten Gruppe von Prinzipien, die sich auf die Gestalt des Wortes bezogen, konnten die ‹Naturalisten› beanspruchen, alle Wörter von einer Gruppe von Urwörtern ‹natürlicher› Entstehung ableiten zu können.

1.2.3 *Analogisten und Anomalisten*

Der Disput zwischen den ‹Naturalisten› und den ‹Konventionalisten› sollte Jahrhunderte andauern und alle Spekulationen über den Ursprung der Sprache und die Beziehung zwischen Wörtern und ihrer Bedeutung beherrschen. Seine Bedeutung für die Entwicklung der Grammatiktheorie liegt darin, daß er Anstoß zu ‹etymologischen› Untersuchungen gab, die das Interesse der Gelehrten an der Klassifizierung der Wortbeziehungen weckte und nährte. Mit allen guten und bösen Folgen einer solchen Zuordnung war damit die Erforschung der Grammatik in den allgemeinen Rahmen der Philosophie gestellt.

Aus Gründen, die hier nicht erläutert zu werden brauchen, entwickelte sich der Gegensatz zwischen ‹Naturalisten› und ‹Konventionalisten› später (etwa vom zweiten vorchristlichen Jahrhundert an) zu einem Disput über die Frage, wieweit Sprache ‹regelhaft› sei. Im Griechischen wie etwa auch im Englischen gibt es zwar viele auffallende ‹Regelhaftigkeiten›, es gibt aber auch viele Ausnahmen. Beispiele für ‹Regelhaftigkeit› im Englischen wären: *boy : boys, girl : girls, cow : cows* usw. Dies sind Beispiele für eine Art sprachlicher ‹Regelhaftigkeit›, die von den Begründern der traditionellen Grammatik diskutiert wurde. Andere Arten sollen weiter unten beleuchtet werden. Die griechischen Wörter für Regelhaftigkeit und Regelwidrigkeit in diesem Sinne sind ‹Analogie› und ‹Anomalie›; diejenigen, die behaupten, daß Sprache im wesentlichen systematisch und regelhaft sei, werden allgemein ‹Analogisten› genannt, während diejenigen, die die gegenteilige Ansicht vertraten, als ‹Anomalisten› bezeichnet werden.

Zu beachten ist, daß der Ausdruck ‹Analogie› hier auch in dem besonderen Sinn einer mathematischen ‹Proportion› verwendet wird, wie beispielsweise in der Feststellung: Die Proportion 6 : 3 ist gleich der Proportion 4 : 2 bzw. 2 : 1 usw. (Der Ausdruck ‹Proportion› ist von der lateinischen Übersetzung des griechischen Wortes *analogia* abgeleitet.) Das Prinzip der ‹Analogie› wurde von Plato und Aristoteles sowie ihren Nachfolgern in der Wissenschaft auf breiter Basis angewendet. Auf der Grundlage einer Proportion wie *boy : boys* lassen sich auf dem Wege der ‹Analogie› tausende anderer Wörter bilden: *cow : cows, girl : girls* usw.; ist *cow* oder *cows* gegeben, so läßt sich die Gleichung *boy* : *boys* = *cow* : *x* oder *boy* : *boys* = *x* : *cows* ‹lösen›.

Die Analogisten bemühten sich, verschiedene Modelle zu erstellen, nach denen sich die regelhaften Wörter der Sprache einordnen ließen (der traditionelle Terminus ‹Paradigma› ist nichts anderes als das griechische Wort für ‹Modell› oder ‹Beispiel›). Die Anomalisten leugneten nicht, daß es Regelmäßigkeiten bei der Wortbildung gibt; sie wiesen aber auf die vielen Beispiele regelwidriger Wörter hin, für deren Bildung das Analogieprinzip keine Erklärung hat (*child* : *children* usw.), ebenso auf die Vielfalt verschiedener ‹Analogien›, die für Wörter ein und derselben Wortklasse als gültig erkannt wurden (dies ist im Griechischen und Lateinischen auffallender als etwa im Englischen). Auch lenkten sie die Aufmerksamkeit auf den Umstand, daß das Verhältnis zwischen der Gestalt eines Wortes und seiner Bedeutung oft ‹anomal› ist; so sind beispielsweise die Städtenamen *Theben* und *Athen* im Griechischen Pluralwörter, obwohl sie einzelne Städte bezeichnen; eines der griechischen Wörter für ‹Kind› (*paidíon*) ist ein Neutrum, obwohl Kinder entweder männlich oder weiblich sind (vgl. auch dt. *Kind*; Beispiele dieser Art von Anomalie ließen sich aus vielen Sprachen zitieren). Als weiteres Beispiel für ‹Anomalie› wurde das Vorhandensein von Synonymie (zwei oder mehrere Wörter haben dieselbe Bedeutung) und Homonymie (eine Form hat zwei oder mehr Bedeutungen) interpretiert. Wäre die Sprache wirklich ein Erzeugnis menschlicher ‹Konvention›, so würde man solche ‹Unregelmäßigkeiten› nicht von ihr erwarten; und wenn sie bestünden, dann sollte man sie korrigieren. Die Anomalisten behaupteten nun, daß Sprache als Erzeugnis der ‹Natur› nur teilweise mit Hilfe von Modell und Analogie beschreibbar sei und daß dem lebendigen ‹Sprachgebrauch›, wie ‹irrational› er im einzelnen auch sein möge, gebührende Aufmerksamkeit gewidmet werden müßte.

Daß der Disput zwischen den ‹Analogisten› und den ‹Anomalisten› nicht ein für alle Mal von den Griechen zu Ende gefochten wurde, ist kaum überraschend. Erstens unterschied man nicht klar zwischen *deskriptiver* und *präskriptiver* (oder *normativer*) Grammatik (d. h. zwischen der *Be*schreibung, wie tatsächlich gesprochen und geschrieben wird, und der *Vor*schrift, wie gesprochen und geschrieben werden soll; auf diesen Unterschied geht Abschnitt 1.4.3 genauer ein). Daher neigte der ‹Analogist› dazu, alles was er als ‹Anomalie› betrachtete, eher zu ‹korrigieren›, als seine Auffassung über das Wesen der Sprache zu ändern. Zweitens – und das ist viel wichtiger – können, da ‹Regelwidrigkeiten› allein aufgrund ihrer Abweichung von ‹Regelhaftem› als solche festzulegen sind, Erscheinungen, die von einem Gesichtspunkt aus ‹regelwidrig› erscheinen, von einem anderen aus als ‹regelkonform› angesehen werden. Jeder allgemeine Disput über die Frage, ob Sprache ‹regelhaft› sei oder nicht, zieht die weitere Frage nach sich, was tatsächlich ein ‹regelhaftes› Modell ist. Der Streit zwischen ‹Analogisten› und ‹Anomalisten› war daher nicht, wie bisweilen vorgebracht wird, ein überflüssiger Disput, entstanden aus der perversen Weigerung beider Seiten, die offensichtliche Tatsache anzuerkennen, daß es in der Sprache sowohl ‹Analogien› als auch ‹Anomalien› gibt. Es handelte sich letztenendes um einen Disput über die Frage, was ‹regelhaft› an der Sprache sei und wieviel dessen, was sich als ‹Regelwidrigkeit› darstellt, durch weitere Analyse mit Hilfe von Modellalternativen beschrieben werden kann.

Die Geschichte des Streits zwischen ‹Analogisten› und ‹Anomalisten› läßt sich nur sehr ungenau verfolgen. Seine frühe Entwicklung ist nur aus Fragmenten sowie Zitaten und Kommentaren bei späteren Autoren bekannt; es kann daher nicht ausgeschlossen werden, daß diese (vor allem der römische Grammatiker Varro aus dem ersten Jahrhundert vor Christus) die Gegensätze zwischen den beiden streitenden Parteien übertrieben haben. Was immer die ‹Analogisten› und ‹Anomalisten› in ihren Theorien behaupteten, beide gaben zu, daß es in der Sprache gewisse Regelmäßigkeiten gibt, und beide trugen zur Systematisierung der Grammatik bei. Gerade nämlich die allgemein zu den ‹Anomalisten› gezählten Stoiker legten im Zusammenhang mit ihrer ‹etymologischen› Arbeit den Grundstein zur traditionellen Grammatik. Auf den Erkenntnissen der Stoiker bauten die Alexandrischen ‹Analogisten› auf. Wenn überhaupt zwischen beiden ‹Schulen› Unterschiede festzustellen sind, so lassen sie sich im allgemeinen im Lichte ihrer verschiedenen Zielsetzungen erklären. Die Stoiker interessierten sich nämlich in erster Linie für das philosophische Problem des Ursprungs der Sprache, für Logik und Rhetorik, die Alexandrier hingegen für Literaturkritik. Weiter war, wie wir sehen werden, die Arbeit der Alexandrischen Gelehrten auf die literarischen Texte der Vergangenheit gerichtet; wo ihnen kein überlieferter ‹Sprachgebrauch› zur Verfügung stand, ersetzten sie das Fehlende mit Hilfe des Prinzips der ‹Analogie›. Spätere Grammatiker, auf die die Kodifizierung der von uns heute als traditionell bezeichneten Grammatik zurückgeht, erkannten sowohl ‹Analogie› als auch ‹Sprachgebrauch› (‹Anomalie›) als theoretische Prinzipien an. Damit war das Problem jedoch nicht wirklich gelöst, da sich einerseits bei der Suche nach den Regelhaftigkeiten der Sprache häufig verschiedene Möglichkeiten ergeben, zwischen Wörtern und Sätzen Beziehungen herzustellen, und andererseits die Frage offen bleibt, wessen

‹Sprachgebrauch› als der richtige angenommen werden soll. Die moderne Linguistik kann wohl, wie wir sehen werden, den Anspruch erheben, der Lösung dieser Fragen ein Stückchen näher gekommen zu sein, nicht aber eine endgültige Antwort darauf gefunden zu haben. Der Streit zwischen ‹Analogisten› und ‹Anomalisten› ist bis heute nicht entschieden.

1.2.4 *Die Alexandrische Periode*

Mit der Errichtung der großen Bibliothek in der griechischen Kolonie Alexandrien zu Beginn des dritten Jahrhunderts vor Christus wurde diese Stadt Mittelpunkt intensiver literarischer und sprachwissenschaftlicher Forschungstätigkeit. Die Manuskripte der älteren Autoren und hier besonders die, in denen die Homerschen Epen enthalten waren, hatten inzwischen einen unerträglichen Grad der Verderbtheit erreicht. Alexandrische Gelehrte des dritten und zweiten Jahrhunderts vor Christus versuchten, durch Vergleich verschiedener Handschriften derselben Werke die Originaltexte wiederherzustellen und die echten von den unterschobenen Werken eines Autors zu trennen. Da sich die Sprache der klassischen Texte in vieler Hinsicht von dem damals in Alexandrien gesprochenen Griechisch unterschied, bildete sich die Gewohnheit heraus, zu den Texten Kommentare und grammatische Erläuterungen herauszugeben, welche die verschiedenen Punkte erklärten, die dem Leser der frühen griechischen Dichter möglicherweise Schwierigkeiten bereiteten. Bewunderung für die großen literarischen Werke der Vergangenheit förderte die Ansicht, daß die Sprache, in denen sie verfaßt waren, von sich aus ‹reiner› und ‹richtiger› war als die damalige Umgangssprache Alexandriens und der anderen hellenistischen Kulturzentren. Die von den hellenistischen Gelehrten verfaßten Grammatiken hatten daher allmählich eine doppelte Aufgabe zu erfüllen: Es verband sich darin das Ziel, die Sprache der klassischen Autoren wiederherzustellen und zu erklären, mit der Absicht, das Griechische vor der Korruption durch den Ungebildeten und Analphabeten zu bewahren. Zwei entscheidende Fehlauffassungen brachte diese vom Alexandrischen Klassizismus geförderte Einstellung zur Sprachforschung mit sich. Die erste betrifft das Verhältnis von geschriebener und gesprochener Sprache; die zweite betrifft die Art der Sprachentwicklung. Sie lassen sich beide auf den – wie ich ihn nennen möchte – ‹klassischen Trugschluß› in der Sprachforschung zurückführen.

Seit je hatten sich die griechischen Sprachgelehrten in erster Linie mit der geschriebenen Sprache befaßt. (Der Terminus ‹Grammatik›, den die Griechen auf die Sprachforschung anwandten, ist Beweis dafür: Er ist nämlich vom Wort für ‹die Kunst des Schreibens› abgeleitet). Zwischen Lauten und den Buchstaben, die die Laute darstellen, wurde nicht konsequent unterschieden. Wenn überhaupt der Unterschied zwischen gesprochener und geschriebener Sprache erkannt wurde, so neigte man immer dazu, die erstere als abhängig und abgeleitet von der letzteren zu betrachten. Das literarische Anliegen der Alexandrier führte nur zu einer Verstärkung dieser Tendenz.

Der zweite in der Einstellung der Alexandrier zur Sprachforschung enthaltene Irrtum war die Annahme, daß die Sprache der attischen Autoren des fünften Jahrhunderts ‹korrekter› war als die Umgangssprache der eigenen Epoche, und allgemein, daß die ‹Reinheit› einer Sprache durch den Sprachgebrauch der Gebildeten erhalten und durch die Analphabeten verdorben werde. Mehr als zwei Jahrtausende sollte dieses Vorurteil unangefochten herrschen. Es ist umso schwerer auszumerzen, als die Ausdrücke, in denen diese Annahme gewöhnlich formuliert wird – ‹Reinheit› und ‹Richtigkeit› – absolut verstanden werden. Es sollte jedoch klar sein, daß diese Wörter nur dazu dienen, ein Verhältnis zu einem gewählten Sprachstandard auszudrücken. Die Behauptung, daß die Sprache Platos eine ‹reinere› Form des Griechischen ist als die Sprache eines beliebigen, des Lesens und Schreibens unkundigen Handwerkers aus Alexandrien, ist also nicht so sehr falsch als vielmehr sinnlos oder tautologisch. Wir werden darauf und auf das Verhältnis zwischen geschriebener und gesprochener Sprache gegen Ende dieses Kapitels (vgl. 1.4.2) noch zurückkommen.

1.2.5 *Die griechische Grammatik*

Wir wollen uns nun einige der wichtigeren Merkmale ansehen, welche die von den Griechen an ihrer eigenen Sprache durchgeführte Analyse charakterisieren. Für jemanden, der seit seiner Schulzeit mit den verschiedenen, in der traditionellen Beschreibung des Griechischen verwendeten grammatischen Kategorien vertraut ist, mag es den Anschein haben, als drängten sich bei einer Analyse der Sprache sofort gerade diese und keine anderen Kategorien von selbst auf. Schon eine sehr oberflächliche Kenntnis der Geschichte der griechischen grammatischen Wissenschaft zeigt uns, daß dies nicht der Fall ist. Die besondere Analyse, die in den griechischen Standardschulgrammatiken ihren Niederschlag gefunden hat, war so weit davon entfernt selbstevident zu sein, daß man ungefähr sechs Jahrhunderte brauchte, um sie zu erarbeiten (vom vierten Jahrhundert vor Christus bis zum zweiten Jahrhundert nach Christus). Darüber hinaus ist sie nicht die einzig mögliche und vielleicht gar nicht einmal die beste Analyse. Jedenfalls kann man nicht gut behaupten, daß davon ein wenig abweichende Methoden der Sprachbeschreibung, wie sie von einigen griechischen Grammatikern bevorzugt wurden, unbedingt weniger gut waren als das, was mit der Zeit Norm wurde und der Nachwelt als *die* griechische Grammatik überliefert worden ist. In der nun folgenden kurzen Übersicht über die geschichtliche Entwicklung der traditionellen Grammatiktheorie werden die einzelnen von den Griechen und ihren Nachfolgern unterschiedenen Kategorien nicht gesondert besprochen. Dies wollen wir aufschieben, bis in der Folge die Grundlagen dazu erarbeitet worden sind.

Einem der ältesten und einflußreichsten Sophisten des 5. Jahrhunderts, nämlich Protagoras, schreibt man die Unterscheidung dreier *Genera* im Griechischen zu. Niemand anderer als Plato (ungefähr 429–347 v. Chr.) unterschied unseres Wissens als erster zwischen *Nomina* und *Verben.* Dazu sei jedoch bemerkt, daß die beiden von Plato so benannten Wortklassen sich nicht mit denen deckten, die in den späteren, als Vorlage für unsere Schulgrammatik dienenden Analysen so bezeichnet wurden. Nach Platos Definition waren ‹Nomina› Ausdrücke, die in Sätzen als Subjekte einer Aussage (Prädikation) fungieren konnten, während ‹Verben› Ausdrücke waren, die die ausgesagte Handlung oder Eigenschaft auszudrükken vermochten. (Mit anderen Worten: Das *Subjekt* einer Aussage nennt das Ding, worüber etwas ausgesagt wird, und das *Prädikat* ist der Teil des Satzes, der etwas über das im Subjekt genannte Ding aussagt, vgl. 8.1.2).

Hierzu seien zwei Dinge bemerkt. Erstens: die Definition der grammatischen Grundklassen ‹Nomen› und ‹Verb› gründete auf logischen Überlegungen, d. h. man ging von den Konstituenten eines Urteils aus. Zweitens: Was wir heute Verben und Adjektive nennen, war in einer Klasse zusammengefaßt. Selbst als spätere griechische Grammatiker die Klassifikation Platos fallen ließen, wurde sie nicht durch das uns vertraute Dreiersystem Nomen/Verb/Adjektiv ersetzt, sondern durch ein anderes Zweiersystem, in dem das, was wir Nomen und Adjektiv nennen, in einer Klasse zu finden war. Wenig Beachtung schenkte man anfänglich denjenigen Wörtern, die nicht zu den Hauptklassen gehörten.

Erst im Mittelalter erfolgte die Einteilung in Nomina, Verben und Adjektive. Aristoteles (384–322 v. Chr.) behielt Platos Unterscheidung zwischen ‹Nomen› und ‹Verb› bei, fügte diesen aber eine weitere eigenständige Gruppe, und zwar die ‹Konjunktionen› hinzu. Unter diesem Ausdruck verstand Aristoteles alle Wörter, die nicht zu den Grundklassen ‹Nomen› und ‹Verb› gehörten. Von seinen Vorgängern übernahm Aristoteles auch die dreifache Genusklassifikation. Er beobachtete jedoch, daß die Namen vieler ‹Sachen› (wie Protagoras das dritte Genus nannte) im Griechischen entweder grammatisch ‹maskulin› oder ‹feminin› waren, und führte den Ausdruck ‹dazwischenliegend› für das dritte Geschlecht ein. (Später wurde das, was weder ‹maskulin› noch ‹feminin› war, ganz einfach ‹weder – noch› genannt, woraus über die lateinische Übersetzung schließlich der traditionelle Terminus ‹Neutrum› wurde.) Einen bedeutungsvolleren Schritt vorwärts erzielte Aristoteles durch die Feststellung der *Tempus*kategorie beim griechischen Verb: Er erkannte nämlich, daß gewisse systematische Veränderungen der Verbformen mit Zeitbegriffen wie ‹Gegenwart› oder ‹Vergangenheit› in Zusammenhang gestellt werden konnten. Seine Lehre ist hier zwar deutlicher als die Platos, aber immer noch sehr unklar.

Unter den verschiedenen philosophischen ‹Schulen› der Griechen waren die Stoiker diejenigen, die der Sprache die meiste Aufmerksamkeit widmeten. Dies findet seine Begründung in der stoischen Auffassung, daß richtige Lebensführung eine Sache des harmonischen Lebens mit der ‹Natur› sei und daß Wissen nichts anderes sei als die Übereinstimmung unserer Ideen mit den wirklichen Dingen der ‹Natur›, von denen diese Ideen das Abbild sind oder sein sollten. Sprache stand daher im Zentrum der Stoischen Philosophie, insbesondere jenes Gebietes, das ‹Logik› genannt wurde, worin aber auch miteingeschlossen war, was wir als Epistemologie, Rhetorik und Grammatik bezeichnen würden. Eine der ersten und grundlegendsten Unterscheidungen der Stoiker war die zwischen Gestalt und Bedeutung, zwischen ‹dem, was bezeichnet› und ‹dem, was bezeichnet wird›. Die Stoiker glaubten jedoch nicht, daß Sprache eine direkte Widerspiegelung der ‹Natur› sei. Die meisten unter ihnen waren ‹Anomalisten›, die eine Entsprechung von Wörtern und Dingen verneinten und auf den unlogischen Aspekten der Sprache bestanden. Frühe Vertreter dieser ‹Schule› unterschieden vier Teile der Rede (‹Nomen›, ‹Verb›, ‹Konjunktion›, ‹Artikel›), spätere fünf (‹Appellativa› und ‹Eigennamen› wurden getrennt). Das Adjektiv wurde mit dem Nomen in eine Klasse gestellt. In der Klassifikation dessen, was wir heute *Flexion* nennen (z. B. die Beziehung zwischen den Formen *der Knabe, des Knaben, dem Knaben,* usw. oder *singen, sang, gesungen*) kamen die Stoiker ein großes Stück voran. Sie waren es auch, die dem Terminus ‹Kasus› den Sinn gaben, den er seit damals im grammatischen Standardsprachgebrauch innehat, indem sie zwischen der eigentlichen Form des Nomens, dem ‹aufrechten› Kasus (jetzt Nominativ) und den ‹Kasus›, die sie als Abweichungen von der aufrechten Form betrachteten, unterschieden. Sie erkannten, daß noch ein weiterer Faktor neben dem Tempus die Form griechischer Verben mitbestimmt, der Umstand nämlich, ob durch die betreffende Form eine vollendete oder eine nicht vollendete Handlung ausgedrückt wird. Sie unterschieden zwischen *Aktiv* und *Passiv* sowie zwischen *transitiven* und *intransitiven* Verben.

Die Alexandrischen Gelehrten setzten die Arbeit der Stoischen Grammatiker fort. In Alexandrien erhielt auch die von uns heute als ‹traditionell› bezeichnete Grammatik des Griechischen ihre mehr oder weniger endgültige Form. Im Gegensatz zu den Stoikern waren die Alexandrischen Grammatiker ‹Analogisten›; ihre Suche nach den Regelmäßigkeiten der Sprache ließ sie Flexions‹kanons› bzw. -muster aufstellen. Die Grammatik des Dionysius Thrax (spätes zweites Jahrhundert v. Chr.) war unseres Wissens die erste umfassende und systematische grammatische Beschreibung des Abendlandes. Neben den vier Redeteilen der Stoiker unterschied Dionysius das *Adverb*, das *Partizip* (so genannt, weil es Anteil an nominalen wie an verbalen Eigenschaften hat), das *Pronomen* und die *Präposition*. Alle griechischen Wörter wurden nach *Kasus, Genus, Numerus, Tempus, Modus* usw. (vgl. Kapitel 7) bestimmt. Dionysius befaßte sich nicht ausdrücklich mit der Syntax, den Regeln, nach denen Wörter zu Sätzen gefügt sind. Dieser Teil der grammatischen Beschreibung des Griechischen wurde ungefähr drei Jahrhunderte später wenn auch weniger systematisch von Apollonius Dyscolus (2. Jahrhundert n. Chr.) erarbeitet.

1.2.6 *Die römische Epoche*

Wir haben in den vorangegangenen Abschnitten die Entwicklung der Grammatik bei den Griechen auszugsweise verfolgt. Weit weniger ist über die Arbeit der lateinischen Grammatiker zu berichten. Es ist ja allgemein bekannt, daß der griechische Einfluß auf allen Gebieten römischer Gelehrsamkeit, Kunst und Literatur außerordentlich stark war. Seit dem zweiten Jahrhundert vor Christus – in einzelnen Fällen sogar noch früher – bemächtigte sich die römische Aristokratie begeistert des griechischen Kulturguts und der griechischen Erziehungsmethoden. Ihre Kinder wurden dazu erzogen, Griechisch in Wort und Schrift ebenso gut zu beherrschen wie Latein, und häufig wurden sie zur Vervollkommnung ihrer Ausbildung in eines der großen hellenistischen Zentren der Philosophie und Rhetorik geschickt. Es wird daher nicht verwundern, daß die lateinischen Grammatiker fast in jeder Beziehung von ihren griechischen Vorbildern abhängig waren. Der Einfluß sowohl der Alexandrier wie auch der Stoiker läßt sich in Varros Arbeit über die lateinische Sprache (1. Jahrhundert v. Chr.) verfolgen. Ebenso wie in Griechenland war auch in Rom die Grammatik der Philosophie, Literaturkritik und Rhetorik untergeordnet. Der Streit zwischen ‹Analogisten› und ‹Anomalisten› riß nicht ab und wurde zusammen mit anderen grammatischen Problemen auch in Dilettantenkreisen gerne diskutiert. Cäsar selbst schrieb während seiner kriegerischen Feldzüge in Gallien eine grammatische Abhandlung ‹Über die Analogie›, die er Cicero widmete.

Die römischen Grammatiker folgten ihren griechischen Vorbildern nicht nur in allgemeinen sprachtheoretischen Überlegungen, sondern bis ins Detail. Eine typische lateinische Grammatik war genau wie jene des Dionysius Thrax in drei Abschnitten angelegt. Der erste definierte gewöhnlich das Ziel der Grammatik als die Kunst, richtig zu sprechen und die Dichter zu verstehen, und handelte darüber hinaus von Buchstaben und Silben. Im zweiten Abschnitt wurden dann die ‹Teile der Rede› besprochen und mehr oder weniger ausführlich ihre Veränderungen nach Tempus, Genus, Numerus, Kasus usw. angeführt. Es folgten schließlich eine Besprechung von gutem und schlechtem Stil, Warnungen vor verbreiteten ‹Fehlern› und ‹Barbarismen› und Beispiele empfohlener ‹Redefiguren›.

In der Behandlung der ‹Teile der Rede› brachten die lateinischen Grammatiker nur dort geringfügige Modifikationen an, wo der Unterschied zwischen Griechisch und Latein ihnen diese aufdrängte. Die Tatsache, daß die beiden Sprachen einander in ihrer allgemeinen Struktur sehr ähnlich sind, förderte zweifellos die Ansicht, daß die verschiedenen, von den griechischen Gelehrten erarbeiteten grammatischen Kategorien – die ‹Teile der Rede›, Kasus, Numerus, Tempus usw. – universale und notwendige Sprachkategorien waren. Diese Meinung sollte von den mittelalterlichen Grammatikern ausdrücklich übernommen werden.

Die spätere Periode der lateinischen Grammatik, die Ära des Donatus (um 400 n. Chr.) und des Priscian (um 500 n. Chr), war wie die Alexandrische eine Zeit des Klassizismus. Die als Lehrgrammatiken gedachten und als solche auch durch das ganze Mittelalter bis herauf ins 17. Jahrhundert verwendeten Grammatiken des Donatus und des Priscian machten es sich zur Aufgabe, nicht die Sprache der eigenen Zeit, sondern die der ‹besten Autoren›, besonders Ciceros und Vergils, zu beschreiben und erneuerten damit etwas, was ich den ‹klassischen› Trugschluß in der Einstellung zur Sprachbeschreibung genannt habe.

1.2.7 *Das Mittelalter*

Ein beherrschendes Merkmal des europäischen Mittelalters war die wichtige Rolle, die das Latein im Bildungswesen spielte. Jede Karriere, sei es auf weltlichem oder geistlichem Gebiet, hing von guten Lateinkenntnissen ab. Denn Latein war nicht nur die Sprache der Liturgie und der Heiligen Schrift, sondern auch die universale Sprache der Diplomatie, der Wissenschaft und der Kultur. Da Latein nunmehr eine Fremdsprache war, die man in der Schule zu wichtigen praktischen wie auch kulturellen Zwekken zu lernen hatte, wurde eine große Zahl von Handbüchern als Lehrbehelf für den Schüler geschrieben. Die meisten dieser Lehrbücher waren auf den Grammatiken des Priscian und Donatus aufgebaut. Latein war nicht bloß Fremdsprache, es war vor allem auch geschriebene Sprache. Soweit es gesprochen wurde, entwickelte jedes Land seine eigene Aussprache. Dieser Umstand kann die überkommene Ansicht vom Primat der geschriebenen Sprache nur bestärkt haben.

In der grammatischen Analyse des Lateins wurden von den mittelalterlichen Gelehrten viele Fortschritte gemacht, und sie sind zu einem Teil dessen geworden, was wir heute unter traditioneller Grammatik verstehen. Weit wichtiger jedoch als die von den Gelehrten des Spätmittelalters erarbeiteten Einzelheiten der grammatischen Analyse des Lateins sind die philosophischen Voraussetzungen, die sie in die Sprachforschung einbrachten.

Das dreizehnte Jahrhundert erlebte eine Blüte der Gelehrsamkeit auf allen Gebieten: Es war die Ära der großen Scholastiker, die unter dem Einfluß der neu zugänglichen Werke des Aristoteles und anderer griechischer Philosophen begannen, alle Wissenschaften, darunter auch die Grammatik, auf eine Gruppe von Behauptungen zurückzuführen, deren Wahrheit schlüssig durch Deduktion von ersten Prinzipien bewiesen werden konnte. Die scholastischen Philosophen waren wie die Stoiker an der Sprache als Werkzeug zur Analyse der Struktur der Wirklichkeit interessiert. Deshalb war es gerade die Frage der Bedeutung oder der ‹Signifikation›, der sie das größte Gewicht beimaßen. In der Tat wurden damals so viele Werke mit dem Titel ‹De modis significandi› verfaßt, daß die Grammatiker jener Zeit oft kollektiv als ‹modistae› bezeichnet werden. Inspiriert von der scholastischen Idealvorstellung, daß Wissenschaft Suchen nach universalen und unveränderlichen Ursachen sei, versuchten sie bewußt, die Kategorien der Grammatik von den Kategorien der Logik, der Epistemologie und der Metaphysik abzuleiten; oder besser, sie versuchten, die Kategorien aller vier Wissenschaften auf dieselben allgemeinen Prinzipien zurückzuführen. Zu beachten ist, daß sie voraussetzten, die in den Werken von Donatus und Priscian enthaltenen grammatischen Kategorien seien im wesentlichen gültig. Ihr Einwand gegenüber Donatus und Priscian (dieser Einwand wurde in der Tat ausgesprochen) war nicht der, daß die römischen Grammatiker die Tatbestände der lateinischen Grammatik unexakt beschrieben hätten, sondern der, daß sie diese Tatbestände nicht wissenschaftlich erklärt, d. h. sie nicht von ihren ‹Ursachen› abgeleitet hätten.

Es war die Aufgabe der wissenschaftlichen oder ‹spekulativen› Grammatik, die Prinzipien zu entdecken, nach denen das Wort als ‹Zeichen› einerseits mit dem menschlichen Intellekt, andererseits mit dem Ding, das es darstellte oder ‹bezeichnete›, verbunden war. Man nahm an, daß diese Prinzipien konstant und universal waren. Denn wie konnte Sprache anders Vermittlerin wahrer Erkenntnisse sein? Nach Auffassung der spekulativen Grammatiker vertrat das Wort nicht direkt das Wesen des Dings, das es bezeichnete; es vertrat es als ein in einer bestimmten Art und Weise (‹modus›) bestehend – etwa als Substanz, Handlung, Eigenschaft usw. –, und zwar dadurch, daß es die Form des geeigneten Redeteils annahm. Die Grammatik war also eine philosophische Theorie der Redeteile und der ihnen eigenen ‹Arten des Bedeutens›. (Der Ausdruck ‹spekulativ› verdient Beachtung. Er darf hier nicht in seinem modernen Sinn, sondern muß in der spezielleren Bedeutung verstanden werden, die auf die Ansicht zurückgeht, daß Sprache einem ‹Spiegel›, lateinisch *speculum*, gleiche, der ein ‹Spiegelbild› der ‹Wirklichkeit› liefert, welche den ‹Phänomenen› der physischen Welt zugrundeliegt. Die Stoiker hatten dieselbe Metapher gebraucht.)

Es ist keine Kunst zu zeigen, daß die Definitionsmethoden der scholastischen Grammatiker zirkelhaft waren und daß ihre Ansichten über Grammatik von vorneherein falsch waren. Sie waren sicherlich eher bereit als wir anzunehmen, daß die Arten des Bedeutens mit den Arten des ‹Seins› und des ‹Verstehens› notwendig zusammenfielen. Bevor wir jedoch ihre linguistischen Spekulationen damit abtun, daß sie unsere Beachtung nicht verdienen (wozu man nicht selten neigt), täten wir gut daran zu überlegen, ob es nicht nur die damalige Terminologie ist, die für uns inakzeptabel oder unverständlich ist. Feststellungen wie die folgende werden oft so zitiert, als wären sie offensichtlich absurd und als erübrigte sich daher jede Diskussion: «Grammatik ist, von akzidentellen Variationen abgesehen, substantiell in allen Sprachen gleich.» «Wer die Grammatik einer Sprache kennt, kennt auch die einer anderen, soweit es ihre Substanz betrifft. Wenn er trotzdem eine andere Sprache nicht sprechen oder ihre Sprecher nicht verstehen kann, so erklärt sich dies aus der Verschiedenartigkeit der Wörter und ihrer Formen, – und das ist in der Grammatik ein akzidenteller Umstand.» Das erste Zitat stammt von Roger Bacon (1214–94), das zweite von einem anonymen Gelehrten derselben Epoche. Wir sind vielleicht versucht, diese Behauptungen von vorneherein aufgrund unserer Kenntnisse fremder Sprachen zurückzuweisen. Gewiß betrachtet man allgemein die Unterschiede zwischen französischer und englischer oder russischer und englischer Grammatik als nicht bloß ‹akzidentell› (etwa: ‹zufällig›) und unbedeutend; man neigt wohl auch dazu, die scholastische Ansicht von der Universalität der Grammatik der einzigartigen Stellung des Lateins während des ganzen Mittelalters und der niedrigen Entwicklungsstufe der Vulgärsprachen zuzuschreiben, von denen viele ohnehin aus dem Latein hervorgegangen sind oder vom Latein stark beeinflußt waren. Die privilegierte Stellung des Lateins war zweifellos ein wichtiger Faktor in der Entwicklung der universalen Grammatik. Die von den Scholastikern vertretene Meinung über die Sprache wurde jedoch in der Renaissance trotz des neu aufgekommenen Interesses an den Vulgärsprachen und ihrem Gebrauch in der Literatur nicht aufgegeben. Was die zitierten scholastischen Behauptungen bedeuten, wenn man sie der in den Ausdrücken ‹Wesen› und ‹Zufall›, bzw. ‹Substanz› und ‹Akzidenz› enthaltenen metaphysischen Aussage entkleidet, ist lediglich Folgendes: alle Sprachen haben Wörter für dieselben Begriffe, und alle Sprachen weisen dieselben Teile der Rede und andere allgemeine grammatische Kategorien auf. Diese Ansicht mag richtig oder falsch sein. Wir werden darauf noch zurückkommen (vgl. Kapitel 7 und 8). Es ist jedenfalls eine Ansicht, welche in der eben dargelegten Form von vielen akzeptiert würde, die lauthals ihre Emanzipation von der Scholastik proklamieren.

1.2.8 *Die Renaissance und die neuere Zeit*

Die Gelehrten der Renaissance dachten gewiß, sie brächen radikal mit der scholastischen Tradition. Petrarca und seine Anhänger spotteten über die Sprache der Scholastiker wegen ihrer ‹Barbarismen› und nahmen Ciceros Sprachgebrauch zum Vorbild guten lateinischen Stils. Ebenfalls von Cicero übernahmen sie das Ideal des ‹Humanismus›, wobei dieser Ausdruck (Ciceros *humanitas*) synonym mit ‹Zivilisation› bzw. ‹Kultur› und als Gegenteil von ‹Barbarei› zu verstehen ist. In der Meinung, die Literatur der klassischen Antike sei der Quell aller zivilisatorisch-kulturellen Werte, konzentrierten sie ihre Energie auf die Sammlung und Herausgabe der Texte klassischerAutoren; und dies besonders nach der Erfindung der Buchdruckerkunst im späten fünfzehnten Jahrhundert, die eine weite und rasche Verbreitung originalgetreuer Texte ermöglichte. Wiederum wurde die Grammatik zu einem Hilfsmittel für das Verstehen der Literatur und für das Schreiben ‹guten› lateinischen Stils. Erasmus selbst gab 1513 eine auf Donatus aufbauende lateinische Syntax heraus. Auch das Griechische wurde Gegenstand intensiver Studien, und wenig später das Hebräische. So geschah es, daß die ‹Humanisten› den späteren Gelehrtengenerationen Sprache und Literatur dreier Kulturen übermittelten.

Die europäischen Vulgärsprachen hatten bereits vor der Renaissance begonnen, die Aufmerksamkeit der Gelehrten auf sich zu ziehen: Wir kennen eine irische Grammatik aus dem siebenten Jahrhundert, eine isländische des zwölften und eine provenzalische des dreizehnten Jahrhunderts, ganz zu schweigen von Aelfrics Vergleich des Lateinischen und des Anglo-Sächsischen (10. Jhdt.) und einer Reihe von Beobachtungen über das Baskische, die auf das zehnte Jahrhundert zurückgehen. Mehrere französische Grammatiken waren im vierzehnten und fünfzehnten Jahrhundert für reisende Engländer verfaßt worden. Mit der Renaissance – in dieser Hinsicht eingeleitet von Dantes ‹*De vulgari eloquentia*› – stieg das Interesse an den Vulgärsprachen beträchtlich, und es wurden Grammatiken in großer Zahl geschrieben. Praktisch wurde das ganze klassische Gedankengebäude auf die modernen Sprachen Europas übertragen. Sprache bedeutete immer noch Literatursprache; und Literatur bedeutete, sobald sie Gegenstand akademischen Studiums an unseren Schulen und Universitäten war, weiterhin das Werk der ‹besten Autoren›, die in den anerkannten Literaturgattungen schrieben: Dante in der des Vergilianischen Epos, Milton in einer eher homerischen Abart, Racine im Gefolge von Sophokles usw. Zwar hat sich heute eine angemessenere Haltung der akademischen Welt gegenüber der Literatur herausgebildet, und die Autoren werden nicht mehr nach den normativen Kanons Alexandriens oder der Renaissance eingestuft, aber der Geist der Klassik spukt noch immer im Grammatikunterricht unserer Schulen und Hochschulen.

Die Ideale der ‹spekulativen› Grammatik wurden in Frankreich im siebzehnten Jahrhundert durch die Lehrer von Port Royal neu belebt. 1660 veröffentlichten diese ihre ‹Grammaire générale et raisonnée› mit dem Ziel, den Beweis zu erbringen, daß die Struktur der Sprache Produkt der Vernunft sei und daß die verschiedenen menschlichen Sprachen nichts anderes als Abarten eines allgemeineren logischen und rationalen Systems seien. Die Grammatik von Port Royal übte sowohl in Frankreich als auch im Ausland ungeheuren Einfluß aus, und im ‹Zeitalter der Aufklärung› sollten noch viele Werke dieser Art veröffentlicht werden. Alle diese ‹rationalen› Grammatiken blieben im Rahmen der klassischen Tradition und brachten keine neuen Sprachtheorien hervor.

Man könnte wohl kaum einen schlagkräftigeren Beweis für die Lebensfähigkeit der klassischen Tradition in der Sprachwissenschaft anführen als die Definitionen in den jüngsten (1932) Ausgaben von Wörterbuch und Grammatik der Académie Française, die seit ihrer Begründung durch Richelieu im Jahre 1637 die Aufgabe hat, Wortschatz und Grammatik des Französischen autoritativ festzulegen. Grammatik wird dort definiert als «die Kunst richtig zu sprechen und zu schreiben», ihr Ziel ist, die zwischen den Sprachelementen bestehenden Beziehungen zu entdecken, gleich ob diese Beziehungen «natürlich» oder «konventionell» sind; die Aufgabe des Grammatikers besteht darin, den «guten Sprachgebrauch» zu beschreiben, d. h. die Sprache jener gebildeten Leute und Autoren, die ein «reines» Französisch schreiben, und diesen «guten Sprachgebrauch» vor allen «Ursachen der Korruption» zu schützen, wie z. B. der Durchdringung des Wortschatzes mit Fremdwörtern, Fachtermini, Umgangssprache und jenen barbarischen Ausdrücken, die ständig geboren werden, um den zweifelhaften Ansprüchen von Handel, Industrie, Sport, Werbung usw. zu genügen; was die grammatischen Regeln betrifft, so sind diese nicht willkürlich, sondern »abgeleitet von den natürlichen Verhaltensweisen des menschlichen Geistes».

Es gibt keine offizielle Institution, deren Aufgabe es wäre, autoritativ Gesetze z. B. über guten englischen Sprachgebrauch zu erlassen. Trotzdem sind die in der oben zitierten Definition der Académie Française enthaltenen literarischen und philosophischen Vorurteile, deren Ursprung nach Griechenland und Alexandrien zurückverfolgt werden kann, in den Englisch sprechenden Ländern kaum weniger vorherrschend als in Frankreich.

Die wahren Nachfolger der klassischen und scholastischen Grammatiker sind nicht jene, die danach trachten, den gesamten Rahmen der klassischen Grammatik unverändert zu erhalten, sondern vielmehr diejenigen, die vorurteilsfrei und kritisch Aufgabe und Wesen der Sprache im Rahmen der wissenschaftlichen Denkweise unserer Zeit und mithilfe des umfangreicheren Wissens über Sprachen und Kulturen, das uns heute zu Gebote steht, untersuchen. Wie wir im Verlauf dieses Buches sehen werden, sind viele der von den klassischen Grammatikern gewonnenen Erkenntnisse über den Aufbau der Sprache wertvoll und aufschlußreich, bedürfen jedoch der Neuformulierung unter allgemeineren Vorzeichen, wobei die Empirie stärker berücksichtigt werden muß.

1.2.9 *Außereuropäischer Einfluß der griechisch-römischen Tradition*

Im vorhergehenden Abschnitt wird mit ‹traditioneller Grammatik› wie allgemein üblich jene Tradition linguistischer Analyse und Theorie bezeichnet, die in Griechenland entstanden ist, in Rom und im mittelalterlichen Europa weiterentwickelt und schließlich in der Renaissance und der neueren Zeit auf die Vulgärsprachen ausgedehnt worden ist. Diese griechisch-römische Tradition der Sprachuntersuchung (wie wir sie hier am besten nennen) beeinflußte die Beschreibung gewisser außereuropäischer Sprachen schon vor der Renaissance. Die Grammatik des Dionysius Thrax wurde im fünften Jahrhundert ins Armenische und etwas später ins Syrische übersetzt. In der Folge stützten sich die arabischen Grammatiker auf die Syrer und kamen dann noch unmittelbarer, nämlich in Spanien, mit der griechisch-römischen Tradition in Berührung.

Die hebräischen Grammatiker wurden ihrerseits von den Arabern beeinflußt. So kam es, daß die bodenständigen Grammatikbeschreibungen des Armenischen, Syrischen, Arabischen und Hebräischen bereits stark von der griechisch-römischen Tradition beeinflußt waren, noch ehe diese Sprachen in der Renaissance die Aufmerksamkeit der europäischen Gelehrten auf sich lenkten.

1.2.10 *Die indische Tradition*

Bevor wir unsere Aufmerksamkeit im nächsten Kapitel der Epoche der ‹vergleichenden Philologie› zuwenden, bleibt uns noch kurz eine weitere Tradition grammatischer Analyse zu betrachten, die wesentlichen Einfluß auf die Entwicklung der modernen Linguistik gehabt hat, nämlich die indische bzw. hinduistische Tradition.

Die grammatische Tradition Indiens ist nicht nur unabhängig von der griechisch-römischen, sondern setzt auch früher ein; sie ist vielfältiger und hat in mancher Hinsicht höhere Leistungen hervorgebracht. Der als bedeutendster indischer Grammatiker bekannte Pāṇini (4. Jhdt. v. Chr.?)

führt eine lange Liste von Vorgängern auf, und man kann annehmen, daß er in einer Tradition steht, die einige Jahrhunderte vor ihm eingesetzt hat. Was Vielfalt und Umfang der grammatischen Forschung in Indien betrifft, so genügt hier vielleicht der Hinweis, daß in der indischen Tradition grammatischer Theorie ca. zwölf Schulen unterschieden werden (viele, wenn nicht alle bis zu einem gewissen Grad abhängig von Pāṇini), und daß ungefähr tausend verschiedene grammatische Werke erhalten sind.

Obwohl die indische und die griechisch-römische Grammatik unseres Wissens sowohl in ihrem Ursprung als auch in ihrer Entwicklung voneinander unabhängig waren, ist doch in gewissen Punkten eine Ähnlichkeit festzustellen. Sowohl in Indien als auch in Griechenland gab es einen Streit über den ‹natürlichen› oder ‹konventionellen› Charakter der Sprache; und so wie die alexandrischen Gelehrten im Zusammenhang mit ihrer Bearbeitung der klassischen Texte der Vergangenheit Glossare und Kommentare verfaßten, um Wörter oder Konstruktionen zu erklären, die im damaligen hellenistischen Griechisch nicht mehr geläufig waren, so stellten auch die indischen Grammatiker Glossare und Kommentare zu den heiligen Hindutexten zusammen, deren früheste, die Vedischen Hymnen, einige Jahrhunderte vorher entstanden waren. Die Unterscheidung zwischen den Kategorien, die wir als ‹Nomen› und ‹Verb› bezeichnen können, erfolgte im Sanskrit recht ähnlich wie im Griechischen aufgrund der Erkenntnisse Platos, d. h. es war eine Unterscheidung zwischen ‹Subjekt› und ‹Prädikat›. Daneben unterschieden die Grammatiker des Sanskrit noch zwei andere Redeteile, die wir mit ‹Präposition› und ‹Partikel› übersetzen können.

In zweifacher Hinsicht kann die sprachwissenschaftliche Arbeit der Inder als der abendländischen traditionellen Grammatik überlegen angesehen werden, erstens in der Phonetik und zweitens in der Erforschung der inneren Struktur der Wörter. Wie es scheint, entsprang die grammatische Arbeit der Inder der Notwendigkeit, nicht nur den Text sondern auch die Aussprache der Vedischen Hymnen zu erhalten, von deren allergenauester Rezitation im hinduistischen Ritual vermeintlich ihre Wirksamkeit abhing. Die indische Klassifikation der Sprachlaute war detaillierter, genauer und besser auf Beobachtung und Experiment aufgebaut als alles, was in Europa (oder in der übrigen Welt, soweit uns bekannt) erarbeitet wurde, bevor im späten neunzehnten Jahrhundert die Phonetik in Europa entscheidend durch die Entdeckung und Übersetzung indischer sprachwissenschaftlicher Arbeiten durch abendländische Gelehrte beeinflußt wurde. In ihrer Wortanalyse gingen die indischen Grammatiker ein gutes Stück über das Maß hinaus, das für den ursprünglichen Zweck, die Sprache der heiligen Texte zu erhalten, als notwendig erachtet werden kann. Pāṇinis Grammatik ist auch nicht spezifisch auf die Sprache der Vedischen Hymnen ausgerichtet, sondern auf die Sprache seiner Zeit.

Man hat oft behauptet, daß Pāṇinis Grammatik des Sanskrit wegen ihrer Vollständigkeit (innerhalb der gesetzten Grenzen, d. h. vor allem in Bezug auf die Wortstruktur), ihrer inneren Geschlossenheit und der Ökonomie der Ausdrucksweise jeder bis heute geschriebenen Grammatik, gleich welcher Sprache, weit überlegen sei. Der Hauptteil der Grammatik, eine äußerst anspruchsvolle Arbeit, die nur mithilfe der Kommentare von Pāṇinis Nachfolgern verständlich ist, besteht aus ca. 4000 Regeln (manche von ihnen überaus knapp formuliert) und Listen von Grundformen (‹Wurzeln›), auf die in den Regeln Bezug genommen wird. Die Regeln sind in ihrer Aufeinanderfolge so geordnet, daß die Funktion einer bestimmten Regel bereits durch die vorhergehenden Regeln festgelegt oder eingeengt wird. Eine weitere Verdichtung des Ausdrucks wird durch Verwendung von Abkürzungen und Symbolen erreicht.

Wie wir im folgenden Kapitel sehen werden, spielte die Entdeckung des Sanskrit durch die abendländischen Gelehrten in der Entwicklung der vergleichenden Philologie des neunzehnten Jahrhunderts eine entscheidende Rolle. Das ist nicht nur auf den Kontakt mit Sanskrit als Sprache zurückzuführen, sondern auch auf die Begegnung mit der grammatischen Tradition Indiens. Viele Aspekte der Sprachwissenschaft des neunzehnten Jahrhunderts sind eindeutig auf Praxis oder Theorie der indischen Grammatiker zurückzuführen. Doch ist der Einfluß von Pāṇinis Prinzipien (Vollständigkeit, Geschlossenheit und Ökonomie) noch klarer in so mancher allerneuester linguistischer Arbeit zu entdecken.

1.3 *Vergleichende Philologie*

1.3.1 *‹Sprachfamilien›*

Es ist eine bekannte Tatsache, daß verschiedene Sprachen einander in verschiedenem Maße ähnlich sind. Ganz allgemein können wir sagen, daß die Ähnlichkeit zwischen Sprachen zweifacher Art ist: Ähnlichkeit des Vokabulars und Ähnlichkeit der grammatischen Struktur. Wenn wir z. B. Deutsch und Englisch vergleichen, finden wir viele Wörter in allen Gebieten des Alltagswortschatzes beider Sprachen, die einander in Form und Bedeutung ähneln (*Sohn* : *son*, *Mutter* : *mother*, *Bruder* : *brother*, *sechs* : *six*, *sieben* : *seven*, *habe* : *have*, *muß* : *must*, *kann* : *can* usw.) Weit weniger Beispiele für ähnliche Wörter finden sich bei einem Vergleich zwischen Englisch und Russisch, und sehr wenige bei Vergleichen zwischen Englisch und Türkisch oder Englisch und Chinesisch (wenn wir von der ‹internationalen› wissenschaftlichen Terminologie absehen). Darüber hinaus entspricht im Fall der erwähnten Sprachen der Grad der Ähnlichkeit im Wortschatz dem der grammatischen Struktur. Deutsch und Englisch sind in ihrer grammatischen Struktur einander ähnlicher als Russisch und Englisch und weit ähnlicher als Türkisch bzw. Chinesisch und Englisch. Diese Tatsachen sind eine Sache der Erfahrung und Beobachtungen und liegen auf der Hand für den, der die betreffenden Sprachen zu lernen oder nur zu untersuchen beginnt. Die Erklärung hierfür ist, daß Deutsch und Englisch nahe, Englisch und Russisch weiter und Englisch und Türkisch bzw. Chinesisch (soweit wir das sagen können) überhaupt nicht miteinander verwandt sind.

In diesem Zusammenhang wird der Ausdruck ‹Verwandtschaft›, wie er in der Linguistik gebräuchlich ist, im Sinne einer historischen bzw. ‹genetischen› Verwandtschaft verstanden. Sagt man, zwei Sprachen seien *verwandt*, so heißt das, daß sie sich aus einer einzigen früheren Sprache entwickelt haben. Mit anderen Worten: Sie gehören zu derselben Sprach*familie*. Die meisten europäischen und viele asiatische Sprachen gehören der sogenannten *indogermanischen* Sprachfamilie an. Innerhalb dieser großen Sprachfamilie gibt es jedoch viele verschiedene Zweige oder Subfamilien: die *germanische* mit Deutsch, Englisch, Niederländisch, Schwedisch u. a.; die *slavische* mit Russisch, Polnisch, Tschechisch u. a.; die *romanische* (gebräuchlich für vom Lateinischen abgeleitete Sprachen) mit Französisch, Italienisch, Spanisch u. a.; die *griechische;* die *indo-iranische* mit Sanskrit (und seinen mittelalterlichen und modernen Abkömmlingen), Persisch u. a.; die *keltische* mit Gälisch (Irisch und Schottisch), Kymrisch (Wallisisch), Bretonisch u. a. Das ist bei weitem keine vollständige Aufstellung der verschiedenen Zweige und schon gar nicht der einzelnen Sprachen, aber es wird genügen, um dem Leser eine Ahnung vom Umfang der indogermanischen Sprachfamilie zu geben. Andere größere Sprachfamilien (um nur einige wenige zu nennen), sind die *semitische* (Hebräisch, Arabisch usw.), die *finno-ugrische* (Finnisch, Ungarisch usw.), die *Bantusprachen* (Suaheli, Kikuyu, Zulu usw.), die *altaische* (Türkisch usw.), die *tibetisch-chinesische* (Chinesisch, Tibetisch usw.) und die *Algonkinsprachen* (der eine Reihe Indianerdialekte angehören).

Die Ausarbeitung der Prinzipien und Methoden, auf deren Grundlage diese und andere Sprachfamilien zusammengestellt wurden, und, was wichtiger ist, die Erstellung einer allgemeinen Theorie des Sprachwandels und der Sprachverwandtschaft war die bedeutendste Leistung der Sprachwissenschaft im neunzehnten Jahrhundert. Der Ausdruck ‹vergleichende Philologie›, der hier für diesen Abschnitt der Linguistik mit seinen charakteristischen Zielen und Methoden gebraucht werden soll, trat im Laufe des neunzehnten Jahrhunderts an die Stelle des früheren und weniger befriedigenden Terminus ‹vergleichende Grammatik› und ist, obwohl er heute weniger von den Linguisten selbst (diese bevorzugen meist ‹vergleichende und historische Sprachwissenschaft›) gebraucht wird, nicht selten in allgemeinen Werken über Sprache anzutreffen und wie viele andere unpassende Ausdrücke zur Bezeichnung von akademischen Lehrstühlen, Fakultäten und Vorlesungen beibehalten worden. Festzuhalten ist vor allem in diesem Zusammenhang, daß ‹Philologie› hier nichts mit Textkritik und Literaturwissenschaft zu tun hat, beides unabhängige wissenschaftliche Bereiche, für die besonders auf dem europäischen Kontinent, weniger in Großbritannien und Amerika ebenfalls der Ausdruck ‹Philologie› verwendet wird.

1.3.2 *‹Wissenschaftliche› Linguistik*

Den Beginn der wissenschaftlichen Linguistik des Abendlandes setzt man gewöhnlich im 19. Jahrhundert an. Und das ist berechtigt, wenn wir dem Ausdruck ‹wissenschaftlich› die heute allgemein geltende Bedeutung zugrundelegen; im Laufe des neunzehnten Jahrhunderts wurden die Tatbestände der Sprache sorgfältig und objektiv untersucht und dann mithilfe induktiver Hypothesen erklärt. Es sollte jedoch nicht vergessen werden, daß diese Auffassung von Wissenschaft noch gar nicht alt ist. Die spekulative Grammatik der Scholastiker und die ihrer philosophischen Nachfolger von Port Royal war wissenschaftlich gemäß der damaligen Auffassung, was sicheres Wissen sei. Ihre Beweisführungen, warum die Sprachen so sind, wie sie sind, beruhten auf vermeintlich universell gültigen Prinzipien. Der Unterschied zwischen dieser Art der Betrachtung linguistischer Probleme und jener anderen, die zu der ungeheuer fruchtbaren Periode der vergleichenden Philologie geführt hat, lag nicht so sehr darin, daß letztere den ‹Fakten› größere Bedeutung zumaß und sie sorgfältiger beobachtete und sammelte (dies ist eher Wirkung als Ursache); vielmehr ging dieser Unterschied darauf zurück, daß gegen Ende des achtzehnten Jahrhunderts eine allgemeine Unzufriedenheit mit apriorischen, sogenannten ‹logischen› Erklärungen und eine Vorliebe für historisches Denken entstanden war.

1.3.3 *Der evolutionäre Standpunkt*

Die veränderte Geisteshaltung, die zur Einnahme des historischen Standpunktes führte, war eine allgemeine und nicht nur auf die Sprachwissenschaft beschränkte Erscheinung. Das Abgehen von der apriorischen Denkweise war zunächst in den sogenannten ‹Naturwissenschaften› erfolgt. Später wurde diese Haltung auch auf die Erforschung der menschlichen Einrichtungen ausgedehnt. Man beobachtete, daß alle menschlichen Einrichtungen – Gesetze, Bräuche, religiöse Übungen, wirtschaftliche und soziale Gruppen und Sprachen – einem unaufhörlichen Wandel unterlagen, und man begnügte sich nicht mehr damit, ihren Stand in einem bestimmten Augenblick mithilfe abstrakter Prinzipien zu erklären; vielmehr bemühte man sich, einen bestimmten Zustand im Zusammenhang mit seiner Entwicklung aus einem früheren Zustand aufgrund von Anpassung an veränderte äußere Gegebenheiten zu sehen. Die ‹providenzielle› Geschichtstheorie aus christlicher Tradition war immer mehr infrage gestellt worden und wurde schließlich durch die evolutionären und säkularen Theorien menschlicher Entwicklung ersetzt.

1.3.4 *Mehr Sprachen werden untersucht*

Wie wir gesehen haben, war bereits in der Renaissance ein gesteigertes Interesse an den zeitgenössischen europäischen Sprachen zu verzeichnen und dies neben der Förderung eines intensiveren Studiums des Griechischen, Lateinischen und Hebräischen. Seit dem 6. Jahrhundert sind Wörterbücher und Mustersammlungen von Texten in einer wachsenden Anzahl von Sprachen veröffentlicht worden, auch (freilich in beschränktem Maß) in einigen nah- und fernöstlichen und sogar in amerikanischen Sprachen. Verschiedene Versuche sind unternommen worden, die Sprachen in Familien zu ordnen; jedoch scheiterten die meisten dieser Versuche an der Annahme, daß das Hebräische als Sprache des Alten Testaments auch die Ursprache sein müßte, von der alle anderen Sprachen abzuleiten seien.

1.3.5 *Die Romantik*

Von besonderer Bedeutung für die Sprachwissenschaft war der neue Geist der Romantik, der Ende des achtzehnten Jahrhunderts vor allem in Deutschland als Reaktion auf die Klassik und den tief wurzelnden Rationalismus der vorangegangenen Epoche aufkam. Die führenden Romantiker wiesen die Ansicht zurück, daß der Kanon literarischer Qualität für alle Zeit durch die klassische Tradition festgelegt war. Das Interesse für das deutsche Altertum führte zur Herausgabe und zum Studium von Texten und Glossaren der älteren germanischen Sprachen (Gotisch, Althochdeutsch und Altnordisch). Herder (1744–1803) behauptete, daß zwischen Sprache und Nationalcharakter eine innere Beziehung bestehe. Nach ihm gab der Staatsmann und Universalgelehrte Wilhelm von Humboldt (1767–1835) dieser These eine konkretere Form, indem er behauptete, jede Sprache habe ihre eigene besondere Struktur, die Denkungsart und Ausdruck des betreffenden Volkes reflektiere und bedinge. Dieser Glaube an einen Zusammenhang zwischen Nationalsprache und Nationalcharakter, der sich in Deutschland fest verankerte, verursachte später eine Menge ausgefallener und bösartiger Spekulationen, bei denen die

Begriffe ‹Rasse› und ‹Sprache› heillos durcheinandergebracht wurden (besonders im Hinblick auf den Ausdruck ‹arisch›). In der hier behandelten Epoche weckte er nicht nur das Interesse an den früheren Stadien der deutschen Sprache, sondern überhaupt eine allgemeine Begeisterung für sprachliche Verschiedenheit (an sich) und eine Bereitschaft, alle auch noch so ‹barbarischen› Sprachen auf die ihnen jeweils gemäße Art zu betrachten. Es ist kein Zufall, daß deutsche Gelehrte unter den Begründern der vergleichenden Philologie einen hervorragenden Platz einnehmen.

1.3.6 *Die Entdeckung des Sanskrit*

Am Ende des achtzehnten Jahrhunderts entdeckte man, daß Sanskrit, die alte und heilige Sprache Indiens, mit Latein, Griechisch und anderen europäischen Sprachen verwandt ist. Diese Entdeckung machten mehrere Gelehrte unabhängig voneinander. Unter ihnen war der einflußreichste der britische Orientalist William Jones, der (1786) in mittlerweile berühmt gewordenen Worten erklärte, daß Sanskrit und Griechisch bzw. Latein «eine größere Ähnlichkeit sowohl der Verbwurzeln als auch der grammatischen Formen aufweist, als jemals der Zufall hervorgebracht haben kann. Die Ähnlichkeit ist in der Tat so groß, daß kein Philologe die Sprachen überhaupt untersuchen kann, ohne zu der Auffassung zu gelangen, daß sie aus einer gemeinsamen Quelle entstanden sind, die es vielleicht nicht mehr gibt.» Unschwer kann man sich vorstellen, welche Aufregung und Überraschung diese Entdeckung bei den in der klassischen Tradition stehenden abendländischen Gelehrten verursachte. Lange schon waren ihnen die Ähnlichkeiten zwischen dem Griechischen und Lateinischen bewußt gewesen. Sie wußten aber auch von den starken und langwährenden kulturellen und politischen Bindungen zwischen Griechenland und Rom, die offenbar für die Ähnlichkeit beider Sprachen verantwortlich waren. Am Ende des achtzehnten Jahrhunderts wußte man genug über Sprachen verschiedener Strukturen, um sofort zu erkennen, daß die Ähnlichkeiten zwischen den klassischen europäischen Sprachen und dem Sanskrit so auffallend waren, daß sie eine Erklärung forderten.

1.3.7 *Die Bedeutung der indogermanischen Sprachen*

Als die Phantasie der Gelehrten durch diese Entdeckung in der Indogermanistik einmal in Schwung geraten war und als diesem Gebiet die ständige Aufmerksamkeit der Gelehrten durch die Entwicklung als brauchbar empfundener Prinzipien des Sprachvergleiches gesichert war, war es nur natürlich, daß man sich der Bestimmung anderer Sprachfamilien, von denen ich einige oben anführte, zuwandte. Die indogermanische Familie nimmt jedoch in der historischen und komparativen Sprachforschung eine Vorzugsstellung ein, die sie möglicherweise nie verlieren wird. Der Grund hierfür ist nicht in irgendwelchen besonderen Qualitäten der indogermanischen Sprachen selbst, sondern einfach darin zu suchen, daß viele indogermanische Sprachen über sehr alte geschriebene Dokumente verfügen, die hunderte, ja sogar tausende Jahre alt sind. Da verwandte Sprachen zumeist divergierende Formen einer einzigen älteren Sprache sind, finden wir zwischen den verglichenen Sprachen umso weniger Unterschiede, je weiter wir zeitlich zurückgehen. Obwohl einige Verwandtschaftsverhältnisse innerhalb der indogermanischen Familie durch Evidenz aus den gegenwärtig gesprochenen Sprachen belegt werden können, hätte man diese Zusammenhänge im Detail gewiß nicht ohne Zuhilfenahme der älteren Texte herauszuarbeiten vermocht.

1.3.8 ‹*Lehnwörter*›

Bisher habe ich so getan, als ob ein gewisses Maß an Ähnlichkeit in Wortschatz und Grammatik – und zwar ein größeres Maß, als man dem Zufall einräumen kann – bereits einen ausreichenden Beweis für Sprachverwandtschaft darstellte. Dies ist eine grobe Vereinfachung; sie berücksichtigt jenes Phänomen nicht, das in der Fachsprache, wenn auch vielleicht irreführend, als *Entlehnung* bezeichnet wird. Es ist eine allgemein bekannte Tatsache, daß Sprachen, die in geographischer oder kultureller Berührung sind, ziemlich ungehindert Wörter voneinander ‹entlehnen›; Wörter neigen nämlich dazu, zusammen mit dem Gegenstand oder dem Vorgang, auf den sie sich beziehen, geographische und sprachliche Grenzen zu überschreiten. Ein Großteil der Ähnlichkeiten im Wortschatz verschiedener Sprachen kann also darauf beruhen, daß die Sprachen entweder voneinander oder aus einer dritten Sprache Wörter entlehnt haben. Wir brauchen nur an die große Anzahl von Wörtern griechischen und lateinischen Ursprungs im Wortschatz der modernen europäischen Sprachen zu denken, um die Stichhaltigkeit dieser Behauptung zu erkennen. (Beziehen wir den Ausdruck ‹Entlehnen› hier nicht nur auf Wörter, die direkt aus den klassischen Sprachen übernommen worden sind, sondern auch auf solche, die in jüngster Zeit durch bewußte Kombination griechischer und lateinischer Wortteile geschaffen wurden, so müssen wir feststellen, daß die meisten modernen wissenschaftlichen Termini und auch die Namen neuzeitlicher Erfindungen, wie z. B. Telephon, Television, Automobil, Kino usw., indirekt aus dem Griechischen und Lateinischen entlehnt sind.) Entlehnung aus den klassischen Sprachen erklärt viele der augenfälligeren Ähnlichkeiten bei den Wörtern verschiedener moderner europäischer Sprachen. Darüber hinaus haben alle diese Sprachen zu verschiedenen Zeiten in verschiedenem Umfang voneinander entlehnt; dieser Prozeß geht ständig weiter. Bei unserer Kenntnis der betreffenden Sprachen sowie der allgemeinen kulturellen Entwicklung Europas bereitet es keine großen Schwierigkeiten, die meisten Lehnwörter im Wortschatz der modernen europäischen Sprachen auszumachen. Wären wir jedoch nicht imstande, die Lehnwörter zu identifizieren und sie als solche aus unseren Überlegungen herauszuhalten, so würden wir sehr wahrscheinlich das Maß der Verwandtschaft zwischen den betreffenden Sprachen überschätzen. Die Begründer der vergleichenden Philologie wußten genau, daß Wörter ohne weiteres aus einer Sprache in eine andere hinüberwandern, sie hatten jedoch keine sichere Methode, die Lehnwörter vom übrigen Vokabular zu trennen. Aus diesem Grund neigten sie dazu, sich ganz besonders auf grammatikalische Ähnlichkeiten als Beweis für Sprachverwandtschaft zu verlassen und Ähnlichkeiten zwischen Wörtern nur mit Vorsicht als Beweis anzuführen, außer dort wo diese im ‹Grundvokabular› der betreffenden Sprachen angetroffen wurden, bei den Wörtern also, die am frühesten erlernt und ständig gebraucht werden. Wir wissen heute, daß auch die Grammatik einer Sprache von der einer anderen, mit der sie in Kontakt steht, beeinflußt werden kann; auch ist zweifelhaft – wenn auch unleugbar jene Wörter, die wir als ‹Kulturwörter› bezeichnen wollen, für eine Entlehnung eher in Frage kommen als andere –, ob es überhaupt eine bestimmte Gruppe von Wörtern in einer Sprache gibt, die so grundlegend ist, daß sie gegen ein Ersetztwerden durch Lehnwörter immun ist. Diese Frage ist jedoch weniger bedeutungsvoll, als es vielleicht den Anschein hat. Denn im Fall jener Sprachen, die mit dem größten Erfolg komparativistisch untersucht worden sind, wurde der vage Begriff der Ähnlichkeit zugunsten des genauer definierbaren der *systematischen Übereinstimmung* aufgegeben.

1.3.9 *Die germanischen Lautverschiebungen*

Partielle systematische Übereinstimmungen zwischen den Lauten einander entsprechender Wörter in verschiedenen Sprachen wurden bereits von den frühesten Vertretern der vergleichenden Philologie beobachtet. 1822 wies Jakob Grimm im Gefolge des dänischen Gelehrten Rasmus Rask z. B. auf die folgenden Erscheinungen hin: In den germanischen Sprachen steht oft (I) f, wo andere indogermanische Sprachen (z. B. Latein oder Griechisch) p hatten; (II) p, wo andere Sprachen b hatten; (III) ein ‹th-Laut›, wo andere Sprachen ein t hatten; (IV) ein t, wo andere Sprachen ein d hatten usw., wie es aus der folgenden Tabelle (unvollständig und etwas vereinfacht) für Gotisch (die älteste germanische Sprache, von der wir umfangreiche Dokumente besitzen), Latein, Griechisch und Sanskrit zu ersehen ist.

Tabelle 1

Gotisch	f	p	b	θ	t	d	h	k	g
Latein	p	b	f	t	d	t	c	g	h
Griechisch	p	b	ph	t	d	th	k	g	kh
Sanskrit	p	b	bh	t	d	dh	ś	j	h

(Man beachte, daß θ in der Transkription des Gotischen den stimmlosen Reibelaut ‹th›, wie er in den englischen Wörtern *thick, thin* etc. vorkommt, angibt, zum Unterschied vom entsprechenden stimmhaften Reibelaut z. B. in *then, these* usw.; ebenfalls ist zu beachten, daß th, ph, kh, dh, bh in der Transkription des Griechischen und des Sanskrit aspirierte Verschlußlaute angeben; zur Unterscheidung zwischen Reibelauten und aspirierten Verschlußlauten vgl. 3.2.6.) Beispiele für einige der angeführten Entsprechungen finden sich in den folgenden Wörtern: got. *fotus,* lat. *pedis,* griech. *podós,* skt. *padas* (‹Fuß›); got. *taihun,* lat. *decem* (n. b. das lateinische *c* steht für einen ‹k-Laut›), griech. *déka,* skt. *daśa* (‹zehn›). Grimm erklärte derartige Übereinstimmungen durch die Annahme einer ‹Lautverschiebung› in einer prähistorischen Periode des Germanischen, wodurch die ursprünglich indogermanisch ‹aspirierten› Konsonanten (bh, dh und gh) aspirationslos wurden (b, d und g), die ursprünglich stimmhaften Konsonanten (b, d und g) stimmlos wurden (p, t und k) und die ursprünglich stimmlosen Konsonanten (p, t und k) ‹aspiriert› wurden (f, θ und h). Man beachte, daß unsere Formulierung der Entsprechungen hier nicht genau der Grimmschen entspricht: Sie ist insofern anders, als die modernen Ausdrücke ‹stimmhaft› und ‹stimmlos› (vgl. 3.2.6.) für die von Grimm verwendeten Ausdrücke der klassischen Grammatik eingeführt sind, und, wichtiger noch, insofern als unsere Formulierung phonetisch zwischen den ursprünglichen indogermanischen und den späteren germanischen ‹aspirierten› Lauten unterscheidet. Ferner wird bei uns die spätere ‹hochdeutsche Lautverschiebung› nicht in Betracht gezogen, die Grimm als Teil derselben allgemeinen Entwicklung betrachtete, die sich über viele Jahrhunderte vollzog. Weiter ist unsere Formulierung insofern unpräzise, als sie nur eine unvollständige Übersicht über die Entsprechungen zwischen dem Gotischen und den anderen Sprachen gibt. Trotzdem gibt sie den Kern dessen wieder, was später als Gesetz der germanischen Lautverschiebung zum berühmtesten aller von den Komparativisten aufgestellten ‹Lautgesetze› wurde, und ist für unsere Zwecke hier ausreichend.

Grimm und seine Zeitgenossen erkannten, daß es zu den in Tabelle 1 dargestellten allgemeinen Regeln zahlreiche Ausnahmen gibt. Sie beobachteten z. B., daß das Wort für ‹Vater› nur teilweise den Regeln folgt (vgl. got. *fadar,* lat. *pater,* f = p, aber d = t), obwohl sich das Wort für ‹Bruder› in seiner Konsonantenentwicklung vollkommen ‹regelmäßig› verhält (vgl. got. *broθar* : lat. *frater,* b = f, θ = t). Ausnahmen dieser Art beunruhigten sie nicht weiter, denn sie hatten keinen Grund, absolute ‹Regelmäßigkeit› bei Lautveränderungen anzunehmen. Grimm selbst bemerkte dazu: «Die Lautverschiebung setzt sich in der Mehrzahl der Fälle, niemals aber in jedem einzelnen Fall durch; einige Wörter bleiben in der Form, die sie in der früheren Periode hatten; der Neuerungsstrom hat sie liegen gelassen.»

1.3.10 *Die ‹Junggrammatiker›*

Ein geradezu gegensätzliches Prinzip verkündeten ungefähr fünfzig Jahre später einige Wissenschaftler, die sich selbst als Revolutionäre betrachteten und stolz auf die Bezeichnung ‹Junggrammatiker› waren, die ihre Gegner verachtungsvoll auf sie gemünzt hatten. Das Prinzip wurde von Wilhelm Scherer (1875) folgendermaßen formuliert: «Die Lautwechsel, die wir in dokumentierter Sprachgeschichte beobachten, entwickeln sich aufgrund von festen Gesetzen, die keine Störung, es sei denn im Einklang mit anderen Gesetzen dulden.» Der Anspruch, daß alle Lautveränderungen durch lückenlose *Gesetze* erklärt werden könnten, war äußerst umstritten, erschien zu diesem Zeitpunkt aber vertretbarer als noch zur Zeit Grimms. Zwischen 1820 und 1870 war in der Untersuchung von Lautveränderungen in den verschiedenen Zweigen der indogermanischen Sprachen ein ungeheures Maß an Forschungsarbeit geleistet worden; am Ende dieser Zeitspanne kam es schließlich zu einigen großartigen Entdeckungen, die zur Folge hatten, daß viele der von früheren Gelehrten als ‹irregulär› betrachteten Entsprechungen ihre Erklärung fanden.

1.3.11 *Das ‹Vernersche Gesetz› und andere ‹Lautgesetze›*

1875 veröffentlichte der dänische Gelehrte Karl Verner einen Artikel von ganz besonderer Tragweite, in dem er zeigen konnte, daß Entsprechungen wie gotisch d = lateinisch t (in z. B. got. *fadar* = lat. *pater*), die noch bei Grimm Ausnahmen waren, vollkommen regulär waren, wenn man das ‹Gesetz› dahingehend modifizierte, daß die Akzentposition in den entsprechenden Wörtern des Sanskrit berücksichtigt wurde (in der folgenden Tabelle mit ‹´› markiert).

Tabelle 2

Sanskrit	*bhrā́tar-*	*pitár-*
Gotisch	*brōθar*	*fadar*
Latein	*frāter*	*pater*

Verner nahm an, daß das Sanskrit die Position des früheren indogermanischen Wortakzents bewahrt und daß die germanische ‹Lautverschiebung› stattgefunden hatte, bevor der Akzent in einer vorgeschichtlichen Epoche des Germanischen an den Wortanfang verlagert wurde. Aufgrund dieser Annahme konnten Vorkommen von d (welches zwischen Vokalen möglicherweise ein stimmhafter Reibelaut war, d. h. ausgesprochen wurde wie th in englisch *father*) mithilfe des folgenden ‹Gesetzes› erklärt werden: Die bei der germanischen Lautverschiebung entstandenen stimmlosen aspirierten Laute (f, th, h) blieben erhalten, wenn die vorhergehende Silbe den Akzent trug (also got. *brōθar* usw.), wenn nicht, dann wurden sie stimmhaft (zu jeweils b, d, g; daher got. *fadar* usw.). Es mag hinzugefügt werden, daß die Gleichheit der Media in den englischen Wörtern *father* und *brother* auf eine englische Sonderentwicklung zurückzuführen ist. Sie waren im Altenglischen verschieden und sind es noch im Neuhochdeutschen (vgl. *Vater* : *Bruder*), obwohl sie sich infolge der ‹hochdeutschen Lautverschiebung›, die verhältnismäßig spät erfolgte und nur das Deutsche betraf, phonetisch verändert haben.

Neben dem ‹Vernerschen Gesetz› wurde ungefähr zu derselben Zeit eine Reihe anderer wichtiger ‹Lautgesetze› aufgestellt. Sie erklärten einige aus der allgemeinen Übereinstimmung zwischen den verschiedenen indogermanischen Sprachen herausfallende Erscheinungen, die den Gelehrten großes Kopfzerbrechen bereitet hatten. Diese ‹Lautgesetze› verhalfen der Philologie zu einer weitaus klareren Vorstellung von der relativen Chronologie der Entwicklungen innerhalb der verschiedenen indogermanischen Sprachen und bestärkten den Glauben an eine prinzipielle Gesetzlichkeit in allen Lautveränderungen. Obwohl dieses Prinzip auf heftigen und weitverbreiteten Widerstand stieß, als es zuerst von den ‹Junggrammatikern› verkündet wurde, wurde es am Ende des neunzehnten Jahrhunderts von den meisten Vertretern der vergleichenden Philologie anerkannt.

Die methodologische Bedeutung des Grundsatzes von der Gesetzlichkeit der Lautveränderungen war ungeheuer. Indem die Aufmerksamkeit der Gelehrten auf die Ausnahmen zu den von ihnen aufgestellten ‹Gesetzen› gelenkt wurde, wurden sie dazu gezwungen, entweder diese ‹Gesetze› präziser zu formulieren (wie das Gesetz von der germanischen Lautverschiebung durch das Vernersche Gesetz präzisiert worden war) oder eine befriedigende Erklärung für jene Wörter zu finden, die sich nicht in Übereinstimmung mit den ‹Gesetzen› entwickelt hatten, für die sie die Voraussetzungen zu erfüllen schienen.

1.3.12 *Erklärung von Ausnahmen durch ‹Entlehnung›*

Viele offensichtliche Ausnahmen zu den ‹Lautgesetzen› konnten als Lehnwörter erklärt werden, die aus einer verwandten Nachbarsprache oder einem Dialekt übernommen worden waren, nachdem das ‹Gesetz›, das sie zu verletzen schienen, bereits wirksam gewesen war. Ein Beispiel hiefür ist eines der lateinischen Wörter für ‹rot›, *rufus*, das ein f aufweist, wo der Vergleich mit Wörtern anderer indogermanischer Sprachen und das entsprechende für das Lateinische aufgestellte ‹Lautgesetz› (wir wollen hier nicht ins Detail gehen) uns ein b erwarten läßt. Es gibt auch tatsächlich ein anderes lateinisches Wort für ‹rot›, *ruber*, das das erwartete b enthält (es hat eine andere Endung, aber das berührt uns hier nicht). Die Existenz solcher ‹Dubletten› und der Unterschied zwischen ihnen wird glaubhaft durch die Annahme erklärt, daß das Lateinische *rufus* aus einem der eng verwandten Nachbardialekte entlehnte, wo, wie wir aus anderen Beispielen wissen, f die regelhafte Entwicklung war.

1.3.13 *Die Rolle der Analogie*

Der zweite Hauptfaktor, den die ‹Junggrammatiker› für Ausnahmen zu ihren Lautgesetzen verantwortlich machten, war die von ihnen so bezeichnete *Analogie.* Man hatte schon lange erkannt, daß die Entwicklung der Sprache oft von der Tendenz beeinflußt wurde, neue Formen ‹in Analogie› zu den gebräuchlicheren oder reguläreren Bildungsmustern zu produzieren, und zwar aufgrund derselben Tendenz, die etwa hinter den formalen Bildungen eines englischsprechenden Kindes steht: *flied, goed, tooths* (statt *flew, went* und *teeth*); vgl. etwa deutsch *fliegte* statt *flog, gehte* statt *ging* usw. Da man glaubte, daß diese Tendenz die Einführung ‹unkorrekter› Formen in der Sprache bewirkte, machte man sie für die ‹Korruption› der Sprache in einer Zeit der Degeneration und des Kulturverfalls verantwortlich. Und man meinte, daß die Grammatiker – genau wie Eltern und Lehrer die falschen Analogiebildungen des Kindes korrigieren sollten – die ‹falschen Analogien› der erwachsenen Sprecher, die sich zu verbreiten drohten, zu berichtigen hätten. Als im Laufe des neunzehnten Jahrhunderts der historischen und prähistorischen Entwicklung der klassischen und der Vulgärsprachen Europas immer größere Beachtung geschenkt wurde, erkannte man allmählich, daß die ‹Analogie› zu jeder Zeit einen wichtigen Faktor in der Sprachentwicklung darstellte und nicht nur Perioden des Niedergangs und der Korruption zugeschrieben werden kann.

Der Einfluß der Analogie und die Möglichkeit, mit ihrer Hilfe Ausnahmen zu den Lautgesetzen zu erklären, kann unter Hinweis auf eine gewisse Klasse von Nomina im Lateinischen beleuchtet werden. Nehmen wir z. B. den Nominativ und Genetiv Singular des griech. Wortes *génos,* des lat. *genus* und Sanskrit *janas* (Wörter, die mit dem engl. *kin* verwandt sind und mit ‹Familie›, ‹Rasse›, ‹Spezies› usw. übersetzt werden können): griech. *génos, génous,* lat. *genus, generis,* skt. *janas, janasas.* Aufgrund der Entsprechungen, für die diese Wörter (neben vielen anderen) beispielhaft sind, können die folgenden Lautgesetze für die Entwicklung des rekonstruierten ‹ursprünglichen› indogermanischen *s aufgestellt werden:

(I) im Sanskrit ist das ‹ursprüngliche› *s erhalten (in allen für das gegenwärtige Beispiel in Betracht kommenden Fällen);

(II) im Griechischen ist das ‹ursprüngliche› *s
- (a) erhalten vor und nach Konsonanten und am Wortende,
- (b) zu h geworden am Wortanfang (vgl. griech. *heptá,* lat. *septem,* skt. *sapta,* engl. *seven*),
- (c) verschwunden zwischen Vokalen (daher *genesos* → *géneos* → *génous*);

(III) im Lateinischen ist das ‹ursprüngliche› *s
- (a) erhalten vor und nach Konsonanten, ebenso am Wortanfang und Wortende,
- (b) zu r geworden zwischen Vokalen (daher **genesis* → *generis*).

Die Formen von griech. *génos* und lat. *genus* haben sich also ‹regulär› entwickelt. (Der Stern dient nach dem Usus der vergleichenden Philologie dazu, ‹rekonstruierte› Laute oder Formen von den tatsächlich in den überlieferten Texten belegten Lauten oder Formen zu unterscheiden.) Wir befassen uns hier zwar nur mit der Entwicklung von indogermanisch *s, doch sind die Beispiele auch im Hinblick auf die Lautgesetze, die für die anderen Konsonanten und Vokale des Indogermanischen aufgestellt wurden, ‹regelmäßig›. Es gibt aber sowohl im Griechischen als auch im Lateinischen ‹Ausnahmen› zu diesen ‹Lautgesetzen›. Wir wollen ein lateinisches Beispiel anführen: Bei den klassischen Autoren finden wir unterschiedliche Formen für den Nominativ Singular des Wortes für ‹Ehre› – im allgemeinen schreiben die früheren Autoren *honos* und die späteren *honor* – während sie einig sind bei den Formen der anderen ‹Fälle›: *honoris, honorem* usw. Die Formen *honoris, honorem* usw. sind ‹regelmäßig› (von **honosis,* **honosem* usw.) aufgrund der oben beschriebenen ‹Gesetze›; dasselbe gilt für *honos* (*s bleibt am Wortende erhalten). Nun gibt es im Lateinischen viele Wörter, bei denen sich ein r ‹regulär› aus einem indogermanischen *r entwickelt hat: *cultor, cultoris, cultorem* usw. Die Form *honor* kann also damit erklärt werden, daß *honos* aufgrund von ‹Analogie› ersetzt wurde, was bewirkte, daß *honor : honoris* usw. an *cultor : cultoris* angeglichen wurde. Tatsächlich ist das Wort *honor* nur ein Beispiel aus einer großen Klasse von lateinischen Nomina desselben Typs (vgl. *amor* ‹Liebe›, *labor* ‹Arbeit›, *limor* ‹Frucht› usw.); im Gegensatz dazu stehen einsilbige Wörter wie *flōs : flōris* (‹Blume›), *mōs : mōris* (‹Brauch›) usw., bei denen das ‹reguläre› s im Nominativ Singular der klassischen lateinischen Formen erhalten blieb. (Für den Lateiner mag darauf hingewiesen werden, daß die hier gegebene Übersicht über die Entwicklung dieser Wörter etwas vereinfacht wurde und daß die Länge des o-Vokals der Endungen nicht beachtet wurde; ‹Analogie› ist auch hier relevant.)

Einige der von den ‹Junggrammatikern› und ihren Nachfolgern aufgestellten ‹Gesetze› hatten einen außerordentlich beschränkten Anwendungsbereich; viele unwahrscheinliche ‹Analogien› wurden vorgeschlagen; und man nahm vielfach von Formen an, daß sie Entlehnungen seien, ohne auf den Dialekt, aus dem sie möglicherweise entlehnt worden waren, hinzuweisen. Im Lichte der Forschungstätigkeit der vergangenen achtzig Jahre auf dem Gebiet der historischen und vergleichenden Linguistik erkennen wir heute, daß die von den ‹Junggrammatikern› zwischen ‹Lautgesetzen›, ‹Entlehnung› und ‹Analogie› vorgenommene Trennung zu scharf gezogen war. Gewisse Lautveränderungen können ihren Ursprung in einem Wort oder in einer kleinen Gruppe von Wörtern, die aus einem Nachbardialekt entlehnt wurden, gehabt haben und haben sich dann möglicherweise aufgrund von ‹Analogie› auf eine größere Klasse von Wörtern ausgedehnt. Nachdem dies geschehen ist, kann man eventuell die Veränderung (sozusagen ‹makroskopisch›) mithilfe eines allgemeinen ‹Gesetzes› beschreiben. Das heißt jedoch nicht, daß die betreffende Veränderung durch ein ‹Gesetz› bewirkt wurde, das von außen her die Sprache beeinflußt.

1.3.14 *Positivistische Einstellung der Sprachwissenschaft im neunzehnten Jahrhundert*

Die ‹Evolution› war, obwohl keineswegs neu, eine der beherrschenden Ideen der Gedankenwelt des neunzehnten Jahrhunderts. Es war eine Idee, die von der Romantik in ihrer Reaktion auf die klassische Tradition begeistert aufgenommen wurde. Mit der Veröffentlichung von Darwins Buch ‹Über die Entstehung der Arten› (1859) und damit, daß das Prinzip der natürlichen Selektion an die Stelle des Prinzips der Vorsehung trat, wurde nicht nur der evolutionären Biologie die Möglichkeit eröffnet, sich die vorherrschende mechanistische oder positivistische Weltanschauung der ‹Natur›wissenschaften anzueignen; vielmehr dachte man jetzt, daß die ganze Idee der ‹Evolution› eine solidere ‹wissenschaftliche› Basis bekommen habe. Viele Einzelheiten im sprachwissenschaftlichen Gedankengut des neunzehnten Jahrhunderts können auf den Einfluß der evolutionären Biologie zurückgeführt werden, worauf wir hier jedoch nicht einzugehen brauchen. Was hervorgehoben werden muß, ist die Tatsache, daß der offensichtliche Erfolg der positivistischen Anschauung in der Biologie dazu führte, daß man in allen Sozialwissenschaften nach ‹Entwicklungsgesetzen› suchte. Bei ihrem Versuch, eine Theorie der Sprachveränderung auf der Grundlage jener Prinzipien aufzustellen, die man als die fundierten positivistischen Grundsätze der ‹alten› Wissenschaften betrachtete, folgten die ‹Junggrammatiker› nur dem Beispiel der damaligen Sozialwissenschaftler. Die moderne Linguistik hat sich von der positivistischen Wissenschaftsauffassung freigemacht, und, wie wir sehen werden, ist ihr Hauptgegenstand auch nicht mehr die ‹Evolution› von Sprachen.

1.3.15 *Vergleichende Philologie und allgemeine Sprachwissenschaft*

Die vergleichende Sprachwissenschaft (als Teil der allgemeinen Sprachwissenschaft) ist eine erklärende Wissenschaft. Sie macht es sich zur Aufgabe, die evidente Tatsache zu erklären, daß Sprachen sich ändern und daß verschiedene Sprachen miteinander (in verschiedenem Grad) verwandt sind. Die Veränderungen, denen Sprachen unterliegen, und die verschiedenen Grade sprachlicher Verwandtschaft werden mithilfe von Hypothesen erklärt, die wie alle anderen wissenschaftlichen Hypothesen immer wieder revidiert werden, wenn sich neue Belege finden oder wenn man sich einen Standpunkt zu eigen macht, von dem aus das Material neu betrachtet und geordnet wird. Die ‹indogermanische› Hypothese ist aus beiden Gründen ständig modifiziert worden. Wir interpretieren heute den Ausdruck ‹Evolution› weitgehend anders als gewisse Gelehrte des neunzehnten Jahrhunderts; wir verstehen vielleicht die Ausdrücke ‹Lautgesetz›, ‹Rekonstruktion› und ‹Analogie› ein wenig anders; wir erkennen möglicherweise klarer als unsere Vorgänger, daß sprachliche Veränderung nicht einfach eine Funktion der Zeit, sondern auch der sozialen und geographischen Gegebenheiten ist; und wir werden vielleicht zugeben, daß Sprachen, unter gewissen Bedingungen, im Laufe der Zeit sowohl ‹konvergieren› als auch ‹divergieren› können. Keine dieser Modifikationen reicht jedoch aus, um die Methoden oder die seinerzeit gezogenen Schlüsse der vergleichenden Sprachwissenschaft vollkommen zu entkräften.

Da wir uns im vorliegenden Buch nicht mit der Geschichte der Sprachwissenschaft um ihrer selbst willen befassen, wollen wir die Methodik des Vergleichs, wie sie im Laufe des neunzehnten und zwanzigsten Jahrhunderts ausgearbeitet wurde, hier nicht weiter behandeln. Wir beschließen das vorliegende Kapitel, indem wir darstellen, wie im wesentlichen die vergleichende Sprachwissenschaft zur Bildung der für die heutige theoretische Linguistik charakteristischen Einstellungen und Annahmen beigetragen hat.

Eine der unmittelbarsten und bedeutendsten Auswirkungen der Beschäftigung des neunzehnten Jahrhunderts mit der ‹Evolution› war die Erkenntnis, daß formale Veränderungen bei Wörtern und Wortgruppen in den geschriebenen Texten und Inschriften einer vergangenen Zeit im allgemeinen aufgrund von belegten oder postulierten Veränderungen der entsprechenden gesprochenen Sprache (mithilfe von ‹Lautgesetzen›) erklärt werden können. Die frühesten Vertreter der vergleichenden Philologie hatten die klassische Auffassung übernommen, daß die geschriebene Sprache in gewisser Hinsicht über der gesprochenen stünde, und beschrieben weiterhin sämtliche Veränderungen als Veränderungen der ‹Buchstaben›, aus denen sich ein Wort zusammensetzt. Jede systematische Erklärung sprachlicher Entwicklung indessen – das merkte man bald – muß theoretisch und praktisch dem Prinzip Rechnung tragen, daß Buchstaben (in einem alphabetischen Schriftsystem) nur Symbole für die Laute der entsprechenden gesprochenen Sprache sind. Wie wir im folgenden Kapitel sehen werden, besteht eine der grundlegenden Annahmen der modernen Linguistik darin, daß nicht Schrift sondern Laut das primäre Medium der Sprache ist. Die vergleichende Philologie gab so den Anstoß zu einem mächtigen Aufschwung in der Entwicklung der Phonetik (sie wurde übrigens auch von den Theorien der indischen Grammatik beeinflußt: vgl. 1.2.10), was seinerseits zu der Formulierung allgemeinerer und stärker überzeugender ‹Lautgesetze› beitrug.

Nicht weniger bedeutsam ist die Tatsache, daß man von der Mitte des neunzehnten Jahrhunderts an allmählich das Verhältnis zwischen ‹Sprachen› und ‹Dialekten› richtiger verstand. Ein intensives Studium der Geschichte der klassischen und modernen europäischen Sprachen ließ klar erkennen, daß die Regional‹dialekte› keineswegs unvollkommene und verzerrte Versionen der literarischen Hochsprachen sind (wie man oft gemeint hatte), sondern sich mehr oder weniger unabhängig von diesen entwickelt haben. Sie sind nicht weniger systematisch – Regelmäßigkeit der grammatischen Struktur, der Aussprache und des Wortschatzes ist ihnen ebenso eigen wie den Hochsprachen – und sind in jenen Kontexten, in denen sie gebraucht werden, als Kommunikationsmittel auch nicht weniger brauchbar. Es stellte sich in der Tat heraus, daß die Unterschiede zwischen ‹Sprachen› und nahe verwandten ‹Dialekten› zum Großteil eher politischer und kultureller als linguistischer Art sind. Von einem streng linguistischen Standpunkt aus ist, was gewöhnlich als ‹Sprache› betrachtet wird (die Standardversionen des Lateinischen, Englischen, Französischen usw.), bloß ein ‹Dialekt›, der dank irgendeinem geschichtlichen ‹Zufall› politische oder kulturelle Bedeutung erlangt hat. Von diesem Gesichtspunkt aus betrachtet war es z. B. sprachlich rein ‹zufällig›, daß der ‹Dialekt› von Rom und Umgebung sich mit dem Wachsen des römischen Imperiums ausbreiten und zu jener ‹Sprache›, die wir Latein nennen, werden sollte. Nichts in der Struktur des Lateins selbst ist für diese Entwicklung verantwortlich. Natürlich kann der Gebrauch eines bestimmten ‹Dialekts› in Literatur, Verwaltung, Philosophie und bei einer Vielfalt anderer Zwecke und Tätigkeiten dazu führen, daß er ein entsprechend reiches Vokabular entwickelt, in dem alle Unterscheidungen enthalten sind, die für ein befriedigendes Funktionieren notwendig sind. Das ist etwas ganz anderes: Es handelt sich hier um die Auswirkung und nicht um die Ursache der Bedeutung, die die Sprache einer bestimmten Gemeinschaft erlangt hat. Im allgemeinen sind die Hochsprachen der verschiedenen Länder aus den ‹Dialekten› der gesellschaftlich dominierenden oder regierenden Klassen dieser Länder entstanden.

Weiter ergab sich aus der Untersuchung der regionalen ‹Dialekte› (in jenem Zweig der Linguistik, der als Dialektologie oder Dialektgeographie bezeichnet wird), daß es unmöglich ist, eine scharfe Grenze zwischen ‹Dialekten› derselben Sprache oder benachbarter Sprachen zu ziehen. In den Gebieten der Erde, wo die politischen Grenzen oft gewechselt haben, oder dort, wo wichtige Handels- und Kommunikationswege politische Grenzen durchschneiden, kann ein Dialekt, den man allgemein als der einen Sprache zugehörig betrachtet, mehr oder weniger unmerklich in den Dialekt einer anderen Sprache übergehen. Z. B. werden auf beiden Seiten der niederländisch-deutschen Grenze Dialekte gesprochen, die gleich nahe verwandt mit (bzw. gleich weit entfernt von) der niederländischen Hochsprache wie dem Hochdeutschen sind. Wenn wir das Gefühl haben, sie müßten Dialekte entweder der einen oder der anderen Sprache sein, sind wir Opfer der traditionellen Ansicht über die Beziehung von ‹Sprache› und ‹Dialekt›. Es sei hinzugefügt, daß Urteile in derartigen Fragen nur allzuoft von politischen oder nationalistischen Vorurteilen beeinflußt sind.

Die Annahme, daß alle Sprachen dieselbe grammatische Struktur aufweisen (vgl. 1.2.7), wird von den Linguisten nicht mehr allgemein bejaht. Ein Grund dafür ist der von der vergleichenden Philologie des neunzehnten Jahrhunderts erbrachte Beweis, daß sich alle Sprachen ständig ändern, vor allem daß das klassische Griechisch und Latein, vom Standpunkt des Sprachwissenschaftlers aus betrachtet, nur Stadien in einem Prozeß steter Entwicklung waren und daß ein Großteil ihrer grammatischen Strukturen mithilfe von Einengung oder Erweiterung eines früheren Systems grammatischer Begriffe erklärt werden kann. Man erkannte, daß verschiedene

Sprachen und verschiedene chronologische Stadien derselben Sprache sich wesentlich in ihren grammatischen Strukturen unterscheiden können; und es war nicht länger möglich zu behaupten, daß das traditionelle Gebäude der grammatischen Kategorien für das Funktionieren der menschlichen Sprache essentiell sei. Dieser Schluß wurde durch die Erforschung einer weit größeren Reihe von Sprachen bestätigt, als sie früheren Gelehrten zugänglich waren, die die universale Gültigkeit der traditionellen grammatischen Theorie vertreten hatten. Wie wir sehen werden, gründet die gegenwärtige linguistische Theorie auf weit allgemeineren Annahmen, als sie die traditionelle Grammatik voraussetzte.

1.3.16 *Analogie und Struktur*

Dem Leser ist sicherlich nicht entgangen, daß im Gegensatz zur traditionellen Grammatik, die die ‹Analogie› als das Prinzip der Regelmäßigkeit in der Sprache betrachtete, die vergleichende Philologie des späten neunzehnten Jahrhunderts dazu neigte, ‹Analogie› als einen der Hauptfaktoren anzusehen, der die ‹reguläre› Entwicklung der Sprache hinderte (vgl. 1.2.3). Diesen Widerspruch können wir nun erklären. Befassen wir uns wie die meisten Gelehrten des neunzehnten Jahrhunderts primär mit der Erstellung einer Theorie des Sprachwandels, so können wir die Tatsache übersehen, daß nicht nur die Veränderungen, sondern auch die gleichgebliebenen Erscheinungen in der Sprache der folgenden Generationen erklärt werden müssen. Wenn ein Kind, das Englisch lernt, eher die Form *comed* als *came* oder *tooths* statt *teeth* verwendet, so wahrscheinlich deshalb, weil es die Prinzipien erfaßt hat, nach denen das Präteritum der meisten Verben und der Plural der meisten Nomina im Englischen gebildet werden: Es hat einige Regelmäßigkeiten bzw. einige Regeln der Sprache gelernt. Wäre es dem Kind nicht gelungen, diese Grundsätze der regelmäßigen Bildung zu erfassen, so könnte es allenfalls papageienhaft sprachliche Äußerungen, die es in seiner Umwelt vorher gehört hätte, wiederholen. Wir gestehen ihm ein ‹Beherrschen› der Sprache erst dann zu, wenn es fähig ist, neue Äußerungen zu konstruieren, die als normal erkannt und von anderen Sprechern derselben Sprache verstanden werden.

Das Wesentliche ist, daß die Ordnung oder *Struktur* (wir werden auf diesen Ausdruck im folgenden Kapitel zurückkommen) der Sprache auf verschiedenen Ebenen gesehen werden muß. In jeder Sprache gibt es Regeln, nach denen Laute sich miteinander zu Wörtern verbinden oder nach denen dieselben Laute je nach ihrer Stellung im Wort oder Satz etwas anders ausgesprochen werden. Daneben gibt es Regelmäßigkeiten bei der Bildung von Wörtern und Sätzen im Hinblick auf ihre grammatische Funktion. Nichts an der Form *came* ist anomal, was die Aussprache betrifft: vgl. *lame*, *maim*, *game*, *same* usw. Unregelmäßig an *came* ist sein Verhältnis zu *come* im Gegensatz zu *love: loved*, *jump* : *jumped* usw. Weil Formen wie *came* von den regulären grammatischen Bildungsprinzipien nicht erfaßt werden, neigen sie bei der Weitergabe der Sprache von einer Generation an die nächste zur Normalisierung. Das war auch den ‹Junggrammatikern› klar. Sie trennten jedoch scharf zwischen dem ‹physischen› Medium, in dem sich Sprache manifestiert – ihren Lauten – und den ‹psychologischen› Aspekten der grammatischen Struktur; und sie nahmen an, daß nur der ‹physische› Teil sich regelhaft aufgrund von ‹Gesetzen› entwickle. Wir wissen heute, daß man nicht ausschließlich, ja nicht einmal primär mithilfe der ‹physischen› Natur der Laute erklären kann, wie diese sich miteinander verbinden, um Wörter und Sätze zu bilden. Das Prinzip der Analogie ist nicht weniger relevant für die Bildung regulärer Lautgruppen in bestimmten Sprachen als für die Bildung von grammatischen ‹Paradigmen› (vgl. 1.2.3). Das Kind muß das eine genau wie das andere lernen.

Der Prozeß der sprachlichen Veränderung kann als die Ersetzung eines Systems von ‹Analogien› und ‹Anomalien› durch ein anderes betrachtet werden. Veränderungen können entweder durch ‹externe› Ursachen wie Entlehnung oder durch den ‹internen› Faktor des ‹strukturellen Drucks› bewirkt werden. Unter strukturellem Druck verstehen wir die Tendenz, die ‹Anomalien› entsprechend den allgemeinen Paradigmen der Sprache zu regularisieren. Da Veränderungen gleichzeitig auf verschiedenen Ebenen des Sprachsystems erfolgen können, ergibt sich daraus nicht notwendig die allmähliche Ausmerzung aller Unregelmäßigkeiten. Z. B. war der Wechsel von s zu r zwischen Vokalen im prähistorischen Latein eine regelmäßige Entwicklung (vgl. 1.3.13). Sie begann möglicherweise in nur ein oder zwei Wörtern und breitete sich dann ‹durch Analogie› aus; ob nun der Wechsel in allen Wörtern gleichzeitig vor sich ging oder nicht, das Ergebnis war ein etwas verändertes System auf der Ebene der erlaubten Lautkombinationen (s erscheint nicht mehr zwischen Vokalen). Diese neue Regelmäßigkeit auf der Lautebene schuf jedoch, wie wir gesehen haben, grammatische ‹Anomalien› wie *honos* : *honoris* usw., im Gegensatz zu *cultor* : *cultoris* usw. Diese Anomalien wiederum wurden nachträglich durch strukturellen Druck auf der grammatischen Ebene an die regelmäßigen Bildungen angeglichen (*honor* : *honoris*). Gerade weil die Veränderungen auf den verschiedenen Ebenen des Systems nicht immer phasengleich sind, weil einander störende Prinzipien der Analogie zur selben Zeit wirken können und weil besonders häufige Formen (z. B. *came*, *went*) widerstandsfähig gegen Normalisierung sind, erreichen Sprachen niemals einen Zustand anomaliefreier Ausgeglichenheit. Nicht alle diese Möglichkeiten wurden hier beleuchtet, doch läßt sich aus dem Gesagten bereits verstehen, daß selbst die Unregelmäßigkeiten der Sprache aus vormaligen Regelmäßigkeiten entstanden sein können, wie paradox dies auch erscheinen mag; ebenso folgt daraus klar, daß Analogie oder Modell oder Struktur das dominierende Prinzip ist, ohne das Sprachen nicht erlernbar wären oder nicht gebraucht werden könnten, um etwas zu sagen, was vorher noch nicht gesagt worden ist. Die Beobachtung der verschiedenen Strukturebenen der Sprache bzw. ihre Baupläne führen uns zum dritten der chronologischen Abschnitte in der Geschichte der Linguistik, zur Periode der ‹*Strukturellen Linguistik*› des zwanzigsten Jahrhunderts.

1.4 *Die moderne Linguistik*

1.4.1 *Ferdinand de Saussure*

Wenn irgendeine Einzelpersönlichkeit der Begründer der modernen Linguistik genannt werden soll, so ist dies der große Schweizer Gelehrte Ferdinand de Saussure, dessen Vorlesungen (aus den Notizen seiner Studenten nach seinem Tod rekonstruiert) 1916 als ‹Cours de linguistique générale› veröffentlicht wurden. Heute können viele verschiedene linguistische Schulen unterschieden werden, sie alle sind jedoch direkt oder indirekt (in verschiedenem Ausmaß) von de Saussures ‹Cours› beeinflußt worden. Wir werden zwar Gelegenheit haben, auf einige dieser verschiedenen ‹Schulen› in späteren Kapiteln zurückzukommen, doch soll kein umfassender Versuch unternommen werden, eine Bestandsaufnahme ihres Beitrags zur Entwicklung der Sprachwissenschaft während der vergangenen fünfzig Jahre zu machen. Der vorliegende Abschnitt wird daher auch das Prinzip der chronologischen Darstellung aufgeben und nur die wichtigsten Merkmale aufzählen, die die moderne Linguistik in ihrer Gesamtheit von der Sprachwissenschaft der vorangegangenen Epochen unterscheidet.

1.4.2 *Priorität der gesprochenen Sprache*

Wie wir bereits gesehen haben (vgl. 1.2.4 und 1.2.8), neigte der traditionelle Grammatiker zu der Ansicht, daß die gesprochene Sprache ein niedrigeres Niveau habe als die geschriebene Hochsprache und daß sie in gewissem Sinne von ihr abhängig sei. In bewußtem Gegensatz zu dieser Auffassung behauptet der moderne Linguist (wenn auch mit gewissen wichtigen Einschränkungen, die wir gleich anführen wollen), daß die gesprochene Sprache primär ist und daß Schreiben im wesentlichen ein Mittel ist, Rede in einem anderen Medium darzustellen.

Der Grundsatz der Priorität der gesprochenen Sprache gegenüber der geschriebenen impliziert zunächst, daß Rede älter und weiter verbreitet ist als Schrift. Es wird manchmal behauptet, man könne das größere Alter der Rede im Vergleich zur Schrift nicht ‹beweisen›. Aber dies trifft nur dann zu, wenn der Ausdruck ‹Beweis› mit wesentlich größerer Strenge gebraucht wird, als wir das im allgemeinen im Zusammenhang mit historischen Tatsachen zu tun pflegen. Uns ist kein Schriftsystem bekannt, dessen Geschichte um mehr als sechs oder sieben Jahrtausende zurückreicht. Auf der anderen Seite ist noch nie etwas von einer größeren Gruppe von Menschen bekannt geworden, die nicht sprachen. Viele Hunderte von Sprachen standen niemals in Zusammenhang mit einem Schriftsystem, bis sie von Missionaren oder Linguisten in unserer Zeit schriftlich festgehalten wurden. Man kann also mit gutem Grund annehmen, daß Rede bis zu den Anfängen der menschlichen Gesellschaft zurückreicht.

Die Altersrelation von Rede und Schrift ist jedoch von zweitrangiger Bedeutung. Wesentlicher für das Verständnis des Verhältnisses zwischen Rede und Schrift ist die Tatsache, daß alle Schriftsysteme nachweislich auf Einheiten der gesprochenen Sprache zurückgehen. (In einigen Fällen muß man auf ein früheres Stadium einer bestimmten Sprache oder auf eine andere Sprache zurückgreifen, von der das Schriftsystem übernommen wurde; dies entkräftet jedoch die prinzipielle Feststellung nicht). Bei der Beschreibung der gesprochenen Sprache hat der Linguist im allgemeinen drei verschiedene Arten von Einheiten zu unterscheiden: ‹Laute›, ‹Silben› und ‹Wörter›. Nun sind aber alle gemeinhin verwendeten Schriftsysteme auf einer oder der anderen dieser Einheiten aufgebaut: *alphabetische* Systeme auf ‹Lauten›, *silbische* auf ‹Silben› und *ideographische* auf ‹Wörtern›. Wenn man voraussetzt, daß alle drei ‹Elemente› vorher in der gesprochenen Sprache vorhanden sind, fällt es nicht schwer, jedes einzelne der Hauptschriftsysteme von einem verschiedenen ‹Element› der gesprochenen Sprache abzuleiten. Wenn auch ein bestimmtes Alphabet oder ein bestimmtes Syllabar (Silbenalphabet) vielleicht für gewisse Sprachen besser geeignet ist als für andere, so besteht doch keine gegenseitige Abhängigkeit zwischen der allgemeinen Struktur verschiedener gesprochener Sprachen und der für ihre Darstellung verwendeten Art von Schriftsystem. Das gesprochene Türkisch änderte sich nicht, als die arabische Schrift 1926 durch die lateinische ersetzt wurde; und keine Veränderung des gesprochenen Chinesisch verbindet sich mit dem Vorschlag der gegenwärtigen Regierung, eine alphabetische Schrift anstatt des überlieferten ideographischen Systems einzuführen.

Aus historischen Gründen (gewöhnlich infolge von Lautveränderung oder Entlehnung aus anderen Sprachen mit anderen orthographischen Konventionen) könnten bestimmte Wörter wohl in ihrer geschriebenen, nicht aber in ihrer gesprochenen Form unterschieden werden; Beispiele dafür (traditionell *Homophone* genannt) sind etwa die englischen Wörter: *great* (‹groß›) und *grate* (‹zerreiben›; ‹Gitter›), *meat* (‹Fleisch›) und *meet* (‹zusammentreffen›), *seen* (‹gesehen›) und *scene* (‹Kulisse›). Umgekehrt können Wörter, die gleich geschrieben sind, verschieden ausgesprochen werden: Englische Beispiele für solche Formen (die wir als *Homographe* bezeichnen) sind die Wörter, die *lead* (‹führen›; ‹Blei›) und *read* (‹lesen›; ‹gelesen›) geschrieben werden (und die sowohl auf *bleed* als auch auf *bled* gereimt werden können). Je länger eine Sprache niedergeschrieben (und in Literatur und Verwaltung verwendet) wurde, desto größer ist gewöhnlich die Kluft zwischen Orthographie und Aussprache, außer natürlich in jenen Fällen, wo diese Kluft periodisch durch Orthographiereformen korrigiert wurde. Wenn wir die Geschichte durchgehen, finden wir, daß Schreibgewohnheiten meist konservativ sind; dieser Konservatismus erklärt sich zum Teil durch das Vorherrschen der ‹klassischen› Auffassung von sprachlicher Veränderung als ‹Korruption› (vgl. 1.2.4); er wurde in unserer Zeit durch die Standardisierung der Rechtschreibung für den Druck noch weiter verstärkt.

Es gibt wichtigere Unterschiede zwischen der gesprochenen und geschriebenen Sprache als jene, die durch die Herausbildung von Homophonie und Homographie entstanden sind. Kein Schriftsystem gibt alle bedeutungstragenden Variationen von Tonhöhe und Akzent wieder, die in gesprochenen Äußerungen enthalten sind; und die Konventionen der Zeichensetzung zur Unterscheidung verschiedener Arten von Sätzen (z. B. Verwendung von Ausrufe- oder Fragezeichen anstelle des Punktes) und der Usus, betonte Wörter kursiv zu drucken, stellen nur einen unvollkommenen Behelf dar, diesen Mangel auszugleichen. Darüberhinaus gibt es in den Situationen, für die der Gebrauch der geschriebenen Sprache charakteristisch ist, keine direkte Konfrontation, bei der sich Schreiber und Leser von Angesicht zu Angesicht gegenüber befinden; eine die Rede begleitende, möglicherweise in Gesten und Gesichtsausdruck enthaltene Information muß daher verbal weitergegeben werden. Derartige Unterschiede zwischen Rede und Schrift gibt es stets, und das bedeutet, daß die geschriebene Sprache nicht *nur* als Übertragung der gesprochenen Sprache in ein anderes Medium betrachtet werden kann.

Für gewisse Sprachen muß das Prinzip der Priorität von Rede vor Schrift noch genauer ausgeführt werden. In einer gebildeten Gesellschaft, insbesonders in einer, die zur Kenntnis und Wertschätzung der literarischen Werke der Vergangenheit erzogen ist, können sich die geschriebene und die gesprochene Sprache mit verschiedener Geschwindigkeit entwikkeln und allmählich beträchtlich in Wortschatz und Grammatik voneinander abweichen. Das moderne Französisch ist hier ein besonders auffälliges Beispiel. Es gibt nicht nur ein großes Maß an Homophonie bei grammatisch nicht verwandten Formen (vgl. *cou* ‹Hals›, *coup* ‹Schlag› usw., *coût* ‹kostet›, die alle gleich ausgesprochen werden), sondern auch viele grammatisch verwandte Formen (z. B. Singular und Plural desselben Nomens oder Verbums), die, obwohl verschieden geschrieben, in der gesprochenen Sprache überhaupt nicht unterschieden werden (z. B. *il pense* und *ils pensent,* ‹er denkt› und ‹sie denken›). Infolgedessen sind viele französische Sätze, wenn sie gesprochen (und aus ihrem Zusammenhang gerissen) werden, zweideutig, obwohl sie in der geschriebenen Form vollkommen klar sind (z. B. *il vient toujours à sept heures : il vient toujours à cette heure,* ‹Er kommt immer um sieben Uhr› : ‹Er kommt immer um diese Zeit›). Bedeutsamer noch als die Homophonie ist der Umstand, daß gewisse Verbformen, besonders die ‹einfachen› Präteritalformen (z. B. *donna* ‹gab›, *répondit* ‹antwortete› usw.) und der Konjunktiv des Präteritums (*qu'il donnât* ‹daß er geben möge›) aus dem gesprochenen Französisch verschwunden sind und von den französischen Kindern erst in der Schule erlernt werden (und das auch nur für den schriftlichen Gebrauch). Neben diesen Unterschieden in der grammatischen Struktur bestehen auch vielfältige Unterschiede im Wortschatz. Wie im Englischen gibt es viele Wörter und Ausdrücke, die in der Konversation als ‹geschraubt› gelten würden, und viele andere, die im geschriebenen Französisch (natürlich mit Ausnahme der geschriebenen Wiedergabe von Gesprächen in einem Roman oder Theaterstück) nicht vorkommen. Mit anderen Worten, das geschriebene und das gesprochene Französisch (in größerem Maße als etwa geschriebenes und gesprochenes Englisch) werden vom gebildeten Franzosen als teilweise voneinander unabhängige Sprachen erlernt und gebraucht. Das geschriebene und das gesprochene Chinesisch sind sogar in noch größerem Maße voneinander unabhängig, da die (gewöhnlich als solche bezeichneten) verschiedenen ‹Dialekte› des Chinesischen (Mandarin, Kantonesisch usw.) im wesentlichen gleich geschrieben werden. Gebildete Sprecher des Mandarin und des Kantonesisch können sich daher schriftlich verständigen, obwohl sie mündlich vielleicht nicht dazu in der Lage sind.

Wenn auch derartige Fakten uns zu einer Einschränkung des Prinzips der Priorität der gesprochenen Sprache veranlassen, zwingen sie uns doch nicht, es ganz aufzugeben. Denn es ist nur in Ausnahmefällen so, daß eine geschriebene Sprache völlig unabhängig von der gesprochenen Sprache wird, von der sie ursprünglich abstammt. Genau dies geschah aber im Fall des Lateinischen, das jahrhundertelang in Europa als Religions-, Verwaltungs- und Gelehrtensprache verwendet wurde (und noch heute von der katholischen Kirche so verwendet wird). Das Latein der europäischen Gelehrten, Priester und Diplomaten während des Mittelalters und der Renaissance war eine ‹tote› Sprache; es war nicht das normale Medium des Alltagsgesprächs, das man ‹natürlich› als Kind erlernt hatte, sondern eine Sprache, die für beschränkte Zwecke erlernt und gebraucht wurde. Darüberhinaus war es im wesentlichen eine gleichbleibende, geschriebene Sprache (auf der Grundlage des einstigen ‹lebenden›, gesprochenen Lateins); wenn es überhaupt gesprochen wurde, zehrte es stets bewußt von den schriftlichen Werken der Vergangenheit. Wie wir gesehen haben, war die Sonderstellung des Lateins in Europa während des Mittelalters und der Renaissance mit dafür verantwortlich, daß die Gelehrten jener Zeit das klassische Prinzip der Priorität der geschriebenen Sprache akzeptierten (vgl. 1.2.7). Andere bekannte Beispiele für ‹tote› Sprachen, die in Religion oder Wissenschaft weiterverwendet wurden, sind Sanskrit, das byzantinische Griechisch und Altkirchenslavisch.

Bei der Behandlung des Verhältnisses von geschriebener zu gesprochener Sprache (das, wie wir gesehen haben, keineswegs einfach ist und von Fall zu Fall beträchtliche Unterschiede aufweist) haben wir noch nichts über die verschiedenen ‹Stile› gesagt, die bei der gesprochenen wie auch der geschriebenen Sprache zu unterscheiden sind. Wenn die traditionelle Grammatik den Grundsatz von der Priorität der geschriebenen Sprache vertrat, so dachte sie natürlich in erster Linie an die literarische Sprache (und nicht etwa an die Sprache des Telegramms, der Zeitungsüberschrift oder des öffentlichen Anschlags). Sie vertrat den Standpunkt, daß die literarische Sprache die ‹edelste› und ‹korrekteste› Sprachform sei. Wir wollen hier auf dieses Problem näher eingehen. Auf das Prinzip der Priorität der gesprochenen Sprache wollen wir im zweiten Kapitel noch einmal zurückkommen (vgl. 2.2.6).

1.4.3 *Die Linguistik ist keine normative, sondern eine deskriptive Wissenschaft*

Die traditionelle Grammatik neigte nicht nur zu dem Standpunkt, daß die geschriebene Sprache fundamentaler sei als die gesprochene, sondern auch dazu, daß eine bestimmte Form der geschriebenen Sprache, nämlich die literarische Sprache, von sich aus ‹reiner› und ‹korrekter› sei als alle anderen geschriebenen oder gesprochenen Formen. Sie glaubte, daß es die Aufgabe des Grammatikers sei, diese Sprachform vor ‹Korruption› zu bewahren. Dabei ging sie von mehreren Voraussetzungen aus, die wir bei unserer Unterscheidung zwischen normativer und deskriptiver Linguistik behandeln werden.

Die erste Voraussetzung ist die ‹Reinheit› oder ‹Korrektheit›. Es ist wohl keine Streitfrage, daß es keine absoluten Richtlinien für sprachliche ‹Reinheit› und ‹Richtigkeit› gibt und daß diese Wertungen nur in Bezug auf einen vorher gewählten Standard vorgenommen werden können. Wir können behaupten, ein Ausländer habe einen Fehler gemacht, weil er etwas gesagt hat, was von einem muttersprachlichen Sprecher nicht gesagt werden würde. Wir können auch behaupten, wenn wir so wollen, daß irgendein Sprecher eines deutschen Regionaldialekts eine ‹unrichtige› oder ‹ungrammatische› Form gebraucht hat, weil diese Form nicht nach den grammatischen Prinzipien des Hochdeutschen gebildet wurde. Wir nehmen dabei an, daß der Betreffende in dieser besonderen Situation Hochdeutsch hätte sprechen müssen. Die Behauptung, daß eine sprachliche Form ‹richtig› oder ‹falsch› sei, weil sie mit einer anderen, (explizit oder implizit) als Standard betrachteten Form nicht übereinstimmt, ist demnach tautologisch. Jede sozial oder regional differenzierte sprachliche Form hat selbst einen eigenen Standard der ‹Reinheit› und ‹Richtigkeit›. Wenn dies einmal erkannt und akzeptiert ist, ist der Weg für eine befriedigende Sprachbeschreibung frei. Ob der Sprachgebrauch einer Landschaft oder einer sozialen Gruppe als Standard für eine allgemeinere Verwendung (z. B. als Basis für eine Literatursprache) genommen werden soll, ist eine ganz andere Frage. Die erste Aufgabe des Linguisten ist jedenfalls, zu *beschreiben*, wie die Leute tatsächlich ihre Sprache sprechen (und schreiben), nicht *vorzuschreiben*, wie sie sprechen oder schreiben sollten. Mit anderen Worten, Linguistik ist (zumindest in erster Linie) nicht *präskriptiv* (oder normativ), sondern *deskriptiv*.

Die zweite Voraussetzung liegt in der Auffassung, daß sprachliche Veränderung notwendigerweise mit ‹Korruption› verbunden ist. Alle Sprachen sind einer ständigen Veränderung unterworfen. Das ist eine Erfahrungstatsache, die mithilfe einer Reihe von Faktoren erklärt werden kann, von denen wir manche, wie wir im vorhergehenden Abschnitt gesehen haben, heute mehr oder weniger gut verstehen. Auch ist es nicht im mindesten bedauerlich, daß sich die Sprachen jeweils auf ihre Weise ändern. Alle lebenden Sprachen sind, so kann man annehmen, ihrem Wesen nach leistungs- und entwicklungsfähige Kommunikationssysteme im Dienste der verschiedenen und vielfältigen sozialen Bedürfnisse der sie gebrauchenden Gemeinschaften. Mit der Änderung dieser Bedürfnisse neigt auch die Sprache zur Veränderung, um den neuen Voraussetzungen gerecht zu werden. Wenn neue Ausdrücke gebraucht werden, werden sie in den Wortschatz aufgenommen, ob das nun durch ‹Entlehnung› aus anderen Sprachen geschieht oder ob die schöpferische Kraft der Sprache sie aus im Wortschatz enthaltenen Elementen neu bildet; neue Unterscheidungen können getroffen werden, alte verloren gehen; dieselben Unterscheidungen können durch andere Mittel ausgedrückt werden. Wenn wir ablehnen, daß jede Sprachveränderung eine Verschlechterung bedeutet, wollen wir damit natürlich nicht sagen, daß sie notwendigerweise zu einer Verbesserung führt. Wir behaupten lediglich, daß bei einer Bewertung der Sprachveränderung die verschiedenen Funktionen zugrundegelegt werden müssen, die eine Sprache in der Gesellschaft, in der sie gebraucht wird, zu erfüllen hat.

Es soll mit Nachdruck darauf verwiesen werden, daß der Linguist, wenn er zwischen Deskription und Präskription unterscheidet, damit nicht normativen Sprachstudien überhaupt ihre Daseinsberechtigung abspricht. Unleugbar kann es gültige kulturelle, gesellschaftliche oder politische

Gründe geben, die für eine gesteuerte Verbreitung einer bestimmten Sprache oder eines Dialekts auf Kosten anderer Sprachen bzw. Dialekte sprechen. Im besonderen bringt eine relativ vereinheitlichte literarische Hochsprache klare Vorteile für Verwaltung und Erziehung. Zwei Dinge müssen jedoch erkannt werden: erstens, daß die literarische Hochsprache selbst der Veränderung unterworfen ist; und zweitens, daß die literarische Hochsprache im allgemeinen auf die Sprache einer sozial oder regional bestimmten Gruppe von Menschen zurückgeht und als solche nicht ‹korrekter› und nicht ‹reiner› (in einem linguistischen Sinn) ist als die Sprache einer beliebigen anderen Gruppe oder Gegend. Wenn die literarische Hochsprache ein reicheres Vokabular hat (d. h., wenn diejenigen, die viel lesen und schreiben, einen größeren Wortschatz haben), dann deshalb, weil wir durch die Literatur mittelbar am Leben anderer, auch vergangener Gesellschaften teilhaben können und uns ihre verschiedenen Erfahrungen zu eigen machen.

Wenn der Linguist das literarische Vorurteil der traditionellen Grammatik zurückweist, so behauptet er nur, daß Sprache für viele Zwecke gebraucht wird und daß ihr Gebrauch im Zusammenhang mit diesen Funktionen nicht mit Kriterien beurteilt werden soll, die ausschließlich oder in erster Linie auf die literarische Sprache anwendbar sind. Der Linguist macht dem Studium der literarischen Zwecke, denen Sprache dient, den Platz an den Schulen und Hochschulen nicht streitig. Noch weniger erhebt er Anspruch, das Gebiet der Literaturkritik zu betreten. Das ist von Kritikern der Linguistik oft mißverstanden worden.

1.4.4 *Den Linguisten interessieren alle Sprachen*

Dieses Prinzip ist nur eine Verallgemeinerung des vorhergehenden. Man hört immer noch ziemlich häufig Laien von ‹primitiven› Sprachen reden und sogar den Mythos nachbeten, daß es Völker mit einer Sprache von ein paar hundert Wörtern gebe, die durch Gesten vervollständigt würden. In Wahrheit hat sich noch jede bislang erforschte Sprache – wie immer ‹unterentwickelt› oder ‹unzivilisiert› das Volk, das sie spricht auch sein mag – bei näherer Untersuchung als äußerst kompliziertes und hochentwickeltes Kommunikationssystem erwiesen. Darüber hinaus gibt es absolut keinen Zusammenhang zwischen den verschiedenen Kulturstadien, die eine Gesellschaft durchlaufen hat, und dem während dieser Kulturphasen gesprochenen Sprach‹typus›. Wenn überhaupt etwas Wahres an all den Spekulationen des neunzehnten Jahrhunderts über die Entwicklung der Sprache von struktureller Kompliziertheit zur Einfachheit oder von Einfachheit zu Kompliziertheit ist, so ist dies nicht aus der Untersuchung einer oder mehrerer der vielen tausend verschiedenen, heute auf der Welt gesprochenen Sprachen zu erschließen. Die meisten Linguisten scheuen sich heute, über Ursprung und Entwicklung der Sprache ganz allgemein irgendwelche Mutmaßungen anzustellen. Sie haben erkannt, daß die Erforschung aller Sprachen unter gleichen Bedingungen lohnend ist. Die Ergebnisse dieser Forschung haben bisher kein Licht auf die allgemeinere Frage nach Ursprung und Entwicklung der Sprache in der fernen Vergangenheit der Menschheit geworfen.

Es mag vonnöten sein, daß man eine andere Sprache oder zumindest ein Spezialvokabular erlernt, um einen bestimmten Gegenstand studieren oder befriedigend über ihn sprechen zu können. Will jemand z. B. griechische oder scholastische Philosophie verstehen, muß er Griechisch bzw. mittelalterliches Latein lernen (oder zumindest durch aufmerksames und verständiges Studieren von Kommentaren und Erläuterungen dahin gelangen, daß er die Bedeutung der Schlüsselausdrücke versteht – und das ist ein Weg, indirekt einen gewissen, kleinen Teil der Sprache zu erlernen). Er kann dabei zu dem Schluß kommen, daß es unmöglich ist, jene Fragen, die die griechischen und scholastischen Philosophen beschäftigten, überhaupt angemessen zu diskutieren, wenn man nicht die Originalterminologie verwendet. Man könnte also behaupten, daß seine eigene Sprache, etwa das moderne Englisch, ‹ärmer› sei als das Griechische oder Lateinische, da es ihm auf diesem Gebiet nicht die nötigen Unterscheidungen zur Verfügung stellt. Das scheint der Annahme zu widersprechen, alle Sprachen seien leistungs- und entwicklungsfähige Kommunikationssysteme, die den Bedürfnissen der sie gebrauchenden Gemeinschaft dienen. Aber der Widerspruch ist nur ein scheinbarer. Die Anzahl der Unterscheidungen, die für die Klassifikation der Merkmale der ‹Welt› möglich sind, ist prinzipiell unendlich. Nur diejenigen Unterscheidungen, die im Leben einer bestimmten Gemeinschaft von Bedeutung sind, werden im Vokabular dieser Gemeinschaft konkretisiert. Wenn etwa das normale Umgangsdeutsch nicht über Ausdrücke verfügt, die auf Begriffe der antiken Philosophie anwendbar sind, so spiegelt das nur die Tatsache wider, daß die meisten von uns nicht über Probleme der antiken Philosophie diskutieren: würden wir das tun, so wären die entsprechenden Ausdrücke geschaffen worden. Ob wir uns dafür entscheiden, daß die von verschiedenen kleinen Gruppen für verschiedene besondere Zwecke gebrauchten, umfangreichen Spezialvokabulare (z. B. für Kernphysik oder Heraldik) ein Teil des Deutschen sind, hängt davon ab, wie wir ‹Deutsch› definieren (wir werden zu diesem Punkt später noch einiges zu sagen haben). Was hiermit gesagt werden soll, ist, daß man von keiner Sprache behaupten kann, sie sei von sich aus ‹reicher› als eine andere; vielmehr ist jede Sprache auf die charakteristischen Zwecke derer, die sie benützen, abgestimmt.

Daß sich der Linguist (grundsätzlich) mit allen Sprachen befaßt, ist aus dem erklärten Ziel seines Bemühens abzuleiten: der Erstellung einer wissenschaftlichen Theorie von der Struktur der menschlichen Sprache. Alle aufgezeichneten und beobachtbaren sprachlichen Phänomene stellen Material dar, das von der allgemeinen Theorie her zu systematisieren und zu ‹erklären› ist.

1.4.5 *Priorität der synchronischen Beschreibung*

Eine der wichtigsten der vielen von de Saussure in die Linguistik eingeführten begrifflichen und terminologischen Unterscheidungen ist die zwischen diachronischer und synchronischer Sprachuntersuchung. (Dasselbe wird manchmal durch den Gegensatz ‹historisch› und ‹deskriptiv› ausgedrückt. In diesem Zusammenhang hat aber ‹deskriptiv› eine andere Bedeutung als in dem Begriffpaar ‹deskriptiv›/‹normativ›: vgl. 1.4.3. Deshalb ist der von de Saussure geprägte Terminus vorzuziehen). Unter der diachronischen Untersuchung einer bestimmten Sprache versteht man die Beschreibung ihrer historischen Entwicklung ‹durch die Zeit›; eine diachronische Studie des Deutschen z. B. könnte etwa die Entwicklung von der Zeit der ältesten Dokumente bis zur Gegenwart behandeln oder auch einen kleineren Zeitabschnitt erfassen. Unter einer synchronischen Untersuchung versteht man die Beschreibung eines bestimmten ‹Zustandes› dieser Sprache (zu einem bestimmten Zeit‹punkt›). Wichtig ist, daß die synchronische Beschreibung grundsätzlich nicht auf die Analyse der modernen, gesprochenen Sprachen beschränkt ist. Man kann eine synchronische Analyse auch von einer ‹toten› Sprache durchführen, vorausgesetzt, daß in den geschriebenen Dokumenten ausreichendes Material erhalten ist. Die Beschreibung einer ‹toten› Sprache ist notwendig weniger vollständig als die Beschreibung einer modernen gesprochenen Sprache, einfach weil man die Gültigkeit gewisser die Sprache betreffender Aussagen nicht dadurch überprüfen kann, daß man weiteres Beweismaterial bei einem muttersprachlichen Sprecher einholt. Es gibt jedoch viele ‹tote› Sprachen, bei denen wir über genügend Material für eine einigermaßen umfassende synchronische Beschreibung verfügen.

Anliegen der Linguistik des neunzehnten Jahrhunderts (der ‹vergleichenden Sprachwissenschaft›) war, wie wir gesehen haben, in erster Linie die Diachronie (vgl. 1.3.1). Das Prinzip der Priorität der synchronischen Beschreibung, die den Großteil der linguistischen Theorien des zwanzigsten Jahrhunderts charakterisiert, beinhaltet, daß historische Überlegungen für die Untersuchung bestimmter zeitlicher ‹Zustände› einer Sprache irrelevant sind. Die Anwendung dieses Prinzips läßt sich mithilfe einer berühmten, von de Saussure stammenden Analogie veranschaulichen. Bei dieser Analogie, die er mehrfach zur Verdeutlichung bestimmter Feststellungen anführt, vergleicht er Sprachen mit Schachpartien.

Im Verlaufe einer Partie Schach ändern sich die Brettpositionen ständig, aber zu jedem Zeitpunkt kann der Stand der Partie zur Gänze mithilfe der von den Figuren eingenommenen Positionen beschrieben werden. Es ist belanglos, wie (Anzahl, Art oder Reihenfolge der Züge) die Spieler einen bestimmten Stand erreicht haben: dieser Stand ist *synchronisch*, ohne Bezug auf die vorhergegangenen Züge, beschreibbar. Genauso verhält es sich mit der Sprache, behauptete de Saussure. Alle Sprachen ändern sich ständig; und genau wie der Stand der Partie zu einem bestimmten Zeitpunkt ohne Hinweis auf die bestimmte Kombination von Zügen, die die Partie auf den entsprechenden Stand gebracht hat, beschrieben werden kann, so können aufeinanderfolgende oder sozial und geographisch abgegrenzte Zustände einer Sprache unabhängig voneinander beschrieben werden.

Ein Beispiel soll zeigen, was die Analogie meint. Im Latein der klassischen Periode unterschied man durch verschiedene Endungen bis zu sechs ‹Kasus› des Nomens (vgl. Tafel 9 in Abschnitt 9.4.2). Die verschiedenen Kasus geben die verschiedenen zwischen Wörtern in einem Satz gegebenen Arten von Beziehungen an. Im späteren Latein entstand infolge vermehrter Anwendung von Präpositionen sowie gewisser ‹Lautveränderungen›, die die Anzahl der verschiedenen Endungen verringerten, allmählich ein System, das nicht mehr als zwei Normalkasus aufwies: einen ‹Nominativ› und einen ‹Obliquus›, wobei ersterer für das Subjekt des Satzes, letzterer für das Objekt eines transitiven Verbums oder einer Präposition stand. Diese Situation findet sich im Altfranzösischen. Der Unterschied zwischen den beiden Kasus war jedoch nicht bei allen Arten von Nomina (und Adjektiven) gekennzeichnet. Praktisch können die folgenden drei Hauptklassen von Nomina für die älteste Periode des Französischen aufgestellt werden:

	I	II	III
Sing. Nom.	*murs*	*porte*	*chantre*
Obl.	*mur*	*porte*	*chanteur*
Plur. Nom.	*mur*	*portes*	*chanteurs*
Obl.	*murs*	*portes*	*chanteurs*

(Der Grund für die Entwicklung eines Stammunterschieds im Nominativ Singular der dritten Klasse ist in der verschiedenen historischen Entwicklung betonter und unbetonter Vokale im Lateinischen zu suchen: *chantre* ist aus lat. *cántor*, *chanteur* aus *cantórem* abgeleitet.) Bei Vergleich der verschiedenen Klassen sehen wir, daß bei Wörtern der ersten Klasse das Vorhandensein bzw. Fehlen der Endung s nicht als unabhängiges Kennzeichen für Kasus oder für Zahl betrachtet werden kann. Nur in Konstruktionen mit anderen Wörtern ist *murs* als Singular (und Nominativ) oder Plural (und Obliquus) erkennbar. Im Gegensatz dazu, kann das s bei Wörtern der Klasse II als kennzeichnend für den Plural, seine Abwesenheit als charakteristisch für den Singular betrachtet werden, wobei die innere Struktur von Wörtern dieser Klasse keinen Hinweis auf den Kasus enthält. Zwischen dem elften und vierzehnten Jahrhundert wurde das gesamte französische Nominal- (und Adjektiv-) system nach dem Vorbild der II. Klasse vereinheitlicht, wobei in der Folge der Unterschied zwischen Nominativ und Obliquus verschwand und die Endung s das Kennzeichen des Plurals wurde.

Die Unterscheidung zwischen den zwei Kasus im Singular hielt sich bei den Wörtern der Klasse III ein wenig länger – *chantre* : *chanteur*, *maire* : *majeur*, *pastre* (*pâtre*) : *pasteur* etc. – aber schließlich verschwand sie auch hier als grammatisches Merkmal, wenn auch in einigen Fällen die beiden Formen im heutigen Französisch als ‹Dubletten› erhalten sind, das heißt als verschiedene Wörter mit eigenem Singular und Plural. Wenn Nomina wie *fils* (‹Sohn›), *Georges*, *Louis* usw. behielten, was historisch gesehen das s des alten Nominativ Singular war, so verloren sie die Kontrastformen ohne s (das Altfranzösische hat noch den Kontrast *fils* : *fil* im Singular). Die Folge der Veränderung zwischen den beiden Perioden war die Entstehung jenes Systems, das sich noch heute in der traditionellen französischen Orthographie widerspiegelt, bei der im großen und ganzen die Zahl beim Nomen (und Adjektiv) durch Vorhandensein oder Fehlen des s gekennzeichnet ist und der Kasus keine Rolle spielt.

Wir wollen nun das Beispiel im Lichte von de Saussures Gleichnis interpretieren. Es sind bei der betroffenen Sprache zwei Stadien zu unterscheiden. Die historische Entwicklung des späteren Systems ist nur unter Verweis auf das frühere verständlich, aber die Fakten der historischen Entwicklung sind für ein Verständnis der Arbeitsweise des späteren Systems völlig irrelevant. Z. B. wäre es unsinnig zu behaupten, daß das Verhältnis von *portes* und *porte* in der späteren Periode anders ist als das von *murs* und *mur*. Jedes Sprachstadium kann – und soll – aufgrund der eigenen Gegebenheiten und ohne Bezug auf ein früheres oder mögliches späteres Entwicklungsstadium beschrieben werden. Wenngleich die Wörter in den beiden verschiedenen Stadien identische Formen aufweisen (zur Vereinfachung der Darstellung können wir dies annehmen), ist das zwischen ihnen bestehende grammatische Verhältnis weitgehend anders. Die Figuren sind sozusagen dieselben geblieben, aber ihre Stellungen auf dem Spielbrett haben sich geändert. (Im heutigen gesprochenen Französisch sind die Positionen des Spiels wiederum anders: der Unterschied zwischen Singular und Plural des Nomens manifestiert sich allgemein – wenn überhaupt – nicht durch die Wortform selbst, sondern auf andere Weise, u. a. durch die Form des begleitenden definiten Artikels, Übereinstimmung des Verbs, ‹Liaison› vor einem Wort mit vokalischem Anlaut usw. Wir haben bereits gesehen, daß es zwischen dem gesprochenen und dem geschriebenen modernen Französisch beträchtliche strukturelle Unterschiede gibt: vgl. 1.4.2).

Relativ wenige Sprecher einer Sprache wissen sehr viel über deren historische Entwicklung; und doch gelingt es ihnen, indem sie die Sprache als Kinder auf ‹natürliche› Weise erlernen, sie schließlich nach gewissen systematischen Prinzipien oder ‹Regeln› zu sprechen, die den von der Umgebung gehörten Äußerungen ‹immanent› sind. Die Aufgabe der synchronischen Sprachbeschreibung ist nun, diese systematischen ‹Regeln› zu formulieren, so wie sie in der Sprache zu einem bestimmten Zeitpunkt wirksam sind. (Es ist möglich, daß die Art und Weise, wie die Regeln in die systematische Beschreibung eingegliedert sind, gewisse historische Prozesse der Sprachentwicklung reflektiert. Ist dies so, so handelt es sich um ein für die Sprachstruktur wichtiges Faktum. Dies beinträchtigt jedoch den allgemeinen Grundsatz von der Priorität der synchronischen Beschreibung nicht, da die muttersprachlichen Sprecher einer bestimmten Sprache in der Lage sind, die ‹Regeln› ihrer Sprache ohne jedes historische Wissen zu erlernen und anzuwenden.) Bei jenen wenigen Mitgliedern einer Sprachgemeinschaft, die tatsächlich etwas über frühere Sprachstadien wissen, läßt sich folgendermaßen argumentieren. Es gibt zwei Möglichkeiten: Entweder das Spezialwissen beeinflußt den Sprachgebrauch (er ist wahrscheinlich ‹archaischer›); dann können wir von einer anderen Sprache sprechen, die von der Beschreibung der Norm nicht erfaßt zu werden braucht. Oder aber das historische Wissen hat keinen merklichen Einfluß auf den Sprachgebrauch; in diesem Fall ist die Irrelevanz dieses Wissens für die synchronische Beschreibung noch deutlicher. In beiden Fällen ist also die synchronische Analyse unabhängig von einer Kenntnis der Sprachgeschichte, die innerhalb einer Sprachgemeinschaft möglicherweise vorhanden ist.

Das Prinzip der Priorität der synchronischen Beschreibung impliziert nach allgemeiner Ansicht weiter, daß eine diachronische Beschreibung eine vorhergehende synchronische Analyse der verschiedenen ‹Zustände› voraussetzt, die die Sprachen in ihrer historischen Entwicklung durchlaufen haben. Da wir uns hier nicht in erster Linie mit historischer und vergleichender Sprachwissenschaft befassen, wollen wir diese Frage nicht weiter behandeln. Eine wichtige Bemerkung sei jedoch an dieser Stelle angeschlossen.

Die nützliche terminologische Unterscheidung zwischen synchronischer und diachronischer Beschreibung darf nicht so aufgefaßt werden, als beinhalte sie, daß die Zeit selbst der bestimmende Faktor bei der Sprachveränderung ist. Streng gesprochen ist sprachliche Veränderung niemals ‹eine Funktion der Zeit› in diesem Sinne. Es gibt sowohl innerhalb wie außerhalb einer Sprache viele verschiedene Faktoren, die für die Entwicklung von einem synchronischen ‹Stadium› zu einem anderen bestimmend sein können; der Ablauf der Zeit läßt lediglich das komplizierte Wechselspiel dieser verschiedenen Faktoren zu. Darüberhinaus darf man nicht vergessen, daß die diachronische Betrachtung (Untersuchung des Sprachwandels) am zweckmäßigsten *makroskopisch* verfährt, d. h. durch Vergleich von zeitlich relativ weit auseinanderliegenden ‹Sprachzuständen›. Es wäre ein grober Fehler anzunehmen, die Sprache einer bestimmten ‹Sprachgemeinschaft› sei zu einem bestimmten Zeitpunkt vollkommen einheitlich, und Sprachveränderung sei eine Sache der Ersetzung eines homogenen Kommunikationssystems durch ein anderes, ebenso homogenes zu einem bestimmten ‹Zeitpunkt›.

Die ‹Sprachgemeinschaft› setzt sich immer aus vielen verschiedenen Gruppen zusammen, und der Sprachgebrauch der Mitglieder dieser Gruppen wird auf verschiedene Art (in Aussprache, Grammatik und Wortschatz) Unterschiede des Alters, der Herkunft oder des längeren Aufenthaltes an einem bestimmten Ort, der Berufsinteressen, Erziehung usw. widerspiegeln. Jedes Einzelglied der Sprachgemeinschaft gehört natürlich gleichzeitig vielen solcher sprachlich relevanten Gruppen an. Zusätzlich zu jenen sprachlichen Unterschieden, die auf die Existenz verschiedener sozialer Gruppen innerhalb der Gemeinschaft zurückzuführen sind, gibt es noch wichtige ‹Stil›unterschiede, die mit den verschiedenen Funktionen der Sprache und den verschiedenen gesellschaftlichen Situationen, in denen die Sprache gebraucht wird, zusammenhängen: hierher gehören Unterschiede, wie sie mit ‹förmlich› und ‹umgangssprachlich› usw. bezeichnet werden. Es ist üblich (außer in speziell diesem Problem gewidmeten Arbeiten), die synchronischen Variationen innerhalb einer Sprache entweder zu abstrahieren, indem man die Beschreibung einer Sprache auf den Sprachgebrauch einer bestimmten Gruppe beschränkt, die einen bestimmten ‹Stil› gebraucht, oder indem man die Sprache so allgemein beschreibt, daß die Beschreibung (zumindest ist das so beabsichtigt) für alle ‹Variationen› gilt. Ein gewisses Maß an ‹Idealisierung› ist mit jedem der beiden Verfahren verbunden, und dies muß beim gegenwärtigen Stand der Sprachtheorie vielleicht so sein. Man muß jedoch bedenken, daß ein Großteil der Unterschiede zwischen zwei diachronisch bestimmten ‹Zuständen› einer Sprache unter Umständen bei zwei nebeneinander bestehenden ‹Variationen› derselben Sprache festzustellen ist. Aus der *mikroskopischen* zum Unterschied von der *makroskopischen* Sicht ist es unmöglich, eine scharfe Trennung zwischen diachronischer ‹Veränderung› und synchronischer ‹Variation› zu ziehen.

1.4.6 *Der strukturalistische Standpunkt*

Die auffallende Tendenz der modernen Linguistik, die sie übrigens mit einer Reihe anderer Wissenschaften teilt, ist die zum ‹Strukturalismus› (um eine Bezeichnung zu gebrauchen, die allgemein, oft auch pejorativ, gebraucht wird). Kurz gesagt versteht man darunter, daß jede Sprache als *System von Beziehungen* (genauer: eine Gruppe untereinander in Beziehung stehender Systeme) betrachtet wird, deren Elemente – Laute, Wörter usw. – unabhängig von den zwischen ihnen herrschenden Beziehungen der Äquivalenz und des Kontrastes keine Gültigkeit haben. (Dem Leser wird nicht entgangen sein, daß die Schlüsselbegriffe ‹System› und ‹Beziehung› bereits bei der Besprechung von de Saussures Unterscheidung zwischen synchronischer und diachronischer Methode gebraucht worden sind. In der Tat hat de Saussure diese Unterscheidung als Folge seiner These getroffen, daß jede Sprache zu einem gegebenen Zeitpunkt ein geschlossenes System von Beziehungen darstellt.)

Was Strukturalismus im einzelnen bedeutet, soll im folgenden Kapitel dargelegt werden. Hier genüge die Bemerkung, daß zwischen der etwas abstrakten Art und Weise, in der die Sprachforschung von den modernen ‹Strukturalisten› gerne betrieben wird, und einer mehr auf das ‹Praktische› ausgerichteten Haltung kein Gegensatz besteht. Wie sehr abstrakt oder ‹formal› die moderne linguistische Theorie auch sein möge, sie wurde entwickelt, um dem tatsächlichen Sprachgebrauch gerecht zu werden. Ausgangspunkt der Theorie sowie Kriterium für Annahme bzw. Verwerfung ist das empirische Material. In dieser Hinsicht unterscheidet sich die Linguistik nicht von anderen Wissenschaften; und es wäre nicht wert darauf hinzuweisen, wenn nicht tatsächlich einige Linguisten aus Sympathie mit aktuellen Tendenzen zwischen den Begriffen, die in der Sprachforschung als ‹Formalismus› und ‹Realismus› bezeichnet wurden, einen notwendigen Gegensatz erblicken würden.

1.4.7 *‹Langue› und ‹parole›*

An diesem Punkt ist es zweckmäßig, de Saussures Unterscheidung zwischen *langue* und *parole* einzuführen, auf die wir uns im Folgenden oft beziehen werden. (Übersetzungen für *langue* und *parole* wurden gelegentlich vorgeschlagen, aber die meisten Wissenschaftler haben weiterhin die von de Saussure verwendeten französischen Termini gebraucht. Chomsky hat in jüngster Zeit ungefähr dieselbe Unterscheidung mit den Begriffen der sprachlichen ‹Kompetenz› und ‹Performanz› getroffen.)

Die Unterscheidung soll eine Zweideutigkeit bei der Verwendung des

Wortes ‹Sprache› ausschalten. Angenommen wir würden als vorläufige Definition für ‹Deutsch› folgendes vorschlagen: Die deutsche Sprache kann als Menge von Äußerungen definiert werden, die von Personen, die das Deutsche beherrschen, hervorgebracht werden. Wir erkennen die Doppeldeutigkeit sofort. Wenn wir von jemandem sagen, daß er «das Deutsche beherrscht», so meinen wir damit nicht, daß er irgendwann tatsächlich «Deutsch spricht». Es wäre durchaus angebracht, unter bestimmten Umständen von einem Papageien zu behaupten, er «spreche» gerade Deutsch, nicht aber daß er «Deutsch beherrscht». Nach de Saussure können wir nun sagen, daß alle diejenigen, die «das Deutsche beherrschen», eine bestimmte *langue* gemeinsam haben und daß die Äußerungen, die sie hervorbringen, wenn sie «gerade Deutsch sprechen», zur *parole* gehören.

Nun ergibt sich eine Reihe von Fragen. Wie stehen *langue* und *parole* zueinander? Welches von beiden, wenn überhaupt eines, will der Linguist beschreiben, wenn er eine Grammatik des ‹Deutschen› (oder einer anderen ‹Sprache›) schreibt? De Saussures eigene Antwort auf diese beiden Fragen war weitgehend dadurch bestimmt, daß er ein Anhänger der psychologischen und soziologischen Theorien Durkheims war. Diese Details brauchen hier nicht weiter verfolgt zu werden. Es genügt vorläufig, das Problem aufgeworfen und de Saussures Terminologie eingeführt zu haben.

Der Zusammenhang zwischen *langue* und *parole* ist sehr kompliziert und etwas umstritten. Für den Augenblick mag uns die Feststellung genügen, daß alle Angehörigen einer bestimmten Sprachgemeinschaft (alle diejenigen, die eine bestimmte Sprache, z. B. das Deutsche, beherrschen) Äußerungen hervorbringen, wenn sie diese Sprache gerade sprechen, die trotz ihrer individuellen Abweichungen mithilfe eines bestimmten Systems von Regeln und Beziehungen beschrieben werden können. Sie haben gewissermaßen dieselben *strukturellen* Eigenschaften. Die Äußerungen fallen unter die Bezeichnung *parole,* die der Linguist als Evidenz für das Konstrukt der zugrundeliegenden gemeinsamen Struktur, der *langue,* betrachtet. Demzufolge ist das, was der Linguist beschreibt, die *langue,* das Sprachsystem. Wir werden später sehen, daß zwischen ‹Äußerungen› und ‹Sätzen› ein Unterschied gemacht werden muß und daß die Beschreibung einer «Sprache» im Prinzip in zwei Etappen vor sich geht. Die Äußerungen einer bestimmten ‹Sprache› (was ein Sprecher tatsächlich hervorbringt, wenn wir sagen, daß er «die Sprache gerade spricht») können nur indirekt – und zum jetzigen Zeitpunkt nur sehr unvollkommen – aufgrund einer vorhergehenden Beschreibung der in der ‹Sprache› möglichen Sätze beschrieben werden. Die Unterscheidung zwischen Äußerungen und Sätzen ist für den größten Teil der modernen Theorie der Linguistik von grundlegender Bedeutung. Wir können jedoch gewisse Grundbegriffe entwickeln, ohne mit dieser Frage in Berührung zu kommen. Wenn wir auch die Termini ‹Satz› und ‹Äußerung› während der folgenden drei Kapitel mehr oder weniger synonym verwenden werden, so soll der Leser doch wissen, daß die hier beschriebenen Beziehungen unter das, was später als Satz (Einheit der *langue*) definiert wird, fallen und nicht unter Äußerungen (Manifestation der *parole*).

2 DIE STRUKTUR DER SPRACHE

2.1 *Einleitung*

2.1.1 *‹Laute› und ‹Wörter›*

Würden wir einen Nicht-Linguisten nach den kleinsten Einheiten der Sprache fragen, sozusagen den Bausteinen, aus denen Äußerungen zusammengesetzt sind, so würde er wohl antworten, daß die kleinsten Einheiten der Sprache ‹Laute› und ‹Wörter› sind. Er würde wahrscheinlich hinzufügen, daß Wörter aus einer Folge von Lauten bestehen, wobei im Idealfall jeder Laut durch einen bestimmten Buchstaben des Alphabets (im Fall von Sprachen, die gewöhnlich durch ein alphabetisches Schriftsystem wiedergegeben werden) dargestellt wird, und daß die Laute im Gegensatz zu den Wörtern einer Sprache keine Bedeutung haben (ihre einzige Funktion bestehe nämlich darin Wörter zu bilden). Solche Feststellungen liegen der traditionellen Sprachauffassung zugrunde, wie sie in den meisten Grammatiken und Wörterbüchern ihren Niederschlag gefunden hat: Die Grammatik stellt Regeln für den Bau von Sätzen aus Wörtern auf, und das Wörterbuch sagt uns, was das einzelne Wort bedeutet. Wir werden in den folgenden Kapiteln Gelegenheit haben, die in diesen allgemeinen Feststellungen über die Sprache vorkommenden Ausdrücke ‹Laut›, ‹Wort›, ‹Bedeutung› und ‹Satz› kritisch zu untersuchen. Für die vorläufige Diskussion der sprachlichen Struktur können wir diese Ausdrücke ohne weitere Definition verwenden. Auf gewisse Unterscheidungen wird im Verlauf dieses Kapitels bereits hingedeutet werden; wir werden später ausführlich darauf zurückkommen.

2.1.2 *Phonologie, Grammatik und Semantik*

Die traditionelle Sprachauffassung enthält den Begriff der *Komposition* (eine komplexe Einheit setzt sich aus einfacheren oder kleineren Einheiten zusammen: Ein Wort setzt sich aus Lauten zusammen, ein Syntagma aus Wörtern, ein Teilsatz aus Syntagmen, ein mehrgliedriger Satz aus Teilsätzen usw.) und den der *Korrelation* (mit jedem Wort sind eine oder mehrere Bedeutungen verbunden). Wenn wir den Ausdruck ‹Stufe› für den ersten und den Ausdruck ‹Ebene› für den zweiten gebrauchen, dann können wir sagen, daß man nach der Beschreibungsform für die Sprachstruktur, die wir vorläufig angenommen haben, bei jeder Sprache von zwei

‹Ebenen› ausgehen kann: ‹Form› und ‹Bedeutung› oder besser (weil die traditionellen Termini in der Linguistik verschieden und widersprüchlich ausgelegt werden) *Ausdruck* und *Inhalt.* Auf der Ausdrucksebene der Sprache kann man von (mindestens) zwei *Stufen* ausgehen: jener der Laute und jener der Wörter. Die Laute einer Sprache werden durch die *Phonologie* beschrieben, die Form ihrer Wörter und ihre Zusammenfügung zu Syntagmen, Teilsätzen und Sätzen durch die *Grammatik.* Die Bedeutung bzw. der Inhalt der Wörter (und der aus ihnen gebildeten Einheiten) schließlich wird durch die *Semantik* beschrieben.

2.1.3 *Die ‹Doppelgliederung› der Sprache*

Die Linguistik spricht manchmal von der «Doppelgliederung» (oder der ‹Doppelstruktur›, auch der ‹doppelten Artikulation›) der Sprache. Dies wird oft fälschlich auf den Zusammenhang zwischen den beiden Ebenen des Ausdrucks und des Inhalts bezogen. Tatsächlich ist damit gemeint, daß die Einheiten der ‹niedrigeren› Stufe der Phonologie (die Laute einer Sprache) keine andere Funktion haben, als sich miteinander zu ‹höheren› Einheiten der Grammatik (zu Wörtern) zu verbinden. Aufgrund der Doppelstruktur der Ausdrucksebene sind die Sprachen erst in der Lage, viele tausende verschiedene Wörter auf ökonomische Weise darzustellen. Denn jedes Wort kann durch eine andere Kombination einer relativ kleinen Gruppe von Lauten gebildet werden, genau wie jede einzelne aus der unendlich großen Menge der natürlichen Zahlen in dem normalen Dezimalsystem durch eine andere Kombination der zehn Grundzahlen gebildet wird.

2.1.4 *‹Ebene›: ‹Stufe› und ‹Ausdruck›: ‹Inhalt›*

Indem wir die beiden Ebenen des Ausdrucks und Inhalts sowie die beiden Stufen der Phonologie und Grammatik unterschieden haben, sind wir natürlich noch keinen Schritt über die traditionelle Auffassung der Sprachstruktur hinausgelangt. Wir haben uns also zu fragen, was eigentlich die moderne Betrachtungsweise der Sprachforschung kennzeichnet, die gewöhnlich mit der Etikette ‹strukturelle Linguistik› versehen wird.

2.2 *Substanz und Form*

2.2.1 *Die Struktur des Wortschatzes*

Kaum jemand würde heutzutage behaupten, die Zuordnung eines bestimmten Wortes zu einer bestimmten Bedeutung (Korrelation zwischen Wort und Bedeutung) sei mehr als eine Sache der Konvention. Der lange

Disput zwischen den ‹Naturalisten› und den ‹Konventionalisten› kann als abgeschlossen betrachtet werden (vgl. 1.2.2). Aber dasselbe Phänomen, das als Beweis für die Konventionalität der Beziehung von ‹Form› und ‹Bedeutung› (von *Ausdruck* und *Inhalt*) genommen wird, die Tatsache nämlich, daß sich aus verschiedenen Sprachen ganz verschiedene Wörter zitieren lassen, die sich auf dasselbe Ding oder dieselbe Bedeutung beziehen (z. B. *tree* im Englischen, *Baum* im Deutschen, *arbre* im Französischen), ermutigt zu der Auffassung, daß das Vokabular einer gegebenen Sprache im Wesentlichen eine Liste von Namen ist, die konventionellerweise mit unabhängig davon bestehenden Dingen oder Bedeutungen assoziiert sind.

Und doch erkennt man beim Erlernen einer Fremdsprache bald, daß in der einen Sprache Bedeutungsabgrenzungen aufscheinen, die es in einer anderen nicht gibt; daß das Erlernen des Vokabulars einer anderen Sprache nicht einfach darin besteht, sich eine bestimmte Anzahl neuer Bezeichnungen anzueignen, mit denen man die gewohnten Bedeutungen versieht. Um ein Beispiel zu nennen: Das deutsche Wort *Schwager* (engl. *brother-in-law*) kann im Russischen *zjatj, šurin, svojak* oder *deverj* heißen; und eines dieser vier russischen Wörter, *zjatj,* muß manchmal als *Schwiegersohn* (*son-in-law*) übersetzt werden. Daraus soll jedoch nicht geschlossen werden, daß das Wort *zjatj* zwei Bedeutungen hat und daß es in einer seiner Bedeutungen mit den anderen dreien äquivalent ist. Alle vier russischen Wörter bedeuten etwas Verschiedenes. Das Russische hat nun einmal (mit *zjatj*) einen Begriff für den Gatten der Schwester wie auch für den der Tochter, unterscheidet aber zwischen dem Bruder der Ehefrau (*šurin*), dem Gatten der Schwester der Ehefrau (*svojak*) und dem Bruder des Ehemannes (*deverj*). So gibt es eigentlich kein Wort im Russischen, das ‹Schwager› bedeutet, genauso wie es im Deutschen kein Wort gibt, das ‹zjatj› wiedergibt.

Jede Sprache besitzt ihre eigene semantische *Struktur.* Wenn die Bedeutungen einer Sprache in eine eins-zu-eins-Entsprechung mit denen einer anderen gebracht werden können, sagen wir, daß die beiden Sprachen *semantisch isomorph* sind (dieselbe semantische Struktur haben). Der Grad semantischer Isomorphie zwischen verschiedenen Sprachen variiert beträchtlich. Im allgemeinen (das soll im Kapitel über die Semantik ausführlicher besprochen und illustriert werden, vgl. 9.4.6) ist die Struktur des Wortschatzes einer bestimmten Sprache Niederschlag der Unterscheidungen und Entsprechungen, die in der Kultur der betreffenden Gesellschaft von Bedeutung sind. Der Grad semantischer Isomorphie zwischen zwei beliebigen Sprachen wird also weitgehend von dem Ausmaß an Überschneidung abhängen, die es in den Kulturen der beiden die betreffenden Sprachen gebrauchenden Gesellschaften gibt. Ob es zwei Sprachen gibt oder geben kann, deren Vokabulare überhaupt keine Isomorphie aufweisen, ist eine Frage, die uns nicht zu beschäftigen braucht. Wir können zumindest die Möglichkeit offen lassen, daß alle von einer gegebenen Sprache erkannten Bedeutungen nur in dieser Sprache bestehen und außerhalb dieser keine Gültigkeit oder Relevanz besitzen.

2.2.2 *Substanz und Form*

De Saussure und seine Nachfolger erklären die Verschiedenheiten der semantischen Struktur der einzelnen Sprachen mithilfe der Unterscheidung zwischen *Substanz* und *Form*. Unter der *Form* des Wortschatzes (oder der Form der Inhaltsebene: vgl. 2.1.4) versteht man die abstrakte Struktur von Beziehungen, die jeweils eine bestimmte Sprache derselben zugrundeliegenden Substanz sozusagen aufprägt. Genauso wie derselbe Klumpen Kinderplastilin zu Gegenständen verschiedener Gestalt und Größe geformt werden kann, kann die *Substanz* (oder der Stoff), innerhalb welcher Bedeutungen unterschieden oder gleichgesetzt werden, in verschiedenen Sprachen in verschiedener Form aufgegliedert sein. De Saussure selbst stellte sich als Bedeutungssubstanz (Substanz der Inhaltsebene) die gesamte Masse der Gedanken und Gefühle vor, die der Menschheit unabhängig von der jeweiligen Sprache gemeinsam ist – eine Art vage und nichtdifferenzierte Masse von Vorstellungen, aus der in den einzelnen Sprachen durch konventionelle Verbindung eines bestimmten Lautgebildes mit einem bestimmten Teil dieser Vorstellungsmasse Bedeutungen gebildet werden. (Man beachte, daß in diesem Abschnitt die Termini ‹Substanz› und ‹Form› in der Bedeutung gebraucht sind, wie sie von de Saussure in die Linguistik eingeführt wurden. Vgl. 4.1.5).

2.2.3 *Erläuterung der semantischen Struktur anhand von Farbbezeichnungen*

Vieles in de Saussures These über die semantische Struktur kann auf überholte psychologische Theorien zurückgeführt und abgelehnt werden. Die Idee überhaupt von einer Vorstellungssubstanz unabhängig von Sprache und Kultur ist von zweifelhafter Gültigkeit. Tatsächlich würden viele Philosophen, Linguisten und Psychologen heute kaum der Behauptung zustimmen, daß Bedeutungen nur als Ideen oder Vorstellungen zu deuten seien. Der Begriff der Substanz kann jedoch, zumindest für gewisse Wörter, ohne das Postulat einer zugrundeliegenden Vorstellungsmasse illustriert werden. Es ist erwiesen, daß die Farbbezeichnungen in gewissen Sprachen nicht genau zur Deckung gebracht werden können: z. B. hat das englische Wort *brown* keine Entsprechung im Französischen (es würde als *brun*, *marron* oder sogar *jaune* übersetzt werden, je nach der Farbnuance und der Art von Nomen, welches es näher bestimmt); das Hindi Wort *pīlā* wird ins Deutsche mit *gelb, orange* oder sogar *braun* übersetzt (obwohl es andere Wörter für andere Nuancen von ‹braun› gibt); für *blau* gibt es im Russischen keine Entsprechung – die Wörter *goluboj* und *sinij* (gewöhnlich mit ‹hellblau› bzw. ‹dunkelblau› übersetzt) beziehen sich für den Russen auf verschiedene Farben, nicht auf verschiedene Nuancen derselben Farbe, wie ihre Übersetzung ins Deutsche vermuten ließe. Um so allgemein wie möglich zu argumentieren, wollen wir einen Teil des deutschen Wortschatzes mit einem Teil des Wortschatzes dreier hypothetischer Sprachen A, B und C vergleichen. Der Einfachheit halber beschränken wir unsere Aufmerksamkeit auf die durch die fünf Ausdrücke *rot, orange, gelb, grün, blau* gegliederte Breite des Spektrums. Wir nehmen

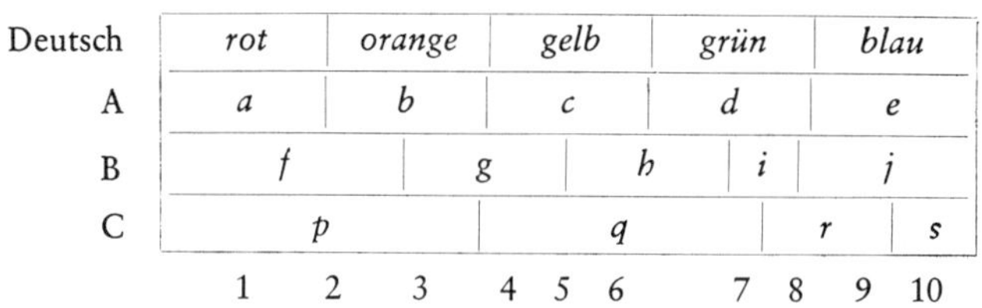

Abb. 1

an, dieselbe Breite werde durch die fünf Wörter *a, b, c, d* und *e* der Sprache A, durch die fünf Wörter *f, g, h, i* und *j* der Sprache B und durch die vier Wörter *p, q, r* und *s* der Sprache C repräsentiert (vgl. Abb. 1). Aus dem Schema ist zu ersehen, daß Sprache A in diesem Teil seines Wortschatzes semantisch isomorph mit dem Deutschen ist. Sie weist dieselbe Anzahl von Farbausdrücken auf, und die Abgrenzungen der durch die einzelnen Farben dargestellten Bänder des Spektrums stimmen mit den Bandgrenzen der deutschen Wörter überein. Aber weder B noch C sind mit dem Deutschen isomorph. Wenn B auch dieselbe Anzahl von Bezeichnungen aufweist wie das Deutsche, erscheinen die Bandgrenzen doch an verschiedenen Stellen des Spektrums; C wieder verfügt über eine andere Anzahl von Bezeichnungen (und trennt auch noch an verschiedenen Stellen). Um zu verstehen, was das praktisch bedeutet, stellen wir uns vor, daß wir zehn Gegenstände vor uns haben (in Abb. 1 durch die Zahlen 1–10 dargestellt), von denen jeder Licht von verschiedener Wellenlänge reflektiert und die wir nach ihren Farben ordnen wollen. Im Deutschen würde Gegenstand 1 als ‹rot› und Gegenstand 2 als ‹orange› beschrieben werden – sie hätten verschiedene Farben. In der Sprache A wären sie auch von verschiedener Farbe, die eine mit *a,* die andere mit *b* beschrieben. Aber in den Sprachen B und C würden sie durch nur einen Farbausdruck beschrieben, nämlich *f* oder *p.* Im Gegensatz dazu würden die Gegenstände 2 und 3 in Sprache B unterschieden (als *f* und *g*), im Deutschen und in A und C würden sie jedoch unter ein Farbfeld fallen (unter ‹orange›, *b* und *p*). Aus dem Schema ist ersichtlich, daß es viele Fälle solcher Nicht-Entsprechungen gibt. Damit wird natürlich nicht behauptet, daß Leute, die die Sprache B sprechen, keinen Unterschied in der Farbe der Gegenstände 1 und 2 wahrnehmen. Sie sind wahrscheinlich in der Lage, sie ungefähr auf dieselbe Art zu unterscheiden, wie der Deutschsprechende es bei den Gegenständen 2 und 3 macht, indem er sie nämlich als *orangerot* und *orangegelb* bezeichnet. Wichtig ist aber, daß die Primärklassifikation anders ist; die sekundäre beruht auf der primären, sie setzt diese voraus. (Auf die semantische Struktur des Deutschen bezogen, bezeichnen z. B. *Karmesin* und *Scharlach* verschiedene ‹Nuancen› derselben Farbe *rot,* während die russischen Wörter *goluboj* und *sinij,* wie wir oben gesehen haben, sich nach der primären Klassifikation auf verschiedene Farben beziehen). Die Substanz des Vokabulars für Farben kann demnach als physisches Kontinuum gedacht werden, innerhalb dessen die Sprachen entweder dieselbe oder eine verschiedene Anzahl von Feldgrenzen an derselben oder an verschiedenen Stellen ziehen.

Es wäre unvernünftig zu behaupten, daß es keine wahrnehmbar für sich bestehenden Gegenstände und Merkmale der Welt außerhalb der Sprache und unabhängig von ihr gäbe, daß alles amorph sei, bis ihm durch die Sprache Form verliehen werde. Gleichzeitig ist klar, daß die Art und Weise, wie Gegenstände, Flora und Fauna usw. in bestimmten Wörtern zusammengefaßt werden, von Sprache zu Sprache verschieden sein kann: Das lateinische Wort *mus* bezieht sich sowohl auf Mäuse als auch auf Ratten (wie auch auf gewisse andere Nager); französisch *singe* bezeichnet englisch *apes* und *monkeys* (etwa: ‹Menschenaffen› und ‹niedrigere Affen›) usw. Eine etwas abstraktere Vorstellung von Substanz ist erforderlich, um Fakten dieser Art in den Rahmen von de Saussures Theorie der semantischen Struktur einzuordnen. Und es ist ganz offensichtlich unmöglich, das Vokabular der Verwandtschaftsverhältnisse mithilfe der Aufprägung der Form auf eine zugrundeliegende physische Substanz zu erklären. Nur eine begrenzte Anzahl von Wörtern kann durch Bezug auf nebeneinanderliegende Felder innerhalb eines physischen Kontinuums beschrieben werden. Wir werden später sehen, daß sogar das Vokabular der Farben (das oft als eines der klarsten Beispiele dafür zitiert wird, was unter Aufprägung der Form auf die Substanz der Inhaltsebene zu verstehen ist) um einiges komplizierter ist, als allgemein angenommen wird (vgl. 9.4.5). Diese zusätzliche Kompliziertheit beeinträchtigt aber nicht, was in diesem Kapitel gesagt wurde. Es genügt, daß man zumindest für einige Teile des Wortschatzes eine ihm zugrundeliegende Substanz des Inhalts postulieren kann.

Der Begriff der semantischen Struktur ist jedoch von der Annahme der Substanz unabhängig. Als die allgemeinste Aussage darüber, was unter semantischer Struktur zu verstehen ist – die Aussage gilt für alle Wörter, gleich ob sie sich auf Objekte oder Merkmale der physischen Welt beziehen oder nicht – mag die folgende Formulierung dienen: Die semantische Struktur eines Systems von Wörtern im Wortschatz ist das Netz von semantischen Relationen, das zwischen den Wörtern im betreffenden System besteht. Die Natur dieser Beziehungen aufzuzeigen, bleibt dem Kapitel über die Semantik überlassen. Zu beachten in dieser Definition der semantischen Struktur ist, daß die Schlüsselwörter *System* und *Relation* dabei verwendet wurden. Wörter für Farben (wie solche für Verwandtschaftsverhältnisse und viele andere Wortgruppen im Wortschatz der Sprachen) stellen ein geordnetes System von Wörtern dar, die in gewissen Beziehungen zueinander stehen. Solche Systeme sind isomorph, wenn sie dieselbe Anzahl von Ausdrücken und wenn diese Ausdrücke dieselben Beziehungen untereinander aufweisen.

2.2.4 *Sprache ist nicht Substanz, sondern Form*

Bevor die Unterscheidung von Substanz und Form im Hinblick auf die Ausdrucksebene der Sprache besprochen wird (wo sie dann allgemeinere Gültigkeit hat), ist es vielleicht nützlich, kurz auf de Saussures Gleichnis vom Schachspiel zurückzukommen. Es ist zunächst darauf hinzuweisen, daß das Material, aus dem die Schachfiguren gemacht sind, für den Spielablauf selbst irrelevant ist. Die Figuren können aus irgendeinem beliebigen Material (Holz, Elfenbein, Plastik usw.) sein, vorausgesetzt die physische Beschaffenheit dieses Materials gewährleistet die entscheidenden Formunterschiede zwischen den Figuren unter den Bedingungen, zu denen das Spiel normalerweise gespielt wird. (Letzteres, nämlich die physische Stabilität des Materials, ist offensichtlich wichtig; sie wurde von de Saussure als selbstverständlich angesehen und nicht ausdrücklich betont. Schachfiguren aus Eis wären unzulänglich, sollte das Spiel in einem geheizten Zimmer stattfinden.) Nicht nur das Material, aus dem die Figuren bestehen, ist belanglos, sondern auch, daß sie bestimmte Formen haben. Es ist lediglich notwendig, daß jede Figur als eine bestimmte erkennbar ist, die sich nach den Spielregeln auf bestimmte Weise bewegt. Wenn eine der Figuren verloren geht oder zerstört wird, können wir sie durch einen anderen Gegenstand (z. B. eine Münze oder einen Kreidestummel) ersetzen und übereinkommen, daß der Ersatzgegenstand im Rahmen der Partie als die Figur genommen wird, für die er steht. Die Beziehung zwischen der Form einer Figur und ihrer Funktion im Spiel ist willkürliche Konvention. Unter der Voraussetzung, daß die Konventionen der Auslegung von den Teilnehmern anerkannt werden, kann Schach genausogut mit Figuren von x-beliebiger Form gespielt werden. Wenn wir die Implikationen des Gleichnisses auf die Ausdrucksebene der Sprache übertragen, kommen wir dem Verständnis eines der grundlegenden Prinzipien der modernen Linguistik näher; es lautet in de Saussures eigenen Worten: *Sprache ist Form, nicht Substanz.*

2.2.5 *‹Realisation› in der Substanz*

Die gesprochene Sprache kommt, wie wir im vorhergehenden Kapitel gesehen haben, vor der geschriebenen (vgl. 1.4.2). Mit anderen Worten, die primäre Substanz der sprachlichen Ausdrucksebene ist der Laut (im besonderen jene Gruppe von Lauten, die von den menschlichen Sprechorganen erzeugt werden können), und die Schrift ist im wesentlichen eine Technik, die Wörter und Sätze einer Sprache aus der einen Substanz, in der sie normalerweise *realisiert* werden, in die sekundäre Substanz der Gestalt (sichtbare Zeichen auf Papier, Stein usw.) umzuwandeln. Eine weitere Umwandlung aus der sekundären in eine tertiäre Substanz ist ebenfalls möglich, wie z. B. bei der Übertragung von Nachrichten mittels des Fernschreibers. Die Tatsache, daß diese Art von Umwandlung durchgeführt werden kann (man ist versucht, sie ‹Transsubstantiation› zu nennen), bedeutet, daß die Struktur der sprachlichen Ausdrucksebene in sehr großem Maße von der Substanz, in der sie realisiert wird, unabhängig ist.

Wir wollen zunächst der Einfachheit halber jene Sprachen betrachten, die ein alphabetisches Schriftsystem gebrauchen. Wir nehmen an, die Laute einer Sprache seien isomorph mit den Buchstaben des Alphabets, das zu ihrer Darstellung verwendet wird. (Mit anderen Worten, jeder Laut werde von einem anderen Buchstaben dargestellt, und jeder Buchstabe vertrete immer denselben Laut). Sind diese Bedingungen erfüllt, dann gibt es weder Homographie noch Homophonie – die Wörter der geschriebenen sind mit denen der gesprochenen Sprache isomorph; und (von der vereinfachenden Annahme ausgehend, daß Sätze aus nichts anderem als aus Wörtern zusammengesetzt sind) alle Sätze der geschriebenen Sprache sind ebenfalls mit denen der gesprochenen Sprache isomorph. Die geschriebene und die gesprochene Sprache sind also isomorph. (Daß die geschriebene und die gesprochene Sprache, wie wir bereits gesehen haben, nie vollkommen isomorph sind, ist im Augenblick für das Argument belanglos. In dem Maß, in dem sie nicht isomorph sind, sind sie verschiedene Sprachen. Das wird eine der Implikationen des Prinzips sein, daß Sprache Form und nicht Substanz ist.)

Um jeder Unklarheit vorzubeugen, werden wir eckige Klammern setzen, um Laute von Buchstaben zu unterscheiden (dies entspricht der üblichen Zeichenkonvention; vgl. 3.1.3). So bezeichnen also [t], [e] usw. Laute und *t*, *e* usw. Buchstaben. Wir können nun einen Unterschied zwischen *formalen Einheiten* und ihrer *substantiellen Realisation* einführen.

Wenn wir sagen, daß [t] mit *t*, [e] mit *e* und allgemein daß ein bestimmter Laut mit einem bestimmten Buchstaben und umgekehrt übereinstimmt, so können wir dies so verstehen, daß weder die Laute noch die Buchstaben primär sind, sondern daß beides Alternativrealisationen derselben formalen Einheiten sind – für sich abstrakte Elemente, die unabhängig sind von der Substanz ihrer Realisation. Für die Zwecke des vorliegenden Abschnittes wollen wir diese formalen Einheiten ‹Ausdruckselemente› nennen. Wenn wir sie mit Nummern bezeichnen und diese Nummern zwischen Schrägstriche setzen, können wir sagen, daß /1/ ein gewisses Ausdruckselement bezeichnet, das in der *phonischen Substanz* durch den Laut [t] und in der *graphischen Substanz* durch den Buchstaben *t* realisiert werden kann; daß /2/ ein anderes Ausdruckselement bezeichnet, das durch [e] und *e* realisiert werden kann, usw.

Es liegt nun auf der Hand, daß dieselbe Gruppe von Ausdruckselementen, genau wie sich Schachfiguren aus verschiedenartigen Materialien formen lassen, nicht nur in Laut und Zeichen, sondern in vielen anderen Substanzen realisiert werden können. Z. B. könnte jedes Element durch verschiedenfarbiges Licht, durch eine bestimmte Geste, durch Aussendung eines charakteristischen Geruches, durch verschieden starken Druck auf die Hand usw. realisiert sein. Man könnte sich sogar ein Kommunikationssystem denken, in dem jedes Ausdruckselement durch eine verschiedenartige Substanz realisiert wird – ein System, in dem /1/ vielleicht durch einen Laut (beliebiger Art), /2/ durch Licht (irgendeiner Farbe), /3/ durch eine Handgeste usw. realisiert sind. Wir können diese Möglichkeit jedoch vernachlässigen und wollen uns vielmehr auf die Realisation der Ausdruckselemente mithilfe von Unterschieden in einer homogenen Substanz konzentrieren. Das ist weitaus typischer für die menschliche Sprache. Wenn die gesprochene Sprache auch mit verschiedener konventioneller Gestik und Mimik verbunden sein kann, so realisieren diese Gestik und Mimik doch nicht formale Einheiten auf derselben Ebene wie die, die durch die Lautkomponenten der sie begleitenden Wörter realisiert sind. D. h., eine bestimmte Geste verbindet sich nicht auf dieselbe Weise mit Lauten zu einem Wort, wie das zwei oder mehrere wortkonstituierende Laute tun.

Grundsätzlich können die sprachlichen Ausdruckselemente in jeder Substanz realisiert werden, vorausgesetzt daß die folgenden Bedingungen erfüllt werden: (*a*) Dem ‹Sender› einer Mitteilung muß die für die Erzeugung der signifikanten Unterschiede in der Substanz (lautliche, graphische Unterschiede usw.) notwendige Vorrichtung zur Verfügung stehen, und der Empfänger der Mitteilung muß die für die Wahrnehmung dieser Unterschiede notwendige Vorrichtung besitzen. Mit anderen Worten, der ‹Sender› (Sprecher, Schreiber usw.) muß über den erforderlichen Enkodierungsmechanismus, der Empfänger (Zuhörer, Leser usw.) über den geeigneten Dekodierungsmechanismus verfügen. (*b*) Die Substanz selbst als das Medium, in dem die Unterschiede gemacht werden, muß ausreichend stabil sein, um die Unterschiede zwischen den Realisationen der Ausdruckselemente unter den normalen Kommunikationsbedingungen lang genug für eine Übermittlung von Nachrichten zwischen Sender und Empfänger zu konservieren.

2.2.6 *Die Substanz der gesprochenen und der geschriebenen Sprache*

Keine der beiden Bedingungen erfordert viel Kommentar. Nichtsdestoweniger mag es zweckmäßig sein, Rede und Schrift (genauer: die phonische und die graphische Substanz) vom Gesichtspunkt (a) ihrer Verfügbarkeit und Zweckmäßigkeit, (b) der physischen Stabilität oder Dauerhaftigkeit zu vergleichen.

In ihren Spekulationen über den Ursprung der menschlichen Sprache haben viele Linguisten angenommen, daß der Laut für die Entwicklung der Sprache als Medium geeigneter war als alle anderen verfügbaren Alternativen. Im Gegensatz zu Gesten oder zu jeder anderen Substanz, in der Unterschiede durch den Gesichtssinn (ein beim Menschen hochentwickelter Sinn) wahrgenommen werden, ist der Laut nicht auf eine Lichtquelle angewiesen und wird auch nicht so häufig durch Gegenstände, die in seinem Weg liegen, behindert. Er ist deshalb genauso gut für Kommunikationen bei Tag wie bei Nacht geeignet. Im Gegensatz zu verschiedenen Substanzen, die, um erzeugt und in ihren Unterschieden wahrgenommen zu werden, vom Tastsinn abhängig sind, erfordert der Laut nicht, daß Sender und Empfänger sich sehr nahe beieinander befinden; er läßt die Hände frei für andere Zwecke. Welche anderen Faktoren sonst noch die Entwicklung der menschlichen Sprache beeinflußt haben, es steht jedenfalls fest, daß die phonische Substanz (der Bereich von Lauten, der durch die menschlichen Sprechorgane erzeugt werden kann und in den normalen Wahrnehmungsbereich des menschlichen Gehörs fällt) die Bedingungen der Verfügbarkeit und Zweckmäßigkeit ziemlich gut erfüllt. Relativ wenige Menschen sind physisch nicht in der Lage, Lautunterschiede zu erzeugen oder wahrzunehmen. Die phonische Substanz erfüllt auch die Bedingung der physischen Stabilität in einem Maße, das für die vermutlich häufigste und notwendigste Art der Kommunikation in primitiven Gesellschaftsformen ausreicht.

Die graphische Substanz unterscheidet sich ein wenig von der phonischen im Hinblick auf ihre Zweckmäßigkeit und Verfügbarkeit. Sie erfordert den Gebrauch eines Werkzeuges und läßt auch die Hände nicht frei für die Ausübung verschiedener unterstützender Aufgaben.

Weit wichtiger sind jedoch die Unterschiede zwischen den beiden Substanzarten im Hinblick auf ihre Beständigkeit. Bis in jüngere Zeit (bis zur

Erfindung des Telephons und der Apparate zur Tonaufzeichnung) war es charakteristisch für die phonische Substanz, daß sie nicht als sehr verläßliches Kommunikationsmedium diente, außer es waren Sender und Empfänger am selben Ort zur selben Zeit anwesend. (Bei mündlicher Weitergabe und bei Einschaltung einer dritten Person als Boten war man auf das Gedächtnis angewiesen). Die Lautfrequenzen erstarben sozusagen von sich aus und waren für immer verloren, wenn sie nicht sofort ‹dekodiert› wurden. Aber mit der Erfindung der Schrift stand eine Alternative und ein beständigeres Medium zur ‹Enkodierung› der Sprache zur Verfügung. Wenn auch die Schrift für Kommunikationen eher flüchtiger Natur weniger praktisch war (und deshalb hiefür auch nicht verwendet wurde), so machte sie es doch möglich, daß Nachrichten über beträchtliche Entfernungen hinweg übertragen wurden, daß sie sogar aufbewahrt werden konnten und man später auf sie zurückkommen konnte. Diese verschiedenartigen Umstände, unter denen Rede und Schrift heute wie eh und je bevorzugt gebraucht werden – die eine in nicht-reflektierender Kommunikation von Angesicht zu Angesicht, die andere in mit größerer Sorgfalt zusammengestellten Texten, die bestimmt sind, ohne die Hilfe all der in der unmittelbaren Situation enthaltenen Hinweise gelesen und verstanden zu werden –, erklären bereits weitgehend den Ursprung der Schrift und einen Großteil der späteren Abweichungen zwischen geschriebener und gesprochener Sprache. Die Unterschiede sind, wie wir bereits gesehen haben, so bedeutend, daß man von Sprachen mit einer langen schriftlichen Tradition nur schlecht behaupten könnte, Schreiben sei bloß die Übertragung von Rede in eine andere Substanz (vgl. 1.4.2). Bei aller Verschiedenartigkeit der phonischen und graphischen Substanz in Bezug auf ihre physische Stabilität und ihre Bedeutung für die historische Entwicklung der geschriebenen und der gesprochenen Sprache ist es noch immer so, daß beide Substanztypen hinreichend beständig sind, um die wahrnehmungsmäßigen Unterschiede zwischen den Lauten oder Zeichen, in denen die Ausdruckselemente realisiert sind, unter den beim Reden und Schreiben gewöhnlich gegebenen Umständen zu erhalten.

2.2.7 *Die Willkür der substantiellen Realisation*

Wir können uns nun dem zweiten Argument zuwenden, das de Saussure im Zusammenhang mit der Substanz, in der Sprache realisiert wird, vorbrachte. Genau wie die Form der Schachfiguren für den Verlauf der Partie belanglos ist, so sind es auch die besonderen Unterschiede in Gestalt oder Laut, durch die die Ausdruckselemente der Sprache festgelegt sind. Mit anderen Worten, die Verbindung eines bestimmten Lautes oder Buchstaben mit einem bestimmten Ausdruckselement geht auf willkürliche Übereinkunft zurück. Das Argument soll anhand des Englischen erläutert werden. Tabelle 3 bringt in Spalte (I) sechs englische Ausdruckselemente, die willkürlich mit 1–6 bezeichnet sind; Spalte (II) bringt ihre normalen orthographischen Realisationen und Spalte (III) ihre lautlichen Realisationen. (Der Einfachheit halber wollen wir annehmen, daß die Laute [t], [e] usw. nicht weiter zu zerlegen sind und daß sie die kleinsten Ausdruckselemente der Sprache, wie sie z. B. in den *bet, pet, bid* usw. geschriebenen Wörtern anzutreffen sind, realisieren. Wenn diese Annahme im folgenden Kapitel auch infrage gestellt wird, wird doch unser gegenwärtiges Argument von späteren Modifikationen, die wir glauben anbringen zu müssen, nicht beeinträchtigt). Wir wollen nun eine andere willkürliche Konvention treffen, nach welcher /1/ orthographisch durch *p*, /2/ durch *i* usw. realisiert wird; vgl. Spalte (IV). Als Folge wird das Wort A (das engl. ‹bet› (dt. ‹wetten›) bedeutet und zuvor *bet* geschrieben wurde) nun *dip* geschrieben, Wort B wird nun *tip* geschrieben usw.: vgl. Spalten (VII), (VIII) und (IX). Ganz deutlich wird jedes Wort und jeder Satz des geschriebenen Englisch, das unter den normalen orthographischen Konventionen unterschieden wird, auch unter den neuen Konventionen unterschieden. Die Sprache selbst wird vom Wechsel der substantiellen Realisation überhaupt nicht berührt.

Tabelle 3

Ausdruckselemente

(I)	(II)	(III)	(IV)	(V)	(VI)
/1/	*t*	[t]	*p*	[p]	*e*
/2/	*e*	[e]	*i*	[i]	*b*
/3/	*b*	[b]	*d*	[d]	*d*
/4/	*d*	[d]	*b*	[b]	*p*
/5/	*i*	[i]	*e*	[e]	*t*
/6/	*p*	[p]	*t*	[t]	*i*

Wörter

(VII)	(VIII)	(IX)	(X)	(XI)
A	‹bet›	*dip*	[dip]	*dbe*
B	‹pet›	*tip*	[tip]	*ibe*
C	‹bit›	*dep*	[dep]	*dte*
D	‹pit›	*tep*	[tep]	*ite*
E	‹bid›	*deb*	[deb]	*dtp*
F	‹bed›	*dib*	[dib]	*dbp*

Dasselbe trifft auf die gesprochene Sprache zu (jedoch mit gewissen Einschränkungen, die wir gleich anschließend anführen werden). Angenommen das Ausdruckselement /1/ wird in der phonischen Substanz als [p], /2/ als [i] usw. realisiert; vgl. Spalte (V). Dann würde das Wort, daß jetzt *bet* geschrieben wird (und weiter *bet* geschrieben werden könnte, da offensichtlich kein innerer Zusammenhang zwischen Buchstaben und Lauten besteht), ausgesprochen werden wie das Wort, das jetzt *dip* geschrieben wird (und würde dabei noch immer engl. ‹bet› (= dt. ‹wetten›) bedeuten usw.; vgl. im übrigen Spalte (X)). Wiederum gilt: Die Sprache selbst bleibt durch eine Änderung ihrer substantiellen Realisation unverändert.

2.2.8 *Die Priorität der phonischen Substanz*

Ein wichtiger Unterschied besteht jedoch zwischen der graphischen und der phonischen Realisation der Sprache. Und gerade dieser Unterschied zwingt uns, den strengen Saussureschen Grundsatz, daß die Ausdruckselemente von der sie realisierenden Substanz völlig unabhängig sind, zu modifizieren. Während in der Form der Buchstaben *d, b, e* usw. nichts enthalten ist, das ihrer Verbindung miteinander in jeder beliebigen Form entgegenstünde, sind gewisse Lautkombinationen unaussprechbar. Wir könnten z. B. beschließen, für die geschriebene Sprache die in Spalte (VI) von Tab. 3 angegebene Gruppe von Realisationen einzuführen, so daß das Wort A *dbe* geschrieben würde, Wort B *ibe* usw.: vgl. Spalte (XI). Die Buchstabenfolgen der Spalte (XI) können nicht weniger leicht geschrieben oder gedruckt werden als die in Spalte (IX). Im Gegensatz dazu wären solche Lautkomplexe, wie sie aus der Substitution von [d] für [b], von [t] für [i] und von [p] für [d] beim Wort für engl. ‹bid› (= dt. ‹bieten›) (Wort E) entstehen würden, unaussprechbar. Es gibt also Grenzen für die Aussprache (und Vernehmbarkeit) gewisser Lautgruppen bzw. -komplexe, und das bedeutet, daß die Ausdruckselemente der Sprache oder besser ihre Kombinationen zum Teil durch die Natur ihrer primären Substanz und die ‹Mechanik› des Redens und Hörens bestimmt sind. Im Rahmen aller Möglichkeiten, d. h. innerhalb der durch Aussprechbarkeit (und Vernehmbarkeit) gesetzten Grenzen, hat jede Sprache ihre eigenen kombinatorischen Einschränkungen, die auf ihre phonologische Struktur zurückgeführt werden können.

Da wir den Unterschied zwischen Phonetik und Phonologie noch nicht besprochen haben (vgl. Kapitel 3), müssen wir uns hier mit einer ziemlich ungenauen Darstellung des eben behandelten Arguments begnügen. Wir setzen die Klassifikation von Lauten in Konsonanten und Vokale voraus; wir wollen weiterhin annehmen, daß diese Einteilung sowohl in der allgemeinen phonetischen Theorie als auch in der Beschreibung der kombinatorischen Möglichkeiten bestimmter Sprachen, u. a. des Deutschen und Englischen, Gültigkeit hat. Nun würde die Substitution von [p] für

[t], von [e] für [i] usw. (vgl. Spalte IV), die Aussprache nicht beeinflussen, da bei der Substitution die konsonantische und vokalische Natur der Laute (neben anderen Eigenschaften) dieselbe bleibt. Das gewährleistet nicht nur die Aussprechbarkeit der entstandenen gesprochenen Wörter, sondern trägt auch ihrer phonologischen Struktur (als englische Wörter) im Hinblick auf das Verhältnis von Konsonanten und Vokalen und der Art der Verbindung dieser beiden Lautkategorien Rechnung. Es ist indessen klar, daß noch andere Substitutionen möglich sind, die trotz Erhaltung der Aussprechbarkeit das Gleichgewicht von Konsonanten und Vokalen und die für die Wortbildung gültigen Kombinationsmuster verändern würden. Nichtsdestoweniger würde die grammatische Struktur der Sprache, vorausgesetzt daß alle Wörter des gesprochenen Englisch innerhalb des neuen Systems der Realisation von Ausdruckselementen unterschieden werden, keine Veränderung aufweisen. Es ist deshalb grundsätzlich möglich, daß zwei (oder mehrere) Sprachen grammatisch, jedoch nicht phonologisch isomorph sind. Sprachen sind dann und nur dann phonologisch isomorph, wenn die Laute der einen sich in zahlen- und systemgemäßer Entsprechung mit den Lauten der anderen Sprache dekken, d. h. wenn die entsprechenden Lautkategorien (z. B. Konsonanten und Vokale) auch denselben Kombinationsregeln folgen. Eine zahlen- und systemgemäße Entsprechung zwischen Lauten impliziert nicht Gleichheit. Auf der anderen Seite sind die Kombinationsregeln, wie wir gesehen haben, von der physischen Natur der Laute nicht vollkommen unabhängig.

Der Schluß aus den vorangegangenen beiden Paragraphen bestätigt den Grundsatz, daß in der allgemeinen linguistischen Theorie der gesprochenen Sprache Priorität gegenüber der geschriebenen zukommt (vgl. 1.4.2). Die Kombinationsmodelle, denen die Buchstaben der geschriebenen Sprache folgen, sind durch die Buchstabenformen überhaupt nicht, durch die physische Natur der Laute der jeweiligen gesprochenen Wörter zumindest teilweise zu erklären. Das Verhältnis zwischen *u* und *n* ist, was die äußere Gestalt anlangt, genau dasselbe wie zwischen *d* und *p*. Dies ist jedoch für die Kombination dieser Buchstaben untereinander bei den geschriebenen Wörtern des Englischen oder Deutschen völlig belanglos. Weit wichtiger ist, daß die betreffenden Buchstaben den Lauten der gesprochenen Sprache teilweise entsprechen. Das Studium der Lautsubstanz ist deshalb für den Linguisten ein zentraleres Anliegen als die Untersuchung von graphischer Substanz und von Schriftsystemen.

2.2.9 *Kombination und Kontrast*

Die einzigen Eigenschaften von Ausdruckselementen sind, wenn man sie losgelöst von ihrer substantiellen Realisation betrachtet, (I) ihre *kombi-*

natorische Funktion – ihre Fähigkeit sich untereinander zu Gruppen oder Komplexen zu verbinden zu dem Zweck, Wörter und Sätze erkennbar zu machen und zu unterscheiden (und wir haben eben gesehen, daß die kombinatorischen Eigenschaften der sprachlichen Ausdruckselemente tatsächlich teilweise von der Natur ihrer Primärsubstanz, dem Laut, bestimmt werden), und (II) ihre *kontrastive* Funktion – der gegenseitige Unterschied. An diese zweite Eigenschaft dachte de Saussure, als er behauptete, daß die Ausdruckselemente (und allgemeiner alle linguistischen Einheiten) ihrer Natur nach im wesentlichen negativ seien. Das Prinzip des *Kontrasts* ist in der modernen linguistischen Theorie von grundlegender Bedeutung. Dies kann unter Hinweis auf Tabelle 3, Seite 66, illustriert werden. Jedes Ausdruckselement (in der Tabelle mit 1–6 bezeichnet) ist in Kontrast bzw. in Opposition zu jedem anderen Element, das in derselben Stellung in englischen Wörtern vorkommen kann, und zwar insofern als die Substitution eines Elements durch ein anderes (genauer: die Substitution der substantiellen Realisation des einen Elements durch die substantielle Realisation eines anderen) bewirkt, daß ein Wort in ein anderes verwandelt wird. Wort A (*bet*) unterscheidet sich z. B. von Wort B (*pet*) darin, daß am Anfang /3/ und nicht /6/ steht, A unterscheidet sich von C (*bit*) darin, daß in der Mitte /2/ und nicht /5/ steht, und A unterscheidet sich von F (*bed*) darin, daß am Wortende /1/ und nicht /4/ steht. Ausgehend von diesen sechs Wörtern können wir sagen, daß /1/ mit /4/, /2/ mit /5/, und /3/ mit /6/ kontrastiert. (Wenn wir andere Wörter zum Vergleich heranzögen, könnten wir natürlich andere Kontraste und andere Ausdruckselemente herausheben.) Als formale Einheit und innerhalb der Grenzen der betrachteten Sprachprobe kann /1/ als «dasjenige Element» definiert werden, «welches nicht /4/ ist, und das sich entweder mit /2/ oder /5/ sowie entweder mit /3/ oder /6/ verbindet». Alle anderen in der Tabelle angeführten Elemente können ähnlich definiert werden. Allgemein kann jede formale Einheit (I) als unterschieden von allen anderen mit ihr kontrastierenden Elementen und (II) als Träger bestimmter kombinatorischer Eigenschaften definiert werden.

2.2.10 *Eindeutige Abgrenzung der Ausdruckselemente*

Aufbauend auf der Unterscheidung zwischen Form und Substanz können wir nun einige wichtige Prinzipien einführen. Wir wollen zur Illustration den Kontrast zwischen /3/ und /6/ nehmen, der in der gesprochenen Sprache durch den Unterschied zwischen den Lauten [b] und [p] wiedergegeben ist. Daß gerade dieser bestimmte und nicht ein anderer lautlicher Unterschied vorliegt, ist, wie wir gesehen haben, für die Struktur des Englischen irrelevant. Man beachte auch, daß der Unterschied zwischen [b] und [p] nicht absolut, sondern relativ ist. Das heißt, was wir als den

‹Laut [b]› oder den ‹Laut [p]› bezeichnet haben, sind eigentlich Lautbereiche; und es gibt faktisch keinen bestimmten Punkt, an dem der «[b]-Bereich» beginnt und der «[p]-Bereich» aufhört (oder umgekehrt). Vom phonetischen Standpunkt aus variiert der Unterschied zwischen [b] und [p] ständig. Der Unterschied zwischen den Ausdruckselementen /3/ und /6/ ist jedoch ein absoluter, und zwar in folgendem Sinn: Die Wörter A und B (*bet* und *pet*) und alle anderen englischen Wörter, die sich durch entweder /3/ oder /6/ voneinander unterscheiden, gehen in der gesprochenen Sprache nicht allmählich ineinander über, wenn [b] sich allmählich [p] nähert. Es kann einen Punkt geben, an dem man nicht mehr sagen kann, ob A oder B gemeint war, aber es gibt kein englisches Wort, das im Hinblick auf seine grammatische Funktion oder Bedeutung irgendwie in der Mitte zwischen beiden steht und durch einen mittleren Laut zwischen [b] und [p] gekennzeichnet ist. Daraus folgt, daß die Ausdrucksebene der Sprache aus abgegrenzten Einheiten aufgebaut ist. Diese abgegrenzten Einheiten werden jedoch in der physischen Substanz durch Lautbereiche realisiert, innerhalb welcher beträchtliche Variationsmöglichkeiten bestehen. Da die Ausdruckseinheiten in ihrer substantiellen Realisation als Laute nicht verwechselt werden dürfen, muß es zwischen den Lautbereichen, die die eine, und den Lautbereichen, die die andere realisieren, einen Sicherheitsspielraum geben. Gewisse Kontraste mögen im Laufe der Zeit verloren gehen oder nicht bei allen Wörtern von allen Sprechern einer Sprache eingehalten werden. Dies kann erklärt werden, indem man annimmt, daß die betreffenden Kontraste bei der durch sie geschiedenen Anzahl von Äußerungen einer Sprache unter die ‹Relevanzschwelle› fallen. Das bedeutet aber nicht, daß der Unterschied zwischen manchen Paaren von Ausdruckselementen relativ ist.

2.2.11 *Grammatische und phonologische Wörter*

Wir sind nun in der Lage, eine Mehrdeutigkeit des Terminus ‹Komposition›, wie er im vorangegangenen Abschnitt gebraucht wurde, zu beseitigen. Wir haben gesagt, daß Wörter sich aus Lauten (oder Buchstaben) zusammensetzen und daß Sätze, Teilsätze und Syntagmen sich aus Wörtern zusammensetzen (vgl. 2.1.1). Es stellt sich nun heraus, daß der Ausdruck ‹Wort› mehrdeutig ist. Tatsächlich wird er gewöhnlich in einer Reihe von verschiedenen Bedeutungen verwendet; hier brauchen wir aber nur zwei zu unterscheiden. Als formale, grammatische Einheiten können Wörter als vollkommen abstrakte Gebilde betrachtet werden, deren einzige Eigenschaft in einer bestimmten kontrastiven und kombinatorischen Funktion besteht (was die Begriffe Kontrast und Kombination im Fall der grammatischen Einheiten bedeuten, werden wir später besprechen). Diese grammatischen Wörter werden durch Gruppen oder Komplexe von Ausdruckselementen realisiert, von denen jedes einzelne (in der gesprochenen Sprache) durch einen bestimmten Laut realisiert ist. Wir können die Komplexe von Ausdruckselementen als *phonologische* Wörter bezeichnen. Daß eine derartige Unterscheidung notwendig ist (wir werden später noch darauf zurückkommen, vgl. 6.4.3), wird aus den folgenden Überlegungen klar. Erstens ist die innere Struktur eines phonologischen Wortes im allgemeinen belanglos für die Tatsache, daß ein bestimmtes grammatisches Wort dadurch realisiert wird. Das grammatische Wort A (das ‹bet› bedeutet, vgl. Tabelle 3 Seite 66), ist zufällig durch den Komplex von Ausdruckselementen /321/ realisiert. Es könnte aber ebenso gut durch einen Komplex anderer Ausdruckselemente, und zwar nicht unbedingt drei, realisiert werden. (Man beachte, daß damit nicht dasselbe gesagt werden soll wie weiter oben über die Realisation von Ausdruckselementen. Ein phonologisches Wort setzt sich nicht aus Lauten, sondern aus Ausdruckselementen zusammen.) Zweitens besteht zwischen den grammatischen und phonologischen Wörtern einer Sprache nicht notwendig Isomorphie. Z. B. realisiert das phonologische Wort, das wir hier durch seine normale orthographische Darstellung *down* wiedergeben wollen, mindestens zwei grammatische Wörter (vgl. *down the hill* : *the soft down on his cheek*). Es handelt sich deshalb um verschiedene grammatische Wörter, weil sie in Sätzen verschiedene kontrastive und kombinatorische Funktionen ausüben. Ein Beispiel für das umgekehrte Phänomen ist in den beiden Alternativrealisationen, geschrieben *dreamed* und *dreamt*, ein und desselben grammatischen Wortes (des Präteritums eines bestimmten Verbums) gegeben. Es soll nebenbei darauf hingewiesen werden, daß die beiden eben erläuterten Phänomene gewöhnlich als Arten der Homonymie und Synonymie behandelt werden (vgl. 1.2.3). Wir haben bei der Besprechung des vorliegenden Problems nur die grammatische Funktion und die phonologische Realisation der Wörter, nicht aber ihre Bedeutung betrachtet. Zusammenfassend können wir feststellen: Grammatische Wörter werden durch phonologische Wörter realisiert (Isomorphie ist nicht Voraussetzung); phonologische Wörter setzen sich aus Ausdruckselementen zusammen.

Unschwer läßt sich noch eine dritte Bedeutung des Ausdrucks ‹Wort› unterscheiden, nach der wir sagen würden, daß das englische Wort geschrieben *cap* und das französische Wort *cap* identisch sind. Sie sind es in ihrer (graphischen) Substanz. Aber wir befassen uns im allgemeinen in der Linguistik nicht mit der substantiellen Gleichheit von Wörtern. Der Zusammenhang zwischen dem grammatischen Wort und seiner substantiellen Realisation in Laut oder Zeichen ist insofern indirekt, als er über die Zwischenstufe der Phonologie zu betrachten ist.

2.2.12 *Ist die linguistische Theorie zu ‹abstrakt›?*

Es mag den Anschein haben, als seien die Überlegungen dieses Abschnitts weit von allen praktischen Anliegen entfernt. Dies trifft aber nicht zu. Gerade die eher abstrakte Betrachtungsweise der Sprachwissenschaft, wie sie durch die Unterscheidung von Substanz und Form möglich geworden ist, hat uns zu einem größeren Verständnis für die historische Sprachentwicklung verholfen, als es im neunzehnten Jahrhundert möglich war, und hat in neuerer Zeit dazu geführt, daß umfassendere Theorien über die Struktur, den Erwerb und den Gebrauch der menschlichen Sprache aufgestellt worden sind. Derartige Theorien haben eine eminent praktische Anwendung in der Entwicklung erfolgreicherer Methoden im Sprachunterricht erfahren, im Aufbau besserer Systeme für die Telekommunikation, in der Kryptographie und im Entwurf von Systemen für die Analyse von Sprachen mithilfe von Elektronenrechnern. Wie anderswo gehen auch in der Linguistik abstrakte Theorie und praktische Anwendung Hand in Hand; die Theorie jedoch kommt vor der Anwendung und ist unabhängig von ihr dadurch gerechtfertigt, daß sie zu einem besseren Verständnis des Gegenstandes beiträgt.

2.3 *Paradigmatische und syntagmatische Beziehungen*

2.3.1 *Der Begriff der Distribution*

Jede linguistische Einheit (mit Ausnahme des Satzes; vgl. 5.2.1) ist mehr oder weniger stark Einschränkungen im Hinblick auf die Kontexte, in denen sie vorkommen kann, unterworfen. Diese Tatsache ist in der Feststellung formuliert, daß jede linguistische Einheit (unterhalb der Satzstufe) ihre charakteristische *Distribution* hat. Wenn zwei (oder mehr) Einheiten in demselben Kontextbereich vorkommen, bezeichnet man sie als *distributionsäquivalent* (d. h. sie haben dieselbe Distribution); wenn sie keinen Kontext gemeinsam haben, sind sie in *komplementärer Distribution*. Zwischen den beiden Extremen der vollständigen Äquivalenz und der komplementären Distribution haben wir Arten von partieller Äquivalenz zu unterscheiden: (a) Die Distribution einer Einheit *schließt* die Distribution einer anderen *ein* (ohne ihr vollständig äquivalent zu sein): Wenn x in allen Kontexten vorkommt, in denen y vorkommt, es aber Kontexte gibt, in denen y, aber nicht x vorkommt, so schließt die Distribution von y die von x ein (*Inklusionsverhältnis*). (b) Die Distribution zweier (oder mehrerer) Einheiten können sich *überschneiden:* Wenn es Kontexte gibt, in denen sowohl x wie y vorkommen, aber weder x noch y in allen Kontexten gemeinsam vorkommen, so sagt man, x und y haben einander *überschneidende Distributionen.* (Denjenigen Lesern, die mit gewissen Grundbegriffen der formalen Logik und Mathematik vertraut sind, wird klar sein, daß die verschiedenen Arten von Distributionsverhältnissen zwischen linguistischen Einheiten im Rahmen der Klassenlogik und Mengenlehre betrachtet werden können. Daß dies der Fall ist, ist für

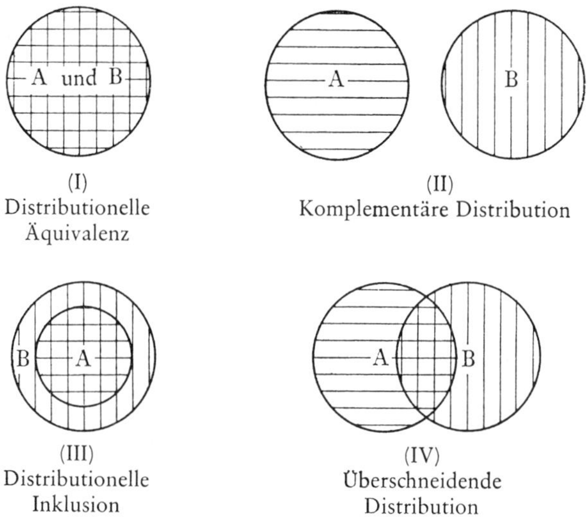

Abb. 2. Distributionsverhältnisse (*x* kommt in der Kontextmenge A vor, B ist die Kontextmenge, in der *y* vorkommt).

das Studium der logischen Grundlagen der Theorie der Linguistik von sehr großer Bedeutung. Was man etwas oberflächlich als ‹mathematische› Linguistik bezeichnen könnte, ist heute ein sehr wichtiger Teil der Disziplin. Obwohl wir in der hier vorliegenden elementaren Einführung in die Linguistik die verschiedenen Zweige der ‹mathematischen Linguistik› nicht im Einzelnen behandeln können, werden wir bei Gelegenheit auf einige der wichtigeren Berührungspunkte hinweisen.)

Eines muß betont werden: der Ausdruck ‹Distribution› einer linguistischen Einheit gilt nur für den Kontextbereich, der unter *systematischer* Festlegung solcher Einschränkungen betrachtet wird, die das Vorkommen der betreffenden Einheit bestimmen. Was ‹systematisch› hier bedeutet, mag durch ein Beispiel erklärt werden. Die englischen Elemente /l/ und /r/ (zur Bedeutung der Schrägstriche vgl. 2.2.5) sind zumindest teilweise distributionsäquivalent. Beide können in einer Anzahl sonst phonologisch identischer Wörter vorkommen (vgl. *light* : *right, lamb* : *ram, blaze* : *braise, climb* : *crime* usw.) Aber viele der Wörter, in denen das eine Element vorkommt, haben keine (sonst phonologisch identische) Entsprechung, in der das andere vorkommt. Es gibt kein Wort *srip* zu *slip*, kein *tlip* zu *trip*, kein *brend* zu *blend*, kein *blick* für *brick* usw. Es besteht jedoch ein wichtiger Unterschied zwischen der Nichtexistenz von Wörtern wie *srip* und *tlip* einerseits und Wörtern wie *brend* und *blick* andererseits. Das erste Paar (und andere derselben Art) ist nach gewissen allgemeinen Gesetzen der phonologischen Struktur des Englischen unmöglich. Es gibt keine Wörter, die mit /tl/ oder /sr/ beginnen (diese Feststellung könnte allgemeiner formuliert werden, aber die vorliegende Formulierung genügt für unseren augenblicklichen Zweck). Im Gegensatz dazu kann keine vergleichbare systematische Feststellung über die Distribution von /l/ und /r/ getroffen werden, die das Nichtvorkommen von *blick* und *brend* erklären würde. Beide Elemente sind anderswo in den Kontexten /b-i . . ./ und /b-e . . ./ anzutreffen: vgl. *blink* : *brink*, *blessed* : *breast* usw. Von ihrer phonologischen Struktur her betrachtet sind *brend* und *blick* (nicht aber *tlip* und *srip*) mögliche englische Wörter. Es ist sozusagen ein ‹Zufall›, daß ihnen keine grammatische Funktion und keine Bedeutung eignen und sie in der Sprache keinen Platz haben.

Was eben mithilfe eines phonologischen Beispiels erläutert wurde, ist auch auf die grammatische Stufe anwendbar. Nicht alle Wortkombinationen sind zulässig. Von den unzulässigen Kombinationen kann ein Teil mithilfe einer allgemeinen Klassifikation der Distribution der Wörter in einer Sprache erklärt werden, während der andere Teil unter Hinweis auf die Bedeutung des bestimmten Wortes oder auf irgendein für das betreffende Wort als Einzelwort charakteristisches Faktum erklärt werden muß. Wir werden in einem späteren Kapitel noch darauf zurückkommen (vgl. 4.2.9). Für die Erörterung hier genügt die Feststellung, daß totale oder partielle Distributionsäquivalenz nicht absolute Identität in den Kontextbereichen, in denen die betreffenden Einheiten vorkommen, bedeutet. Dagegen bedeutet sie Identität insofern, als die Kontexte durch die phonologischen und grammatischen Regelhaftigkeiten der Sprache spezifiziert sind.

2.3.2 *Freie Variation*

Wie wir im vorangegangenen Abschnitt gesehen haben, hat jede linguistischen Einheit sowohl eine kontrastive wie eine kombinatorische Funktion. Nun ist klar, daß zwei Einheiten nicht miteinander kontrastieren können, wenn sie nicht zumindest teilweise distributionsäquivalent sind (denn im Fall von Einheiten, die sich in komplementärer Distribution befinden, ergibt sich die Frage des Kontrasts gar nicht). Einheiten, die in einem bestimmten Kontext vorkommen, ohne miteinander zu kontrastieren, sind *in freier Variation*. Z. B. kontrastieren die Vokale der beiden

Wörter *leap* und *get* in den meisten Kontexten, in denen sie beide vorkommen (vgl. *bet* : *beat* usw.), sind aber in freier Variation in den beiden möglichen Aussprachen des Wortes *economics*. Sowohl in der Phonologie wie der Semantik muß man achtgeben, freie Variation (Funktionsäquivalenz im Kontext) nicht mit Distributionsäquivalenz (Vorkommen in demselben Kontextbereich) zu verwechseln. Was unter freier Variation und Kontrast zu verstehen ist, hängt von der Art der Einheiten ab, auf die die Termini angewendet werden, sowie dem Blickpunkt, von dem aus sie betrachtet werden. Wie wir gesehen haben, befinden sich zwei Ausdruckselemente in Kontrast zueinander, wenn die Substitution des einen für das andere in demselben Kontext ein anderes Wort oder einen anderen Satz erzeugt; wenn nicht, so sind sie in freier Variation. Aber Wörter (und andere grammatische Einheiten) können aus zwei verschiedenen Blickwinkeln betrachtet werden. Und nur dann, wenn man ihre grammatische Funktion (grob gesprochen darauf hin, ob sie Nomen, Verben oder Adjektiva usw. sind) betrachtet, werden die Begriffe Kontrast und freie Variation distributionell interpretiert; dies deshalb, weil ein direkter Zusammenhang zwischen grammatischer Funktion und Distribution besteht (vgl. 4.2.6). Obwohl ebenfalls ein gewisser Zusammenhang zwischen der Bedeutung eines Wortes und seiner Distribution besteht, so wird doch keine von beiden durch die andere vollständig bestimmt. Aus diesem Grund sind die beiden Begriffe theoretisch gegeneinander abgegrenzt. In der Semantik sind freie Variation und Kontrast als ‹Gleichheit und Verschiedenheit der Bedeutung› zu verstehen. (Es ist jedoch üblicher, in der Semantik statt ‹freier Variation› den traditionellen Ausdruck ‹Synonymie› zu gebrauchen.)

2.3.3 *‹Paradigmatisch› und ‹syntagmatisch›*

Dadurch daß eine linguistische Einheit in einem bestimmten Kontext vorkommen kann, können zweierlei Relationen entstehen. Sie steht in *paradigmatischer* Relation zu all jenen Einheiten, die gleichfalls in demselben Kontext vorkommen können (gleichgültig, ob sie mit der ersten Einheit kontrastieren oder in freier Variation sind) und in *syntagmatischer* Relation zu jenen anderen Einheiten derselben Stufe, mit denen zusammen sie vorkommt und die ihren Kontext bilden. Um auf das im vorangegangenen Abschnitt gebrachte Beispiel zurückzukommen: Dank ihrem potentiellen Vorkommen im Kontext /-et/ steht das Ausdruckselement /b/ in paradigmatischer Relation zu /p/, /s/ usw. sowie in syntagmatischer Relation zu /e/ und /t/. Ebenso steht /e/ in paradigmatischem Verhältnis zu /i/, /a/, usw. und in syntagmatischem Verhältnis zu /b/ und /t/. /t/ verhält sich weiter paradigmatisch zu /d/, /n/ usw. und syntagmatisch zu /b/ und /e/.

Paradigmatische und syntagmatische Relationen sind auch auf Wortebene wie überhaupt auf jeder Stufe linguistischer Beschreibung von Bedeutung. Z. B. geht das Wort *pint* aufgrund seines potentiellen Vorkommens in Kontexten wie *a . . . of milk* paradigmatische Relationen zu anderen Wörtern von der Art wie *bottle, cup, gallon* usw. und syntagmatische zu *a*, *of* und *milk* ein.

Wörter (und andere grammatische Einheiten) können verschiedene Arten von paradigmatischen und syntagmatischen Relationen eingehen. ‹Potentielles Vorkommen› kann mit oder ohne Berücksichtigung der Frage interpretiert werden, ob das resultierende Syntagma oder der Satz einen Sinn ergibt, mit oder ohne Rücksicht auf die Situationen, in denen Äußerungen tatsächlich gemacht werden, mit oder ohne Rücksicht auf die Abhängigkeiten zwischen verschiedenen Sätzen in einem größeren Text u. s. f. Wir werden später mehr über die verschiedenen Bedingungen zu sagen haben, die für die Interpretation des Ausdrucks ‹potentielles Vorkommen› jeweils andere Voraussetzungen schaffen (vgl. 4.2.1 über den Begriff der ‹Akzeptierbarkeit› bzw. ‹Zulässigkeit›). Hier muß ganz besonders darauf hingewiesen werden, daß alle linguistischen Einheiten paradigmatische Verhältnisse mit anderen Einheiten derselben Stufe eingehen (Ausdruckselemente mit Ausdruckselementen, Wörter mit Wörtern usw.), daß der *Kontext* einer linguistischen Einheit mithilfe seiner syntagmatischen Relationen beschreibbar ist, und daß der Kontextbereich, den man der Einheit zuordnet, ebenso wie der Umfang der Klasse von Einheiten, zu der man sie in paradigmatische Relation setzt, davon abhängt, wie man das ‹potentielle Vorkommen› (oder die ‹Zulässigkeit›) – explizit oder implizit – interpretiert.

Die Formulierung dieses letzten Punktes mag unnötig umständlich erscheinen. Es wird später ersichtlich werden, daß sie uns u. a. ermöglicht, den Unterschied zwischen grammatischen und sinnvollen Sätzen nicht mithilfe der Kombination von grammatischen Einheiten im einen und von semantischen Einheiten im anderen Fall, sondern mithilfe des Grades oder der Art der ‹Akzeptierbarkeit› (‹Zulässigkeit›) zu ziehen, die durch die verschiedenen Kombinationen derselben Einheiten erreicht wird.

2.3.4 *Das Abhängigkeitsverhältnis von paradigmatischen und syntagmatischen Relationen*

Zwei wichtige Bemerkungen müssen nun zu den paradigmatischen und syntagmatischen Relationen gemacht werden. Die erste, die (zusammen mit der Unterscheidung von Substanz und Form) als entscheidendes Charakteristikum der modernen, ‹strukturellen› Linguistik betrachtet werden kann, ist folgende: Linguistische Einheiten losgelöst von ihren paradigmatischen und syntagmatischen Relationen zu anderen Einheiten zu betrachten, ist sinnlos. (Dies ist eine engere Formulierung des allgemeinen ‹Struktur›-Prinzips, daß jede linguistische Einheit innerhalb eines Systems von Beziehungen einen bestimmten Platz einnimmt; vgl. 1.4.6.) Ein Beispiel der Ausdrucksebene möge zur Illustration dienen: Als wir vorhin englische Wörter wie *bet, pet* usw. besprachen, nahmen wir an, daß alle diese Wörter als Folge dreier Ausdruckselemente realisiert sind (so wie sie alle aufgrund der orthographischen Konventionen der Sprache als Folge dreier Buchstaben geschrieben werden). Wir können nun die Richtigkeit dieser Annahme überprüfen. Nehmen wir einmal den Tatsachen widersprechend an, daß es Wörter gäbe, deren lautliche Realisation mit derjenigen von *put, tit, cat, pup, tip, cap, puck* und *tick* identisch ist, daß es aber keine Wörter gibt, die wie *but, pet, pit, bit, cut, gut, kit, duck, cab, kid, cud* usw. realisiert (‹ausgesprochen›) werden. Was wir damit annehmen ist (um es mit ziemlich unpräzisen phonetischen Termini zu sagen), daß alle als Komplexe von drei Lauten realisierten phonologischen Wörter in ihrer substantiellen Realisation (d. h. als phonetische Wörter) als Aufeinanderfolge von Konsonant + Vokal + Konsonant beschrieben werden können (wobei die Konsonanten [p], [t] oder [k] und die Vokale [u], [i] und [a] sind – der Einfachheit wegen haben wir keine anderen Konsonanten oder Vokale angenommen), daß aber die einzigen an erster und zweiter Stelle der Lautfolge möglichen Konsonant-Vokal-Kombinationen [pu], [ti] und [ka] sind. Unter diesen Voraussetzungen realisieren [u], [i] und [a] eindeutig nicht drei unterschiedliche Ausdruckselemente der Sprache, da sie nicht in paradigmatischer Relation (und, a fortiori, nicht in Kontrast) zueinander sind. Wieviele Ausdruckselemente man in einer derartigen Situation (sie ist durchaus nicht untypisch für sprachliche Erscheinungen) genau unterscheiden würde, hängt von gewissen spezielleren, phonologischen Prinzipien ab, die wir später besprechen werden. Wir könnten behaupten, daß es in jedem Wort nur zwei Kontrastpositionen gibt, von denen die erste durch eine von drei Konsonant-Vokalpaaren und die zweite durch eine von drei Konsonanten eingenommen wird. Wir könnten also sechs Ausdruckselemente unterscheiden (realisiert als /1/ : [ka], /2/ : [pu], /3/ : [ti], /4/ : [p], /5/ : [t] und /6/ : [k]). Wir könnten andererseits auch vier Ausdruckselemente unterscheiden, von denen drei durch die in Anfangs- und Endposition aufscheinenden Konsonanten [p], [t] und [k] realisiert werden, und das vierte in Mittelstellung durch einen Vokal realisiert ist, dessen phonetische Qualität vom vorausgehenden Konsonanten bestimmt ist. Was damit plausibel gemacht werden soll, ist also, daß man nicht zuerst die Elemente und dann die möglichen Kombinationen festlegen kann. Die Elemente werden bestimmt, indem man gleichzeitig ihre paradigmatischen und syntagmatischen Beziehungen berücksichtigt. Der Grund, weshalb wir bei den englischen Wörtern *bet, pet, bit, pit, bid, tip, tap,* usw. drei Kontrastpositionen unterscheiden, ist der, daß an drei Stellen paradigmatische und syntagmatische Beziehungen aufgestellt werden können. Wir werden sehen, daß die wechselseitige Abhängigkeit der paradigmatischen und syntagmatischen *Dimensionen* ein Grundsatz ist, der auf allen Stufen der Sprachstruktur seine Gültigkeit hat.

2.3.5 *‹Syntagmatisch› bedeutet nicht ‹sequentiell›*

Zweitens muß folgendes bemerkt werden: Syntagmatische Beziehungen setzen nicht unbedingt sequentielle Ordnung (lineares Nacheinander) von Einheiten voraus, so daß die substantielle Realisation des einen Elements zeitlich vor der eines anderen kommen muß. Vergleichen wir z. B. die beiden chinesischen Wörter *hào* (‹Tag›) und *hǎo* (‹gut›), die sich phonologisch dadurch unterscheiden, daß das erste den sogenannten ‹vierten Ton› (/`/, realisiert durch Senkung der Silbentonhöhe von hoch nach tief) und das zweite den ‹dritten Ton› (/ˇ/, realisiert als Wechsel der Silbentonhöhe von mittel zu tief und zurück zu mittel) besitzt. Die beiden Elemente /`/ und /ˇ/ sind im Kontext /hao/ in paradigmatischem Kontrast, d. h. sie fallen in diesem (und vielen anderen Kontexten) unter dieselben syntagmatischen Beziehungen. Wenn wir sagen, daß das eine Wort phonologisch als /hao/ + /`/ und das andere als /hao/ + /ˇ/ zerlegt werden soll, so ist damit offensichtlich nicht gemeint, daß die substantielle Realisation des Tons der substantiellen Realisation des übrigen Wortes nachfolgt. Sprachliche Äußerungen sind an Zeitabschnitte gebunden und können also in eine Reihe aufeinanderfolgender Laute oder Lautgruppen segmentiert werden. Ob jedoch diese zeitliche Abfolge für die Struktur der Sprache von Bedeutung ist oder nicht, hängt wieder von den paradigmatischen und syntagmatischen Beziehungen der linguistischen Einheiten und grundsätzlich nicht von der Aufeinanderfolge ihrer substantiellen Realisation ab.

Die Nacheinanderrelation ist eine der möglichen Realisationen der phonischen Substanz (und ebenso eine der sekundären Möglichkeiten, die graphische Substanz nach den Konventionen der Schreibrichtung zu realisieren – von links nach rechts, rechts nach links oder von oben nach unten –), die allerdings nicht institutionalisiert sein muß. Dies kann auf der grammatikalischen Ebene gut veranschaulicht werden. Englisch gehört zu den Sprachen mit ‹fester Wortstellung›, während Latein als eine Sprache mit ‹freier Wortstellung› gilt. (Tatsächlich ist die Wortstellung im Englischen nicht vollkommen ‹fest› und im Lateinischen nicht vollkommen ‹frei›, doch ist der Unterschied zwischen den beiden Sprachen für die Zwecke unseres Beispiels hinreichend deutlich). Konkret wird ein aus Subjekt, Verb und Objekt bestehender englischer Satz (z. B. *Brutus killed*

Caesar, ‹Brutus tötete Cäsar›) normalerweise in der substantiellen Realisation der drei betreffenden als Subjekt + Verb + Objekt aufeinanderfolgenden Einheiten gesprochen (und geschrieben), und das Vertauschen der beiden Nomina oder Nominalsyntagmen bewirkt, daß der Satz entweder ungrammatisch oder zu einem neuen Satz wird: *Brutus killed Caesar* und *Caesar killed Brutus* sind verschiedene Sätze; *The chimpanzee ate some bananas* ‹Der Schimpanse aß einige Bananen› ist zwar ein Satz, *Some bananas ate the chimpanzee* ist (so nehmen wir an) keiner. Im Gegensatz dazu sind *Brutus necavit Caesarem* und *Caesarem necavit Brutus* zwei mögliche substantielle Realisationen desselben Satzes (‹Brutus tötete Cäsar›). Genauso verhalten sich *Caesar necavit Brutum* und *Brutum necavit Caesar* (‹Cäsar tötete Brutus›). Die Wortfolge im lateinischen Satz ist also grammatisch belanglos, wenn auch die Wörter natürlich nicht in jeder beliebigen linearen Abfolge gesprochen werden können.

2.3.6 *Sequentielle und nicht-sequentielle syntagmatische Beziehungen*

Wir wollen dasselbe nun auf einer allgemeineren Stufe betrachten. Der Einfachheit halber nehmen wir an, daß wir es mit zwei Gruppen von Einheiten (oder vorläufig festgestellten Einheiten) zu tun haben, wobei die Glieder jeder Klasse in paradigmatischem Verhältnis zueinander sind. Die Klassen sind: X mit den Gliedern a und b und Y mit den Gliedern p und q. In der Standardnotation für Klassenzugehörigkeit sieht das so aus:

$$\mathrm{X} = \{\mathrm{a},\ \mathrm{b}\}, \qquad \mathrm{Y} = \{\mathrm{p},\ \mathrm{q}\}.$$

(Diese Gleichungen sind folgendermaßen zu lesen: «X ist eine Klasse, deren Glieder a und b sind», «Y ist eine Klasse, deren Glieder p und q sind».) Die substantielle Realisation jeder Einheit wird durch den entsprechenden Buchstaben in Schrägdruck dargestellt (*a* realisiert a usw., *X* und *Y* sind variable Größen, die für die Realisationen der Einheiten stehen), und wir wollen annehmen, daß diese substantiellen Realisationen nicht gleichzeitig vorkommen können (es können Konsonanten und Vokale oder Wörter sein), sondern untereinander sequentiell geordnet sind. Es gibt drei relevante Möglichkeiten: (I) Die lineare Reihung kann fest sein, so daß z. B. *X* vor *Y* kommen muß (es kommen also *ap, aq, bp, bq*, doch nicht *pa, qa, pb, qb*); (II) Die Sequenz kann insofern ‹frei› sein, als sowohl *XY* als auch *YX* vorkommen, wobei aber XY = YX (‹=› bedeutet hier ‹ist äquivalent›, wobei Äquivalenz für die bestimmte Beschreibungsebene definiert wird); (III) Die Reihung kann fest (oder frei) in einem anderen Sinne sein, daß wohl *XY* und *YX* vorkommen, wo aber *XY* ≠ *YX* ist (‹≠› bedeutet ‹ist nicht äquivalent›). Es sei hier am Rande vermerkt, daß diese drei Möglichkeiten bei der Diskussion von Themen wie der Wortstellung nicht immer unterschieden werden. Es sind die beiden letzten theoretisch am einfachsten zu behandeln. Im Fall (II) stehen, da *XY* und *YX* nicht kontrastieren, die Einheiten a, b, p und q, die ja in Reihungen wie ab oder ba realisiert sind, in einem *nicht-sequentiellen syntagmatischen Verhältnis* zueinander. (Dies ist der Fall bei Wörtern einer Sprache mit freier Wortstellung). Im Fall (III) herrscht zwischen den Einheiten, da *XY* und *YX* kontrastieren, ein *sequentiell-syntagmatisches Verhältnis.* (Dies gilt bei gewissen Adjektiven für Adjektiv und Nomen im Französischen.) Gerade im Fall (I) aber, der äußerst häufig ist, treten oft Unklarheiten auf. Da *XY* nicht vorkommt, können die Elemente der Klassen X und Y auf dieser Stufe nicht in einem sequentiellen Verhältnis stehen. Andererseits muß die Sprachbeschreibung an irgendeiner Stelle die obligate lineare Abfolge ihrer substantiellen Realisation festlegen. Es mag daher bei einer Ebenenintegration zweckmäßig sein, wenn Beispiele für (III) mit Beispielen für (II) zusammengelegt werden. Nur weil wir diesem Prinzip stillschweigend folgten, konnten wir oben sagen, daß englische Wörter wie *bet, pet* usw. die phonologische Struktur Konsonant + Vokal + Konsonant aufweisen (wobei die Termini ‹Konsonant› und ‹Vokal› für Klassen von Ausdruckselementen gebraucht werden). Daß einige der syntagmatischen Verhältnisse zwischen den Ausdruckselementen im Englischen sequentieller Natur sind, ist aus dem Vergleich von Wörtern wie *pat, apt, cat, act* usw. ersichtlich. Wenn auch die Folge CCV (Konsonant + Konsonant + Vokal, wobei die betreffenden Konsonanten als [p], [t], [k], [b], [d] und [q] realisiert sind) nicht vorkommt, so doch CVC und zumindest in einigen Fällen VCC, wie wir gerade gesehen haben. Gleichzeitig bestehen systematische Einschränkungen für das gekoppelte Vorkommen von Konsonanten bei VCC. Z. B. ist ein Wort, das substantiell [atp] oder [atk] verwirklicht werden würde, vom System her ausgeschlossen; dasselbe gilt für [akk], [app], [att]. Im Englischen gibt es also sowohl für (I) als auch (III) Beispiele in der phonologischen Struktur der hier betrachteten Wörter. Dadurch daß wir sie unter derselben sequentiellen Formel betrachten, vereinfachen wir die Beschreibung ihrer substantiellen Realisation. Es soll jedoch klar sein, daß damit nicht gemeint ist, daß wir den Unterschied zwischen ‹zufälligen› Lücken im englischen Vokabular wie [qit] oder [ped] und vom System her ausgeschlossenen ‹Wörtern› wie [pti] oder [atp] (vgl. 2.3.1) ganz vernachlässigen dürfen.

Eine weitere Diskussion des Themas ‹lineare Reihung› wäre an dieser Stelle unangebracht. Wir werden in späteren Kapiteln darauf zurückkommen. Bevor wir aber unsere einleitenden Ausführungen fortsetzen, sollte darauf hingewiesen werden, daß die gesamte Diskussion hier absichtlich durch die Annahme eingeschränkt war, daß die Kookkurrenz aller Einheiten, die in syntagmatischer Relation stehen, gleichen Bedingungen unterliegt und daß es innerhalb von Komplexen solcher Einheiten keine

Gruppierungen gibt. Es mag auch den Anschein haben, als basiere die Diskussion auf der weiteren Annahme, daß die einzelnen Einheiten immer durch ein einziges isolierbares Segment oder Merkmal der phonischen Substanz realisiert werden. Dies ist nicht der Fall, wie wir später sehen werden. Die zwei allgemeinen Behauptungen, die aufgestellt worden sind, sind die folgenden: (1) Die paradigmatischen und syntagmatischen Dimensionen sind voneinander abhängig, und (2) die syntagmatische Dimension muß nicht nach einer zeitlichen Abfolge analysierbar sein.

2.3.7 *‹Merkmalhaft› und ‹merkmallos› (‹markiert› und ‹unmarkiert›)*

Bisher haben wir für Einheiten in paradigmatischem Verhältnis erst zwei Möglichkeiten erkannt: Entweder sie kontrastieren oder sie sind in freier Variation. Es kommt oft vor, daß von zwei kontrastierenden Einheiten (und der Einfachheit halber wollen wir uns auf ein Kontrastverhältnis zweier Ausdrücke beschränken) der eine positiv oder *merkmalhaft (markiert),* der andere neutral oder *merkmallos (unmarkiert)* ist. Was man darunter versteht, soll anhand eines Beispiels klar gemacht werden. Die meisten englischen Nomina haben eine Plural- und eine Singularform, die sich zueinander verhalten wie *boys* : *boy, days* : *day, birds* : *bird* usw. Der Plural ist positiv durch das Endungs-*s* markiert, während der Singular unmarkiert ist. Man könnte dasselbe auch so formulieren, daß in einem bestimmten Kontext die Anwesenheit einer bestimmten Einheit mit ihrer Abwesenheit kontrastiert. Dabei ist es gewöhnlich so, daß die unmarkierte Form von allgemeiner Bedeutung ist oder eine größere Distribution hat als die markierte. Es hat sich auch eingebürgert, die Termini ‹markiert› und ‹unmarkiert› in einem noch abstrakteren Sinn zu gebrauchen, so daß die markierten und unmarkierten Glieder eines Kontrastpaares nicht notwendig durch Vorhandensein und Nichtvorhandensein einer bestimmten konkreten Einheit unterschieden sind. So ist semantisch gesehen das Wort *dog* (‹Hund›) in Bezug auf das natürliche Geschlecht unmarkiert, *bitch* (‹Hündin›) hingegen ist unter diesem Geschichtspunkt markiert. Das Wort *dog* ist semantisch unmarkiert (oder neutral), da es sowohl auf männliche als auch weibliche Hunde angewendet werden kann (*That's a lovely dog you've got there: is it a he or a she?*). *Bitch* ist hingegen markiert (oder positiv), da es auf weibliche Hunde beschränkt ist und im Kontrast zum unmarkierten Ausdruck verwendet werden kann, um die Bedeutung des letzteren als negativ und nicht mehr neutral festzulegen (*Is it a dog or a bitch?*). Das heißt, der unmarkierte Ausdruck hat eine allgemeinere Bedeutung, die im Hinblick auf einen bestimmten Kontrast neutral ist. Seine spezifischere negative Bedeutung ist abgeleitet und sekundär, denn sie ist eine Folge der kontextuellen Opposition mit dem positiven (nichtneutralen) Terminus. Es folgt aus dem bestimmten

Verhältnis der Wörter *dog* und *bitch* zueinander, daß sowohl *female bitch* und auch *male bitch* semantisch anomal sind – wobei die eine Fügung tautologisch ist, die andere einen Widerspruch enthält –, während *female dog* und *male dog* durchaus akzeptierbar sind. Dieser Begriff des ‹Markierens› innerhalb paradigmatischer Oppositionen ist auf allen Ebenen der Sprachstruktur äußerst wichtig.

2.3.8 *Syntagmatische Länge*

Eine letzte allgemeine Bemerkung ist hier über das Verhältnis zwischen den paradigmatischen und syntagmatischen Dimensionen angebracht. Wenn eine bestimmte Menge von Einheiten danach, wie sie sich aus Elementen ‹niedrigerer Ebenen› zusammensetzt, charakterisiert werden soll, so gilt (unabhängig von gewissen statistischen Überlegungen, die wir im nächsten Abschnitt besprechen werden) folgende Regel: Die ‹Länge› jeder Einheit auf der ‹höheren Ebene›, gemessen durch die Anzahl von Elementen in syntagmatischer Relation innerhalb des Komplexes, in dem sie stehen, ist verkehrt proportional der Anzahl von Elementen innerhalb des Komplexes, die in einem paradigmatischen Kontrastverhältnis stehen. Nehmen wir z. B. an, daß es in einem System nicht mehr als zwei Ausdruckselemente gibt (die wir mit 0 und 1 bezeichnen wollen) und daß es in einem anderen System acht Ausdruckselemente gibt (die wir mit 0 bis 7 numerieren wollen); der Einfachheit halber wollen wir überdies annehmen – dies beeinträchtigt den allgemeinen Grundsatz nicht –, daß aufgrund der ‹phonologischen› Gesetze der beiden Systeme alle Kombinationen der Ausdruckselemente erlaubt sind. Wenn innerhalb des ersten (binären) Systems acht ‹phonologische› Wörter zu unterscheiden sind, wird jedes dieser Wörter zumindest drei Elemente lang sein (000, 001, 010, 011, 100, 101, 110, 111), während im zweiten (Achter-)System jedes der acht Wörter durch das einfache Vorkommen acht verschiedener Elemente unterschieden werden kann (0, 1, 2, 3, 4, 5, 6, 7). Sollen 65 Wörter unterschieden werden, dann sind im binären System Komplexe von mindestens sechs Elementen erforderlich, im Achtersystem Komplexe von mindestens zwei Elementen. Im allgemeinen ist die Mindestanzahl von Einheiten der ‹höheren Ebene›, die durch eine Menge von Elementen der ‹niedrigeren Ebene› bestimmt werden kann, durch die folgende Formel festlegbar: $N = p_1 \times p_2 \times p_3 \ldots p_m$. ($N$ ist die Anzahl der Einheiten der ‹höheren Ebene›; $_m$ ist die Anzahl der paradigmatischen Kontrastpositionen für die Elemente der ‹niedrigeren Ebene›; und p_1 gibt die Anzahl der Elemente mit paradigmatischem Kontrastverhältnis in der ersten Position an, p_2 die Anzahl der Elemente mit paradigmatischem Kontrastverhältnis in der zweiten Position usw. bis zur m^{-ten} Position.) Man wird feststellen, daß diese Formel weder voraussetzt, daß dieselben Elemente in allen Positionen vorkommen können, noch daß die Anzahl der Elemente mit paradigmatischen Kontrastverhältnis in allen Positionen dieselbe ist. Die oben angeführte, einfache Illustration eines binären und eines oktalen Systems, bei denen alle Elemente in allen Positionen vorkommen und alle syntagmatischen Kombinationen möglich sind, ist also nur ein Spezialfall, der in den Rahmen der allgemeineren Formel fällt:

$$2 \times 2 \times 2 = 8, \quad 2 \times 2 \times 2 \times 2 = 16 \quad \text{usw.}$$

und

$$8 = 8, \quad 8 \times 8 = 64, \quad 8 \times 8 \times 8 = 512 \quad \text{usw.}$$

Der Grund, warum wir ausgerechnet ein binäres System (mit zwei Elementen) mit einem Achtersystem (mit acht Elementen) verglichen haben, ist der, daß acht eine Potenz von 2 ist, nämlich 2 hoch 3 und nicht 2 hoch 3,5 oder 4,27 usw. Und dies zeigt klar den Zusammenhang zwischen paradigmatischem Kontrast und syntagmatischer ‹Länge› auf. Während alles andere gleich bleibt, wird die Mindestlänge unserer binären Wörter dreimal so groß wie die unserer oktalen Wörter. Wir werden dieses bestimmte numerische Verhältnis im folgenden Abschnitt anwenden. Und wir werden auf das allgemeinere Prinzip, daß Unterscheidungen entweder syntagmatisch oder paradigmatisch getroffen werden können, in späteren Kapiteln, besonders im Kapitel über die Semantik, zurückkommen.

Man beachte, daß der eben besprochene Begriff der ‹Länge› durch die Anzahl der paradigmatischen Kontrastpositionen in einem syntagmatischen Komplex definiert wird. Er ist nicht notwendig an die zeitliche Abfolge gebunden. Dies (es folgt aus dem, was weiter oben in diesem Abschnitt gesagt worden ist; vgl. 2.3.6) wird für die nachfolgende Besprechung der phonologischen, grammatischen und semantischen Struktur von nicht geringer Bedeutung sein.

2.4 *Die statistische Struktur*

2.4.1 *Funktionslast*

Nicht alle paradigmatischen Kontraste sind beim Funktionieren der Sprache von gleicher Bedeutung. Sie können sich im Hinblick auf ihre *Funktionslast* beträchtlich unterscheiden. Zur Illustration dieses Begriffs wollen wir einige Kontraste im phonologischen System des Englischen betrachten.

Es gibt sehr viele Wörter im gesprochenen Englisch, die in ihrer substantiellen Realisation durch das Vorkommen von [p] anstelle von [b] in demselben Kontext gekennzeichnet sind (vgl. *pet* : *bet*, *pin* : *bin*, *pack* : *back*, *cap* : *cab* usw.); aufgrund dieses Kontrastes können wir eine Opposition aufstellen zwischen /p/ und /b/, welche wir, zumindest zum gegenwärtigen Augenblick, als zwei minimale Ausdruckselemente der Sprache betrachten können (unter ‹Minimalelement› versteht man ein Element, das sich nicht weiter zerlegen läßt). Da es viele Wörter gibt, die durch die Opposition von /p/ und /b/ unterschieden werden, hat der Kontrast zwischen diesen beiden Elementen eine große Funktionslast. Andere Kontraste haben eine niedrigere Funktionslast. Relativ wenige Wörter z. B. werden in ihrer substantiellen Realisation durch das Vorkommen jeweils eines der beiden Konsonanten auseinandergehalten, die bei *wreath* und *wreathe* in Endstellung aufscheinen (die Symbole der internationalen Lautschrift für diese beiden Laute sind [θ] bzw. [ð]; vgl. 3.2.8); und es gibt, wenn überhaupt, sehr wenige Wörter, die sich durch das Vorkommen des Anfangslautes von *ship* anstelle des zweiten Konsonantenlautes von *measure* oder *leisure* unterscheiden (diese beiden Laute werden in der internationalen Lautschrift durch [ʃ] bez. [ʒ] symbolisiert). Die Funktionslast der Kontraste zwischen /θ/ und /ð/ und zwischen /ʃ/ und /ʒ/ ist daher viel geringer als die des Kontrastes /p/ : /b/.

Die Bedeutung der Funktionslast liegt auf der Hand. Zu Mißverständnissen wird es leichter kommen, wenn die Sprecher einer Sprache nicht unablässig jene Kontraste aufrechterhalten, die dazu dienen, Äußerungen mit verschiedenen Bedeutungen zu unterscheiden. Wenn alles andere gleich bleibt (und wir werden auf diese Bedingung bald zurückkommen), gilt: Je größer die Funktionslast, umso wichtiger ist es, daß die Sprecher den bestimmten Kontrast als Teil ihrer ‹Sprechgewohnheiten› erlernen und daß sie ihn hierauf beim Gebrauch der Sprache beibehalten. Es ist deshalb zu erwarten, daß Kinder am ehesten zunächst jene Kontraste erlernen, die in der Sprache, die sie in ihrer Umwelt hören, die größeren Funktionslasten haben. Die Folge dieser Tatsache wäre, daß Kontraste mit einer großen Funktionslast entsprechend widerstandsfähig sind und bei der Weitergabe von einer Generation an die nächste weniger leicht untergehen. Untersuchungen darüber, wie leicht Kinder die Kontraste ihrer Muttersprache meistern, sowie das Studium der historischen Entwicklung bestimmter Sprachen sind dazu angetan, diese Erwartungen empirisch zu unterstützen. In jedem Fall gibt es jedoch zusätzliche Faktoren, die neben dem Prinzip der Funktionslast wirksam und in ihrem Einfluß schwer zu isolieren sind. Wir werden diese anderen Faktoren hier nicht weiter besprechen.

Die präzise quantitative Bestimmung der Funktionslast wird durch Faktoren, die oben mit der Einschränkung «wobei alles andere gleich bleibt» ausgeklammert worden sind, sehr erschwert, wenn nicht überhaupt unmöglich gemacht. Erstens wird die Funktionslast eines bestimmten Kontrastes zwischen Ausdruckselementen je nach deren *struktureller Stellung* im Wort eine andere sein. Z. B. können zwei Elemente oft am

Anfang, aber nur sehr selten am Ende eines Wortes kontrastieren. Sollen wir einfach einen Durchschnitt von allen Kontraststellungen nehmen? Die Antwort auf diese Frage ist nicht einfach.

Zum anderen hängt die Bedeutung eines bestimmten Kontrasts zwischen Ausdruckselementen nicht nur von der Anzahl der Wörter, die sie unterscheiden ab, sondern auch davon, ob die Wörter selbst in demselben Kontext vorkommen und kontrastieren können. Nehmen wir den Extremfall: Wenn A und B zwei Wortklassen mit komplementärer Distribution sind und wenn jedes Element der Klasse A sich in seiner substantiellen Realisation von einem Element der Klasse B nur darin unterscheidet, daß es /a/ hat, wo das entsprechende Wort der Klasse B /b/ hat, so ist klar, daß die Funktionslast des Kontrastes zwischen /a/ und /b/ gleich Null ist. Die Funktionslast eines bestimmten Kontrastes muß also für Wörter berechnet werden, die dieselbe oder eine sich überschneidende Distribution haben. Es ist ebenfalls klar, daß jede ‹realistische› Messung der Bedeutung eines bestimmten Kontrastes nicht nur die Distribution der Wörter, wie sie durch die Grammatikregeln festgelegt ist, berücksichtigen muß, sondern auch die tatsächlichen Äußerungen, in denen die Wörter verwechselt werden könnten, würde der Kontrast nicht beibehalten. Wie oft oder unter welchen Umständen würde z. B. eine Äußerung wie *You'd better get a cab* (*‹Du solltest dir lieber ein Taxi nehmen›*) mit *You'd better get a cap* (‹ ... eine Mütze nehmen›) verwechselt werden, würde der Sprecher den Unterschied bei den Endkonsonanten von *cab* und *cap* unter den Tisch fallen lassen? Die Antwort auf diese Frage ist offensichtlich für jede genaue quantitative Bestimmung der Funktionslast des betreffenden Kontrastes maßgeblich.

Schließlich hängt die Bedeutung eines bestimmten Kontrastes allem Anschein nach mit der *Häufigkeit seines Vorkommens* (die nicht unbedingt durch die Anzahl der von ihm unterschiedenen Wörter bestimmt wird) zusammen. Nehmen wir an, die drei Ausdruckselemente /x/, /y/ und /z/ kommen in derselben strukturellen Stellung in Wörtern derselben Distributionsklasse vor. Nehmen wir noch weiter an, daß die Wörter mit /x/ und /y/ in der Sprache häufig kontrastieren (es sind häufig vorkommende Wörter), die Wörter mit /z/ dagegen nur selten vorkommen (obwohl sie einen zahlenmäßig gleichen Teil des Wortschatzes darstellen). Würde ein Sprecher der Sprache den Kontrast zwischen /x/ und /z/ nicht beherrschen, wäre er in seinem Kommunikationsvermögen weniger stark im Nachteil als einer, der den Kontrast zwischen /x/ und /y/ nicht beherrschte. Die Funktionslast des letzten Kontrasts ist *hypothetisch* größer als die des ersten.

Diese Überlegungen zeigen, wie schwierig es ist, die Funktionslast präzise zu messen. Bisher haben die verschiedenen von Linguisten vorgeschlagenen Meßmethoden nicht jene Präzision erreicht, die ihre komplizierte mathematische Anlage erwarten ließe. Nichtsdestoweniger müssen wir dem Begriff der Funktionslast und ihrer unbestrittenen Bedeutung sowohl in der synchronischen als auch in der diachronischen Beschreibung in unserer Theorie der Sprachstruktur einen Platz einräumen. Denn es ist immerhin möglich, von gewissen Kontrasten zu sagen, daß sie eine größere Funktionslast haben als andere, auch wenn wir nicht präzisieren können, um wieviel sie größer ist.

2.4.2 *Informationsgehalt und Wahrscheinlichkeit des Vorkommens*

Ein weiterer wichtiger statistischer Begriff hat mit der *Informationsmenge* zu tun, die von einer linguistischen Einheit in einem bestimmten Kontext getragen wird. Sie ist ebenfalls (so wird zumindest allgemein angenommen) durch die Häufigkeit des Vorkommens der linguistischen Einheit in diesem Kontext bestimmt. Der Ausdruck ‹Information› wird hier in dem besonderen Sinn gebraucht, den er in der Kommunikationstheorie hat; wir wollen ihn im Folgenden erklären. Der Informationsgehalt einer bestimmten Einheit wird als Funktion seiner *Wahrscheinlichkeit* definiert. Wir betrachten den einfachsten Fall zuerst: Wenn zwei oder mehr Einheiten in einem gegebenen Kontext gleich wahrscheinlich sind, haben sie beide in diesem Kontext denselben Informationsgehalt. Die Wahrscheinlichkeit steht mit der Häufigkeit des Vorkommens in folgendem Zusammenhang: Wenn zwei und nur zwei Einheiten, x und y, mit gleicher Wahrscheinlichkeit vorkommen können, wird jede von beiden (im Durchschnitt) in der Hälfte aller Ausdrücke des betreffenden Kontextes vorkommen. Jedem kommt *a priori* die Wahrscheinlichkeit $1/2$ zu. Die Wahrscheinlichkeit einer bestimmten Einheit x wird mit $p_x = 1/2$ und ebenso $p_y = 1/2$ angegeben. Allgemeiner gesagt hat jede von n Einheiten mit gleicher Wahrscheinlichkeit $(x_1, x_2, x_3, \ldots, x_n)$ eine Wahrscheinlichkeit von $\frac{1}{n}$. (Man sieht, daß die Summe aller Wahrscheinlichkeiten in der gegebenen Menge von Einheiten gleich 1 ist. Dies gilt unabhängig von der spezielleren Annahme der Wahrscheinlichkeitsgleichheit. Ein Sonderfall der Wahrscheinlichkeit ist ‹Gewißheit›. Einheiten, die in einem gegebenen Kontext vorkommen *müssen*, haben eine Wahrscheinlichkeit von 1.) Sind die Einheiten gleich wahrscheinlich, so ist jede von ihnen Träger derselben Informationsmenge.

Interessanter, weil für die Sprache typischer, sind ungleiche Wahrscheinlichkeiten. Angenommen z. B., es kommen zwei, und nur zwei, Einheiten, x und y, vor. x kommt dabei im Durchschnitt zweimal so oft vor wie y; daraus folgt: $p_x = 2/3$ und $p_y = 1/3$. Der Informationsgehalt von x ist halb so groß wie der von y. Das heißt, der Informationsgehalt verhält sich zur Wahrscheinlichkeit des Vorkommens *umgekehrt proportional* (und steht mit ihr, wie wir sehen werden, in einem logarithmischen Verhältnis). Das ist das Grundprinzip der Informationstheorie.

Im ersten Augenblick mag dieser Grundsatz etwas überraschen. Aber betrachten wir zuerst einmal den Grenzfall der vollständigen Vorhersagbarkeit. Im geschriebenen Englisch gilt für den auf *q* folgenden Buchstaben, daß er mit nahezu vollständiger Vorhersagbarkeit *u* ist; wenn wir von gewissen Lehnwörtern und Eigennamen absehen, können wir sagen, er ist mit absoluter Sicherheit vorherzusagen (er hat die Wahrscheinlichkeit 1). Ähnlich hat das Wort *to* in Sätzen wie *I want ... go home, I asked him ... help me* (unter der Annahme, daß in den betreffenden Kontexten nur ein Wort gestattet ist) die Probabilität 1. Würde man übereinkommen, das *u* (in *queen, queer, inquest* usw.) oder das Wort *to* in den angegebenen Kontexten wegzulassen, so würde keine Information verlorengehen (hier sehen wir den Zusammenhang zwischen dem allgemeinen und dem spezifischen Sinn des Wortes ‹Information›). Da der Buchstabe *u* und das Wort *to* nicht mit irgendwelchen anderen Einheiten derselben Ebene, die in demselben Kontext hätten vorkommen können, in paradigmatischem Kontrast stehen, haben sie eine Wahrscheinlichkeit von 1 und ihr Informationsgehalt ist 0. Sie sind also *völlig redundant*. Betrachten wir nun den Fall des Kontrastes zwischen zwei Ausdrücken, wobei $p_x = 2/3$ und $p_y = 1/3$. Keiner von beiden ist völlig redundant. Aber zweifellos ist die Auslassung von *x* weniger folgenschwer als die Auslassung von *y*. Da *x* doppelt so wahrscheinlich wie *y* ist, hätte der Empfänger einer Mitteilung (der die apriori-Wahrscheinlichkeiten kennt) eine durchschnittlich doppelt so hohe Chance, ein *x* richtig vorauszusagen, wo es ausgelassen wurde, im Vergleich zu den Stellen, wo *y* ausgelassen worden ist. Redundanz ist also eine graduelle Angelegenheit. Die Redundanz von *x* ist zweimal so hoch wie die von *y*. Allgemein gilt: Je wahrscheinlicher das Vorkommen einer Einheit ist, desto höher ist der *Grad der Redundanz* und desto niedriger ihr Informationsgehalt.

2.4.3 *Binäre Systeme*

Der Informationsgehalt wird gewöhnlich in *bits* gemessen (aus ‹binary digits› abgeleitet). Jede Einheit mit der Wahrscheinlichkeit $1/2$ ist Träger von 1 bit Information; jede Einheit mit einer Wahrscheinlichkeit von $1/4$ ist Träger von 2 bits Information, usw. Die Zweckmäßigkeit dieses Maßes für den Informationsgehalt wird offenbar, wenn wir das praktische Problem betrachten, eine bestimmte Menge von Einheiten (von denen wir zunächst einmal annehmen, daß ihr Vorkommen gleich wahrscheinlich ist) als Gruppe von Binärstellen zu ‹kodieren›. Im vorangegangenen Abschnitt haben wir gesehen, daß aus einer Menge von acht Einheiten jede als distinkte Gruppe von drei Binärstellen realisiert werden kann (vgl.

2.3.8). Dies beruht auf dem Verhältnis zwischen der Zahl 2 (der *Basiszahl* des binären Rechensystems) und 8 (der Anzahl der zu unterscheidenden Einheiten): $8 = 2^3$. Allgemeiner gesagt, wenn *N* die Anzahl der zu unterscheidenden Einheiten und *m* die Anzahl der für ihre Kennzeichnung nötigen Kontraststellen in der Gruppe der Binärstellen darstellt, dann gilt: $N = 2^m$. Das Verhältnis zwischen der Anzahl der paradigmatischen Kontraste auf der ‹höheren› Ebene (*N*) und die syntagmatische Länge von Gruppen von Elementen auf der ‹niedrigeren› Ebene (*m*) ist also ein logarithmisches: $m = \log_2 N$. (Der Logarithmus einer Zahl ist die Potenz, zu der die Basis eines numerischen Systems erhoben werden muß, um die betreffende Zahl zu erhalten. Wenn $N = x^m$, dann gilt $m = \log_x N$, d. h. «Wenn *N* gleich x hoch *m* ist, dann ist *m* der Logarithmus zur Basis x von *N*.» Man wird sich erinnern, daß im Dezimalsystem der Logarithmus von 10 gleich 1 ist, von 100 gleich 2, von 1000 gleich 3 usw., d. h. $\log_{10} 10 = 1$, $\log_{10} 100 = 2$, $\log_{10} 1000 = 3$ usw. Wäre die Informationstheorie auf dem dezimalen anstelle des binären Maßsystems aufgebaut, so wäre es zweckmäßiger gewesen, die Einheit der Information durch eine Wahrscheinlichkeit von $^1/_{10}$ auszudrücken.) Der Leser wird erkennen, daß die hier angeführte Gleichung $N = x^m$ ein Sonderfall der Gleichung $N = p_1 \times p_2 \times p_3 \ldots p_m$ ist, die in 2.3.8 eingeführt wurde. Die Gleichung $N = x^m$ gilt, wenn bei jeder der Positionen in der syntagmatischen Gruppe dieselbe Anzahl (x) von Elementen in paradigmatischem Kontrast steht.

Der Grund, warum der Informationsgehalt im allgemeinen in Bit gemessen wird, ist einfach der, daß viele technische Systeme für Informationsspeicherung und -übertragung auf dem binären Prinzip beruhen: Es sind Systeme mit zwei Zuständen. Z. B. kann Information auf Magnetband als Folge von magnetisierten oder nicht-magnetisierten Stellen (oder Gruppen von Stellen) zur Verarbeitung in einem Digitalcomputer kodiert sein. Jede Stelle befindet sich in einem von zwei möglichen Zuständen und kann deshalb 1 bit Information enthalten. Information kann auch wiederum (wie z. B. beim Morsealphabet) als Folge von Impulsen übertragen werden, von denen jeder einen von zwei Werten hat: kurz oder lang dauernd, positiv oder negativ elektrisch geladen, usw. Jedes System, dem ein ‹Alphabet› von mehr als zwei Elementen zugrundeliegt, kann an der Übertragungsquelle in ein binäres System umkodiert werden und, wenn die Mitteilung an ihrem Bestimmungsort angelangt ist, wieder in das ursprüngliche ‹Alphabet› zurückkodiert werden. Das geschieht, wenn Mitteilungen mittels Fernschreiber übertragen werden. Daß der Informationsgehalt mit einem Zweierlogarithmus gemessen wird und nicht irgendeinem anderen numerischen Logarithmus, ergibt sich daraus, daß die Kommunikationstechnik gewöhnlich mit Zweizustandssystemen arbeitet. Ob das Prinzip der binären ‹Kodierung› für das Studium von Sprachen unter den normaleren Bedingungen der ‹Übertragung› zwischen Sprecher und Hörer unmittelbar relevant ist, ist Gegenstand heftigen Disputs unter den Linguisten. Es trifft sicherlich zu, daß viele der bedeutendsten phonologischen, grammatischen und semantischen Unterscheidungen in der Sprache binärer Natur sind, wie wir in späteren Kapiteln sehen werden. Wir haben auch bereits gesehen, daß einer von zwei Termini eines binären Kontrastes häufig als positiv oder markiert und der andere als neutral oder unmarkiert betrachtet werden kann (vgl. 2.3.7). Wir werden hier nicht darauf eingehen, ob alle linguistischen Einheiten auf Komplexe von hierarchisch geordneten, binären ‹Alternativen› zurückgeführt werden können. Die Tatsache, daß viele Einheiten (auf allen sprachstrukturellen Ebenen) sich auf diese Weise betrachten lassen, bedeutet, daß der Linguist sich daran gewöhnen sollte, mit binären Systemen umzugehen. Gleichzeitig darf nicht verkannt werden, daß die fundamentalen Überlegungen in der Informationstheorie in keinem Zusammenhang mit dem Binarismus als solchem stehen.

2.4.4 *Ungleiche Wahrscheinlichkeiten*

Da jede Binärstelle nicht mehr als 1 bit Information tragen kann, kann eine Gruppe von *m* binären Symbolen ein Maximum von *m* bits tragen. Bisher haben wir angenommen, die zu unterscheidenden Einheiten der höheren Ebene seien gleich wahrscheinlich. Betrachten wir nun den interessanteren und typischeren Fall, daß die Wahrscheinlichkeiten ungleich sind. Der Einfachheit halber nehmen wir eine Gruppe von drei Einheiten, *a, b* und *c,* mit den folgenden Wahrscheinlichkeiten: $p_a = 1/2$, $p_b = 1/4$, $p_c = 1/4$. Einheit *a* trägt 1 bit, und *b* und *c* tragen je 2 bits Information. Sie könnten in einem binären Realisationssystem wie folgt kodiert werden: *a*: 00, *b*: 01 und *c*: 10 (wobei 11 nicht verwendet wurde). Würden die Symbole jedoch hintereinander in irgendeinem Kommunikationskanal übertragen und würde jedes Symbol dieselbe Zeit für Sendung und Empfang in Anspruch nehmen, so wäre das eine unökonomische Kodierungsmethode. Denn *a* würde ebensoviel Kapazität des Kanals in Anspruch nehmen wie *b* und *c,* obwohl es nur die halbe Informationsmenge trägt. Ökonomischer wäre es jedenfalls, *a* als einfaches Symbol zu kodieren, nehmen wir an als 1, und *b* und *c* von *a* dadurch zu unterscheiden, daß das kontrastierende Symbol 0 an erster Stelle steht; *b* und *c* würden dann in der zweiten Kontraststelle voneinander verschieden sein (die natürlich bei *a* leer bleibt). So würde gelten: a: 1, b: 00 und c: 01. Diese zweite Konvention nützt die Kapazität des Kanals am besten aus, da die Informationsmenge, die von jeder aus einer oder mehreren Digitalstellen bestehenden Gruppe getragen wird, so am größten ist. Da *a,* das zweimal so oft wie *b* und *c* vorkommt, in der halben Zeit übertragen wird, kann ein

Maximum von Mitteilungseinheiten in der kürzesten Zeit übertragen werden (ausgehend von der Annahme, daß die Mitteilungen lang oder zahlreich genug sind, so daß die durchschnittliche Häufigkeit des Vorkommens darin zum Ausdruck kommt). Tatsächlich stellt dieses einfache System die theoretische Ideallösung dar: Jede von drei Einheiten, *a, b* und *c* ist Träger einer ganzzahligen Anzahl von bits Information und wird durch eben diese Anzahl von Merkmalen substantiell verwirklicht.

2.4.5 *Redundanz und ‹Rauschen›*

Das theoretische Ideal wird in der Praxis nie erreicht. Erstens entsprechen die Wahrscheinlichkeiten der Einheiten im allgemeinen nicht 1, $\frac{1}{2}$, $\frac{1}{4}$, $\frac{1}{8}$, $\frac{1}{16}$, . . . $\frac{1}{2^m}$, sondern liegen dazwischen. Z. B. könnte eine bestimmte Einheit die Wahrscheinlichkeit $\frac{1}{5}$ haben; sie hat daher $\log_2 5$, das sind ungefähr 2,3 bits Information. So etwas wie 0,3 von einem substantiellen Merkmal gibt es aber nicht. Substantielle Merkmale sind im oben erwähnten Sinn (vgl. 2.2.10) absolute Größen. Und wenn wir drei Zeichen verwenden, um eine Einheit mit der Wahrscheinlichkeit von $\frac{1}{5}$ darzustellen, führen wir damit Redundanz in die substantielle Realisation ein. (Die durchschnittliche Redundanz des Systems kann auf jeden als wünschenswert erachteten Zustand reduziert werden. Die mathematische Kommunikationstheorie befaßt sich in erster Linie mit diesem Problem. Wir brauchen die Einzelheiten hier nicht weiter zu verfolgen.) Wichtig ist, daß ein bestimmtes Maß von Redundanz in der Tat bei jedem Kommunikationssystem erwünscht ist. Der Grund hierfür ist, daß jedes für die Informationsübertragung eingesetzte Medium, ganz gleich welcher Art, verschiedenen unvorhersehbaren physikalischen Störungen unterliegt, die die Mitteilung teilweise verstümmeln oder verzerren und so zu Informationsverlust führen. Wäre das System frei von Redundanz, wäre die Information unwiederbringlich verloren. Der in der Kommunikationstechnik gebrauchte Terminus für unsystematische Störungen des Mediums oder Kommunikationskanals, ist ‹Rauschen›. Das für einen bestimmten Kanal optimale System ist jenes, bei dem gerade genügend Redundanz vorhanden ist, so daß der Empfänger in der Lage ist, die durch das ‹Rauschen› verloren gegangene Information zu ersetzen. Man sollte beachten, daß die Ausdrücke ‹Kanal› und ‹Rauschen› im allerweitesten Sinn zu verstehen sind. Sie sind nicht auf akustische Systeme und noch viel weniger auf von der Technik geschaffene Systeme (Telephon, Fernsehen, Fernschreiber usw.) beschränkt. Die Entstellungen der Handschrift, die dadurch entstehen, daß man in einem fahrenden Zug schreibt, sind dem ‹Rauschen› zuzuschreiben, ebenso die Rede beeinträchtigende Nebenerscheinungen von Schnupfen, Trunkenheit, Zerstreutheit und Gedächtnislücken usw. (Schreibfehler sind Auswirkungen von ‹Rauschen› bei der

‹Kodierung› der geschriebenen Sprache. Sie werden häufig vom Leser übersehen, weil die Redundanz der meisten geschriebenen Sätze hoch genug ist, den verzerrenden Einfluß von unsystematischen Fehlern auszugleichen. (Schreibfehler wiegen schwerer bei einer Kette von Zahlen, bei der jede Kombination a priori möglich ist. Dieser Tatsache wird durch die Gepflogenheit bei der Buchhaltung Rechnung getragen, Redundanz dadurch in die Konten einzuführen, daß die Summen verschiedener Spalten ausgeglichen sein müssen. Der Usus, daß auf Schecks der zu zahlende Betrag sowohl in Worten als auch in Zahlen aufzuscheinen hat, ermöglicht den Banken, viele infolge von ‹Rauschen› irgendeiner Art verursachte Fehler zu entdecken und zu korrigieren.) Bei der gesprochenen Sprache schließt ‹Rauschen› jede Störungs- oder Fehlerquelle ein, die mit der Unvollkommenheit des Sprechers und Hörers oder den akustischen Bedingungen der Umwelt, in der die Äußerungen hervorgebracht werden, zusammenhängt.

2.4.6 *Zusammenfassung allgemeiner informationstheoretischer Grundsätze*

Seit den frühen Fünfzigerjahren dieses Jahrhunderts übt die Kommunikationstheorie (oder Informationstheorie) einen mächtigen Einfluß auf eine Reihe von verschiedenen Wissenschaften, unter ihnen die Linguistik, aus. Ihre grundlegenden Prinzipien können wie folgt zusammengefaßt werden:

(I) Alle Kommunikation beruht auf der Möglichkeit der Auswahl oder Selektion aus einer bestimmten Menge von Alternativen. Im Kapitel über die Semantik werden wir sehen, daß sich aus diesem Prinzip eine der Interpretationen des Ausdruckes ‹Bedeutung haben› ergibt: Eine linguistische Einheit, ganz gleich auf welcher Ebene, hat in einem gegebenen Kontext keine Bedeutung, wenn sie in diesem Kontext vollständig voraussagbar ist.

(II) Der Informationsgehalt ändert sich umgekehrt wie die Wahrscheinlichkeit. Je größer die Voraussagbarkeit einer Einheit ist, desto geringere Bedeutung hat sie. Dieses Prinzip steht im Einklang mit der allgemein von Stilkritikern geäußerten Ansicht, daß Klischées (oder ‹abgedroschene Phrasen› und ‹erstarrte Metaphern›) weniger wirkungsvoll sind als ‹originellere› Formulierungen.

(III) Die Redundanz bei der substantiellen Realisation einer linguistischen Einheit (ihrer ‹Kodierung›) ist der Unterschied zwischen der für ihre Identifikation notwendigen Anzahl von substantiellen Merkmalen und ihrem Informationsgehalt. Ein gewisses Maß von Redundanz ist nötig, um dem ‹Rauschen› entgegenzuwirken. Die weiter oben diskutierte Stabilität der Substanz, in der Sprache realisiert wird, kann ebenfalls im

Rahmen des allgemeineren Prinzips der Redundanz (vgl. 2.2.10) gesehen werden.

(IV) Die Sprache ist dann leistungsfähiger (im Sinne der Informationstheorie), wenn die syntagmatische Länge ihrer Einheiten sich verkehrt proportional zu ihrer Voraussagbarkeit verhält. Die Annahme, daß ein derartiges Prinzip tatsächlich in der Sprache wirksam ist, wird durch den Umstand nahegelegt, daß die am häufigsten verwendeten Wörter und Ausdrücke eher kürzer sind. Dies wurde zunächst empirisch festgestellt und nicht als beweisbarer Schluß aus einem theoretischen Prinzip deduziert; eine bestimmte Formel, bekannt als das ‹Zipfsche Gesetz› (nach seinem Urheber) wurde ausgearbeitet, um den Zusammenhang zwischen Länge und Häufigkeit auszudrücken. (Wir führen das ‹Zipfsche Gesetz› hier weder aus, noch besprechen wir seine mathematischen und linguistischen Grundlagen. Es ist ohnedies durch jüngere Arbeiten abgeändert worden.) Gleichzeitig darf nicht übersehen werden, daß die Länge eines Wortes in Buchstaben oder Lauten (in der bisher hier verwendeten Bedeutung des Terminus ‹Laut›) nicht unbedingt ein direktes Maß für die syntagmatische Länge ist. Wir werden darauf noch zurückkommen. Es handelt sich hier um einen äußerst wichtigen Punkt, der in statistischen Untersuchungen zur Sprache nicht immer genügend hervorgehoben worden ist.

2.4.7 *Diachronische Implikationen*

Sprachen können, wenn man betrachtet, wie sie sich im Laufe der Zeit entwickeln und an die wechselnden Anforderungen der Gesellschaft, die sie zur Kommunikation benützt, anpassen, als *homöostatische* (sich selbst regulierende) Systeme bezeichnet werden, wobei jeder beliebige Zustand einer Sprache durch zwei einander entgegengesetzte Prinzipien ‹reguliert› wird. Das erste von beiden (welches manchmal als das Prinzip der ‹geringsten Anstrengung› bezeichnet wird) ist die Tendenz, die Leistungsfähigkeit des Systems auf ein Maximum zu bringen (in dem besonderen Sinne der oben erklärten ‹Leistungsfähigkeit›). Es bewirkt, daß die syntagmatische Länge von Wörtern und Äußerungen dem theoretischen Ideal näherkommt. Das andere Prinzip ist ‹der Wunsch, verstanden zu werden›. Es wirkt der verkürzenden Tendenz des Prinzips der ‹geringsten Anstrengung› durch die Einführung von Redundanz auf verschiedenen Ebenen entgegen. Als Ergebnis ist zu erwarten, daß die wechselnden Kommunikationsbedingungen dahin tendieren werden, die Auswirkungen der beiden Prinzipien im Gleichgewicht zu erhalten. Wenn das durchschnittliche Maß an ‹Rauschen› für verschiedene Sprachen und verschiedene Stadien derselben Sprache gleich ist, so könnte man daraus wohl schließen, daß das Maß von Redundanz in der Sprache konstant sei. Leider ist es aber (zumindest gegenwärtig) unmöglich, die Hypothese zu beweisen, daß sich Sprachen in einem ‹homöostatischen Gleichgewicht› zwischen diesen beiden entgegengesetzten Prinzipien halten. Warum das so ist, damit wollen wir uns gleich beschäftigen. Nichtsdestoweniger ist diese Hypothese naheliegend. Ihre allgemeine Plausibilität wird durch das ‹Zipfsche Gesetz› gestützt, ebenso durch die Tatsache (auf die lange vor der Zeit der Informationstheorie bereits hingewiesen wurde), daß Wörter dazu neigen, besonders in der Umgangssprache durch längere (und ‹buntere›) Synonyme ersetzt zu werden, wenn häufiger Gebrauch sie ‹abgenützt› hat (und dadurch der Informationsgehalt herabgesetzt wurde). Daß ‹Slang›-Ausdrücke rasch wechseln, kann damit erklärt werden.

Das gilt ebenso für das Phänomen des ‹Homonymenkonflikts› bzw. seine Lösung in der Diachronie (die von Gilliéron und seinen Nachfolgern reich belegt wurde). Ein ‹Homonymenkonflikt› kann entstehen, wenn das Prinzip der ‹geringsten Anstrengung› mit anderen, lautliche Veränderungen hervorrufenden Faktoren so zusammenwirkt, daß die ‹Sicherheitsmarge› zwischen den substantiellen Realisationen zweier Wörter reduziert oder ganz ausgeschaltet wird und dadurch Homonyme entstehen. (Der Terminus ‹Homonym› wird heute allgemein sowohl für Homophone als auch für Homographe verwendet; vgl. 1.4.2. Hier sind natürlich Homophone gemeint.) Wenn die Homonyme in einer großen Anzahl von Kontexten mehr oder weniger gleich wahrscheinlich sind, wird der Konflikt zu einer Lösung (bzw. Aufhebung) dadurch kommen, daß eines der Wörter durch ein anderes ersetzt wird. Ein sehr bekanntes Beispiel hiefür ist das Verschwinden des Wortes *quean* (ursprünglich mit der Bedeutung ‹Frau›, später ‹Schlampe› oder ‹Prostituierte›) aus dem modernen Standardenglisch, das durch den Verlust der früheren Unterscheidung der orthographisch als *ea* und *ee* realisierten Laute mit *queen* in Konflikt kam. Das berühmteste Beispiel in der Literatur für einen ‹Homonymenkonflikt› sind wahrscheinlich die Wörter für ‹Katze› und ‹Hahn› in den Dialekten Südwestfrankreichs. Noch im Lateinischen als *cattus* und *gallus* unterschieden, hatten sich beide Wörter infolge von Lautverschiebungen zu [gat] entwickelt. Der ‹Konflikt› wurde dadurch gelöst, daß [gat] = ‹Hahn› durch verschiedene andere Wörter ersetzt wurde, darunter die Regionalvarianten von *faisan* (‹Fasan›) oder *vicaire* (‹Pfarrer›). Der Ersatz durch das letztere Wort beruht wahrscheinlich auf einer früheren Verbindung zwischen ‹Hahn› und ‹Pfarrer› im dialektalen Sprachgebrauch. Die Literatur über die ‹*Homonymik*› ist sehr reich (Hinweise im Anhang).

2.4.8 *Bedingte Wahrscheinlichkeiten des Vorkommens*

Wie wir gesehen haben, kann das Vorkommen einer bestimmten Einheit (eines Buchstaben oder Lautes; einer Ausdruckseinheit; eines Wortes usw.) vollständig oder teilweise durch einen Kontext festgelegt sein. Wir wollen nun diesen Begriff der kontextuellen Einschränkung (oder Bedingung) klarstellen und seine Bedeutung für die Sprachwissenschaft aufzeigen. Der Einfachheit halber werden wir unsere Aufmerksamkeit zunächst auf die Betrachtung der kontextuellen Bedingung beschränken, wie sie bei Komplexen von Einheiten in syntagmatischem Verhältnis auf ein und derselben sprachstrukturellen Ebene wirksam ist; d. h. wir wollen vorläufig die sehr entscheidende Tatsache vernachlässigen, daß die aus Einheiten der niedrigeren Ebene zusammengesetzten Komplexe Einheiten der höheren Ebene realisieren, die ihrerseits wieder kontextuell bedingte Wahrscheinlichkeiten haben.

Wir werden die Symbole *x* und *y* als Variable gebrauchen, von denen jedes für eine bestimmte Einheit oder Gruppe von Einheiten in syntagmatischem Verhältnis steht. Wir nehmen weiter an, daß zwischen *x* und *y* selbst ein syntagmatisches Verhältnis besteht. (Z. B. könnte auf der Ebene von Ausdruckseinheiten *x* für /b/ oder /b/ + /i/, und *y* für /t/ oder für /i/ + /t/ stehen; auf Wortebene könnte *x* für *men* oder *old* + *men* und *y* für *sing* oder *sing* + *beautifully* stehen). Sowohl *x* als auch *y* haben a priori eine mittlere Vorkommenswahrscheinlichkeit von p_x bzw. p_y. Entsprechend gilt für die Kombination *x* + *y* die Wahrscheinlichkeit p_{xy}.

Im Grenzfall der statistischen Unabhängigkeit zwischen *x* und *y* ist die Wahrscheinlichkeit der Kombination *x* + *y* gleich dem Produkt der Wahrscheinlichkeiten von *x* und *y*. Dieser Gundsatz der Wahrscheinlichkeitstheorie kann anhand eines einfachen numerischen Beispiels veranschaulicht werden. Wir betrachten die Zahlen von 10 bis (einschließlich) 39 und lassen *x* und *y* für 2 und 7 in der ersten und zweiten Position ihrer dekadischen Repräsentation stehen: Die Kombination von *x* und *y* steht also für die Zahl 27. Innerhalb der betrachteten Zahlengruppe (angenommen jede der 30 Zahlen ist gleich wahrscheinlich) gilt: $p_x = 1/3$ und $p_y = 1/10$. Würden wir an eine Zahl zwischen 10 und 39 denken und jemanden fragen, an welche Zahl wir denken, wären seine Aussichten richtig zu raten (ohne weitere Hinweise) eins zu 30, d. h. $p_{xy} = 1/30$. Aber angenommen wir würden ihm den Hinweis geben, daß die Zahl ein Vielfaches von 3 ist, so würden sich seine Aussichten richtig zu raten natürlich auf 1 zu 10 verbessern. Wichtiger von unserem Standpunkt aus ist (da wir die Wahrscheinlichkeit einer Stelle im Kontext der anderen betrachten), daß die Wahl der einen der beiden Zahlen nun nicht mehr statistisch unabhängig von der Wahl der anderen ist. Die Wahrscheinlichkeit von *y* ist, wenn *x* mit 2 gegeben ist, gleich 1/3, da es innerhalb des infragekommenden Zahlenbereiches nur drei Vielfache von 3 gibt (21, 24, 27); die Wahrscheinlichkeit von *x* ist, wenn $y = 7$ gegeben ist, gleich 1, da es im betreffenden Bereich nur ein Vielfaches von 3 mit der Endstelle 7 gibt. Wir können diese Gleichungen in folgenden Notationen ausdrücken: $p_y(x) = 1/3$ und

$p_x(y) = 1$. Die *bedingte Wahrscheinlichkeit* des Vorkommens von *y* im Kontext *x* ist $1/3$, und die bedingte Wahrscheinlichkeit von *x*, bei vorgegebenem *y*, ist 1. (Die beiden Ausdrücke ‹im Kontext› und ‹vorgegeben› sind als identisch zu verstehen; beide werden in Arbeiten über statistische Linguistik verwendet.) Um vom Beispiel ausgehend zu verallgemeinern: Wenn $p_x(y) = p_x$ (d. h. wenn die Wahrscheinlichkeit von *x* im Kontext von *y* a priori gleich ist der nicht-bedingten Wahrscheinlichkeit von *x*), dann ist *x* von *y* statistisch unabhängig; wenn hingegen das Vorkommen von *x* durch das Vorkommen von *y* mehr oder weniger wahrscheinlich wird – wenn entweder $p_x(y) > p_x$ oder $p_x(y) < p_x$ –, dann ist *x* ‹positiv› oder ‹negativ› durch *y* bedingt. Der Extremfall der ‹positiven› Bedingung ist natürlich totale Redundanz mit $p_x(y) = 1$ (*y* setzt *x* voraus); und der Extremfall ‹negativer› Bedingung ist ‹Unmöglichkeit› mit $p_x(y) = 0$ (*y* schließt *x* aus). Es ist wichtig, daß die kontexuelle Bedingung entweder ‹positiv› oder ‹negativ› (im hier gebrauchten Sinne) sein kann, und weiter, daß die Wahrscheinlichkeit von *x* bei vorgegebenem *y* nicht immer, ja eigentlich selten, gleich der Wahrscheinlichkeit von *y* bei vorgegebenem *x* ist.

Mehrere verschiedene Arten von Bedingungen müssen unterschieden werden, wenn die Ergebnisse von statistischen Analysen überhaupt für die Sprachwissenschaft von Bedeutung sein sollen. Wie wir gesehen haben, können syntagmatische Relationen sequentiell oder nicht-sequentiell sein. Die Bedingungen können deshalb ebenfalls *sequentiell* oder *nicht-sequentiell* sein. Wenn *x* und *y* in einem Sequenzverhältnis stehen, so ist $p_x(y)$ *progressiv*, wenn *y* vor *x* steht, und *regressiv*, wenn *y* nach *x* steht. Unabhängig davon, ob die Bedingung progressiv oder regressiv ist, können *x* und *y* aneinander anschließen (d. h. nebeneinander liegen in einem sequentiell geordneten syntagmatischen Komplex). In diesem Fall ist $p_x(y)$ *transitional*, wenn *x* durch *y* bedingt ist. Viele verbreitete Darstellungen der statistischen Struktur der Sprache vermitteln den Eindruck, daß bedingte Wahrscheinlichkeiten auf allen sprachstrukturellen Ebenen unbedingt sequentiell, transitional und progressiv sind. Das stimmt nicht. Zum Beispiel wird die bedingte Wahrscheinlichkeit eines bestimmten Nomens als Subjekt oder Objekt eines bestimmten Verbs im Lateinischen nicht von der Reihung der Wörter untereinander beeinflußt (vgl. 2.3.5); das Vorkommen der Präfixe *un-* und *in-* (in Wörtern wie *unchanging* oder *invariable*) ist im Englischen regressiv bedingt; das Vorkommen einer bestimmten Ausdruckseinheit am Wortanfang kann durch das Vorkommen einer bestimmten Ausdruckseinheit am Wortende ‹positiv› oder ‹negativ› bedingt sein (oder umgekehrt), u. s. f.

Grundsätzlich ist es natürlich möglich, die bedingte Wahrscheinlichkeit für jede Einheit in jedem Kontext zu errechnen. Wichtig dabei ist es, Kontext und die Abhängigkeit so zu wählen – d. h. $p_x(y)$ und nicht $p_y(x)$ zu errechnen –, daß es den bereits bekannten Tatsachen der allgemeinen syntagmatischen Sprachstruktur entspricht. (Eine gewisse Klasse von Einheiten, X, kann das Vorkommen einer anderen Klasse von Einheiten, Y, die zu ihr in syntagmatischer Relation steht, in einer bestimmten abhängigen Position voraussetzen oder zulassen. (Sie kann auch das Vorkommen einer dritten Klasse, Z, ausschließen). Unter diesen Vorausetzungen kann man dann die bedingte Wahrscheinlichkeit eines bestimmten Elements der Klasse Y errechnen.) Die Ergebnisse werden dann und nur dann statistisch interessant sein, wenn $p_x(y)$ oder $p_y(x)$ sich signifikant von p_x und p_y unterscheiden.

2.4.9 *Positionsgebundene Wahrscheinlichkeiten bei englischen Konsonanten*

Wahrscheinlichkeiten können auch für bestimmte strukturelle Positionen errechnet werden. Z. B. werden in Tab. 4 für jeden von 12 Konsonanten des gesprochenen Englisch drei Kategorien von Wahrscheinlichkeiten angegeben: (I) ihre *a priori* Wahrscheinlichkeit, gemittelt für alle Positionen; (II) ihre Wahrscheinlichkeit am Wortanfang vor Vokalen; und (III) ihre Wahrscheinlichkeit am Wortende nach Vokalen. Man wird beobachten,

Tabelle 4

Die Wahrscheinlichkeiten bestimmter englischer Konsonanten in verschiedenen Positionen im Wort

	(I) Gesamtdurchschnitt	(II) Anfangstellung	(III) Endstellung
[t]	0·070	0·072	0·105
[n]	0·063	0·042	0·127
[l]	0·052	0·034	0·034
[d]	0·030	0·037	0·039
[h]	0·026	0·065	–
[m]	0·026	0·058	0·036
[k]	0·025	0·046	0·014
[v]	0·019	0·010	0·048
[f]	0·017	0·044	0·010
[b]	0·016	0·061	0·0005
[p]	0·016	0·020	0·008
[g]	0·015	0·027	0·002

daß einige auffallende Unterschiede in der Häufigkeit bestehen, mit der bestimmte Konsonanten in verschiedenen Stellungen im Wort vorkommen. Z. B. kommt [v] von den angeführten Einheiten am wenigsten häufig am Wortanfang vor, während es am Wortende am dritthäufigsten ist; andererseits ist [b] am dritthäufigsten am Wortanfang, aber am seltensten am Wortende (abgesehen von [h], das in Endstellung überhaupt nicht vorkommt. Man beachte, daß wir von Lauten sprechen, nicht von Buchstaben). Andere (wie [t]) haben für beide Positionen eine hohe oder (wie [g] und [p]) eine niedrige Wahrscheinlichkeit. Man wird auch feststellen, daß der Spielraum zwischen der höchsten und der niedrigsten Wahrscheinlichkeit beim Wortende größer ist als beim Wortanfang. Derartige Fakten haben ihren Platz in einer Beschreibung der statistischen Struktur phonologischer Wörter des Englischen.

Es wurde bereits bemerkt (unter Hinweis auf das ‹Zipfsche Gesetz›, vgl. 2.4.6), daß in der Informationstheorie die Anzahl der Laute oder Buchstaben eines Wortes kein direktes Maß für seine syntagmatische Länge sind. Der Grund liegt natürlich darin, daß nicht alle Laute oder Buchstaben im selben Kontext gleich wahrscheinlich sind. Stünde die Wahrscheinlichkeit eines phonologischen oder orthographischen Wortes direkt in Zusammenhang mit den Wahrscheinlichkeiten der das Wort konstituierenden Ausdruckselemente, so wäre es möglich, die Wahrscheinlichkeit des Wortes dadurch zu finden, daß man die Wahrscheinlichkeiten der Ausdruckselemente für jede strukturelle Position des Wortes miteinander multipliziert. Z. B. würde man, vorausgesetzt *x* ist zweimal so wahrscheinlich wie *y* am Wortanfang und *a* ist zweimal so wahrscheinlich wie *b* am Wortende, erwarten, daß *xpa* zweimal so häufig vorkommt wie entweder *ypa* oder *xpb* und viermal so häufig wie *ypb*. Daß diese Erwartung in bestimmten Fällen nicht erfüllt wird, geht klar aus der Betrachtung einiger englischer Wörter hervor. Durch [k] und [f] realisierte Ausdruckselemente sind am Wortanfang mehr oder weniger gleich wahrscheinlich, das Wort *call* kommt aber viel häufiger vor als *fall* (nach verschiedenen veröffentlichten Häufigkeitslisten englischer Wörter). Obwohl das durch [t] realisierte Element ungefähr die 50fache Wahrscheinlichkeit am Wortende hat gegenüber dem durch [g] realisierten, kommt das Wort *big* ungefähr viermal so häufig vor wie *bit* usw.

Den in diesen Berechnungen verwendeten Wahrscheinlichkeiten für Anfangs- und Endstellungen (vgl. Tabelle 4) liegt die Analyse eines fortlaufenden Texts zugrunde. Dies bedeutet, daß das Vorkommen eines bestimmten Konsonanten in verhältnismäßig wenigen Wörtern mit hoher Häufigkeit gegenüber dem Vorkommen eines anderen in sehr vielen Wörtern mit geringer Häufigkeit überwiegen kann (vgl. die Bemerkung in 2.4.1 im Zusammenhang mit ‹Funktionslast›). Der Konsonant [ð], der im Englischen am Anfang von Wörtern wie *the, then, their, them* usw.

steht, zeigt, wie sehr dies ins Gewicht fällt. Am Wortanfang ist [ð] der häufigste aller Konsonanten mit einer Wahrscheinlichkeit von ca. 0.10 (verglichen mit 0.072 für [t], 0,046 für [k], usw.). Er kommt jedoch nur in einer Handvoll verschiedener Wörter vor (weniger als dreißig im modernen Sprachgebrauch). Im Gegensatz dazu findet sich [k] am Anfang vieler hunderter verschiedener Wörter, obwohl seine Wahrscheinlichkeit im fortlaufenden Text weniger als halb so groß ist wie die von [ð]. Der Vergleich von allen durch Konsonant + Vokal + Konsonant realisierten Wörtern des Englischen (an sich eine sehr häufige Struktur für englische phonologische Wörter) zeigt, daß es im allgemeinen mehr Wörter mit einem häufig vorkommenden Anfangs- und Endkonsonanten gibt als Wörter mit einem selten vorkommenden Anfangs- und Endkonsonanten, und er zeigt weiter, daß die ersteren häufiger vorkommen. Gleichzeitig muß betont werden, daß gewisse Wörter weitaus häufiger oder weitaus seltener vorkommen, als man aus den Wahrscheinlichkeiten der sie bildenden Ausdruckselemente schließen könnte.

2.4.10 *Die ‹Schichtung› von Bedingungen*

Wenn wir auch vorläufig die Frage der Festlegung durch den Kontext nur im Zusammenhang mit den bedingten Wahrscheinlichkeiten bei Einheiten derselben Stufe besprochen haben, so ist doch klar, daß das Vorkommen eines bestimmten Ausdruckselements weitgehend durch die kontextuelle Wahrscheinlichkeit des phonologischen Wortes bestimmt wird, dessen Teil es ist. Die drei Wörter, geschrieben *book* (‹Buch›), *look* (‹schauen›) und *took* (‹nahm›) kommen z. B. alle häufig vor. Sie unterscheiden sich phonologisch (und orthographisch) nur durch den Konsonanten am Wortanfang. Vom Standpunkt der grammatischen Struktur des Englischen ist die Möglichkeit des Kontrastes zwischen den drei Wörtern in tatsächlichen Äußerungen relativ gering (und steht in überhaupt keinem Zusammenhang mit den Wahrscheinlichkeiten der Anfangskonsonanten). Das Wort *took* unterscheidet sich durch eine Reihe von Merkmalen von den anderen beiden Wörtern, wobei das Wichtigste ist, daß es die Vergangenheit eines Verbums realisiert. Es kommt deshalb häufiger in Verbindung mit Wörtern und Syntagmen wie *yesterday* (‹gestern›) oder *last year* (‹vergangenes Jahr›) vor, als *look* und *book* (die *took* entsprechenden phonologischen Wörter werden *looked* und *booked* geschrieben); es kann *he* (‹er›), *she* (‹sie›) oder *it* (‹es›) oder ein Nomen im Singular zum Subjekt haben (*he took* usw., aber nicht *he look* oder *he book* usw.); und es kann nicht nach einem *to* vorkommen (z. B. ist *I am going to took* nicht akzeptierbar). Aber auch *book* und *look* unterscheiden sich grammatisch voneinander. Jedes von ihnen kann im geeigneten Kontext als Nomen oder Verb gebraucht werden. (Man darf nicht vergessen, daß ein phonologisches Wort mehr als ein grammatisches Wort realisieren kann; vgl. 2.2.11.) *Look* tritt zwar weitaus häufiger als Verb und *book* häufiger als Nomen auf; dieser Unterschied fällt jedoch, verglichen mit nicht-statistischen grammatischen Fakten wie den folgenden wenig ins Gewicht: Als Verbum kann *book* (‹vorbestellen›), im Gegensatz zu *look*, ein Nomen oder einen Nominalausdruck als direktes Objekt haben (*I will book my seat, He is going to book my friend for speeding* (‹Ich werde meinen Platz buchen›, ‹Er wird meinen Freund wegen Schnellfahrens aufschreiben›]: Das Wort *look* ist hier unmöglich). *Look* verbindet sich normalerweise mit einem ‹Präpositionalausdruck› (*I will look into the matter, They never look at me* [‹Ich werde mir die Sache anschauen›, ‹Sie schauen mich nie an›]: Hier ist *book* unmöglich.) Es hat wohl den Anschein, als ob in der Mehrzahl der englischen Äußerungen, die Sprecher bei ihrem täglichen Gebrauch der Sprache hervorbringen, die Verwechslung von *book* und *look* durch grammatische Einschränkungen dieser oder jener Art ausgeschlossen wird. Gerade dies ist recht typisch für minimal kontrastierende phonologische Wörter des Englischen.

Wir wollen aber nun die relativ kleine Gruppe von Äußerungen betrachten, bei denen sowohl *look* als auch *book* grammatisch möglich sind. Es ist für einen Sprecher des Englischen nicht schwer, solche Äußerungen zu konstruieren, und gelegentlich wird er sie sogar frei hervorbringen oder hören. Ein Beispiel könnte sein *I looked for the theatre* (‹Ich suchte nach dem Theater›): *I booked for the theatre* (‹Ich kaufte Karten für das Theater›). Wenn wir um des Beispiels willen annehmen, daß alles mit Ausnahme des Anfangskonsonanten der Wörter *booked* oder *looked* dem Hörer ohne nennenswerte Verzerrung durch ‹Rauschen› im Kanal übertragen wurde, so sieht er sich dem Problem gegenüber, auf der Grundlage der sprachlichen Redundanzen und auf Grund der Situation der Äußerung ‹vorauszusagen›, welches der beiden Wörter vom Sprecher gemeint war. (Der Einfachheit halber wollen wir annehmen, daß *cooked* usw. in der bestimmten Situation unmöglich oder sehr unwahrscheinlich ist.) Von *looked* kann man zwar annehmen, daß es in einer beliebigen repräsentativen Probe des (britischen) Englisch weit häufiger vorkommt als *booked*; das Vorkommen von *theatre* erhöht jedoch die Wahrscheinlichkeit von *booked* um ein Beträchtliches. Ob nun *booked* oder *looked* mit *for the theatre* wahrscheinlicher ist, ist wohl sehr schwer zu entscheiden. In jeder bestimmten Situation können aber die Voraussetzungen für eines der beiden Wörter größer sein. Das geht aus einem Vergleich der folgenden beiden längeren Äußerungen hervor:

(I) *I looked for the theatre, but I could't find it.*
(‹Ich suchte nach dem Theater, aber ich konnte es nicht finden›)

(II) *I booked for the theatre, but I have lost the tickets.*
(‹Ich kaufte für das Theater Karten, aber ich habe sie verloren›)

Booked ist wohl in (I) und *looked* in (II) vom Kontext her ausgeschlossen. Aber auch die Situation selbst könnte unter Einbeziehung früherer Gespräche verschiedene ‹Vorverständnisse› geschaffen haben, deren einschränkende Wirkung ebenso groß ist wie die von *but* und *couldn't find* bei (I) und *but* und *tickets* bei (II). Ist dies der Fall, so hat der Hörer aufgrund dieser Bedingungen bereits das Vorverständnis, *looked* statt *booked* (oder umgekehrt) in dem kürzeren Kontext *I -ooked for the theatre* ‹vorauszusagen› (d. h. faktisch zu hören). Vorläufig können wir diese Wahrscheinlichkeiten, die sich aus dem gekoppelten Vorkommen von zwei Wörtern und dem ‹Vorverständnis› zu der bestimmten Situation der Äußerung ergeben, als ‹semantisch› bezeichnen. (In späteren Kapiteln werden wir weitere Ebenen der sprachlichen Akzeptabilität innerhalb der Kategorie unterscheiden, die hier ‹Semantik› genannt wird.)

Unser Beispiel wurde drastisch vereinfacht: Wir haben nur drei Bedingungsebenen (die phonologische, grammatische und semantische) unterschieden, und wir haben angenommen, daß nur eine Ausdruckseinheit wegen ‹Rauschens› verlorengegangen ist oder verzerrt wurde. Diese Vereinfachungen beeinträchtigen jedoch den allgemeinen Schluß, der sich daraus ergibt, nicht. Spricht man über bestimmte Äußerungen, dann muß man erkennen, daß die semantischen Wahrscheinlichkeiten schwerer ins Gewicht fallen als die grammatischen und die grammatischen ihrerseits schwerer als die phonologischen. Da es unmöglich ist (zumindest beim gegenwärtigen Stand der linguistischen Forschung), sämtliche semantisch relevanten Faktoren in den außerlinguistischen Situationen, in denen bestimmte Äußerungen vorkommen, festzuhalten, ist es auch unmöglich, die Wahrscheinlichkeit und deshalb den Informationsgehalt eines beliebigen Bestandteils einer solchen Äußerung zu errechnen. Dies ist u. a. in dem Abschnitt über die Funktionslast und die Informationstheorie weiter oben bereits betont worden (vgl. 2.4.1).

2.4.11 *Ein Dilemma und seine Lösung*

Zwei offensichtlich einander widersprechende Grundsätze sind in diesem Abschnitt vertreten worden: erstens, daß statistische Überlegungen für das Verständnis der Wirkungsweise und Entwicklung von Sprachen wesentlich sind; zweitens, daß es praktisch (und vielleicht auch grundsätzlich) unmöglich ist, die von linguistischen Einheiten in tatsächlichen Äußerungen getragene Information genau zu berechnen. Dieser offensichtliche Widerspruch löst sich, wenn man bedenkt, daß sich die Linguistik zumindest zum gegenwärtigen Zeitpunkt nicht mit Produktion und Verstehen von Äußerungen in den tatsächlichen Situationen ihrer Verwendung (mit Ausnahme einer relativ kleinen Gruppe von sprachlichen Äußerungen, die direkt auf diese Weise behandelt werden können, vgl. 5.2.5) befaßt und nicht befassen kann, sondern mit der Struktur von Sätzen, losgelöst von den Situationen, in denen tatsächliche Äußerungen vorkommen.

3 DIE LAUTE DER SPRACHE

3.1 *Einleitung*

3.1.1 *Phonetik und Phonologie*

Bisher sind wir von der traditionellen Auffassung von der Sprache ausgegangen, nach der Sätze aus Wörtern und Wörter aus ‹Lauten› gebildet werden (vgl. 2.1.1). Im Verlauf unserer Besprechung von Substanz und Form im vorhergegangenen Kapitel haben wir gesehen, daß der Ausdruck ‹Laut› eine Mehrdeutigkeit birgt. Diese Mehrdeutigkeit gilt es nun zu beseitigen.

Wenn man den Linguisten fragt, ob zwei ‹Laute› gleich oder verschieden sind oder wieviele ‹Laute› es in einer bestimmten Sprache gibt, muß er wissen, ob die Frage auf die Substanz oder die Form abzielt, ob diese ‹Laute› als physikalische Einheiten zu betrachten sind, die beschrieben werden können, ohne daß man weiß, welcher Sprache sie angehören, oder ob sie als Lautunterschiede und -ähnlichkeiten beschrieben werden sollen, die in der Sprache funktionale Bedeutung haben. (Unter ‹funktional› ist ‹relevant für den Zweck der Kommunikation› zu verstehen.) Im ersten Fall wird der Linguist eine *phonetische* Beschreibung dessen geben, was er hört oder mithilfe von Instrumenten analysiert; im zweiten wird er eine *phonologische* Beschreibung geben.

3.1.2 *Sprachlaute*

Wir wollen nun eine vorläufige Unterscheidung zwischen den Ausdrücken ‹Sprachlaut› und ‹Phonem› treffen. Ein *Sprachlaut* ist jede phonetisch eindeutige Lauteinheit, d. h. jede von den Sprechorganen erzeugte Lauteinheit, die der Phonetiker von allen anderen mithilfe der Sprechorgane erzeugten Lauteinheiten unterscheiden kann. Da es praktisch unendlich viele verschiedene Sprachlaute gibt, die mithilfe der menschlichen Sprechorgane erzeugt und vom Phonetiker unterschieden werden können, so folgt, daß der Sprachlaut eine etwas unbestimmbare Natur hat. Die fachliche Eignung jedes einzelnen Phonetikers ist verschieden; sogar wenn die verschiedenen, heute für die Messung der akustischen Eigenschaften des Lautes zur Verfügung stehenden Instrumente und Verfahren zu Hilfe genommen werden, bleibt zuletzt ein Spielraum für kleinste Unterschiede und Diskrepanzen. Tatsächlich gibt es für die Teilbarkeit des in der Rede verwendeten Lautbereiches keine natürliche Grenze. Wo der Phonetiker aufhört, verschiedene Sprachlaute zu unterscheiden, wird ihm entweder von den Grenzen seiner eigenen Fähigkeiten und der seiner Instrumente oder (häufiger) von den jeweiligen Zielen seiner Analyse diktiert. Für gewisse Zwecke wird er feinere Unterscheidungen treffen wollen als für andere. Je nach dem Grad der in der Darstellung angestrebten Genauigkeit wird er eine sogenannte ‹weitere› oder ‹engere› Transkription verwenden (wobei es natürlich unendlich viele Zwischenstufen zwischen ‹weitester› und ‹engster› Transkription gibt). Dazu einige Beispiele.

Im Englischen sind p, t und k in gewissen Stellungen im Wort leicht aspiriert (d. h. sie werden von einer leichten Behauchung begleitet); in anderen Positionen, z. B. nach s, sind sie nicht aspiriert (vgl. *top* : *stop, pot* : *spot,* usw.). In einer weiten Transkription könnte der Phonetiker also gut denselben Buchstaben (oder irgendein anderes Symbol) verwenden, um beide englischen Laute darzustellen (wie es tatsächlich bei dem für das Englische gebräuchlichen Alphabet im allgemeinen der Fall ist), obwohl sie phonetisch ziemlich leicht zu unterscheiden sind. Ebenso gibt es im Englischen im wesentlichen zwei ‹l-Laute›, die etwas impressionistisch als ‹hell› und ‹dunkel› bezeichnet werden. Der erste steht vor Vokalen, der zweite vor Konsonanten und am Wortende (vgl. *leaf, late* : *feel, field*). Eine enge Transkription würde den Unterschied zwischen dem ‹hellen› und dem ‹dunklen› l aufzeigen, eine weite Transkription wahrscheinlich nicht.

3.1.3 *Phoneme und Allophone*

Eine Diskussion weiter Transkriptionen führt uns ganz natürlich zum Begriff des *Phonems.* Um auf das Beispiel von engl. p, t und k zurückzukommen: Der Grund, weshalb wir sowohl die aspirierten als auch die nichtaspirierten Konsonanten in weiten Transkriptionen durch dasselbe Symbol darstellen können, liegt darin, daß der Unterschied zwischen der aspirierten und der nichtaspirierten Form im Englischen nie die Aufgabe hat, verschiedene Wörter auseinanderzuhalten. (Das ist eine sehr approximative und zum Teil ungenaue Darstellung eines Prinzips, das später ausführlicher behandelt werden soll.) Es handelt sich hier nicht um einen *funktionalen* Unterschied: Der genannte Unterschied ist im Englischen ein phonetischer, nicht aber ein phonologischer oder phonemischer. (Vorläufig unterscheiden wir nicht zwischen den Ausdrücken ‹phonologisch› und ‹phonemisch›). In anderen Sprachen (z. B. in einigen nordindianischen Sprachen und in den meisten chinesischen Dialekten) ist der Unterschied zwischen aspirierten und nichtaspirierten Konsonanten funktional oder phonemisch. Andererseits gibt es phonemische Unterschiede im Englischen, die in anderen Sprachen keine Rolle spielen (obwohl sie als Sprachlaute vorkommen können). Z. B. ist in gewissen Sprachen die Unterscheidung zwischen den Lauten d und t, b und p, g und k usw. (die die Phonetiker als stimmhafte und stimmlose Konsonanten beschreiben) nicht phonemisch – so können p, t und k am Wortanfang und -ende, b, d und g nur in der Wortmitte vorkommen. In derartigen Fällen bezeichnen wir die phonetisch unterscheidbaren Lautpaare als Stellungsvarianten oder *Allophone* desselben Phonems. Sie heißen Stellungsvarianten, weil es von der Stellung des Phonems im Wort abhängt, welche seiner phonetischen Varianten jeweils vorkommt.

Es wird nun einleuchten, warum das Wort ‹Laute› mehrdeutig ist und warum unterschieden werden muß zwischen den Einheiten der phonetischen Beschreibung (Laute) einerseits und den Einheiten der phonologischen Beschreibung (Phoneme) andererseits. Um in der Transkription von Äußerungen Laute von Phonemen zu unterscheiden, hat sich der Usus herausgebildet, die für die letzteren stehenden Symbole zwischen Schrägstriche, die für die ersteren stehenden zwischen eckige Klammern zu setzen. Wir werden dieser Konvention durchwegs folgen. Wir können z. B. unter Bezug auf das Beispiel oben sagen, daß /p/, /t/ und /k/ die Allophone [p], [t] und [k] in Anfangs- und Endposition haben und [b], [d] und [g] in Mittelstellung. Eine ausführlichere Behandlung des Phonembegriffs in der modernen Linguistik folgt. Wir müssen nur zunächst einige der allgemeinen Grundsätze der phonetischen Analyse besprechen.

3.2 *Die Phonetik*

3.2.1 *Verschiedene Teilgebiete der Phonetik*

Die Phonetik ist nicht bloß als Hilfswerkzeug in der Linguistik und beim Studium fremder Sprachen zu betrachten. Wie sie heute betrieben wird, ist sie eine hochentwickelte Wissenschaft, die Teilgebiete der Physiologie und der Physik einschließt, aber ihre eigenen Schwerpunkte setzt, ihre eigenen Untersuchungs- und Versuchsmethoden sowie ihr eigenes Fachvokabular entwickelt hat.

Sprachlaute werden oft außerhalb der Fachsprache mit subjektiven und weitgehend bedeutungsleeren Ausdrücken wie ‹hart›, ‹guttural›, ‹weich›, ‹flach› usw. beschrieben. Objektiv können sie unter drei Hauptaspekten beschrieben werden: (1) im Hinblick auf die Art und Weise, wie sie von den menschlichen Sprechorganen erzeugt werden, (2) im Hinblick auf die akustischen Eigenschaften der sich vom Sprecher zum Hörer bewegenden Schallwellen, und (3) im Hinblick auf ihre physikalischen Auswirkungen auf das menschliche Ohr und die damit verbundenen Mechanismen. Das führt zu einer dreifachen Teilung des Gebiets in *artikulatorische, akustische* und *auditive* Phonetik.

3.2.2 *Auditive Phonetik*

Die auditive Klassifikation der Sprachlaute ist noch nicht sehr weit fortgeschritten. Praktisch kann man sagen, daß die Phonetik aus zwei Hauptgebieten besteht: der artikulatorischen und der akustischen Phonetik. Es wäre unmöglich, auf dem hier zur Verfügung stehenden Raum auch nur eines dieser Teilgebiete annähernd befriedigend zu behandeln. Alles was man zu erreichen hoffen kann, ist eine kurze Übersicht über die allgemeinen Grundsätze der Klassifikation und der Theorie.

3.2.3 *Artikulatorische Phonetik*

Die älteste und immer noch am weitesten verbreitete Methode der phonetischen Beschreibung ist diejenige, die von der ‹Artikulation› durch die Sprechorgane ausgeht. Was der Phonetiker aus Zweckmäßigkeit und von seinem besonderen Standpunkt aus als ‹die Sprechorgane› bezeichnet, ist zwar kein physiologisches Primärsystem. Die meisten Sprechorgane (Lippen, Zähne, Zunge, Stimmbänder, Nase, Lungen usw.) dienen noch einem anderen Zweck, der beim Menschen wie bei den Tieren als biologisch primär betrachtet werden kann. Trotzdem werden die Sprechorgane von den Phonetikern zu Recht als einheitliches, zusammenhängendes System betrachtet. Individuelle Verschiedenheiten bei den Sprechorganen verschiedener Personen (abgesehen von offensichtlichen, physischen Defekten) wirken sich auf die Art der erzeugten Laute nicht wesentlich aus. Der Unterschied zwischen einer Knaben- und einer Männerstimme oder zwischen einer Männer- und einer Frauenstimme ist im allgemeinen für die Rede nicht relevant. Es ist auch nicht wahr – was oft behauptet wird –, daß die Sprechorgane bestimmter ‹Rassen› sich physisch zur Erzeugung einer bestimmten Klasse von Lauten eignen, für andere aber nicht. Die ‹Unfähigkeit›, gewisse Laute zu erzeugen, ist im allgemeinen das Ergebnis von Umwelteinflüssen während der Kindheit, wobei der entscheidende Faktor der ist, daß man seine Muttersprache so lernt, wie man sie ausgesprochen hört.

3.2.4 *Stimme und Tonhöhe*

Die meisten Phonetiker teilen die Sprachlaute in *Konsonanten* und *Vokale* ein. Diese Einteilung setzt eine Unterscheidung zwischen stimmhaften und stimmlosen Lauten voraus. *Stimme* wird durch die Vibration der Stimmbänder im Kehlkopf oder ‹Adamsapfel› erzeugt. Die Vibrationsfrequenz hängt vom Grad der Spannung ab, und diese bestimmt die *Tonhöhe* des so entstehenden Lautes. (Die Tonhöhe wird gewöhnlich nicht als integraler Bestandteil, sondern als Begleitmerkmal der erzeugten Laute behandelt.) Vokale werden (von der Artikulation her) als stimmhafte Laute definiert, bei deren Bildung die Luft ohne Behinderung (durch die Zunge, Lippen, Zähne usw.) durch Kehlkopf und Mund streicht. Alle Sprachlaute mit Ausnahme der Vokale werden als Konsonanten definiert. Konsonanten sind daher von ziemlich heterogener Natur. Tatsächlich gibt es Phonetiker, die durchaus nicht der Meinung sind, daß die Trennung zwischen Vokalen und Konsonanten so fundamental ist, wie das gewöhnlich behauptet wird. Es gibt nicht nur solch paradoxe Laute wie ‹stimmlose Vokale›, vielmehr kann auch die Stimmhaftigkeit total oder partiell sein, und der Ausdruck ‹Engenbildung› (Obstruktion) ist lange nicht so präzise, wie er zunächst aussieht. Zusätzliche Kriterien verschiedener Art müssen im Fall von partiell obstruierten Lauten herangezogen werden, um zu entscheiden, ob sie als Vokale oder als Konsonanten klassifiziert werden sollen. Das sind Probleme, mit denen wir uns nicht ausführlicher zu befassen brauchen. Sie werden hier erwähnt, um dem Standpunkt Rechnung zu tragen, der im Verlauf des ganzen Abschnitts betont werden wird, daß nämlich Laute, wie sie von den menschlichen Sprechorganen erzeugt werden, ein Kontinuum darstellen, innerhalb dessen es ‹natürliche›, absolute Kategorien möglicherweise gar nicht gibt.

3.2.5 *Vokale*

Vokale werden im allgemeinen nach drei artikulatorischen Dimensionen eingeteilt: dem Öffnungsgrad des Mundes (*geschlossen* bis *offen*), der Stellung des höchsten Teils der Zunge (*vorne* bis *hinten*), und der Form der Lippen (*gerundet* bis *ungerundet*). So kann ein gewisser Laut als ein geschlossener, vorderer, gerundeter Vokal (z. B. der Vokal in dem französischen Wort *lune*) beschrieben werden, ein anderer als geschlossener, vorderer, ungerundeter (z. B. der des französischen *si* oder des englischen Wortes *sea*). Die Termini ‹geschlossen, vorne› usw. werden natürlich nicht in absolutem Sinn gebraucht. Jede der drei Dimensionen stellt ein Kontinuum dar und ist im Prinzip unendlich oft teilbar. Der Vokal des französischen Wortes *si* ist z. B. geschlossener als der des englischen Wortes *sea* (abgesehen von bestimmten anderen Verschiedenheiten). Zum Zwecke der Klassifikation ist nun eine Liste von sogenannten ‹Kardinalvokalen› aufgestellt worden; d. h. (wir zitieren Daniel Jones, den Urheber dieses Klassifikationssystems) «eine Gruppe von feststehenden Vokallauten, denen bekannte akustische Eigenschaften und bekannte Zungen- und Lippenstellungen eignen». Jones spricht zwar von den «bekannten akustischen Eigenschaften» der Kardinalvokale, das System beruht jedoch primär und soweit es objektiv ist auf der artikulatorischen Klassifikation. Man ging dabei von dem Grundgedanken aus, zunächst eine Gruppe von artikulatorischen Extremen zu definieren (den «möglichst geschlossensten

Vorderzungenlaut», den «offensten Hinterzungenlaut» usw.) und hierauf die Zwischenstellungen so auszuwählen, daß, «das Maß der akustischen Abstände annähernd gleich» war. Die Beurteilung der Intervalle der «akustischen Abstände» ist subjektiv (selbst von einem glänzenden und hochqualifizierten Phonetiker). Heute, da der Wert der einzelnen Kardinalvokale festgelegt ist und Daniel Jones' eigene Aufzeichnungen dieser Vokale mithilfe von Instrumenten analysiert wurden, sind ihre akustischen Eigenschaften mit gewissen Einschränkungen objektiv bekannt. Daß das System der Kardinalvokale letzten Endes willkürlich ist, schmälert seine Zweckmäßigkeit oder seinen wissenschaftlichen Charakter durchaus nicht: Die Werte der Kardinalvokale sind in der Internationalen Lautschrift niedergelegt (*I*nternational *P*honetic *A*lphabet = IPA); unter Bezug auf dieses Standardmaß kann der geübte Phonetiker die Vokale jeder beliebigen Sprache recht gut beschreiben und dabei je nach Bedarf ein größeres oder geringeres Maß an Präzision erreichen.

Neben den drei artikulatorischen Variablen, die der Phonetiker als grundlegend für die Klassifikation der Vokale betrachtet, gibt es verschiedene andere, die gewöhnlich als sekundäre Modifikationen der als ‹normal› betrachteten Aussprache behandelt werden. So nimmt man z. B. an, daß Vokale ‹normalerweise› ausgesprochen werden, ohne daß Luft durch die Nase streicht. Wenn der Nasengang bei der Erzeugung des Vokals offengehalten wird, so daß die Luft aus Mund und Nase ausströmt, nennt man den Vokal *nasaliert*. Er wird von der IPA als eine Modifikation des entsprechenden nicht-nasalierten Vokals angesehen und auch so dargestellt (vgl. [a] : [ã]).

3.2.6 *Konsonanten*

Die Konsonanten zerfallen in mehrere interessante Kategorien. Sie können *stimmhaft* oder *stimmlos* und *oral* oder *nasal* sein. Wenn die Obstruktion im Luftkanal total ist, werden die dadurch entstehenden Laute als *Verschlußlaute* (oder Explosivlaute) bezeichnet; ist die Engenbildung geringer, erzeugt aber Reibung, so heißen sie *Reibelaute* (*Frikative* oder *Spiranten*). Die Stelle, an der die Engenbildung erfolgt, bezeichnet man als Artikulationsstelle: Lippen, Zähne, Alveolen, Palatum (Gaumenplatte), Velum (Gaumensegel), Zäpfchen, Rachenhöhle und Kehlkopfdeckel sind die Hauptartikulationsstellen, die in der Internationalen Lautschrift berücksichtigt werden. Das Organ (bzw. der Organteil), das die Artikulationsstelle berührt bzw. sich ihm nähert, heißt der Artikulator. In den meisten Fällen ist dies ein Teil der Zunge, die man sich für diese Zwecke in vier Abschnitte unterteilt denkt – Spitze (Apex), Blatt, Mitte, Rücken (Dorsum). Apikale Konsonanten sind diejenigen, bei denen die Zungenspitze als Artikulator fungiert, dorsale Konsonanten sind diejenigen, bei denen der Artikulator der Zungenrücken ist. Die meisten in der Phonetik verwendeten, traditionellen Termini werden stillschweigend unter der Annahme verstanden, daß gewisse Artikulatoren normalerweise mit bestimmten Artikulationsstellen assoziiert werden: z. B. wird der Ausdruck ‹dental› für Laute gebraucht (z. B. [t], [d], die dadurch entstehen, daß die Zungenspitze die obere Zahnreihe berührt, bzw. sich ihr nähert; der Ausdruck ‹velar› andererseits wird für Laute gebraucht (z. B. [k], [g]), die durch Berührung oder Reibung des Zungen*rückens* mit dem Gaumensegel entstehen. In anderen Fällen wird ein Ausdruck gebraucht, der den Artikulator und die Artikulationsstelle angibt: So bezeichnet ‹labiodental› Laute (z. B. [f], [v]), die aus Berührung oder Reibung der oberen Zahnreihe und der (Unter-)Lippe entstehen. Wenn nötig, können weitere Ausdrücke nach diesem Vorbild frei gebildet werden. Konsonanten können also unter Bezug auf eine Reihe verschiedener artikulatorischer Variablen klassifiziert werden. (Wir haben nur einige angeführt.) Nach den Konventionen der Internationalen Lautschrift ist z. B. [p] ein bilabialer, stimmloser, oraler Verschlußlaut; [b] ist ein bilabialer, stimmhafter, oraler Verschlußlaut; [f] ist ein labiodentaler, stimmloser (oraler) Reibelaut, [m] ein bilabialer (stimmhafter) nasaler Verschlußlaut, [t] ein dentaler (oder alveolarer), stimmloser, oraler Verschlußlaut, [n] ein dentaler (oder alveolarer), (stimmhafter) nasaler Verschlußlaut usw. Wahrnehmbare Abweichungen von den als ‹normal› angenommenen Artikulationsstellen werden mit ‹palatalisiert› und ‹velarisiert› beschrieben. Z. B. sind die Anfangslaute der englischen Wörter *key* und *car* phonetisch verschieden; sie würden allgemein als ‹palatalisierte› und ‹velarisierte› Abart von [k] bezeichnet werden. Das bedeutet jedoch nicht, daß es sich um verschiedene ‹Spezies› eines natürlichen ‹Genus› von Lauten handelt, sondern lediglich, daß man übereingekommen ist, das Dach der Mundhöhle und die Zungenoberfläche in der Phonetik allgemein eben in eine kleinere Anzahl von Zonen zu unterteilen.

3.2.7 *Die artikulatorischen Variablen: ‹lange› und ‹kurze› Komponenten*

Bisher nahmen wir an, gesprochene Sprache bestehe aus einer Aufeinanderfolge von materiell unterscheidbaren Einheiten. Dies stimmt aber gar nicht. Gesprochene Sprache besteht aus ununterbrochenen Lautausstößen verschiedener Länge, wobei die Pausen einzig dort zu finden sind, wo der Sprecher zum Atemholen innehält. Was die Phonetik als Sprachlaute bezeichnet, sind Einheiten, die aus dem ununterbrochenen Lautstrom aufgrund von irgendwelchen expliziten oder impliziten Trennungskriterien abstrahiert sind. Die Frage etwas vereinfachend können wir sagen, daß die Anzahl der in einem nicht unterbrochenen Redeabschnitt erkennbaren Sprachlaute durch die Anzahl der aufeinanderfolgenden unterscheidbaren

Stellungen der Sprechorgane festgelegt ist. Ein Wechsel in den Stellungen der Sprechorgane kann als merkliche Veränderung in wenigstens einer der akzeptierten *artikulatorischen Variablen* definiert werden. Daraus folgt, daß gewisse Variable während einer Reihe von aufeinanderfolgenden Stellungen der Sprechorgane gleichbleiben können. Nehmen wir die beiden englischen Wörter *cats* und *cads,* die in weiter Transkription [kats] und [kadz] geschrieben werden können. Dabei ist zu beobachten, daß die hier gebrauchte phonetische Notation den Unterschied zwischen beiden Wörtern als die Summe der Unterschiede zwischen zwei verschiedenen Sprachlauten darstellt (nämlich [t] : [d] und [s] : [z]). Tatsächlich liegt der Unterschied nur bei einer der artikulatorischen Variablen (wir können den Unterschied bei den Vokalen vernachlässigen): Bei [kats] ist der nach dem Vokal kommende Wortteil stimmlos, bei [kadz] stimmhaft. (Es handelt sich hier um eine Vereinfachung, die aber die damit bezweckte Aussage nicht beeinträchtigt.) Wir können also zwischen zwei Arten von phonetischen Komponenten unterscheiden, die zweckmäßig ‹kurz› und ‹lang› genannt werden können, je nachdem ob sie sich über eine oder mehr als eine Stelle erstrecken. Wichtig ist, daß dieselbe artikulatorische Komponente in verschiedenen phonetischen Sequenzen lang oder kurz sein kann. Z. B. erstreckt sich die Komponente der Stimmhaftigkeit im Wort *under* über das ganze Wort, die der dentalen Berührung über zwei Stellen [nd], während die Nasalität auf eine Stelle [n] beschränkt ist. Im Wort *omnipotent* hingegen ist die Nasalität eine lange Komponente, bei [mn], und erst der Wechsel von labialer zu dentaler (genauer alveolarer) Berührung ermöglicht eine Differenzierung der von den Sprachlauten [m] und [n] eingenommenen Stellen.

Gewisse artikulatorische Komponenten, besonders Stimmhaftigkeit und Nasalität, die ja davon unbeeinflußt sind, ob eine Behinderung des Luftstroms im Mundraum stattfindet oder nicht, können sowohl bei der Bildung von Konsonanten als auch Vokalen beteiligt sein. Das Verhältnis zwischen den Vokalen [ḁ], [a] und [ã] der Internationalen Lautschrift (IPA) ist z. B. dasselbe wie bei den Konsonanten [p], [b] und [m] bzw. [t], [d] und [n] oder [k], [g] und [ŋ], und zwar insofern, als das erste Glied jeder Dreiergruppe weder stimmhaft noch nasaliert, das zweite stimmhaft aber nicht nasaliert, das dritte sowohl stimmhaft als auch nasaliert ist. Zur Veranschaulichung ein hypothetisches Beispiel. Nehmen wir an, es gibt in einer bestimmten Sprache drei Wörter, die phonetisch (a) [pḁtḁk], (*b*) [badag] und (*c*) [mãnãŋ] transkribiert werden können. Es sind hier fünf artikulatorische Variable beteiligt: drei Artikulationsstellen – (I) labiale, (II) dentale und (III) velare Berührung – und zwei Komponenten, die sowohl an der Bildung von Konsonanten als auch Vokalen beteiligt sein können – (IV) Stimmhaftigkeit oder Stimmlosigkeit und (V) Nasalität bzw. das Fehlen der Nasalität. Die phonetischen Beziehungen zwischen den drei Wörtern können mithilfe der in Abb. 3 wiedergegebenen zweiachsigen Matrixschemata dargestellt werden, bei denen die horizontale Achse die zeitliche Abfolge und die vertikale Achse das Vorhandensein oder Nichtvorhandensein jeder der fünf relevanten artikulatorischen Größen mit + oder – ausweist. Der ‹positive› Wert (stimmhaft statt stimmlos; nasal statt oral; dentale statt labialer oder velarer Berührung usw.) ist mit einem waagrechten Strich gekennzeichnet, der ‹negative› Wert durch Freilassung.

Diese Matrizen sind den gebräuchlicheren alphabetischen Transkriptionen (a) [pḁtḁk], (b) [badag], (c) [mãnãŋ] absolut gleichwertig.

	(a)	*(b)*	*(c)*
Labial	–	–	–
Dental	–	–	–
Velar	–	–	–
Nasal			———
Stimmhaft		———	———
	p ḁ t ḁ k	b a d a g	m ã n ã ŋ

Abb. 3. Man beachte, daß sich die Unterscheidung von Vokalen und Konsonanten und daher die Erkennung von fünf Stellungen der Sprechorgane – da ‹labial›, ‹dental› und ‹velar› eine Behinderung des Luftstromes an den entsprechenden Artikulationsstellen beinhalten (die artikulatorischen Komponenten der Vokale sind nicht angegeben – für sie ist ein konstanter Wert angenommen) – aus dem Fehlen der Obstruktion im Sprechkanal in zwei Segmenten und der Obstruktion an drei Segmenten jedes Wort ergibt.

Im Fall von [pḁtḁk], [badag] und [mãnãŋ] ist klar erkennbar, daß Stimmhaftigkeit oder Stimmlosigkeit bzw. Nasalität oder ihr Fehlen lange Komponenten sind, die sich vom Anfang zum Ende jedes Wortes erstrekken. (Man wird sich daran erinnern, daß der kleine Kreis unter einem Vokal diesen als stimmlos und die ‹Tilde› (~) über einem Vokal diesen als nasaliert ausweist und daß Vokale, außer sie sind als stimmlos bezeichnet, im ‹Normalfall› stimmhaft sind.) Es leuchtet ebenfalls ein, daß die Aufeinanderfolge von Segmenten mit Obstruktion im Sprechkanal und solchen, bei denen keine Behinderung stattfindet, Konsonanten und Vokale, in unserem Fall auch die Anzahl der Sprachlaute charakterisiert. Eine sorgfältige Auswertung dieses Beispiels und die Verallgemeinerung der in ihm enthaltenen Fakten führen zu dem Schluß, daß Bezeichnungen wie «ein [p]-Laut», ein [m]-Laut» usw. wohl praktische, aber möglicherweise irreführende Beschreibungen sind für «ein Lautsegment, das an einer bestimmten Stelle durch Labialität, Verschluß, Stimmlosigkeit und Nasalität gekennzeichnet ist», bzw. «ein Lautsegment, das an einer bestimmten Stelle durch Labialität, Stimmhaftigkeit und Nasalität gekennzeichnet ist», usw. (um nur einige der relevanten artikulatorischen Variablen anzuführen). Das in der Phonetik übliche alphabetische Transkriptionssystem, das wir hier bei der Wiedergabe der Beispiele verwendet haben, ist also bei weitem kein perfektes System für die Transkription der Sprache. Ein befriedigenderes System wäre etwa eines, das jede der überlappenden artikulatorischen Komponenten jedes beliebigen Redeabschnitts unmittelbar darstellt und die relative Länge der Komponenten ausdrücklich anzeigt. Zum gegenwärtigen Zeitpunkt muß jeder, der phonetische Transkription verstehen und verwenden will, zunächst lernen, diese zu ‹ent-alphabetisieren›, indem er sich für jedes Symbol die von diesem implizierten, gleichzeitig wirkenden artikulatorischen Komponenten eingesetzt denkt und hierauf diese Komponenten der Reihe nach gemäß den oben veranschaulichten Grundsätzen miteinander verbindet.

Dieses Problem ist hier etwas ausführlicher besprochen worden, da es nicht immer hinreichend hervorgehoben und zuweilen in elementaren und für ein breiteres Publikum bestimmten Abhandlungen über die Sprache nicht einmal erwähnt wird. Nur allzuoft wird der Eindruck vermittelt, daß sich Rede aus Folgen geschlossener und unabhängiger Sprachlaute zusammensetzt und daß die Sprachlaute die letzten Einheiten der artikulatorisch-phonetischen Analyse sind. Wir werden in Kürze sehen, daß die hier für die Phonetik getroffene Unterscheidung zwischen kurzen und langen Komponenten auch in der Phonologie getroffen werden kann.

3.2.8 *Phonetische Alphabete*

Das Folgende ergibt sich nun von selbst. Die Internationale Lautschrift fußt auf dem lateinischen Alphabet. Darüber hinaus sind die den Buchstaben zugeschriebenen phonetischen Werte festgelegt worden, bevor man die Notwendigkeit einer Trennung zwischen Phonetik und Phonologie klar erkannt hatte. Die IPA verrät ihre Herkunft durch die Inkonsequenz, mit der sie gewisse artikulatorische Merkmale darstellt, sowie dadurch, daß sie von ‹Nomalie› und ‹Anomalie› ausgeht. Man definierte generell, daß die Buchstaben den Werten der ‹Laute› entsprechen sollten, die sie in einer oder mehreren der wichtigeren europäischen Sprachen mit lateinischem Alphabet bezeichnen. Einigen Buchstaben, die überflüssig waren, z. B. *x* wie es im Englischen und Deutschen gebraucht wird (= [ks]) und *c*, wie es im Englischen, Französischen u. a. Sprachen (= [k] oder [s]) gebraucht wird, wurden andere phonetische Bedeutungen zugeteilt. Dann wurde noch eine Reihe neuer Symbole (z. T. Entlehnungen aus dem griechischen Alphabet oder eigens für den Zweck der Lautschrift entworfene) eingeführt wie z. B. [θ] und [ð] zur Darstellung der Anfangs‹laute› der englischen Wörter *thick* und *there*. Die Erfinder der IPA und diejenigen, die sie weiterentwickelten, haben bei dem Entwurf neuer Symbole für die

Lautschrift großen Einfallsreichtum wie auch lobenswerte Rücksicht auf die Erfordernisse der typographischen Klarheit bewiesen; trotzdem war der Gesamtzahl der unterschiedlichen Symbole, die man entwerfen konnte, natürlich eine praktische Grenze gesetzt. So hat die IPA von Anfang an zusätzlich zu den Buchstaben die Verwendung diakritischer Zeichen vorgesehen. Die diakritischen Zeichen werden, wie wir oben gesehen haben, verwendet, um entweder eine ‹engere› Transkription als die durch die Buchstaben allein vermittelte zu ermöglichen oder um anzuzeigen, daß ein bestimmter ‹Laut› auf eine Weise ausgesprochen wird, die von den Konventionen der IPA als ‹anomal› betrachtet wird.

Die im Internationalen Lautschriftsystem enthaltene Unterscheidung zwischen Buchstaben und diakritischen Zeichen mag irreführend sein. Sie legt den fast unvermeidlichen Schluß nahe, daß die Unterschiede zwischen den durch eigene Buchstaben dargestellten Lauten grundlegender seien als die Distinktionen, die durch diakritische Zeichen getroffen werden. Stimmhafte und stimmlose orale Verschlußlaute werden z. B. durch eigene Buchstaben dargestellt ([d] : [t], [b] : [p], [g] : [k] usw.). Hingegen werden Vokale und nasale Konsonanten, wie wir gesehen haben, als stimmhaft angenommen, außer sie sind mithilfe eines besonderen diakritischen Zeichens als stimmlos ausgewiesen. Was die artikulatorische Beschreibung betrifft, verhalten sich, wie wir oben gesehen haben, [d] und [t] genau so wie [a] und [ḁ] oder [n] und [n̥]. Man könnte sagen, dei Konventionen der IPA verleiten zu der Annahme, ja sie stützen sie sogar, daß die stimmlosen [ḁ] und [n̥] bloß weniger häufige Varianten der ‹normaleren› stimmhaften [a] und [n] seien, während [d] und [t] zwei völlig anders geartete ‹Laute› darstellten. Es lassen sich viele Inkonsequenzen finden. Trotzdem ist die IPA immer noch ein sehr nützliches Werkzeug für den Phonetiker; denn ihre Konventionen sind sorgfältig definiert und werden von Phonetikern vieler verschiedener Länder anerkannt.

Neben der IPA gibt es noch andere alphabetische Systeme für die phonetische Transkription. Einige von ihnen haben den Vorteil, daß sie auf jeder gewöhnlichen Schreibmaschine getippt werden können, und sie werden aus diesem Grund von vielen, besonders von amerikanischen Autoren, vorgezogen. Wer jedoch glaubt, daß sich die verschiedenen allgemein verwendeten phonetischen Alphabete in wesentlichen Punkten unterscheiden, irrt. Alles, was über die IPA hier gesagt worden ist, trifft im allgemeinen auch auf die anderen phonetischen Alphabete zu.

3.2.9 *Die akustische Phonetik*

Gerade die *akustische Phonetik* hat sich seit dem zweiten Weltkrieg sprunghaft weiterentwickelt. Mithilfe verschiedenartiger elektronischer

Geräte, von denen der Lautspektrograph das am weitesten verbreitete ist, ist es heute möglich, die komplizierten, beim Sprechen erzeugten Lautwellen in ihre Frequenzkomponenten und relativen Amplituden zu zerlegen, so wie sie sich ständig von Augenblick zu Augenblick ändern. Darüber hinaus hat man erhebliche Fortschritte in der sogenannten *Sprachsynthese* erzielt, der künstlichen Rekonstruktion erkennbarer Äußerungen bestimmter Sprachen. Hier geht man so vor, daß man auf jenen Frequenzbändern, von denen man herausgefunden hat, daß sie für die menschliche Sprache von besonderer Bedeutung sind, Lautwellen erzeugt und diese hierauf in geeigneter Weise zusammenfügt. Wir werden die Grundsätze der akustischen Phonetik nicht im Einzelnen behandeln. Für ein Buch wie das vorliegende ist lediglich ein kurzer Hinweis auf die bisher vorliegenden Ergebnisse und ihre Tragweite für die Linguistik angebracht.

Zunächst bestätigte die akustische Analyse (wenn eine Bestätigung überhaupt notwendig war), daß Rede sich nicht aus einer Folge von in sich abgeschlossenen ‹Lauten› zusammensetzt. Die bestimmbaren Komponenten der beim Sprechen erzeugten Lautwellen haben verschiedene Längen und überlappen einander in zeitlicher Abfolge. Überraschender ist vielleicht, daß die durch die akustische Analyse identifizierten Faktoren sich nicht immer unmittelbar zu jenen Faktoren in Beziehung bringen lassen, die von der artikulatorischen Phonetik traditionsgemäß als Kriterien für die Unterscheidung der verschiedenen Sprachlaute angesehen worden sind. Die akustische Analyse von Vokalen mithilfe der sie konstituierenden Formanten (d. h. der beiden Frequenzbänder, bei denen die größte Energiekonzentration auftritt) stimmt ziemlich genau mit der Beschreibung der Vokale mithilfe der artikulatorischen Dimensionen vorne/hinten und geschlossen/offen überein. Das artikulatorische Merkmal des Rundens kann ebenfalls akustisch identifiziert werden. Dasselbe gilt für Stimmhaftigkeit und Nasalität wie auch für Obstruktion des Luftstroms und Reibung. Ausgerechnet die akustische Identifizierung der Artikulationsstelle bereitet jedoch die größten Schwierigkeiten. Bei der akustischen Analyse hat es nämlich eher den Anschein, als würde der Unterschied zwischen Konsonanten, die an verschiedenen Artikulationsstellen erzeugt werden, hauptsächlich in Eigenschaften der Kontextabhängigkeit und des Übergangs zwischen den Lautwellen liegen und nicht so sehr in Merkmalen, die den Konsonanten selbst eignen.

Man hat zwar schon lange gewußt, daß ein wahrnehmungsmäßig gleicher Laut in gewissen Fällen durch ganz verschiedene Kombinationen von ‹Artikulierungen› erzeugt werden kann, und doch haben wahrscheinlich die meisten Phonetiker bis vor kurzem angenommen, daß der Großteil der artikulatorischen Unterschiede von den Lautwellen, so wie diese durch das Gehörssystem des Hörers zur Analyse weitergegeben werden, bewahrt bleibt. Man ist nun zu der Auffassung gelangt, daß die Transmission der

Sprache noch komplizierter sein dürfte, als man früher angenommen hatte.

So ist auch die *Rückkoppelung* miteinzurechnen. Beim Sprechen haben wir es nicht mit einem System von Lautproduktion und Lautempfang zu tun, bei dem der ‹Sender› (der Sprecher) und der ‹Empfänger› (der Hörer) vollständig getrennte Mechanismen sind. Jeder normale Sprecher einer Sprache ist abwechselnd Erzeuger und Empfänger. Beim Sprechen erzeugt er nicht nur Laute, er ‹hört› auch gleichzeitig das ‹ab›, was er gerade sagt, und moduliert seine Rede, indem er unbewußt seine verschiedenen artikulatorischen Bewegungen zu dem, was er gerade hört, in Beziehung setzt und unaufhörlich neu darauf abstimmt (wie ein Thermostat, der die Wärmequelle infolge ‹Rückkoppelung› durch Temperaturablesung regelt). Wenn er jemandem anderen beim Sprechen zuhört, ist er nicht bloß ein passiver Empfänger von Lauten, die der Sprecher aussendet; er registriert die gehörten Laute (indem er das akustische ‹Signal› interpretiert) im Lichte der eigenen Erfahrung als Sprecher mit einem ‹eingebauten› System von aus dem Zusammenhang sich ergebenden Stichwörtern und Erwartungen. Aus diesem Grund ist das primäre Medium der Sprache (die Substanz der Ausdrucksebene, vgl. 2.2.8) vielleicht zu unrecht ausschließlich als physische Dimension zu sehen (im engsten Sinne des Wortes ‹physisch›). Das phonetische Material ist nicht nur der Laut, wie er Gegenstand physikalischer Untersuchung ist, sondern der Laut, wie er vom Menschen beim Gebrauch der Sprache ‹gefiltert› und kategorisiert wird. Mit anderen Worten, das phonische Medium der Sprache hat neben dem rein physischen einen psychologischen Aspekt. Möglicherweise kann dieser psychologische Aspekt des Mediums doch noch weiter durch eine noch kompliziertere physische Beschreibung der Lauteigenschaften erfaßt werden. Dies sollte man jedoch nicht von vornherein als gegeben betrachten.

Es muß hier darauf hingewiesen werden, daß das Prinzip der ‹Rückkoppelung› nicht auf die Erzeugung und den Empfang von physikalischen distinkten Einheiten der Substanz oder des Mediums, in der sich die Sprache manifestiert, beschränkt ist. Es hat auch bei der Bestimmung der phonologischen und grammatischen Strukturen Gültigkeit. An sich mehrdeutige Äußerungen werden nur in einem bestimmten Sinne verstanden, weil durch den allgemeinen Kontext der Äußerung oder durch ein vorhergehendes Gespräch gewisse Erwartungen geschaffen worden sind (vgl. 2.4.5 zur Redundanz).

3.3 *Phonologie*

3.3.1 *Das Phonem*

Im vorangegangenen Kapitel wurde zwischen der phonetischen und der phonologischen Analyse der Sprache unterschieden. Die Grundlagen der phonetischen Analyse sind hinlänglich im Detail besprochen worden, und wir können nun den Begriff des Phonems ein wenig genauer betrachten – jenen Begriff, der als Einheit der phonologischen Beschreibung eingeführt worden ist.

3.3.2 *Komplementärverteilung von Allophonen*

Wir können mit unserer Erörterung der Theorie des Phonems dort anknüpfen, wo wir zwischen Phonemen und ‹Sprachlauten› unterschieden haben (vgl. 3.1.2). Zwei phonetisch verschiedene ‹Laute› in gleicher Umgebung, durch die der Unterschied zwischen zwei verschiedenen Wörtern manifestiert wird, werden als verschiedene Phoneme definiert. So sind z. B. [l] und [r] im Englischen verschiedene Phoneme, da sie zahlreiche Wortpaare wie *lamb* : *ram, lot* : *rot, light* : *right* usw. unterscheiden. Wir können diese Phoneme als /l/ und /r/ bezeichnen. (Man wird sich erinnern, daß nach allgemeinem Usus der Linguisten eckige Klammern für phonetische und Schrägstriche für phonemische Symbole verwendet werden.) Es gibt viele Sprachen, in denen nur [l] oder nur [r] oder beide nicht in gleicher Umgebung mit wortunterscheidender Wirkung vorkommen. In solchen Sprachen (z. B. im Chinesischen und Japanischen) ist der Unterschied zwischen [l] und [r] nicht phonemisch. Phonetische Einheiten, die nie in gleicher Umgebung vorkommen, sind, wie man sagt, in *komplementärer Distribution* (vgl. 2.3.1). Das Beispiel des ‹hellen› und ‹dunklen› [l] im Englischen ist bereits bekannt: das ‹helle› [l] erscheint nur vor Vokalen und dem Phonem /y/, das ‹dunkle› [l] vor allen anderen Konsonanten und am Wortende. Die phonetisch distinkten ‹hellen› und ‹dunklen› [l] gelten daher als Stellungsvarianten oder Allophone ein und desselben Phonems. Es gibt keinen Grund, weshalb man die phonemische Unterscheidung zwischen [l] und [r] ‹natürlicher› finden sollte als die zwischen dem ‹hellen› und dem ‹dunklen› [l]. Das ist eine zufällige Gegebenheit des Englischen. Es gibt nicht nur Sprachen, in denen [l] und [r] in komplementärer Distribution sind und vom Phonologen als Allophone desselben Phonems betrachtet werden, sondern es gibt auch Sprachen (z. B. das Russische und gewisse polnische Dialekte), in denen der Unterschied zwischen einem ‹hellen› und einem ‹dunklen› [l] phonemisch ist. Es sei nebenbei erwähnt, daß die Anwendung des Prinzips der komplementären Distribution ziemlich genau mit der Entscheidung des phonetisch ungeübten muttersprachlichen Sprechers übereinstimmt, was ein und derselbe ‹Laut› ist und was nicht. Dies kann der Tatsache zugeschrieben werden, daß der muttersprachliche Sprecher gelernt hat, auf gewisse phonetische Unterschiede, die in seiner Sprache funktional sind, entsprechend zu reagieren und andere als irrelevant für die Zwecke der Kommunikation zu vernachlässigen.

3.3.3 *Phonetische Ähnlichkeit der Allophone*

Bisher ist eine zusätzliche Bedingung für die Zuteilung verschiedener Sprachlaute zu kleineren Phonemgruppen stillschweigend vorausgesetzt worden. Für die Klassifikation von Varianten eines Phonems ist natürlich nicht allein ausschlaggebend, daß Sprachlaute in komplementärer Distribution sind. Dazu nochmals ein bereits früher verwendetes Beispiel: Die stimmlosen Verschlußkonsonanten des Englischen werden in verschiedener Umgebung verschieden ausgesprochen, und zwar manchmal mit leichter Behauchung und machmal ohne Behauchung. Das heißt, daß jeder der aspirierten Verschlußlaute (wir wollen sie in enger Transkription [ph], [th], [kh] schreiben) in komplementärer Verteilung mit jedem der nicht-aspirierten Verschlußlaute (wir wollen diese [p], [t], [k] schreiben) steht. Warum sollten wir nicht [ph] zu [t] oder [k] statt zu [p] stellen? Man beachte, daß /top/ : /spop/ und /pot/ : /stot/ – vorausgesetzt die Konventionen der phonetischen Interpretation sind klargestellt – nicht weniger zutreffende Darstellungen des Kontrasts zwischen den normal *top* : *stop* und *pot* : *spot* geschriebenen Wörtern sind als /top/ : /stop/ und /pot/ : /spot/. Alles, was wir zu tun haben, wenn wir so gruppieren, wie es in der ersten Transkriptionsart zum Ausdruck kommt, ist, mit den Phonemen /t/ und /p/ die folgenden Konventionen für die phonetische Interpretation zu verbinden: /t/ und /p/ werden phonetisch als [th] und [ph] am Wortanfang und Wortende realisiert und als [p] bzw. [t] nach /s/. Keine Phonologie des Englischen würde jedoch die Identifizierung gerade auf diese Weise vornehmen. Es gibt hiefür eine Reihe von Gründen. Das erste und wichtigste zusätzliche Kriterium (dem die meisten Linguisten genausoviel Gewicht geben würden wie der Tatsache der komplementären Distribution) ist die *phonetische Ähnlichkeit*. Gerade dieses Kriterium wurde bei der Besprechung der verschiedenen Beispiele, die bei der Erklärung des Unterschieds zwischen Sprachlauten und Phonemen gebracht wurden, implizit mitverstanden. Nicht [ph] und [t], sondern [ph] und [p] werden als Allophone desselben Phonems /p/ angesehen, da sie einander phonetisch ähnlicher sind als [ph] und [t] (die ebenfalls in komplementärer Verteilung sind).

Aus den soeben erörterten Grundsätzen der phonetischen Analyse geht wohl eindeutig hervor, daß man sich die Beantwortung der Frage, ob zwei Sprachlaute ähnlich sind oder nicht, nicht zu einfach machen darf. Aus dem vielschichtigen Wesen der Laute der menschlichen Sprache ergibt sich, daß sie in mancher Hinsicht gleich, in anderer ungleich sein können. Das bedeutet, daß der Phonologe sich bei der Analyse einer bestimmten Sprache mit Alternativen konfrontiert sehen kann. Ist ein stimmloser, nicht-aspirierter Verschlußlaut ähnlicher einem stimmhaften, nichtaspirierten oder einen stimmlosen aspirierten Verschlußlaut? Dieser Frage sieht sich der Linguist bei der Analyse des Englischen gegenüber. Denn [p], [t] und [k] sind nicht nur mit [ph], [th] und [kh] in komplementärer Verteilung, sondern auch mit [b], [d] und [g], die niemals nach /s/ in demselben Wort vorkommen. Solange wir unsere Aufmerksamkeit isoliert auf dieses eine Problem beschränken, drängt sich keine der beiden möglichen Lösungen als die vernünftigere auf. (Wir müssen aufpassen, daß wir nicht einfach deshalb annehmen, daß [ph] und [p] einander phonetisch ähnlicher sind, weil die Internationale Lautschrift sie als zwei Arten von [p] darstellt. Darauf wurde bereits im vorangegangenen Abschnitt hingewiesen.) In der Tat überlegt sich der Linguist derlei Probleme niemals herausgelöst aus der übrigen Analyse. Wenn wir die Phonologie des Englischen als Ganzes betrachten, so erkennen wir, daß der Gegensatz zwischen stimmhaften und stimmlosen Konsonanten in der Sprache von größerer Bedeutung ist als der zwischen nichtaspirierten und aspirierten Konsonanten. Es werden nicht nur Verschlußlaute in bestimmten Stellungen durch Stimmhaftigkeit bzw. Stimmlosigkeit unterschieden (*bet* : *pet* usw.), bei denen sie sich auch durch Vorhandensein bzw. Nichtvorhandensein von Aspiration unterscheiden; sondern es gibt auch andere Konsonanten (Frikative und Affrikaten: *leave* : *leaf*, *jeep* : *cheap* u. a.), die sich durch Stimmhaftigkeit bzw. Stimmlosigkeit unterscheiden, wo es nicht um eine Frage des Gegensatzes zwischen aspirierten und nichtaspirierten Varianten eines Phonempaares geht. Daher ist es zweifellos besser, nicht die Stimmlosigkeit von [p] gegenüber [b], sondern das Fehlen der Aspiration gegenüber [ph] als allophonische Variation zu betrachten. Es sollte jedoch klar sein, daß diese Entscheidung nicht einfach aus Gründen der phonetischen Ähnlichkeit getroffen wurde und auch nicht hätte getroffen werden können.

3.3.4 *Freie Variation in der Phonologie*

Es kann vorkommen, daß zwei phonetisch verschiedene Einheiten in derselben Umgebung erscheinen, ohne zu kontrastieren: D. h. wenn man die eine durch die andere Einheit ersetzt, entsteht nicht ein anderes Wort, sondern es ergibt sich nur eine andere Aussprache desselben Wortes. In diesem Fall bezeichnet man das Verhältnis zwischen den phonetisch verschiedenen Einheiten als ‹freie Variation› (vgl. 2.3.2). Zum Beispiel ist der ‹Knacklaut› (erzeugt dadurch, daß zunächst die Stimmbänder zusammengeführt und dann entspannt werden, so daß ein plötzlicher Luftausstoß erfolgt: nach der Internationalen Lautschrift [ʔ] geschrieben) in der allgemein anerkannten Standardaussprache des Englischen eine freie Variante von /t/ am Silbenende vor einem Konsonanten. Die meisten Sprecher, die diese Aussprache gebrauchen, sind sich wahrscheinlich der Tatsache gar nicht bewußt, daß sie Wörter wie *fortnight* usw. auf zweierlei Weise aussprechen, je nachdem, ob sie mehr oder weniger formell und überlegt reden, während ihnen sehr wohl das Vorkommen desselben Sprachlautes als nicht hochsprachliche Variante von /t/ vor Vokalen z. B. in der ‹Cockney›-Aussprache von Wörtern wie *city* bekannt ist. Es kommt auch vor, daß sich Alternativaussprachen eingebürgert haben, deren Unterschied sonst in der Sprache allgemein als phonemischer auftritt. Das Wort *economics* z. B. wird manchmal mit dem in *bet* und manchmal mit dem in *beat* vorkommenden Vokal ausgesprochen. Das Wort *either* wird manchmal mit dem Vokal von *beat* und dann wieder mit dem von *bite* ausgesprochen. Es gibt im Englischen, ja oft im Sprachgebrauch ein und derselben Person viele solcher Alternativen. Dies würde jedoch normalerweise nicht als allophonische freie Variation bezeichnet werden. Die Tatsache, daß der Vokalunterschied zumindest einige Wörter im Englischen trennt, hat zur Folge, daß er immer als phonemisch betrachtet wird. Das ergibt sich aus einem Prinzip, das so formuliert worden ist: «Was einmal ein Phonem ist, bleibt immer ein Phonem.» Außerdem ist es nicht möglich, das gelegentliche Schwanken von Phonemen, wie es hier im Beispiel dargestellt ist, anders festzuhalten als in einer Liste der Wörter, in denen es auftritt. Von diesem Gesichtspunkt aus ist der Unterschied zwischen den beiden Aussprachen von *economics, either* usw. sozusagen ‹zufällig›: Er gehört nicht zur regulären phonologischen Struktur der Sprache. In dieser Hinsicht ist diese freie Variation verschieden von der oben dargestellten (zwischen [t] und dem Knacklaut), wo wir die Umstände, unter denen sie auftritt, kurz und mithilfe der Phonologie (d. h. ohne Bezug auf die einzelnen Wörter, sondern unter Hinweis auf die Phonemkategorien vor und nach den freien Varianten) angeben konnten.

3.3.5 *Neutralisation in der Phonologie*

Häufiger als die freie Variation zwischen Phonemen unter phonologisch definierbaren Bedingungen ist das Phänomen der sogenannten *Neutralisation* des Phonemunterschieds in bestimmten Positionen. Dies kann mithilfe eines oft gebrauchten Beispieles erklärt werden. In vielen Sprachen, darunter Deutsch, Russisch und Türkisch besteht bei den meisten Positionen im Wort ein phonemischer Unterschied zwischen stimmhaften und stimmlosen Konsonanten; am Wortende jedoch kommen keine stimmhaften Konsonanten vor. So werden die beiden deutschen Wörter *Rad* und *Rat* gleich, nämlich [ra:t], ausgesprochen. (Viele Sprecher des Deutschen unterscheiden das Wortpaar *Rad* und *Rat* durch die Länge oder Qualität des Vokals. Unser Argument wird dadurch nicht beeinträchtigt.) Die normale Rechtschreibung berücksichtigt diese Tatsache insofern, als in denjenigen Formen, in denen diese Konsonanten nicht am Wortende stehen, die Unterscheidung zwischen stimmhaftem und stimmlosem Paarglied überall ausgeführt ist: vgl. *zum Rade* [ra:də] *verdammen* und *meinem Rate* [ra:tə] *folgen*. Man sagt hier, der Unterschied zwischen stimmhaften und stimmlosen Konsonanten ist am Wortende ‹neutralisiert›. Damit wird eine phonologische Feststellung über die Sprache getroffen.

Es gibt jedoch mehrere Möglichkeiten, diese Neutralisation zu beschreiben. Manche Linguisten vertreten die Ansicht, daß es sich um ein und dasselbe Phonem /t/ handelt, welches am Ende sowohl von *Rad* wie auch *Rat* steht, und siedeln den zwischen *Rade* und *Rad* auftretenden Wechsel von /d/ nach /t/ in einer zwischen Grammatik und Phonologie liegenden Ebene der linguistischen Beschreibung an, die als *Morphophonemik* bezeichnet wird. Diese Methode wird in vielen amerikanischen Standardlehrbüchern und Sprachbeschreibungen verfolgt. Andere Schulen behaupten, die Tatsache, daß bestimmte phonologische Kontraste in einer Sprache ‹neutralisierbar› sind, während andere es nicht sind, stelle ein dermaßen wichtiges und grundlegendes Merkmal der Phonologie der betreffenden Sprache dar, daß es gerechtfertigt sei, zwei verschiedene Arten phonologischer Einheiten zu unterscheiden. Linguisten dieser Auffassung (vor allem aus der sogenannten ‹Prager Schule›) unterscheiden außer den Phonemen, die ihre distinktive Funktion in allen Stellungen bewahren, noch sogenannte *Archiphoneme,* die auf die Positionen, in denen Neutralisation erfolgt, beschränkt sind. Eine verbreitete und praktische Art der Notation der Archiphoneme sind Großbuchstaben: So ist /T/ ein deutsches Archiphonem zum Unterschied von den Phonemen /d/ und /t/, die am Wortende nicht vorkommen. Ein Wort wie *Tod* würde /toD/ transkribiert werden; die Transkription würde damit also verdeutlichen, daß die Einheit am Wortende einer anderen Kategorie angehört als die am Wortanfang. Phonetisch gesprochen sind die Sprachlaute am Wortanfang und Wortende hier gleich (bis zu einem gewissen Maß an Enge der Transkription). Ob sie phonologisch gleich sind oder nicht, ist eine Frage, die nur unter Bezug auf eine bestimmte phonologische Theorie beantwortet werden kann. Der Linguist, der das Prinzip «was einmal ein Phonem ist, bleibt immer ein Phonem» für richtig hält, wird diese Frage bejahen. Wer einen Unterschied zwischen Phonemen und Archiphonemen macht, wird sie verneinen. Wir werden einige der theoretischen Unterschiede, auf denen diese verschiedenen Antworten beruhen, im Verlaufe dieses Kapitels noch näher betrachten. Es ist hier jedenfalls genug gesagt worden, um im Leser den Verdacht zu wecken (der sich verstärken wird, je mehr wir uns mit dem Gegenstand befassen), daß die ‹Tatsachen›, die ein Linguist in der Struktur einer bestimmten Sprache entdeckt, nicht völlig unabhängig von den Theorien sind, unter deren Vorzeichen er die Sprache betrachtet.

3.3.6 *Syntagmatische Relationen zwischen Phonemen*

In unserer bisherigen Erörterung der Theorie der Phonologie haben wir uns nur mit den *paradigmatischen* Dimensionen (vgl. 2.3.3) befaßt. Wir haben gesagt, daß /p/, /b/, /l/ usw. im Englischen verschiedene Phoneme sind, weil sie in verschiedenen Kontexten in paradigmatischem *Kontrast* stehen. (Dieser Begriff des ‹Kontrasts› ist bereits von einer allgemeineren Warte aus im vorangegangenen Kapitel behandelt worden; vgl. 2.2.9.) Wir können z. B. sagen, daß im Wort *pet* das Phonem /p/ am Wortanfang vorkommt, wo es mit /b/, /l/ usw. (vgl. *bet, let* usw.) kontrastiert, daß weiter das Phonem /e/ an zweiter Stelle vorkommt, wo es mit /i/, /o/ usw. kontrastiert (vgl. *pit, pot* usw.) und daß das Phonem /t/ am Ende steht, wo es mit /k/, /n/ usw. kontrastiert (vgl. *peck, pen* usw.). Das Wort *pet* kann daher als Folge von drei Phonemen dargestellt werden: /p/ + /e/ + /t/, abgekürzt /pet/. (Die Gründe, weshalb die Phoneme als sequentiell geordnet bezeichnet werden, wurden bereits besprochen; vgl. 2.3.6.)

Der Einfachheit halber wollen wir annehmen, daß im Kontext /-et/ nicht mehr als drei Phoneme kontrastieren, und zwar /p/, /b/ und /l/, daß weiter nicht mehr als drei im Kontext /p-t/ kontrastieren, und zwar /e/, /i/ und /o/, und schließlich, daß nur drei im Kontext /pe-/ kontrastieren, und zwar /t/, /k/ und /n/. Ausgehend von dieser Annahme können wir die folgende zweidimensionale Matrix entwerfen, bei der die senkrechte Spalte die kontrastierenden Phonemgruppen in jeder der drei Positionen darstellt:

/p/	/e/	/t/
/b/	/i/	/n/
/l/	/o/	/k/

Die horizontale Dimension repräsentiert die Möglichkeit syntagmatischer Kombinationen (vgl. 2.3.3). Die Matrix kann folgendermaßen interpretiert werden: An jeder paradigmatischen Kontrastposition im Wort /pet/, das in der obersten Zeile der Matrix gegeben ist, kann ein anderes Phonem aus der zweiten oder dritten Zeile eingesetzt werden, und das Ergebnis wird ein jeweils anderes englisches Wort sein. Die Matrix faßt also die im vorangegangenen Absatz beschriebenen Tatsachen zusammen. Sie gibt an, daß die folgenden sieben syntagmatischen Phonemkombinationen englische Wörter darstellen: /pet/, /bet/, /let/, /pit/, /pot, /pen/ und /pek/.

Bei dieser Interpretation der Matrix gingen wir vom Wort *pet* aus. Wir haben immer zwei der Phonemkonstituenten als Kontext für die paradigmatische Substitution konstant gehalten. Wir können die Matrix aber auch so interpretieren, daß kein Wort in diesem Sinne als Ausgangspunkt genommen wird. Viele andere englischen Wörter können erfaßt werden, wenn wir gestatten, daß sich jedes beliebige Phonem der ersten Spalte syntagmatisch mit jedem beliebigen der zweiten und dritten Spalte verbindet: vgl. *bin, bit, lick, lock* usw. (um die Wörter in der üblichen Orthographie zu schreiben). Diese Erweiterung erlaubt aber auch bestimmte Kombinationen, die keine englischen Wörter sind, wie z. B. /bik/ oder /lon/. Hier müssen wir nun entscheiden, ob solche Verbindungen aufgrund irgendwelcher allgemeinen Restriktionen hinsichtlich kombinatorischer Möglichkeiten englischer Phoneme vom System her ausgeschaltet sind. Wenn keine derartigen Restriktionen gefunden werden können, sagen wir, daß Formen wie /bik/ und /lon/ phonologisch akzeptierbare englische ‹Wörter› sind, die von der Sprache sozusagen nicht ‹aktualisiert› und mit einer bestimmten Bedeutung und einer bestimmten grammatischen Funktion ausgestattet worden sind. ‹Nichtaktualisierung› in diesem Sinne trägt mit zur Redundanz von Äußerungen bei (vgl. 2.4.5).

Die Ermittlung der phonologischen Struktur einer Sprache kann man sich also folgendermaßen vorstellen: Jede Sprache hat einen Wortschatz von ‹realen› Wörtern, von denen jedes einzelne zunächst als phonologisch ‹regulär› betrachtet werden kann (nämlich insofern als es bestimmten systematischen kombinatorischen Grundsätzen folgt, die für die Phonemkonstituenten gültig sind). Aufgabe des Linguisten ist es, ihre phonologische ‹Regelhaftigkeit› aufzuzeigen. (Um die Darstellung zu vereinfachen, schränken wir die Besprechung der phonologischen Struktur hier absichtlich durch die Annahme ein, daß die Phonologie sich nur mit der Wortbildung unabhängig vom Vorkommen der Wörter in Sätzen befaßt.) Ausgehend von einer bestimmten Menge ‹realer› Wörter beschreibt der Linguist deren phonologische Struktur mithilfe von Regeln, die die zulässigen Kombinationen von Phonemklassen angeben, wobei innerhalb jeder Klasse die Elemente untereinander kontrastieren. Nehmen wir z. B. an, daß jede Spalte von Phonemen in der Matrix oben eine Klasse darstellt, und zwar so: $X = \{$ /p/, /b/, /l/ $\}$, $Y = \{$ /e/, /i/, /o/ $\}$, $Z = \{$ /t/, /n/, /k/$\}$. Wir können nun eine Regel aufstellen, die besagt, daß jedes Element von X sich mit jedem beliebigen Element von Y und Z (in dieser Reihenfolge) verbinden kann. Die Regel erfaßt, wie wir eben gesehen haben, nicht nur die phonologische Regelhaftigkeit von ‹realen› Wörtern wie *pet, bet, lick, peck* usw., sondern läßt auch eine Reihe von nichtvorkommenden ‹Wörtern› als regelhaft zu.

Nehmen wir nun an, wir hätten eine bestimmte Anzahl derartiger Regeln aufgestellt, von denen jede die ‹Regelhaftigkeit› einer Klasse von englischen Wörtern verschiedener phonologischer Struktur erklärt, gleichzeitig aber auch viele nichtvorkommende ‹Wörter› als phonologisch regelhaft definiert. Im Gegensatz zu den ‹realen› englischen Wörtern können die nicht-vorkommenden, von denselben phonologischen Regeln als regelhaft definierten ‹Wörter› als ‹potentielle› Wörter bezeichnet werden. Daneben ergeben sich viele Phonemkombinationen (z. B. /pta/ oder /atp/, vgl. 2.3.6), die von den phonologischen Regeln explizit oder implizit ausgeschlossen und als regelwidrig definiert werden.

3.3.7 *‹Reale› und ‹potentielle› phonologische Wörter*

Man wird vielleicht dasjenige phonologische Regelsystem für ideal halten, dem es gelingt, alle tatsächlich von den Sprechern der Sprache verwendeten Wörter und nur diese als regelhaft zu bestimmen. Aber ganz abgesehen davon, daß es praktisch unmöglich ist, derartige Regeln aufzustellen, ist es theoretisch gar nicht erwünscht, eine Ausschaltung der Unterscheidung zwischen dem ‹Realen› und dem ‹Potentiellen› anzustreben. Wir werden auf diese Frage im Zusammenhang mit den Grundsätzen der generativen Grammatik wieder zurückkommen (vgl. 4.2.2). Hier genügt es darauf hinzuweisen, daß jeder Versuch, das ‹Reguläre› in der Phonologie mit dem ‹real Vorkommenden› gleichzusetzen, aus zwei gleich gewichtigen Gründen zum Scheitern verurteilt ist.

Der Wortschatz wohl der meisten Sprachen enthält eine Reihe von Wörtern, die insofern phonologisch ‹irregulär› sind, als sie nicht den Formationsmodellen entsprechen, die für die Mehrzahl der Wörter der betreffenden Sprache kennzeichnend sind: Sie können aus anderen Sprachen entlehnt und nicht gänzlich ‹assimiliert› worden sein, oder es kann sich um ‹onomatopoetische› Wörter (vgl. 1.2.2) handeln. Gewöhnlich geht der Linguist zwar grundsätzlich von der Annahme aus, daß alle von den Sprechern einer Sprache verwendeten Wörter phonologisch ‹regulär› sind; er ist aber bereit, diese Annahme im Fall bestimmter Wörter zu revidieren, wenn er herausfindet, daß er sie nicht in dem Regelwerk, das er für die Mehrzahl der Wörter des Vokabulars aufgestellt hat, unterbringen kann. Er behandelt sie umso bereitwilliger als ‹irregulär›, wenn muttersprachliche Sprecher darin einig sind, daß an diesen Wörtern etwas ‹ungewöhnlich› oder ‹fremd› ist.

Die Gleichstellung des ‹Realen› und des ‹Regulären› scheitert jedoch noch in einer anderen Hinsicht. Viele nicht vorkommende Phonemverbindungen würden von muttersprachlichen Sprechern im Vergleich zu anderen als ‹normaler› beurteilt werden. Sie sind nicht nur leicht auszusprechen, sondern irgendwie in ihrer Form anderen Wörtern der Sprache ähnlich. Die phonologische Beschreibung der Sprache sollte einen Platz für derartige Gefühle haben (wenn die Beschreibung auch nicht unbedingt durch solche Gefühle bestimmt sein soll). Es ist z. B. bemerkenswert, und man hat schon oft darauf hingewiesen, daß Schreiber von Nonsenseversen (wie Lewis Carroll oder Edward Lear) ‹Wörter› erfinden, die fast immer der phonologischen Struktur tatsächlicher Wörter der jeweiligen Sprache entsprechen. Dasselbe gilt für Markenbezeichnungen von Fabrikaten. Das ideale phonologische Regelsystem einer Sprache ist daher dasjenige, das nicht nur diejenigen Phonemverbindungen als regulär charakterisiert, die den Großteil des Wortschatzes ausmachen, sondern auch viele andere, die die muttersprachlichen Sprecher als ‹mögliche› oder ‹potentielle› Wörter akzeptieren würden. Es braucht wohl nicht erst gesagt zu werden, daß über die ‹Richtigkeit› der Charakterisierung gestritten werden kann. Worauf es ankommt ist, daß ‹Regelhaftigkeit› nicht anders definiert werden kann als mithilfe von Regeln, die die zulässigen Verbindungen der phonologischen Einheiten angeben. Entsprechendes gilt auf allen Ebenen der Sprachbeschreibung (vgl. 4.2.13).

3.3.8 *Distinktive Merkmale*

Bisher haben wir angenommen, daß die Phoneme einer Sprache sich nicht weiter analysieren lassen, daß sie kleinste Ausdruckselemente sind. (Wir gebrauchen die Terminologie des vorangegangen Kapitels.) Von dieser Annahme gehen noch immer die meisten linguistischen Standardlehrbücher aus, obwohl sie bereits vor mehr als dreißig Jahren von Trubetzkoy, Jakobson und anderen Mitgliedern der Prager Schule in Frage gestellt worden ist. Ihre Stellung zur Phonologie hat in letzter Zeit an Boden gewonnen und zwar nicht nur in Europa, wo sie immer viele Anhänger gehabt hat, sondern auch in Amerika.

Nach Trubetzkoy und seinen Anhängern ist das Phonem weiter in *distinktive Merkmale* zerlegbar. Betrachten wir z. B. die folgenden neun englischen Phoneme: /k/, /g/, /ŋ/, /t/, /d/, /n/, /p/, /b/, /m/. Typische Beispiele für Wörter, in denen diese Phoneme am Wortanfang und Wortende vorkommen, sind:

Tabelle 5

/k/	*kill,*	*lack*	/p/	*pet,*	*cap*	/t/	*top,*	*cat*
/g/	*gull,*	*peg*	/b/	*bid,*	*hub*	/d/	*doll,*	*kid*
/ŋ/	–	*song*	/m/	*man,*	*ham*	/n/	*net,*	*pan*

Die Lücke in der Reihe /ŋ/ erklärt sich dadurch, daß dieses Phonem am Wortanfang nicht vorkommt. Nach der oben umrissenen Interpretation der Phonemtheorie ist jedes dieser neun Phoneme von allen anderen völlig verschieden. Phonetische Überlegungen sind von Bedeutung für die Frage der allophonischen Variation (d. h. für die Frage, wie die Sprachlaute, die in komplementärer Verteilung als kontextuell bestimmte Varianten desselben Phonems stehen, zusammengefaßt werden; vgl. 3.3.3), nicht aber für die Beziehungen der Phoneme untereinander. Hockett bemerkt dazu: «... man darf nie vergessen, daß ein Phonem in einer gegebenen Sprache *nur mithilfe seiner Unterschiede zu den anderen Phonemen derselben Sprache definiert werden kann»*. Die Phonologen der Prager Schule änderten diesen Grundsatz dahingehend ab, daß sie jedes Phonem mithilfe sowohl seiner Ähnlichkeiten als auch seiner Unterschiede in Bezug auf andere Phoneme derselben Sprache bestimmten.

Im Fall der neun englischen konsonantischen Phoneme, die oben besprochen wurden, lassen sich sieben *Merkmale* oder Komponenten feststellen, die wir folgendermaßen bezeichnen können (ausgehend von einer teilweisen Beschreibung ihrer Allophone mithilfe der artikulatorischen Phonetik): velar, labial, dental (oder alveolar); stimmhaft, stimmlos; oral, nasal. Dabei kann die Unterscheidung zwischen stimmhaft und stimmlos als Unterscheidung zwischen dem Vorhandensein oder Nichtvorhandensein des Merkmals der Stimmhaftigkeit betrachtet werden, die Unterscheidung zwischen nasal und oral als Unterschied zwischen Vorhandensein oder Nichtvorhandensein der Nasalität. Wenn wir die velare, labiale und dental-alveolare Komponente als unabhängige Merkmale betrachten, von denen jedes entweder vorhanden ist oder nicht, können wir die neun Konsonanten mithilfe von fünf zweiwertigen Variablen analysieren. Die Variablen sind *La* (labial), *Ve* (velar), *De* (dental oder alveolar), *St* (stimmhaft), *Na* (nasal), und die beiden Werte sind positiv (Vorhandensein) und negativ (Nichtvorhandensein). Wir verwenden die binären Stellen 1 und 0, um diese positiven und negativen Werte anzugeben (vgl. 2.4.3).

Haben wir nun die Notierung festgelegt, so können wir jedes der neun

Tabelle 6

Artikulatorische Merkmale englischer Verschlußlaute

	/k/	/g/	/ŋ/	/p/	/b/	/m/	/t/	/d/	/n/
La	0	0	0	1	1	1	0	0	0
Ve	1	1	1	0	0	0	0	0	0
De	0	0	0	0	0	0	1	1	1
St	0	1	1	0	1	1	0	1	1
Na	0	0	1	0	0	1	0	0	1

Tabelle 7

Distinktive Merkmale englischer Verschlußlaute

	/k/	/g/	/ŋ/	/p/	/b/	/m/	/t/	/d/	/n/
La				+	+	+			
Ve	+	+	+						
De							+	+	+
St	—	+		—	+		—	+	
Na	—	—	+	—	—	+	—	—	+

Phoneme als eine Spalte von Werten in einer zweidimensionalen Matrix darstellen (vgl. Tabelle 6). Die Spalte für /k/ ist (von oben nach unten) als 01000 zu lesen, die Spalte für /g/ als 01010 usw. Man wird feststellen, daß jedes Phonem sich von jedem anderen in mindestens einem Wert der fünf variablen Merkmale unterscheidet.

Wir müssen nun *funktionale* und *nichtfunktionale* Werte auseinanderhalten. Der phonologische Kontrast zwischen /k/ und /g/ ist nur durch den negativen oder positiven Wert der Variablen *St* gegeben; dasselbe gilt für den Kontrast zwischen /p/ und /b/ sowie zwischen /t/ und /d/. Der Gegensatz zwischen stimmlos und stimmhaft ist daher ein kleinster funktionaler Kontrast bei den oralen Verschlußlauten des Englischen. Er ist ein *distinktives Merkmal.* Andererseits kontrastiert /ŋ/ mit /k/ und /g/, /m/ mit /p/ und /b/ sowie /n/ mit /t/ und /d/ wegen des positiven Wertes der *Na* (Nasalität). Daß die nasalen Konsonanten /ŋ/, /m/ und /n/ auch noch stimmhaft realisiert werden, kann als bedeutungslos für die phonologische Struktur des Englischen betrachtet werden. Nasalität setzt das Vorhandensein von Stimmhaftigkeit bei der phonetischen Realisation englischer Wörter voraus bzw. bestimmt sie mit: Es gibt nämlich keine Wörter, die durch das Vorkommen eines stimmlosen anstelle eines stimmhaften Nasals in derselben paradigmatischen Kontraststellung unterschieden wären. In diesem Sinne hat Stimmhaftigkeit keine funktionale Aufgabe, wenn sie mit Nasalität gepaart ist. In ähnlicher Weise bestimmt die positive Kennzeichnung von *La, Ve* oder *De* in einer Spalte der Matrix den negativen Wert der anderen beiden, denn es gibt keine Konsonanten, die sowohl labial als auch velar, sowohl labial als auch dental, sowohl dental als auch velar usw. sind. Wir können dabei eine neue Matrix aufstellen, in der ‹+› für ‹positiv›, ‹–› für ‹negativ› und das Fehlen von ‹+› oder ‹–› für ‹nicht-funktional› steht (vgl. Tabelle 7). Jedes der neun besprochenen Phoneme ist nun von den anderen entweder durch zwei oder durch drei distinktive Merkmale unterschieden.

Diese Methode hat den Vorteil, daß sie uns ermöglicht, Beschränkungen in der Verteilung bestimmter Phonemklassen systematischer und mit weniger Aufwand darzustellen. Es gibt zwar z. B. viele englische Wörter, an deren ersten beiden Stellen /sp/, /sk/ oder /st/ stehen (z. B. *spot, skip, step*), es gibt aber keine, die mit /sb/, /sg/ oder /sd/ beginnen. Ganz sicher handelt es sich hier nicht um ein ‹zufälliges› Zusammenfallen der kombinatorischen Eigenschaften von /p/, /k/ und /t/ einerseits und /b/, /g/ und /d/ andererseits. Hier sind nun nicht sechs unabhängige ‹Sachverhalte› zu beschreiben, sondern bloß einer: «Im Kontext /s-/ ist die Unterscheidung zwischen stimmhaften und stimmlosen Konsonanten nicht funktional.» Es gibt eine ganze Reihe weiterer Kontexte, in denen wir sagen würden, daß ein bestimmter Gegensatz zwischen zwei Phonemklassen nicht funktional ist.

3.3.9 *Neuformulierung der Lautverschiebungsgesetze mithilfe der distinktiven Merkmale*

Auch in der diachronischen Sprachbeschreibung können Entwicklungen des phonologischen Systems, die sonst mithilfe von unabhängigen, auf bestimmte Phoneme einwirkenden ‹Lautgesetzen› erklärt werden müßten, oft befriedigender mithilfe von distinktiven Merkmalen dargestellt werden. Diese Darstellung ist eigentlich in unserer ersten Erörterung der Lautverschiebungsgesetze (vgl. 1.3.9) bereits impliziert gewesen. Sie wird nun in Abb. 4 explizit dargestellt, wobei + *As* für ‹Aspiration› (im Gegensatz zu – *As:* Fehlen der Aspiration) und + *Fr* für ‹Friktion› (teilweise Behinderung des Luftstroms, wie sie kennzeichnend für die Reibelaute ist, gegenüber totaler Engenbildung wie bei den Verschlußlauten; vgl. 3.2.6) steht. Es handelt sich dabei um eine stark vereinfachte Darstellung der Lautverschiebungsgesetze; sie enthält überdies bestimmte Thesen über das rekonstruierte indogermanische Konsonantensystem, die hier nicht erörtert werden müssen. Aber sie wird uns hier zur Illustration genügen.

Zunächst wird man feststellen, daß scheinbar gleichbleibende Sprachlaute (z. B. [p], [g]) in den beiden mit ‹Indogermanisch› und ‹Germanisch› bezeichneten Systemen jeweils mit verschiedenen distinktiven Merkmalen beschrieben sind. Im ersten System steht z. B. [p] als stimmlos im Gegensatz zum stimmhaften [b], ebenso als nichtaspirierter Laut im Gegensatz zum aspirierten [bh]. Im ‹germanischen› System steht [p] als nicht-frikativ dem frikativen [f] und als stimmlos dem stimmhaften [b] gegenüber. Vorhandensein bzw. Fehlen der Aspiration wird als distinktiv für das ‹Indogermanische› (nicht aber für das ‹Germanische›) angenommen, und das Vorhandensein bzw. Fehlen der Reibung wird als ‹distinktiv› im ‹Germanischen› (nicht aber im ‹Indogermanischen›) betrachtet.

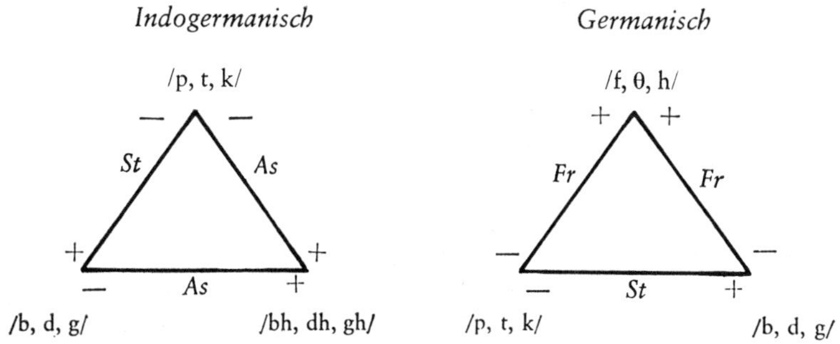

Abb. 4. Die Lautverschiebungsgesetze dargestellt mittels der distinktiven Merkmale.

Die Merkmale labial, dental und velar erscheinen nicht, da sie in den beiden Stadien ihren Wert nicht ändern (d. h. vom Gesichtspunkt der Phonologie aus wird /f/ als labial und /h/ als velar betrachtet). Mithilfe dieser Analyse können die Lautverschiebungsgesetze durch drei auf distinktive Merkmale aufgebaute ‹Regeln› dargestellt werden: (I) – *St* → + *Fr*, (II) + *St* → – *St*, (III) + *As* → – *As*. Dies bedeutet nicht, daß es drei unabhängige, chronologisch getrennte Entwicklungen gegeben hat. Der Einfachheit halber können wir den Vorgang jedoch so beschreiben, als ob die phonetischen Veränderungen der Phonemrealisation in der folgenden Reihenfolge stattgefunden hätten: (I) In gewissen Stellungen, besonders am Wortanfang, werden /p/, /t/, /k/ erst als [f], [θ] und [h] (oder [x]) realisiert. Das heißt, sie sind nun phonetisch von /b/, /d/ und /g/ sowohl als stimmlos (gegenüber stimmhaft) wie auch als frikativ (gegenüber nicht-frikativ) unterschieden. In diesem hypothetischen Stadium der Sprachentwicklung können (aufgrund unserer vereinfachenden Annahmen) ‹stimmlos und frikativ› als die komplexe phonetische Realisation des Wertes eines einzigen phonologisch distinktiven Merkmals betrachtet werden. (II) Anschließend aber oder gleichzeitig werden /b/, /d/ und /g/ dann phonetisch ohne Stimme realisiert. Folglich wird der Gegensatz zwischen /p/ und /b/ usw. phonetisch als [f] gegenüber [p] usw. realisiert. (III) Anschließend oder gleichzeitig verliert die Aspiration, die vorher bei /b/ gegenüber /bh/ usw. distinktiv war, ihre Funktion (und geht verloren), wenn diese Konsonantenpaare durch die Opposition ‹stimmhaft : stimmlos› unterschieden sind.

Diese Zusammenfassung der diachronischen Entwicklung hebt auch den wichtigen Umstand hervor, daß derselbe Sprachlaut in verschiedenen Sprachen verschiedene Kombinationen distinktiver Merkmale realisieren kann. So ist z. B. [p] im ‹Indogermanischen› mit den Werten – *St* und – *As* versehen, im ‹Germanischen› aber mit den Werten – *Fr* und – *St*. (Es ist möglich, daß in jedem Fall einer der beiden Werte nicht funktional ist. Wir werden dieses Problem nicht weiter ausführen, da dies eine ziemlich genaue Behandlung der phonologischen Systeme des ‹Indogermanischen› und ‹Germanischen› erfordern würde. Das Material ist dabei nicht immer leicht zu interpretieren.)

Auf noch etwas kann im Zusammenhang mit diesem Beispiel hingewiesen werden. Der anscheinend unmotivierte Wechsel von der phonetischen zur phonologischen Beschreibung der Lautverschiebungsgesetze im vorangegangenen Absatz war vielleicht etwas verwirrend. Wie wir im ersten Kapitel gesehen haben, wirkten die Lautverschiebungsgesetze in Wirklichkeit nicht unabhängig von dem phonologischen Kontext, in dem die Konsonanten vorkamen. Sie wurden zunächst einmal durch die von Verner (vgl. 1.3.11) beschriebenen Akzentverhältnisse wie auch durch das Vorkommen eines vorausgehenden /s/ am Wortanfang gestört. In der Folge wurden eine bestimmte Anzahl von stimmlosen Reibelauten, die sich aus dem *phonetischen* Wechsel [p] → [f] usw. ergeben hatten, stimmhaft (und entweder als stimmhafte Verschlußlaute oder stimmhafte Reibelaute realisiert – in beiden Fällen waren sie identisch mit den Konsonanten, die sich aus der Verschiebung [bh] → [b] usw. ergeben hatten). Die Gruppen [sp] usw. am Wortanfang verschoben sich nicht zu [sf] usw., sondern blieben phonetisch unverändert. Aus eben diesem Grund bezeichnen wir das *phonologische* System als verändert. In der folgenden schematischen Darstellung sollen die vermutlichen Vorgänge veranschaulicht werden. Die ‹Wörter› wurden absichtlich konstruiert, damit die hier wirkenden Grundsätze aufgezeigt werden können, ohne daß das Bild durch nicht hierher gehörende Komplikationen gestört wird:

	Stadium 1		Stadium 2
(1)	[béda]	→	[peta]
(2)	[péba]	→	[fepa]
(3)	[spéda]	→	[speta]
(4)	[dépar]	→	[tefar]
(5)	[depár]	→	[tebar]
(6)	[pébhar]	→	[febar]

Man wird feststellen, daß im 1. Stadium die Akzentstelle angegeben ist. Dies geschah, um das ‹Vernersche Gesetz› zu berücksichtigen, nach welchem bei (4) das [p] sich zu [f] verschiebt, bei (5) aber zu [b] wird. Es ergibt sich, daß im Gegensatz zum ersten Stadium, wo (4) und (5) in der Mittelposition denselben Konsonanten haben und sich darin von (6) unterscheiden, (5) und (6) im 2. Stadium denselben Mittelkonsonanten haben und sich hierin von (4) unterscheiden. Während im ersten Stadium der Konsonant nach [s] bei (3) phonetisch gleich ist dem Anfangskonsonanten von (2), ist er im 2. Stadium gleich mit dem Anfangskonsonanten von (1). Wenn wir also jedes System unabhängig beschreiben, werden wir feststellen, daß eine ganz andere Verteilung der Phoneme vorliegt. Hätten jedoch die phonetischen Veränderungen ohne Einfluß auf die syntagmatischen und paradigmatischen Verhältnisse eines beliebigen Phonems in Bezug auf jedes beliebige andere stattgefunden, dann würden wir die beiden Systeme trotz ihrer phonetischen Realisation als phonologisch *isomorph* (vgl. 2.2.1) bezeichnen.

3.3.10 *‹Neutralisation› im Zusammenhang mit ‹merkmalhaften› und ‹merkmallosen› Ausdrücken*

Bei der Besprechung der englischen Verschlußlaute haben wir erklärt, daß der Unterschied zwischen +*St* und –*St* im Kontext /*s*-/ nicht funktional ist (vgl. 3.3.8). Es ist wohl klar, daß es sich dort um ‹nicht funktional› in einem etwas anderen Sinn handelt als bei unserer Feststellung ein wenig weiter oben (vgl. 3.3.8), daß der Unterschied zwischen +*St* und –*St* in Verbindung mit +*Na* nicht funktional ist. In dem einen Fall wird die Stimmhaftigkeit bzw. ihr Fehlen durch das Mitvorkommen eines bestimmten distinktiven Merkmals als Komponente desselben Phonems funktionslos; im anderen Fall wird ihre Redundanz durch den Kontext, in dem das betreffende Phonem vorkommt, bestimmt. Eine derartige kontextuell bestimmte Redundanz wird als *Neutralisation* beschrieben: der Gegensatz der Stimmhaftigkeit ist im Kontext /s-/ neutralisiert. Wie wir gesehen haben, würden die Phonologen der Prager Schule (jedenfalls in frühen Darstellungen der Theorie) behaupten, daß im Wort *spot* nicht das Phonem /p/, sondern das Archiphonem /P/ vorkommt (vgl. 3.3.5).

Neutralisation ist als Begriff deshalb wichtig (nicht nur in der Phonologie, sondern auch in der Grammatik und Semantik), weil es der Unterscheidung zwischen den *merkmallosen* und *merkmalhaften* Ausdrücken eines Oppositionspaares (vgl. 2.3.7) entspricht. Wir haben diesen Umstand bei der Zuordnung der Werte ‹positiv› und ‹negativ› in Tab. 7 stillschweigend berücksichtigt. (Die Zuordnung der Werte bei der Besprechung des ‹indogermanischen› und ‹germanischen› Systems ist problematischer und sollte mit etwas Reserve aufgenommen werden.) Stimmhaftigkeit und nicht Stimmlosigkeit wurde als der ‹positive› Wert des betreffenden Merkmals angenommen, weil gerade die stimmlosen Verschlußkonsonanten in Positionen, wo Neutralisation eintritt, die Archiphoneme realisieren, wie z. B. nach /s-/.

3.3.11 *Jüngste Entwicklungen in der Theorie der distinktiven Merkmale*

Die jüngsten Entwicklungen in der Theorie der distinktiven Merkmale (vor allem im Zusammenhang mit den Namen Jakobson und Halle) sind durch drei Haupttendenzen gekennzeichnet. Die erste stellt den Versuch dar, eine relativ kleine Gruppe von distinktiven Merkmalen zur Analyse der phonologischen Struktur aller Sprachen zu erarbeiten. Die zweite geht dahin, die phonetischen Entsprechungen der distinktiven Merkmale (ihre substantielle Realisation, vgl. 2.2.5) nicht in Bezug auf Artikulation, wie wir es hier getan haben, sondern mithilfe von Kategorien zu interpretieren, die von der Akustik abgeleitet sind (genauer: mithilfe von Kategorien, die sowohl akustisch als auch artikulatorisch interpretiert werden können). Drittens besteht die Tendenz, alle Kontraste in ein oder mehrere binäre (oder zweiwertige) Merkmale zu zerlegen. Dies führt u. a. zu der Erkenntnis, daß /p/ und /k/ eine positive oder negative Komponente gemeinsam haben, die sie von /t/ unterscheidet; dies steht im Gegensatz zu unserer Feststellung weiter oben, jedes der drei Phoneme unterscheide sich von den anderen beiden dadurch, daß es ein positives Merkmal (*La*, *Ve* oder *De*) besitzt, welches den anderen beiden nicht nur fehlt, sondern welches sie bei der üblichen Interpretation der artikulatorisch-phonetischen Ausdrücke wie ‹labial›, ‹dental› und ‹velar› unter gar keinen Umständen haben können.

Die drei im vorangegangenen Absatz angeführten Theorien können zusammenfassend so gekennzeichnet werden: (I) universalistisch, (II) von der Akustik ausgehend und (III) binaristisch. Alle drei sind zum gegenwärtigen Zeitpunkt höchst umstritten. Es wäre in einem einführenden Buch wie dem unseren verfehlt, sie eingehender zu behandeln. Im übrigen sei auf die Literaturangaben in den Anmerkungen verwiesen.

3.3.12 *Die prosodische Analyse*

Wir haben nun kurz auf eine dritte phonologische Theorie hinzuweisen. Sie wird allgemein als *prosodische Analyse* bezeichnet und ist während der vergangenen zwanzig Jahre vor allem von Firth und seinen Anhängern in London angewendet worden. Von den anderen phonologischen Theorien unterscheidet sie sich darin, daß sie dem Phonem überhaupt keinen Platz einräumt, weder als kleinste Einheit der Beschreibung noch als Komplex dinstinktiver Merkmale. Andererseits ist sie, wie wir sehen werden, in gewisser Weise mit der Phonologie der Prager Schule verwandt. Als Beispiel werden wir die türkische Sprache heranziehen. Dies hat den Vorteil, daß wir gleichzeitig das Phänomen der *Vokalharmonie* veranschaulichen können, das (in der einen oder anderen Form) in sehr vielen Sprachen zu finden ist. Es werden die türkischen Beispiele in den Abschnitten über die Grammatik dann leichter verständlich sein.

3.3.13 *Vokalharmonie im Türkischen*

Die übliche Rechtschreibung der literarischen Hochsprache des Türkischen enthält acht Vokale: *i*, *ï*, *ü*, *u*, *e*, *a*, *ö* und *o*. (Hier und anderswo in diesem Buch verwenden wir *ï* statt der Form ohne Punkte, die normalerweise in der türkischen Orthographie verwendet wird). Diese acht Vokale können mithilfe der folgenden drei artikulatorischen Oppositionen beschrieben werden: hoch – tief, vorne – hinten, gerundet – ungerundet (vgl. 3.2.5). Der Einfachheit halber wollen wir tief als das ‹Negativ› von hoch (Ho), vorne als das ‹Negativ› von hinten (Hi) und ungerundet als ‹Negativ› von gerundet (Ru) betrachten. Diese Zuordnung ‹positiver› und ‹negativer› Werte soll hier jedoch nicht so aufgefaßt werden, als würde damit etwas über den merkmalhaften oder merkmallosen Status dieser Ausdrücke ausgesagt. Da jeder der acht Vokale in einsilbigen Wörtern mit allen anderen im Kontrast ist, können sie als acht verschiedene Phoneme betrachtet werden, die, wie in Tabelle 8 angegeben, in distinktive Merkmale zerlegt werden können.

Tabelle 8

Die Vokalphoneme des Türkischen

	/i/	/ï/	/ü/	/u/	/e/	/a/	/ö/	/o/
Ho	+	+	+	+	—	—	—	—
Hi	—	+	—	+	—	+	—	+
Ru	—	—	+	+	—	—	+	+

Es ist jedoch für das Türkische charakteristisch, daß die ‹Vokalharmonie› im folgenden Sinn durch das ganze Wort wirksam ist: (I) Alle Silben des Wortes nehmen beim Merkmal *Hi* denselben ‹Wert› an; (II) das Merkmal *Ru* kann einen ‹positiven› Wert nur in der ersten Silbe des Wortes und in Suffixen mit einem hohen Vokal (+*Ho*) haben. Zu diesen allgemein formulierten Gesetzen gibt es nun eine Reihe von Ausnahmen. Sie zerfallen in zwei Hauptgruppen: (a) Lehnwörter (z. B. *salon* [‹Salon›], das +*Ru* in der zweiten und –*Ru* in der ersten Silbe aufweist und *kitap* [‹Buch›], das –*Hi* in der ersten und +*Hi* in der zweiten Silbe hat), sowie (b) Wörter, die ‹nicht-harmonische› Suffixe enthalten (z. B. *sev-iyor* [‹er liebt›], wo der erste Vokal von – *iyor* – insofern ‹harmonisch› ist, als er –*Hi* und –*Ru* hat genau wie *sev*-, der zweite Vokal aber nicht ‹harmonisch› ist, da er +*Hi* und +*Ru* hat). Beide Wortklassen sind im Hinblick auf die allgemeine Struktur des Türkischen (vgl. 3.3.7) ‹irregulär›. Gewöhnlich wird behauptet, die Vorzeichen von *Hi* und *Ru* werden durch die Vorzeichen bestimmt, die sie in der vorhergehenden Silbe haben. Es sprechen gute

Gründe dafür, daß die Vokalharmonie im Türkischen nicht ‹regressiv›, sondern ‹progressiv› ist (vgl. 2.4.8 zu diesem Sinn von ‹progressiver› Konditionierung). Andererseits könnte man behaupten, sie sei weder das eine noch das andere, und dafür *Hi* und *Ru* statt als distinktive Merkmale von Phonemen als *Prosodien* des Wortes definieren. Wir können uns vorstellen, daß sie für die Dauer ihrer Wirkung (im Fall *Hi* und *–Ru* ist es das ganze Wort, im Fall von *+Ru* die erste Silbe) gleichsam auf einen bestimmten Wert ‹umgeschaltet› sind (wobei durch das Vorkommen eines irregulären, ‹nicht-harmonischen› Vokals der ursprüngliche Zustand wiederhergestellt wird). Im Gegensatz dazu kann *Ho* unabhängig in allen Silben das Vorzeichen ‹positiv› oder ‹negativ› haben. Wir wollen nun *+Ho* und *–Ho* als *phonematische Einheiten* (nota bene nicht ‹Phoneme›) charakterisieren und sie mit ‹I› bzw. ‹A› bezeichnen.

Infolge dieser Unterscheidung zwischen Prosodien und phonematischen Einheiten kann dem türkischen Wort eine zweidimensionale phonologische Struktur zugrundegelegt werden. Die Folge der phonematischen Einheiten stellt die segmentale ‹Infrastruktur› des Wortes dar, während die Prosodien seine ‹Suprastruktur› bilden. Dies kann in verschiedenen Notationen zum Ausdruck kommen. Das hier aus drucktechnischen Gründen verwendete System ist etwas unkonventionell. Wir setzen die phonematischen Einheiten in Klammern und schreiben die Prosodien außerhalb, so daß sich etwa folgendes ergibt: + *Hi, –Ru* (kIzIArImIzdAn). Die orthographische Form dieses Wortes, mit Bindestrichen versehen, um die grammatischen Einheiten anzuzeigen, ist *kïz – lar – ïmïz – dan* (‹von unseren Töchtern›). Man sieht, daß die phonetische Realisation des Vokals in jeder Silbe des Wortes einerseits von der dort vorkommenden phonematischen Einheit A oder I und andererseits von den Prosodien *+Hi* und *–Ru*, die über das ganze Wort hin gültig sind, bestimmt wird. Der Hauptvorteil dieser zweidimensionalen phonologischen Analyse des Türkischen ist der, daß sie einen korrekteren Eindruck von der Anzahl der phonologischen Kontraste vermittelt, die innerhalb des Wortes möglich sind.

Wenn man jeden der acht Vokale als kontrastierend mit allen anderen Vokalen betrachtet und zwar unabhängig in allen Silben des Wortes, so folgt daraus, daß die Anzahl der möglichen Vokalfolgen in einem türkischen Wort von *n* Silben 8^n ist. Die Anzahl der regelhaften Folgen ist aber tatsächlich 4×2^n, d. h. 2×2 (2^n). Dies folgt klar aus der obigen Erklärung der Vokalharmonie und findet auch in der zweidimensionalen prosodischen Analyse seinen Niederschlag. Durch die zwei Werte für jede prosodische ‹Variable› ergeben sich vier Wortklassen: (1) *+Hi, +Ru*; (2) *–Hi, +Ru*; (3) *+Hi, –Ru*; und (4) *–Hi, –Ru*. Jeder dieser Klassen gehören ein- und mehrsilbige Wörter an, die durch Hinzufügen weiterer Silben erweitert werden können, ähnlich wie das Wort *kïz* = *+Hi, –Ru* (kIz) oben. Grundsätzlich gibt es, da in jeder Silbe entweder A oder I möglich ist, für jeden Wert von *n* (*n* ist die Anzahl der Silben des Wortes) 2^n phonologisch regelhafte Folgen phonematischer Einheiten. Es gibt also 4 x 2^1 (= 8) verschiedene ‹Folgen› von Vokalen in einsilbigen Wörtern, 4 x 2^2 (= 16) Zweivokalfolgen, 32 Dreivokalfolgen usw. Wenn wir einmal die unterschiedlichen Kontrast‹bereiche› der phonematischen Einheiten und Prosodien akzeptieren, kann die Formel 2 x 2 (2^n) als Beispiel der in 2.3.8 gegebenen allgemeineren Formel $N = p_1 \times p_2 \times p_3 \ldots p_m$ verstanden werden.

Wer mit dem Türkischen nicht vertraut ist, kann die obigen Feststellungen zur Vokalharmonie anhand der folgenden Wortliste nochmals durchdenken.

gözleriniz	— *Hi*, + *Ru* (gAz-lAr-In-Iz)	[‹Auge – *Plural* – dein – *Plural*› – = ‹eure Augen›]
kollarïmïz	+ *Hi*, + *Ru* (kAl-lAr-Im-Iz)	[‹Arm – *Plural* – mein – *Plural*› = ‹unsere Arme›]
adamlarïn	+ *Hi*, — *Ru* (AdAm-lAr-In)	[‹Mann – *Plural* – von› = ‹von (den) Männern›]
evlerinde	— *Hi*, — *Ru* (Av-lAr-I(n)-dA)	[‹Haus – *Plural* – sein – in› = ‹in ihrem Haus›]
kolum	+ *Hi*, + *Ru* (kAl-Im)	[‹Arm – mein› = ‹mein Arm›]
gözümüz	— *Hi*, + *Ru* (gAZ-Im-Iz)	[‹Auge – mein – *Plural*› = ‹unsere Augen›]

Eine prosodische Darstellung der Wörter wird in der zweiten Spalte gegeben, zusammen mit dem Hinweis, wie die Wörter durch ‹Agglutinierung› (vgl. 5.3.7) kleinerer grammatischer Einheiten zusammengesetzt sind. Man wird feststellen, daß die phonematische Struktur dieser kleineren grammatischen Einheiten konstant bleibt (lAr, Im usw.). Aufgrund ihres Vorkommens in Wörtern verschiedener prosodischer Klassen werden sie phonetisch verschieden realisiert: z. B.: [ler] statt [lar]; [im] statt [ïm] oder [um] statt [üm] (die orthographische Darstellung in der ersten Spalte ist phonetisch ‹weit› (vgl. 3.1.2).

3.3.14 *Die ‹mehrdimensionale› Natur der prosodischen Analyse*

Einer der Hauptunterschiede zwischen der phonemischen und der prosodischen Analyse ist daher der, daß erstere Wörter (und aus Wörtern zusammengesetzte Äußerungen) als *eindimensionale* Folge von Elementen (Phonemen) repräsentiert, letztere jedoch als *mehrdimensionale* Struktur (aus Prosodien phonematischer Einheiten). Sie ist mehrdimensional und nicht nur einfach zweidimensional, da mehrere ‹Schichten› von Prosodien übereinander gelagert und über ‹Bereiche› von verschiedener Länge wirksam sein können (Konsonantenpaare, Silben, Wörter, ja sogar Wortgruppen oder ganze Äußerungen). Es fehlt hier an Raum, um alle diese Möglichkeiten aufzuzeigen. Die phonematischen Einheiten sind insofern wie Phoneme, als sie als diskrete Einheiten betrachtet werden, die reihenhaft bzw. sequentiell in der eindimensionalen Sequenz von Phonemen (und Archiphonemen) geordnet sind.

3.3.15 *Unterschied zwischen verschiedenen phonologischen Schulen*

Es gibt noch viele andere wichtige Ähnlichkeiten und Unterschiede zwischen den verschiedenen phonologischen Theorien, die in den letzten Jahren entwickelt worden sind. Nochmals soll betont werden, daß sie alle den Kontrast- oder Oppositionsbegriff zugrundelegen ebenso wie die Erkenntnis, daß die paradigmatischen und syntagmatischen sprachlichen ‹Dimensionen› interdependent sind. Die Unterschiede zwischen den verschiedenen phonologischen ‹Schulen› liegen meist in Thesen weniger allgemeiner Natur, die oft aus rein methodologischen Gründen vertreten werden.

3.3.16 *Phonologie und Grammatik*

Von diesen Thesen braucht hier nur eine erwähnt zu werden. Eine Reihe von Jahren hindurch waren viele Linguisten (darunter Bloch, Harris und Hockett, die so viel zur Erarbeitung jener Grundsätze und Verfahren beigetragen haben, die für die ‹orthodoxe› amerikanische Phonemik kennzeichnend sind) der Meinung, daß die phonologische Analyse der grammatischen vorangehen und von ihr unabhängig sein müßte. Diese Annahme, bzw. dieser methodologische Grundsatz wurde niemals uneingeschränkt geteilt (nicht einmal unter amerikanischen Linguisten). Heute sind sich wohl die meisten wenn nicht sogar alle Linguisten darüber einig, daß der Sprachtheorie dadurch eine unnötig starre und unerwünschte Fessel auferlegt wird. Was diese Annahme bewirkt ist, daß die Priorität innerhalb des gesamten Systems umgedreht wird, da der Kontrastbegriff nur auf Wörter anwendbar ist, die in demselben Kontext vorkommen können (vgl. 2.4.10). Das Vorkommen von Wörtern hängt von ihrer grammatischen Funktion (als Nomina, Verben, usw.) und von ihrer Bedeutung ab. Daraus folgt also, daß zwei Wörter, deren grammatische Funktion ein Vorkommen in demselben Kontext nicht zuläßt, phonologisch nicht kontrastieren können. Und häufig ist es so, daß ganz unterschiedliche phonologische Kontraste für verschiedene grammatische Klassen von Bedeutung sind.

Dies trifft auf das Türkische zu. Es ist bereits erwähnt worden, daß im Türkischen (wie im Russischen und Deutschen, vgl. 3.3.5) der Kontrast zwischen stimmhaft und stimmlos bei Verschlußlauten am Wortende neutralisiert wird. Es wird daher auch bei der Mehrzahl der Suffixe neutralisiert, die bei ‹Agglutinierung›, wie oben gezeigt wurde, an Wörter angehängt werden. Z. B. enthält das Suffix für ‹in› oder ‹bei› (geschrieben –dA– in der prosodischen Darstellung des Wortes *evlerinde*) keinen stimmhaften dentalen Verschlußlaut, sondern einen dentalen Verschlußlaut, der im Hinblick auf die Stimmhaftigkeit neutral ist. Ob er als [d] oder [t] realisiert wird, hängt davon ab, ob er in stimmhafter oder stimmloser Umgebung vorkommt. (Dies ist eine etwas ungenaue Darstellung der Voraussetzungen, aber sie genügt uns hier.) Wichtig ist dabei, daß die phonologische Wortstruktur zum Teil von ihrer grammatischen Struktur abhängen kann. Obschon dies hier bloß erwähnt und nicht besprochen oder umfassend beleuchtet wurde, so gilt es doch für den Rest des Buches als vorausgesetzt.

3.3.17 *Lücken in der Behandlung der Phonologie*

Die vorliegende Abhandlung erfaßt nur einen beschränkten Teil der Phonologie. Ganze Gebiete sind in dieser sehr kursorischen Behandlung des Themas ausgelassen worden. Es wurde nichts über Akzent und Intonation in Sätzen und Äußerungen gesagt, nichts über die verschiedenen Aufgaben, die der Ton in verschiedenen Sprachen haben kann und nichts über den Status der Silbe als phonologische Einheit. Dazu und zu angrenzenden Themen muß auf die im bibliographischen Apparat zitierten Werke verwiesen werden. In den folgenden Kapiteln werden wir uns mit Grammatik und Semantik befassen.

4 GRAMMATIK: ALLGEMEINE GRUNDSÄTZE

4.1 *Einleitung*

4.1.1 *‹Grammatik›*

Der Ausdruck ‹Grammatik› geht (über das Lateinische) auf ein griechisches Wort zurück, das mit ‹Kunst des Schreibens› übersetzt werden kann. Sehr bald in der Geschichte der griechischen Gelehrsamkeit erweiterte sich die Bedeutung von ‹Grammatik› und umfaßte schließlich die gesamte Sprachwissenschaft, soweit sie von den Griechen und ihren Nachfolgern betrieben wurde. Die Geschichte der abendländischen Sprachwissenschaft ist bis in die jüngste Vergangenheit sehr weitgehend die Geschichte jenes Bereiches, der nach Auffassung der Gelehrten zu verschiedenen Zeiten in den Rahmen der ‹Grammatik› (in diesem weiten Sinne) fiel.

4.1.2 *Flexion und Syntax*

In neuerer Zeit wird der Ausdruck ‹Grammatik› enger interpretiert. Er ist in seiner heutigen Verwendung meist auf jenen Teil der Sprachanalyse beschränkt, der in der klassischen Grammatik unter dem Thema ‹Flexion› und ‹Syntax› stand. Die traditionelle Unterscheidung zwischen Flexion und Syntax, die auf der Annahme gründet, daß das einzelne Wort die grundlegende Einheit der Sprache ist, kann folgendermaßen formuliert werden: Die Flexion behandelt die innere Wortstruktur, die Syntax die Art und Weise, wie Wörter sich zu Sätzen verbinden. Vorläufig können wir die Begriffe ‹Wort› und ‹Satz› weiterhin als gegeben voraussetzen. Die Grammatik enthält also die Regeln für die Verbindung von Wörtern zu Sätzen. Damit ist sie einerseits gegen die phonologische Beschreibung von Wörtern und Sätzen abgegrenzt, andererseits gegen die Beschreibung der Bedeutung, die bestimmte Wörter und Sätze haben. Es sei vermerkt, daß dies auch der Sinn ist, den der Nichtlinguist gewöhnlich mit dem Wort ‹grammatisch› oder ‹grammatikalisch› verbindet, wenn er sagt, daß diese oder jene Wortverbindung oder eine bestimmte Wortform ‹grammatikalisch richtig› oder ‹grammatikalisch falsch› ist.

4.1.3 *‹Inhaltbezogene› Grammatik*

Die moderne Grammatiktheorie wird häufig im Gegensatz zur traditionellen ‹inhaltbezogenen› Grammatik als ‹formal› bezeichnet. Nach Jespersen, dem hervorragenden Vertreter einer älteren Schule von Grammatikern, die zwischen der traditionellen und der modernen Auffassung von grammatischer Analyse steht, geht die ‹inhaltbezogene› Grammatik von der Annahme aus, daß es «außersprachliche Kategorien gibt, die von den mehr oder weniger zufälligen Sachverhalten bestehender Sprachen unabhängig sind». Ob es überhaupt universale grammatische ‹Kategorien› im Sinne Jespersens und der traditionellen Grammatik gibt, die für alle Sprachen gelten (die ‹Teile der Rede›, ‹Tempus›, ‹Modus› usw.), ist eine Frage, die wir später noch erörtern werden (vgl. 7.1 ff.). Vorläufig wollen wir annehmen, daß es sie nicht gibt (oder zumindest, daß es sie möglicherweise nicht gibt). Mit dieser Voraussetzung nehmen wir den ‹formalen› Standpunkt in der Grammatikbeschreibung ein.

Man beachte, daß dies eine ziemlich eingeschränkte Verwendung von ‹formal› ist und nichts mit der Unterscheidung zwischen ‹Form› und ‹Substanz› zu tun hat, die wir in einem früheren Kapitel getroffen haben (vgl. 2.2.2). Sie unterscheidet sich auch von dem allgemeineren wissenschaftlichen Sprachgebrauch, in dem eine Theorie dann als formal oder formalisiert bezeichnet wird, wenn aus mehreren Grundbegriffen und Axiomen mithilfe von expliziten Ableitungsregeln Theoreme deduziert werden. Wie wir später noch sehen werden, sind jüngste Entwicklungen in der Linquistik ein beträchtliches Stück in Richtung auf eine Formalisierung der Grammatiktheorien in diesem allgemeineren Sinn von ‹formal› gegangen. Zunächst einmal kann der Ausdruck ‹formal› so verstanden werden, daß damit implizit der Standpunkt der ›inhaltbezogenen Grammatik abgelehnt wird; mit anderen Worten, die formale Grammatik stellt keine Thesen über die Allgemeingültigkeit von Kategorien wie z. B. diejenige der ‹Redeteile› (im Sinne der traditionellen Definition) auf und nimmt für sich in Anspruch, die Struktur jeder Sprache individuell zu beschreiben. Es soll anschließend noch konkreter auf die Frage eingegangen werden, was in der Linguistik mit ‹formal› im Gegensatz zu ‹inhaltbezogen› gemeint ist.

4.1.4 *Semantische Überlegungen in der Grammatik*

Mit einer ‹formalen› grammatischen Beschreibung verband sich häufig die Auffassung, daß man die Semantik weder bei der Bestimmung der Einheiten grammatischer Analyse noch bei der Aufstellung von Regeln über die zulässigen Kombinationen solcher Einheiten zu Sätzen berücksichtigen müsse. Der Vorschlag, Theorie und Praxis der Grammatik von Fragen der Bedeutung loszulösen, hat zu überaus interessanten und fruchtbaren Entwicklungen der modernen Grammatiktheorie geführt. Doch wurde oft fälschlich angenommen, daß Linguisten, die keine semantischen Überlegungen in der Grammatik zulassen, diese Haltung deshalb einnehmen, weil sie an der Semantik nicht interessiert sind. Dies stimmt aber nicht, vor allem trifft auch nicht zu, daß diese Linguisten der Meinung sind, die semantische Analyse sei unbedingt subjektiver als die phonologische oder grammatische. Der Grund ist einfach der, daß die grammatische und semantische Struktur einer Sprache weitgehend, wenn auch nicht vollkommen, kongruent sind. Sobald sich der Linguist ernsthaft für die Semantik interessiert, muß er erkennen, daß aus der methodologischen Trennung von Semantik und Grammatik nur Vorteile zu gewinnen sind. Solange man nämlich annimmt, daß jede Identität oder Verschiedenheit in der grammatischen Struktur einer entsprechenden Identität oder Verschiedenheit in der Bedeutung (wie subtil und schwierig zu fassen dies auch immer sein mag) zugeordnet werden muß, besteht die Gefahr, daß entweder die grammatische oder die semantische Beschreibung oder alle beide dadurch verzerrt werden.

Es sollte in diesem Zusammenhang beachtet werden, daß die methodologische Trennung von Grammatik und Semantik sich nur auf die Art und Weise bezieht, in der die Beschreibung der Sprache erfolgt. Es bedeutet nicht, daß der Linguist bei der Untersuchung der grammatischen Struktur von Sätzen keinen Nutzen aus der Tatsache ziehen will, daß er ihre Bedeutung versteht. Wie wir später sehen werden, ist der Umstand, daß ein bestimmter Satz nicht eindeutig ist (zwei oder mehrere Auslegungen zuläßt), oft ein Anzeichen dafür, daß ihm zwei oder mehrere verschiedene grammatische Analysen zugeordnet werden sollten (vgl. 6.1.3). Wir werden aber auch sehen, daß Mehrdeutigkeit allein noch nicht ausreicht, um verschiedene grammatische Analysen zu rechtfertigen.

4.1.5 *Der Ausdruck ‹formal›*

Unglücklicherweise wird der Ausdruck ‹formal› (wie viele andere) in der sprachwissenschaftlichen Literatur mit vielen verschiedenen Bedeutungen verwendet. Solche Termini könnten unschwer vermieden werden. Trotzdem muß jeder, der sich näher für die Linguistik interessiert, früher oder später lernen, die Interpretation von Wörtern wie ‹formal› auf den jeweiligen Kontext, in denen sie vorkommen, abzustimmen. Dabei hilft es, wenn man über die historische Entwicklung Bescheid weiß. Aus diesem Grund werden wir öfter eine kurze Übersicht über die Etymologie oder historische Entwicklung der wichtigeren Fachausdrücke einschalten, wenn die ihnen zugeordneten Begriffe zur Diskussion gestellt werden. Das Wort ‹formal› jedenfalls wird gewöhnlich in den folgenden Bedeutungen verwendet: (I) im Zusammenhang mit der phonologischen und grammatischen Sprachstruktur *im Gegensatz zu ‹semantisch›* (auf Grund der traditionellen Scheidung zwischen der ‹Form› eines Wortes und seinem ‹Inhalt›; vgl. 2.1.2); (II) im Zusammenhang mit der phonologischen, grammatischen *und* semantischen Sprachstruktur im Gegensatz zum ‹Medium›, in dem Sprache realisiert ist, oder dem begrifflichen oder physischen Kontinuum, das durch die lexikalischen Elemente der Sprache ‹strukturiert› ist (in diesem Sinn steht es in Gegensatz zu ‹substantiell› und zwar aufgrund der Saussureschen Unterscheidung von ‹Substanz› und ‹Form›, vgl. 2.2.2); (III) als gleichwertig den Ausdrücken ‹formalisiert› oder ‹explizit› im Gegensatz zu ‹nicht-formal› oder ‹intuitiv›; (IV) im Gegensatz zu ‹inhaltbezogen› in dem Sinn, in dem dieser Ausdruck oben im Zusammenhang mit dem Zitat aus Jespersens Buch erklärt wurde. Von diesen vier Interpretationen werden (I) und (IV) in der Literatur nicht immer getrennt. Mit ‹inhaltbezogener› Grammatik meinen die Linguisten meistens, daß alle postulierten universalen Kategorien unbedingt vom Inhalt her zu interpretieren sind. (Ob diese Annahme stichhaltig ist oder nicht, wollen wir hier gar nicht erörtern; wir wollen nur darauf aufmerksam machen, daß ‹inhaltbezogen› oft ‹auf der Semantik beruhend› impliziert.) Die Interpretation (II) ist diejenige, die wohl am meisten Verwirrung stiftet, da sie mit Interpretation (I) in unmittelbarem Widerspruch ist.

Der Vollständigkeit halber sollte man vielleicht noch erwähnen, daß in der allerjüngsten Literatur eine etwas andere Opposition auftaucht, die von Chomsky bei seiner Diskussion der universalen Eigenschaften der Sprache eingeführt wurde. Es handelt sich um eine Unterscheidung zwischen Universalien ‹formaler› und ‹substantiver› (nota bene ‹substantiver›, nicht ‹substantieller)› Natur. Grob gesprochen beruht sie auf der Unterscheidung zwischen der Natur der Regeln, die der Linguist bei der Sprachbeschreibung verwendet, und den Elementen (linguistische Einheiten oder Klassen von Einheiten), auf die sich die Regeln beziehen. Angenommen man führt eine gewisse Menge von distinktiven Merkmalen ein, von denen jeweils eine bestimmte Submenge verschiedenfach in den phonologischen Systemen der einzelnen Sprachen (vgl. 3.3.11) kombiniert wird, so sind diese distinktiven Merkmale als *substantive* Universalien der phonologischen Theorie zu bezeichnen. Im Gegensatz dazu ist jede Bedingung für die Wirkungsweise der phonologischen Regeln oder die Kombinationen, die die phonologischen Einheiten gemäß den Regelmerkmalen untereinander eingehen, ein *formales* Universalmerkmal der phonologischen Theorie. Das Postulat der Eindimensionalität könnte z. B. als formales Universalmerkmal der ‹orthodoxen› phonemischen Theorie betrachtet werden (vgl. 3.3.14). Chomsky Verwendung von ‹formal› steht mit Bedeutung (III) oben im Zusammenhang. Die Universalkategorien der traditionellen Grammatik (besonders die ‹Teile der Rede›) können weder als ‹formal› noch als ‹substantiv› beschrieben werden, wenn man diese Unterscheidung einigermaßen streng anwendet, da die Regeln der traditionellen Grammatik nicht explizit formalisiert wurden. Es ist jedoch wahrscheinlich richtig, daß sie, wie Chomsky behauptet, in erster Linie vom ‹Substantiven› her definiert wurden. Daneben soll nicht übersehen werden, daß die traditionellen Definitionen der ‹Redeteile› oft Angaben über ihre kombinatorischen Eigenschaften einschlossen. Wir werden in einem späteren Kapitel noch einmal auf diese Frage zurückkommen (vgl. 7.6.1 ff.).

Diese Bemerkungen zur Terminologie sollen demjenigen helfen, der vielleicht schon andere sprachtheoretische Arbeiten gelesen hat oder in Zukunft zu lesen beabsichtigt. Im vorliegenden Buch wird ‹formal› nur nach den Interpretationen (IV) und (III), d. h. in Opposition zu ‹inhaltbezogen› einerseits und zu ‹nicht-formal› andererseits verwendet; die Verbindung von der einen zur anderen Interpretation wird im Laufe dieses Kapitels vorgenommen werden. Wenn ‹Form› nicht völlig unspezifisch gebraucht wird, wird der gemeinte Sinn dadurch verdeutlicht werden, daß ‹Form› in Opposition zu ‹Bedeutung› oder ‹Substanz› stehen wird; vgl. (I) und (II) oben.

4.2 *Formale Grammatik*

4.2.1 *‹Akzeptierbarkeit›*

Wir müssen nun versuchen, die moderne Grammatiktheorie selbst etwas konkreter zu beschreiben, als dies bisher geschehen ist.

Wir fangen vielleicht am besten mit dem Begriff der ‹Akzeptierbarkeit› an. ‹Akzeptierbar› ist ein primitiver bzw. präwissenschaftlicher Ausdruck, indifferent gegenüber einer Reihe von Unterscheidungen, die später getroffen werden sollen, darunter der traditionellen Trennung zwischen ‹grammatisch› und ‹signifikant› (oder ‹bedeutungshaft›). Der Ausdruck ist insofern ‹primitiver›, als er im Gegensatz zu ‹grammatisch› oder ‹bedeutungshaft› nicht auf spezifischen Definitionen oder Theorien der Linguistik beruht. Eine Äußerung ist dann akzeptierbar, wenn sie von einem muttersprachlichen Sprecher in einem bestimmten Zusammenhang gebraucht wurde oder gebraucht werden könnte und von anderen muttersprachlichen Sprechern als zu der betreffenden Sprache gehörig empfunden wird oder empfunden würde. Es gehört zu den Aufgaben des Sprachwissenschaftlers, wenn sich seine Aufgabe auch nicht darin erschöpft, möglichst einfach darzulegen, welche Sätze in der zu beschreibenden Sprache akzeptierbar sind, und zwar im Rahmen einer allgemeinen Theorie der Sprachstruktur.

Wenn der Sprachwissenschaftler eine moderne gesprochene Sprache beschreibt, steht ihm gewöhnlich eine Auswahl aufgezeichneter Äußerungen zur Verfügung (sein ‹Material› bzw. sein ‹Korpus›); er ist gewöhnlich auch in der Lage, muttersprachliche Sprecher der Sprache (seine ‹Informanten›) zu befragen. Er kann natürlich sein eigener Informant sein, wenn er seine eigene Sprache beschreibt. In diesem Fall muß er jedoch auf der Hut sein, daß er für seine Beschreibung nicht ein Materialkorpus erzeugt, welches nur solche Sätze enthält, die seinen vorgefaßten Vorstellungen über die Struktur der Sprache entsprechen. Während der Sprachwissenschaftler an seiner Beschreibung arbeitet, kann er von seinen Informanten weitere Äußerungen verschiedener Art einholen und das Korpus auf diese Weise erweitern; er kann mit ihrer Hilfe die Akzeptierbarkeit jener Sätze überprüfen, die er selbst konstruiert hat, um die Allgemeingültigkeit seiner provisorischen Regeln zu erproben. Erkennt er, daß seine Informanten eine Äußerung, die den von ihm vorläufig aufgestellten Regeln für die Akzeptierbarkeit genügt, nicht als natürlichen oder normalen Satz akzeptieren, so muß er die Regeln nach Möglichkeit so abändern, daß sie den betreffenden ‹Satz› ausschließen, während sie alle akzeptierbaren Sätze, für die sie ursprünglich aufgestellt worden sind, nach wie vor zulassen. Im Fall der sogenannten ‹toten› Sprachen wie Latein ist es natürlich unmöglich, die Richtigkeit der Regeln nachzuprüfen, indem man von muttersprachlichen Sprechern die Akzeptierbarkeit aller in den Regeln erfaßten Sätze kontrollieren läßt. Aus diesem Grund muß die Beschreibung einer klassischen Sprache in gewisser Hinsicht unvollständig sein. Wie angemessen die Beschreibung ist, steht in direktem Verhältnis zu der Menge und Verschiedenartigkeit des ihr zugrundeliegenden Materials.

Aufs erste mag es den Anschein haben, als sei der Ausdruck ‹akzeptierbar›, wie er hier gebraucht worden ist, überflüssig und führe zu unnötigen Komplikationen. Wenn eine Äußerung akzeptierbar ist – so könnte man argumentieren –, so sagt man damit nichts anderes, als daß sie irgendwann einmal von einem muttersprachlichen Sprecher gebraucht wurde und daß es ja grundsätzlich einem Linguisten oder einem Team von Linguisten möglich wäre, alle Sätze einer Sprache zu sammeln und zu einem Korpus zu vereinigen. Doch diese Ansicht ist falsch. Der Ausdruck ‹akzeptierbar› hat nicht nur den Vorteil, daß er auf den ‹operationalen Zusammenhang› zwischen dem ‹Rohmaterial› des Linguisten und seiner letzten Kontrolle, nämlich den Reaktionen muttersprachlicher Sprecher hinweist. Er unterstreicht auch die Tatsache, daß der Sprachwissenschaftler nicht nur jenen Äußerungen Rechnung tragen muß, die tatsächlich einmal gemacht worden sind, sondern darüber hinaus noch vielen anderen, die ebenso gut hätten gemacht werden können und die in Zukunft möglicherweise noch gemacht werden. Dies wurde gemeinhin vorausgesetzt und gelegentlich von traditionellen Grammatikern ausdrücklich festgestellt. Später haben viele Linguisten in ihrem Bestreben, die Fehler der normativen Grammatik (vgl. 1.4.3) zu vermeiden, den Standpunkt vertreten, daß ihre Beschreibungen eines bestimmten Materialkorpus nur für die tatsächlich im Korpus enthaltenen Sätze Gültigkeit hätten und keine Schlüsse auf andere Sätze zuließen, die möglicherweise von muttersprachlichen Sprechern der betreffenden Sprache darüber hinaus hervorgebracht werden könnten. Doch dieser Standpunkt ist – so gut die hinter ihm stehende Absicht auch gewesen sein mag –, wie wir sehen werden, sowohl theoretisch als auch praktisch unhaltbar.

4.2.2 *Die Sätze einer Sprache sind zahlenmäßig unbegrenzt*

Jeder muttersprachlicher Sprecher einer Sprache kann nicht nur jene Sätze erzeugen und verstehen, die er vorher schon einmal gehört hat, sondern auch eine unbestimmbar große Anzahl von neuen Sätzen, die er von anderen Sprechern nie gehört hat. Ja es ist wahrscheinlich so, daß die meisten von muttersprachlichen Sprechern erzeugten Sätze, abgesehen von einer festen Anzahl ‹ritueller› Äußerungen (wie *Wie geht es Ihnen? Danke schön!* usw.) ‹neue› Sätze in diesem Sinn sind. Die ‹neuen› Sätze werden von anderen muttersprachlichen Sprechern als ebenso akzeptierbar empfunden wie ‹alte› Sätze, die einfach aus dem Gedächtnis reproduziert worden sind. Sie weisen dieselben Regelmäßigkeiten auf und werden von denselben Regeln erfaßt. Mit anderen Worten, wir haben unter den Sätzen der Sprache die Klasse der potentiellen Äußerungen zu verstehen. Und die Anzahl der potentiellen Äußerungen ist in einer natürlichen Sprache unbegrenzt. Jede beliebig große Sammlung von Äußerungen ist nur eine stellvertretende Teilmenge dieser unbegrenzten Menge von potentiellen Äußerungen. Wenn diese stellvertretende Teilmenge nicht nur groß, sondern auch repräsentativ für die Gesamtheit der potentiellen Äußerungen ist, so wird sie hypothetisch alle regelmäßigen Bildungen, die für die Sprache in ihrer Gesamtheit charakteristisch sind, enthalten. (Der Unterschied, der hier zwischen ‹stellvertretender Teilmenge› und der Sprache in ihrer Gesamtheit gemacht wird, ist im Wesentlichen derselbe, den de Saussure zwischen ‹parole› und ‹langue› getroffen hat; vgl. 1.4.7.) Aufgabe des Sprachwissenschaftlers ist es also, bei der Beschreibung der Sprache Regeln aufzustellen, durch die die unbestimmbar große Menge der potentiellen Äußerungen, die die Sprache ausmachen, erfaßt wird. Jede linguistische Beschreibung, die tatsächliche Äußerungen als Elemente einer größeren Klasse potentieller Äußerungen beschreiben kann, wird als *generativ* bezeichnet (zur weiteren Diskussion dieses Ausdrucks vgl. 4.2.13). Werden Regeln aufgestellt, die die Akzeptierbarkeit einer repräsentativen Teilmenge von Äußerungen erklären, so gelten, wie wir noch sehen werden, dieselben Regeln auf jeden Fall auch für eine viel größere, nicht im ursprünglichen Korpus enthaltenen Menge von Äußerungen, es sei denn die Anwendung der Regeln wäre sehr scharf und ‹unnatürlich› eingeengt. Darüber hinaus kann die Beschreibung, wenn sie Regeln einer bestimmten Art enthält, eine unbegrenzt große, in ihren Merkmalen jedoch festgelegte Menge akzeptierbarer Äußerungen erfassen. In dieser Hinsicht ist eine generative Beschreibung daher ein Abbild der Fähigkeit des muttersprachlichen Sprechers, eine unbegrenzt große Menge von potentiell möglichen Äußerungen zu erzeugen und zu verstehen, ja sie kann als ‹Erklärung› für diese Fähigkeit aufgefaßt werden.

4.2.3 *‹Schichten› der Akzeptierbarkeit*

Inwieweit fällt nun Akzeptierbarkeit bzw. welche Art von Akzeptierbarkeit fällt in den Bereich der Grammatik und was ist von anderen Gebieten der Sprachbeschreibung oder von außerlinguistischen Disziplinen zu erfassen? Es ist wohl klar, daß es bei verschiedenen Äußerungen verschiedene Arten und Grade der Akzeptierbarkeit geben kann. Wir können z. B. vom Englisch eines Nichtengländers sagen, daß es ‹grammatisch› akzeptierbar (oder korrekt) ist, daß sein ‹Akzent› jedoch fehlerhaft ist und ihn sofort als Nichtengländer ausweist. Wir können von bestimmten Sätzen (wie Russell z. B. von dem Satz *Quadruplicity drinks procrastination* [‹Vierfachheit trinkt Zögern›]) sagen, daß sie wohl ‹grammatisch richtig›, aber ‹ohne Bedeutung› sind. Dasselbe würde man wahrscheinlich von den Nonsenseversen Lewis Carrolls sagen, jedoch aus etwas anderen Gründen. Weiter gibt es andere Arten der Akzeptierbarkeit und Nichtakzeptierbarkeit, die nichts damit zu tun haben, ob eine Äußerung sinnvoll ist oder nicht. Märchen und utopische Romane geben uns viele Beispiele für Sätze, die in der ‹Alltagssprache› unzulässig wären. Andere Äußerungen wieder würden, wenngleich sie sinnvoll sind, von manchen Leuten oder in gewissen Situationen als ‹gotteslästerlich› oder ‹obszön› beurteilt werden. In diesem Zusammenhang könnte man von ‹gesellschaftlicher Akzeptierbarkeit› sprechen. Im folgenden werden wir diese ‹gesellschaftliche Akzeptierbarkeit› unberücksichtigt lassen.

4.2.4 *‹Idealisierung› des Untersuchungsobjekts*

Wenn wir von zwei Personen sagen, sie sprechen dieselbe Sprache, so ist das immer eine Abstraktion von allen möglichen Unterschieden in ihrer Sprache. Diese Unterschiede, welche Unterschiede des Alters, des Geschlechts, der Bildung und Erziehung, der kulturellen Interessen, die Zugehörigkeit zu verschiedenen Gesellschaftsgruppen u. s. f. widerspiegeln, sind wichtig, und der Sprachwissenschaftler muß ihnen zumindest im Prinzip Rechnung tragen. Es gibt jedoch in der Sprache aller Personen, die, wie man sagt, ‹dieselbe Sprache sprechen›, so etwas wie einen ‹gemeinsamen Kern› – ein beträchtliches Maß an Überschneidung im Wortgebrauch, der Art und Weise, wie die Wörter zu Sätzen verbunden werden, und der Bedeutung, die Wörtern und Sätzen unterlegt wird. Die Verständigungsmöglichkeit ist an die Existenz dieses ‹gemeinsamen Kerns› gebunden. Um einer einfacheren Darstellung willen nehmen wir an, daß die von uns beschriebene Sprache einheitlich ist (darunter ist ‹von Dialekt und Stil her nicht differenziert› zu verstehen), was natürlich eine ‹Idealisierung› der Fakten ist (vgl. 1.4.5), und daß alle muttersprachlichen Sprecher sich darüber einig sind, ob eine Äußerung akzeptierbar ist oder nicht. Dazu treffen wir noch die Annahme, daß die ‹seltsamen› Sätze, die in Kindergeschichten oder utopischen Romanen zu finden sind, dadurch erfaßt werden können, daß die zunächst für die ‹normaleren› Äußerungen erstellte Beschreibung erweitert wird. Wir konzentrieren unsere Aufmerksamkeit daher auf die Unterscheidung von *phonologisch* und *grammatisch akzeptierbar* einerseits und *grammatisch* und *semantisch akzeptierbar* (grammatisch richtig und sinnvoll) andererseits.

4.2.5 *Phonologische und grammatische Akzeptierbarkeit*

Aus dem vorhergehenden Kapitel ist zu entnehmen, daß jede Sprache ihre eigene phonologische Struktur hat, die mithilfe einer Anzahl von Einheiten (Phonemen oder phonologischen Einheiten verschiedener Art, entsprechend dem Wesen der Sprache und dem analytischen Modell, dem der Linguist folgt) und einer Übersicht über ihre möglichen Kombinationen beschrieben werden kann. Ein bestimmtes Maß an Nichtakzeptierbarkeit (darunter ein Großteil dessen, was allgemein als ‹Akzent› bezeichnet wird) kann auf phonologischer oder sogar phonetischer Ebene erfaßt werden. Hätten wir eine große Anzahl von Folgen phonologischer Einheiten zu erzeugen, wobei jede Folge den Kombinationsregeln entsprechen würde, die die phonologische Analyse der betreffenden Sprache vorschreibt, so würde sich zeigen, daß nur ein winziger Bruchteil der so entstandenen ‹Äußerungen› für einen muttersprachlichen Sprecher akzeptierbar ist. Dies läßt sich gut anhand eines Beispiels erläutern. Der Einfachheit halber wollen wir annehmen, daß die deutsche Orthographie die phonologische Struktur der Sprache genau wiedergibt. Diese Annahme ist natürlich unrichtig, aber sie schmälert die Gültigkeit unseres Arguments nicht.

Wir wollen den folgenden Satz als Beispiel nehmen: *erliesteinenbrief*. (Er ist ohne Großbuchstaben und Wortabstände geschrieben, um anzudeuten, daß wir ihn im Augenblick nur als Folge von Buchstaben betrachten, von denen jeder, wie wir annehmen, eine phonologische Einheit repräsentiert; zwischen den Wörtern ist natürlich keine Pause, wenn die entsprechende gesprochene Äußerung normal ausgesprochen wird.) Nehmen wir nun unser Wissen um die zulässigen Sequenzen deutscher Buchstaben zuhilfe und probieren wir einmal aus, was dabei herauskommt, wenn wir einzelne Buchstaben und Buchstabengruppen an verschiedenen Stellen unseres Beispielsatzes austauschen. Wir wissen z. B., daß *g* nach *r* und vor *i* stehen kann (vgl. *ergibtihrdiehand); *ergiesteinenbrief* ist jedoch kein akzeptierbarer Satz. (In diesem und den folgenden Abschnitten wird das Sternchen vor einem Wort oder Satz seine Nichtakzeptierbarkeit anzeigen. Dies hat sich in der Linguistik allgemein eingebürgert. In historischen und vergleichenden Studien bedeutet der Stern im allgemeine ein unbelegtes oder ‹rekonstruiertes› Wort, bzw. phonologisches Element (vgl. 1.3.13).) Auch **erliespeinenbrief* oder **etliesleinetbrieg* sind nicht akzeptierbar, obwohl keine dieser ‹Äußerungen› von der phonologischen Struktur des Deutschen her ausgeklammert werden kann. Würden wir auch aus einem sehr umfangreichen Textkorpus nicht nur die erlaubten Kombinationen von zwei, drei, vier und mehr Buchstaben herausarbeiten, sondern auch die Wahrscheinlichkeit des Vorkommens für bestimmte Buchstaben in Bezug auf ihre Umgebung errechnen (solche Rechnungen wurden für das Englische und für gewisse andere Sprachen angestellt und ihre Ergebnisse im Zusammenhang mit der Entzifferung von Geheimschriften und der Konstruktion von Kommunikationskanälen für die Übertragung geschriebener Mitteilungen verwendet), so würde uns das nicht viel weiterhelfen bei unserem Versuch, durch Ersetzen einzelner Buchstaben oder Buchstabengruppen des Modellsatzes andere akzeptierbare deutsche Sätze herzustellen. Es ist einfach so, daß bestimmte ‹Buchstabenblöcke› in der Sprache Einheiten einer ‹höheren Ebene› bilden; an den Grenzen dieser Einheiten spielt die Vorkommenswahrscheinlichkeit der einzelnen Buchstaben im Hinblick darauf, welche ‹Blöcke› sich zu akzeptierbaren Äußerungen verbinden können, eine geringe Rolle.

Von größerer Bedeutung als die allgemeine Wahrscheinlichkeit des Vorkommens von *e* nach *r* und vor *i* ist die Tatsache, daß *l* zum ‹Block› *liest* gehört. Von der einen Warte aus kann er als eine im Deutschen zulässige Folge von Buchstaben betrachtet werden; von der anderen muß er als Einheit gesehen werden, für die andere ‹Blöcke› eingesetzt werden können, um weitere akzeptierbare Äußerungen zu erzeugen: *erschreibteinenbrief, ernimmteinenbrief* usw. Auch *er* ist wie *liest* ein ‹Block›. Um eine andere akzeptierbare Äußerung zu bilden, kann in dem vorliegenden Kontext ein anderer ‹Block› wie etwa *sie, es, dasmädchen* usw. eingesetzt werden. Was wir eben ‹Buchstabenblöcke› genannt haben, können wir nun, zumindest vorläufig, mit den Wörtern der Sprache gleichsetzen. (Zur Vereinfachung wollen wir hier vernachlässigen, daß einige ‹Blöcke›, die wir in unserem Beispiel für *er* einsetzen können, nicht einfache Wörter, sondern Wortverbindungen sind wie z. B. *das Mädchen, der kranke Junge* usw. Hierzu ist der Abschnitt über die ‹Doppelartikulation› der Ausdrucksebene nachzuschlagen; vgl. 2.1.3.)

4.2.6 *Distribution als Ausgangspunkt der grammatischen Beschreibung*

Wie man bemerken wird, sind wir nun beim traditionellen Standpunkt angelangt, daß deutsche Sätze auf zwei Ebenen – nämlich der Ebene der Buchstaben (bzw. der phonologischen Einheiten) und der der Wörter – ‹strukturiert› sind, ohne daß dabei explizit die Bedeutung herangezogen wurde. Wir haben also eine phonologische (oder orthographische) Komponente der Akzeptierbarkeit von aller anderen Akzeptierbarkeit getrennt und sehen für diesen ‹Rest› an Akzeptierbarkeit eine Aufgliederung in Einheiten ‹höherer Ebenen› vor. Es stimmt natürlich, daß die Äußerungen *Er liest einen Brief* , *Er schreibt einen Brief*, usw. (wir können nun die Abstände zwischen den Wörtern einfügen) Bedeutung haben, wenn sie in einem passenden Kontext gebraucht werden. Darüber hinaus haben sie verschiedene Bedeutungen; die Bedeutungsdifferenzen werden korrekt als abhängig von den Bedeutungen der Wörter, aus denen der Satz besteht (*liest, schreibt* usw.), beschrieben. Wir haben dies jedoch bisher nicht berücksichtigt und werden es auch weiterhin innerhalb der hier dargestellten Theorie der Grammatik so halten. Die semantischen Fakten werden innerhalb der Theorie der Semantik behandelt werden. Was wir im Prinzip getan haben, ist, eine Anzahl zulässiger Sätze zu erzeugen, indem wir verschiedene Wörter in denselben ‹Rahmen› oder Kontext gestellt haben. Die Gesamtheit der Kontexte, in denen eine linguistische Einheit vorkommen kann, ist ihre *Distribution* (vgl. 2.3.1). Was wir hier entwickeln, ist also eine grammatische Beschreibung, die von der Distribution ausgeht.

Wir sind nun an einem Punkt angekommen, wo wir sagen können, daß die Phonologie für die Akzeptierbarkeit oder Nichtakzeptierbarkeit von Äußerungen zuständig ist, soweit dies mithilfe von Regeln oder Formeln geschehen kann, die die erlaubten Kombinationen von phonologischen Einheiten in einer Sprache angeben, und daß die Grammatik die Phonologie auf der ‹höheren› Stufe sozusagen ablöst und die Akzeptierbarkeit erfaßt, soweit sie die erlaubten Kombinationen von Wörtern betrifft.

4.2.7 *Gegenseitige Abhängigkeit von Phonologie und Grammatik*

Es muß hier darauf hingewiesen werden, daß wir noch immer mit der Annahme arbeiten, daß Sätze aus Wörtern und Wörter aus phonologischen Einheiten (oder Buchstaben, wenn wir uns mit der geschriebenen Sprache befassen) zusammengesetzt sind. Beide Annahmen sollen später noch modifiziert werden. (Das Argument würde etwas verkompliziert, jedoch nicht hinfällig, würden wir diese Modifikationen bereits hier anbringen.) Unsere Darstellung mag durchaus den Schluß zulassen, daß die grammatische Beschreibung immer der phonologischen Analyse folgen (aber von ihr unabhängig sein) muß. Dies muß aber nicht sein (vgl.

3.3.16). Grammatik und Phonologie haben in der Theorie mit getrennten Stufen der Sprachstruktur zu tun. Die phonologische und grammatische Struktur sind im konkreten Fall einer bestimmten Sprache jedoch gewöhnlich (in verschiedener Art und Weise und in verschiedenem Maße) voneinander abhängig. Aufgabe des Sprachwissenschaftlers ist nun, dieser Abhängigkeit, wo eine solche besteht, bei der Sprachbeschreibung Rechnung zu tragen (ebenso wie es seine Aufgabe ist, etwaige Wechselwirkungen zwischen der grammatischen und der semantischen Struktur der Sprache zu berücksichtigen).

4.2.8 *Ein einfaches Beispiel einer Distributionsanalyse*

Noch sind wir weit von einer befriedigenden Darstellung der grammatischen Beschreibung entfernt. Denn wir haben noch nicht angegeben, wie die zulässigen Wortkombinationen charakterisiert werden sollen. Eine Aufzählung aller akzeptierbaren Folgen bestimmter Wörter kommt nicht in Betracht, da keine natürliche Sprache, wie bereits erwähnt, als endliche Menge von Sätzen betrachtet werden kann. Im Fall eines geschlossenen Materialkorpus wäre es natürlich möglich, eine Liste aller phonologisch (oder orthographisch) verschiedenen Sätze aufzustellen und dann die Frage der Zulässigkeit jeweils durch Nachschlagen in der Liste zu lösen. Das wäre aber ganz nichtssagend insofern, als es keinerlei Erklärung für die Fähigkeit des muttersprachlichen Sprechers, ‹neue› Sätze zu bilden, geben würde. Es wäre im übrigen nicht einmal der direkteste Weg, den gegebenen Text zu beschreiben. Wir werden gleich sehen warum.

In einer einigermaßen großen und repräsentativen Sprachprobe wird eine beträchtliche Überschneidung in der Distribution verschiedener Wörter festzustellen sein. Z. B. könnten nicht nur *Bier, Wasser, Schnaps* usw. für *Milch* in *Ich trinke ein Glas Milch* eingesetzt werden, sondern diese Wortklasse könnte in vielen anderen Kontexten ebenso wie *Milch* vorkommen. Ähnlich kann in vielen anderen Kontexten *kaufe, nehme, bestelle* usw. für *trinke* eingesetzt werden. Wörter, die allgemein in vielen verschiedenen Sätzen gegeneinander ausgetauscht werden dürfen, können daher aufgrund dieser Tatsache in *Distributionsklassen* zusammengefaßt werden.

Wir wollen nun annehmen, daß wir ein Materialkorpus zur Analyse vor uns haben, das aus folgenden 17 ‹Sätzen› besteht: *ab, ar, pr, qab, dpb, aca, pca, pcp, qar, daca, qaca, dacp, dacqa, dacdp, qpcda, acqp, acdp*. Jeder Buchstabe steht für ein anderes Wort. Die symbolische Schreibweise wurde erstens wegen der Allgemeingültigkeit gewählt und zweitens zur Klarstellung der Tatsache, daß wir uns hier nicht direkt mit semantischen Fragen befassen. (Da wir annehmen, daß durch die Substitution die Akzeptierbarkeit erhalten bleibt, und da ‹akzeptierbar› ‹Bedeutung haben› impliziert, mag es den Anschein erwecken, daß wir die Gleichsetzung dieser Bereiche nicht verhindern können. Bisher ist es uns nicht gelungen, eine genaue Unterscheidung zwischen ‹grammatisch richtig› und ‹bedeutungshaft› zu treffen.) Man wird erkennen, daß *a* und *p* gewisse Kontexte gemeinsam haben (nämlich *-r, pc-, dac-*), ebenso *b* und *r* (*a-, qa*) und *d* und *q* (*dac-a, -aca, ac-p*), daß *c* jedoch in seiner Verteilung insofern einzigartig ist (*a-a, p-a, p-p, qa-a, da-a, da-p* usw.), als kein anderes ‹Wort› im gleichen Kontext wie *c* zu finden ist. Wir fassen nun *a* und *p* in der Klasse X zusammen und fügen die Klassenbezeichnung X überall dort ein, wo entweder *a* oder *p* vorkommen. (Die Sätze, die sich nur dadurch unterscheiden, daß dort *p* steht, wo der andere Satz *a* hat, werden dadurch in der Formel zu einer Klasse von Sätzen zusammengefaßt): *Xb, Xr* (*ar, pr*), *qXb, dXb, XcX,* (*aca, pca, pcp*), *qXr, qXcX, dXcX* (*daca, dacp*), *dXcqX, dXcdX, qXcdX, XcqX, XcdX*. Wir wollen nun *b* und *r* in einer Distributionsklasse Y und *d* und *q* in einer Klasse Z vereinigen. Wenn wir für *b* und *r* jeweils Y, für *d* und *q* entsprechend Z einsetzen, erhalten wir: (1) *XY*, (*Xb, Xr*); (2) *ZXY* (*qXb, qXr, dXb*); (3) *XcX*; (4) *ZXcX* (*qXcX, dXcX*); (5) *ZXcZX* (*dXcqX, dXcdX, qXcdX*); (6) *XcZX* (*XcqX, XcdX*). Wir können somit die Sätze unseres Korpus mithilfe von sechs Strukturformeln erfassen, die angeben, welche Folgen von Wortklassen (*c* ist eine eingliedrige Klasse) akzeptierbar sind. Diese Formeln sind *linear* (in einem später zu erklärenden Sinn; vgl. 6.1.1).

Für den Augenblick geben wir uns damit zufrieden, die Sätze unseres Korpus in Bezug auf ihre lineare Struktur, d. h. mithilfe der folgenden Formeln oder Regeln zu beschreiben:

(1) *XY*	(4) *ZXcX*
(2) *ZXY*	(5) *ZXcZX*
(3) *XcX*	(6) *XcZX*

Für jede dieser Regeln hat zu gelten, daß sie einen ganz bestimmten *Satztypus* beschreibt. (Daß man diese Satztypen dadurch, daß man die Grundsätze der Konstituentenstruktur zur Anwendung bringt, in Untertypen aufgliedern kann, ist hier noch unwesentlich; vgl. 6.1.2ff.) Durch dieses Regelsystem wird also die Akzeptierbarkeit der 17 Sätze des Korpus systematisch beschrieben. (Die Sätze werden als *grammatisch richtig* beschrieben.) Dies wird nur dadurch erreicht, daß die vorkommenden Sätze als Glieder einer Obermenge von achtundvierzig Sätzen gelten. (Die Zahl 48 wird errechnet, indem die in 2.3.8 aufgestellte Formel auf jede der sechs Satztypen angewendet wird und die Endergebnisse addiert werden. Es gibt $2 \times 2 = 4$ Sätze vom Typ (1), $2 \times 2 \times 2 = 8$ Sätze vom Typ (2), $2 \times 1 \times 2 = 4$ Sätze vom Typ (3), 16 Sätze vom Typ (4), 8 vom Typ (5) und 8 vom Typ (6); $4+8+4+16+8+8 = 48$). Die durch diese Grammatik beschriebene Sprache enthält daher genau achtundvierzig Sätze. Die einunddreißig im Korpus nicht vorkommenden Sätze müssen entweder als zulässig gelten oder, wenn man aus irgendeinem Grund zu dem Schluß kommt, daß sie ausgeschlossen werden müssen, mithilfe von Zusatzregeln, die bestimmte Kombinationen bestimmter Wörter verbieten, ausgeklammert werden. Solche Zusatzregeln würden die ‹Grammatik› ohne Zweifel erheblich komplizieren. Es ist daher die am wenigsten aufwendige Methode, den gegebenen Text zu beschreiben, indem dieser als beliebige Probe von siebzehn Sätzen aus einer Gesamtmenge von achtundvierzig Sätzen, aus denen sich die Sprache zusammensetzt, dargestellt wird. Die ‹Grammatik›, die wir zur Textbeschreibung aufgestellt haben, ist generativ nach der bereits gegebenen Interpretation (vgl. 4.2.2). Wir sagen, sie *generiert* oder *charakterisiert* die Sprache des Textes, indem sie jedem Satz, der in der ‹Probe› vorkommt (sowie denen, die in der ‹Probe› nicht vorkommen) eine bestimmte *strukturelle Beschreibung* zuordnet: *pr* ist ein Satz mit der Struktur *XY*, *pcda* einer mit der Struktur *XcZX* usw.

In dieser beschränkten künstlichen ‹Sprache›, die wir zur Veranschaulichung herangezogen haben, gibt es nur sieben verschiedene Wörter und im Textkorpus nur siebzehn einfache Sätze aus einer Gesamtmenge von achtundvierzig, die die Grammatik erzeugt. Bei einer natürlichen Sprache ist die Situation natürlich weit komplizierter. Die Anzahl der einzelnen Wörter geht wohl in viele Tausende; die Klassifizierung ihrer Distributionen liegt sicher nicht so auf der Hand und kann bestimmt nicht in der gezeigten Weise durchgeführt werden. Darüber hinaus ist eine Anzahl verschiedener Satztypen zu berücksichtigen, von denen manche sehr kompliziert sind. Diese Tatsachen beeinträchtigen jedoch das Prinzip nicht. Die Wörter natürlicher Sprachen können in Distributionsklassen zusammengefaßt werden (und praktisch ist das, wie wir sehen werden, in der Grammatik immer schon geschehen). Die für bestimmte Positionen in einem Satztypus aufgestellten Distributionsklassen gelten im allgemeinen auch für bestimmte Positionen in anderen, komplizierteren Satztypen. Grammatik, wie sie hier verstanden wird, ist nichts anderes als die Beschreibung der Sätze einer Sprache als Kombinationen von Wörtern (und Wortgruppen usw.) aufgrund deren Zugehörigkeit zu Distributionsklassen. Sie ist eine Art Algebra, bei der die ‹Variablen› die Wortklassen und die ‹Konstanten› bzw. die von den Variablen in bestimmten Sätzen angenommenen ‹Werte› die einzelnen Wörter sind.

Um zu sehen, daß dies im Prinzip zu jener Art der Beschreibung führt, die man normalerweise als ‹grammatisch› bezeichnet, brauchen wir die Beispiele nur z. B. mithilfe des Englischen zu interpretieren. Wir setzen ein: für *a* = *men* (‹Männer›), *p* = *women* (‹Frauen›), *b* = *live* (‹leben›), *r* = *die* (‹sterben›), *c* = *love* (‹lieben›), *d* = *old* (‹alt›), *q* = *young* (‹jung›). Mit anderen Worten, wir fassen in der Klasse *X* alle gewöhnlich als ‹Nomina im Plural› bezeichneten Wörter zusammen, in Y die ‹intransitiven

Verben›, in *c* die ‹transitiven Verben›, und in *Z* die Klasse der ‹Adjektiva›. Unsere Darstellung der zulässigen Verbindungen von Wortklassen enthält, daß Sätze wie *Men die* (‹Männer sterben›), *Old men love young women* (‹Alte Männer lieben junge Frauen›) usw., die in der traditionellen Grammatik als Beispiele für einfache ‹Subjekt-Prädikatkonstruktionen› beschrieben werden, grammatisch zulässig sind, **Die men,* oder **Old love young men women* usw. hingegen nicht.

4.2.9 *Grammatische Klassen*

In der traditionellen Grammatiktheorie wurden die ‹Redeteile› (d. h. Wortarten, nämlich Nomina, Verben, Adjektive usw.) ‹inhaltlich› definiert. («Ein Nomen ist der Name einer beliebigen Person, einer Sache oder eines Ortes» usw.) Die traditionelle Grammatik neigte jedoch, wie wir in einem späteren Kapitel sehen werden (vgl. 7.6.1 ff.), dazu, bei ihrer Erörterung der Wortarten zwei verschiedene Gesichtspunkte durcheinanderzubringen. Nach dem ersten wird nach den Bedingungen gefragt, die für die Zuordnung eines Wortes zu einer bestimmten grammatischen Klasse ausschlaggebend sein sollen. «Gehört das Wort *men* (‹Männer›) zu Klasse X oder zu Klasse Y?» Praktisch ist dies immer schon aufgrund der Distribution des Wortes festgelegt worden – aufgrund des potentiellen Vorkommens in Sätzen im Vergleich zum Vorkommen von anderen Wörtern in denselben Sätzen. In dieser Hinsicht hat die moderne Linguistik das Prinzip der Distribution nur theoretisch untermauert, von dem sich die traditionelle Grammatik in der Praxis schon immer hatte leiten lassen. Daß dieses Prinzip auch in die Theorie aufgenommen wurde, unterscheidet die ‹formale› von der ‹inhaltbezogenen› Grammatik. Die zweite Frage hat mit der Benennung der grammatischen Klassen zu tun (wenn ihr *Klasseninhalt* auf ‹formaler› Grundlage bereits feststeht): «Wird X zurecht als die Klasse der ‹Nomina› bezeichnet?» Vom Gesichtspunkt der ‹formalen› Grammatik aus ist jede Bezeichnung gleich gut; die traditionellen Bezeichnungen ‹Nomen›, ‹Verb›, ‹Adjektiv› usw. erfüllen ihren Zweck weder besser noch schlechter als irgendwelche anderen.

Wir werden später sehen, daß es möglich wäre, Ausdrücke wie ‹Nomen› oder ‹Verb› in einer Weise festzulegen, daß ihre traditionelle, ‹inhaltbezogene› Interpretation berücksichtigt wird, daß sie dabei aber gleichzeitig auch für die ‹formale› Analyse verschiedener Sprachen anwendbar werden. Die Frage soll jetzt jedoch nicht weiter verfolgt werden. Vorläufig nehmen wir einmal an, daß die Termini ‹Nomen›, ‹Verb›, ‹Adjektiv› etc. und andere traditionelle grammatische Ausdrücke nicht ‹inhaltbezogen› (oder universal) gebraucht werden, sondern grammatische Klassen bezeichnen, die aufgrund der Distribution erstellt worden sind und die man auch beliebig anders hätte bezeichnen können.

Wir sind nun in der Lage, den Unterschied zwischen ‹grammatisch› und ‹bedeutungshaft› provisorisch zu erörtern. (Wir werden auf dieses Problem später noch mehrfach zurückkommen.) Zu diesem Zweck beschränken wir uns bei unserer Untersuchung auf eine Klasse von englischen Sätzen (die hier alle absichtlich vereinfacht beschrieben werden). Diese Klasse soll durch die folgenden Beispiele, die für uns als akzeptierbar gelten, repräsentiert werden.

(1) *The dog bites the man* (‹Der Hund beißt den Mann›)
(2) *The chimpanzee eats the banana* (‹Der Schimpanse ißt die Banane›)
(3) *The wind opens the door* (‹Der Wind öffnet die Tür›)
(4) *The linguist recognizes the fact* (‹Der Linguist erkennt die Tatsache›)
(5) *The meaning determines the structure* (‹Die Bedeutung bestimmt die Struktur›)
(6) *The woman undresses the child* (‹Die Frau zieht das Kind aus›)
(7) *The wind frightens the child* (‹Der Wind erschreckt das Kind›)
(8) *The child drinks the milk* (‹Das Kind trinkt die Milch›)
(9) *The dog sees the meat* (‹Der Hund sieht das Fleisch›)

In einer traditionellen grammatischen Beschreibung des Englischen würden alle diese Sätze als einfache Sätze der Subjekt-Prädikat-Struktur bezeichnet werden. Darüber hinaus würde es heißen, daß (in allen hier behandelten Beispielen der Satzklasse) das Subjekt ein Syntagma ist (d. i. eine Einheit, die aus mehr als einem Wort besteht), das sich aus einem *Artikel* (hier *the*, dem ‹bestimmten Artikel›) und einem *Nomen* (z. B. *dog* – ‹Hund›) zusammensetzt und (wie im Englischen normalerweise) dem Prädikat vorausgeht; weiter würde es heißen, daß das Prädikat ein Syntagma ist, das sich aus einem (transitiven) *Verb* (z. B. *bites* – ‹beißt›) gefolgt vom Objekt des Verbs zusammensetzt, wobei das Objekt wiederum ein Syntagma ist, das aus einem *Artikel* und einem *Nomen* (z. B. *man* – – ‹Mann›) besteht. Es würden noch verschiedene andere Feststellungen über die Satzklasse, die oben belegt wurde, getroffen werden: daß Subjekt und Verb im ‹Numerus› übereinstimmen (d. h. wenn das Nomen des Subjekts im Singular steht, steht auch das Verbum im Singular; wenn das Subjektnomen im Plural steht, dann steht auch das Verb im Plural; es ergibt sich also: *The dog bites* gegenüber *The dogs bite*), daß das Verb ‹tempusflektiert› ist (d. h. *bites* ist das ‹Präsens›, *bit* das ‹Präteritum› desselben Verbs usw.). Alle diese verschiedenen Angaben können mehr oder weniger gut im Rahmen der modernen ‹formalen› Grammatik interpretiert werden (vgl. bes. Kapitel 7 und 8). Im Augenblick werden wir jedoch nur mit den drei Wortklassen Artikel, Nomen und Verb operieren. Der Artikel kann als eingliedrige Klasse betrachtet werden, die das Wort *the* enthält; sie wird hier mit *T* abgekürzt. Die Klassen der Nomina und Verben, abgekürzt *N* und *V*, enthalten einige tausend Wörter, einschließlich derer, die in den oben angeführten ‹realen› Sätzen vorkommen.

N = {*dog, man, chimpanzee, banana, wind, door, linguist, fact, meaning, structure, child, milk, meat* ...}
V = {*bites, eats, opens, recognizes, determines, undresses, frightens, drinks, sees,* ...}

Da diese englischen Wörter nun provisorisch nach ihrer Distribution klassifiziert sind (und man wird feststellen, daß wir uns auf die Betrachtung von Sätzen beschränken, in denen Nomina nur im Singular und Verben in Präsens vorkommen), kann jetzt die folgende grammatische Regel aufgestellt werden (die eine rein lineare Struktur annimmt, vgl. 6.1.1):

$$\Sigma_1: T + N + V + T + N$$

Das Symbol ‹Σ› (‹Sigma›) steht für ‹Satz›; wir ziehen den griechischen dem lateinischen Buchstaben vor (dies wird in den jüngsten linguistischen Arbeiten verschieden gehandhabt), um den ‹Statusunterschied› zu betonen, den die Theorie der Grammatik zwischen Sätzen und den Untereinheiten von Sätzen – z. B. Wörtern (vgl. Kapitel 5) – macht. Das Subskript bei Σ gibt an, daß die Regel nur für eine Klasse von Sätzen gilt. Welche Zahl gewählt wird, ist ganz willkürlich.

Die Regel kann folgendermaßen gelesen werden: «Jede Wortkombination, die sich daraus ergibt, daß an der jeweiligen Stelle der linearen Formel $T + N + V + T + N$ die Symbole *T*, *N* und *V* durch ein beliebig aus den Wortlisten des Lexikons einer Sprache gewähltes Element der entsprechenden Wortklasse substituiert wird, ist ein Satz vom Typ 1.» Diese grammatische Regel setzt also nicht nur ein Lexikon voraus, das alle Wörter der Sprache als *N*, *V* oder *T* grammatisch klassifiziert, sondern auch eine oder mehrere Regeln für die *lexikalische Substitution,* damit die Symbole für die Wortklassen durch Wörter ersetzt werden können. Daß solche Regeln bestehen, dürfen wir vorerst voraussetzen; sie sollen dann im folgenden Abschnitt besprochen werden. Sind die oben vorgeschlagenen grammatischen Regeln und die damit verbundenen Wortlisten mit Angabe der grammatischen Klassenzugehörigkeit gegeben, so werden mit der strukturellen Beschreibung $T + N + V + T + N$ alle Sätze unserer ‹Sprachprobe› als grammatisch ausgewiesen.

Wir haben schon bemerkt, daß die Klassen *N* und *V* mehrere tausend Glieder haben können. Um die Arithmetik zu vereinfachen, gleichzeitig aber doch einen brauchbaren Hinweis darauf zu erhalten, wie viele englische Sätze von der einen Regel oben erzeugt werden, wollen wir annehmen, daß jede der beiden Klassen *N* und *V* genau eintausend (10^3) Elemente hat. Unter dieser Voraussetzung erzeugt die vorgeschlagene Regel nicht mehr und nicht weniger als $1 \times 10^3 \times 10^3 \times 1 \times 10^3 = 10^9$ (1000 Millionen) Sätze, für welche dieselbe strukturelle Beschreibung gilt. Dies ist nur eine einzige Regel, und sie erfaßt eine sehr einfache Klasse sehr kurzer englischer Sätze.

Es handelt sich daher um eine sehr umfassende Regel – umfassend insofern, als sie zweifellos eine ungeheure Anzahl zulässiger Sätze generiert. Sie ist aber vielleicht zu umfassend, da sie auch sehr viele Sätze erzeugt (und als grammatikalisch ausweist), die in normalen Sprechsituationen nicht als akzeptierbar empfunden würden. (Die Bedingung ‹in normaler Sprechsituation› muß gestellt werden, so vage sie jeweils auch sein mag. Es werden z. B. viele ‹normalerweise› nicht akzeptierbare ‹Sätze› bewußt in der Linguistik und in anderen Disziplinen unter ähnlichen ‹abnormalen›, kontextisolierten Umständen verwendet). Da alle durch die vorgeschlagene Regel erzeugten Sätze automatisch als ‹grammatisch richtig› ausgewiesen sind, müssen wir entweder die Regel so abändern, daß dadurch einige der Sätze, die wir als unzulässig betrachten, ausgeschlossen werden, oder ihre Unzulässigkeit dadurch erfassen – wenn diese in der Gesamtbeschreibung der Sprache überhaupt erfaßbar ist –, daß wir z. B. (und möglicherweise u. a.) die Wörter in bestimmte Subklassen unterteilen, deren Bedeutungen unvereinbar sind. Diese beiden Möglichkeiten schließen einander, wie wir sehen werden, nicht aus. Zunächst wollen wir aber überlegen, was die erste im Rahmen der ‹formalen› Grammatik bedeutet.

4.2.10 *Subklassifizierung*

Ein einleuchtender Weg, die vorgeschlagene grammatische Analyse abzuändern, ist die, die Klassen *N* und *V* zu unterteilen und nicht nur eine, sondern eine ganze Reihe verschiedener neuer Regeln zu formulieren. Wir wollen also den Wortschatz wie folgt neu klassifizieren:

N_a = {*dog, man, chimpanzee, linguist, child, wind, . . .*}
N_b = {*banana, door, milk, meat, . . .*}
N_c = {*fact, meaning, structure, . . .*}
V_d = {*eats, bites, frightens, undresses, sees, . . .*}
V_e = {*recognizes, determines, sees, eats, . . .*}
V_f = {*determines, . . .*}

Bevor wir fortfahren, muß auf einige Probleme im Zusammenhang mit dieser neuen Klassifikation hingewiesen werden. Erstens: Wie wir zu den einzelnen ihr zugrundeliegenden Entscheidungen gekommen sind, ist im Prinzip belanglos. Hier wird nicht der Versuch unternommen, für die Sprachtheorie eine Anzahl von Verfahren für die Festlegung oder ‹Entdeckung› der Distributionsklassen bereitzustellen, auf die sich die grammatischen Regeln beziehen. Ausschlaggebend ist, welche Klassifikation es dem Grammatiker ermöglicht, eine Anzahl von Regeln aufzustellen, die unter der Gesamtmenge der von der Grammatik generierten Sätze die größte Anzahl von akzeptierbaren und die kleinste von nichtakzeptierbaren Sätzen erfaßt. (Dazu kommen noch andere Überlegungen, die wir später im Zusammenhang mit der Unterscheidung zwischen ‹starker› und ‹schwacher› Adäquatheit anstellen werden; vgl. 6.5.7. Sie können hier übergangen werden.) Zweitens ist zu beachten, daß die neuen Subklassen trotz der Verwendung von Subskripten nun so betrachtet werden können, als gäbe es überhaupt keine Beziehung mehr zwischen ihnen. Mit anderen Worten, N_a, N_b und N_c sind nur insofern ‹zufällig› Subklassen von N, als wir von einem ersten Versuch einer grammatischen Klassifikation ausgehend zu einer zweiten, ebenso provisorischen gelangt sind. Wir haben im Prinzip nichts anderes getan, als für die Sprache, die wir beschreiben, eine vollkommen neue Klassifikation des Vokabulars und eine vollkommen neue Grammatik zu erstellen. Wie wir im folgenden Abschnitt sehen werden, ist es möglich, den Begriff der distributionellen Klassifikation, mit dem wir gegenwärtig arbeiten, in der Weise zu modifizieren, daß N_a, N_b, N_c als Subklassen der späteren Klasse N und V_d, V_e und V_f als Subklassen von V gesehen werden können. Schließlich sollte noch erwähnt werden, daß wir manche Wörter mehreren Klassen gleichzeitig zugeordnet haben: *determines* erscheint sowohl in V_e wie V_f und *sees* in V_d wie V_e. Abgesehen von den Einwänden gegen eine doppelte Klassenzuordnung dieser Wörter hat dies die unerwünschte Folge, daß innerhalb des jetzigen Rahmens *sees* in einem Satz wie *The child sees the banana* (‹Das Kind sieht die Banane›) grammatisch gesehen ein ganz anderes Element ist als *sees* in Sätzen wie *The child sees the meaning* (‹Das Kind erkennt die Bedeutung›). Wir werden auch auf dieses Problem im nächsten Abschnitt noch zurückkommen.

Ausgehend von der neuen Klassifizierung unserer Wörter ersetzen wir nun die ursprüngliche Regel durch eine ganze Reihe von Regeln (wobei jede wohlgemerkt einen vollkommen verschiedenen Satztypus festlegt):

(a) Σ_1: $T + N_a + V_d + T + N_a$ (vgl. *The dog bites the man*)
(b) Σ_2: $T + N_a + V_d + T + N_b$ (vgl. *The chimpanzee eats the banana*)
(c) Σ_3: $T + N_a + V_e + T + N_c$ (vgl. *The linguist recognizes the fact*)
(d) Σ_4: $T + N_c + V_f + T + N_c$ (vgl. *The meaning determines the structure*)

Diese vier Regeln reichen zwar aus, um die neun Sätze der ‹Sprachprobe› (und noch viele andere) zu generieren, es leuchtet aber ein, daß weitere

Regeln erforderlich sind, damit andere Sätze berücksichtigt werden können, die sich aus Wörtern unserer ‹Sprachprobe› zusammensetzen und die wir vielleicht ebenfalls gerne als zulässig betrachten würden (*The banana frightens the linguist* [‹Die Banane schreckt den Linguisten›] usw.). Der Leser wird aufgefordert, einige zusätzliche Regeln aufzustellen und auch die oben gegebenen Wortlisten zu erweitern.

Das Wichtigste, was sich im Zusammenhang mit der Verbesserung der grammatischen Regeln ergibt, ist nun Folgendes: Es wird damit die Unterscheidung zwischen den grammatischen und ungrammatischen englischen Sätzen neu definiert. Wortverknüpfungen wie **The banana bites the meaning,* **The structure drinks the chimpanzee* usw., die wir als nichtakzeptierbare englische Äußerungen betrachten, sind nun als ungrammatisch definiert. Andererseits gibt es viele andere unzulässige Äußerungen, die von den Regeln immer noch als grammatisch zugelassen werden: **The chimpanzee drinks the door,* **The dog undresses the wind* usw.

Grundsätzlich könnten wir uns vornehmen, die Wortklassifizierung und das Regelsystem durch ständige Abänderungen schrittweise immer mehr im Detail auszubauen, bis das Regelkorpus so weit ist, daß es eine möglichst große Zahl zulässiger und eine möglichst geringe Zahl unzulässiger Sätze erzeugt. Mit jeder neuen Modifizierung – und darin liegt die theoretische Bedeutung des Beispiels – werden die Grenzen der Grammatizität für die beschriebene Sprache neu festgesetzt. Vom ‹formalen› (gegenüber dem ‹inhaltbezogenen›) Standpunkt aus ist Grammatizität nichts anderes als Akzeptierbarkeit und zwar insoweit, als sie von einer bestimmten Anzahl von Regeln und einer bestimmten Art der Klassifikation der lexikalischen und grammatischen Elemente der Sprache festgelegt wird (vorläufig kann die Unterscheidung zwischen ‹lexikalischen› und ‹grammatischen Elementen›, die hier implizit gemacht wird, vernachlässigt werden: ‹lexikalische und grammatische Elemente› können als ‹Wörter› aufgefaßt werden).

4.2.11 *Die Unbestimmtheit der Grammatik*

Bei der Beschreibung einer Sprache wird der Linguist die Grenze der Grammatizität an einer bestimmten Stelle ziehen. Seine Entscheidung, wo genau er diese Grenze setzt, wenn sie bewußt nach Abwägung der verschiedenen sich anbietenden Alternativen getroffen wird, wird in den meisten Fällen durch zwei Hauptfaktoren bestimmt sein. Der erste kann als Gesetz der ‹abnehmenden Rentabilität› (principle of ‹diminishing returns›) bezeichnet werden. Man kann in der distributionellen Subklassifizierung von Wörtern sehr viel weiter gehen, als es die traditionellen Grammatiker je für möglich oder auch wünschenswert gehalten hätten. Bei dem Versuch, die eindeutig unzulässigen Sätze mit Hilfe der distributionellen Subklassifizierung der Wörter, aus denen sie gefügt sind, auszuschließen, wird sich der Linguist jedoch früher oder später einer Situation gegenüber sehen, in der er immer mehr Regeln ausarbeitet, von denen jede nur sehr wenige Sätze erfaßt; er wird so viele einander überschneidende Wortklassen aufstellen, daß jede Allgemeingültigkeit verloren geht. Mit dem Gesetz der ‹abnehmenden Rentabilität› ist also gemeint: Es gibt einen Punkt, wo (und wo genau dieser Punkt liegt, ist eine echte Streitfrage) die zunehmende Kompliziertheit der Regeln zu aufwendig ist im Vergleich zu ihrem ‹Erfolg›, einem relativ kleinen Zuwachs an erfaßten zulässigen und unzulässigen Sätzen. Der zweite Faktor ist jedoch nicht weniger wichtig. Da die Sätze der zu beschreibenden Sprache so zahlreich sind – aus praktischen wie theoretischen Gründen sagen wir vielleicht am besten, daß ihre Zahl unbegrenzt ist, vgl. dazu S. 142 –, besteht gar nicht die Möglichkeit, für jeden von der Grammatik generierten Satz zu entscheiden, ob er tatsächlich akzeptierbar ist oder nicht. Man trifft nämlich bei der grammatischen Beschreibung einer beliebigen Sprache nur zu bald auf Uneinigkeit unter den muttersprachlichen Sprechern darüber, ob die Sätze, die von den versuchsweise aufgestellten grammatischen Regeln erzeugt werden, zulässig sind. Es liegt also ein echtes und vielleicht unüberwindliches Problem in der Unbestimmtheit, die mit Akzeptierbarkeit und Nicht-Akzeptierbarkeit verbunden ist.

Aus diesen Überlegungen heraus mag der Schluß berechtigt erscheinen, daß die grammatische Struktur einer Sprache letztlich unbestimmbar ist. Nicht nur daß Linguisten verschieden auslegen, welches Maß an allgemeiner Gültigkeit im Bereich der Regeln optimal sei und wie die Akzeptierbarkeit verschiedener Gruppen von Sätzen ermittelt werden soll. Dazu kommt noch das Problem, daß die Generierung von Sätzen eines bestimmten Typs die Generierung von Sätzen eines anderen Typs innerhalb des für die erste Gruppe aufgestellten theoretischen Rahmens außerordentlich schwierig gestalten kann. Einige Beispiele für die Probleme, die sich dabei ergeben, folgen in einem späteren Kapitel (vgl. 8.3.6 ff). Vielleicht werden gerade diese Probleme durch die laufenden Fortschritte der Grammatiktheorie in allernächster Zeit verringert oder gar ausgeschaltet. Gegenwärtig beißt man sich daran noch die Zähne aus. Wir können daher als allgemein für jede grammatische Beschreibung geltendes Prinzip (und es wird durch nichts, das in den folgenden Kapiteln über Wesen und Wirkungsweise von grammatischen Regeln gesagt wird, beeinträchtigt) den folgenden Tatbestand wiederholen: Ob eine Kombination von Wörtern grammatisch ist oder nicht, kann nur unter Bezug auf ein bestimmtes Regelsystem beantwortet werden, welches diese Kombination entweder generiert oder nicht generiert (und hiermit als grammatisch bzw. ungrammatisch definiert).

Die meisten, die an der Theorie der Grammatik arbeiten, darunter auch diejenigen, die zur Entwicklung der Transformationsgrammatik entscheidend beigetragen haben (vor allem Chomsky), scheinen dieses Prinzip abzulehnen. Ihrer Meinung nach ist die grammatische Struktur einer Sprache bestimmt und wird vom muttersprachlichen Sprecher ‹intuitiv› (oder ‹unbewußt›) beherrscht. Das dürfte aber eine unnötig weitreichende Voraussetzung sein. Zweifellos sind muttersprachliche Sprecher sich darüber einig, daß gewisse Gruppen von Äußerungen ‹zusammengehören› oder auf irgendeine Weise ‹ähnlich› oder ‹verschieden› sind. Diese ‹intuitiven Urteile› sind, soweit sie faßbar sind, für den Linguisten ein wichtiger Bestandteil seines Informationsmaterials. Er wird versuchen, sie zu berücksichtigen, indem er verschiedene Arten von Akzeptierbarkeit (oder Wohlgeformtheit) und verschiedene Arten von Beziehungen zwischen Sätzen unterscheidet. Aber es ist nicht nötig anzunehmen, daß die ‹Intuitionen› der Sprecher den Feststellungen des Linguisten allzu genau zu entsprechen haben.

Man sollte die Meinungsverschiedenheiten unter den Linguisten in dieser Frage nicht übertreiben. Zu behaupten, daß die grammatische Struktur der Sprache in letzter Konsequenz unbestimmt ist, heißt keineswegs, daß kein Teil der grammatischen Struktur bestimmt ist. Es gibt viele Wortfügungen (z. B. *They likes she, The dog bite the man* usw., die alle Linguisten sofort nicht nur als nicht-akzeptierbar, sondern auch als ‹grammatisch falsch› bezeichnen würden (ohne dafür ein grammatisches Regelwerk aufstellen zu müssen). Man kann sagen, ihre unmittelbare Reaktion gründet auf einem ‹intuitiven› Wissen von der grammatischen Struktur der englischen Standardsprache. Man kann genausogut sagen, die betreffenden Fügungen verletzten Grundsätze von derartiger Allgemeingültigkeit für die englische Standardsprache, daß jede englische Grammatik sie enthalten müßte. Gerade bei den weniger allgemeinen Prinzipien aber kommt es vor, daß verschiedene Grammatiken die Grammatizität bestimmter Sätze verschieden beurteilen. Die ‹Intuitionen› der Linguisten und Sprecher der Sprache sind meistens in einem solchen Fall unzuverlässig und uneinheitlich.

4.2.12 *‹Grammatizität› und ‹Bedeutung›*

Wie wir weiter oben in diesem Abschnitt gesehen haben, unterscheidet man offenbar mit guten Gründen verschiedene Arten der Akzeptierbarkeit. Die traditionelle Unterscheidung zwischen ‹grammatisch› und ‹bedeutungshaft› (‹sinnvoll›) (ganz abgesehen von den anderen oben angeführten Arten der Akzeptierbarkeit) wird nicht beeinträchtigt durch den eben gezogenen Schluß, daß die Grenzen der Grammatik letztlich unbestimmt sind. Mit anderen Worten jede Grammatik setzt ihre eigenen Grenzen fest und macht sie in diesem Sinne zu bestimmten Grenzen.

Wenn wir eine bestimmte Äußerung als ungrammatisch bezeichnen (bezogen auf eine bestimmte Grammatik), so meinen wir damit nicht, daß sie nicht auch aus anderen Gründen unzulässig sein kann. Von manchen nicht akzeptierbaren Wortkombinationen sagen wir, sie sind wohl grammatisch, aber sinnlos, von anderen, daß sie zwar sowohl grammatisch als auch sinnvoll sind, jedoch normalerweise nicht vorkommen, da kaum jemals ein Anlaß dafür entstehen könnte, das zu sagen, was sie ‹zum Ausdruck bringen›. Von einer anderen Klasse von Wortkombinationen wieder würden wir vielleicht sagen, daß sie sowohl ungrammatisch wie sinnlos sind. Am einen Ende des ‹Zulässigkeitskontinuums› befinden sich bestimmte Wortfügungen, deren Zulässigkeit oder Unzulässigkeit allein von der Grammatik erklärt wird (vgl. *Er gibt*, *Ihr gebt*, in Gegensatz zu **Er gebt*, **Ihr gibt*). Am anderen Ende des Kontinuums ist die grammatische Beschreibung nutzlos. Doch ist bei vielen Äußerungen die Akzeptierbarkeit bzw. Nichtakzeptierbarkeit legitim sowohl mit Hilfe der Grammatik als auch mit Hilfe der Bedeutung der Wörter, aus denen sie bestehen, zu bestimmen. Gerade diesem Umstand verdanken die ‹inhaltbezogenen› Definitionen bestimmter grammatischer Klassen das hohe Maß an Gültigkeit, das ihnen in bestimmten Sprachen zukommt (‹Bewegungsverben›, ‹maskulines Nomen›, ‹Lokativbestimmung› usw.). Wir werden auf diese Entsprechung der grammatischen und der semantischen Klassifikation von Wörtern im nächsten Abschnitt wieder zurückkommen.

4.2.13 *Der Ausdruck ‹generativ›*

Zuvor müssen wir uns aber noch ein wenig mit ‹generieren› und ‹generativ› befassen, da diese Ausdrücke oft falsch verstanden worden sind. Zunächst soll etwas zur negativen Abgrenzung gesagt werden. Eine generative Grammatik (Erzeugungsgrammatik) muß keine Transformationsgrammatik sein (vgl. 6.6.1). Die Ausdrücke ‹generativ› und ‹transformationell› werden häufig verwechselt, da sie von Chomsky gleichzeitig in die Linguistik eingeführt wurden. (Der Ausdruck ‹Transformation› wurde auch von Harris in ungefähr demselben Sinn gebraucht wie bei Chomsky.) Chomsky und seine Schule verbinden mit dem Ausdruck ‹generativ› gewöhnlich zweierlei Bedeutungen: (I) ‹projektiv› (oder ‹prädiktiv›) und (II) ‹explizit› (‹formal› im Gegensatz zu ‹nicht formal›). Er ist im vorliegenden Abschnitt schon in beiden Bedeutungen vorgekommen.

Der Terminus wurde zuerst in der Bedeutung ‹projektiv› (oder ‹prädiktiv›) eingeführt, und zwar für eine Anzahl grammatischer Regeln, die explizit oder implizit ein bestimmtes Korpus von Sätzen beschreiben, indem sie dieses Korpus auf eine größere Anzahl von Sätzen ‹projizieren› bzw. als ‹Probe› daraus behandeln. Eine Grammatik dieser Art ist insofern ‹prädiktiv›, als sie die Grammatizität nicht nur vorliegender, sondern auch ‹potentieller› Sätze festlegt. Man muß sich darüber im klaren sein, daß die meisten Grammatiken, die jemals in der Geschichte der Sprachwissenschaft geschrieben wurden, in diesem ersten Sinn des Ausdrucks generativ sind. Es gäbe keinen Grund dies zu betonen, würde nicht bisweilen der Unterschied zwischen Voraussagen (prädiktiv) und Vorschreiben (präskriptiv) normativer Maßstäbe für den ‹korrekten› Sprachgebrauch verkannt (vgl. 1.4.3).

Der Ausdruck ‹generativ› kommt aber in der Folge in diesem Abschnitt auch in dem speziellen Sinn ‹explizit› (vgl. ‹generieren›, ‹charakterisieren›: 4.2.8) vor. Hier nähert er sich einer der Bedeutungen, die der Ausdruck ‹generieren› (‹erzeugen›) in der Mathematik hat und von dem er tatsächlich auch abgeleitet ist. Dazu wollen wir ohne theoretische Voraussetzung etwa den folgenden Satz betrachten: «Die Zahl 2 erzeugt die Menge oder Reihe der Zahlen 2, 4, 8, 16, 32 . . .». Diese Reihe, die unendlich groß ist, kann, wie in dem Satz zum Ausdruck kommt, in einer Reihe ‹steigender Vielfacher von 2› geordnet werden, wobei die Zahl 2 die Basis der Reihe ist. Jede von dieser Basis aus erzeugte Zahl erfüllt die Funktion 2^n (2 ist die Basis und n eine Variable im Bereich der natürlichen Zahlen 1, 2, 3, 4 . . .). Jede Zahl, ganz gleich welcher Größenordnung, gehört entweder zu der in dem obigen Sinne generierten Reihe oder nicht. Ob sie dazu (d. h. zu den ‹Potenzen von 2›) gehört oder nicht, ist *entscheidbar*. Das *Entscheidungsverfahren* für eine beliebige Zahl könnte wie folgt aussehen: Man erzeugt die entsprechende Zahlenreihe bis zur Größe jener bestimmten Zahl oder darüberhinaus und stellt fest, ob sie mit einer der generierten Zahlen zusammenfällt. Auf diese Weise können wir z. B. entscheiden, daß 9 nicht in der Zahlenreihe aufscheint, da sie nicht gleich 2, 4, 8 oder 16 (der ersten Zahl in der Reihe größer als 9) ist. Darüberhinaus könnte man, um die Analogie zur Grammatik zu unterstreichen, sagen, daß jede Zahl der Reihe mit einer bestimmten ‹strukturellen Beschreibung› generiert wird, die für 64 z. B. «2^n» lautet, «wobei $n = 6$».

Wenn wir sagen, eine Grammatik generiert die Sätze einer Sprache, so verstehen wir darunter, daß sie ein System von Regeln (im Zusammenhang mit einem Lexikon) darstellt, die so formuliert sind, daß sie uns im Prinzip ein Entscheidungsverfahren für jede beliebige Kombination von Sprachelementen (wir wollen sie hier ‹Wörter› nennen) in mehr oder weniger dem oben dargelegten Sinn zur Verfügung stellt. Darüber hinaus ‹entscheidet› die Grammatik nicht nur, ob eine gegebene Kombination grammatisch ist oder nicht (dadurch daß sie eine Fügung von Symbolen erzeugt bzw. nicht erzeugt, mit der die betreffenden Äußerungen auf ihre Identität hin untersucht werden können); sie liefert uns auch für jede grammatische Kombination mindestens eine strukturelle Beschreibung. (Wir werden später sehen, daß Sätze mit mehr als einer strukturellen Beschreibung als grammatisch mehrdeutig bezeichnet werden; vgl. 6.1.3).

Diese zweite, mehr oder weniger mathematische Bedeutung des Ausdruckes ‹generieren› setzt, damit eine Anwendung auf die Grammatik überhaupt möglich ist, voraus, daß die grammatischen Regeln ihrer Natur und Wirkungsweise nach streng präzise festgelegt sind; d. h. sie bedingt die *Formalisierung* der grammatischen Theorie. Im Verlauf des vorliegenden Abschnittes hat sich daher unsere Interpretation von ‹formaler Grammatik› von ‹formal› als Gegensatz zu ‹inhaltbezogen› zu ‹formal› als Gegensatz zu ‹nicht formal› verschoben. Diese Verschiebung spiegelt die historische Entwicklung der Grammatiktheorie während der vergangenen 10 oder 15 Jahre wider.

4.2.14 *‹Distribution› und ‹Entdeckungsverfahren›*

Die Grundsätze der distributionellen Analyse (die wir als entscheidendes Merkmal für die ‹formale› Grammatik im Gegensatz zur ‹inhaltbezogenen› betrachten) wurden am gründlichsten und ausführlichsten von Harris vor allem in ‹Methods in Structural Linguistics› (veröffentlicht 1951, aber einige Jahre vorher schon geschrieben) erörtert. Harris und andere amerikanische Linguisten erarbeiteten damals diese Grundsätze im Rahmen der ‹verfahrenstechnischen› (procedural) Linguistik, einer Reihe von Hypothesen über die Natur der Theorie und Methodologie der Linguistik, die damals schon nicht auf allgemeine Anerkennung stieß, heute aber umstrittener ist denn je. Insbesondere nahm man an, daß die eigentliche Aufgabe der ‹strukturellen Linguistik› darin liege, eine Technik oder ein Verfahren zu entwickeln, das auf ein Korpus von belegten Äußerungen angewendet werden könnte und das es – möglichst ohne Rückgriff auf die Urteile der Informanten darüber, welche Äußerungen ‹gleich› und welche ‹verschieden› sind – erlauben würde, die Regeln der Grammatik mit Sicherheit aus dem Korpus selbst abzuleiten. So kam es, daß aus rein historischen Gründen die Ausdrücke ‹Distribution› und ‹strukturalistisch› mit der These verknüpft wurden, daß es möglich sei, auf der Grundlage von belegten Äußerungen ‹Entdeckungsverfahren› zur Aufstellung der Regeln bestimmter Grammatiken zu formulieren. Es sollte klar sein, daß der Ausdruck ‹Distribution› im vorliegenden Buch überall ohne diese nicht beabsichtigten Implikationen zu verstehen ist. Man sollte sich aber auch der Tatsache bewußt sein, daß die Arbeit von Harris und seinen Kollegen mit ihrem ausgeprägten Hang zur strengen Formulierung der distributionellen Prinzipien das Fundament bereiteten, auf dem die generative Grammatik seit der Veröffentlichung von Chomskys ‹Syntactic Structures› 1957 aufgebaut worden ist.

4.3 *Grammatik und Lexikon*

4.3.1 *Analyse und Synthese*

Wie wir im vorangegangenen Abschnitt gesehen haben, setzt jede Grammatik ein *Lexikon* (Wörterbuch) voraus, in dem die Wörter der Sprache nach ihrer Zugehörigkeit zu den Distributionsklassen, auf die sich die grammatischen Regeln beziehen, geordnet sind.

Grammatik wie Lexikon können von zwei Gesichtspunkten aus betrachtet werden, je nachdem ob sich der Linguist mit der *Analyse* (‹Erkennung›) eines Korpus von Äußerungen oder der *Synthese* von grammatischen Sätzen (‹Produktion›) befaßt. Aus praktischen Gründen mögen Lexikon und Grammatik zwar etwas verschieden beschaffen sein, je nachdem ob sie zur Analyse oder Synthese verwendet werden. Es ist jedoch wichtig, sich klarzumachen, daß sie grundsätzlich von dieser Unterscheidung nicht betroffen sind. Jedes Korpus von belegten Äußerungen kann auf befriedigende Weise nur unter der Voraussetzung beschrieben werden, daß man es als ‹Probe› der von der Grammatik generierten Sätze betrachtet (vgl. 4.2.8). Es besteht daher zwischen generativer und ‹deskriptiver› Grammatik kein Gegensatz.

Wenn auch die Grammatik grundsätzlich gegenüber Analyse und Synthese indifferent ist, so heißt das nicht, daß es gar keine praktischen Konsequenzen hat, ob man von dem einen oder dem anderen Gesichtspunkt ausgeht. Soll die Grammatik für die Synthese verwendet werden, wird ein Lexikon zweckmäßig sein, in dem zu einem bestimmten Wortklassensymbol (z. B. ‹Nomen›) leicht die dazugehörigen Einheiten gefunden werden können, die für die Anwendung der lexikalischen Substitutionsregeln (vgl. 4.3.2) nötig sind. Zu diesem Zweck wäre es z. B. naheliegend, das Lexikon als eine Menge von Listen der folgenden Form aufzubauen:

$$N = \{\textit{Mann, Knabe, Schimpanse, \ldots}\}$$

Wenn wir uns jedoch mit der Analyse eines bestimmten Textes befassen, wird es bequemer sein, mit einer einzigen Liste zu arbeiten, in der die Wörter nach einem bestimmten Schema (z. B. nach dem Alphabet) geordnet sind und die es uns ermöglicht, beliebige in den zu analysierenden Sätzen vorkommende einzelne Wörter und ihre grammatischen Eigenschaften rasch aufzufinden: z. B.

Abend: *Nomen*
denken: *Verb*
warm: *Adjektiv, Adverb*

Unsere konventionellen Wörterbücher gehören diesem zweiten Typus an. In der traditionellen Grammatik wurden gewöhnlich keine Aufstellungen der ersten Art angelegt, ausgenommen für die ‹unregelmäßigen› Formen (die sowohl in der Grammatik als auch in einer alphabetischen Liste im Wörterbuch aufscheinen können). Man nahm an, daß es möglich sei, Wortlisten zum Zwecke der Synthese auf der Grundlage der Bedeutung bestimmter Wörter und der Definitionen der Wortarten aufzustellen. Manche neuere generative Grammatiken oder Grammatikabrisse enthalten Teillisten für jede Wortklasse (wir werden weiter unten darüber sprechen, wie diese Listen beschaffen sind). Der Unterschied zwischen den beiden Arten von Wörterbüchern ist kein grundsätzlicher, sondern wird von der Zweckmäßigkeit des Nachschlagens bestimmt. Bei den modernen generativen Grammatiken der angedeuteten Art ist man eher bemüht, die grammatischen Klassen aufzustellen, die zur Beschreibung der entsprechenden Sprache benötigt werden, als alle Wörter dieser Sprachen erschöpfend zu klassifizieren. Wenn nicht alle Wörter der Sprache im Lexikon entsprechend klassifiziert sind, ist die Grammatik nicht generativ im Sinne von «explizit» (vgl. 4.2.13 oben).

Vielleicht ist es angebracht zu erwähnen, welche Konsequenz die Entscheidung für die analytische Betrachtungsweise im Gegensatz zur synthetischen hat. Wenn der Linguist weiß, daß seine Beschreibung einer bestimmten Sprache nur zur Analyse von aufgezeichnetem Material verwendet wird (dies ist z. B. nötig für die automatische Analyse geschriebener Texte zum Zwecke der Maschinenübersetzung, zur Katalogisierung von Büchern oder zur Informationsgewinnung [information retrieval]), kann er es bei einer weniger erschöpfenden Klassifizierung des Lexikons und einer weniger vollständigen grammatischen Beschreibung der Sprache bewenden lassen.

Es gibt z. B. sehr viele englische Substantive, die auf *ness* enden (z. B. *goodness, correctness* usw.). Die meisten können wie die beiden eben zitierten Beispiele von Adjektiven ‹abgeleitet› werden (z. B. *good, correct* usw.). Ohne in das Wesen der ‹Ableitung› eindringen zu wollen (vgl. 5.4.2), können wir sagen, daß ein Wort, und zwar ein Substantiv, von einem anderen Wort, und zwar einem Adjektiv, mithilfe der folgenden Formel abgeleitet werden kann: $A_x + ness = N_y$. (Dies kann folgendermaßen gelesen werden: «Jedes Wort, das aus einem Element der Wortklasse A_x und *ness* gebildet ist, ist ein Element der Wortklasse N_y».) Da es sich hier um eine sehr produktive englische Regel handelt, können wir annehmen, daß sie in der Grammatik enthalten ist. Daher können alle Wörter auf *-ness,* die mit Hilfe der Formel abgeleitet werden können, aus dem Lexikon gestrichen werden.

Wenn wir uns aber nun mit Synthese befassen, müssen wir entscheiden, welche Adjektive zur Klasse A_x gehören: ob z. B. diese Klasse *true* und *strong* mit einschließt, so daß *trueness* und *strongness* (anstelle von oder zusätzlich zu *truth* und *strength*) als grammatische Wörter generiert oder als ungrammatisch ausgeschlossen würden. Eine auf die Analyse ausgerichtete Grammatik braucht eine solche Entscheidung nicht abzuwarten. In diesem Fall wäre es durchaus motiviert, mit der allgemeinen Regel $A + ness = N_y$ zu operieren («Jedes Wort, das in einem Satz an einer Stelle vorkommt, an der N_y stehen kann, und das in *A* und *ness* zerlegt werden kann, ist von dem Analysenprogramm als akzeptierbar anzuerkennen.») Würden *trueness* und *strongness* in den der Analyse zugrundeliegenden Texten vorkommen, so würden sie analysiert und als grammatisch ausgewiesen werden; wenn sie nicht vorkommen, so ist die Frage belanglos. (Die Wörter *truth* und *strength* würden im Lexikon angeführt oder mit Hilfe anderer Regeln analysiert werden. Das hier gebrachte Beispiel ist einem tatsächlich existierenden Computerprogramm entnommen, das eine große Zahl von englischen Ableitungen erfolgreich analysiert hat.)

Es ist mit diesen verschiedenen Gesichtspunkten kein prinzipieller Unterschied verbunden. Ob die Formel $A + ness = N_y$ nun für eine Analyse oder Synthese verwendet wird, sie generiert die gleiche Menge von Wörtern (vorausgesetzt daß sie sich auf dieselbe Liste von Adjektiven bezieht). Wenn man sich aber nur die Analyse zum Ziel gesetzt hat, kann man sich die Aufgabe etwas leichter machen. Man kann absichtlich eine Reihe von Sätzen generieren (generieren in der abstrakten, mathematischen Bedeutung – und in diesem Sinn ist der Ausdruck immer zu verstehen), die viele miteinschließen, die man normalerweise ausklammert; man tut dies, weil man nämlich voraussetzen kann, daß sie ohnehin nicht vorkommen. Sätze auszuschließen, deren Nichtvorkommen vorausgesetzt werden kann, würde den ‹Aufwand› (vgl. 4.2.11) beträchtlich erhöhen. Dieser Grundsatz der ‹Kosteneffektivität› ist häufig bei der automatischen Sprachanalyse durch Computer angewendet worden, da das Prinzip der ‹abnehmenden Rentabilität› unmittelbar wirtschaftlich zu interpretieren ist (nämlich insofern, als mehr Zeit für das Programmieren aufgewendet werden muß und der Computer länger zu arbeiten hat).

Es muß jedoch im Zusammenhang mit Analyse und Synthese ein mögliches Mißverständnis von vornherein ausgeschaltet werden. Daß die Grammatik sozusagen neutral dazwischen steht, bedeutet nicht, daß Analyse einfach die Umkehrung von Synthese (oder vice versa) ist. Man darf nicht glauben, daß ein Computerprogramm z. B. eine Anzahl von Regeln ‹von oben nach unten› (von der Grammatik zum Lexikon hin) durcharbeitet, während bei der ‹Erkennung› eines bestimmten Materialkorpus dieselben Regeln ‹von unten nach oben› (vom Lexikon zur Grammatik hin) durchgearbeitet werden. Sowohl bei der ‹Produktion› als auch bei der ‹Erkennung› – gleichgültig ob sie durch Sprecher und Hörer einer Sprache erfolgen oder durch ein Computerprogramm, das das menschliche ‹Verhalten› beim Gebrauch der Sprache simulieren soll – scheint ‹Rückkoppelung› zwischen den beiden Prozessen eine Rolle zu spielen (vgl. 3.2.9). Noch wenig Fortschritt ist bei der Untersuchung dieses Problems von der psychologischen Seite her erzielt worden. Ein Teil der geleisteten ‹psycholinguistischen› Forschungsarbeit ist umsonst gewesen, da man nicht erkannt hat, daß ‹generativ› nicht ‹produktiv› bedeutet. Daher dieser warnende Absatz.

4.3.2 *Lexikalische Substitutionsregeln*

Wir können nun zur Struktur des Lexikons zurückkehren. Der Einfachheit halber werden wir weiterhin mit unserer sehr einfachen Vorstellung von grammatischen Regeln arbeiten. Sie wird zwar in späteren Kapiteln revidiert, doch wird die allgemeine Aussage, die hier gemacht werden soll, davon nicht berührt. Wir wollen daher auf die erste, im vorangegangenen Abschnitt verwendete Regel zurückgreifen:

$$\Sigma_1\colon\ T + N + V + T + N$$

Dazu die Wortklassen, die diese Regel voraussetzt:

$$T = \{\textit{the}\}$$
$$N = \{\textit{man, dog, chimpanzee}, \ldots\}$$
$$V = \{\textit{bites, eats, opens}, \ldots\}$$

Der lexikalische Ersetzungsprozeß (die Einsetzung von bestimmten Wörtern an den durch die grammatische Regel festgelegten Stellen, vgl. 4.2.9) kann also so beschrieben werden: Jedes Symbol für eine grammatische Klasse in der strukturellen Beschreibung eines Satzes wird durch ein beliebiges Element der entsprechenden Klasse ersetzt, wobei dieses Element der Klassenliste im Lexikon zu entnehmen ist. (Wenn alle für eine grammatische Klasse stehenden Symbole ersetzt oder durch wiederholte Anwendung dieses Prinzips der lexikalischen Substitution ‹neu angeschrieben› sind, ist der ‹Output› des generativen Systems ein Satz mit einer bestimmten strukturellen Beschreibung). Der Vorgang der lexikalischen Substitution kann mit der folgenden Regel formalisiert werden:

$$\mathrm{X} \rightarrow \mathrm{x} \mid \mathrm{x} \in \mathrm{X}$$

«Wenn X eine Variable ist, die alle jene grammatischen Klassen umfaßt (‹alle Werte annimmt›), die im generativen System vertreten sind (z. B. *T, N oder V*), so ersetze X durch x, welches ein Element der Klasse X ist.» Die wiederholte Anwendung dieser lexikalischen Ersetzungsregel würde $T + N + V + T + N$ in einen Satz umwandeln wie z. B. *The dog bites the man* (‹Der Hund beißt den Mann›), der im *Stammbaumdiagramm* in Abb. 5 dargestellt ist. (Man wird feststellen, daß die Unterscheidung zwischen jenem Teil des ‹Outputs›, der aus der grammatischen Regel gewonnen wurde, und jenem anderen, der aus dem Lexikon stammt, durch den Unterschied zwischen ausgezogenen und gestrichelten Linien im Stammbaumschema wiedergegeben ist. Es ist dies eine nützliche Übereinkunft, die wir in der vorliegenden Arbeit einhalten wollen).

Da die lexikalische Substitutionsregel unabhängig vom ‹Wert›, den X annimmt, wirksam ist, können wir die Wortlisten als eine Reihe von Regeln betrachten, die einen Anhang zur Grammatik darstellen, und können daher ohne die verallgemeinerte lexikalische Substitutionsregel auskommen. Mit dieser These (wir werden sie gleich revidieren) folgen wir Chomsky und den frühesten Vertretern der generativen Grammatik. Wir wollen also das Lexikon wie folgt aufbauen:

$$T \longrightarrow \{the\}$$
$$N \longrightarrow \{man, dog, chimpanzee, \ldots\}$$
$$V \longrightarrow \{bites, eats, opens, \ldots\}$$

Der Pfeil bedeutet hier, daß das links vom Pfeil stehende Element durch eines der in der Liste rechts vom Pfeil angeführten Elemente zu ersetzen ist: z. B. «$y \rightarrow z$» heißt «ersetze y durch z (unter den Bedingungen, denen das Regelsystem unterliegt)». Jedes System, dessen Regeln in dieser Form dargestellt sind (wie diese Regeln funktionieren, wird ausführlich in Kapitel 6 behandelt), wird als *Ersetzungssystem* (oder System von Ersetzungsregeln) bezeichnet.

Wir wollen nun den Ersetzungspfeil auch für die grammatische Regel verwenden und integrieren die grammatische Regel und die lexikalischen Substitutionsregeln zu einem einzigen System:

(1) $\Sigma \rightarrow T + N + V + T + N$
(2) $T \rightarrow \{the\}$
(3) $N \rightarrow \{man, dog, chimpanzee, \ldots\}$
(4) $V \rightarrow \{bites, eats, opens, \ldots\}$

Dies ist eine sehr einfache generative Grammatik, die wir nun dahingehend erweitern wollen, daß sie Subklassifikationen der Wortklassen in einem bestimmten Umfang mit einschließt.

Es ist im vorausgehenden Abschnitt darauf hingewiesen worden, daß im Rahmen der Voraussetzungen, mit denen wir bei unserer Besprechung der formalen Grammatik arbeiteten, jede neue Klassifikation der im Lexikon enthaltenen Wörter keine Subklassen der ursprünglich umfangreicheren Klassen ergibt, sondern neue Klassen, die zu den alten *keine Beziehung* mehr haben. Von der Grammatik aus kann dieser Unzulänglichkeit nun durch zusätzliche Regeln wie den folgenden abgeholfen werden:

$$N \rightarrow \{N_a, N_b, N_c\}$$
$$V \rightarrow \{V_d, V_e, V_f\}$$

Wir haben nun die lexikalischen Ersetzungsregeln zu erweitern, indem wir ihre Anzahl erhöhen. Die neue Verbindung von Grammatik und Lexikon sieht daher so aus:

(1) $\Sigma \rightarrow T + N + V + T + N$
(2) $N \rightarrow \{N_a, N_b, N_c\}$
(3) $V \rightarrow \{V_d, V_e, V_f\}$
(4) $N_a \rightarrow$ {*man, dog, chimpanzee,* . . .}
(5) $N_b \rightarrow$ {*banana, door, milk,* . . .}
(6) $N_c \rightarrow$ {*fact, meaning, structure,* . . .}
(7) $V_d \rightarrow$ {*eats, bites, frightens,* . . .}
(8) $V_e \rightarrow$ {*recognizes,* . . .}
(9) $V_f \rightarrow$ {*determines,* . . .}

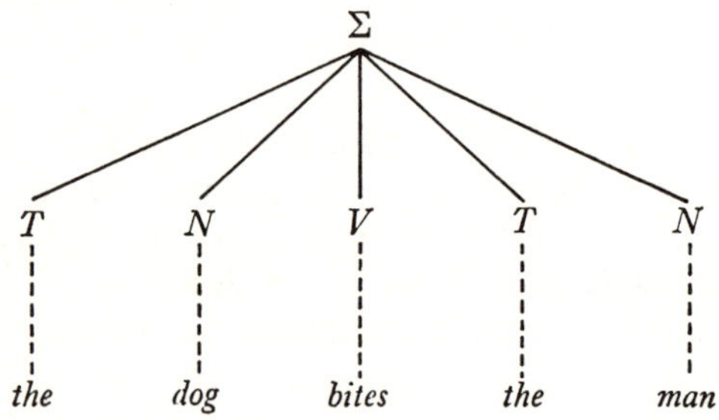

Abb. 5

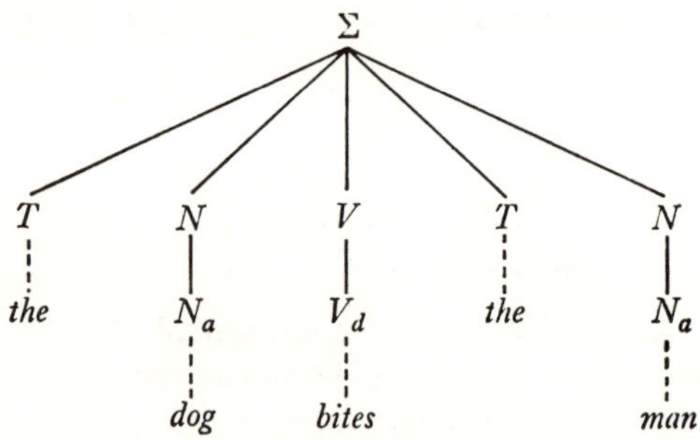

Abb. 6

Dieses Regelsystem formalisiert *innerhalb der Grammatik* die Tatsache, daß N_a, N_b und N_c Subklassen von N (die Elemente der Subklassen sind ‹Substantive›) und V_d, V_e und V_f Subklassen von V (die Elemente sind ‹Verben›) sind. Es wird also zwecks Formalisierung dieser Tatsache durch das Regelsystem eine zusätzliche ‹Schicht› in der grammatischen Struktur eingeführt (vgl. Abb. 6, in der die zusätzliche ‹Schicht› mit Hilfe jener ‹Stammbaumverzweigungen› dargestellt ist, die N und N_a sowie V und

V_d verbinden). Bei diesem Vorgang werden jedoch eben jene Kombinationen von Subklassen als grammatisch zugelassen, die der Prozeß der Subklassifizierung hätte ausschließen sollen. (In der obigen Gruppe von Regeln findet sich keine Einschränkung, die eine Wahl von z. B. N_b an 2. Stelle, V_d an dritter Stelle und N_c an fünfter Stelle verhindern würde.)

Was hier hereinspielt, ist das Prinzip der syntagmatischen Bedingung oder Kompatibilität zwischen zwei Subklassen von Wörtern, allgemein als *lexikalische Selektion* bekannt. Da wir uns hier mit der Struktur des Lexikons befassen, behandeln wir die damit verbundenen grammatischen Aspekte hier nicht. Wir wollen einfach annehmen, daß es eine geeignete Formalisierung gibt (unter Verwendung von ‹kontextabhängigen› Regeln, vgl. 6.5.1), die uns ermöglicht, den in Regel (2) und (3) ausgedrückten Begriff der Subklassifikation beizubehalten und dabei doch die gewünschten Subklassenkombinationen zu generieren.

4.3.3 *Grammatische Merkmale*

Wir können nun eine immer detailliertere Subklassifikation des Vokabulars der Sprache anstreben (bis zum Punkt der ‹abnehmenden Rentabilität›). Die Grammatik könnte etwa durch die folgenden Regeln erweitert werden:

$$N_a \rightarrow \{N_{a1},\ N_{a2}\}$$
$$N_b \rightarrow \{N_{b1},\ N_{b2}\}$$
$$N_{a1} \rightarrow \{N_{a11},\ N_{a12}\}$$
usw.

Jede nachfolgende Subklassifikation dieser Art erhöht die Zahl der lexikalischen Ersetzungsregeln am Ende der Grammatik. Darüberhinaus ergibt sich wohl eindeutig, daß diese Formalisierung von einer ganz bestimmten (und wie wir sehen werden, falschen) Vorstellung von der grammatischen Struktur der Sprache ausgeht. Die Regeln unterteilen den Wortschatz in *hierarchisch geordnete* Klassen und Subklassen (vgl. Abb. 7) und zwar so, daß N_{a11} und N_{a12} zur Gänze in N_{a1} enthalten sind, daß N_{a1} in N_a und N_a seinerseits in *N* enthalten ist usw. Dies ist eine Annahme der früheren generativen Grammatiken, die bei der Formalisierung das Ersetzungssystem verwendeten (das von Chomsky in die Linguistik eingeführt wurde).

Es ist in zweierlei Hinsicht unbefriedigend. Erstens führt es zu einer großen Anzahl von unzusammenhängenden Wortlisten im Lexikon verbunden mit einem relativ hohen Maß an gleichzeitiger Zugehörigkeit zu mehreren Klassen (vgl. 4.2.10). Zweitens – und das ist noch wichtiger – macht es die Formulierung der grammatischen Regeln komplizierter, als die ‹Fakten› plausibel machen. Um Chomsky zu zitieren: «Die Schwierigkeit besteht darin, daß diese Subkategorisierung [d. i. Subklassifikation des Wortschatzes] nicht streng hierarchisch ist, sondern Klassifikationsüberschneidung [Kreuzklassifikation] mit sich bringt. Z. B. sind Nomina im Englischen entweder Eigennamen (*John, Egypt*) oder Appellative *(boy* [‹Junge›], *book* [‹Buch›]); darunter sind wieder solche mit der Charakterisierung Menschlich (*John, boy*) oder nicht-Menschlich (*Egypt, book*) ... Wenn nun die Subkategorisierung durch Ersetzungsregeln ausgedrückt ist, so muß die eine der beiden Distinktionen übergeordnet sein; die andere ist dann nicht mehr natürlich darstellbar.» Wenn z. B. die Klasse der Nomina zuerst in Eigennamen und Appellative, darauf jede der beiden wieder in Subklassen mit der Charakteristik ‹Menschlich› und ‹nicht-Menschlich› unterteilt wird, dann besteht die einzige Möglichkeit, eine Regel aufzustellen, die sich auf alle Nomina mit der Charakterisierung ‹Menschlich› bezieht, darin, daß man diese Regel auf beide völlig unzusammenhängenden Klassen, nämlich ‹Eigenname – Menschlich› und ‹Appellativum – Menschlich›, bezieht (da ja das Lexikon keine Liste der ‹Menschlich-Nomina› enthält). Chomsky führt weiter aus: «Mit fortschreitender Verfeinerung der Analyse [d. h. mit wiederholter Subklassifizierung] vergrößern sich diese Probleme in einem Ausmaß, daß sie schließlich eine ernstzunehmende Unzulänglichkeit in einer Grammatik, die ausschließlich aus Ersetzungsregeln besteht, darstellen.»

Wir werden die Abänderung der *grammatischen* Regeln, die Chomsky zur Lösung dieser Probleme vorschlug, nicht erörtern, denn wir arbeiten in diesem Kapitel mit einem sehr einfachen System. Was das Lexikon betrifft, so ist leicht zu sehen, wie sich die Kreuzklassifikation auswirkt. Sie bedeutet, daß jedes Wort so bezeichnet sein muß, daß es möglich wird, z. B. ein beliebiges Nomen mit der Charakteristik ‹Menschlich› (unabhängig davon, ob es sich um einen Eigennamen oder ein Appellativum handelt), jedes Nomen mit dem Merkmal ‹Konkret› (unabhängig davon ob es ‹Belebt› oder ‹nicht-Belebt› ist) usw. zu wählen. Der Fachausdruck, der sich mit dieser Art von Klassifikation oder ‹Indexierung› eingebürgert hat,

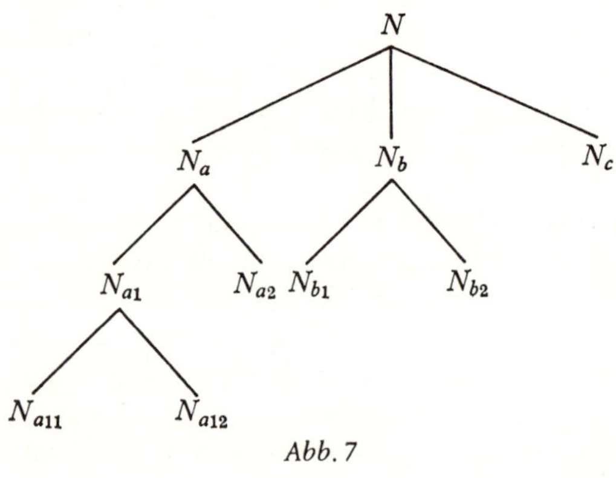

Abb. 7

ist *Merkmal* (vgl. den Gebrauch des Terminus ‹Merkmal› in der Phonologie, zu dem eine gewisse Parallele besteht). Jedes Wort muß, so nehmen wir an, im Lexikon (das nun nicht mehr als Menge von Ersetzungsregeln im Rahmen der Grammatik aufzufassen ist) zusammen mit einer Anzahl von Merkmalen etwa so angeführt sein:

Junge: [Appellativum], [Menschlich], [Maskulinum], . . .
Tür: [Appellativum], [nicht-Belebt], . . .

Die Regel oder Regeln für die lexikalische Substitution sind dann in einer Weise formuliert, die es ermöglichen, ein bestimmtes Wort nach einem oder mehreren angegebenen Merkmalen auszuwählen. Wann genau in dem generativen System die lexikalischen Substitutionsregeln anzuwenden sind, ist eine umstrittene Frage. Es ist zu beachten, daß wir zwar nun die Auffassung vom Lexikon als Menge von Regeln der Form $N_a \rightarrow \{$*Junge*, . . .$\}$ fallenlassen müssen, daß unsere allgemeinere Regel jedoch ihre Gültigkeit behält (vgl. 4.3.2):

$$X \rightarrow x \mid x \in X$$

(«Ersetze X durch x, wobei x ein Element der Wortklasse X ist»). Der Unterschied besteht darin, daß x jetzt jene Wortklasse ist, die einer bestimmten Charakterisierung nach Merkmalen genügt. Wenn z. B. der von der Grammatik erzeugte Satz ein Nomen mit der Charakteristik ‹Appellativum, Menschlich, Maskulin› verlangt, dann ist X jene Klasse, die sich aus allen Wörtern des Lexikons zusammensetzt, zu deren grammatischen Merkmalen auch [Appellativum], [Menschlich] und [Maskulin] zählen, wie z. B. *Junge*. Von dieser Klassenzusammensetzung gibt es jedoch keine Liste.

4.3.4 *Kongruenz von grammatischer und semantischer Klassifikation*

Wir können nun einen weiteren Punkt berühren. Er ist zwar kaum für das Verständnis der generativen Grammatik, so wie sie sich in der bisher veröffentlichten Literatur darstellt, von Belang, hat jedoch in jüngster Zeit im Zusammenhang mit bestimmten Thesen, die zur Formalisierung der Semantik gemacht wurden, eine gewisse Bedeutung erlangt. Wie wir in späteren Kapiteln sehen werden, sprechen gute Gründe dafür, daß die Integration von Grammatik und Semantik eine gewisse Annäherung zwischen der ‹formalen› und der ‹inhaltbezogenen› Grammatik bringen wird. Aus diesem Grund ist es ganz besonders wichtig, die allgemeinen Prinzipien nicht aus den Augen zu verlieren.

Die Ausdrücke, die für die oben erwähnten Merkmale gebraucht wurden (‹Eigenname›, ‹Appellativum›, ‹Belebt›, ‹Maskulin› usw.), nannten wir *grammatisch*. Wir sind bisher von dem Grundsatz nicht abgegangen, daß

Ausdrücke dieser Art, wenn sie für die Wortklassen stehen, mit denen die grammatischen Regeln operieren, Bezeichnungen für distributionelle Kategorien sind. Jedoch verbinden sich mit den Bezeichnungen, wie sie in den vorangegangenen Abschnitten gebraucht wurden (und die aus der ‹inhaltbezogenen› Grammatik herstammen), offensichtlich gewisse Konsequenzen semantischer Natur. Wir haben schon auf die Kongruenz hingewiesen, die mehr oder weniger zwischen grammatischer und semantischer Sprachstruktur besteht; wir werden auf diese Frage später wieder zurückkommen. Wir können annehmen, daß die meisten Nomina mit dem grammatischen Merkmal ‹Belebt› Menschen oder Tiere bezeichnen, daß die meisten ‹maskulinen› Nomina männliche Wesen bezeichnen usw. Eine Klassifikation von Wörtern aufgrund von Merkmalen wie ‹Belebt› oder ‹Maskulin› steht jedoch häufig im Widerspruch zu einer Klassifikation, die auf der Bedeutung der Wörter beruht (vgl. Kapitel 7). Dieser Tatsache ist man sich allgemein bewußt, und sie ist der Hauptgrund, weshalb die meisten Linguisten sich von der ‹inhaltbezogenen› Grammatik abgewandt haben.

Gleichzeitig soll hier klar zum Ausdruck gebracht werden, daß in einer umfassenden Sprachbeschreibung das Lexikon für jedes angeführte Wort sowohl grammatische als auch semantische Informationen enthalten muß. Dabei ist es durchaus denkbar, daß die semantische Information so gestaltet ist, daß es möglich ist, die grammatische Information (die für das Funktionieren der grammatischen Regeln erforderlich ist) teilweise aus der Darstellung der Wortbedeutung zu entnehmen und zwar *überall dort wo zwischen der grammatischen und der semantischen Klassifikation Kongruenz herrscht*. Nehmen wir z. B. an, das englische Wort *man* sei im Lexikon mit Angabe seiner Bedeutung (in irgendeiner Form) enthalten, und nehmen wir weiter an, es sei möglich, aus dieser Information aufgrund einer formulierbaren Regel abzuleiten, daß *man* (in mindestens einer Bedeutung) einen männlichen erwachsenen Menschen bezeichnet (nota bene, dies bedeutet nicht, daß die Bedeutung von *man* ‹männlicher erwachsener Mensch› ist; diese Einschränkung ist wichtig im Hinblick auf Dinge, die in den Kapiteln über die Semantik gesagt werden sollen). Unter dieser Voraussetzung können wir daraus die *grammatische* Klassifikation des Wortes *man* ableiten und zwar als [Maskulin], [Menschlich], wobei [Belebt] impliziert wird. Es handelt sich dabei um eine grammatische Klassifikation, denn sie ist dazu bestimmt, distributionelle Fakten zu erklären wie z. B. die Verwendung der Formen *who* anstatt *which*, *he – him – his* anstatt *she – her* oder *it – its* usw. Es müssen z. B. **The man which came* . . . oder **The man washed her own shirt* als unzulässig und, wie wir annehmen wollen, als ungrammatisch ausgeschlossen werden.

Im ersten Augenblick mag der Vorschlag, die grammatische Klassifikation eines Wortes aus der Darstellung seiner Bedeutung abzuleiten, so aussehen, als widerspräche er der formalen Grammatik, deren Grundsätze oben erörtert worden sind. Dies trifft dann nicht zu, wenn wir die folgende wichtige Voraussetzung beachten: Jede allgemeine Regel zur Ableitung grammatischer Merkmale aus der Darstellung der Bedeutung eines im Lexikon angeführten Wortes wird dann blockiert, wenn die Charakterisierung des Wortes ein *widersprüchliches* Merkmal enthält. Nehmen wir z. B. an, daß alle Wörter, die menschliche Wesen bezeichnen, grammatisch [Menschlich] sind, und daß dies auch miteinschließt, daß sie [Belebt] sind, weiter, daß sie [Maskulin] sind, wenn sie männliche Wesen bezeichnen und [Feminin], wenn sie für weibliche Wesen stehen. Dies ist die allgemeine Grundregel, und sie stimmt, wenn im Lexikon mit einem gegebenen Wort keine widersprechende grammatische Klassifikation verbunden ist. Wir stellen nun fest (und setzen den grammatischen Apparat für die Formalisierung dieser Feststellung voraus), daß [nicht-Belebt] im Widerspruch ist zu [Belebt]. Da das Lexikon für das englische Wort *man* keine widersprüchlichen grammatischen Merkmale angibt, haben die allgemeinen Regeln bezüglich der Umwandlung von semantischer in grammatische Information uneingeschränkte Gültigkeit.

Für das englische Wort *child* (‹Kind›) könnte jedoch im Lexikon das Merkmal [nicht-Belebt] stehen, um Sätze zuzulassen wie *The child ate its dinner*. Man erkennt jedoch sofort, daß die Fakten weit komplizierter sind, als diese einfache Methode zu erfassen vermag. Sätze wie *The child ate his dinner* und *The child ate for dinner* sind ebenfalls zulässig. Wir könnten deshalb einen Unterschied zwischen [nicht-Belebt] und [Neutrum] einführen. Normalerweise impliziert [nicht-Belebt] (gleichgültig ob in der grammatischen Information angegeben oder für ein bestimmtes Wort aus der Bedeutungsanalyse abgeleitet) [Neutrum]. [Belebt] impliziert entweder [Maskulin] oder [Feminin], wobei freie Wahl bleibt, wenn das Nomen nicht auf das eine oder andere festgelegt ist. Wir könnten jedoch die Möglichkeit erwägen, *child* sowohl mit [Belebt] als auch [Neutrum] einzutragen. In diesem Fall müssen wir die grammatischen Regeln so formulieren, daß die Wahl von entweder *he* oder *she* aufgrund von [Belebt] nicht durch die Gegenwart von [Neutrum] blockiert wird, und umgekehrt, daß die Wahl von *it* aufgrund von Neutrum nicht durch die Anwesenheit von [Belebt] blockiert wird. Die Situation ist tatsächlich aber eher noch komplizierter, als wir hier angedeutet haben. Doch werden die allgemeinen Grundsätze durch die zusätzliche Kompliziertheit nicht erschüttert.

Der eben skizzierte Vorschlag ist in der veröffentlichten Literatur noch nirgends verwirklicht worden (soweit mir bekannt). Dabei spricht einiges für ihn. Seine Ausführung könnte sich sehr leicht an Entwicklungen anschließen, die sich kürzlich in der ‹Komponentialanalyse› in der Semantik ergeben haben (vgl. 10.5.1 ff.). Gleichzeitig muß betont werden, daß der

Vorschlag zum gegenwärtigen Zeitpunkt nicht nur höchst spekulativ ist, sondern auch daß jeder Versuch, ihn zu verwirklichen, dazu führen würde, die Formalisierung der generativen Grammatik, wie sie Chomsky und seine Schule entwickelt haben, grundsätzlich zu revidieren. Verschiedene Anregungen sind in jüngster Zeit von anderen Autoren ausgegangen, die aus anderen Gründen diese Revision notwendig erscheinen lassen. Es wird in den Anmerkungen zu späteren Abschnitten dieses Buches darauf verwiesen werden. Wir werden trotzdem in unserem Buch (zumindest im allgemeinen, wenn auch nicht bis ins letzte Detail) jenem Weg folgen, den Chomsky und seine engsten Mitarbeiter in der Theorie der generativen Grammatik beschritten haben.

4.3.5 *Zusammenfassung*

Im vorliegenden Kapitel haben wir die ‹generative Grammatik› und ihre Ziele gleichsam vorgestellt; wir haben die Diskussion der grammatischen Regeln dabei absichtlich vereinfacht, um unser Augenmerk besser auf die allgemeinen Grundsätze richten zu können. Es wurde auch die Ansicht vertreten, Sätze würden durch die einfache Operation gebildet, daß aus dem Lexikon Wörter (je nach ihrer grammatischen Klassifikation)gewählt und miteinander kombiniert werden. Außerdem wurde nicht konsequent zwischen ‹Satz› und ‹Äußerung› unterschieden, da wir angenommen haben, daß die Grammatik (ergänzt durch die phonologischen Regeln und ihre phonetische Interpretation in der Lautsubstanz) Sätze generiert, die mit den potentiellen Äußerungen der Sprache ‹identisch› sind. All dies wird im Lauf der nächsten beiden Kapitel modifiziert werden. Bevor wir uns jedoch der Weiterentwicklung des generativen Grundmodells widmen, müssen wir das Wesen des Satzes und anderer grammatischer Einheiten erörtern.

5 GRAMMATISCHE EINHEITEN

5.1 *Einleitung*

5.1.1 *Wörter, Sätze, Morpheme, Syntagmen und Teilsätze*

Die traditionelle Theorie der Linguistik arbeitet mit zwei grundlegenden Einheiten der grammatischen Beschreibung: *Wort* und *Satz*. Beiden Einheiten wird in den Konventionen verschiedener Schriftsysteme praktisch Rechnung getragen. Es werden z. B. in den verschiedenen Alphabeten, die für die europäischen und viele andere Sprachen gebraucht werden, Sätze dadurch voneinander getrennt, daß zwischen ihnen eigene Satzzeichen (Punkt, Fragezeichen, Ausrufungszeichen usw.) stehen, ebenso dadurch, daß der erste Buchstabe des ersten Wortes in jedem Satz großgeschrieben wird; innerhalb der Sätze werden Wörter durch Spatien voneinander getrennt. Aus diesem Grund ist der gebildete Nichtlinguist mit den Ausdrücken ‹Wort› und ‹Satz› vertraut und gebraucht sie spontan, wenn er über Sprache spricht.

Bisher wurden ‹Wort› und ‹Satz› ohne Definition oder Erklärung gebraucht. Diese Termini haben wir nun im Licht der im vorhergegangenen Kapitel erörterten allgemeinen Prinzipien zu untersuchen, wobei wir berücksichtigen wollen, was ‹Wort› und ‹Satz› im täglichen Sprachgebrauch und in der traditionellen grammatischen Theorie bedeuten.

Aus Gründen, die später in diesem Kapitel erklärt werden sollen, haben sich die klassischen Grammatiker wenig mit der Teilung von Wörtern in kleinere Elemente befaßt. Doch liegt auf der Hand, daß zumindest sehr viele Sprachen solche Elemente aufweisen. Z. B. setzt sich das englische Wort *unacceptable* aus drei kleineren Elementen zusammen, von denen jedes eine charakteristische Distribution hat: *un, accept* und *able*. Diese sind außerdem kleinste Einheiten in dem Sinn, daß sie nicht weiter in distributionell klassifizierbare englische Einheiten zerlegt werden können. Solche Kleinsteinheiten der grammatischen Analyse, aus denen Wörter bestehen können, werden gewöhnlich als *Morpheme* bezeichnet.

Wir haben daher im vorliegenden Kapitel drei verschiedene Einheiten der grammatischen Beschreibung zu betrachten: Sätze, Wörter und Morpheme. Zwischen Wort und Satz werden von den Grammatikern allgemein noch zwei weitere Einheiten festgestellt: Syntagmen und Teilsätze. Traditionell wird der Unterschied zwischen beiden etwa wie folgt formuliert: Jede Wortfolge, die einem einzelnen Wort grammatisch gleichwertig ist und über kein eigenes Subjekt und Prädikat verfügt, ist ein *Syntagma*; dagegen handelt es sich bei einer Wortfolge mit eigenem Subjekt und Prädikat, wenn sie in einem größeren Satz enthalten ist, um einen *Teilsatz*. Der Unterschied zwischen Syntagma und Teilsatz ist bei der Analyse bestimmter Sätze nicht immer scharf gezogen oder konsequent eingehalten worden. Theoretisch läuft die traditionelle Unterscheidung zwischen Wortgruppen und Teilsätzen auf eine Unterscheidung zwischen wortähnlichen und satzähnlichen Wortfolgen innerhalb von Sätzen hinaus; denn der Satz selbst wurde traditionell, wie wir sehen werden, unter Bezug auf ‹Subjekt› und ‹Prädikat› definiert. Die Syntagmen und Teilsätze der traditionellen Grammatik sind daher sekundäre Einheiten, die aufgrund ihrer grammatischen Äquivalenz mit den Primäreinheiten, nämlich den Wörtern und Sätzen definiert waren. Wir haben im vorliegenden Buch vom Standpunkt der modernen grammatischen Theorie über Syntagmen und Teilsätze nur wenig zu sagen (aber vgl. 5.5.1, 6.2.10).

Für das Verhältnis der fünf Einheiten der grammatischen Beschreibung untereinander kann (bei Sprachen, für die alle fünf gelten) das Kennwort *Komposition* (im Sinne von ‹Zusammensetzen›) gewählt werden. Wenn wir den Satz als die ‹höchste› und das Morphem als die ‹niedrigste› Einheit bezeichnen, können wir alle fünf Einheiten in eine Rangordnung reihen (Satz, Teilsatz, Syntagma, Wort, Morphem), wobei gilt, daß jede Einheit eines höheren Rangs sich aus Einheiten niedrigeren Rangs zusammensetzt. Umgekehrt können wir sagen, daß Einheiten des höheren Rangs in Einheiten niedrigeren Rangs zerlegt werden können.

Viele ältere Werke über Sprache haben der Diskussion über die Frage breiten Raum gewidmet, welche der beiden traditionellen Primäreinheiten der grammatischen Beschreibung, Wort oder Satz, als ‹Basis› anzusehen sei: Identifiziert der Grammatiker zuerst Wörter und erklärt dann die Satzstruktur aufgrund der erlaubten Wortkombinationen oder fängt er damit an, in seinem Material die Sätze festzustellen und zerlegt dann die Sätze in die Wörter, aus denen sie bestehen? Wir werden auf dieses Problem hier nicht eingehen. Vorläufig soll angenommen werden, daß die Grammatik einer Sprache in Bezug auf die Frage, ob man in der Rangordnung ‹hinauf› oder ‹hinunter› vorgeht, indifferent ist, d. h. beides gleichermaßen zuläßt, wie das auch für die Unterscheidung von Analyse und Synthese gilt (vgl. 4.3.1).

5.1.2 *Die Äußerung*

Ein Grund, weshalb die Linguisten nicht länger darüber streiten, ob der Satz oder das Wort ‹grundlegender› ist, ist der, daß sie heute klarer erkennen als ihre Vorgänger, daß weder Wörter noch Sätze noch überhaupt irgendwelche anderen Einheiten der Sprachbeschreibung im nicht-analysierten Material bereits ‹gegeben› sind. Wenn der Sprachwissenschaftler sich an die Aufgabe macht, die Grammatik einer Sprache auf der Grundlage eines belegten Materialkorpus zu beschreiben, beginnt er mit etwas, was noch primitiver ist als die mit ‹Wort› oder ‹Satz› verbundenen Begriffe (unter ‹primitiv› ist zu verstehen ‹innerhalb der Theorie nicht definiert›, ‹vor-theoretisch›), nämlich mit der *Äußerung*. Genauso wie ‹Zulässigkeit› (oder ‹Akzeptierbarkeit›) ein primitiverer Begriff ist als ‹Grammatizität› oder ‹Bedeutung› (vgl. 4.2.3), ist ‹Äußerung› primitiver als ‹Wort›, ‹Satz›, ‹Morphem› usw. und zwar insofern, als die Verwendung von ‹Äußerung› keine Definition und keine Grundannahme der Sprachwissenschaft voraussetzt. Die Äußerung ist von Harris definiert worden als «beliebiger Abschnitt Rede einer einzigen Person, vor und nach welchem diese Person schweigt». Zu bedenken ist, daß wir es hier nicht mit der formalen Definition einer linguistischen Einheit zu tun haben, sondern mit einer Beschreibung des sprachwissenschaftlichen Materials auf vorwissenschaftlicher Stufe. ‹Schweigen› und die anderen in der Charakteristik und Abgrenzung von Äußerungen verwendeten Ausdrücke sind mit jener Toleranz zu verstehen, die man dem nicht-wissenschaftlichen Alltagsgespräch für gewöhnlich zubilligt. Weiter dürfen wir nicht annehmen, daß unbedingt ein hohes Maß an Übereinstimmung bei Sätzen und Äußerungen allgemein oder auch nur bei Äußerungen und grammatischen Einheiten eines bestimmten Typs vorliegt. Wie Harris weiter fortfährt, ist «die Äußerung im allgemeinen nicht mit dem ‹Satz› (im allgemein gebrauchten Sinn dieses Wortes) identisch, da eine große Anzahl von Äußerungen etwa im Englischen aus einzelnen Wörtern, Wortkomplexen, unvollständigen Sätzen usw. besteht. Viele Äußerungen setzen sich aus Teilen zusammen, die andernorts vorkommenden ganzen Äußerungen gleichwertig sind.»

5.2 *Der Satz*

5.2.1 *Bloomfields Definition des Satzes*

Bloomfields Definition des Satzes wird uns als Ausgangspunkt für die Diskussion dienen. Nach Bloomfield ist ein Satz «eine unabhängige sprachliche Form, die nicht durch eine grammatische Konstruktion in einer größeren sprachlichen Form enthalten ist». Als Beispiel zu seiner Definition führt er die folgende Äußerung an: *How are you? It's a fine day. Are you going to play tennis this afternoon?* (etwa ‹Wie geht es Ihnen? Schönes Wetter heute. Spielen Sie heute nachmittag Tennis?›); er führt weiter aus: «Was immer auch für praktische Verbindungen zwischen diesen drei Formen bestehen mögen, es ist kein grammatischer Rahmen vorhanden, der sie zu einer größeren Form vereinigt; die Äußerung besteht aus drei Sätzen.» Was Bloomfield mit seiner Definition sagen will, läßt sich knapper wie folgt zusammenfassen: *der Satz ist die größte Einheit der grammatischen Beschreibung.* Ein Satz ist eine grammatische Einheit, zwischen deren Bestandteilen sich distributionelle Einschränkungen und Abhängigkeiten ermitteln lassen, die selbst jedoch keiner Distributionsklasse zugeordnet werden kann. Das ist gleichwertig mit der Feststellung, daß der Begriff der Distribution, der ja auf Ersetzbarkeit gründet, einfach auf Sätze nicht anwendbar ist. Betrachten wir Bloomfields Beispiel. Wenn wir den weiteren Kontext nicht einbeziehen, ist es sinnlos, davon zu sprechen, man sollte etwa für *It's a fine day* andere Formen einsetzen. Und selbst wenn wir den weiteren Kontext berücksichtigen, so könnten die von Bloomfield sogenannten ‹praktischen Verbindungen› zwischen den drei Sätzen nicht auf allgemeine Regeln der distributionellen Selektion zurückgeführt werden. Die Bestandteile des Satzes *It's a fine day* sind nicht nur aus dem weiteren Kontext nicht voraussagbar; es läßt sich daraus nicht einmal erkennen, ob eine Feststellung oder eine Frage zu folgen hat. *How are you?, It's a fine day, Are you going to play tennis this afternoon?* sind alle distributionell unabhängig voneinander; deshalb betrachtet man sie als drei getrennte Sätze.

5.2.2 *‹Abgeleitete› Sätze*

Ich möchte nun einige Beispiele für verschiedene Arten von Äußerungen oder Teilen von Äußerungen geben, die traditionell als Sätze betrachtet werden, obwohl sie nicht in dem von uns gebrauchten Sinn von ‹Distribution› distributionsunabhängig sind. Erstens gehören hierher Äußerungen, die personenbezogene Pronomina enthalten (im Deutschen *er, sie, es* usw.). Eine Äußerung wie *Er wird gleich da sein* setzt das vorherige Vorkommen irgendeines männlichen Nomens oder eines Nominalausdrucks (z. B. *Hans, der Briefträger* usw.) voraus, auf das sich das Pronomen *er* bezieht. Die distributionellen Einschränkungen für das Vorkommen von ‹Personal›pronomina – von der traditionellen Grammatik so formuliert, daß *er* (*seiner, ihm, ihn, sein* usw.) für männliche Nomina im Singular ‹steht›, *sie* (*ihrer, ihr* usw.) für weibliche Nomina im Singular, *es* (*seiner, ihm* usw.) für sächliche Nomina im Singular und *sie* (*ihrer, ihnen* usw.) für Nomina im Plural – können über sehr lange Äußerungen hinweg verbindlich sein (ja sich sogar über mehrere verschiedene Äußerungen verschiedener Sprecher erstrecken). Wenn aber die Äußerungen, wie das gewöhnlich der Fall ist, in Abschnitte unterteilt werden können, die in jeder anderen Hinsicht, abgesehen von der Selektion des Personalpronomens, distributionell unabhängig sind, dann können diese Abschnitte als ‹abgeleitete› Sätze betrachtet werden, in denen aufgrund von sekundären grammatischen Regeln Nomina durch Pronomina (männliche, weibliche usw., je nach Kontext) ersetzt worden sind. Genau dies impliziert der traditionelle Ausdruck ‹Pronomen› (ein grammatisches Element mit verschiedenem Bezug, das ‹für› ein beliebiges, vorher im Kontext explizit oder implizit gegebenes Nomen ‹steht›). Dabei versteht es sich von selbst, daß der Hörer, um einen ‹abgeleiteten› Satz wie *Er wird gleich da sein* zu verstehen, in der Lage sein muß, für das Pronomen *er* das richtige Nomen bzw. den richtigen Nominalausdruck einzusetzen, für welchen *er* ‹steht›.

Als anderes Beispiel für distributionelle Einschränkungen, die sich über eine Folge von normalerweise als distinkt betrachteten Sätzen erstrecken, können wir die Konstruktion der ‹indirekten Rede› im Lateinischen ansehen. Diese Konstruktion erscheint in ihrer einfachsten Form in einem Satz wie *Dico te venisse in Marci Laecae domum* (aus Cicero: ‹Ich behaupte, Du seist in Markus Laecas Haus gekommen›), wo der Abschnitt *te venisse in ... domum* die ‹indirekte› Form (in der ‹ACI-Konstruktion›) der ‹direkten› Form (*tu*) *venisti in ... domum* ist. Es kommt bei lateinischen Autoren durchaus vor, daß eine ganze Rede ‹indirekt› wiedergegeben ist, wobei jeder Abschnitt, der nach traditioneller Auffassung als getrennter Satz betrachtet wird (und auch entsprechend mit Satzzeichen versehen ist), durch das Vorkommen des ACI (und anderer Merkmale) als abhängig von einem vorangegangenen ‹Verbum des Sagens› gekennzeichnet ist. Dieses Phänomen, das als ‹erweiterte indirekte Rede› bezeichnet werden kann, ist auch im Englischen (und vielen anderen Sprachen) anzutreffen. Ich verweise etwa auf die folgende englische Textstelle: *The prime minister said that he deeply regretted the incident. He would do everything he could to ensure that it did not happen again. On the following day he would confer with his colleagues. He was confident that ...* Es gilt auch hier: Bei Texten dieser Art verfährt man am besten in zwei Stufen: zuerst wird eine Reihe unabhängiger Sätze in der ‹direkten› Form beschrieben (*I deeply regret ...; I will do everything I can ...; Tomorrow I will confer ...; I am confident that ...*), und dann werden die sekundären grammatischen Regeln angegeben, die jeden dieser Sätze, wenn sie auf ein ‹Verbum des Sagens› folgen, in die entsprechende ‹indirekte› Form bringen.

5.2.3 *‹Unvollständige› Sätze*

Schließlich wollen wir den Fall der in der traditionellen Grammatik als ‹unvollständig› oder ‹elliptisch› bezeichneten Sätze betrachten. Diese Kategorie war in jüngster Zeit häufig Gegenstand der Kritik; es wurde nämlich darauf hingewiesen, daß solche Äußerungen, wenn sie in einem bestimmten Kontext vorkommen, vollkommen verständlich seien (was zutrifft, aber irrelevant ist) und in dieser Hinsicht kaum als ‹unvollständig› bezeichnet werden könnten.

Man muß indessen zwischen kontextbezogener und grammatischer Vollständigkeit unterscheiden. Es kommen im normalen Alltagsgespräch viele Äußerungen vor, die in ihrer Form von den vorhergehenden Äußerungen desselben Sprechers oder des Gesprächspartners abhängig sind. Ein Beispiel ist etwa *Mit Peters, wenn er rechtzeitig kommt,* was kaum anders als unmittelbar nach einer Frage vorkommen könnte, die jene Wörter ‹ergänzt›, die nötig sind, um das Gesagte in einen nach traditioneller Auffassung ‹vollständigen› Satz zu verwandeln. Es könnte beispielsweise auf die Frage folgen *Mit wessen Wagen fahrt ihr?*, nicht aber auf *Wann fahrt ihr dorthin?*. Eine Äußerung wie *Mit Peters, wenn er rechtzeitig kommt* ist daher grammatisch ‹unvollständig›, da sie selbst kein Satz ist (sie ist distributionell nicht unabhängig), doch kann sie von einem Satz abgeleitet werden, zu dem man kommt, indem man der Äußerung verschiedene, im Kontext ‹gegebene› Elemente hinzufügt: *Wir fahren mit Peters Wagen, wenn er rechtzeitig kommt.*

Etwas anders liegt der Fall bei einer Äußerung wie *Got the tickets?* Im ersten Augenblick mag es unbegründet erscheinen, diese Äußerung – eine Kurzform des Satzes *Have you got the tickets?* (‹Hast du die Karten›) – überhaupt als elliptisch zu bezeichnen, da sie ohne Bezug auf eine vorherige Äußerung verstanden werden kann. Wahrscheinlich die einfachste Methode, diese erste Äußerung zu erklären, ist die, sie mithilfe einer Regel abzuleiten, die *Have you* aus Sätzen tilgt, welche mit *Have you got* ... beginnen. Denn auf diese Weise können wir die Tatsache erklären, daß die genannte Äußerung unter Einschluß des Pronomens *you* verstanden wird, ebenso daß die Antwort darauf die Form *Yes, I have* (*got them*) hat. Der Unterschied zwischen diesem Beispiel und jenem, das wir im vorhergehenden Absatz betrachtet haben, ist jedoch klar zu erkennen. Beides sind zwar ‹elliptische›, kürzere Formen von längeren Versionen derselben Sätze, jedoch handelt es sich um verschiedene Arten von Ellipsen. *Mit Peters, wenn er rechtzeitig kommt* ist grammatisch unvollständig; anders ausgedrückt, es handelt sich hier nicht um einen Satz; die Form muß daher auch nicht unmittelbar durch die Grammatik beschrieben werden, sondern durch Zusatzregeln (wenn solche aufgestellt werden können), die die Tilgung von kontextbestimmten Elementen in jenen Sätzen ermöglichen, aus denen die Äußerungen des zusammenhängenden Gesprächs abgeleitet sind. *Got the tickets?* ist hingegen (zumindest im britischen Englisch) ein Satz (und in diesem Sinne ‹vollständig›); die Ellipse als Ableitung von der Alternativversion desselben Satzes *Have you got the tickets?* ist rein grammatischer Natur und vom Textzusammenhang unabhängig. In ähnlicher Weise müssen die grammatischen Regeln des Englischen die Generation von grammatisch gleichwertigen (aber vielleicht stilistisch verschiedenen) Formen wie *don't* und *do not, can't* und *cannot* usw. zulassen, die in ansonsten identischen Sätzen vorkommen. Die traditionelle Grammatik hat sehr häufig zwischen grammatischer und kontextbezogener Unvollständigkeit nicht unterschieden.

5.2.4 *Zwei Bedeutungen von ‹Satz›*

Der Satz ist die maximale Einheit der grammatischen Analyse, d. h. er ist die größte vom Linguisten erkannte Einheit, auf deren Grundlage die distributionellen Beziehungen der Selektion und Exklusion beschrieben werden, die der Linguist in der zu beschreibenden Sprache vorfindet. Es geht aus der Erörterung der oben angeführten Beispiele (die sich vermehren ließen) hervor, daß distributionelle Beziehungen häufig die Grenzen von Äußerungssegmenten (oder -abschnitten), die normalerweise als getrennte Sätze angesehen werden, überschreiten. Hier scheint ein Widerspruch vorzuliegen. Er kann jedoch beseitigt werden, indem man zwei Bedeutungen des Ausdrucks ‹Satz› unterscheidet. Als grammatische Einheit ist der Satz ein abstraktes Ganzes, von dem der Linguist bei seiner Beschreibung der distributionellen Beziehungen innerhalb von Äußerungen ausgeht. In diesem Sinn des Ausdrucks bestehen Äußerungen niemals aus Sätzen, sondern aus einem oder mehreren Segmenten der Rede (bzw. des geschriebenen Textes), die den von der Grammatik generierten Sätzen entsprechen können. Andererseits werden die Segmente selbst oft als Sätze bezeichnet, wie z. B. bei Bloomfield, wenn er sagt, daß die Äußerung *How are you? It's a fine day. Are you going to play tennis this afternoon?* aus drei Sätzen besteht. Bei jenen Segmenten, die distributionell unabhängig sind (wie die drei, in die Bloomfield seine Äußerung teilt) ist man versucht zu sagen, daß die Grammatik sie unmittelbar generiert, ohne auf die abstrakteren grammatischen Einheiten zurückzugreifen. Jedoch ist, wie wir gesehen haben, die Entsprechung von Sätzen und den diesbezüglichen Redeabschnitten oft viel komplizierter. Daher scheint es vorteilhaft, dem Terminus ‹Satz› (wie die traditionelle Grammatik es getan hat, wenn auch vielleicht nicht explizit oder konsequent) auf den hier angedeuteten abstrakteren Sinn zu beschränken. Um auf de Saussures weiter oben erklärte Unterscheidung zurückzukommen (vgl. 1.4.7): Äußerungen sind Stücke der *parole*, die von muttersprachlichen Sprechern aus Sätzen gebildet werden, die das System der Elemente und Regeln generiert, welches die *langue* darstellt. Der Linguist beschreibt Beispiele von *parole*, indem er die *langue* ermittelt und *parole* auf die einfachst mögliche Weise zu *langue* in Beziehung setzt. Nach dieser Klarstellung werden wir weiterhin in Anlehnung an die übliche Praxis der Linguistik sagen, daß Äußerungen aus Sätzen bestehen. Diese Ausdrucksweise ist so zu verstehen, wie sie hier erklärt wurde.

5.2.5 *Klischees*

An dieser Stelle sollten wir vielleicht noch eine weitere Kategorie von Äußerungen oder Teilen von Äußerungen erwähnen, die insofern den ‹unvollständigen› Sätzen ähneln, als sie nicht unmittelbar den von der Grammatik generierten Sätzen entsprechen, sondern sich von ihnen dadurch unterscheiden, daß für ihre Beschreibung jene Regeln nicht anwendbar sind, die für die große Masse der ‹normaleren› Äußerungen aufgestellt worden sind. Es handelt sich um die Klischees, von de Saussure ‹locutions toutes faites› (etwa: ‹vorgefertigte Äußerungen›) genannt, Äußerungen, die von Angehörigen einer Sprachgemeinschaft als unzerlegbare Ganze gelernt und in bestimmten Situationen verwendet werden. Ein Beispiel aus dem Englischen ist *How do you do?*, was normalerweise, obwohl gewöhnlich mit einem Fragezeichen versehen, nicht als Frage verstanden wird; und anders als echte Fragen, die mit *How do you* . . . beginnen und mithilfe produktiver Regeln der englischen Grammatik konstruiert werden, läßt sich *How do you do?* nicht nach dem Schema *How does he –?, He – beautifully* einem Satz mit der Form *I – very well* zuordnen. Ein deutlich ‹vorgefertigter› Ausdruck ist die Grabinschrift ‹Ruhe in Frieden›, was im Gegensatz zu ‹Ruhe hier einen Augenblick aus› nicht als Anweisung oder Aufforderung anzusehen ist, die an die angesprochene Person gerichtet ist, sondern als situationsgebundener Ausdruck, der unter Bezug auf die grammatische Struktur des Gegenwartsdeutschen nicht analysierbar ist (und auch keine Analyse erfordert). Der von Generation zu Generation überlieferte Sprichwortschatz liefert uns viele Beispiele für klischeehafte Äußerungen (vgl. *Wie gewonnen, so zerronnen*; *Es ist nicht alles Gold, was glänzt* usw.). Von einem streng grammatischen Gesichtspunkt aus werden solche Äußerungen zweckmäßig nicht als Sätze betrachtet, obwohl sie distributionell unabhängig sind und insofern der oben gegebenen Definition des Satzes genügen. Ihre innere Struktur wird anders als bei echten Sätzen nicht in Form von Regeln erklärt, in denen die zulässigen Wortfügungen angegeben sind. In einer totalen Beschreibung der Sprache, die die phonologische und grammatische Analyse vereint, könnten sie jedoch als (grammatisch nicht-strukturierte) Sätze klassifiziert werden, da sie dieselbe Intonationskurve haben, wie Sätze, die von der Grammatik generiert werden. Abgesehen davon werden sie einfach so erfaßt, daß man sie im Wörterbuch mit Bedeutung und Angabe der Situationen, in denen sie gebraucht werden, anführt.

Neben jenen ‹klischeehaften› Ausdrücken, die als vollständige Äußerungen dienen können und keine Erweiterung oder Abwandlung zulassen, gibt es solche, die grammatisch unstrukturiert oder nur teilweise strukturiert sind, deren Kombination innerhalb von Sätzen aber trotzdem produktiven Regeln folgt. Beispiele aus dem Englischen sind: *What's the use of – ing . . .?; Down with –!; For –'s sake!* (etwa ‹Was nützt es . . .?›; ‹Nieder mit –!›; ‹Um – willen!›). Es gibt für solche Elemente keine allgemein übliche Bezeichnung. Wir wollen sie Schemata nennen. Schemata lassen sich auf verschiedenen Rangstufen feststellen. *What's the use of – ing . . .?* und *Down with –!* sind Satzschemata (und gehören also zu jener Klasse grammatischer Einheiten, die uns in diesem Abschnitt allein interessiert). Eine unbegrenzt große Anzahl von Sätzen kann aus ihnen dadurch generiert werden, daß die ‹Leerstelle› im Schema mit einem Element der geeigneten grammatischen Klasse ›gefüllt‹ wird; so z. B. *What's the use of worrying?* (‹Was nützt es, sich Gedanken zu machen?›), *What's the use of getting everything ready the night before?* (‹Was nützt es, alles am Vorabend zurechtzumachen?›), *Down with the King!* (‹Nieder mit dem König!›), *Down with the Sixth Republic!* (‹Nieder mit der Sechsten Republik!›). Hingegen ist *for – 's sake* ein Syntagmenschema; die Grammatik hat hier nicht nur jene Klasse von Elementen anzugeben, die die ‹Leerstelle› im Schema ‹füllen› können (*for his sake,* ‹um seinetwillen›; *for my mother's sake* ‹um meiner Mutter willen› usw.), sondern muß auch die daraus entstehende Wortgruppe nach ihrer Distribution in Sätzen klassifizieren (*I did it for –'s sake,* ‹Ich tat es um – willen› usw.).

5.2.6 *Verschiedene Satztypen*

In der traditionellen Grammatik werden Sätze nach zwei Aspekten in Typen eingeteilt: erstens nach ihrer Funktion als Behauptungen, Fragen, Ausrufe und Befehle; und zweitens nach ihrer Komplexität als einfache oder zusammengesetzte Sätze. Zusammengesetzte (komplexe) Sätze bestehen aus mehreren einfachen Sätzen (die in ihrer Eigenschaft als Bestandteile eines größeren Satzes *Haupt-* bzw. *Nebensätze* [*Stamm-* bzw. *Gliedsätze*] genannt werden). So ist *Ich sah ihn gestern, und ich werde ihn morgen wiedersehen* ein komplexer Satz (Satzreihe). Diese zerfallen (a) in solche, die aus grammatisch *koordinierten* (*beigeordneten*) Teilsätzen bestehen, wobei kein Satz von einem anderen abhängig ist, sondern alle ohne oder mit sogenannten koordinierenden Konjunktionen (*und, aber* usw.) sozusagen aneinandergereiht sind (Satzverbindung); und (b) solche, bei denen ein Satz (der ‹Hauptsatz› oder ‹Stammsatz›) durch einen oder mehrere grammatisch von ihm abhängige *subordinierte Sätze* (‹Neben- oder Gliedsätze›) ‹modifiziert› wird, wobei der ‹Nebensatz› im allgemeinen (im Deutschen) von einer subordinierenden (nebenordnenden) Konjunktion (*wenn, ob* usw.) eingeleitet wird. Subordinierte Sätze werden nach ihrer Funktion u. a. in nominale, adjektivische, adverbale Nebensätze unterteilt, weiter in Temporal-, Konditional-, Relativsätze usw. Wir behandeln diese Klassifikation hier nicht im einzelnen. Der Begriff der grammatischen Abhängigkeit wurde im vorliegenden Abschnitt auf der Grundlage der Distribution interpretiert; ‹Funktion› und ‹Modifikation›, die anderen Begriffe, nach denen die Typusklassifikation von Sätzen erfolgen kann, werden in einem späteren Kapitel (vgl. 6.4.1) vom Gesichtspunkt der Distribution aus erörtert werden.

Eine allgemeine Bemerkung muß noch gemacht werden, bevor wir die Frage der Satztypen vorübergehend bei Seite lassen. Der formale Standpunkt, den wir in der grammatischen Beschreibung im vorliegenden Buch einnehmen und den die meisten Linguisten heute bejahen, bringt eine Ablehnung jedes Versuchs mit sich, die Sätze ‹inhaltbezogen› zu kategorisieren, bevor sie aufgrund ihrer inneren Struktur (d. h. aufgrund der distributionellen Beziehungen zwischen ihren Bestandteilen) klassifiziert sind. Man darf nicht von vornherein annehmen, daß jede Sprache formal differenzierte Satzbaumodelle für jeden der vier wichtigsten Satztypen (Behauptungen, Fragen, Ausrufe, Befehle) hat, die in der traditionellen Grammatik unterschieden werden. Es muß, wie wir im vorhergehenden Kapitel bereits betont haben, so verfahren werden, daß zunächst für jede Sprache unabhängig die für diese Sprache geltenden grammatischen Einheiten und Kombinationsmodelle ermittelt werden und daß man diese, wenn überhaupt, erst dann mit Etiketten wie ‹Behauptung, Frage› usw. aufgrund ihres semantischen oder kontextuellen Zusammenhangs versieht. Die traditionelle Grammatik unterschied deshalb vier Haupttypen des Satzes, weil das Griechische und Lateinische vier formal distinkte Satzbaumodelle haben, die grob als die vier semantischen Kategorien der Feststellung, der Frage, des Ausrufs und des Befehls klassifiziert werden konnten. Die Lehrmeinung, daß diese vier Typen universale grammatische Kategorien seien, gehörte wie die Auffassung, daß die ‹Teile der Rede› Universalmerkmale der Sprache seien, mit zu der großen Übertragung der Besonderheiten des Griechischen und Lateinischen auf die Ebene der theoretisch notwendigen und apriorischen Kategorien, die von den ‹spekulativen› Grammatikern des Mittelalters und ihren Nachfolgern vorgenommen wurde.

5.2.7 *Phonologische Kriterien*

Das Kriterium der distributionellen Unabhängigkeit reicht von sich aus nicht immer aus, wenn es darum geht, eine Äußerung eindeutig in eine bestimmte Anzahl von Sätzen zu teilen. Man wird sich erinnern, daß die Feststellung, Äußerungen bestünden aus Sätzen, nur mit den weiter oben in diesem Abschnitt gemachten Einschränkungen zu verstehen ist. Nehmen wir z. B. die englische Äußerung *I shouldn't bother if I were you I'd leave it till tomorrow* (‹Ich würde mir keine Sorgen machen wenn ich du wäre ich würde es bis morgen aufschieben›). Der Abschnitt *if I were you* ist distributionell nicht unabhängig (ist also deshalb kein Satz), weil er, zumindest im allgemeinen, in derselben Äußerung einen weiteren Abschnitt (entweder vorher oder anschließend) voraussetzt, der *would, should, 'd,* usw. enthält. Sowohl der Abschnitt vor *if I were you* als auch der darauffolgende erfüllen diese distributionelle Vorbedingung, so daß also die Äußerung auf zwei verschiedene Arten in zwei Sätze unterteilt werden kann; *I shouldn't bother if I were you. I'd leave it till tomorrow,* und *I shouldn't bother. If I were you I'd leave it till tomorrow.* Soll in einem bestimmten Fall zwischen diesen beiden Möglichkeiten entschieden werden, so sollten andere Überlegungen ins Spiel gebracht werden, und zwar vor allem die Kriterien der potentiellen Redepause und der Intonation. Distributionell eindeutig bestimmte Sätze, bei denen kein Abgrenzungsproblem besteht, folgen einem charakteristischen Intonationsmuster und können, wenn sie hintereinander in derselben Äußerung vorkommen, durch längere oder kürzere Redepausen voneinander abgesetzt werden. Daher ist bei einer Gesamtbeschreibung des Englischen der Satz, der primär in grammatischer Hinsicht definiert wird, auch als der Wirkungsbereich jener phonologischen Merkmale zu betrachten, die unter der Bezeichnung ‹Intonation› zusammengefaßt sind. Da dies so ist, vereinfacht es die Gesamtbeschreibung der Sprache, wenn man in Fällen wie dem obigen, wo die rein grammatischen Kriterien nicht ausreichen, die Entscheidung aufgrund der phonologischen Merkmale trifft. Es ist natürlich theoretisch denkbar, daß in einer bestimmten Sprache der Intonationsbereich ganz anders festgelegt ist (z. B. als gegebene Anzahl von Silben) und keiner grammatisch abgegrenzten Einheit entspricht. Doch ist es wahrscheinlich so, daß in allen Sprachen der Satz diejenige Einheit ist, bei der die größte ‹Kongruenz der Ebenen› überhaupt und insbesondere zwischen der phonologischen und der grammatischen Beschreibungsebene festzustellen ist. Es mag hier erwähnt werden, daß man zusammengesetzte Sätze, die traditionell als Gefüge von Hauptsätzen angesehen werden, nicht als einzelne Sätze betrachtet, sondern – und zwar aufgrund rein grammatischer Kriterien – als Aufeinanderfolge von getrennten Sätzen. Eine Äußerung wie *Ich sah ihn gestern und ich werde ihn morgen sehen* würde aufgrund des Kriteriums der distributionellen Unabhängigkeit in zwei Sätze unterteilt werden (wobei die Trennung zwischen *gestern* und *und* erfolgt). Doch unterscheiden die zusätzlichen Kriterien der (potentiellen) Redepause und der Intonation Äußerungen, bei denen zwei oder mehr aufeinanderfolgende Sätze als Teile eines Satzgefüges zu betrachten sind, von jenen, bei denen es sich um getrennte Sätze handelt. Die Orthographie gibt in solchen Fällen den Unterschied wieder: vgl. *Ich sah ihn gestern. Und ich werde ihn morgen wiedersehen* einerseits und *Ich sah ihn gestern und ich werde ihn morgen wiedersehen* andererseits.

5.3 *Das Morphem*

5.3.1 *Wort und Morphem*

Bei der Erörterung der anderen beiden ‹primären› Einheiten der grammatischen Analyse sehen wir uns der Schwierigkeit gegenüber, daß wir, welche der beiden wir auch zuerst behandeln, eine gewisse Kenntnis der anderen voraussetzen müssen. Die meisten modernen Abhandlungen über Theorie der Grammatik vertuschen diese Schwierigkeit dadurch, daß sie das Morphem als kleinste Einheit der grammatischen Analyse definieren (wir schließen uns vorläufig dieser Definition an) und es dann verabsäumen, darauf hinzuweisen, daß der allgemeine Usus in der Linguistik sich nicht immer konsequent an diese Definition hält, sondern in gleichem Maße – explizit oder implizit – das Wort als grammatische Einheit voraussetzt. Die Gründe für diese Ambivalenz oder Widersprüchlichkeit sind historisch erklärbar und werden im Laufe unserer Erörterung klar werden. Wir werden sodann erkennen, daß weder Wörter noch Morpheme (so wie diese Termini allgemein in der Linguistik verwendet werden) universale Sprachmerkmale sind, obwohl es möglich wäre, sie *per definitionem* dazu zu erklären. Um jedoch eine (gleich welche) der beiden Einheiten zum Universal zu machen, müßten wir radikaler mit der Vergangenheit brechen, als die meisten Linguisten bislang bereit waren. Wir werden uns im vorliegenden Abschnitt zwar in der Hauptsache mit dem Morphem und im nächsten Abschnitt mit dem Wort befassen, doch wird ein gewisses Maß an Überschneidung bei den beiden Abschnitten nicht zu vermeiden sein.

5.3.2 *Segmentierbarkeit der Wörter*

Wir beschrieben die Morpheme als kleinste Einheiten der ‹niedrigsten› Rangstufe, aus denen sich die Einheiten der nächst ‹höheren› Rangstufe zusammensetzen (vgl. 5.1.1). In unserem Beispiel erklärten wir, daß sich das englische Wort *unacceptable* aus drei Morphemen, nämlich *un, accept, able* zusammensetzt, von denen jedem einzelnen eine besondere Distribution und auch eine bestimmte phonologische (und orthographische) Form bzw. ‹Gestalt› eignet. Wir müssen nun eine Unterscheidung zwischen den Morphemen als distributionellen Einheiten und ihrer phonologischen (oder orthographischen) Form bzw. ‹Gestalt› treffen.

Ob ein Wort in kleinere grammatische Segmente zerlegt werden kann, ist eine Sache gradueller und nicht prinzipieller Unterscheidung. Die englischen Wörter *boy-s; jump-s, jump-ed, jump-ing; tall-er, tall-est* usw. lassen sich nicht weniger einfach in ihre Bestandteile zerlegen als *un-acceptable;* dasselbe gilt für die Mehrzahl der englischen Nomina, Verben und Adjektive. Solche Wörter haben, so wollen wir sagen, *feste Segmentierbarkeit.* Es gibt aber viele andere englische Nomina, Verben und Adjektive, die entweder überhaupt nicht geteilt werden können oder deren Segmentierbarkeit nur teilweise festgelegt ist. Beispiele dafür sind: die unregelmäßigen Plurale *men, children, mice, sheep* usw.; die ‹starken› Verben *went, took, came, run, cut* usw., die unregelmäßigen Komparative und Superlative *better, best, worse, worst.* Mit allen diesen Wörtern verbinden sich Segmentierbarkeitsprobleme verschiedenen Grades oder verschiedener Art. *Men* steht beispielsweise in demselben grammatischen Verhältnis zu *man* wie *boys* zu *boy* (so wie *boys* der Plural der Singularform *boy* ist, so ist *men* der Plural der Singularform *man*); es besteht zumindest eine gewisse phonologische (und orthographische) Ähnlichkeit zwischen *men* und *man,* die man als Basis für eine Segmentierbarkeit von *men* in zwei Teile ansehen könnte. Dasselbe gilt für *mice* und *mouse* (man beachte, daß hier der orthographische Unterschied größer ist als der phonologische). Andererseits stehen zwar *worse* und *went* in demselben grammatischen Verhältnis zu *bad* und *go* wie *taller* und *jumped* zu *tall* und *jumps,* jedoch besteht zwischen *worse* und *bad* oder zwischen *went* und *go* überhaupt keine phonologische Ähnlichkeit mehr. Wörter wie *worse* oder *went* können nicht in Teile segmentiert werden. Mit großer Spitzfindigkeit haben Linguisten die eine oder andere Lösung für jene problematischen Wörter vorgeschlagen, deren Segmentierbarkeit nicht festgelegt ist, ja es wurden sogar für die ‹Segmentierung› von Wörtern wie *worse* und *went* ‹Lösungen› gefunden. Wir wollen diese hier nicht besprechen, da sie von gewissen methodologischen Voraussetzungen ausgehen, die weniger allgemein sind als jene, die der vorliegenden Arbeit zugrundeliegen. Es genügt für unseren Zweck, wenn wir darauf hinweiweisen, daß es – zumindest in einigen Sprachen – Wörter gibt, die nur durch willkürliche Einschnitte segmentiert werden können, obwohl diese Wörter derselben grammatischen Klasse angehören wie andere Wörter, die segmentierbar sind.

5.3.3 *Das Morphem als distributionelle Einheit*

Nun ist aus der Definition des Morphems nicht darauf zu schließen, daß das Morphem immer ein identifizierbares Segment des Wortes sein muß, dessen Bauteil es ist. Wenn man sagt, daß *worse* sich aus zwei Morphemen zusammensetzt, von denen es eines gemeinsam hat mit *bad* (und *worst*) und das andere mit *taller, bigger, nicer* usw., so ist das gleichbedeutend mit der Feststellung, daß *worse* sich von *taller, bigger, nicer* usw. in seiner grammatischen Funktion (d. h. in seiner Distribution in englischen Sätzen) in derselben Weise unterscheidet, wie *bad* sich von *tall, big, nice* usw. (und *worst* von *tallest* usw.) unterscheidet. Dies wird gewöhnlich in einer Proportion der grammatischen bzw. distributionellen Äquivalenz (vgl. die ursprüngliche Bedeutung von ‹Analogie› 1.2.3) ausgedrückt.

bad : worse : worst = tall : taller : tallest

Diese Proportion drückt den Umstand aus, daß beispielsweise *worse* und *taller* (wie *bigger, nicer* usw.) grammatisch insofern gleich sind, als sie Komparative des Adjektivs sind – sie können in Sätzen wie *John is worse* (*taller,* etc.) *than Michael* (‹John ist schlimmer [größer usw.] als Michael›), *It ist getting worse* [*taller,* etc.] *all the time* (‹Es wird dauernd schlimmer [größer, etc.]›) vorkommen. *Worse* und *taller* (sowie *bigger* und *nicer* usw.) unterscheiden sich jedoch insofern voneinander, als sie nicht in genau derselben Gruppe von Sätzen vorkommen können – sie können z. B., wie die traditionelle Grammatik es ausdrücken würde, nicht genau dieselbe Gruppe von Nomina ‹qualifizieren›. Insoweit als die Klasse der Nomina, die von einem bestimmten Adjektiv qualifiziert werden können, grammatisch festgelegt ist (und hier berühren wir einen Punkt, auf den wir in Kürze zurückkommen wollen), wird diesem Distributionsmerkmal dadurch Rechnung getragen, daß man jeweils ein bestimmtes Morphem als eine Komponente der betreffenden Adjektive postuliert.

Um dies klarer verständlich zu machen, wollen wir zunächst die eben aufgestellte distributionelle Proportion symbolisch darstellen, wobei wir jedes Wort durch einen verschiedenen Buchstaben repräsentieren; dann wird in Faktoren zerlegt wie bei jeder anderen algebraischen Proportion:

$$A : B : C = D : E : F$$

Durch das Zerlegen in Faktoren (wobei wir willkürliche Symbole wählen) erhalten wir:

$$ax : bx : cx = ay : by : cy$$

D. h. jedes Wort wird in zwei Komponenten zerlegt; alle Wörter auf der linken Seite der Gleichung haben die Komponente x, alle Wörter auf der rechten Seite die Komponente y; in Bezug auf die andere Komponente (a, b oder c) stimmt das erste Wort auf der linken Seite mit dem ersten auf der rechten Seite überein, das zweite auf der linken Seite mit dem zweiten auf der rechten Seite, u. s. f. Die Komponenten bzw. die distributionellen Faktoren der Wörter sind Morpheme.

Indem wir die Distribution von Wörtern auf diese Weise durch Faktoren sichtbar machen, können wir ihr Vorkommen in Sätzen als Distribution ihrer Morphemkomponenten ausdrücken: Die Distribution eines Wortes ist das Produkt der Distribution der Morpheme, aus denen es besteht.

5.3.4 *Morphem und Morph*

Es leuchtet ein, daß von dieser Warte aus die Frage, ob Wörter segmentiert werden können, gänzlich irrelevant ist. Das Morphem ist überhaupt kein Wortsegment; es hat keine Position innerhalb des Wortes (bei der Zerlegung von *A* in seine Morphenkomponenten könnten wir z. B. *xa* anstatt *ax* schreiben), sondern erfüllt lediglich als Faktor eine Funktion. Kann das Wort in Segmente aufgeteilt werden, dann bezeichnet man diese Wortsegmente als *Morphe*. So läßt sich das Wort *bigger* in zwei Morphe zerlegen, die orthographich *big* und *er* geschrieben werden können (wobei die englischen Rechtschreibekonventionen für das eingeschobene ‹verbindende› *g* verantwortlich sind), bzw. in phonologischer Transkription /big/ und /ə/. Jedes Morph repräsentiert ein bestimmtes Morphem.

Dieser Unterschied zwischen Morphen und Morphemen kann im Sinne von de Saussures Unterscheidung zwischen *Substanz* und *Form* (vgl. 2.2.2) ausgedrückt werden. Wie alle grammatischen Einheiten ist das Morphem ein Element der ‹Form›, das in einem ‹willkürlichen› (vgl. 2.2.7) Verhältnis zu seiner ‹substantiellen› Realisation auf der phonologischen (oder orthographischen) Stufe der Sprache steht. Wie wir gesehen haben, können Morpheme unmittelbar durch phonologische (oder orthographische) Segmente mit bestimmter ‹Gestalt› repräsentiert sein (d. h. durch Morphe), sie können aber auch auf andere Weise in der Sprachsubstanz repräsentiert sein. Will man sich auf das Morphem beziehen, ist es üblich, eines jener Morphe, die das betreffende Morphem repräsentieren, herauszunehmen und in geschweifte Klammern zu setzen. So ist {*big*} das Morphem, das in der phonologischen Substanz durch /big/ und in der orthographischen Substanz durch *big* repräsentiert ist; das Wort *went* (phonologisch /went/), das nicht weiter in Morphe segmentiert werden kann, repräsentiert die Verbindung der beiden Morpheme {*go*} und {*ed*}. Wir schließen uns dieser Konvention zwar an, doch sollte klar sein, daß die Entscheidung, wie ein Morphem symbolisiert wird, willkürlich ist. Wir könnten die Morpheme ebenso gut numerieren und sagen, daß z. {207} für /big/ (oder *big*) steht und daß {1039} + {76} die substantiell unsegmentierbare Form /went/ (oder *went*) repräsentiert.

5.3.5 *Allomorphe*

Ein Weiteres ist noch im Zusammenhang mit dem Verhältnis zwischen Morphemen und Morphen zu erwähnen. Es kommt häufig vor, daß ein bestimmtes Morphem nicht überall durch dasselbe Morph, sondern in verschiedenen Umgebungen durch verschiedene Morphe vertreten wird.

Diese Alternativrepräsentationen eines Morphems werden *Allomorphe* genannt. Das Pluralmorphem des Englischen, das wir mit {*s*} bezeichnen können, wird normalerweise durch die Allomorphe /s/, /z/ und /iz/ dargestellt. Diese sind in dem Sinne *phonologisch bedingt,* als es von der phonologischen Form des Morphs, mit dem das Allomorph verbunden ist, abhängt, welches der drei Allomorphe gewählt wird. Es gilt dabei folgende Regel: (I) Endet das das Substantivmorphem repräsentierende Morph, das sich mit {*s*} zur Pluralbildung verbindet, auf einen ‹Sibilanten› (/s/, /z/, /ʃ/, /ʒ/, /tʃ/, /dʒ/), so wird {s} durch /iz/ repräsentiert (vgl. /bʌsiz/, *buses*; /saiziz/, *sizes*; /fiʃiz/, *fishes*; /gara:ʒiz/, /gara:dʒiz/, *garages* (n. b. die Variationen der phonologischen Repräsentation dieses Wortes im britischen Standardenglisch); /batʃiz/, *batches* usw.); (II) in den übrigen Fällen wird {*s*}, wenn (*a*) das Morph auf ein stimmhaftes Phonem (die Vokale eingeschlossen) endet, durch /z/ repräsentiert (vgl. /dogz/, *dogs*; /bedz/, *beds*; /laiz/, *lies* usw.), und wenn (*b*) das Morph auf ein stimmloses (konsonantisches) Phonem endigt, durch /s/ (vgl. /kats/, *cats;* /bets/, *bets* usw. Es ist zu beobachten, daß die orthographischen Konventionen des Englischen nur zwei dieser drei Allomorphe unterscheiden, wobei *-s* sowohl für /s/ und /z/ steht und *-es* für /iz/.) Das Morphem des Präsenssingular, das wir {*z*} schreiben können (um es vom Pluralmorphem der englischen Substantive {*s*} zu trennen) wird regulär durch dieselben drei Allomorphe wie {*s*} dargestellt. Für ihr Vorkommen gelten die gleichen phonologischen Bedingungen: vgl. die Verben (I) /fiʃiz/, *fishes*; /kætʃiz/, *catches* usw.; (II) /digz/, *digs*; /ebz/, *ebbs* usw.; und (III) /kiks/, *kicks*, /sips/, *sips* usw. Das Präteritalmorphem des Englischen {*ed*} wird regulär ebenfalls durch drei phonologisch bedingte Allomorphe dargestellt und zwar /t/, /d/ und /id/. Bezüglich ihrer Distribution gilt folgende Regel: (I) /id/ kommt nach Morphen vor, die auf alveolare Verschlußlaute enden (d. h. nach /t/ und /d/) (vgl. /wetid/, *wetted;* /wedid/, *wedded* usw.). Sonst kommt (II) /d/ nach stimmhaften Phonemen (eingeschlossen die Vokale und Nasale) vor und (III) /t/ nach stimmlosen Phonemen (vgl. (II) /sægd/, *sagged;* /lʌvd/, *loved;* /moud/, *mowed;* /maind/, *mined* usw. und (III) /sækt/, *sacked;* /pʌft/, *puffed* usw.). Tatsächlich kann die allomorphische Variation, die mit der ‹regulären› Repräsentation aller drei hier besprochenen Morpheme, nämlich {*z*}, {*s*} und {*ed*} verbunden ist, in einer allgemeineren Regel zusammengefaßt werden. Nach ihr wird das geeignete Morph aus einem zugrundeliegenden, unveränderlichen Morph generiert, das im Hinblick auf Stimmhaftigkeit neutral ist und das silbisch erweitert wird (zu /iz/ oder /id/), wenn es mit einem auf ‹denselben Laut› endenden Morphem verbunden wird. Für die Zwecke dieser Regel wird angenommen, daß alle Sibilanten ‹denselben Laut enthalten› wie der zugrundeliegende ‹s-Laut›, der sowohl {*s*} als auch {*z*} repräsentiert, und daß /t/ und /d/ ‹denselben Laut enthalten› wie der zugrundeliegende Alveolarlaut, der {*ed*} repräsentiert. Es braucht wohl kaum betont werden, daß eine derartige Regel sich mithilfe der Analyse der prosodischen oder distinktiven Merkmale einfacher aufstellen läßt als im Rahmen einer phonemischen Analyse des Englischen (vgl. 3.3.8 ff.).

Der Grenzfall der allomorphischen Variation tritt dort ein, wo weder die phonologische Struktur noch sonst irgendein Merkmal eine Verallgemeinerung bezüglich der Wahl eines bestimmten Allomorphs zulassen. Dieser Fall kann anhand des Englischen veranschaulicht werden. Zusätzlich zu den drei regulären Allomorphen des englischen Pluralmorphems {*s*} könnte man auch die Form /ən/ aufstellen, die im Wort *oxen* /oksən/ auftritt. Da alle anderen auf /ks/ endenden Morphe, die englische Substantivmorpheme darstellen, im Plural regulär /iz/ haben (vgl. /boksiz/, *boxes*; /foksiz/, *foxes* usw.), ist das Vorkommen von /ən/ in /oksən/ nicht phonologisch begründet. Tatsächlich ist es auch nicht durch ein allgemein auf die englische Sprachstruktur zu beziehendes Merkmal des Morphems {*ox*} oder des Morphs /oks/ zu erklären. Zwar enden auch die Pluralsubstantive *children* und *brethren* auf /ən/. Aber während bei *oxen* eine Zerlegung keinerlei Problem darstellt, da es in zwei Morphe, nämlich /oks/ und /ən/ zerlegt werden kann, wobei das erste Morph identisch ist mit dem Singularmorph *ox* (und in dieser Hinsicht verhält sich *oxen* wie die regulären englischen Plurale), würde ein Abtrennen von /ən/ in *children* und *brethren* uns in /tʃildr/ und /breðr/ zwei Morphe liefern, die beide weder identisch sind mit dem Singularmorph der entsprechenden Substantive (auch wenn man voraussetzt, daß *brethren* im heutigen Englisch einen Singular hat) noch sonstwo in der Sprache anzutreffen sind. Da die Bildung des Wortes *oxen* im Englischen eine Regelwidrigkeit darstellt, die trotz der Segmentierbarkeit des Wortes in zwei Morphkonstituenten nur durch eine *ad hoc*-‹Regel› erfaßt werden kann, hat es wenig Sinn, /ən/ in der Beschreibung des heutigen Englisch als Allomorph von {*s*} zu betrachten.

Man mag versucht sein zu glauben, daß die Erarbeitung solch feiner Unterschiede, wie wir sie in diesem Abschnitt zwischen Morphem, Morph und Allomorph gemacht haben, eitler Zeitvertreib von Wissenschaftlern sei und keinem praktischen Zweck diene. Derartige Unterscheidungen sind jedoch essentiell, wenn wir eine allgemeine Theorie der Sprachstruktur erstellen wollen. Wie wir sehen werden, können in gewissen Sprachen die Wörter allgemein in Teile (Morphe) segmentiert werden, in anderen nicht; in einigen Sprachen kommt es häufig vor, daß die Morphe jeweils mit kleinsten grammatischen Einheiten (Morphemen) zusammenfallen, in anderen ist das nicht so; und in manchen Sprachen ist das Morphem gewöhnlich ein Wortteil mit gleichbleibender phonologischer Form, während in anderen Sprachen gewisse Morpheme durch eine Gruppe von alternierenden Morphen (Allomorphen) repräsentiert werden, deren Vorkommen in bestimmten Umgebungen von phonologischen oder grammatischen Faktoren abhängen kann.

Zwar kann ein Großteil dessen, was oft als phonologisch bedingte, allomorphische Variation betrachtet wird, in der Beschreibung wegfallen, wenn man für die Phonologie die Methode der prosodischen Analyse bzw. der Analyse nach distinktiven Merkmalen wählt. Die grammatisch bedingten Variationen der Allomorphe können jedoch auf diese Weise nicht eliminiert werden, und die phonologisch bedingten Variationen auch nur zum Teil. Der Begriff des Allomorphs ist deshalb nützlich. Gerade dem Unterschied zwischen Morphem und Morph aber, zwischen der grammatischen Einheit also und ihrer ‹substantiellen› Repräsentation, kommt besondere Bedeutung zu. Denn gerade mithilfe dieser Unterscheidung können wir grammatische Ähnlichkeit und formalen Unterschied bei Wörtern wie *went* und *killed* oder *worse* und *bigger* deutlich machen. Im rein grammatischen Teil der Beschreibung können die ‹regulären› und ‹irregulären› Formen gleich gehandhabt werden: {*go*} + {*ed*}, {*kill*} + {*ed*}; {*bad*} + {*er*}, {*big*} + {*er*} usw. Der Unterschied zwischen den ‹regulären› und ‹irregulären› Formen wird erst an jener Stelle der Beschreibung ersichtlich, wo die Wörter als rein grammatische Einheiten sozusagen in der phonologischen (oder orthographischen) Substanz ‹Gestalt annehmen›. Im Fall der regelmäßigen Bildungen wie *killed* können Regeln für die Verbindung von Morphen aufgestellt werden (und nun erst wird aus der Sicht der gesamten Sprachbeschreibung klar, warum es vorteilhaft ist, das Morph für das Morphem stehen zu lassen – eine Konvention, die weiter oben als rein willkürlich beschrieben worden ist). Diese Regeln sind von außerordentlich weittragender Gültigkeit, und in vielen Fällen kann ihr Anwendungsbereich dadurch offengehalten werden, daß man eine Formulierung wählt, die – einfach ausgedrückt – besagt: «Alle Formen, die nicht in einer der Sonderregeln erfaßt sind, fallen nach den folgenden Bedingungen unter die folgende allgemeine Regel (bzw. Regeln).» Die unregelmäßigen Wörter werden von Sonderregeln mit beschränktem Anwendungsbereich behandelt, die im Extremfall auf ein einziges Wort anwendbar sind: z. B. «{*go*} + {*ed*} ist durch *went* zu realisieren». Eine Methode sicherzustellen, daß sowohl die ‹regelmäßigen› als auch die ‹unregelmäßigen› Bildungen entsprechend gehandhabt werden, besteht darin, die Regeln so anzuordnen, daß Regeln mit beschränktem Geltungsbereich zuerst angewendet werden, wo sie anwendbar sind, und dann erst die Regeln mit allgemeiner Gültigkeit folgen, deren Bereich nun gänzlich uneingeschränkt gelassen werden kann.

5.3.6 *Isolierende, agglutinierende und flektierende Sprachen*

Nun da wir zwischen Morphem, Morph und Allomorph unterschieden haben, können wir dies gleich auswerten, indem wir einige der im vorhergegangenen Absatz erwähnten Unterschiede zwischen den Sprachen durch Beispiele veranschaulichen. Die Sprachen werden häufig (nach einem Klassifikationssystem aus dem 19. Jahrhundert) in folgende Strukturtypen unterteilt: *isolierende, agglutinierende* und *flektierende* Sprachen.

Als isolierend (oder ‹analytisch›) bezeichnet man eine Sprache, deren Wörter unveränderlich sind. (Da wir gegenwärtig die Begriffsbildung von ‹Wort› voraussetzen, wollen wir die Frage, ob es nötig ist, bei der Beschreibung isolierender Sprachen zwischen Wort und Morphem zu unterscheiden, für das nächste Kapitel aufheben.) Chinesisch wird oft als bekanntes Beispiel für den isolierenden Sprachtypus zitiert; heute scheinen sich jedoch die Wissenschaftler darüber einig zu sein, daß viele chinesische Wörter sich aus mehr als einem Morphem zusammensetzen, und es wird das Vietnamesische als ‹typischere› isolierende Sprache bezeichnet. Ob eine Sprache isolierend ist oder nicht, kann offensichtlich durch feine Übergänge bestimmt sein. Unter der Voraussetzung, daß Wörter und Morpheme in der betreffenden Sprache sich bestimmen lassen, kann der durchschnittliche Grad der ‹Isoliertheit› als Verhältnis zwischen Anzahl der Morpheme und der Anzahl der Wörter ausgedrückt werden, und zwar gilt: Je geringer der Unterschied, desto höher der Grad der ‹Isoliertheit› (ein Quotient von 1.00 charakterisiert den ‹Idealfall› der isolierenden Sprache). Durchschnittszahlen, die aus einem fortlaufenden Textkorpus für eine Reihe von Sprachen errechnet wurden, zeigen, daß Englisch z. B. (mit 1,68) ‹analytischer› als Sanskrit (2,59) oder als das außerordentlich ‹synthetische› Eskimo (3,72) ist. Man darf nicht vergessen, daß diese Zahlen Durchschnittswerte aus fortlaufenden Texten sind. Da eine Sprache unter Bezug auf bestimmte Wortklassen relativ isolierend sein kann – und es häufig auch ist –, während sie im Hinblick auf andere Wortklassen relativ synthetisch ist, wären die Quotienten möglicherweise sehr verschieden, hätte man den Berechnungen alle Wörter der Sprache zugrundegelegt und dabei den Quotienten für jedes Wort einzeln errechnet.

5.3.7 *Türkisch als Beispiel einer agglutinierenden Sprache*

Gerade die Unterscheidung zwischen agglutinierenden und flektierenden Sprachen (beide sind ‹synthetisch›) ist für unsere gegenwärtigen Zwecke noch interessanter. In einer agglutinierenden Sprache setzen sich die Wörter allgemein aus einer Folge von Morphen zusammen, wobei jedes Morph ein Morphem repräsentiert. Das Türkische kann als das Beispiel betrachtet werden, das dem ‹Idealfall› des agglutinierenden Sprachtyps sehr nahe kommt. Im Türkischen ist das Pluralmorph $\{ler\}$, das Possessivmorph (‹sein›, ‹ihr› usw.) ist $\{i\}$ und das ‹Ablativ›morph ist $\{den\}$. Es gibt noch viele andere Morphe, die im Türkischen zu Nomina hinzugefügt werden; die genannten sollen dazu dienen, das Wesen der ‹Agglutinierung› zu veranschaulichen. *Ev* (‹Haus›) ist der ‹Nominativ› im Singular; *evler* (‹Häuser›) ‹Nominativ› des Plurals; *evi* ist Singular + Possessiv (‹sein/ihr Haus›), *evleri* (‹seine/ihre Häuser›) Plural des Possessivs; *evden* (‹von dem Haus›) Ablativ + Singular; *evlerden* (‹von den Häusern›); *evinden* (‹von seinem/ihrem Haus›) Singular Possessiv Ablativ; und *evlerinden* (‹von ihren/seinen Häusern›) ist Plural + Possessiv + Ablativ. (Der Einschub von *n* zwischen *i* und *den* ist automatisch und regelmäßig). Zunächst fällt auf, daß jedes der drei Morphe, die das Plural-, Possessiv- bzw. Ablativmorphem $\{ler\}$, $\{i\}$ und $\{den\}$ repräsentieren, ihre phonologische Identität bewahren und sofort erkennbar sind; sie werden sozusagen einfach der Reihe nach ‹angeklebt› (agglutiniert). Die türkischen Wörter sind daher im allgemeinen leicht in ihre Morphemkonstituenten zu segmentieren: *ev- ler- i(n)- den*, usw.

Ein zweites und nicht weniger wichtiges Merkmal des Türkischen ist, daß in einem bestimmten Wort jedes Morph genau ein Morphem repräsentiert. Diese beiden Merkmale, nämlich (I) daß die Morphe eindeutig segmentierbar sind (vgl. 5.3.2) und (II) daß ein Morph jeweils einem Morphem entspricht, sind für die ‹agglutinierenden› Sprachen charakteristisch. Man beachte jedoch, daß die beiden Merkmale in keinem Zusammenhang stehen. Wie wir weiter unten sehen werden, kann eine Sprache das eine Merkmal ohne das andere haben. Man darf auch nicht übersehen, daß die eben erwähnte Entsprechung von Morph und Morphem nur innerhalb eines gegebenen Wortes zu verstehen ist; gewisse türkische Morphe (darunter $\{i\}$) können nämlich in verschiedenen Wortklassen verschiedene Morpheme vertreten, so wie z. B. die englischen Morphe /s/, /z/ und /iz/ bei Verben das Präsenssingularmorphem und bei Substantiven das Pluralmorphem repräsentieren. In welchem Ausmaß diese Art der Repräsentation mehrerer Morpheme durch einzelne Morphe auftritt – die Umkehrung der Repräsentation eines Morphems durch mehrere Allomorphe –, ist in den einzelnen Sprachen sehr verschieden.

5.3.8. *Latein als Beispiel einer flektierenden Sprache*

Wir wollen nun Latein als Beispiel für den flektierenden Sprachtyp herausgreifen. Im allgemeinen können lateinische Wörter nicht in Morphe segmentiert werden, genauer, sie können nur um den Preis der Willkür, Inkonsequenz und einer Vielfalt von Allomorphen segmentiert werden. Nehmen wir, z. B. das Wort *domus* (‹das Haus›; Nominativ, Singular), *domi* (‹des Hauses›; Genetiv, Singular), *domum* (‹das Haus›; Akkusativ,

Singular), *domō* (‹von dem Haus›; Ablativ, Singular), *domī* (‹die Häuser›; Nominativ, Plural), *domōrum* (Genetiv, Plural), *domōs* (Akkusativ, Plural), *domīs* (Ablativ, Plural). Wir sind vielleicht versucht, diese Formen in *dom* einerseits und *us*, *ī*, *um*, *ō*, *ōrum*, *ōs*, *īs* andererseits zu zerlegen; so wird auch von manchen Grammatikern segmentiert. Nun aber wollen wir einmal eine andere Paradigmenklasse eines sehr häufigen Typs zum Vergleich heranziehen: *puella* (‹Mädchen›; Nominativ, Singular), *puellae* (Genetiv, Singular), *puellam* (Akkusativ, Singular), *puellā* (Ablativ, Singular), *puellae* (Nominativ, Plural), *puellārum* (Genetiv, Plural), *puellās* (Akkusativ, Plural), *puellīs* (Ablativ, Plural). Welchem Grundsatz sollen wir hier bei der Segmentierung folgen? Wenn wir versuchen bei den ‹Endungen› der beiden Worttypen eine größtmögliche Ähnlichkeit herzustellen, werden wir die Formen zweifellos in *puell* und *a*, *ae*, *am*, *ā*, *ārum*, *ās*, *īs* zerlegen (wobei *īs* das einzige Morph ist, das beiden Substantivtypen gemeinsam ist). Wenn wir aber *puella, puellae* usw. auf diese Weise segmentieren, haben wir dabei sicherlich das unangenehme Gefühl, daß wir – da *a* oder *ā* in allen Formen des zweitgenannten Worttyps außer in *puellīs* vorkommt, während es im ersten Typ, nämlich *domus* usw. nie anzutreffen ist – vielleicht lieber zwei Allomorphe unterscheiden sollten: *puell* (das sich nur mit *īs* verbindet) und *puella* (das sich mit ‹Null› im Nominativ Singular und mit *e, m, a, arum, as* verbindet; n. b. der lange Vokal *ā* ist hier in eine Folge von zwei kurzen *a* aufgelöst worden). Dies ist für sich betrachtet sicherlich eine einleuchtende Lösung. Ähnlich könnten wir beim ersten Worttyp zwei Allomorphe unterscheiden, und zwar *dom* und *domo* (mit *domu* als drittem ‹Pseudoallomorph›, das als Variante von *domo* vor Konsonanten erklärt wird) und auf diese Weise ein Zusammenfallen der Morphe für den Akkusativ Singular (*m*) und der Morphe für Akkusativ und Genetiv Plural bei beiden Worttypen (Vokallängung + *s*, und Vokallängung + *rum*) erreichen. Es bleiben uns aber immer noch eine Reihe von Allomorphen für die Endungen der beiden Substantivtypen: ‹Null› und *s* (oder *us*, oder sogar *os*) für den Nominativ Singular usw. Und dabei haben wir, wie jeder weiß, der einige Lateinkenntnisse hat, die anderen drei regelmäßigen Substantivtypen (traditionell ‹Deklinationen› genannt) noch nicht berücksichtigt, ganz zu schweigen von den zahlreichen unregelmäßigen Substantiven. Was bei nur zwei Typen noch vernünftig schien, sieht ganz anders aus, wenn diese anderen Wortgruppen miterfaßt werden sollen. Es besteht kein Zweifel darüber, daß die klassischen Grammatiker, gerade weil die Wörter nicht leicht in Morphe segmentierbar sind, sich für die Formen der Wörter ein ganz anderes Schema zurechtlegten. Traditionell ging man bei den Wortformen im Lateinischen (und Griechischen) so vor, daß man sie in Typen einteilte (‹Deklinationen› bei Substantiven und Adjektiven, ‹Konjugationen› bei Verben) und für jeden Typ eine Tabelle bzw. ein ‹Paradigma› aufstellte, in dem alle Formen für ein gewähltes Element des Typs angegeben waren. Es war dann dem Benützer der Grammatik überlassen, unter Bezugnahme auf das geeignete ‹Paradigma› (vom griechischen Wort für ‹Muster› oder ‹Beispiel› abgeleitet) für andere Elemente des Typs die entsprechenden Formen zu erstellen. Mit anderen Worten, die klassischen Grammatiker stellten keine Regeln, sondern lediglich Formenmodelle auf. Einige lateinische (wie auch griechische) Grammatiken der jüngsten Zeit behalten die traditionellen ‹Paradigmen› bei, integrieren jedoch die traditionelle Methode der Flexionsdarstellung mit dem Versuch, die Wörter in ‹Stamm› und ‹Endung› zu zerlegen. Bei diesem Vorgehen spielen vielfach historische Überlegungen eine Rolle. Nach den Hypothesen der vergleichenden Philologie des neunzehnten Jahrhunderts und der nachfolgenden Strömungen kann ein Großteil der lateinischen und griechischen ‹Flexion› glaubwürdig als Folge von Verschmelzung ursprünglich getrennter Morphe erklärt werden. Dies ist für die synchronische Sprachanalyse weitgehend irrelevant. Wir kommen von der Tatsache nicht los, daß lateinische (und griechische) Wörter für die Segmentierung in Morphe ungeeignet sind.

Daß lateinische Wörter nicht eindeutig oder konsequent in Morphe segmentierbar sind, stellt eines ihrer charakteristischen Merkmale dar. Eben dieses Merkmal charakterisiert das Latein als flektierende (im Gegensatz zu einer agglutinierenden) Sprache. Das andere, noch wichtigere Merkmal liegt im Fehlen einer Entsprechung zwischen den Wortsegmenten, soweit wir solche unterscheiden, und den Morphemen (vorausgesetzt, daß Morphem noch immer als ‹kleinste grammatische Einheit› definiert ist). Selbst wenn wir *domus*, *domī* usw. in das Morph *dom* (bzw. die Allomorphe *dom*, *domo*) und eine Reihe von ‹Endungen›, nämlich *us* (bzw. *s*), *ī*, *ōrum* (bzw. Vokallängung + *rum*) usw. segmentieren, könnten wir nicht sagen, daß ein Teil von *us* (oder *s*) {Singular} und ein anderer Teil {Nominativ} repräsentiert; daß ein Teil der ‹Endung› *ī* {Singular} und ein anderer Teil {Genetiv} repräsentiert usf. Wir müßten vielmehr sagen, daß *us* (bzw. *s*) gleichzeitig {Singular} und {Nominativ} repräsentiert, daß *ī* gleichzeitig entweder {Singular} und {Genetiv} oder {Plural} und {Nominativ} repräsentiert usw. Der Unterschied zwischen dem Lateinischen und Türkischen ist hier besonders auffällig.

5.3.9 *Keine ‹Ideal›typen*

Man muß sich darüber im Klaren sein, daß die Einteilung in drei Sprachtypen aufgrund des Gegensatzes von ‹analytisch› und ‹synthetisch› (der in jedem Fall, wie wir gesehen haben, graduell zu verstehen ist) und innerhalb der ‹synthetischen› Sprachen zwischen ‹agglutinierend› und ‹flektierend› nicht impliziert, daß irgendeine bestimmte Sprache genau einem ‹Typ› entspricht. Weit weniger noch ist daraus zu schließen (wie gewisse Linguisten des neunzehnten Jahrhunderts behaupteten), daß es ein ‹Evolutionsgesetz› geben muß, aufgrund dessen sich die Sprachen im Laufe der Geschichte vom einen Typ zu einem anderen entwickeln. Wir lassen Sapir zu Wort kommen: «Ein Linguist, der darauf besteht, vom lateinischen Sprachtyp zu sprechen ..., als handle es sich notwendig um den Höchststand sprachlicher Entwicklung schlechthin, gleicht dem Zoologen, der das organische Reich als Riesenverschwörung betrachtet, die zur Evolution des Rennpferdes oder der Jerseykuh angelegt ist.« Die *typologische* Klassifikation der Sprachen in ‹flektierende› oder ‹agglutinierende› ist nur eine von vielen Arten, Sprachen aufgrund ihrer Struktur einzuteilen. Obwohl das Türkische weitgehend ‹agglutinierend› ist, ist es bis zu einem gewissen Grad auch ‹flektierend›; das Lateinische wiederum enthält manche ‹Agglutinierung›. Beide Sprachen sind teilweise analytisch. Das Englische ist, wie wir gesehen haben, weitgehend ‹analytisch›, da es über eine große Zahl von Wörtern verfügt, die aus einem einzigen Morphem bestehen: *man, book, go, tall, good,* usw. Was die ‹synthetischen› Wörter im Englischen betrifft, so ist ein Teil ‹agglutinativ› (*books*, *taller* usw.); andere sind insofern ‹semi-agglutinativ› (bzw. ‹semi-flektiv›), als sie entweder überhaupt nicht oder nur mit Vorbehalten segmentiert werden können (vgl. *men, mice, worse* usw.) oder Segmente enthalten, die gleichzeitig mehr als eine kleinste grammatische Einheit repräsentieren. Beispiele für die letztere Art der ‹Semiagglutinierung› sind die Formen /z/, /s/ und /iz/ (orthographisch *s* und *es*), die wir weiter oben als Allomorphe des Präsenssingular‹morphems› {*z*} betrachteten. Diese Endungen, die auf eine einzige zugrundeliegende ‹sibilante› Endung reduziert werden können, repräsentieren gleichzeitig sowohl Singular als die ‹dritte Person› (vgl. die Verben *jump-s, love-s, fish-es* usw.) Es gibt im Englischen nur wenige Beispiele für voll ‹flektierende› Wörter (die beide oben erwähnten Bedingungen erfüllen). Ein solches Beispiel ist die ‹dritte Person Singular des Verbs *to be*›. Diese Form, nämlich *is,* könnte in *i* (ein Allomorph von {*be*} und das regelmäßige *s* segmentiert werden, jedoch hat man damit nicht viel erreicht, da *i* an keiner anderen Stelle als Allomorph von {*be*} vorkommt.

Es gibt noch eine andere Art der ‹Semiagglutinierung›. Dasselbe Morph kann verschiedene grammatische Einheiten entweder in verschiedener Stellung desselben Wortes oder in verschiedenen Wörtern derselben Klasse repräsentieren. Dies kommt in geringem Umfang in vielen Sprachen vor, u. a. auch im Türkischen und Englischen. Im Englischen z. B. repräsentiert dasselbe Morph (bzw. die Allomorphe /s/, /z/, /iz/), wie wir bereits gesehen haben, bei Verben die ‹dritte Person Singular (Präsens)› und bei Substantiven {Plural}. Das Morph *er* wiederum ist sowohl im

Komparativ von Adjektiven (*tall-er* usw.) als auch in aus Verben gebildeten Nomina agentis (*run(n)-er, read-er* usw.) anzutreffen. Diese Art von ‹Semiagglutinierung› (wenn man sie so bezeichnen kann) wurde weiter oben als mehrfache Repräsentation von Morphemen durch ein einziges Morph beschrieben. Sie ist für die verschiedenen sogenannten ‹austronesischen› Sprachen (Sudanesisch, Tagalog, Malaiisch usw.) besonders charakteristisch.

5.3.10 *Widerspruch zwischen Theorie und Praxis*

Es sollte nun klar sein, daß das Verhältnis zwischen Morphem und Morph kein rein grammatisches ist. Die lateinischen Wörter lassen sich ebenso leicht in ihre distributionellen ‹Faktoren› zerlegen wie die türkischen. Der Unterschied zwischen den ‹flektierenden› und den ‹agglutinierenden› (sowie den verschiedenen ‹semi-agglutinierenden›) Sprachen liegt also nicht in der grammatischen Struktur; er besteht vielmehr in der Art und Weise, wie die kleinsten grammatischen Einheiten in der phonologischen (oder orthographischen) Form des Wortes repräsentiert sind. Es sollte ebenfalls aus unserer Besprechung der verschiedenen Möglichkeiten, wie kleinste grammatische Einheiten in den verschiedenen Sprachen repräsentiert sein können, klargeworden sein, daß sich die Unterscheidung zwischen Morphem und Morph aufdrängt, und zwar zunächst, weil nicht alle Sprachen ‹agglutinierend› oder ‹flektierend› sind und dann vor allem, weil es Sprachen gibt, die nicht dem ‹Idealfall› eines der beiden ‹Sprachtypen› entsprechen (praktisch gibt es wahrscheinlich keine rein ‹agglutinierende› oder rein ‹flektierende› Sprache). Wären alle ‹synthetischen› Sprachen rein ‹agglutinierend›, so wäre das Morphem eine kleinste grammatische Einheit mit konstanter phonologischer Gestalt, und wir könnten unmittelbar die Fügung von Morphemen zu Wörtern beschreiben. Andererseits hätten wir keine Verwendung für das Morph (das definitionsgemäß ein phonologisches Segment des Wortes ist, durch welches ein Morphem repräsentiert wird), wenn alle ‹synthetischen› Sprachen ausschließlich flektierend wären. Gerade weil viele Sprachen teilweise ‹agglutinierend› und teilweise ‹flektierend› sind, muß zwischen Morphem und Morph unterschieden werden.

Im Fall der vorwiegend ‹agglutinierenden› Sprachen (und man ordnet die meisten Sprachen der Welt dem ‹agglutinierenden› Typ zu) ist diese Unterscheidung zweifellos zweckmäßig. Wie wir gesehen haben, ermöglicht sie uns, die Distribution grammatisch gleichwertiger Wörter in der Grammatik gleichartig zu beschreiben (*boys:* {*boy*} + {*s*}, *oxen*: {*ox*} + {*s*}, *mice*: {*mouse*} + {s}, *sheep*:{sheep} + {s} usw. Bei der ‹Umwandlung› dieser Wörter in ihre phonologische Form kann man dann allgemeine Regeln für die ‹direkte Transkription› bei den regelmäßigen ‹agglutinierenden› Formen aufstellen und kompliziertere Regeln (von der Art, wie sie für die ‹flektierenden› Sprachen erforderlich sind) für die Umwandlung der unregelmäßigen, nicht-agglutinierenden Formen.

Im Zusammenhang mit überwiegend ‹flektierenden› Sprachen haben wir uns nun jedoch mit einem Problem zu befassen, das bisher in unserer Besprechung dieses Sprachtyps nur implizit enthalten war. Wir haben beobachtet, daß Segmente (vorausgesetzt daß wir sie als solche betrachten) wie *a* (bzw. ‹Null›) in *puella* und *us* (bzw. *s*) in *domus* nicht kleinste grammatische Einheiten repräsentieren wie {Singular} oder {Nominativ}, sondern die Kombination {Singular + Nominativ}. Nach unserer Definition des Morphems als der kleinsten grammatischen Einheit (die meisten Linguisten vertreten theoretisch diese Definition) sind eben jene Elemente wie {Singular} und {Nominativ} Morpheme. Und doch betrachten die meisten Linguisten, die sich mit der morphematischen Analyse des Lateinischen befaßten, *a* und *us* als Allomorphe des ‹Nominativ-Singularmorphems›. Darin besteht der Widerspruch zwischen Theorie und Praxis, den wir zu Beginn des gegenwärtigen Abschnittes erwähnt haben. Der Grund für den Widerspruch ist zweifellos ein historischer und zwar der, daß das Morphem zuerst für jene Sprachen definiert wurde, bei denen die Wortbildung als Fügung phonologisch konstanter Segmente beschrieben werden konnte (in diesem Sinne wurde der Begriff von den altindischen Grammatikern verwendet); später wurde dann das Morphem als «abstraktere», distributionelle Einheit definiert, und das führte zur Unterscheidung von Morphem und Morph. Beim Lateinischen stehen diese beiden Auffassungen des Morphems miteinander im Widerspruch. Wenn wir das Morphem als die kleinste grammatische Einheit definieren, dann kann es nicht gleichzeitig eine Einheit sein, die in der lateinischen Wortbildung eine Funktion erfüllt; wenn wir es andererseits als Bildungssegment des Wortes definieren, dann ist es im Lateinischen keine kleinste grammatische Einheit (und damit kein Universalkonzept der linguistischen Theorie).

5.4 *Das Wort*

5.4.1 *Morphologie und Syntax*

Das Wort ist in der traditionellen Grammatik die Einheit *par excellence*. Es ist die Grundlage für die Unterscheidung, die häufig zwischen Morphologie und Syntax getroffen wird, und es ist gleichzeitig die wichtigste Einheit der Lexikographie.

Nach der herkömmlichen Unterscheidung von Morphologie und Syntax befaßt sich die *Morphologie* mit der Struktur der Wörter und die *Syntax* mit den Regeln zur Fügung von Wörtern zu Sätzen. Schon aus den Termini ‹Morphologie› und ‹Syntax› und aus der Art und Weise ihrer Anwendung läßt sich das Primat des Wortes erkennen. Von der Etymologie her ist ‹Morphologie› einfach die ‹Erforschung der Formen› und ‹Syntax› die Theorie des «Zusammenfügens»; es wurde von den traditionellen Grammatikern vorausgesetzt, daß es sich bei den in der Grammatik besprochenen ‹Formen› um Wortformen handelt und daß die Wörter die Einheiten sind, die ‹zusammengefügt› bzw. zu Sätzen verbunden werden. In älteren Büchern über die Sprache wird die Unterscheidung zwischen Morphologie und Syntax zuweilen als Unterscheidung zwischen ‹Form› und ‹Funktion› dargestellt. Auch diese geht stillschweigend vom Primat des Wortes aus. Entsprechend der ‹Funktion› der Wörter im Satz, die von den Regeln der Syntax erklärt wird (unter Hinweis auf Begriffe wie ‹Subjekt›, ‹Objekt›, ‹Komplement› usw.), nehmen die Wörter verschiedene ‹Formen› an; die verschiedenen ‹Formen› werden in der Morphologie behandelt.

5.4.2 *Flexion und Wortableitung (Derivation)*

Obwohl der Terminus ‹Morphologie› heute in einem Maße eingebürgert ist, daß er als ‹traditionell› bezeichnet werden kann, handelt es sich hier nicht wirklich um einen in der klassischen Grammatik gebrauchten Ausdruck. In der klassischen Grammatik ist die Opposition zu ‹Syntax› ‹Flexion›. Die Standardnachschlagewerke der griechischen und lateinischen Grammatik sowie die Grammatiken der neueren Sprachen, die auf klassischen Grundsätzen beruhen, sind allgemein nicht in zwei, sondern in drei Abschnitte unterteilt: in Flexion (oder ‹Formenlehre›), Derivation (oder ‹Wortableitung›) und Syntax. Diesen drei Abschnitten kommt jedoch innerhalb der Grammatik keine gleichwertige Bedeutung zu. Während Flexion und Syntax einige hundert Seiten in Anspruch nehmen können, ist das Kapitel über Derivation gewöhnlich nicht länger als ein halbes Dutzend Seiten. Der Grund für diese ungleiche Verteilung liegt darin, daß in der klassischen Grammatik für Derivation eigentlich kein Platz ist. *Flexion* wird in der klassischen Grammatiktheorie ungefähr so definiert: Flexion ist eine Veränderung der Wortform, die dazu dient, das Verhältnis des betreffenden Wortes zu anderen Wörtern im Satz auszudrücken. In den Grammatiken der einzelnen Sprachen beschreibt der Abschnitt über Flexion die ‹Deklinationen› der Substantive, Adjektive und Pronomina und die ‹Konjugationen› der Verben nach ausgewählten Formenmodellen oder ‹Paradigmen›. Der Abschnitt über *Derivation* führt gewöhnlich verschiedene Verfahren an, wie aus bereits bestehenden Wörtern (oder ‹Wurzeln›) neue Wörter gebildet werden, z. B. Adjektive aus

Nomina (*triumphal* aus *Triumph*), Nomina aus Verben (*Hörer* aus *hören*), Adjektive aus Verben (*akzeptierbar* aus *akzeptieren*) usw. Daß der Derivation überhaupt Platz eingeräumt wurde, ist eine unbeholfene und theoretisch inkonsequente Geste, die der Erkenntnis Rechnung trägt, daß sich manche Wörter weiter in Komponenten zerlegen lassen, auch wenn die Regeln in den Hauptabschnitten der Grammatik nichts über Funktion oder Distribution dieser Komponenten aussagen. Erst im neunzehnten Jahrhundert wurde der Terminus ‹Morphologie› in die Sprachwissenschaft eingeführt, der sowohl Flexion als auch Derivation beinhaltet. (Der Terminus selbst stammt allem Anschein nach von Goethe und wurde zuerst in der Biologie auf die Erforschung der ‹Formen› lebender Organismen angewendet; wie wir im ersten Kapitel gesehen haben, wurde die Sprachwissenschaft von der Mitte des neunzehnten Jahrhunderts an sehr von der evolutionären Biologie beeinflußt). Der Grund, weshalb den Grammatiken der abendländischen klassischen Sprachen zu dieser Zeit ein Abschnitt über Derivation aufgepfropft wurde, liegt darin, daß die Vertreter der vergleichenden Philologie, stark beeinflußt von den nun zugänglich gewordenen grammatischen Abhandlungen des Sanskrit, sich auf einmal für die systematische Erforschung der Wortbildung vom historischen Standpunkt aus interessierten. Daher erkannte man, daß Flexions- und Derivationsprozesse vieles gemeinsam haben.

In der klassischen Grammatik kommt der Unterscheidung zwischen Flexion und Derivation jedoch absolut grundlegende Bedeutung zu. Während das englische *singing* nur eine syntaktisch bedingte Form des Wortes *sing* ist, ist *singer* ein anderes Wort mit einer eigenen Reihe von Formen bzw. einem eigenen ‹Paradigma› (vgl. 1.2.3). Daß von der Bildung her sowohl *singing* als auch *singer* als Zusammensetzungen von ‹Wurzel› (bzw. ‹Stamm›), nämlich *sing*, und Suffix, nämlich *ing* oder *er*, betrachtet werden können (wobei im Englischen der eine Bildungsprozeß kaum weniger produktiv ist als der andere), wird dadurch verschleiert, daß die beiden Wörter ausgehend von den Thesen der klassischen Grammatiktheorie verschieden behandelt werden. Standardwörterbücher des Englischen (und der meisten anderen Sprachen), die auf den Voraussetzungen der klassischen Grammatik aufbauen, führen Derivationsformen als eigene Wörter an, nicht aber die regelmäßigen Flexionsformen, die mithilfe der in einer traditionellen Grammatik enthaltenen ‹Paradigmen› erstellt werden können. Im Verlaufe späterer Kapitel wird sich zeigen, daß ein Großteil dessen, was traditionell als Wortableitung bezeichnet wird, in einer generativen Grammatik im Rahmen der syntaktischen Regeln untergebracht werden kann und soll. Für den Augenblick wollen wir das Problem der Derivation jedoch verlassen und den Begriff des ‹Wortes› näher betrachten.

5.4.3 *Mehrdeutigkeit des Ausdrucks ‹Wort›*

Der Ausdruck ‹Wort› wurde in den vorhergehenden Absätzen in drei verschiedenen Bedeutungen gebraucht. Die ersten beiden lassen sich leicht im Zusammenhang mit dem Begriff der ‹Realisation› (vgl. 2.2.11) auseinanderhalten. Genauso wie wir das Morph als phonologische (oder orthographische) Repräsentation des Morphems zu betrachten haben, müssen wir zwischen phonologischen (bzw. orthographischen) Wörtern und den grammatischen Wörtern, die sie repräsentieren, unterscheiden. Es repräsentieren z. B. das phonologische Wort /sæŋ/ und das entsprechende orthographische Wort *sang* ein bestimmtes grammatisches Wort, das traditionell als das ‹Präteritum von *sing*› bezeichnet wird; im Gegensatz dazu repräsentieren das phonologische Wort /kʌt/ und das entsprechende orthographische Wort *cut* drei verschiedene grammatische Wörter: das ‹Präsens von *cut*›, das ‹Praeteritum von *cut*› und das ‹Partizip Perfekt von *cut*›. Es wurde bereits erwähnt, daß die phonologischen und die orthographischen Wörter einander im Englischen im allgemeinen insofern jeweils entsprechen, als sie dieselbe Reihe von (einem oder mehreren) grammatischen Wörtern repräsentieren (vgl. die eben angeführten Beispiele). Es gibt aber einige Fälle, wo (a) ein phonologisches Wort mehrere grammatische repräsentiert und (b) mehrere phonologische ein grammatisches: vgl. zu (a) /poustmən/: *postman*, *postmen*; /mi:t/: *meat*, *meet* usw. (b) /ri:d/, /red/: read (das ‹Präsens von *read*›, das ‹Präteritum von *read*›; n. b. /red/ entspricht auch dem orthographischen Wort *red* und /ri:d/ dem orthographischen Wort *reed*). Abgesehen vom Englischen finden sich in vielen Sprachen, deren Rechtschreibekonventionen gemeinhin als nur teilweise ‹phonetisch› (in einem nichtwissenschaftlichen Sinn des Terminus) gelten, ähnliche Beispiele für die eben veranschaulichte, zahlenmäßig ungleiche Entsprechung zwischen phonologischen und orthographischen Wörtern (vgl. 1.4.2).

5.4.4 *Wort und ‹Lexem›*

Es gibt noch eine dritte, ‹abstraktere› Verwendung von ‹Wort›. In eben dieser haben wir den Ausdruck weiter oben gebraucht, als wir beispielsweise feststellten, daß in der traditionellen Grammatik «*singing* nur eine Form des Wortes *sing, singer* dagegen ein anderes Wort ist, mit einer eigenen Reihe von Formen bzw. einem eigenen Paradigma»; und dieselbe ‹abstraktere› Bedeutung war in unserem Verweis auf *sang* als das ‹Präteritum von *sing*› gemeint. Die moderne Linguistik neigt dazu, diese ‹abstraktere› Verwendung zu vernachlässigen oder sogar abzulehnen. Bloomfield sagt z. B., die Schulgrammatik sei ‹ungenau›, wenn sie Einheiten wie *book*, *books* oder *do*, *does*, *did*, *done* als ‹verschiedene Formen desselben

Wortes› bezeichnet. Aber Bloomfield selbst begeht hier eine Ungenauigkeit. Es bleibt uns überlassen zu entscheiden, welche Definition wir dem Ausdruck ‹Wort› geben. Wichtig ist, daß die drei Bedeutungen auseinandergehalten werden. Die modernen Linguisten haben sich nicht immer konsequent daran gehalten, und als Folge davon kam es häufig zu Fehlinterpretationen der traditionellen Grammatiktheorie. Gerade in der ‹abstrakteren› Bedeutung muß der Ausdruck ‹Wort› natürlich in der klassischen Grammatik verstanden werden. Da jedoch die meisten Linguisten heute den Terminus ‹Wort› gebrauchen, um phonologische oder orthographische Einheiten wie /sæŋ/ oder *sang* einerseits oder die grammatischen Einheiten, die sie repräsentieren, andererseits zu bezeichnen (und nicht einmal diese beiden Bedeutungen immer trennen), wollen wir den Ausdruck *Lexem* zur Bezeichnung der ‹abstrakteren› Einheiten einführen, die gemäß den syntaktischen Regeln zur Generierung von Sätzen in verschiedenen Flexions‹formen› vorkommen.

In der Notation werden Lexeme durch die Verwendung von Großbuchstaben von Wörtern unterschieden. So repräsentiert das orthographische Wort *cut* drei verschiedene Flexions‹formen› (d. h. drei verschiedene grammatische Wörter) des Lexems CUT.

In späteren Abschnitten des vorliegenden Buches werden wir ‹Lexem› nur dort verwenden, wo aus dem Kontext nicht klar hervorgeht, welche Bedeutung von ‹Wort› gemeint ist. Es ist bedauerlich, daß die moderne Linguistik nicht der traditionellen Praxis gefolgt ist, in der das Wort als die ‹abstraktere› Einheit definiert war.

5.4.5 *‹Akzidentelle› Form*

Es ist lohnend, ein wenig bei den Implikationen des Terminus ‹Form› zu verweilen, wie er in der traditionellen Grammatik gebraucht wird. Wir haben bereits gesehen, daß der Gegensatz zwischen ‹Substanz› und ‹Form›, wie er von de Saussure geprägt wurde, von der aristotelischen und scholastischen Opposition derselben Termini unterschieden werden muß. Wir werden uns nicht eingehender mit den Einzelheiten aristotelischer Metaphysik und ihrer reich differenzierenden Terminologie (‹Substanz›, ‹Materie›, ‹Form›, ‹Wesen›, ‹Existenz› usw.) befassen; es muß jedoch klar sein, daß die klassische Grammatik auf metaphysischen Voraussetzungen mehr oder weniger aristotelischer Herkunft aufgebaut ist. Im besonderen setzt sie die Unterscheidung zwischen den ‹essentiellen› und den ‹akzidentellen› Eigenschaften eines Gegenstandes voraus. Beispielsweise gehört es zum ‹Wesen› des Menschen, daß er etwa über Intelligenz verfügt und zwei Beine hat, während es ‹akzidentell› ist, daß bestimmte Menschen rotes Haar oder blaue Augen haben. Ähnlich haben die Wörter, die in Sätzen vorkommen, bestimmte ‹akzidentelle› Eigenschaften (z. B. Nomina stehen entweder im Singular oder Plural, Verben im Präsens, Praeteritum oder Futur usw.); die ‹Paradigmen› (und Ausnahmelisten) der Grammatiker beschreiben die ‹Formen› von Wörtern verschiedener Klassen. Lexeme (die ‹Wörter› der traditionellen Grammatik) sind die den verschiedenen Formen zugrundeliegenden, unveränderlichen Einheiten, abstrahiert von ihren ‹akzidentellen› Eigenschaften, d. h. Lexeme sind ‹Substanzen›, die in verschiedenen ‹akzidentellen› ‹Formen› vorkommen. Eben diese Auffassung liegt, wie man feststellen wird, der oben zitierten Auffassung Roger Bacons zugrunde (1.2.7): «Grammatik ist substantiell in allen Sprachen gleich, auch wenn sie akzidentell (‹zufällig›) variieren kann.» So erklärt sich auch etwa der englische traditionelle Ausdruck *accidence* (‹Formenlehre›) neben *inflexion* (‹Flexion›): genaugenommen werden Wörter nach ihren ‹akzidentellen Eigenschaften› (aus lateinisch *accidentia)* ‹flektiert› (d. h. sie variieren ihre ‹Form›). Die klassischen Grammatiker nahmen nun an, daß die ‹akzidentellen› Eigenschaften von Lexemen gleich den ‹akzidentellen› Eigenschaften von allem anderen Seienden im Universum in eine Reihe von Kategorien klassifiziert werden könnten (vgl. 7.1.1). Eine Behandlung der Grundlagen der klassischen Grammatik auf breiterer Ebene, als sie in einem einführenden Werk wie dem vorliegenden erfolgen kann, würde zeigen, daß es nicht immer möglich war, das aristotelische System konsequent auf die Beschreibung der Sprache anzuwenden. Die vorliegende kurze Übersicht möge genügen, den traditionellen Begriff des ‹Wortes› zu erhellen. Wie wir sehen werden, verdient die traditionelle Auffassung des ‹Wortes› (oder Lexems), ohne die metaphysischen Implikationen betrachtet, mehr Wohlwollen, als ihr die meisten modernen Linguisten entgegengebracht haben.

5.4.6 *Orthographische Wörter*

Wir können uns nun mit der Frage des Wortes und seines Status in der allgemeinen Theorie der Linguistik befassen. Wie wir bereits gesehen haben, beschäftigt das Wort und nicht das Lexem die meisten modernen Linguisten, auch wenn nicht allgemein zwischen diesen Begriffen unterschieden wird. Uns, denen die Fähigkeiten des Lesens und Schreibens in der Schule eingedrillt wurden, Fähigkeiten, die wir uns in der Folge durch ständige Übung erhalten haben, mag es schwerfallen, Äußerungen als etwas anderes als Fügungen von Wörtern zu betrachten. Doch die Fähigkeit, Äußerungen in Wörter zu zerlegen, eignet nicht nur jenen Sprechern einer Sprache, die eine gewisse Bildung genossen haben und die des Schreibens kundig sind. Sapir erzählt, daß ungebildete indianische Sprecher, die überhaupt keine Schreibkenntnis in irgend einer Sprache hatten, sehr wohl imstande waren, ihm auf seine Bitte hin Texte ihrer eigenen Sprache ‹Wort für Wort› zu diktieren, und wenig Schwierigkeiten hatten, Wörter aus

Äußerungen herauszulösen und als Einheiten zu wiederholen. Was immer wir sonst noch über das Wort als linguistische Einheit sagen, wir müssen die zuweilen vertretene Ansicht zurückweisen, daß ‹primitive Sprachen› keine Wörter haben. Die Gewohnheit des Lesens und Schreibens mag nun freilich besonders in einer komplexen Industriegesellschaft wie der unseren, die ja auf der Fähigkeit des Lesens und Schreibens aufbaut, den muttersprachlichen Sprecher in dem Bewußtsein bestärken, daß das Wort ein Element der Sprache ist (und mag auch gewisse Widersprüche enthalten: vgl. englisch *all right, altogether*); ganz bestimmt aber erzeugt sie nicht erst die Fähigkeit, Äußerungen in Wörter zu zerlegen.

5.4.7 *‹Potentielle Pause›*

Es ist vorgeschlagen worden, das Wort als «einen beliebigen Abschnitt eines Satzes» zu definieren, «an dessen Enden jeweils *eine Pause möglich ist»*. Auch wenn wir einräumen, daß dieses Kriterium der potentiellen Pause tatsächlich Äußerungen in Einheiten segmentiert, die wir gerne als Wörter betrachten würden, sollte diese Beschreibung nicht als Definition, sondern als Hilfe für den Linguisten bei seiner Arbeit mit Informanten angesehen werden. Tatsächlich macht der Sprecher normalerweise keine Pause zwischen Wörtern. Da der Angehörige einer Sprachgemeinschaft in der Lage ist, die ‹potentiellen Pausen› in seinen Äußerungen auf Wunsch zu verwirklichen, obwohl er beim normalen Sprechen keine Pausen macht, folgt daraus, daß die Wörter als Einheiten der betreffenden Sprache unter den Bedingungen des normalen Sprechens identifizierbar sein müssen. Gerade diese funktionale Einheit des Wortes in der normalen Sprachsituation müssen wir versuchen in unserer Definition festzuhalten, und wahrscheinlich liegt das beim muttersprachlichen Sprecher vorhandene Bewußtsein, daß das Wort eine funktionale Einheit ist, auch der Tatsache zugrunde, daß das Wort in den meisten orthographischen Systemen identifiziert wird.

5.4.8 *Semantische Definition des Wortes*

Eine sehr bekannte Definition des Wortes lautet so: «Ein Wort kann definiert werden als die Verbindung einer bestimmten Bedeutung mit einem bestimmten Lautkomplex, der eine bestimmte grammatische Verwendungsmöglichkeit hat.» Wie man feststellen wird, impliziert diese Definition notwendig, daß das Wort gleichzeitig eine semantische, phonologische und grammatische Einheit ist. Nun mag es wohl zutreffen, daß alle Einheiten, die wir in der Beschreibung einer gegebenen Sprache als Wörter betrachten möchten, diese drei Bedingungen erfüllen. Aber sie sind gewiß nicht die einzigen Einheiten, die ihnen genügen. Ganze Syntagmen wie *das neue Buch* haben eine feststehende Bedeutung, eine feststehende phonologische Gestalt und eine feststehende grammatische Verwendung. Dasselbe gilt für distributionell beschränkte Segmente selbst höherer Rangstufen.

Es wurde vorgeschlagen, die Definition durch den Zusatz zu verbessern, daß Wörter die kleinsten Segmente von Äußerungen sind, die diese drei Bedingungen erfüllen. Doch reicht dies noch immer nicht aus. Das *un* und das *able* von englisch *unacceptable* genügen den drei Kriterien. Und doch würde man sie gemeinhin nicht als Wörter betrachten. Auch ist das Wort *unacceptable* mehr oder weniger synonym mit dem Syntagma *not acceptable;* in beiden Fällen kann in drei bedeutungshafte Einheiten (und drei grammatische Einheiten, nämlich drei Morpheme, die jedes durch ein Morph repräsentiert werden) zerlegt werden. Wir müssen daraus schließen, daß die Einbeziehung der Semantik für die Definition des Wortes wie auch anderer grammatischer Einheiten irrelevant ist. Zum phonologischen Kriterium ist zu sagen, daß Wörter zwar, wie wir später noch sehen werden, in vielen Sprachen auf verschiedene Weise phonologisch abgrenzbar sind, daß solche phonologische Merkmale jedoch nie mehr als Begleiterscheinungen darstellen. Wir wollen daher das Wort ausschließlich als grammatische Einheit definieren.

Um die Diskussion zu vereinfachen, wollen wir vorläufig mit der Mehrheit der Linguisten weiter daran festhalten, daß in allen Sprachen das Morphem die kleinste Einheit der grammatischen Analyse ist. Die Frage, die wir uns stellen, ist also die: Wie ist eine Einheit zu definieren, die einen Mittelrang zwischen Morphem und Satz einnimmt und einigermaßen unseren intuitiven Vorstellungen vom ‹Wort› entspricht, wobei diese intuitiven Vorstellungen sich im allgemeinen auf die Konventionen der orthographischen Tradition stützen.

5.4.9 *‹Kleinste freie Form›*

Die erste Antwort, die wir uns ansehen wollen, ist die Bloomfields. Sie ist wahrscheinlich der bekannteste moderne Versuch, für das Wort eine allgemeine, auf alle Sprachen anwendbare Definition zu erstellen. Nach Bloomfield ist das Wort ‹eine kleinste freie Form›. Dies setzt nun die Unterscheidung von ‹freien› und ‹gebundenen› Formen in folgendem Sinn voraus: Formen, die nie alleine als ganze Äußerungen (in normalen Situationen) vorkommen, sind *gebundene* Formen; solche, die alleine als Äußerungen vorkommen können, sind *freie* Formen. Jede freie Form, soweit sie keinen Teil enthält, der selbst eine freie Form ist, ist nach Bloomfields Definition ein Wort. Der Leser wird sofort erkennen, daß diese Definition, wenn überhaupt anwendbar, eher auf phonologische Wörter als auf grammatische zutrifft. Bloomfield hat zwischen diesen beiden nicht klar unterschieden.

Zweifellos erfaßt Bloomfields Definition eine beträchtliche Zahl der Formen in verschiedenen Sprachen, die wir intuitiv als Wörter ansehen. Diese Definition würde auch eine befriedigende Erklärung für die Fähigkeit des muttersprachlichen Sprechens liefern, die ‹potentiellen Pausen› zwischen den von der Definition erfaßten Form zu realisieren, wenn sie im Redefluß vorkommen. Jedoch erfaßt die Definition, wie Bloomfield selbst feststellte, bestimmte Formen nicht, die traditionell als unabhängige Wörter betrachtet worden sind: z. B. *the* (bestimmter Artikel) oder *a* (unbestimmter Artikel) im Englischen. Diese Formen kommen als vollständige Äußerungen in normalen Sprachsituationen so gut wie nicht vor. (Natürlich könnte das Wort *the* als vollständige Äußerung in der Antwort an jemanden vorkommen, der ein Kreuzworträtsel auflöst und nach «einem Wort mit drei Buchstaben beginnend mit *th*» fragt; oder als Antwort auf die Frage «Hast du» «*a*» oder «*the*» gesagt? In allen derartigen Kontexten werden die Sprachformen ‹zitiert›, aber nicht ‹gebraucht›, und im Kontext des ‹Zitierens› können Spracheinheiten jeden Ranges und jeder Ebene als ganze Äußerungen vorkommen.) Bloomfield war sich natürlich dieser Schwierigkeit bewußt; aber anstatt auf seinem ersten Kriterium zu beharren und zu behaupten, daß entgegen ihrer traditionellen Klassifikation Formen wie *the* und *a* faktisch keine Wörter sind, führte er ein ergänzendes Kriterium ein, wonach auch Parallelfälle zu Formen, die aufgrund des Hauptkriteriums des freien Vorkommens als Wörter klassifiziert werden, in dieselbe Klasse eingeordnet werden. *The* und *a* kommen in Sätzen in derselben Umgebung vor wie *this* und *that* (‹Demonstrativpronomina›) (vgl. *the man*, *a man*, *this man*, *that man* usw.); *this* und *that* können als kleinste freie Formen vorkommen und werden infolgedessen als Wörter klassifiziert; daher sind auch *the* und *a* Wörter.

Bloomfields Definition des Wortes unter Berufung auf das ‹freie› und ‹gebundene› Vorkommen wurde zwar von vielen bekannten Sprachwissenschaftlern akzeptiert, kann aber trotzdem kaum als befriedigend betrachtet werden. Wir dürfen das Hauptziel der grammatischen Beschreibung nicht aus den Augen verlieren, welches darin besteht, Sätze zu erzeugen, aus denen sich die tatsächlichen und möglichen Äußerungen der beschriebenen Sprache ableiten lassen. Alle Fragen der Klassifikation müssen diesem Ziel untergeordnet werden.

Wir können annehmen, daß im allgemeinen Sätze sich aus vielen Morphemen zusammensetzen und daß das Wort rangmäßig eine ‹niedrigere› Einheit ist als der Satz, der sich aus einer Reihe von Morphemen zusammensetzt. Wenn man einen bestimmten ‹Morphemkomplex› eine ‹Einheit› nennt, so setzt das aber voraus, daß zwischen diesen Morphemen eine größere ‹Kohäsion› besteht als zwischen anderen Morphemgruppierungen im Satz, die nicht als Wörter angesehen werden, und weiter, daß Sätze befriedigender generiert werden können, wenn (mindestens) zwei verschiedene Fügungsprinzipien erkannt werden, eines für die Fügung von Morphemen zu ‹Komplexen› (die wir grammatische Wörter nennen wollen) und eines für die Fügung von Wörtern zu Sätzen. Nun mag es zwar rein empirisch gesehen zutreffen, daß die ‹kleinsten freien Formen› allgemein in allen Sprachen den phonologischen Einheiten entsprechen, welche die grammatischen Wörter repräsentieren; trifft dies zu, so hängt dieser Umstand aber wahrscheinlich mit der strukturellen ‹Kohäsion› des Wortes in Sätzen zusammen, ja, es ist vermutlich deren Niederschlag und interessiert den Grammatiker nur indirekt. Wie das Kriterium der ‹potentiellen Pause› ist das des Vorkommens als ‹kleinste freie Form› bestenfalls eine verfahrenstechnische Hilfe für den Sprachwissenschaftler in seiner Arbeit mit Informanten. Wir wollen daher nun einige Merkmale etwas genauer betrachten, die mit dem zusammenhängen, was wir vorhin ‹Kohäsion› des Wortes in seiner Eigenschaft als grammatische Einheit genannt haben.

5.4.10 *Innere ‹Kohäsion› des Wortes*

Die grammatische ‹Kohäsion› des Wortes (gesehen als Morphemkombination) wird im allgemeinen unter Berücksichtigung zweier Kriterien erörtert, des Kriteriums der ‹positionellen Beweglichkeit› und desjenigen der ‹Nicht-Trennbarkeit›. Das erste läßt sich anhand des folgenden englischen Satzes veranschaulichen, den wir in Morpheme (oder Morphe) zerlegt haben:

the – boy-s – walk-ed – slow-ly – up – the – hill
1 2 3 4 5 6 7 8 9 10

Der Satz kann als Fügung von 10 Morphemen betrachtet werden, die in einer bestimmten relativen Ordnung vorkommen. Es sind jedoch verschiedene Permutationen möglich, wenn wir von der Ordnung der Morpheme im obigem Satz ausgehen: *slow-ly – the – boy-s – walk-ed – up – the – hill; up – the – hill – slow-ly – walk-ed – the – boy-s* usw. Wenn wir für diese beiden Möglichkeiten die Zahlen einsetzen, erhalten wir (anstelle von 1 2 3 4 5 6 7 8 9 10):

6 7 1 2 3 4 5 8 9 10
8 9 10 6 7 4 5 1 2 3

Es sind noch andere Permutationen möglich, die einen akzeptierbaren englischen Satz ergeben. Worauf es ankommt, ist jedoch, daß bei all den Permutationen bestimmte Zweier- oder Dreiergruppen von Morphemen sich wie ‹Blöcke› verhalten, indem sie nicht nur immer zusammen vorkommen, sondern auch in derselben internen Ordnung. Die Folgen 3 2 1 (**s-boy-the*) oder 5 4 (**ed – walk*) sind nicht möglich. Eine der charakteristischen Eigenschaften des Wortes ist einerseits seine Neigung zur inneren Stabilität (im Hinblick auf die Reihenfolge der Morphemkomponenten) und andererseits zur positionellen Mobilität (d. h. es ist mit anderen Wörtern in demselben Satz vertauschbar). Natürlich tritt dieses Merkmal auffälliger bei Sprachen mit ‹freier Wortstellung› (vgl. 2.3.5) in Erscheinung.

Es ist interessant, daß positionelle Mobilität und innere Stabilität voneinander unabhängig sind. Nehmen wir z. B. an, wir hätten eine Sprache gefunden, bei der die Wortstellung fest, die Anordnung der Morpheme innerhalb des Wortes aber frei vertauschbar ist. Dies kann symbolisch wie folgt dargestellt werden (*A, B, C* sind Wörter):

A	*B*	*C*
1 2 3	4 5 6	7 8 9 10
2 3 1	6 4 5	10 9 8 7
3 2 1	5 6 4	9 7 8 10
2 1 3	4 5 6	9 10 7 8

Hier ist die Reihenfolge der mittleren Einheiten untereinander ‹fest› und die Reihenfolge innerhalb der mittleren Einheiten ‹frei› (man kann auch sagen, der Satz hat eine ‹innere Stabilität› auf der Wortebene, während die Morpheme innerhalb des Wortes ‹positionell mobil› sind). Diese Situation wäre im Englischen gegeben, wenn nicht nur *The girl-s have-be-en-eat-ing apple-s* möglich wäre, sondern auch **girl-the-s en-have-be-eat-ing s-apple* usw. (Wir haben in unserem Fall *the girls* als ein Wort betrachtet, ebenso *have been eating,* was gemessen am eben besprochenen Kriterium richtig ist). Bisher hat man meines Wissens nach keine Sprache gefunden, die diesen besonderen Charakter hat. Wie wir bereits gesehen haben, kommt ‹freie› Ordnung eher, wenn überhaupt, bei den höheren Rangstufen vor (vgl. 2.3.6). Das ist ein empirisch feststellbares Faktum der Sprachstruktur. Die umgekehrte Situation, als ‹freie› Ordnung bei den niedrigen Einheiten, ist nicht nur logisch denkbar, sie würde auch das Wort als strukturelle Einheit der Sprache nicht weniger eindeutig festlegen als das verbreitete Phänomen der relativ ‹freien› Wortstellung.

Doch haben wir erklärt, daß positionelle Mobilität und innere Stabilität voneinander unabhängig sind. Wir wollen dies wieder mit einem Beispiel aus dem Englischen belegen. Das Kriterium der positionellen Mobilität würde den ‹bestimmten Artikel› *the* nicht als Wort definieren, da er nicht unabhängig vom Nomen, das er modifiziert, von einem Platz im Satz auf einen anderen verschoben werden kann. In dieser Hinsicht benimmt er sich wie die sogenannten ‹postpositionalen› Artikel des Schwedischen, Rumänischen, Bulgarischen, Makedonischen usw. (‹postpositional› heißt einfach ‹nachgestellt› im Gegensatz zu ‹vorgestellt›: vgl. ‹Postposition› und ‹Präposition›, 7.4.7): z. B. Rumänisch *lup* ‹Wolf›: *lupul* ‹der Wolf›; Makedonisch *grad* ‹stadt›: *gradot* ‹die Stadt›. Erst das Kriterium der ‹Trennbarkeit› (oder der ‹Möglichkeit des Einschubs›) zeichnet den englischen Artikel als ‹wortähnlicher› im Vergleich zum Rumänischen oder Makedonischen aus. Die Folge *the – boy* kann getrennt werden (bzw. es kann etwas ‹eingeschoben› werden), während die Folge *grad-ot* oder *lup-ul* nicht ›getrennt‹ werden kann. Unter ‹Trennbarkeit› versteht man also die Möglichkeit, andere Elemente mehr oder weniger frei zwischen die Morpheme oder Morphem‹blöcke› einzuschieben. Z. B. kann zwischen *the* und *boy* eine ganze Folge anderer Elemente eingefügt werden: *the big strong strapping boy* usw.

Daß nur ein Kriterium und nicht alle beide auf den englischen Artikel anwendbar sind, impliziert, daß er, auch wenn man ihn als Wort anerkennt, nicht in demselben ‹vollen› Maß ein Wort ist wie andere Elemente, für die alle Kriterien gelten. Es gibt in den verschiedenen Sprachen zahlreiche Grenzfälle, die in der Literatur viel diskutiert worden sind.

5.4.11 *Phonologische Korrelationen*

In vielen Sprachen ist das Wort auf irgendeine Art phonologisch markiert. Z. B. haben eine Menge Sprachen einen sogenannten Wortakzent; in diesen Sprachen wird jedes Wort auf einer einzigen Silbe ‹betont› dabei kann es sich um Tonintensität oder Tonhöhe oder beides handeln. Der Akzent kann (wie im Englischen oder Russischen) in dem Sinne ‹frei› sein, daß die akzenttragende Silbe nicht allgemein durch die phonologische Struktur des Wortes oder seine grammatische Klassifikation bestimmt ist; er kann aber auch ‹beschränkt frei› sein (der Akzent ist z. B. sowohl im klassischen als im modernen Griechisch auf eine der drei letzten Silben beschränkt); es gibt auch den ‹starren› Akzent, der fest mit dem Wortanfang oder Wortende oder einem anderen Merkmal verbunden ist. Beispiele für bekannte Sprachen mit festem Akzent sind: das Lateinische, wo die Akzentposition im allgemeinen von der Länge der vorletzten Silbe bestimmt ist, das Polnische, wo der Akzent (generell) auf der vorletzten Silbe liegt, das Türkische, wo er (im allgemeinen) auf der letzten, und das Tschechische, wo er auf der Anfangssilbe des Wortes liegt. Zu erwähnen wären noch zwei andere Arten, wie Wörter phonologisch abgegrenzt sein können: Die ‹Vokalharmonie› im Türkischen und Ungarischen ist innerhalb der Wortgrenzen, nicht aber darüber hinaus wirksam (vgl. 3.3.13); in vielen Sprachen gilt, daß die Möglichkeiten der phonologischen Einheiten, am Wortanfang oder Wortende zu stehen, im Vergleich zu den anderen Positionen im Wort viel geringer sind. Für alle Sprachen mit

Wortakzent gilt (generell), daß eine Äußerung ebenso viele Wörter wie Akzente enthält; bei den Sprachen mit festem Akzent können die Wortgrenzen mithilfe der akzenttragenden Silben bestimmt werden. Der Umstand an sich, daß es zu den allgemeinen Regeln über die Stellung des Akzents Ausnahmen gibt – daß z. B. das russische Wort *ne* ‹nicht› nie einen Akzent trägt; daß die reflexiven Verbformen im Polnischen den Akzent auf derselben Silbe tragen wie die entsprechenden nicht reflexiven Formen; daß türkische Formen wie *gítmiyordu*, ‹er ging nicht› oder *askérken* ‹als (er) Soldat (war)› trotz der Akzentstelle und der teilweisen Verletzungen der Regeln der ‹Vokalharmonie› Wörter sind – zeigt, daß der Akzent in den betreffenden Sprachen nicht das primäre kennzeichnende Merkmal des Wortes ist. Könnten wir doch kaum die Stelle des polnischen oder türkischen Akzents in Bezug auf Wortanfang oder -ende feststellen, wären die Wortgrenzen selbst nur mithilfe der Stellung des Akzents zu bestimmen! Die teilweise Kongruenz von phonologischer und grammatischer Ebene aufgrund des zweifachen Status des Wortes als grammatischer und phonologischer Einheit ist daher ein allgemeines, wenn auch nicht universales Sprachmerkmal. Es gibt Sprachen (vor allem Französisch gehört hierher), bei denen eine Kongruenz zwischen phonologischer und grammatischer Struktur, soweit sie überhaupt auftritt, für Einheiten höheren Rangs als das Wort feststellbar scheint.

5.4.12 *Unabhängigkeit der Kriterien*

Wer einen umfassenderen Überblick über die verschiedenen Merkmale erhalten will, mit deren Hilfe die grammatische ‹Kohäsion› des Wortes festgestellt werden kann, und wer weiter über die verschiedenen Möglichkeiten unterrichtet werden möchte, wie Wörter in den verschiedenen Sprachen phonologisch gekennzeichnet sind, der findet nähere Angaben im bibliographischen Anhang für diesen Abschnitt. In den vorhergehenden Absätzen wurde gezeigt, daß die grammatischen Kriterien unabhängig voneinander sind und daß die phonologischen Kriterien nicht nur nicht miteinander zusammenhängen, sondern notwendig den grammatischen untergeordnet sind. Daraus folgt, daß das, was wir in einer Sprache als ‹Wörter› bezeichnen, andersartige Einheiten sein können als die ‹Wörter› einer anderen Sprache; und doch erfolgt die Anwendung des Ausdrucks ‹Wort› nicht ganz willkürlich, da die wesentlichen Merkmale, mit deren Hilfe die Wörter in den verschiedenen Sprachen erkannt werden, eine Identifikation des Wortes als strukturelle Einheit erlauben.

Da die Kriterien für die Erkennung von Wörtern nicht nur unabhängig voneinander anwendbar sind, sondern auch unabhängig von den Kriterien, die der Definition der Morpheme als kleinsten grammatischen Einheiten zugrundeliegen, können in bestimmten Sprachen dieselben Einheiten gleichzeitig Wörter und Morpheme sein. Z. B. repräsentieren im Englischen die Morphe /nais/, /boi/, /wont/ (orthographisch *nice*, *boy*, *want*) gleichzeitig die Morpheme ‹nice›, ‹boy› und ‹want› und (angenommen dies ist tatsächlich die korrekte Analyse der zitierten Formen) grammatische Wörter, die jeweils aus einem Morphem bestehen. Wie wir bereits gesehen haben (5.3.6), ist ein eins-zu-eins-Verhältnis zwischen Morphemen und Wörtern das Kennzeichen ‹isolierender› Sprachen.

5.5 *Ber Begriff des ‹Ranges›*

5.5.1 *‹Rang› ist ein Begriff der Oberflächenstruktur*

Im vorliegenden Kapitel wurde eine sehr kurze Übersicht über die primären Einheiten der grammatischen Analyse gegeben und erklärt, wie die für sie gebrauchten Termini in der modernen Linguistik definiert werden. Wie wir gesehen haben, waren Satz und Wort (im Sinne von ‹Lexem›, vgl. 5.4.4) die Haupteinheiten, mit denen die traditionelle Grammatik arbeitete, wobei Syntagma und Teilsatz, wenn auch nicht immer konsequent, mit Hilfe der Haupteinheiten definiert waren. Das Morphem ist in vielen modernen sprachtheoretischen Abhandlungen als kleinste Einheit der grammatischen Analyse an die Stelle des Wortes getreten, und doch vertreten nur wenige Linguisten in der Praxis eine theoretisch konsequente Definition des Morphems.

Zu Beginn des Kapitels haben wir erklärt, daß das Verhältnis zwischen Sätzen, Teilsätzen, Syntagmen, Wörtern und Morphemen hierarchisch ausgedrückt werden kann, und zwar so, daß Einheiten ‹höheren› *Ranges* sich aus Einheiten ‹niedrigeren› Ranges zusammensetzen. Den Ausdruck ‹Rang› (englisch *rank*) haben wir von Halliday übernommen; andere Linguisten verwenden ‹Stufe› (englisch *level,* wie z. B. Pike) oder ‹Schicht› (englische *stratum;* z. B. Lamb) in etwa derselben Bedeutung. Es sind verschiedene Versuche unternommen worden, eine konsequente Theorie der grammatischen Struktur auf der Grundlage des ‹Kompositions›-Begriffs zu formulieren (vor allem von Seiten der drei eben genannten Autoren). Wir besprechen diese Theorien hier nicht, sondern verweisen den Leser auf die im Anhang angeführten Werke.

Im nächsten Kapitel wollen wir einen transformationellen Standpunkt in der grammatischen Beschreibung einnehmen. Das führt uns unter anderem zur Unterscheidung zwischen der sogenannten ‹Tiefen›- und ‹Oberflächen›struktur der Sätze. Es wird sich dann zeigen, daß diejenigen Unterschiede, die konsequent zwischen Einheiten verschiedenen Ranges festgestellt werden können (und es besteht kein Zweifel, daß Sätze eine grammatische Struktur haben, die sich sehr gut in diesem Rahmen beschreiben läßt), zur Oberflächenstruktur gehören.

5.5.2 *Beispiele*

Es besteht keine Veranlassung anzunehmen oder zur theoretischen Forderung zu erheben, die Regeln der Grammatik müßten so aufgebaut sein, daß eine Gruppe von Regeln (etwa) Wörter aus Morphemen erzeugt, eine andere Gruppe dann diese Wörter zu Wortgruppen fügt, eine dritte Regelgruppe Teilsätze aus Wortgruppen generiert und schließlich eine vierte aus Teilsätzen ganze Sätze erzeugt. Innerhalb einer transformationellen Theorie geht viel von der Bedeutung, die früher der Definition von Einheiten verschiedener Rangstufen beigemessen wurde, verloren. Es ist für uns nicht mehr zwingend, daß jeder Satz ohne Rest in Einheiten des einen oder anderen Rangs aufzugliedern ist.

Hiezu ein Beispiel. Es gibt im Englischen eine große Gruppe von Adjektiven wie *red-haired*, *blue-eyed*, *one-legged* usw., die ganz klar drei Morpheme ‹enthalten› (nach dem allgemeinen Gebrauch des Terminus ‹Morphem›): z. B. {*red*} + {*hair*} + {*ed*}. In jedem dieser Fälle können zwei der Morphemkonstituenten als Wörter angesehen werden, z. B. *red* und *hair*. Es sind freie Formen, und sie entsprechen auch den anderen Kriterien, die für die Definition des Wortes vorgeschlagen worden sind (vgl. 5.4.6 ff.). Einerseits wäre es wünschenswert, *red-haired* als ein Wort zu betrachten; dann könnte man nämlich Grammatik und Phonologie bei der Bestimmung der Akzentverteilung miteinander verbinden. (Die meisten englischen Wörter haben einen Primärakzent, und die hier besprochenen ‹zusammengesetzten› Adjektive scheinen dieses Kriterium zu erfüllen.) Andererseits ‹enthält› *red-haired* zwei Wörter und ein gebundenes Morphem. Man könnte *red-haired* auch so verstehen, daß das gebundene Morphem {*ed*} an das Syntagma *red hair* ‹angefügt› ist, denn es gibt keine Form **haired*, die wir auf einer höheren Ebene mit *red* verbinden könnten. Derartige Probleme machen kein Kopfzerbrechen mehr, wenn wir voraussetzen, Adjektive wie *red-haired* könnten von der Grammatik in einer Folge von Operationen erzeugt werden, die nicht der sprachtheoretischen Einschränkung unterliegen, daß Einheiten eines ‹höheren› Ranges prinzipiell aus einer Menge von Einheiten ‹niedrigeren› Ranges zusammengesetzt sind.

Nach diesen Bemerkungen können wir zur weiteren Besprechung der grammatischen Struktur übergehen. Wir werden dort fortfahren, wo wir im vergangenen Kapitel aufgehört haben, halten nun aber nicht mehr daran fest, daß der Wortschatz einer Sprache aus einer bestimmten Anzahl von im Lexikon verzeichneten Wörter besteht, die mithilfe von unmittelbar auf die Wortklassen anwendbaren Regeln zu Sätzen gefügt werden.

6 GRAMMATISCHE STRUKTUR

6.1 *Unmittelbare Konstituenten*

6.1.1 *Verkettung und Linearität*

In unserer Darstellung der allgemeinen Prinzipien der ‹formalen Grammatik› in Kapitel 4 haben wir bewußt den Standpunkt vertreten, daß alle Sätze von einfacher *linearer* Struktur sind: d. h. daß jeder Satz einer Sprache grammatisch befriedigend beschreibbar ist als eine *Kette* (oder Folge) von *Konstituenten* (die wir als Wörter verstanden haben).

Was mit der Bezeichnung ‹Kette› (dies ist der terminus technicus, wie er in mathematischen Arbeiten über die grammatische Struktur der Sprache gebraucht wird) gemeint ist, kann mit Hilfe der folgenden abstrakten Darstellung illustriert werden:

$$a + b + c + d$$

Das plus-Zeichen, das hier verwendet wird (in der Literatur stehen dafür noch andere Symbole), bezeichnet die *Verkettung*. Die Kette entsteht aus der Kombination der Konstituenten oder Elemente in einer bestimmten Reihenfolge. Was die Reihenfolge angibt, hängt von der Interpretation ab, die das System bei seiner Anwendung auf bestimmte Erscheinungen erhält. Im Falle der natürlichen Sprachen kann man sich die nach rechts fortschreitende Anordnung der Konstituenten in der Kette vorstellen als Reflex der zeitlichen Abfolge (von ‹früher› zu ‹später›) bei gesprochenen Äußerungen oder als nach rechts fortschreitende Ordnung von geschriebenen Sätzen innerhalb der heute für das Deutsche und die meisten anderen Sprachen dieser Welt verbindlichen Konventionen. Man sollte sich dabei aber vor Augen halten, daß dieses gleiche abstrakte Prinzip der linearen Ordnung auch anderen Zwecken bei der Beschreibung einer Sprache dienen kann. Mehr noch: Es ist nicht einzusehen, weshalb die lineare Ordnung in verschiedenen Teilen einer Grammatik nicht verschieden interpretierbar sein könnte. Bei den Überlegungen in Kapitel 4 indessen sind wir von der Annahme ausgegangen, daß die aus der Anwendung einer grammatischen Regel resultierende Kombination von Wörtern eine Kette ergibt, wobei die Reihenfolge der verketteten Wörter durch jene Ordnung geregelt wird, nach welcher die Wörter in Sätzen einer Sprache vorkommen.

Es wurde schon in Kapitel 2 (siehe 2.3.5) darauf hingewiesen, daß der

Begriff des syntagmatischen Verhältnisses nicht unbedingt eine bestimmte Reihung jener Elemente voraussetzt, zwischen welchen dieses Verhältnis besteht. Wir haben Beispiele sowohl für sequentielle als auch für nicht-sequentielle Kombinationen gegeben. Es ist wichtig sich klarzumachen, daß eine Kette [string] ein bestimmter Typus des *Syntagmas* ist, so wie die Verkettung [concatenation] ein bestimmter Typus der *Kombination* ist. Wenn die sprachlichen Daten es rechtfertigen würden, so könnten wir die Theorie einer grammatischen Struktur mit Hilfe eines nicht-kettenhaften Regelsystems formalisieren, das also nicht Ketten von Elementen, sondern ungeordnete Mengen erzeugt (unter den Elementen dieser Mengen bestehen dann bestimmte Beziehungen syntagmatischer Bedingtheit, Dependenz usw.) So kann z. B. eine *Ersetzungsregel* (siehe 4.3.2) der Form

$$X \rightarrow a + b + c + d$$

etwa folgende Interpretation erhalten (das plus-Zeichen bedeutet hier nicht mehr Verkettung): X ist ein Syntagma, das sich aus der nicht weiter geordneten Kombination der Elemente a, b, c und d ergibt. Obwohl die Diskussion in diesem Kapitel in der Hauptsache unter der Voraussetzung geführt wird, daß wir uns dabei auf Ersetzungsregeln beschränken, die Verkettungssysteme generieren, sollte dieser Punkt doch im Auge behalten werden. Einige Regeln, die in späteren Kapiteln vorgeschlagen werden, sind nicht-verkettend. Bevor wir jedoch mit der mehr formalen Diskussion fortfahren, einiges über den historischen Hintergrund.

6.1.2 *Unmittelbare Konstituenten [immediate constituents]*

Die meisten modernen Lehrbücher über Linguistik messen der sogenannten *Analyse der unmittelbaren Konstituenten* (IC-Analyse) [immediate constituent analysis] große Bedeutung zu. Der Terminus ‹immediate constituents› wurde von Bloomfield (1933) eingeführt, und zwar auf folgende Weise: «Jeder, der Englisch spricht und sich für seine Sprache interessiert, wird uns mit Sicherheit sagen, daß die unmittelbaren Konstituenten von *Poor John ran away* die beiden Formen *poor John* und *ran away* sind, daß jede von diesen wiederum eine komplexe Form ist, daß die unmittelbaren Konstituenten von *ran away* *ran* ... und *away* ... sind, und daß die Konstituenten von *poor John* ... *poor* und *John* sind.»

Es besteht ganz offensichtlich ein Parallelismus zwischen der *Analyse der unmittelbaren Konstituenten* und dem traditionellen Verfahren, Sätze in ‹Subjekt› und ‹Prädikat› und diese wo möglich weiter in Wörter und andere verschiedenartige Satzteile zu untergliedern. Bloomfields Satz kann als einfacher Satz beschrieben werden, dessen Subjekt ein Nominalkomplex ist, bestehend aus dem Nomen *John* und einem das Nomen ‹modifizierenden› Adjektiv *poor,* und dessen Prädikat ein Verbalkomplex ist, zusammengesetzt aus dem Verb *ran* und einem ‹modifizierenden› Adverb *away.* Diese beiden Wege der grammatischen Analyse beruhen auf der Vorstellung, daß Sätze nicht nur lineare Folgen von Elementen sind, sondern aus Schichten von unmittelbaren Konstituenten gebildet sind, wobei jede Konstituente einer tieferen Schicht Teil einer nächsthöheren ist. Die Zerlegung eines Satzes in seine verschiedenen Konstituentenschichten kann graphisch auf verschiedene Weisen wiedergegeben werden. Man kann Klammern verwenden: [(Poor John) (ran away)]. Man kann aber auch ein Stammbaumschema konstruieren (siehe Abb. 8).

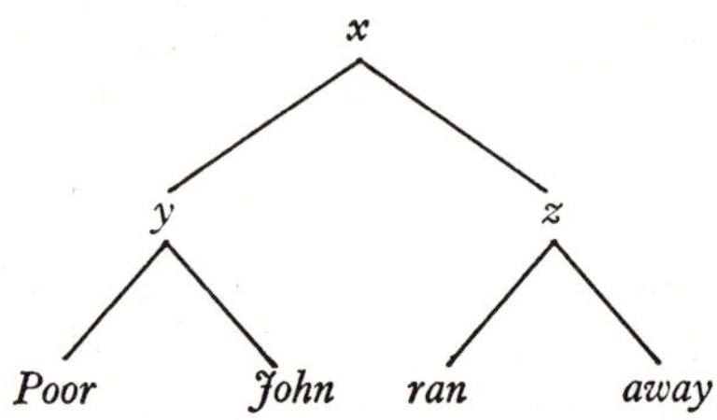

Abb. 8. Bloomfields unmittelbare Konstituenten

Diese beiden Darstellungsmethoden sind äquivalent (die Zeichen *x, y* und *z* werden hier allein aus dem Grund verwendet, weil wir uns später darauf beziehen wollen). Das Baumschema ist folgendermaßen zu interpretieren: Die nicht weiter zerlegbaren Satzkonstituenten (die Konstruktionsteile des Satzes) sind *poor, John, ran* und *away*; die Wörter *poor* und *John* sind die unmittelbaren Konstituenten der einen Konstruktion; daher leiten sich die zu ihnen führenden Äste direkt aus einem ‹Knoten› her (nämlich *y*). Die Wörter *ran* und *away* sind die unmittelbaren Konstituenten der anderen Konstruktion; sie werden durch den ihnen gemeinsamen nächst höheren Knoten (nämlich *z*) miteinander in Verbindung gebracht. Die beiden Konstruktionen *poor John* und *ran away* wiederum sind die unmittelbaren Konstituenten der Konstruktion der obersten Schicht, des Satzes selbst; es leiten sich daher beide vom ‹Knoten› *x* ab. Es wird auffallen, daß wir weder in der Darstellung der Satzkonstituentenstruktur mittels Klammern noch im äquivalenten Baumschema Information darüber geliefert haben, daß *poor* ein Adjektiv, *poor John* eine Nominalgruppe usw. ist. Es wird auch nicht der Tatsache Rechnung getragen, daß *poor John* ‹Subjekt› ist, daß *ran away* ‹Prädikat› ist, und ebensowenig wird der Begriff der ‹näheren Bestimmung› [‹modification›] hineingebracht. Unsere Zerlegung in Konstituenten ist also anders und ‹informationsärmer› als die Analyse im Rahmen der Kategorien der traditionellen Grammatik.

In der Entwicklung der Theorie der Konstituentenstruktur sind drei

Stadien zu unterscheiden. Bloomfield führte den Begriff eigentlich nur ein und brachte Beispiele dazu. Er sprach von einer ‹angemessenen Analyse› eines Satzes in seine Konstituenten dann, «wenn sie die Bedeutungen berücksichtigt». Seine Nachfolger, insbesondere Wells und Harris, gingen bei der Formulierung der Grundsätze der Konstituentenanalyse weiter ins Detail und ersetzten Bloomfields doch etwas vagen Hinweis auf die ‹Berücksichtigung der Bedeutungen› explizit durch distributionelle Kriterien. Schließlich ist die Theorie der Konstituentenstruktur in den letzten Jahren formalisiert und zu einem Gegenstand mathematischer Untersuchung gemacht worden, und zwar durch Chomsky und andere Wissenschaftler, die der Natur solcher Regeln besondere Beachtung geschenkt haben, die zur Erzeugung von Sätzen mit korrekter Konstituentenstruktur nötig sind.

6.1.3 *Grammatische Mehrdeutigkeit*

Eines der zwingendsten Argumente für die Erkenntnis, daß Sätze und Satzteile eine nicht-lineare Konstituentenstruktur haben, ist die Tatsache, daß wir damit einen großen Teil von Mehrdeutigkeiten auf der grammatischen Beschreibungsebene erklären können. Wenn wir die folgenden drei Beispiele vergleichen, erkennen wir, daß Mehrdeutigkeit eine Funktion entweder der distributionellen Klassifikation der Elemente ist oder der Konstituentenstruktur oder beider zusammen:

(a) *They can fish*
(b) *Beautiful girl's dress*
(c) *Some more convincing evidence*

Beim ersten Beispiel: (a) *They can fish* (vgl. *They could fish, They may fish* einerseits und *They canned fish, They eat fish* andererseits) ist die Ambiguität interpretierbar durch die doppelte Klassifikation sowohl von *can* (als modales Hilfsverb oder transitives Verb) und *fish* (als intransitives Verb oder Nomen). Da sich der Verbalkomplex in einem englischen Satz aus einem transitiven Verb und einem Nomen oder einem intransitiven Verb mit einem vorausgehenden Auxiliar zusammensetzen kann (dies ist selbstverständlich eine vereinfachte Beschreibung), kann folglich *They can fish* zweifach analysiert werden. Ein Unterschied in der Klammeranalyse besteht hingegen nicht; bei beiden Interpretationen des Satzes ist die Klammerung *They (can fish)*. Im Gegensatz dazu ist die Doppeldeutigkeit von (b) *beautiful girl's dress* nicht durch die distributionelle Klassifikation der Elemente (*beautiful, girl, dress*) zu erklären, sondern durch unterschiedliche Konstituentenstrukturen; bei der einen Interpretation, ‹*girl's dress which is beautiful*›, bilden die Wörter *girl's* und *dress* eine Konstituente; bei der anderen, ‹*dress of (a) beautiful girl*›, sind *beau-*

tiful und *girl* zusammengeklammert und bilden eine Konstituente. Das dritte Beispiel vereinigt beide Faktoren: Der Ausdruck (c) *some more convincing evidence* kann in die vollkommen eindeutigen Paraphrasen (I) *some evidence which is more convincing* oder (II) *some more evidence which is convincing* transponiert werden; anders ausgedrückt, er kann entweder mit der Konstituentenklammerung (I) *some [(more convincing) evidence]* oder mit (II) *[(some more) (convincing evidence)]* beschrieben werden. Über diesen Unterschied der Konstituentenstruktur hinaus besteht aber noch ein Unterschied in der distributionellen Klassifikation der Elemente. Dies wird deutlich, wenn wir *more* durch *less* und *convincing* durch *good* (oder *bad* etc.) ersetzen: *some less convincing evidence* ist nicht mehr doppeldeutig, ebensowenig wie *some more good evidence* oder *some better evidence* oder *some more evidence.* Das Wort *more* gehört zu (mindestens) zwei distributionellen Klassen: (I) Wie *less* verbindet es sich mit Adjektiven zu Adjektivkomplexen (seine Distribution ist jedoch beschränkter als die von *less*, da *more* hier in komplementärer Distribution mit dem Suffix *-er* steht: vgl. *nicer* gegenüber *more nice* usw.); (II) z. U. von *less* verbindet es sich mit einem vorausgehenden *some* zu einer ‹näheren Bestimmung› von Nomina und Nominalgruppen (vgl. *some more evidence* gegenüber **some less evidence*).

Ambiguität kann also entweder eine Funktion der Konstituentenstruktur oder der distributionellen Klassifikation der Letzt- (und Zwischen-) konstituenten sein. Dies gilt nicht nur für das Englische, sondern ebenso für viele andere Sprachen. Wir müssen daher beide Faktoren bei der Satzanalyse berücksichtigen. Dies kann ganz einfach dadurch erreicht werden, daß man die Klammerstrukturen oder die ‹Knoten› des Stammbaumschemas benennt, z. B.:

$$\Sigma \{NP\ (A\ [\textit{poor}] + N\ [\textit{John}]) + VP\ (V\ [\textit{ran}] + Adv\ [\textit{away}])\}$$

Es gibt unter den beiden Arten von Klammern, wie sie hier verwendet werden, keine Rangordnung. Die verschiedenartigen Klammern machen es nur leichter, die jeweiligen rechten und linken Klammern als Paare zu erkennen. Ein äquivalentes Stammbaumschema (welches viel einfacher zu ‹lesen› ist) zeigt Abb. 9.

In der Repräsentation der grammatischen Struktur von Sätzen wie *Poor John ran away* ist nun auch zum Ausdruck gekommen, daß *poor John* ein Nominalkomplex [noun-phrase (NP)] ist, bestehend aus dem Adjektiv (*A*) *poor* und dem Nomen (*N*) *John,* und daß *ran away* ein Verbalkomplex [verb-phrase (*VP*)] ist, zusammengesetzt aus dem Verb (*V*) *ran* und dem Adverb (*Adv*) *away.* Wir werden von nun an eine Information solcher Art als integrierenden Bestandteil einer Satzanalyse in Bezug auf ihre Konstituentenstruktur betrachten. Noch haben wir nicht die traditionellen Begriffe ‹Subjekt› und ‹Prädikat› eingeführt. Ebensowenig haben wir bisher etwas über ‹nähere Bestimmung› (‹Modifikation›) gesagt. In der traditionellen Grammatiktheorie würde der Ausdruck *poor John* als Nominalkomplex klassifiziert werden, weil er in Sätzen ‹die Funktion eines Nomens übernimmt›. Dies kann so interpretiert werden, daß Ausdrücke der Form Adjektiv+Nomen dieselbe Distribution in den von der Grammatik generierten Sätzen haben wie Nomina; daß *poor John, new car* usw. in jedem beliebigen Satz uneingeschränkt für *John, car* usw. eingesetzt werden können und das Ergebnis ein neuer, grammatisch zulässiger Satz ist. Diesem Umstand wird in unserer Analyse von Sätzen wie *Poor John ran away* dadurch Rechnung getragen, daß der ‹Knoten›, durch den das Adjektiv und das Nomen in Beziehung zueinander gebracht werden, mit dem Term ‹Nominalkomplex› (*NP*) charakterisiert wird.

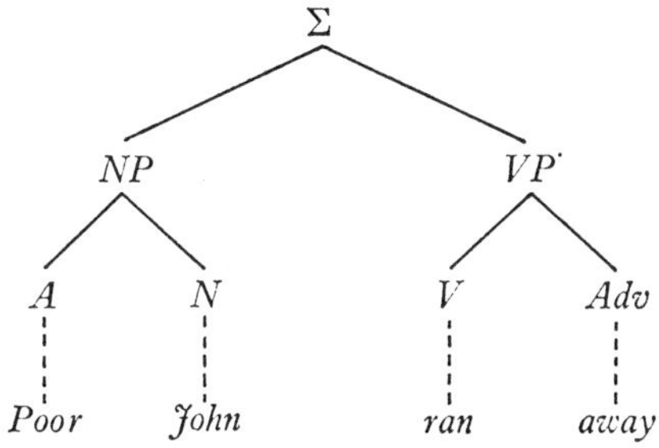

Abb. 9

Bevor wir die Begriffe der Konstituentenstruktur von einem generativen Standpunkt aus weiterentwickeln, müssen wir erklären, was der Ausdruck ‹grammatische Mehrdeutigkeit›, wie er oben verwendet wurde, meint. Man betrachte alle englischen Nominalgruppen der Form $A + N_1 + N_2$ (A = Adjektiv, N = Nomen). Viele davon sind doppeldeutig; ihre Ambiguität kann beseitigt werden, indem man ihre Konstituentenstruktur entweder als $A + (N_1 + N_2)$ oder $(A + N_1) + N_2$ festlegt. Viele von diesen Komplexen sind natürlich nicht falsch zu verstehen, wenn sie wirklich in Sätzen stehen; denn es wird durch den Rest des Satzes oder den allgemeinen Zusammenhang, in dem die Sprache gebraucht wird, gewiß oder zumindest sehr wahrscheinlich, daß die eine Interpretation eher als die andere die richtige ist. Die Nominalgruppe *fresh fruit market* zum Beispiel kann kaum in dem Sinne verstanden werden, der durch die Klammerung *fresh (fruit market)* zum Ausdruck gebracht wird; umgekehrt ist es unwahrscheinlich, daß der Ausdruck *new fruit market* als *(new fruit) market* interpretiert wird. Nehmen wir nun nur um des Arguments willen einmal an, daß weder *fresh fruit market* noch *new fruit market* mehr als eine Interpretation haben. Vom Standpunkt der Semantik aus werden wir sagen, daß sie eindeutig sind. Sind sie grammatisch mehrdeutig? Ist die

Konstituentenstruktur *fresh (fruit market)* in dem einen Fall und *(new fruit) market* in dem anderen grammatisch zulässig? Die Antwort auf diese Fragen muß eine explizite Grammatik des Englischen natürlich geben. Es ist klar, daß generell die Klammerung $A + (N_1 + N_2)$ akzeptierbar ist, wenn sich das erste Nomen mit dem zweiten verbinden kann *(fruit market)* und wenn das Adjektiv sich mit dem zweiten Nomen verbinden kann (*new market, ?fresh market*); und die Klammerung $(A + N_1) + N_2$ ist akzeptierbar, wenn sich das erste Nomen mit dem zweiten Nomen verbinden kann *(fresh fruit, ?new fruit)*. Die Frage ist daher im Prinzip die gleiche wie jene, die oben im Zusammenhang mit den Grenzen der Grammatik diskutiert wurde: die Frage der Subklassifikation mit zwei einschränkenden Unbestimmtheitsfaktoren und die Frage des ‹abnehmenden Ertrags› (siehe 4.2.11). Für jeden Ausdruck der Form $A + N_1 + N_2$ werden zwei grammatische Analysen erstellt, es sei denn die Grammatik und das Lexikon, auf welches wir uns beziehen, verböten explizit die Kombination der in Frage kommenden Adjektive mit dem einen oder dem anderen Nomen.

Der Begriff der Konstituentenstruktur hat seine Berechtigung nicht nur darin, daß man mit ihm Polysemien der diskutierten Art erklären kann. Der Hauptgrund dafür, daß man Sätze als aus ‹Schichten› von Konstituenten zusammengesetzt denkt, ist, daß wir auf diesem Weg eine ökonomischere und der Intuition gerechter werdende Beschreibung liefern können. Dies wird aus der folgenden Diskussion klar werden. Es soll nur nebenbei bemerkt werden, daß es andere Arten von Ambiguität gibt, die durch eine von der hier dargestellten grundsätzlich verschiedenen Art der grammatischen Struktur erklärt werden können. Einiges davon wird später in diesem Kapitel besprochen werden (siehe 6.6.2).

6.2 *Konstituentenstrukturgrammatiken*

6.2.1 ‹*Konstituentenstruktur*›

Auf der einen Seite gilt es herauszufinden, wo die Klammern in einem vorgegebenen Satz zu setzen sind; auf der anderen Seite aber geht es darum, ein System von generativen Regeln zu konstruieren, die diesen Sätzen unmißverständlich korrekte Konstituentenstrukturen zuordnen. Obwohl viele verschiedene Systeme von grammatischen Regeln entworfen werden können, mit denen sich die Sätze, die sie generieren, in ihren Konstituentenstrukturen analysieren lassen, werden wir uns anfangs nur verkettenden Ersetzungssystemen (concatenating rewrite-systems) von der Art beschäftigen, mit der uns Chomsky vertraut gemacht hat. Solche Systeme werden wir *einfache Konstituentenstrukturgrammatiken* (simple phrase structure grammars) nennen. (‹Konstituentenstrukturgrammatik› ist folglich ein weiter zu verstehender Begriff).

6.2.2 *Ersetzungssysteme*

Wir können zu Beginn gleich eine Reihe von Ersetzungsregeln (wir verstehen sie als kettenbildend: siehe 6.6.1) der folgenden Form vorlegen:

(1) $\Sigma \rightarrow NP + VP$
(2) $VP \rightarrow V + Adv$
(3) $NP \rightarrow A + N$

Diese Regeln können in der Reihenfolge von oben so angewandt werden, daß jede einzelne Regel (außer der ersten) in der ‹Ausgabe› der vorhergehenden Regeln Symbole ersetzt (‹neu anschreibt›). Dabei wird jedes Symbol, das auf der linken Seite einer Regel erscheint, durch alle diejenigen Symbole in Klammern ersetzt, die nach dem Pfeil stehen. Nach Regel (1) erhalten wir

$$\Sigma\{NP + VP\}$$

und nach darauffolgender Anwendung von (2)

$$\Sigma\{NP + VP\,(V + Adv)\}$$

und letztlich von Regel (3)

$$\Sigma\{NP\,(A + N) + VP\,(V + Adv)\}.$$

D. h. jede Regel klammert die Konstituenten ein, welche die durch sie definierte Konstruktion bilden, und bezeichnet sie auch. Die Strukturschichten werden durch die Reihenfolge festgelegt, in der die Regeln zur Anwendung kommen. Im vorliegenden Beispiel würde sich dasselbe ergeben, wenn Regel (3) vor Regel (2) operierte. Der auf der linken Seite von Regel (1) der Grammatik stehende Ausdruck bezeichnet die Konstruktion auf der obersten Ebene; alle anderen von der Grammatik erzeugten Konstruktionen sind Konstituenten. Wir werden diesen Term (‹Satz›) das *Anfangssymbol* (*initial symbol*) nennen. Nach Anwendung all der Regeln, die im Erzeugungsprozeß eines bestimmten Satztyps eine Rolle spielen, hat die Grammatik eine mit Klammern strukturierte Kette von Symbolen (Adjektiv, Nomen, Verb usw.) «produziert», von denen ein jedes eine Klasse von Elementen des Lexikons bezeichnet. Die für lexikalische Klassen stehenden Symbole nennen wir *Endsymbole* (*terminal symbols*) und die mittels Klammern geordneten ‹Ketten› von Endsymbolen *Endketten* (*terminal strings*). Wenn wir nun jedes der Endsymbole in einer

Endkette durch ein Element der dadurch bezeichneten lexikalischen Klasse ersetzen, erhalten wir einen Satz, dessen Konstituentenstruktur zur Gänze durch die Regeln bestimmt ist, welche die Endkette erzeugen. Nehmen wir an, daß das Lexikon folgende Information enthält (vgl. 4.3.1 ff.):

$$
\begin{aligned}
N &= \{\textit{John}, \text{etc.}\} \\
V &= \{\textit{ran}, \text{etc.}\} \\
A &= \{\textit{poor}, \text{etc.}\} \\
Adv &= \{\textit{away}, \text{etc.}\}
\end{aligned}
$$

Dann wird die aus drei Regeln bestehende Grammatik oben Sätze wie *Poor John ran away* mit ihrer korrekten Konstituentenstruktur generieren. Wenn wir umgekehrt für diesen Satz ein für die Analyse handlicher eingerichtetes Lexikon verwenden, etwa in der Form

away: *Adv*
John: *N*
poor: *A*
ran: *V*

so können wir an die Stelle jedes Wortes im Satz sein Klassensymbol stellen und dann die Regeln der Grammatik aufwärts und von rechts nach links zur Anwendung bringen, bis wir, mit Erfolg beim Anfangssymbol der Regel (1) angelangt, entscheiden, können, daß der Satz grammatisch zulässig und von einer bestimmten Konstituentenstruktur ist. Dabei ist folgendes zu beachten: Bei der vorliegenden Grammatik können die Regeln deswegen in beiden Richtungen angewandt werden, weil diese Grammatik bestimmten allgemeinen Bedingungen entspricht (die hier nicht zur Diskussion stehen: siehe 6.2.11). Unabhängig von dieser besonderen Charakteristik verhält sie sich neutral bezüglich der Analyse und Synthese (vgl. 4.3.1); außerdem formalisiert sie den Begriff der ‹indizierten Klammeranalyse› (‹labelled bracketing›) (siehe 6.1.3).

6.2.3 *Alternativregeln*

Wir wollen jetzt die Grammatik erweitern, um sie in die Lage zu versetzen, Sätze wie *Old men love young women* zusätzlich zu Sätzen wie *Poor John ran away* zu ‹produzieren› und zu ‹identifizieren›. Man kann dies tun, indem man Regeln einführt, mit denen man das Element *VP* (Verbalkomplex) durch alternative Formen ‹ersetzen› kann.

(1) $\Sigma \rightarrow NP + VP$
(2a) $VP \rightarrow V_{intr} + Adv$
(2b) $VP \rightarrow V_{tr} + NP$
(3) $NP \rightarrow A + N$

Dabei gilt, daß eine der Subregeln, (2a) oder (2b), angewendet werden muß, daß aber die Wahl zwischen ihnen frei bleibt. Wenn wir nun die Wahlmöglichkeit zwischen (2a) und (2b) in der Grammatik einführen, dann müssen wir auch die Wortklassifikation im Lexikon ändern:

V_{intr} = {*ran*, etc.}
V_{tr} = {*love*, *kill* etc.}

Unsere Grammatik ist allerdings immer noch aus mehreren Gründen unbefriedigend. Vor allem sieht man leicht, daß die Grammatik, obwohl sie durchaus korrekt solche Sätze generiert, wie wir sie anfangs besprochen haben, auch nichtzulässige ‹Sätze› wie *Poor John kill old women* erzeugt. Irgendwo müssen wir also auch die Kongruenz (agreement) berücksichtigen, die im Englischen zwischen dem ‹Subjekt› des Satzes und dem Verb herrscht (vorausgesetzt das Verb steht im ‹Präsens›). Doch lassen wir diese Frage augenblicklich beiseite (siehe 6.5.4). Ein anderer Mangel der Grammatik ist folgender: Wenn jede Regel dort, wo anwendbar, angewendet wird – was wir bisher vorausgesetzt haben –, so wird die Grammatik entweder Sätze mit fünf Wörtern wie *Old men love young women* oder solche mit vier Wörtern wie *Poor John ran away* produzieren. Aber sie wird nicht *John ran away, John ran, Men love young women, Old men love women* usw. erzeugen. Und sie wird auch nicht z. B. *Old men love young women passionately* generieren.

6.2.4 *Fakultative und obligatorische Regeln*

Angenommen wir machen jetzt aus Regel (3) zwei Regeln, nämlich:

(3) $NP \rightarrow N$
(4) $N \rightarrow A + N$

mit der zusätzlichen Bedingung, daß Regel (3) obligatorisch ist, während Regel (4) fakultativ ist. Die Grammatik wird nun *John ran away, Men love women, Old men love women, Men love young women* usw. generieren.

In Abb. 10 werden nun die Stammbaumschemata für jene Sätze dargestellt, die von den bisher aufgestellten Regeln erzeugt worden sind, also z. B. (I) *John ran away,* (II) *Poor John ran away,* (III) *Men love women,* (IV) *Old men love women,* (V) *Men love young women,* (VI) *Old men love young women.*

Auf Grund dieser Konfigurationen bzw. der Regeln, mit denen sie gebildet worden sind, erkennen wir, daß alle diese Sätze Untertypen des *Satztypus* $\Sigma(NP + VP)$ sind. Das heißt aber, daß ihre Strukturen auf einer bestimmten Stufe der Analyse identisch sind. Auf niedrigerer Stufe sind auch (I) und (II) strukturell identisch, aber verschieden von (III) und

(IV) usw. Die Einführung von fakultativen und alternativen Regeln erhöht also die Leistung der Grammatik; insbesondere ordnet sie Klassen von Konstruktionen in Subtypen einer allgemeinen Form.

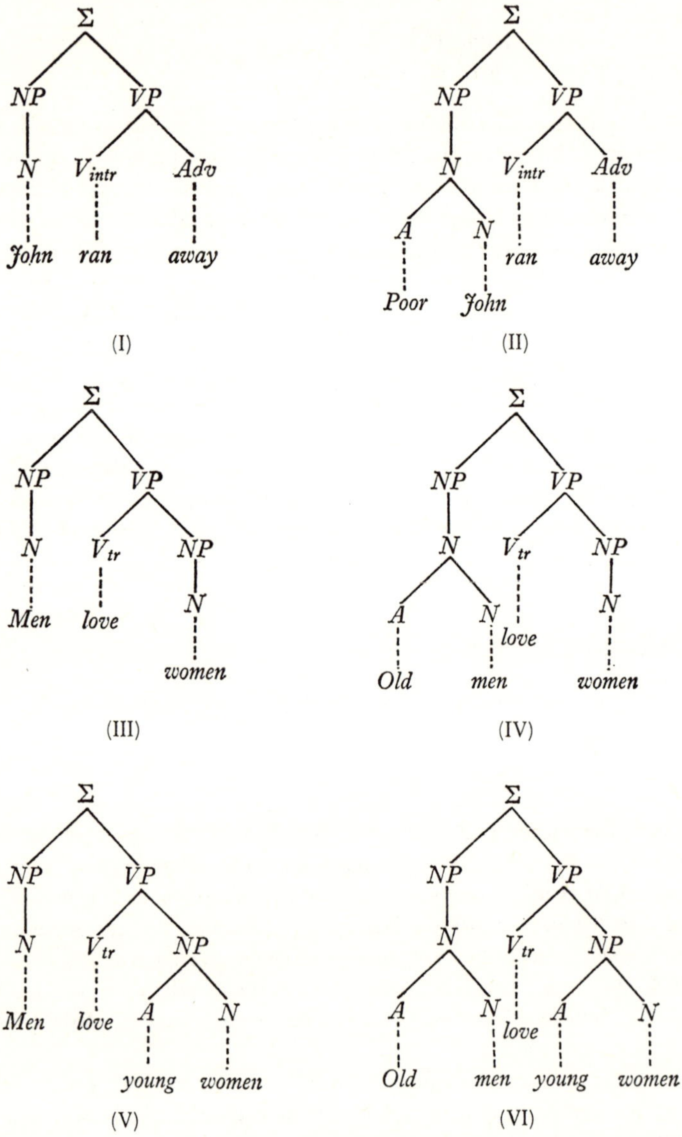

Abb. 10. (Man beachte, daß die Verzweigung für *NP* → *N* im *VP*-Knoten von (V) und (VI) weggelassen worden ist).

6.2.5 *Die Reihenfolge von Regeln*

Was bisher gesagt wurde, geschah unter der Voraussetzung, daß die Regeln der Grammatik (sofern sie überhaupt anwendbar sind) in der Reihenfolge ihrer Numerierung zur Anwendung kommen. Wir müssen dieser Frage noch weiter nachgehen, denn die Priorität einer bestimmten Rangordnung der Regeln gegenüber einer anderen kann das Resultat der Grammatik erheblich verändern. Man betrachte das folgende Regelsystem, welches mit Ausnahme der Regel (4), die hinzugefügt wurde, identisch ist mit dem früher aufgestellten (die Regeln (4) und (5) sind fakultativ):

(1) $\Sigma \rightarrow NP + VP$
(2a) $VP \rightarrow V_{intr} + Adv$
(2b) $VP \rightarrow V_{tr} + NP$
(3) $NP \rightarrow N$
(4) $N \rightarrow T + N$
(5) $N \rightarrow Adj + N$

Wir setzen voraus, daß die Information $T = \{the\}$ aus dem zugehörigen Lexikon stammt. Da die Regeln (4) und (5) fakultativ sind, erzeugt die Grammatik *men, the men, good men* und *the good men*. Wenn aber Regel (5) vor (4) hätte zur Anwendung kommen dürfen, dann wären eine so unannehmbare Kette wie **good the men* als grammatisch zugelassen worden. Auch die Reihung von Regel (3) ist wesentlich; wenn sie nämlich vor (2b) stünde, müßte sie nach (2b) nochmals angesetzt werden, um dann die Erweiterung für den aus $VP \rightarrow V_{tr} + NP$ resultierenden Nominalkomplex zu garantieren.

Wir haben gesehen, daß die Reihenfolge von Regeln in einem grammatischen System, das mit ‹Ersetzung› und Konstituentenstruktur operiert, aus zwei Gründen von Bedeutung ist: einmal weil sie die Erzeugung von unzulässigen Sätzen verhindern kann und zum anderen weil sie hilft, den Umfang des Regelkorpus zu reduzieren. In bestimmten Fällen mag es wünschenswert sein, bestimmte Regeln in verschiedener Reihenfolge zur Anwendung zu bringen, um der grammatischen Ambiguität des oben diskutierten Typs (vgl. 6.1.3) Rechnung zu tragen. Man betrachte z. B. eine fakultative Regel für die Koordination von Nomina, und zwar in der Form:

(6) $N \rightarrow N + and + N$

Wenn sie im gegenwärtigen Regelsystem vor (5) operiert, so werden sich Ausdrücke wie *(old men) and women* und *men and (old women)* ergeben. Wenn aber (6) nach (5) operiert, dann erzielen wir Ausdrücke wie *old (men and women)*. Die Doppeldeutigkeit der Kette *old men and women,* also entweder *(old men) and women* oder *old (men and women),* kann befriedigend gelöst werden, und zwar mit Hilfe einer Verschiebung der Reihenfolge, in der die Regeln (5) und (6) zur Anwendung kommen. Man darf jedoch nicht übersehen, daß die Klammerstruktur, die durch die Verwendung von (6) nach (5) entsteht, nämlich *old (men and women),* semantisch dem Ausdruck *(old men) and (old women)* entspricht, welcher durch doppelte Anwendung von Regel (5) auf das Resultat von (6) erzeugt werden könnte.

6.2.6 *Rekursive Regeln*

Die Regel für die Koordination von Nomina sollte aber nicht nur einmal, sondern viele Male, mehr noch: *unendlich oft* anwendbar sein. Es ist ja ein Ausdruck mit unendlich vielen mit *and* verbundenen Nomina denkbar. Das Einfachste, damit fertigzuwerden, wäre es, eine Klasse von Alternativregeln in die Grammatik einzubauen:

(6a) $N \rightarrow N + \textit{and} + N$
(6b) $N \rightarrow N + \textit{and} + N\ \textit{and} + N$
(6c) $N \rightarrow N + \textit{and} + N + \textit{and} + N + \textit{and} + N$

Dies ist jedoch ganz offensichtlich nicht befriedigend, denn es gibt keine obere Grenze für die Anzahl von nominalen Konstituenten, die im Englischen auf diese Weise koordiniert werden können. Man kann mit Recht sagen, daß es in einem beliebigen Text oder der Gesamtmenge der jemals produzierten Äußerungen immer einen Nominalkomplex (oder mehrere) geben wird, der mehr koordinierte Nomina enthält als irgendein bereits gegebener Nominalausdruck. Es ist wahrscheinlich ebenso angebracht zu sagen, daß es kaum einen von einem Sprecher seiner Muttersprache produzierten Satz geben wird, der mehr koordinierte Nomina enthält als dieses Maximum von nominalen Konstituenten. Es bleibt dennoch, daß es immer möglich sein wird, einen Satz mit einem Nominalausdruck zu produzieren, dessen Zahl an Konstituenten koordinierter Nomina jede angenommene ‹obere Grenze› übersteigt. Weil es also grundsätzlich unmöglich ist, eine unendliche lange Liste von Alternativregeln aufzustellen, können wir vorsehen, daß Regel (6) unendlich oft operiert. Regeln, die unendlich oft zur Anwendung kommen, werden *rekursiv* genannt. Es ist sehr wahrscheinlich, daß es in allen Sprachen viele Konstruktionen gibt, deren Erzeugung rekursive Regeln erfordert. Andere Beispiele aus dem Englischen sind die Koordination von Teilsätzen in Satzverbindungen (z. B. *He came in and he sat down and he said that ... and he ...)* und die nähere Bestimmung von Nomina durch Adjektive (z. B. *great big black dog*).

Um aus unserer Grammatik ein ‹realistischeres› Modell für die Produktion von Sätzen zu machen und dieses so zu konstruieren, daß es mehr

Beispiele rekursiver Strukturen mit zwei Konstituenten als mit drei, mehr Beispiele mit drei Konstituenten als mit vier usw. generiert, können wir jeder bestimmten Häufigkeit, mit welcher die betreffenden Regeln angewendet werden sollen, eine besondere Wahrscheinlichkeit zuordnen (die Wahrscheinlichkeiten werden als eine unendliche Reihe erzeugt, deren Grenzwert null ist. Man könnte ebenso jedem Glied einer Menge von Alternativregeln und jeder fakultativen Regel der Grammatik Wahrscheinlichkeiten zuordnen. Wir dürfen aber die Wahrscheinlichkeit eines Vorkommens nicht mit grammatikalischer Korrektheit verwechseln. Obwohl Sprecher in ihrer Muttersprache bezüglich der Zulässigkeit gewisser Konstruktionen von geringer Häufigkeit unschlüssig sein können, so scheint es doch nicht der Fall zu sein, daß sie Konstruktionen mit großer Eintrittswahrscheinlichkeit zulässiger finden als Konstruktionen mit geringerer Eintrittswahrscheinlichkeit.

6.2.7 *Rekursive koordinierte Strukturen*

Die Behandlung der Koordination mit Hilfe einer rekursiven Regel wirft ein anderes Problem auf. Alle Regeln des in diesem Kapitel besprochenen Typs ordnen den Konstruktionen, die sie erzeugen, eine Klammerstruktur zu; wie wir gesehen haben, werden die verschiedenen Strukturschichten durch die Reihenfolge, in der die Ersetzungsregeln zur Anwendung kommen, festgelegt. Angenommen wir haben nun einen Ausdruck wie *Tom and Dick and Harry*. Diese Wortfolge wird durch eine zweifache Anwendung der oben aufgestellten Regel (6) produziert. Aber sie wird unvermeidlich grammatisch doppeldeutig generiert: nämlich entweder als *(Tom and Dick) and Harry* oder *Tom and (Dick and Harry)*. (Nominalausdrücke, die mehr als drei koordinierte Nomina enthalten, können auf mehrfache Weise generiert werden und werden von der Grammatik deshalb als mehrfach interpretierbar beschrieben). Wenn auch die Klammerstrukturtypen *(Tom and Dick) and Harry* oder *Tom and (Dick and Harry)* in manchen Fällen intuitiv ganz befriedigend sein mag, so neigen wir normalerweise dazu, Nominalausdrücke, bestehend aus drei (oder mehr) koordinierten Nomina, ohne interne Klammerstruktur zu interpretieren. Konstituentenstrukturgrammatiken stellen uns daher immer vor das Dilemma, wie Koordinationen zu behandeln sind. Rekursive Regeln ergeben nicht, was die intuitiv als korrekt empfundene strukturelle Beschreibung ist. Und doch sind rekursive Regeln zur Erzeugung solcher infiniten Konstruktionen notwendig. Wir weisen hier lediglich auf das Problem hin. Es ist in breitem Rahmen in Arbeiten der Transformationsgrammatik diskutiert worden.

6.2.8 *Diskontinuierliche Konstituenten*

Bisher wurde die Voraussetzung getroffen, daß die Konstituenten einer Konstruktion in den Sätzen jeweils nebeneinander stehen. Das Beispiel *John called Bill up* zeigt, daß dies nicht so sein muß; in diesem letzten Satz ist *called ... up* eine *diskontinuierliche [unterbrochene] Konstituente,* die die andere an der Konstruktion beteiligte Konstituente, *Bill,* einschließt. Betrachten wir die folgenden drei Sätze, um zu sehen, wie sie in der generativen Grammatik behandelt werden könnten.

a) *John called up Bill*
b) *John called Bill up*
c) *John called him up*

Wichtig ist die Feststellung, daß *called up* dann fakultativ diskontinuierlich ist, wenn das Objekt ein Nomen ist, hingegen obligatorisch diskontinuierlich, wenn das Objekt ein Pronomen ist (**John called up him* ist bei normaler Betonung und Intonation nicht zulässig). Wir kommen zur Feststellung, daß *called up* nicht nur eine Konstituente aller dreier Sätze ist, sondern sogar daß – in gewissem Sinne oder auf einer abstrakteren Ebene – alle drei Sätze die gleiche Konstituentenstruktur haben. Wir führen daher eine Zusatzregel ein (sie ist anderer Art als die Konstituentenstrukturregel), welche über der (a) und (b) ‹zugrundeliegenden› Endkette fakultativ und über der (c) ‹zugrundeliegenden› Endkette obligatorisch operiert. Resultat ist der Einschub des ‹Objekts› zwischen die beiden Teile des Verbs *called up*. Auf diese Weise (vorausgesetzt, daß wir die Bedingungen angeben können, unter denen diese Regel operiert – mit welcher Verbklasse, wie das ‹Objekt› identifiziert wird usw.) kann das Problem der diskontinuierlichen Konstituenten befriedigend gelöst werden.

Ein ähnliches Vorgehen bietet sich an und ist weit genereller anwendbar im Falle von Sprachen mit ‹freier Wortstellung›. Ein Beispiel aus dem Lateinischen wird den Fall klar machen. Der deutsche Satz *Catullus liebte Claudia* kann auf lateinisch mit jeder der folgenden sechs Wortfolgen wiedergegeben werden: (I) *Catullus Clodiam amabat*, (II) *Catullus amabat Clodiam,* (III) *Clodiam Catullus amabat,* (IV) *Clodiam amabat Catullus,* (V) *Amabat Clodiam Catullus,* (VI) *Amabat Catullus Clodiam.* (Es gibt zwischen diesen sechs Versionen wohl Unterschiede hinsichtlich der Emphase oder der Kontextabhängigkeit, aber sie sind alle akzeptierbar.) Die Form des Wortes *Catullus* (im Gegensatz zu *Catullum, Catulli* usw.) kennzeichnet es als Subjekt (im ‹Nominativ›); die Form des Wortes *Clodiam* (im Gegensatz zu *Clodia, Clodiae,* usw.) gibt an, daß es Objekt im ‹Akkusativ› ist. Die einfachste Möglichkeit, die sechs alternativen Satzversionen zu erzeugen, scheint mit Hilfe einer Reihe von zusätzlichen Permutationsregeln gegeben, die auf dieselbe Endkette anzuwenden sind.

Wäre die Wortstellung insgesamt im Lateinischen völlig ‹frei›, so wären die Zusatzregeln ziemlich einfach. Der Umstand, daß die Stellung bestimmter Wörter gewissen Beschränkungen unterliegt, macht die Frage kompliziert, stellt aber das hier veranschaulichte Prinzip nicht in Frage.

6.2.9 *‹Zusätzliche› Regeln*

Die kurze Erörterung der diskontinuierlichen Konstituenten und der ‹freien› Wortstellung zeigt, daß die Grammatik einer Sprache zwei verschiedene Regeltypen enthält: einmal Formationsregeln (Konstituentenstrukturregeln (phrase structure rules)* und zum anderen eben solche ‹Zusatz›-Regeln, deren Funktion es ist, die durch die Konstituentenstrukturregeln erzeugten Endketten in reale Sätze zu ‹transformieren› (oder genauer, in Folgen von Elementen, die Sätzen direkter entsprechen). Wir kommen auf dieses mehr ‹abstrakte› Verständnis der Konstituentenstruktur noch zurück (siehe 6.6).

6.2.10 *Komplexe Sätze*

Innerhalb gewisser Grenzen kann die Konstituentenstrukturgrammatik die Formation von komplexen wie einfachen Sätzen erklären. (Zur traditionellen Unterscheidung von einfachen und komplexen Sätzen siehe 5.2.6.) Ein Satz wie etwa *Bill was reading the newspaper when John arrived* kann mit Hilfe eines ‹Ersetzungs›regelsystems erzeugt werden, das folgendes umfaßt (anderes wird aus Gründen der Einfachheit ausgelassen):

(a) $\Sigma \rightarrow NP + VP$ (Zeitadverb)

(b) Zeitadverb $\begin{cases} \text{Präposition} + \text{Zeitnomen} \\ \text{Temporalkonjunktion} + \Sigma \end{cases}$

Zu bemerken ist, daß ‹Zeitadverb› als fakultative Konstituente durch Regel (a) eingeführt wird: Die runde Klammer gibt an, daß sie fakultativ ist. Wir wollen annehmen, Regel (b) ist fakultativ, und zwar so, daß unter der Voraussetzung, daß Regel (b) ‹übergangen› wird, das Zeitadverb in der Endkette aufscheint und in Sätzen durch *yesterday* usw. ersetzt wird. Wenn andererseits Regel (b) zur Anwendung kommt und Präposition und Zeitnomen gewählt werden, so wird das Ergebnis *on Tuesday, in*

* In der deutschen Literatur zur generativen Grammatik erscheint auch die *ad litteram*-Übersetzung *Phrasenstrukturregeln* (vgl. auch frz. *règles de la structure de la phrase*). Hier wie sonst auch vermeiden wir *Phrase* als Übersetzung von *phrase*, wollen jedoch wie bei den Kategoriensymbolen (*NP*, *VP*) nicht auf die üblichen Abkürzungsformen (PS-Regeln = Phrasenstrukturregeln, PSG = ‹Phrasen›strukturgrammatik) verzichten. (Anm. d. Übers.)

March sein. (Weitere Regeln wären nötig, um dem Auftreten verschiedener Präpositionen bei verschiedenen Unterklassen von ‹Zeitnomina› gerecht zu werden; ebenso für die Erzeugung von *last week* usw.) Hier jedoch ist die Alternative ‹Temporalkonjunktion + Σ› von Interesse. Zusammen mit der entsprechenden Ableitung des Konstituentensatzes führt diese Alternative zu *when John came in* (und klassifiziert den Ausdruck als Zeitadverb ebenso wie *yesterday* oder *on Tuesday*). Die einem Satz wie *Bill was reading the newspaper when John came in* entsprechende Konstituentenstruktur ist in Abb. 11 dargestellt.

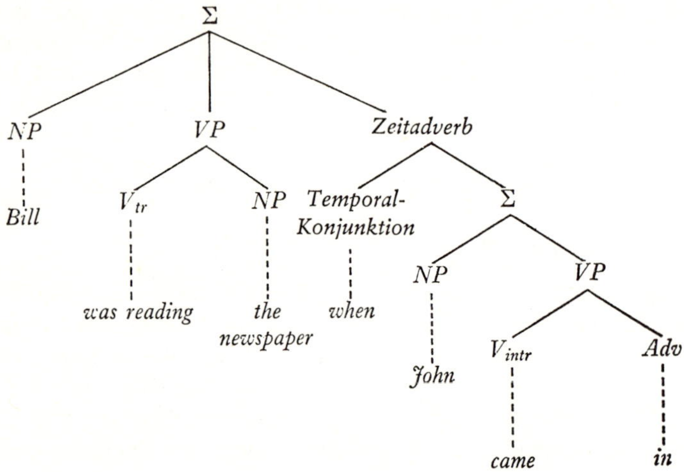

Abb. 11

Mit der Konzession, daß das Anfangssymbol auf der rechten Seite einer ‹Ersetzungs›regel wiedereingeführt werden darf, wird die Möglichkeit von ‹zyklischen Operationen› innerhalb der Grammatik geschaffen. Diese Vorgangsweise ist sicherlich notwendig, um die ‹Einbettung› von Sätzen (als Teilsätze oder deren Konstituenten) innerhalb anderer Sätze behandeln zu können: etwa *Er sagte, daß . . .,* oder *Der Mann, der . . ., ist eben gekommen.* Es ist aber auch klar, daß mit Satzeinbettungsregeln der hier vorgeführten Art Charakteristika von komplexen Sätzen wie etwa jenes, das herkömmlich ‹Zeitenfolge› genannt wird, nicht beschrieben werden können (und daher also die Generierung eines ‹Satzes› wie **Herbert las gerade, als Peter hereinkommt* nicht verhindert werden kann). Wir haben darüber und über damit zusammenhängende Fragen in den folgenden Abschnitten noch mehr zu sagen. Es genügt für unsere augenblicklichen Zwecke, gezeigt zu haben, wie mit Hilfe einer Konstituentenstrukturgrammatik mit Ersetzungsregeln die traditionellerweise zwischen einfachen und komplexen Sätzen gezogene Grenze formalisiert werden kann: ein Satz, der von einer Anzahl von Regeln erzeugt worden ist, von denen eine das Anfangssymbol auf der rechten Seite enthält, ist ein *komplexer* Satz; alle anderen sind einfache Sätze.

6.2.11 *Die Formalisierung von kontextunabhängigen Konstituentenstrukturgrammatiken*

Alle in diesem Abschnitt bisher angeführten Konstituentenstrukturregeln waren von der allgemeinen Form A → B (‹ersetze A durch B› in der Synthese von Sätzen). Nichts ist noch über die ‹Werte› von A und B gesagt worden, außer daß in der Anfangsregel des Systems A (auf der linken Seite) das Initialsymbol Σ (Satz) sein muß und daß die Endsymbole (N, V_{tr}, V_{intr}, A usw.), die in den von der Grammatik erzeugten Ketten vorkommen, lexikalische Klassen bezeichnen: $N = \{boy, girl, \ldots\}$, $V_{tr} = \{eat, kill, \ldots\}$, $V_{intr} = \{die, go, \ldots\}$, Adj = {*good*, *old*, ...}. Regeln von der Form A → B, die A durch B ohne Rücksicht auf den Kontext von A ersetzen, nennt man *kontextunabhängige* Regeln (wir kommen auf diesen Punkt in 6.5.1 zurück).

Die formalen Eigenschaften einer kontextunabhängigen Konstituentenstrukturgrammatik sind in den letzten Jahren eingehend untersucht worden. Chomsky und andere haben untersucht, wie sich das Ordnen von Regeln innerhalb eines Systems auswirkt, was für Folgen die Einführung von fakultativen und obligatorischen Regeln, von alternativen Subregeln und von rekursiven Regeln hat. Sie haben außerdem darauf hingewiesen, daß in Regeln der Form A → B zwei wesentliche Einschränkungen im Hinblick auf die Werte von A und B gemacht werden müssen, wenn nämlich eine Grammatik, die solche Regeln enthält, den erzeugten Sätzen eine eindeutige Struktur zuordnen können soll: (I) A und B dürfen nicht identisch sein (d. h. A darf nicht durch sich selbst ersetzt werden); und (II) A muß ein einfaches Symbol sein, wogegen B eine mehr als ein Symbol enthaltende Kette sein darf und es gewöhnlich auch ist. Einige Linguisten haben mit Konstituentenstrukturgrammatiken gearbeitet, die weiterreichende Beschränkungen für B vorsehen, so insbesondere daß es aus zwei und nur aus zwei Elementen bestehen darf (z. B. $NP + VP$, oder $V_{tr} + N$). Über die Implikationen solcher Einschränkungen wird der Leser Näheres in den speziellen Arbeiten finden, die am Ende dieses Buches genannt werden.

6.2.12 *Schwache bzw. starke Äquivalenz*

Das wichtigste Ergebnis dieser theoretischen Untersuchung zum Verständnis der Grammatik (sie basieren auf Erkenntnissen von formalen Systemen der Logik und der Mathematik) ist, daß Konstituentenstrukturgrammatiken trotz verschiedener formaler Eigenschaften genau die gleiche Menge von Sätzen generieren können. Grammatiken, die eine identische Menge von Sätzen erzeugen, nennt man *schwach äquivalent;* Grammatiken, die nicht nur dieselben Sätze erzeugen, sondern ihnen auch die gleiche strukturelle Beschreibung zuordnen, bezeichnet man als *stark äquivalent.* Um den Unterschied zwischen schwacher und starker Äquivalenz zu verdeutlichen, wollen wir kurz Konstituentenstrukturgrammatiken betrachten, die sich von den oben diskutierten ‹Ersetzungssystemen› etwas unterscheiden, nämlich ‹kategoriale› Grammatiken.

6.3 *Kategorialgrammatiken*

6.3.1 *Fundamentale und abgeleitete Kategorien*

Kategoriale Grammatiken gehen auf Arbeiten des polnischen Logikers Ajdukiewicz (der Leśniewski folgt) zurück; sie wurden von Bar-Hillel, Lambek und anderen Logikern und Linguisten der Gegenwart weiterentwickelt. (Die Bezeichnung ‹kategorial› in diesem Zusammenhang wird durch bestimmte Entwicklungen in der Geschichte der Logik und Philosophie erklärlich, auf die wir aber nicht eingehen.)

In einem kategorialen System gibt es nur zwei *fundamentale* grammatische Kategorien, nämlich Satz und Nomen. Wir werden an ihre Stelle die Zeichen Σ bzw. n setzen. Allen lexikalischen Einheiten, die keine Nomina sind, wird eine *abgeleitete* kategoriale Klassifikation im Lexikon zugeteilt und zwar je nach ihren Kombinationsmöglichkeiten untereinander oder mit einer der fundamentalen Kategorien in der Konstituentenstruktur von Sätzen. Die abgeleiteten Kategorien sind *komplex* in dem Sinne, daß sie gleichzeitig angeben, (I) mit welcher anderen Kategorie das fragliche Element sich zu einer Satzkonstituente verbinden kann, und (II) wie sich die Konstituente kategorial klassifizieren läßt, die sich aus dieser Operation ergibt. Ein einfaches Beispiel: Ein Element wie *run* oder *exist* (ein ‹intransitives Verb›) kann sich mit einem Nomen (als ‹Subjekt›) verbinden, um einen Satz zu bilden: z. B. *John ran* (wir vernachlässigen weiter die Frage von Tempus und Kongruenz).

6.3.2 *‹Kürzung›*

In der ‹quasi-arithmetischen› Notation von Bar-Hillel kann die kategoriale Klassifikation von Elementen wie *run* als ‹Bruch› dargestellt werden, dessen Nenner angibt, mit welch anderer Kategorie *run* usw. kombiniert werden kann, und dessen Zähler die Kategorie der resultierenden Konstruktion bezeichnet. So gibt die lexikalische Klassifikation von *run* usw. in der Form $\frac{\Sigma}{n}$ an, daß solche Elemente sich mit Nomina zu Sätzen verbinden können. Wenn *run* solchermaßen klassifiziert ist und *John* ein Nomen (n) ist, dann wissen wir, daß *John ran* ein grammatisch richtig gebildeter Satz ist. Man kann diesen Tatbestand automatisch durch eine einfache ‹Kürzungsregel› ähnlich den Kürzungsregeln in der Arithmetik festlegen:

$$\text{so wie } y \times \frac{x}{y} = x, \text{ so ist auch } n \cdot \frac{\Sigma}{n} = \Sigma$$

(D. h. wir streichen Zähler und Nenner, wenn sie identisch sind. Es bleibt in unserem Fall Σ übrig; dies gibt an, daß der Ausdruck ein Satz ist. Der Punkt steht für Verkettung.) Das System muß aber auch Folgen wie $\frac{\Sigma}{n} \cdot n$ (*Ran John*) als ungrammatisch ausschließen können. Wir haben also auch die *Richtung* zu spezifieren, nach der ein Element kombinierbar ist: nach rechts oder nach links. Wir notieren dies mittels einer Pfeilspitze auf dem horizontalen ‹Bruchstrich›: $\overset{\Sigma}{\underset{n}{\leftarrow}}$ bezeichnet also ein Element, das sich mit einem anderen linksstehenden zu einem Satz verbindet; $\overset{n}{\underset{n}{\rightarrow}}$ hingegen bezeichnet ein Element (z. B. ein ‹Adjektiv› wie *poor, old* usw.), welches sich mit einem rechtsstehenden Nomen zu einem Nomen (oder einem Nominalausdruck) verbindet.

6.3.3 *Kategorien höherer Komplexität*

Abgeleitete Kategorien können Fundamentalkategorien oder aber wieder abgeleitete Kategorien als Nenner oder Zähler haben. Ein ‹Adverb› kann z. B. mit einem linksstehenden Verb verknüpft werden und bildet dann ein ‹Verb› (oder einen Verbalkomplex); das heißt wiederum, daß es mit einem linksstehenden Element verbunden werden kann, welches mit einem linksstehenden Nomen verknüpft einen Satz ergibt. (Zur Vereinfachung wollen wir uns auf ‹intransitive Verben› beschränken und weiter davon absehen, daß ‹Adverbien› auch andere kategoriale Klassifikationen erhalten können.) Das drückt sich in dem folgenden ‹Bruch› aus:

$$\overset{\left(\overset{\Sigma}{\underset{n}{\leftarrow}}\right)}{\underset{\left(\overset{\Sigma}{\underset{n}{\leftarrow}}\right)}{\leftarrow}}$$

6.3.4 *Mögliche Erweiterungen*

Das eben beschriebene Kategorialsystem ist relativ einfach, aber es genügt für unseren Zweck. Es ist *zweidirektional* in dem Sinne, daß es Kombinationen nach links wie nach rechts zuläßt. Es könnte verschiedenartig erweitert werden (so dadurch, daß man zwei oder mehrere verkettete Kategorien im Nenner einer abgeleiteten Kategorie zuläßt; indem man bei einem Element zuläßt, daß es Verknüpfungen gleichzeitig nach rechts wie links eingeht. Wir werden auf den Charakter dieser und anderer Erweiterungen hier nicht eingehen). Es könnte aber auch eingeschränkt (eindirektional gemacht) werden, indem man Kombinationen nur in einer spezifischen Richtung zuläßt. Es ist zu beachten, daß dieses kategoriale System ebenso wie das System der Ersetzungsregeln, welches oben diskutiert wurde, diskontinuierliche Konstituenten nicht adäquat behandeln kann (vgl. 6.2.8).

6.3.5 *Zeichenkonventionen*

Wir wollen an diesem Punkt eine raumsparende Zeichenkonvention einführen, die ohne Auswirkung auf die formale Leistungsfähigkeit des Systems ist. Danach schreiben wir die ‹Brüche› als ein geordnetes Paar von Klammersymbolen, wobei der Zähler an erster und der Nenner an zweiter Stelle steht und ein Pfeil über dem Nenner die Richtung anzeigt. Nach dieser Übereinkunft werden *run* als $(\Sigma\overleftarrow{n})$, *poor* als $(n\overrightarrow{n})$ und ein ‹Adverb› wie *away* als $\{(\Sigma\overleftarrow{n})\ \overleftarrow{(\Sigma\overleftarrow{n})}\}$ *klassifiziert.*

6.3.6 *‹Kategoriale› Analyse der Konstituentenstruktur*

Wir können nun den Mechanismus dieser einfachen kategorialen Grammatik anhand des Bloomfieldschen Satzes *Poor John ran away* illustrieren. Wie die lexikalischen Elemente kategoriell klassifiziert werden, wurde in den vorausgehenden Kapiteln gezeigt; wir schreiben sie in dem Satz unter die Wörter:

Poor		*John*		*ran*		*away*
$(n\overrightarrow{n})$	.	n	.	$(\Sigma\overleftarrow{n})$	.	$\{(\Sigma\overleftarrow{n})\ \overleftarrow{(\Sigma\overleftarrow{n})}\}$

Nun zum ‹Kürzen›. Es gibt offensichtlich auf dieser ersten Ebene drei Möglichkeiten: (1a) die ‹Kürzung› von *poor* mit *John;* (1b) von *John* mit *ran*; und (1c) von *ran* mit *away*. Wenn nun (1b) gewählt wird, ergibt sich:

$$(1b)\quad (n\overrightarrow{n})\ .\ \Sigma\ .\ \{(\Sigma\overleftarrow{n})\ \overleftarrow{(\Sigma\overleftarrow{n})}\}$$

Damit wird *John ran* als Satz angesetzt, *poor* und *away* werden unberücksichtigt außerhalb des Satzes gelassen. Wenn (1a) gewählt wird, so erhalten wir auf der nächsten Stufe:

(1a) $n\ .\ (\overleftarrow{\Sigma n})\ .\ \{\overleftarrow{(\overleftarrow{\Sigma n})\,(\overleftarrow{\Sigma n})}\}.$

Hier gibt es nun zwei Möglichkeiten: Um den Satz ohne Rest zu analysieren, müssen wir verständlicherweise *ran* mit *away* kürzen; das Resultat ist

(2) $n\ .\ (\overleftarrow{\Sigma n})$

und schließlich

(3) Σ.

Genausogut hätten wir zuerst *ran* mit *away* (1c) kombinieren können und darauf *poor* mit *John*. Wir hätten auf diese Weise dieselben Elemente gekürzt, aber in anderer Reihenfolge.

6.3.7 *Vergleich von Formationsstruktur und kategorialer Analyse*

Die Operation der ‹Kürzung› spiegelt den Vorgang der Zerlegung des Satzes in Konstituenten, der uns in diesem Kapitel beschäftigt. Es wird deutlich geworden sein, daß unsere letzte Analyse von *Poor John ran away* im Einklang mit dem steht, was Bloomfield über die Struktur dieses Satzes sagte: nämlich daß er sich einmal aus zwei unmittelbaren Konstituenten zusammensetzt, *poor John* und *ran away*, und daß jede dieser beiden wiederum aus zwei unmittelbaren Konstituenten besteht, *poor* und *John* bzw. *ran* und *away*. Wir wollen nun die kategoriale Analyse mit einer Analyse aufgrund der folgenden ‹Ersetzungsregeln› vergleichen (vgl. 6.2.2):

(1) $\Sigma \rightarrow NP + VP$
(2) $VP \rightarrow V_{intr} + Adv$
(3) $NP \rightarrow A + N$

Aus der Darstellung im Baumschema (Abb. 12) wird ersichtlich, daß die beiden Grammatiken nicht nur schwach äquivalent sind (indem sie die gleiche Klasse von Sätzen erzeugen – die Tatsache, daß wir das kategoriale System in der Form einer ‹Identifikationsgrammatik› und das System der ‹Ersetzungsregeln› in der Form einer ‹Erzeugungsgrammatik› dargestellt haben, ist in diesem Zusammenhang unwesentlich; vgl. 4.3.1). Sie sind auch dahingehend äquivalent, daß sie Sätze wie *Poor John ran away* in die gleichen Konstituenten zerlegen. Aber sie sind durchaus nicht in jeder Beziehung äquivalent. Erstens ist festzustellen, daß das System der ‹Ersetzungsregeln› zwei Hilfssymbole enthält (*NP* und *VP*) und zwar zusätzlich zu den vier Endsymbolen, die lexikalische Klassen bezeichnen (*N*, V_{intr}, *A* und *Adv*). Während die kategoriale Analyse also festlegt, daß *poor John* ein Ausdruck derselben Kategorie wie *John* ist und *ran away* derselben Kategorie wie *ran* angehört, stellt das System der ‹Ersetzungsregeln› diese Beziehung nicht her. Wir könnten jedoch die beiden Systeme leicht gerade in diesem Punkt äquivalent machen, indem wir *N* für *NP* und V_{intr} für *VP* in den Ersetzungsregeln einsetzen (die weiteren Folgen einer solchen Änderung wollen wir hier nicht aufzeigen). Die beiden Systeme unterscheiden sich hauptsächlich dadurch, daß im Gegensatz zur Ersetzungsregel-Grammatik die kategoriale Grammatik eine Konstituente in jeder Konstruktion als von der anderen *abhängig* betrachtet: Das kategoriale Zeichen macht klar, welche die abhängige Konstituente ist (nämlich jene mit der komplexeren Klassifikation); gerade das ist grundlegende Voraussetzung für die Operation des ‹Kürzens›. Das System der Ersetzungsregeln stellt die Beziehung der Dependenz

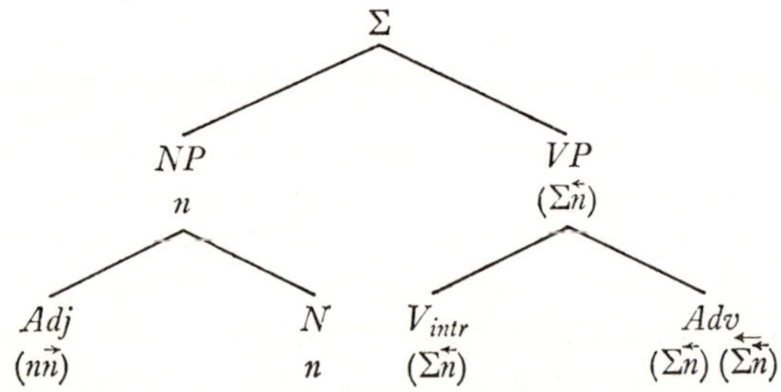

Abb. 12

nur teilweise und indirekt dar: Aus einer Regel der Form $N \rightarrow A + N$ kann gefolgert werden, daß *A* von *N* abhängig ist; in einer Regel wie $\Sigma \rightarrow N + V_{intr}$ (oder $\Sigma \rightarrow NP + VP$) jedoch sind keine Schlüsse über Dependenzenbeziehungen zwischen den beiden Konstituenten möglich. Dies bedeutet nicht, daß das kategoriale System unbedingt besser als das Ersetzungsregelsystem ist, sondern nur daß die beiden Systeme nicht stark äquivalent sind. Unter gewissen Voraussetzungen ist das eine System dem andern vorzuziehen, und wir werden die Grammatik, die bei der Analyse vorzuziehen ist, *stärker adäquat* nennen als die andere Grammatik. Dies ist jedoch ein anderes Kapitel, auf das wir später kurz eingehen werden (vgl. 6.5.7).

6.4 *Exozentrische und endozentrische Konstruktionen*

6.4.1 *Interpretation nach dem Gesichtspunkt der Distribution*

Wir können nun etwas genauer untersuchen, auf welcher distributionellen Grundlage die Analyse mittels unmittelbarer Konstituenten erfolgt. Auf Grund ihrer Verteilung (Distribution) und derjenigen ihrer Konstituenten können Konstruktionen in sogenannte *endozentrische* und *exozentrische* Konstruktionen eingeteilt werden (die Terminologie wurde von Bloomfield eingeführt). Eine Konstruktion ist dann endozentrisch, wenn ihre Verteilung mit derjenigen einer oder mehrerer ihrer Konstituenten identisch ist; jede nicht-endozentrische Konstruktion ist exozentrisch. (D. h. Exozentrizität ist negativ definiert durch eine vorangegangene Definition der Endozentrizität, und alle Konstruktionen fallen der einen oder der anderen Klasse zu.) So ist z. B. der jetzt schon bekannte Ausdruck *poor John* endozentrisch, da er dieselbe Verteilung hat wie seine Konstituente *John;* zu jedem englischen Satz, in welchem *John* vorkommt, kann ein anderer gefunden werden, in dem *poor John* in gleicher Position ist. Da nun *John* ein Nomen ist, wird *poor John* als Nominalkomplex bezeichnet. Andererseits ist *in Vancouver* exozentrisch, denn seine Verteilung ist verschieden von derjenigen der Präposition *in* wie auch derjenigen des Nomens *Vancouver.* Die Distribution des Ausdrucks *in Vancouver* entspricht in englischen Sätzen ungefähr der von *there* und anderen Adverbien (des Ortes); er wird daher als (lokaler) Adverbialausdruck klassifiziert. Diese Beispiele zeigen, daß der traditionelle Begriff der ‹Funktion› (nach welchem *poor John* als Nomen und *in Vancouver* als Adverb ‹fungieren›) ganz natürlich mit Hilfe der Verteilung der betreffenden Elemente interpretiert werden kann, obwohl die Unterscheidung zwischen endo- und exozentrischen Konstruktionen in der traditionellen Grammatik nicht gemacht wurde.

Es wird oft festgestellt, daß keine Konstruktion genau die gleiche Verteilung wie irgendeine ihrer Konstituenten besitzt und daß weiter die Ersetzung einer der Konstituenten durch eine solche Konstruktion immer eine Reihe von nicht akzeptierbaren Äußerungen ergeben wird. Das ist ohne Zweifel richtig. Wie wir aber früher gesehen haben, kommt es uns bei der Verteilung eines Elements nicht auf die Gesamtheit von akzeptierbaren Äußerungen an, in denen dieses Element vorkommt, sondern auf jene Menge von Äußerungen, deren Akzeptierbarkeit durch die grammatische Beschreibung der Sprache erklärt wird, wobei mit steigender Vertiefung der grammatischen Beschreibung jene Kriterien gültig werden, die wir mit dem ‹Gesetz des abnehmenden Ertrags› zusammengefaßt haben (vgl. 4.2.11). In diesem Sinne also haben zwei Elemente dieselbe oder eben nicht dieselbe Verteilung, und Konstruktionen sind nach diesem Gesichtspunkt eben endo- oder exozentrisch. Jede Grammatik des Deutschen wird zu vielen verschiedenen (und sich überlappenden) Unterklassen von Nomina, Verben, Adjektiven usw. kommen. So wird z. B. unterschieden werden zwischen ‹zählbaren› und ‹nicht-zählbaren› (oder ‹Mengen-›) Nomina (um die Grammatikalität von *Ich möchte Wein* usw. und andererseits die Unzulässigkeit von **Ich möchte Mann,* wenn wir die Begriffswelt eines Kannibalen ausschließen, usw. zu erklären); zwischen ‹menschlichen› und ‹nicht-menschlichen› Nomina (zur Erklärung *u. a.* der Verteilung von *welcher : welches,* z. B. *der Mann, welcher* ... und *das Buch, welches* ...); zwischen Substantiven im Singular und im Plural (zur Realisierung der Kongruenz; vgl. *der Mann ist* ... und *die Männer sind* ...); zwischen Maskulin-, Feminin- und Neutralsubstantiven (um die ‹Referenz› von *er, sie, es* zu erfassen) usw. Wenn wir sagen, daß zwei Nomina genau die gleiche Verteilung haben, dann meinen wir damit, daß ihnen die gleiche Klassifikation auf der ‹tiefsten› Stufe der distributionellen Verteilung eignet, die die Grammatik erreicht. Wir können aber auch sagen, daß zwei Elemente auf Stufen bestimmter verschiedener ‹Tiefen› die gleiche Distribution haben. Es haben daher alle Nomina (und alle Nominalsyntagmen und Nominalsätze) die gleiche Distribution auf der relativ hohen Klassifikationsstufe, für die der Terminus ‹Nomen› ohne weitere Charakterisierung gebraucht wird. Auf einer niedrigeren Stufe können zwei Nomina eine verschiedene Verteilung haben, weil z. B. eines ‹belebt› und das andere ‹unbelebt› sein kann usw. Die Begriffe der Endo- und Exozentrizität sind daher in Bezug auf eine bestimmte ‹Tiefe› der Subklassifikation zu gebrauchen.

6.4.2 *‹Einschachtelung› von endozentrischen Konstruktionen*

Wir unterscheiden zwei Haupttypen von endozentrischen Konstruktionen: *koordinierende* und *subordinierende.* Die Verteilung von koordinierenden Konstruktionen ist die gleiche wie die jeder ihrer einzelnen Konstituenten. *Brot und Käse* und *Kaffee oder Tee* sind daher koordinierende Nominalausdrücke. Sie gehören jedoch zu verschiedenen Subtypen: Der erste hat ein Pluralverb, der zweite ein Singularverb (wenn, wie es hier der Fall ist, jede der Konstituenten im Singular ist). Subordinierende Konstruktionen haben die gleiche Distribution wie eine einzelne ihrer Konstituenten. Beispiele aus dem Deutschen sind u. a.: *A* + *N* (*armer Hans*); *Adv* + *A* (*ungemein gescheit*); N (oder *NP*) + *Adv* (oder Adverbialgruppe) (*das Mädchen einen Stock höher, der Mann im Bus*). Die Konstituente, deren Verteilung die gleiche wie jene der gesamten Konstruktion ist, heißt *Trägerelemente* (*head*), die andere Konstituente ist das *Bestimmungselement* (*modifier*). In subordinierenden Konstruktionen kann ein Bestimmungselement wiederholt in ein anders ‹eingeschachtelt› sein. In *der Mann auf dem Dach des Busses* gibt es z. B. zwei Konstituenten, nämlich *der Mann* (Trägerelement) und *auf dem Dach des Busses* (Bestimmungselement); *auf dem Dach des Busses* ist ein exozentrischer Adverbialausdruck, bestehend aus der Präposition *auf* und dem Nominalausdruck *das Dach des Busses;* das *Dach des Busses* ist endozentrisch, seine Konstituenten sind *das Dach* (Träger) und *des Busses* (Bestimmungselement). Nominalausdrücke, wie wir sie hier beschrieben haben, können mehr oder weniger beliebig erweitert werden: z. B. *der Mann auf dem Dach des Busses in dem Park inmitten der Stadt ganz oben auf dem Hügel inmitten der Ebene ...*

Die Klassifikation der verschiedenen Konstruktionstypen, wie sie zuletzt vorgenommen wurde, basiert auf der Arbeit Bloomfields und seiner Nachfolger. Das Kapitel über die Konstituentenstruktur im Zusammenhang mit generierenden ‹Ersetzungsregeln›, welches den Hauptteil dieses Abschnittes bildet, fußt dagegen hauptsächlich auf der neueren Behandlung dieses Themas durch Chomsky. Es ist zu beachten, daß Chomsky über die *Erzeugung* von Konstruktionen spricht, während Bloomfield sich mit der *Klassifikation* von Konstruktionen beschäftigt. Wie wir bereits überprüft haben (vgl. 4.2.8), muß jede analytische Klassifikation von Konstruktionen einer Sprache (wenn nicht explizit, so doch implizit) auch synthetisch sein. Der veränderte Gesichtspunkt, den man bei bewußter, absichtlicher Verwendung der generativen Methode einnimmt, macht die Aufgabe des Klassifizierens sekundär gegenüber der Hauptaufgabe der Grammatik, der Erzeugung von Sätzen: Die generative Methode setzt der Klassifikation Grenzen. Bloomfield beschreibt z. B. die englischen Wörter *longlegs* und *butterfingers* als exozentrisch, «da sie sowohl als Singulare ... wie auch als Plurale (*that lonlegs*) vorkommen». Dieser Umstand aber zeigt hinreichend, daß die fraglichen Formen überhaupt keine Konstruktionen sind. Sie müssen im Lexikon vielmehr als nicht weiter analysierbare Entitäten eingetragen werden, als Glieder der entsprechenden Distributionsklasse, und sind nicht von der Grammatik zu generieren. Der Verteilung von *longlegs* kann im Gegensatz zur Verteilung von *long legs* (in *He has long legs*) nicht durch eine produktive Formationsregel des modernen Englisch Rechnung getragen werden.

6.4.3 *Endozentrizität in einer Konstituentenstrukturgrammatik*

Die distributionelle Grundlage für die Regeln einer Konstituentenstrukturgrammatik mit einer Ersetzungsregelkomponente ist einsichtig. Jede Regel der Form A → B + C beruht auf der distributionellen Identität von A und B + C, genauer: auf der Inklusion der Verteilung von B + C in der Verteilung von A (die Identität ist ein spezieller Fall der Inklusion). Der Unterschied zwischen Identität und Inklusion (oder in der logischen Terminologie zwischen ‹echter› und ‹unechter› Inklusion) tritt hervor in der Unterscheidung zwischen Regeln, die jedes Vorkommen von A durch B + C ‹ersetzen›, und solchen, die aus einer Klasse von alternativen Subregeln bestehen. Eine Regel wie $N \rightarrow A + N$ z. B. setzt die distributionelle Identität von *Hans* und *armer Hans,* von *Mann* und *alter Mann* usw. voraus. Andererseits bedeutet eine Regel wie

$$VP \rightarrow \begin{cases} V_{tr} + NP \\ V_{intr} \end{cases}$$

daß die Verteilung von Wortkomplexen wie *Fleisch essen* zum einen und von Wörtern wie *sterben* zum andern in der Verteilung der Klasse von Verbal-Komplexen enthalten ist.

Der Unterschied zwischen endo- und exozentrischen Konstruktionen einerseits und zwischen den beiden wichtigsten Subtypen endozentrischer Konstruktionen (koordinierend und subordinierend) andererseits zeigt sich durch die Form der ‹Ersetzungsregeln›, die die Formation dieser Konstruktionen erklären. Man darf jedoch nicht übersehen, daß die Begriffe der Endozentrizität, der Subordination usw. keine systematische Bedeutung in einer Grammatik mit ‹Ersetzungsregeln›, wie sie oben skizziert wurde, haben. Mit anderen Worten, diese Begriffe werden in die Grammatik nicht eingeführt. Es spielt aber auch gar keine Rolle, was A genannt wird; denn das Resultat einer obligatorischen Regel (oder einer Klasse von Subregeln) ist die ‹Ersetzung› aller vorkommenden A durch B + C, und nach der Anwendung dieser Regel verschwindet dieses A ohnedies außer als Bezeichnung des höheren ‹Knotens›. Es ist z. B. im Rahmen einer Konstituentenstrukturgrammatik mit ‹Ersetzungsregeln› völlig willkürlich, daß man in der ersten Regel $\Sigma \rightarrow NP + VP$ die Ausdrücke ‹Nominalkomplex› (NP) und ‹Verbalkomplex› (VP) verwendet. Denn sowohl *NP* wie *VP* werden obligatorisch durch verschiedene andere Elemente und Konstruktionen ‹ersetzt›. (Sie könnten ebensogut Y und Z genannt werden). Das Verhältnis zwischen Nominalkomplexen, Nomina und Pronomina (verschiedener Subklassen) wird nicht so wie bei der ‹klassifikatorischen› Betrachtungsweise durch die verwendete Nomenklatur zum Ausdruck gebracht, sondern durch den Umstand daß sie sich von einem gemeinsamen ‹Knoten› herleiten. Was die Begriffe Endozentrizität und Exozentrizität, Subordination und Koordination anlangt, formalisiert eine kategoriale Grammatik die Prinzipien, die von Bloomfield umrissen und von seinen Nachfolgern unter Bezug auf eine Reihe von verschiedenen Sprachen ausgearbeitet wurden, wahrscheinlich ädaquater. Wie wir gesehen haben, ist in einer kategorialen Grammatik ein fundamentaler Begriff der der ‹Dependenz› (der im großen und ganzen dem der

Subordination gleichzusetzen ist). Der Unterschied zwischen endozentrischen und exozentrischen Konstruktionen tritt weiter deutlich hervor in der Struktur einer abhängigen Kategorie bei einer ‹Kürzung› – wenn Nenner und Zähler identisch sind, ist die Konstruktion endozentrisch, wenn nicht, dann ist sie exozentrisch (s. oben 6.3.2).

6.5 *Kontextabhängige Grammatiken*

6.5.1 *Die Bezeichnung ‹kontextabhängig›*

Wir müssen jetzt eine Unterscheidung zwischen *kontextabhängigen (context-sensitive)* und *kontextunabhängigen (context-free)* Regeln einführen. (In der Literatur werden anstelle von ‹context-sensitive› ‹context-restricted› (‹kontextbeschränkt›) und ‹context-dependent› verwendet.)

Alle bisher gegebenen Regeln waren kontextunabhängig in dem Sinne, daß das links vom Ersetzungspfeil aufscheinende Symbol im ‹Output› der Regel durch das Symbol oder die Symbolkette ersetzt wurde, die in dem Regelformat rechts vom Pfeil standen. So war die Regel (vgl. 6.2.6)

$$N \rightarrow N + \textit{und} + N$$

zu interpretieren als eine Instruktion, in jeder Kette von Symbolen, auf welche die Regel angewendet wurde, *N* durch *N* + *und* + *N* (fakultativ oder obligatorisch) zu ‹ersetzen›. Anders ausgedrückt, die einzige Bedingung für die Regelanwendung war, daß *N* im ‹Input› der Regel vorkam. So wäre z. B. bei einer ‹Eingabe› der alternativen Ketten

(I) X + N + Y
(II) W + N + Z

nach Anwendung der betreffenden Regel die ‹Ausgabe› einmal

$$X + N + \textit{und} + N + Y$$

und das andere Mal

$$W + N + \textit{und} + N + Z$$

Dies setzte jedoch die Bedingung voraus, daß für die Regeloperation keine Kontextbeschränkungen gelten.

Nehmen wir nun an, wir hätten die Regel in folgender Weise formuliert:

$$N \rightarrow N + \textit{und} + N / \text{ in dem Kontext } X + \ldots + Y$$

Man kann sich nun auf folgende Auslegung einigen: *N* ist nur dann (fakultativ oder obligatorisch) zu ‹ersetzen›, wenn es in der ‹Eingabekette› so aufscheint, daß X unmittelbar zu seiner Linken und Y unmittelbar zu seiner Rechten anschließen. Unter dieser Voraussetzung würde die Regel auf (I), aber nicht auf (II) anwendbar sein. Die spezifische Angabe der Kontextbedingung rechts vom Schrägstrich macht die obige Regel zu einer *kontextabhängigen* Regel.

6.5.2 *Verschiedene Arten von kontextabhängigen Regeln*

Es können zahlreiche verschiedene Typen und Subtypen von kontextabhängigen Regeln formuliert werden. Wir werden uns auf jene beschränken, die in die Kategorie der Konstituentenstrukturgrammatiken (formalisiert als Klasse von geordneten oder ungeordneten, fakultativen oder obligatorischen, rekursiven oder nicht-rekursiven Verkettungsregeln) fallen. Jede derartige Grammatik, die eine oder mehrere kontextabhängige Regeln enthält, wird als *kontextabhängige Konstituentenstrukturgrammatik* definiert.

Innerhalb dieser Klasse von Grammatiken kann man solche herausheben, in denen X und Y in einer Regel, wie sie gerade als Beispiel verwendet wurde, jeweils nur ein einziges Symbol vertreten, weiter solche, in denen sich entweder X oder Y oder beide zusammen auf eine aus mehr als einem Symbol bestehende Kette beziehen, usw.

Wir wollen annehmen, die Klasse von kontextabhängigen Grammatiken, mit der wir uns hier befassen, sei dadurch definiert, daß in einer Regel der folgenden Art

A → B/ in dem Kontext X + . . . + Y

X und Y sich, und zwar jedes einzeln, auf jede endliche Zahl von verketteten Symbolen beziehen kann, daß aber A ein singuläres Symbol sein muß. Weiter wollen wir annehmen, daß B weder identisch mit A noch ‹null› sein kann (s. 6.2.11). Nach diesen Bedingungen wären die folgenden Regeln innerhalb des Systems ‹wohlgeformt› (‹well-formed›):

(a) *P* → *Q*/in dem Kontext *E* + *F* + . . . + *G*
(b) *P* → *Q* + *R*/ in dem Kontext *E* + . . . + *G* + *H* + *K* + *L*
(c) *P* → *R* + *S* + *T*/in dem Kontext *G* + . . . + *H*
usw.

Sie würden ausschließen, daß die Grammatik Regeln wie die folgenden enthält:

(d) *P* → *P*/in dem Kontext *E* + . . . + *F*
(e) *P* → ø/in dem Kontext *E* + . . . + *F*

Regel (d) ist ‹nicht wohlgeformt› (‹ill-formed›), da sie *P* durch sich selbst ersetzt (d. h. sie mißachtet die Bedingung, daß A und B nicht identisch sein dürfen). Regel (e) enthält das ‹Null›-Symbol (ø) unmittelbar rechts vom Pfeil: Dies definiert Regel (e) als *Tilgungsregel* («ersetze *P* durch null» heißt «tilge *P*»: die ‹Ausgabe› von Regel (e), wäre sie in dem System zugelassen, wäre *E* + *F* und zwar als Ergebnis aus der ‹Eingabe› *E* + *P* + *F*).

Man darf nicht übersehen, daß in den Regeln oben einige Symbole in Kursivsatz erscheinen, andere dagegen nicht. Die kursiv gesetzten Zeichen sind *Konstanten*, die anderen *Variable*. Wir werden später auf diese Unterscheidung zurückkommen (s. 6.6.6). Für die Zwecke in diesem Abschnitt genügt folgende Unterscheidung: Wenn ein Zeichen in einem Regelteil als *Konstante* vorkommt, so heißt das, daß die Regel an dieses besondere Zeichen gebunden ist; wenn das Zeichen als *Variable* vorkommt, so bedeutet dies, daß die Regel für jede der Konstanten gilt, die per definitionem in die Klasse fallen, auf welche sich die Variable bezieht.

In diesem Abschnitt ist diese Unterscheidung nur insofern von Bedeutung, als sie die eigentlichen Regeln der Grammatik (wir treffen die Annahme, daß diese keine Variablen enthalten) von einer abstrakten Spezifikation des Regelformats trennt. Mit anderen Worten, die Regel

A → B/in dem Kontext X + . . . + Y

ist nicht eine Regel, sondern faßt eine ganze Klasse von Regeln zusammen und zwar danach, welche ‹Werte› für die Variablen A, B, X und Y als zulässig definiert wurden. Die Bedingungen, denen die Kategorie der Variablen unterliegt, sind oben genannt worden.

6.5.3 *Kontextunabhängige Grammatiken als Teilklasse der kontextabhängigen Grammatiken*

Wir können eine weitere Bedingung stellen und kontextunabhängige Konstituentenstrukturgrammatiken als Teilklasse der kontextabhängigen Grammatiken definieren. Nach dieser Bedingung ist der ‹Wert› von X und Y in Regeln der Form

A → B/in dem Kontext X + . . . + Y

uneingeschränkt gültig. Aus rein terminologischen Gründen soll zuerst zwischen dem *Null-Wert* (ø) und *positiven Werten* (jeder einer Variablen zugeordnete ‹Wert›, der nicht ø ist) unterschieden werden. Wenn nun für eine bestimmte Regel im besonderen gilt, daß die kontextuellen Variablen X und Y mit *uneingeschränktem* ‹Wert› gelten (sie können unabhängig voneinander im ‹Wert› positiv oder null sein), dann ist die betreffende Regel kontextunabhängig. Wenn der ‹Wert› von X oder Y aber *beschränkt* ist, d. h. als null oder positiv spezifiziert ist, dann handelt es sich um eine kontextabhängige Regel.

Dazu einige Beispiele. Die folgenden Regeln sind alle kontextabhängig:

(f) $P \rightarrow Q$/in dem Kontext ø + ... + ø
(g) $P \rightarrow Q$/in dem Kontext ø + ... + $R + S$
(h) $P \rightarrow Q$/in dem Kontext T + ... + ø

Regel (f) besagt, daß *P* durch *Q* nur dann ‹ersetzt› werden darf, wenn in der ‹Eingabekette› links und rechts von *P* kein anderes Zeichen steht. (Normalerweise ist das einzige Zeichen, das dieser Kontexteinschränkung gerecht wird, das Zeichen Σ. Man kann aber ebenso gut an ein System denken, in dem das Anfangssymbol durch *P* ersetzt worden ist.) Regel (g) besagt, daß *P* nur dann durch *Q* ersetzt werden darf, wenn die ‹Eingabekette› $P + R + S$ ist. Regel (h) schließlich ist so zu lesen, daß *P* nur dann durch *Q* ersetzt werden darf, wenn es in der ‹Eingabekette› an letzter Stelle steht: $T + P$. Diese Regeln können auch in anderer Form geschrieben werden (dies geschieht auch häufig in Publikationen zur Grammatik):

(f') ø + P + ø → ø + Q + ø
(g') ø + $P + R + S$ → ø + $Q + R + S$
(h') $T + P$ + ø → $T + Q$ + ø

Wenn man diese Darstellungsform verallgemeinert (indem man die Variablen A, B, X und Y verwendet), so gilt, daß alle Regeln einer kontextabhängigen Grammatik die folgende Form haben:

$$\mathrm{X + A + Y \rightarrow X + B + Y}$$

Eine kontextfreie Regel der Form

$$\mathrm{A \rightarrow B}$$

muß dann als Spezialfall einer kontextabhängigen Regel angesehen werden, in der die ‹Werte› von X und Y keiner Beschränkung unterliegen.

Die Theorie der Konstituentenstrukturgrammatiken ist unter diesem Blickwinkel verallgemeinert worden, sodaß kontextunabhängige wie kontextabhängige Regeln in demselben formalen Rahmen eingeordnet werden können.

Wir können aber nun zu einer weniger abstrakten Diskussion der Bedeutung der Kontextabhängigkeit in einer Sprache übergehen.

6.5.4 *Kongruenz und Rektion*

Eine der augenfälligsten Erscheinungen der Sprache, die mit Hilfe des Begriffs der ‹Kontextabhängigkeit› zu erklären ist, ist die der *Kongruenz* (der grammatischen ‹Übereinstimmung›). Es soll zuerst ein ziemlich konventioneller Überblick über ihre Grundsätze gegeben werden.

Es gilt für alle Sprachen, daß die Konstituenten einer bestimmten syntaktischen Konstruktion hinsichtlich solcher Merkmale wie ‹Genus› (grammatisches Geschlecht), ‹Numerus› (Zahl), ‹Kasus› (Fall), ‹Person› usw. ‹übereinstimmen›, bzw. daß zwischen ihnen grammatische ‹Kongruenz› herrscht. (Zur umfassenden Besprechung der Ausdrücke ‹Genus›, ‹Numerus› usw. wie auch der Termini ‹Subjekt› und ‹Objekt› vgl. Kapitel 7 und 8.) In Nominalkomplexen des Französischen z. B. müssen der Artikel und das Adjektiv mit dem Nomen in Zahl (‹Singular›/‹Plural›) und Geschlecht (‹maskulin›/‹feminin›) übereinstimmen: *un livre intéressant* ‹ein interessantes Buch›/*une pièce intéressante* ‹ein interessantes Stück›; und *des livres intéressants* ‹interessante Bücher›/*des pièces intéressantes* ‹interessante Stücke›. Hier sind *un* und *intéressant* ‹maskulin, singular› und in Übereinstimmung mit *livre; une* und *intéressante* sind ‹feminin, Singular› und in Übereinstimmung mit *pièce; intéressants* ist ‹maskulin, Plural› und stimmt mit *livres* überein, und *intéressantes* ist ‹feminin, Plural› und stimmt mit *pièces* überein; *des* ist ‹Plural›, aber nicht gekennzeichnet hinsichtlich der Distinktion ‹maskulin/feminin›. (Der Einfachheit halber beziehen wir uns hier auf das Kongruenzsystem des geschriebenen Französischen. Es wurde bereits darauf hingewiesen, daß das geschriebene Französisch und das gesprochene in einem gewissen Grade verschiedene Sprachen sind: siehe 1.4.2.) Wie für das Französische gilt auch für das Italienische, Spanische, Deutsche, Russische, Lateinische und viele andere Sprachen der Welt, daß das Adjektiv in Konstruktionen wie den obigen und ähnlichen mit dem Nomen übereinstimmen muß. In vielen Sprachen muß auch das Verb entweder mit dem Subjekt oder dem Objekt oder mit beiden in Numerus, Genus oder Person übereinstimmen. Ein Teil der relativ komplexen Genus- und Numerus-Kongruenz des Suaheli wird im folgenden Kapitel (vgl. 7.3.5) dargestellt werden; in den Abschnitten über ‹Transitivität› und ‹Ergativität› (vgl. 8.1.6 und 8.2.2) wird auf das ‹ergative› Kongruenzsystem des Eskimo Bezug genommen.

Im Vergleich zu den früher erwähnten Sprachen hat das Englische relativ wenig Kongruenz. In Nominalausdrücken sind es nur die Demonstrativpronomina, die mit dem Nomen übereinstimmen, das sie näher ‹bestimmen›: z. B. *this book, that book/these books, those books.* Kongruenz herrscht aber auch beim Verbum und zwar hinsichtlich bestimmter ‹Tempora› (genauer: Es geht dabei nicht nur um ‹Tempus›, sondern auch um ‹Modus› und ‹Aspekt›: siehe 7.5.1 ff.). Die folgenden einfachen Sätze illustrieren das Prinzip, wie es für das Englische gilt, daß das Verbum mit dem Subjekt übereinstimmt.

(1) *He goes* gegenüber *I/You/We/They go*
(2) *He has gone* gegenüber *I/You/We/They have gone*
(3) *He is going* gegenüber *You/We/They are going* gegenüber *I am going*
(4) *He/I was going* gegenüber *You/We/They were going*

In den ersten beiden Sätzen verfährt die Kongruenz hinsichtlich Person und Numerus auf folgende Weise: Wenn das Subjekt ‹dritte Person, Singular› ist (*he, she it, someone* usw. oder ein Nominalausdruck mit einem Nomen im Singular als Trägerwort, etwa *John, the boy*), dann ist das Verbum ‹dritte Person, Singular›; wenn hingegen das Subjekt nicht ‹dritte Person, Singular› ist, dann ist das Verb in der sog. ‹nicht-markierten› Form. In (3) und (4) – beide enthalten, was man traditionellerweise ‹das Verbum *to be*› nennt (es steht hier als ‹Auxiliarverb›) – verfährt die Kongruenz etwas anders: In (3) gilt wieder die Kongruenz ‹dritte Person, Singular›, aber auch ‹erste Person, Singular› (*I am*); und in (4) fallen ‹erste Person, Singular› und ‹dritte Person, Singular› in der Subjekt-Verb-Kongruenz zusammen. Beim ‹einfachen Präteritum› (simple past tense) des Verbs (z. B. *went, loved*) gibt es gar keine Subjekt-Verb-Kongruenz: vgl. *He/I/You/We/They went* usw.

Kongruenz, wie sie oben beschrieben wurde, wird gewöhnlich von *Rektion* getrennt. In vielen Sprachen sagt man z. B., daß das Verb einen bestimmten Kasus des Objekts ‹regiert›: so im Lateinischen *(Ego) amo te* ‹Ich liebe dich›, *(Ego) suadeo tibi* ‹Ich rate dir› *(te/tibi,* ‹Akkusativ/Dativ›, werden regiert oder sind *abhängig* von den Verben *amo/suadeo*). Im Lateinischen (Russischen, Deutschen u. a.) regieren nicht nur Verba, sondern auch Präpositionen über bestimmte Kasus abhängiger Nomina, Pronomina oder Nominalausdrücke: z. B. *ad urbem* ‹zur Stadt› (*ad* ‹steht beim Akkusativ›: *urbem*) gegenüber *ad urbe* ‹von der Stadt› (*ab* ‹steht beim Ablativ›: *urbe*). Über den Sinn der Aussage ‹steht beim Ablativ› vgl. 7.4.1 ff.

Es geht aus den obigen Beispielen hervor, daß sich Kongruenz und Rektion folgendermaßen unterscheiden: bei Kongruenz werden zwei oder mehrere Wörter oder Syntagmen innerhalb der gleichen Kategorie ‹flektiert› (z. B. Numerus und Person), bei Rektion dagegen gehören das Hauptglied und das abhängige Element einer syntaktischen Fügung beide nicht derselben Kategorie an; vielmehr wird das abhängige Glied in Bezug auf die relevante Kategorie (z. B. Kasus) durch das Hauptglied determiniert.

Wir haben jetzt den Unterschied zwischen Kongruenz und Rektion in traditioneller Weise beschrieben. In jüngeren Grammatiktheorien wird die Unterscheidung gewöhnlich unter Bezug auf die Distinktion zwischen endozentrischen und exozentrischen Konstruktionen getroffen (siehe 6.4.1). So stellt Hockett fest, daß Rektion «nur in exozentrischen Konstruktionen» (eines bestimmten Nebentyps) zu finden ist: Das lateinische *ad urbem* sei exozentrisch – es unterscheide sich distributionell von seinen Konstituenten, *ad* und *urbem*. Kongruenz hingegen «ist in endozentrischen Konstruktionen zu finden, und zwar in einer Bindung, die über hierarchische Strukturen, d. h. unmittelbare Konstituenten hinweg, zwischen bestimmten prädikativen Attributen und Subjekten besteht». Anders ausgedrückt, Kongruenz herrscht sowohl in endozentrischen wie in exozentrischen Konstruktionen: Das französische *un livre intéressant* ist endozentrisch, da seine Verteilung mit der von *un livre* zusammenfällt; *Le livre est intéressant* (‹Das Buch ist interessant›) hingegen (auch hier herrscht Kongruenz zwischen *livre* und *intéressant*) ist exozentrisch, denn seine Verteilung (sofern der Begriff der Verteilung für Sätze relevant ist; vgl. 5.2.1) unterscheidet sich von jener von *le livre* einerseits und *est intéressant* andererseits.

Es ist zwar soweit korrekt, was Hockett und andere in diesem Zusammenhang zu sagen haben; es muß aber doch hervorgehoben werden, daß es sowohl ein Hauptglied als auch ein abhängiges Glied in Konstruktionen gibt, zwischen denen Kongruenz herrscht. Es wäre z. B. unrichtig zu behaupten (was einige Sprachwissenschaftler getan haben), daß die Person und der Numerus eines Subjekts von der Person und dem Numerus des Verbs determiniert werden. Es wäre ebenso unrichtig zu sagen (und dieser Standpunkt ist noch häufiger vertreten worden), daß das Subjekt nicht das Verb determiniert oder umgekehrt, daß vielmehr Subjekt wie Verbum eine Kategorie bilden, die zu jener *Konstruktion* gehört, deren Glieder sie sind. Wie wir später sehen werden, sind Numerus und Person nominale Kategorien, welche – sofern sie in einer bestimmten Sprache manifestiert sind – flektiv oder sonst irgendwie in der ›Oberflächenstruktur‹ des Verbalkomplexes gekennzeichnet werden können (siehe 7.2.6., 7.3.1.). Dies ist in der traditionellen Formulierung mitzuverstehen: «Das Verbum stimmt mit dem Subjekt in Zahl und Person überein.» Bei unserer Erörterung der kontextabhängigen Regeln im Englischen in den folgenden Abschnitten gehen wir von der Annahme aus, daß dieser Standpunkt korrekt ist. Der Unterschied zwischen ‹Oberflächenstruktur› und ‹Tiefenstruktur› wird später erklärt (siehe 6.6.1.). Wenn diese Unterscheidung einmal vorgenommen wird, wird klar werden, daß die Trennung von Kongruenz und Rektion (besonders wenn sie mit Hilfe der Begriffe ‹endozentrisch› und ‹exozentrisch› gemacht wird) im wesentlichen ein Charakteristikum der ‹Oberflächenstruktur› ist.

6.5.5 *Eine kontextunabhängige Interpretation der Subjekt-Verb-Kongruenz*

Wir wollen nun überlegen, wie einige einfache englische Sätze zu generieren sind, in denen Subjekt-Verb-Kongruenz herrscht. Der Einfachheit halber beschränken wir uns auf transitive Sätze im ‹Präsens›.

(1 a) *The dog bites the man*
(1 b) *The dog bites the men*

(1 c) *The dogs bite the man*
(1 d) *The dogs bite the men*
(2 a) *The chimpanzee eats the banana*
usw.

Dazu wollen wir eine lexikalische Klassifikation der vorkommenden Wörter annehmen. Aus Gründen der Vereinfachung soll das Lexikon als Liste der Elemente der Endklassen der Grammatik (*T, N, V*), ähnlich jenem in Kapitel 4 (vgl. 4.3.2.), betrachtet werden.

Die folgende kontextunabhängige Grammatik sei gegeben:

$$(1)\quad \Sigma \rightarrow \begin{cases} NP_{sing} + VP_{sing} \\ NP_{plur} + VP_{plur} \end{cases}$$
$$(2)\quad VP_{sing} \rightarrow V_{sing} + NP$$
$$(3)\quad VP_{plur} \rightarrow V_{plur} + NP$$
$$(4)\quad NP \rightarrow \begin{cases} NP_{sing} \\ NP_{plur} \end{cases}$$
$$(5)\quad NP_{sing} \rightarrow T + N_{sing}$$
$$(6)\quad NP_{plur} \rightarrow T + N_{plur}$$
$$(7)\quad N_{sing} \rightarrow N + \emptyset$$
$$(8)\quad N_{plur} \rightarrow N + s$$
$$(9)\quad V_{sing} \rightarrow V + s$$
$$(10)\quad V_{plur} \rightarrow V + \emptyset$$

Es gibt andere Möglichkeiten, die Sätze mit Hilfe von kontextunabhängigen Regeln zu erzeugen, doch genügt diese Klasse von Regeln für unsere Zwecke. Sie sind durch weitere Regeln für die phonologische Realisation der Wörter, die in den Sätzen aufscheinen, zu ergänzen: so etwa daß *man* + ø durch /man/ ‹ersetzt› wird, *man* + *s* durch /men/, *hit* + ø durch /hit/, *hit* + *s* durch /hits/ usw. Nebenbei sei in diesem Zusammenhang bemerkt, daß solche Regeln zur phonologischen Realisation (wie hit + ø → /hit/) eine der Bedingungen durchbrechen, die oben für einfache Konstituentenstrukturgrammatiken verbindlich gemacht wurden – sie ersetzen nämlich mehr als ein Symbol auf einmal (vgl. 6.2.11.). Die Regeln zur phonologischen Realisation müssen natürlich nach jenen Regeln wirksam werden, die lexikalische Elemente einsetzen (vgl. 4.3.2). Wir treffen weiter wie bisher die Annahme, daß die Regeln der lexikalischen Substitution außerhalb dessen liegen, was wir das grammatische System nennen.

Wir wollen nun die grammatischen Regeln interpretieren, die eben angesetzt worden sind. Einen Mustersatz und seine dieser Grammatik entsprechende strukturelle Beschreibung gibt Abb. 13. Die Alternative in Regel (1) besagt, daß es zwei nicht-verwandte Satztypen gibt, die wir ‹Singularsätze› und ‹Pluralsätze› nennen können. *The dog bites the men* ist ein ‹Singularsatz›, und *The children drink the milk* ein ‹Pluralsatz› nach dieser Interpretation der Grammatik. Numerus wird also als Kategorie des Satzes für die Subjekt-Verb-Kongruenz definiert. Doch wird Numerus auch in dem Objekt-Nominalausdruck durch Regel (4) eingeführt. Die Grammatik behandelt also die Alternative zwischen ‹Singular› und ‹Plural› in der Subjektstellung als etwas, was von derselben Alternative in der

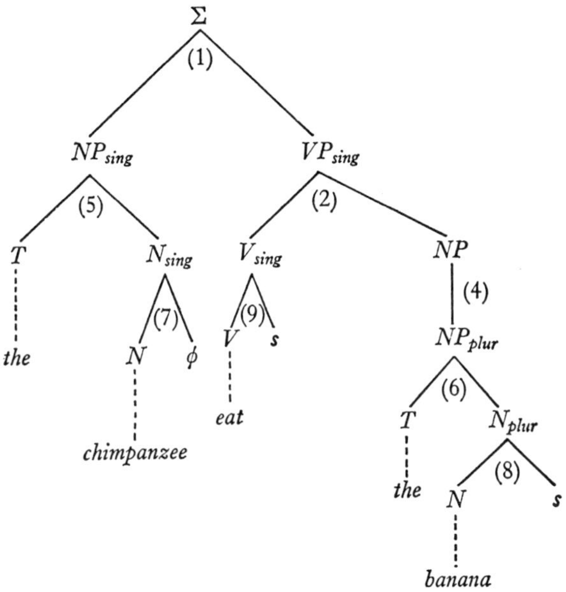

Abb. 13. Kongruenz in einer kontextunabhängigen Grammatik (die Ziffern bei den Ästen beziehen sich auf die Grammatikregeln in 6.5.5.).

Objektstellung völlig unabhängig und verschieden ist. Sie macht nicht ersichtlich, daß Numerus eine Kategorie des Nominalkomplexes ist (eigentlich: des Nomens oder Pronomens, und nicht des Nominalkomplexes; wir können diese Unterscheidung hier aber vernachlässigen). Sie trägt weiter dem Umstand nicht Rechnung, daß die Wahl zwischen ‹Singular› und ‹Plural› in Subjekt- und Objektstellung unabhängig erfolgt und daß das Verbum, ist das Subjekt einmal als ‹Singular› oder ‹Plural› bestimmt, nach den oben erörterten Grundsätzen der Kongruenz (vgl. 6.5.4.) folglich als ‹Singular› oder ‹Plural› determiniert wird.

6.5.6 *Eine kontextabhängige Interpretation der Subjekt-Verb-Kongruenz*

Nehmen wir nun an, wir wollen in unserer Formalisierung den Umstand berücksichtigen, daß der Numerus des Subjekts den des Verbs (im Rahmen einer Konstituentenstrukturgrammatik) determiniert. Ein Weg, den man dabei einschlagen kann, ist der folgende (er ist im Wesentlichen identisch mit dem Chomskys in ‹Syntactic Structures›: Allerdings reiht er aus Gründen, die hier nicht diskutiert werden sollen, die Entsprechung zu Regel (4) des folgenden Systems unter die Transformationsregeln seiner Grammatik – wir hingegen arbeiten noch ohne Transformationsregeln):

$$
\begin{array}{ll}
(1) & \Sigma \rightarrow NP + VP \\
(2) & VP \rightarrow Verb + NP \\
(3) & NP \rightarrow \begin{cases} NP_{sing} \\ NP_{plur} \end{cases} \\
(4) & Verb \rightarrow \begin{cases} V + s/ \text{ in dem Kontext } NP_{sing} + \ldots \\ V + ø/ \text{ in dem Kontext } NP_{plur} + \ldots \end{cases} \\
(5) & NP_{sing} \rightarrow T + N + ø \\
(6) & NP_{plur} \rightarrow T + N + s
\end{array}
$$

Zwischen dieser Klasse von Regeln und der in 6.5.5 besteht eine Reihe von Unterschieden. Mit sechs Regeln im Gegensatz zu zehn ist sie kürzer. Die Regeln (5) und (6) zerlegen ‹Singular›- und ‹Plural›-Nominalkomplexe in drei Konstituenten, deren eine ein Artikel ist, eine ein Nomen und die dritte ein Element der Kategorie ‹Numerus› (entweder ‹Singular› oder ‹Plural›). Darüber hinaus darf nicht übersehen werden, daß in dieser Formalisierung völlig untergeht, daß das Nomen das Trägerwort des Nominalkomplexes ist. Zwar können, wie wir sehen werden, viele andere Mängel der Analyse solcher Sätze im Rahmen einer Konstituentenstrukturgrammatik durch die Einführung von Transformationsregeln behoben werden; dieser bestimmte Mangel jedoch (und wir nehmen an, daß hier einer vorliegt) erfordert eine recht grundlegende Änderung der Formalisierung (siehe 7.6.8).

Im Augenblick jedoch interessiert uns allein die Frage der Kontextabhängigkeit. Wesentlich ist, daß nach der Definition durch Regel (1) alle durch diese Regeln erzeugten Sätze vom gleichen Typus (*NP + VP*) sind. Nach Regel (3) wird Numerus eine Kategorie des Nominalkomplexes, unabhängig davon ob der Nominalkomplex als Subjekt oder Objekt vorkommt. Regel (4) schließlich besagt, daß der Numerus im *Verb* (genauer: in *V*; wir wollen hier nicht erörtern, warum *Verb* und *V* in dieser Klasse von Regeln unterschieden werden) durch den Numerus des vorangehenden Nominalausdrucks bestimmt wird. (4) ist eine kontextabhängige Regel der Form A → B/ in dem Kontext X + ... + Y, wo X (in diesem Fall) positiven ‹Wert› hat und Y uneingeschränkt bleibt (vgl. 6.5.3.). (Es ist bemerkenswert, daß die Regel auf diese Weise nur in einem System von Verkettungsregeln formuliert werden kann, vgl. 6.1.1. Der Nominalkomplex, der über die Kongruenz entscheidet, ist der linksstehende, nicht der rechtsstehende. Da sich der linksstehende Nominalkomplex aus jenem

NP ableitet, das durch Regel (1) erzeugt wurde, kann er, wie wir sehen werden, als Subjekt und nicht als Objekt interpretiert werden. Vgl. 7.6.2.). Das obige System von sechs Regeln formalisiert also die Kongruenzverhältnisse im Englischen (für diese absichtlich beschränkte Klasse von Sätzen) in *korrekter* Weise. Abb. 14 gibt die Analyse eines Mustersatzes.

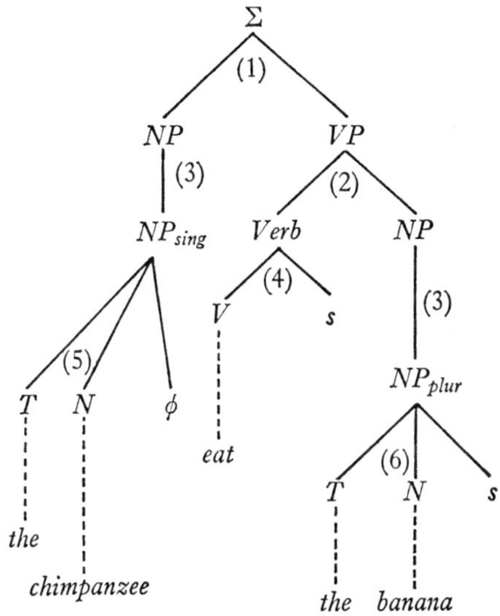

Abb. 14. Kongruenz in einer kontextabhängigen Grammatik (die Ziffern bei den Ästen beziehen sich auf die Grammatikregeln in 6.5.6.).

Man wird unschwer erkennen, daß sich die Zahl der in einer kontextunabhängigen Grammatik nötigen Regeln beträchtlich erhöhen würde, sobald wir anfingen, die Klasse von Sätzen, welche die Grammatik erzeugt, zu erweitern, um alle anderen Kongruenzverhältnisse, die in 6.5.4. angedeutet wurden, miteinzubeziehen. Hingegen wäre der Regelzuwachs bei einer kontextabhängigen Grammatik gering. Unabhängig von einer Bewertung der beiden Grammatiken nach ökonomischen Gesichtspunkten wollen wir jedoch festhalten, daß die kontextabhängigen Regeln die Kongruenzverhältnisse *korrekt* formalisieren. Damit kommen wir zur Diskussion der Unterscheidung zwischen ‹starker› und ‹schwacher› Adäquatheit (‹strong› and ‹weak› adequacy).

6.5.7 *Starke und schwache Adäquatheit*

Wir haben bereits erklärt, was unter starker und schwacher Äquivalenz zu verstehen ist (siehe 6.2.12.). Zwei oder mehr Grammatiken sind schwach äquivalent, wenn sie die gleiche Menge von Sätzen erzeugen. Sie sind stark äquivalent, wenn sie die gleiche Menge von Sätzen mit der gleichen strukturellen Beschreibung, die jedem der Sätze zugeordnet wird, erzeugen. Die Unterscheidung zwischen starker und schwacher Adäquatheit ist ähnlich.

Man nennt eine Grammatik *schwach adäquat*, wenn sie die gewünschte Klasse von Sätzen erzeugt. Eine Grammatik ist *stark adäquat*, wenn sie nicht nur die gewünschte Klasse von Sätzen generiert, sondern auch jedem Satz die *korrekte* strukturelle Beschreibung zuordnet.

Der Terminus ‹korrekt› wird lebhaft, um nicht zu sagen polemisch, diskutiert. Aber man darf nicht vergessen, daß diese Definition des Unterschieds zwischen starker und schwacher Adäquatheit in keiner Weise eine Interpretation von ‹korrekt› impliziert; sie trifft nicht einmal eine Annahme darüber, ob es irgendwelche Normen der ‹Korrektheit› gibt. Wir wollen jedoch festlegen, daß es zumindest in bestimmten Fällen möglich ist zu sagen, von zwei alternativen Beschreibungen derselben Klasse von Sätzen sei die eine Beschreibung ‹korrekter› als die andere oder ‹korrekt› nach gewissen Gesichtspunkten, obwohl wir nicht behaupten wollen, wir könnten entscheiden, daß eine Beschreibung absolut ‹korrekt› ist.

Es zeigt sich deutlich, daß die beiden Regelklassen, die in 6.5.5 und 6.5.6 eingeführt worden sind, wohl schwach, aber nicht stark äquivalent sind. Es kann keinen Zweifel geben, daß das kontextabhängige System, wenn man es im Hinblick auf die Charakterisierung der Grundsätze der Subjekt-Verb-Kongruenz im Englischen ansieht, stärker adäquat (‹korrekter›) ist als das kontextunabhängige System. Wir haben aus diesem Grunde die Begriffe der ‹starken› und ‹schwachen› Adäquatheit absichtlich zu diesem Zeitpunkt eingeführt. Die beiden Grammatiken sind ohne Schwierigkeit vergleichbar, denn sie sind schwach äquivalent und entsprechen beide denselben allgemeinen Bedingungen, die durch die Formalisierung von Konstituentenstrukturregeln gegeben sind (vgl. 6.5.3).

6.6 *Transformationsgrammatik*

6.6.1. *Tiefen- und Oberflächenstruktur*

Wir können die Untersuchung der Transformationsgrammatik mit einem Zitat von Hockett beginnen: «... man betrachte die englischen Sätze *Atoms are too small to see by any possible technique* (‹Atome sind zu klein, als daß man sie mit irgendwelchen technischen Hilfsmitteln sehen könnte›) und *They are too much in love to see clearly* (‹Sie sind zu verliebt, um klar zu sehen›). Die Oberflächengrammatik der beiden Sätze ist wohl nicht identisch, aber doch sehr ähnlich. Quer durch die Beziehungen der Oberflächengrammatik läuft jedoch ein Unterschied in den tieferen Beziehungen von *to see.* Im ersten Satz stehen *atoms* und *see* im gleichen Verhältnis wie in *You can't see atoms* (‹Man kann Atome nicht sehen›). Im zweiten Satz ist die Beziehung zwischen *they* und *see* wie in *They see you* (‹Sie sehen dich›).» Im gleichen Kapitel sagt Hockett von den «verschiedenen Schichten der *Tiefengrammatik*», die «unter» der «Oberflächengrammatik» («jener Schicht», die «für die Analyse unmittelbar erkennbar ist») liegen, sie seien «bisher von den Grammatikern weitgehend unerforscht geblieben, geschweige denn einer systematischen Untersuchung unterzogen worden», obwohl «sie viel damit zu tun haben, wie wir sprechen und verstehen».

Als Hocketts Buch erschien (1958), hatten Chomsky und Harris schon Arbeiten veröffentlicht (1956 und 1957), in denen Vorschläge zu einer systematischen Analyse sowohl der Oberflächen- als auch der Tiefenstruktur von Sätzen gemacht wurden, und zwar mit Hilfe von Regeln, die beide ‹Transformationsregeln‹ nannten. Obwohl Harris und Chomsky bei ihrer Arbeit engen Kontakt miteinander pflegten (und in ihren Publikationen zum Ausdruck brachten, daß sie einander verpflichtet waren), haben sie die Theorie der ‹Transformationsgrammatik› auf verschiedenen Wegen entwickelt. In jüngerer Zeit hat ein sowjetischer Linguist, Schaumjan, ein Buch veröffentlicht (1965), in dem ein drittes System der grammatischen Analyse, welches sich ‹transformationeller› Regeln bedient, vorgeschlagen worden ist.

Wir werden hier nicht auf die Unterschiede zwischen diesen Theorien eingehen. Wichtig ist jedoch die Feststellung, daß die Entscheidung, was ‹legitim› als *transformationelle* Grammatik gilt, ein ernstes terminologisches Problem birgt. Wenn wir versuchten, eine Definition von ›transformationell› so zu formulieren, daß sie den Theorien von Chomsky, Harris und Schaumjan entspräche, so würden wir wahrscheinlich herausfinden, daß diese Definition ebenso vielen anderen Theorien zur grammatischen Struktur gerecht würde, die von ihren Verfassern als ‹nicht-transformationell› beschrieben worden ist.

Zweck dieser Feststellung (sie ist nicht polemisch gemeint) ist nur, die Aufmerksamkeit des Lesers darauf zu lenken, daß der Terminus ‹transformationell› in den von Chomsky, Harris und Schaumjan vorgeschlagenen Formalisierungen streng, aber unterschiedlich definiert worden ist.

Der Terminus ‹transformationell› hat leider eine Menge an Kontroversen und Mißverständnissen in der jüngeren Literatur der Linguistik ausgelöst. Wenn wir den Ausdruck allgemein und nicht in dem besonderen Sinne gebrauchen, den eine bestimmte Theorie festlegt, so können wir sagen, daß die «tieferen Beziehungen» zwischen Sätzen, welche «nichtparallel zur Oberflächengrammatik» (nach dem Zitat von Hockett oben) verlaufen, *transformationelle* Beziehungen sind. Diese Verwendung von ‹transformationell› ist jedenfalls wohlbegründet. Viele von diesen transformationellen Beziehungen zwischen Sätzen sind in der traditionellen Grammatik sehr wohl erkannt worden. Aber erst seit kurzer Zeit sind in der Linguistik Fortschritte gemacht worden, um diese in einem expliziten generativen Rahmen zu erklären. Jede Grammatik, die den Anspruch erhebt, jedem von ihr erzeugten Satz sowohl eine Analyse der Tiefen- als auch der Oberflächenstruktur zuzuordnen und diese beiden Analysen zueinander systematisch in ein Verhältnis zu setzen, ist eine transformationelle Grammatik (ob sie diese Bezeichnung verwendet oder nicht).

Von den vielen Theorien, die nach dieser weit gefaßten, aber doch begründeten Auslegung des Terminus transformationell sind, ist die bekannteste und bisher höchstentwickelte die von Chomsky. Wir werden deshalb im Folgenden unsere Aufmerksamkeit auf das generative System beschränken, das er und seine Mitarbeiter entwickelt und in den letzten Jahren zur Beschreibung von Teilen der grammatischen Strukturen vieler Sprachen verwendet haben. Wie alle anderen Systeme hat auch dieses eine Anzahl von bekannten Unzulänglichkeiten. Es hat sich jedoch bisher gezeigt, daß es in einem beträchtlichen Umfang jene ‹tieferen Beziehungen› zwischen Sätzen erklären kann, die wir ‹transformationell› genannt haben.

6.6.2. *Transformationelle Mehrdeutigkeit*

Ein Grund für die Einführung des Begriffs der ‹Klammerung› (Konstituentenstruktur) in die Grammatiktheorie ist der, daß wir damit eine systematische Erklärung für verschiedene Arten grammatischer Mehrdeutigkeit geben können (vgl. 6.1.3). Es gibt aber in den verschiedenen Sprachen viele andere vieldeutige Konstruktionen, die von den ‹tieferen Beziehungen›, die wir fortan *transformationell* nennen wollen, abhängig sind und nicht so sehr von verschiedenen Konstituentenstrukturen.

Wir wollen mit einem wohl bekannten Beispiel aus der traditionellen Grammatik beginnen. Das lateinische Syntagma *amor Dei* ist wie seine englische Übersetzung *the love of God* zweideutig (außerhalb eines Kontexts). Traditionelle Grammatiken des Lateinischen sagen, daß das Wort *Dei* (‹Gottes›) entweder *subjektiver* oder *objektiver* ‹Genetiv› ist. Dies ist eine transformationelle Deutung der Ambiguität. Sie besagt, daß das Syntagma *amor Dei* zu zwei Sätzen in Beziehung steht und in gewisser Hinsicht von ihnen ableitbar ist: (I) einem Satz, in dem *Deus* (nun im ‹Nominativ›: vgl. 6.2.9) Subjekt des Verbs *amare* (‹lieben›) ist; (II) einem Satz, in welchem *Deum* (nun im ‹Akkusativ›) Objekt des Verbs *amare* ist.

(Nach dem was wir in 5.4.4 über das traditionelle Konzept vom ‹Wort› als einem *Lexem* gesagt haben, können und sollten die Feststellungen natürlich mit Hilfe der Lexeme DEUS und AMO neu formuliert werden.) Ganz ähnlich ist auch das englische *the love of God* mit zwei Sätzen verwandt: (I) einem Satz, in dem *God* Subjekt des Verbs *love* ist (vgl. *God loves mankind* [‹Gott liebt die Menschen›]); (II) einem Satz, in dem *God* Objekt des Verbs *love* ist (vgl. *Mankind loves God* [‹Die Menschen lieben Gott›]). Das Syntagma mag in bestimmten Sätzen natürlich immer mehrdeutig sein: *It is the love of God which inspires men to work for their fellows* (‹Gerade die Liebe {Gottes, zu Gott} macht die Menschen bereit, etwas für ihre Nächsten zu tun›).

Ganz ähnliche Beziehungen wie in *the love of God* motivieren auch die Ambiguität in einem von Chomskys berühmtesten Beispielen, dem Syntagma *flying planes* (in einem Satz wie *Flying planes can be dangerous*): Nach der einen Interpretation ist *flying planes* in Beziehung zu bringen mit einem Satz, in dem *planes* (‹Flugzeuge›) das Subjekt von *fly* (‹fliegen›) oder *are flying* ist; nach der anderen mit einem Satz, in dem *planes* das Objekt von *fly* ist (vgl. *Planes fly* im Gegensatz zu *John flies planes*).

In der traditionellen Grammatik wird ein Unterschied zwischen dem ‹Partizip› und dem ‹Gerundium› gezogen. Soweit diese Unterscheidung für das Englische gilt (es gibt Situationen, wo keine Klarheit herrscht), kann dieser Unterschied folgendermaßen formuliert werden: (a) Ein *Partizip* ist ein Wort, welches von einem Verbum abgeleitet ist und als Adjektiv gebraucht wird. (b) ein *Gerundium* ist ein Wort, welches von einem Verbum abgeleitet ist und als Nomen verwendet wird. Genau diese Unterscheidung ist auch von Bedeutung für die Analyse eines doppeldeutigen Syntagmas wie *flying planes*. In den folgenden beiden Sätzen (in denen die Subjekt-Verb-Kongruenz das Syntagma eindeutig macht) tritt der Unterschied zwischen dem ‹Partizip› und dem ‹Gerundium› sehr klar hervor.

(1) *Flying planes are dangerous*
(2) *Flying planes is dangerous*

Das Verbum *are* ist in (1) ‹Plural›, denn sein Subjekt ist *planes*, ein Nomen im Plural, selbst Trägerwort des endozentrischen Ausdrucks *flying planes;* die Verteilung von *flying* in (1) ist überdies der eines Adjektivs äquivalent (z. B. *supersonic* [‹Überschall-›]). Die Identifikation von Träger- und Bestimmungselement in *flying planes* nach (2) ist etwas problematischer: Doch ist *flying* nominal gebraucht und das ganze Syntagma ist Subjekt (so wie in *Flying is dangerous*). Traditionelle Feststellungen über das ‹Partizip› und ‹Gerundium› sind ihrer Natur nach transformationell. Sie sind so zu interpretieren: Ein bestimmtes Wort (im Sinne eines ‹Lexems›, siehe 5.4.4) kann in dem einen Satz ‹verbal› und in einem transformationell verwandten Ausdruck ‹nominal› sein. Ohne im Augenblick auf die Natur der Regeln einzugehen, welche diese Verwandtschaften beschreiben können, wollen wir nur sagen, daß in (1) das Syntagma *flying planes* durch eine Regel abgeleitet wird, welche die einem Satz wie *Planes are flying* zugrundeliegende Struktur ‹transformiert› und den entstehenden Nominalausdruck die abgeleitete Struktur ‹Adjektiv + Nomen› zuordnet; weiter ist festzustellen, daß das Syntagma *flying planes* in (2) durch eine Transformationsregel von der einem Satz wie *John flies planes* zugrundeliegenden Struktur abzuleiten ist und dem entstehenden Nominalausdruck die abgeleitete Strukturbeschreibung ‹Nomen + Nomen› zuordnet (wobei, wenn überhaupt eines, das erste der beiden Nomina die Kongruenz determiniert). Mit der Annahme, daß die Regeln der Grammatik Sätze wie (1) und (2) sowohl mit einer *zugrundeliegenden* (‹tiefen›) als auch einer *abgeleiteten* (‹oberflächlichen›) Strukturbeschreibung erzeugen, haben wir im Prinzip die ‹Subjekt›- und ‹Objekt›-Interpretationen von Nominalsyntagmen wie *flying planes* erklärt.

Nehmen wir nun einen Ausdruck wie *eating apples*: Auch er ist mehrdeutig. Nach der einen Auslegung (man vergleiche *to eat apples* [‹Äpfel essen›] und *to fly planes)* ist er strukturell vergleichbar mit *flying planes* in (2). Doch die andere Interpretation, z. B. in

(3) *Eating apples cost more than cooking apples* (‹Eßäpfel kosten mehr als Kochäpfel›)

kann nicht dadurch erklärt werden, daß man sagt, *apples* steht in der Tiefenstruktur von (3) in ‹Subjektbeziehung› zu *eating*. Die ‹Subjekt›-Interpretation wäre möglich in solch ungewöhnlichen, etwas grotesken Fällen, in denen Äpfel ‹personifiziert› (dies ist der traditionelle Terminus dafür) vorkommen. Dann wäre ein Satz wie der folgende wahrscheinlich ebenso zulässig.

(4) *Apples eat with a hearty appetite* (‹Äpfel essen mit gesundem Appetit›)

Wir wollen jedoch als gegeben annehmen, daß (4) ‹anomal› ist. Wie diese ‹Anomalie› nun auch motiviert wird, es wird jedenfalls damit zugleich die ‹Anomalie› der ‹Subjekt›-Intepretation von *eating apples* erklärt.

Es gibt viele Syntagmen der Form $V+ing+N$, die mehrdeutig sind. Es wäre z. B. denkbar, daß *flying planes* in dem Sinne der Paraphrase *planes for flying* interpretiert wird. Doch ist diese dritte Auslegung von *flying planes* vielleicht tautologisch. Wie dem auch sei, jede Grammatik, die für *eating apples* und ähnliches wenigstens zwei Tiefenstrukturen festlegt, wird möglicherweise auch *flying planes* wenigstens drei Analysen zuordnen.

Der Grund warum diese Syntagmen als grammatisch und nicht nur semantisch mehrdeutig betrachtet werden, ist im wesentlichen der gleiche wie in 6.1.3. Dieser Punkt soll unter Benützung eines anderen Beispiels von Chomsky veranschaulicht werden (das Beispiel ist dem oben diskutierten *the love of God* sehr ähnlich): Ein Syntagma wie *the shooting of the hunters* ist doppelsinnig, wenn es nicht in einem Kontext steht, der den Ausdruck eindeutig macht. *Shoot* kann nämlich (a) sowohl ‹transitiv (‹er-, anschießen›) wie auch ‹intransitiv› (‹schießen›) (genauer: ‹transitiv› wie ‹pseudointransitiv›; vgl. 8.2.11) gebraucht werden, und es kann (b) *the hunters* (‹die Jäger›) in Sätzen vorkommen, in denen das Verb *shoot* entweder als Subjekt des ‹Intransitivums› (wie in *The hunters shoot)* oder als Objekt des ‹Transitivums› (vgl. *John shot the hunters*) steht. Es ist darauf hinzuweisen, daß die Objektinterpretation des Syntagmas *the shooting of the hunters* sie in enge Verwandtschaft mit Passivkonstruktionen bringt: etwa *The hunters were shot (by John)* (‹Die Jäger wurden [von John] erschossen›). Syntagmen der Form *V+ing of NP*, die ein ‹voll transitives› Verb (d. h. ein Verb mit einem klar erkennbaren Objekt) haben, lassen normalerweise eine Subjekt-Interpretation nicht zu: Sie können nicht mit einem Objekt der Form *of NP* erweitert werden *(*the shooting of the hunters of the deer*). Vielmehr erhält das Subjektsyntagma das ‹Possessivsuffix›, während das Objektsyntagma die Präposition *of* erhält: so in *the hunter's shooting of the deer*. Wir werden später sehen (8.2.3 ff.), daß dies nur einer unter vielen anderen Sachverhalten ist, die darauf hinweisen, daß im Englischen wie in vielen anderen Sprachen eine bestimmte Verwandtschaft zwischen dem Objekt eines transitiven Verbs und dem Subjekt eines entsprechenden intransitiven Verbs besteht. Im Augenblick wollen wir uns jedoch mit der Übersicht über jene Bedingungen begnügen, durch die die Mehrdeutigkeit von Syntagmen wie *the shooting of the hunters* bestimmt wird.

Folgende Konvention wird nun lediglich *ad hoc* eingeführt, wie dies übrigens in der Literatur häufig zu demselben Zweck geschieht: Wir verwenden Zahlenindexe, um jene Wörter und Syntagmen zu identifizieren, die in transformationell verwandten Konstruktionen stehen und deswegen einander in bestimmter Weise entsprechen. Wir wollen z. B. sagen, ein Satz wie *John shoots the deer* hat die Form NP_1 V_{tr} NP_2 (NP_1 = *John*; V_{tr} steht für ein bestimmtes Element der Klasse der transitiven Verben; und NP_2 = *the hunters*); und ein Satz wie *The hunters shoot* hat die Form NP_1 V_{intr} (NP_1= *the hunters*, V_{intr} steht für ein bestimmtes Element der Klasse der intransitiven Verba). Nach diesen Voraussetzungen können wir sagen, daß ein Syntagma der Form *the V + ing of NP grammatisch* ambig ist (ohne notwendigerweise semantisch ambig sein zu müssen), und zwar nur unter der Voraussetzung, daß die Grammatik Sätze der Form

(5) $NP_1 V_{tr} NP_2$

und

(6) $NP_1 V_{intr}$

erzeugt und daß weiter (a) das *V* von *the V + ing of NP* identisch mit einem Element von V_{tr} in (5) und einem Element von V_{intr} in (6) ist und (b) das *NP* von *the V + ing of NP* sowohl als NP_2 in (5) wie auch als NP_1 in (6) vorkommen kann. Diese Bedingungen sind im Falle *the shooting of the hunters* erfüllt. Sind sie es aber auch in dem Fall *the eating of the apples*? Das Verbum *eat* (wir nehmen einfachheitshalber an, daß das ‹transitive› und das ‹intransitive› oder besser das ‹pseudointransitive› *eat* ein und dasselbe Verb sind; dies wirft allerdings ganz grundsätzliche Fragen auf) kommt in Sätzen von der Form, wie sie in (5) und (6) dargestellt sind, vor. Man vergleiche *John eats the apples* und *John is eating*. Der Ausdruck *the eating of the apples* hat daher eine ‹Objekt-Interpretation› (*the apples* ist NP_2 in einem transitiven Satz mit dem Verb *eat*). Ob er auch mit einer ‹Subjekt-Interpretation› beschrieben werden kann, hängt davon ab, ob ein Satz wie *The apples are eating* erzeugt werden kann oder als grammatisch unkorrekt ausgeschlossen wird. Worauf es ankommt, ist, daß ein Syntagma wie *the eating of the apples* die gleiche ‹tiefe› Verwandtschaft zwischen *the apples* und *eat* zeigt wie der Satz (oder der Nicht-Satz) *The apples are eating*. Das bedeutet dann auch, daß entweder das Syntagma mit ‹Subjekt-Interpretation› *the eating of the apples* und zugleich der Satz *The apples are eating* als grammatisch erzeugt werden sollten (und zudem auf der Basis ihrer ‹Tiefenstruktur› in ein systematisches Verhältnis zueinander gebracht werden sollten) oder daß das eine wie das andere als ungrammatisch ausgeschlossen werden sollte. Die Grammatikalität oder Nichtgrammatikalität wird dann davon abhängen, ob das Nomen *apple* und das Verb *eat* im Lexikon (mit Hilfe von grammatischen ‹Merkmalen›, vgl. 4.3.3) so subklassifiziert werden, daß die grammatischen Regeln die Zuordnung eines bestimmten ‹Merkmals› (z. B. [unbelebt]) zu einem Nomen als Subjekt jener Verbklasse, der *eat* angehört, zulassen oder nicht. (Es liegt hier das gleiche prinzipielle Problem vor wie in 6.1.3 im Zusammenhang mit der Konstituentenstrukturanalyse von *fresh fruit market* und *new fruit market*.)

6.6.3 *Neutralisierung und Dissimilation in der Syntax*

In einem früheren Kapitel war von der Konstruktion der ‹indirekten Rede› im Lateinischen die Rede (5.2.2). Es wurde der Vorschlag gemacht (und dies ist ein sehr traditioneller Gesichtspunkt), daß ein Satz wie *Dico te venisse* (bzw. *Ich sage, daß du kamst*) in der entsprechenden Übersetzung in zwei ‹Stufen› erzeugt werden sollte: indem zuerst ein Satz in seiner ‹direkten› Form *(Tu) venisti* generiert wird, welcher dann ‹nach› einem Verbum des Sagens (z. B. *dico)* in seine ‹indirekte› Form, *te venisse,* konvertiert wird. Die Formulierung des Prinzips ist etwas ungenau. Wir werden später sehen, daß es in Chomskys System der Transformationsgrammatik nicht der Satz selbst, sondern die *(Tu) venisti* zugrundeliegende ‹Tiefenstruktur› ist, die als Objekt zu *dico* ‹eingebettet› wird (zum Terminus ‹Einbettung› siehe 6.6.8).

Es ist bekannt, daß die Einbettung eines transitiven Satzes in der Konstruktion der ‹indirekten Rede› im Lateinischen zu einer Mehrdeutigkeit führen kann. Die Sätze (a) *Clodia amat Catullum* (‹Clodia liebt Catull›) und (b) *Clodiam amat Catullus* (‹Catull liebt Clodia›) zum Beispiel werden durch die Opposition ‹Nominativ› / ‹Akkusativ› unterschieden (vgl. 7.4.2). *Dico Clodiam amare Catullum* aber ergibt sich durch Einbettung von (a) oder von (b) als Objekt zu *dico*; und sofern diese Zweideutigkeit nicht in größerem Zusammenhang aufgehoben wird, heißt dies entweder ‹Ich sage, daß Clodia Catull liebt› oder aber ‹Ich sage, daß Catull Clodia liebt›. (Auf Grund der Wortfolge kann im Lateinischen die Mehrdeutigkeit dieser Struktur nicht aufgelöst werden.) Der Satz ist doppelsinnig, weil sowohl Subjekt als auch Objekt des eingebetteten Satzes im ‹Akkusativ› stehen und in diesem Falle beide Nomina Subjekt oder Objekt zu *amare* sein könnten. Ein Satz wie *Dico Horatium edere oleas* (‹Ich sage, daß Horatius Oliven ißt›) ist dagegen wahrscheinlich nicht ambig, bzw. er ist es nur dann, wenn die zugrundeliegende Struktur von *Horatium edere oleas* sowohl zu *Horatium edunt oleae* (‹Die Oliven essen Horatius›) als auch zu *Horatius edit oleas* (‹Horatius ißt Oliven›) in Beziehung gebracht werden kann.

Betrachten wir nun einmal die Konstruktion der ‹indirekten Rede› im Griechischen. Es gibt eine Reihe von Möglichkeiten. Wir wollen uns nur auf zwei davon beziehen. Die eine ist der lateinischen Konstruktion sehr ähnlich, die andere der Englischen (und Deutschen) mit *that (daß)*. Bestimmte Verben verlangen oder ‹bevorzugen› die eine oder die andere Konstruktion. Manche Verben des ‹Sagens› wieder stehen ohne Einschränkung bei beiden. Zum Beispiel:

aggélei { (a) *Kyron poreúesthai.*
(b) *hóti Kyros poreúetai.*

Dies sind alternative Versionen derselben zugrundeliegenden Struktur. Beide kann man übersetzen mit ‹Er verkündet, daß Cyrus auf dem Marsch ist›. In (a) ist *Kûron* ‹Akkusativ› und *poreúesthai* Infinitiv. In (b) ist *hóti* eine einführende Partikel oder Konjunktion, vergleichbar mit *daß* im

Deutschen, und die Form *Kûros poreúetai* ist identisch mit dem einfachen Satz der ‹direkten Rede›.

Wie wir gesehen haben, ist der Unterschied zwischen *dico + Clodia amat Catullum* und *dico + Clodiam amat Catullus* (mit dem plus-Zeichen soll hier nichts weiter als die oben beschriebene ‹Einbettung› angedeutet werden) in der Oberflächenstruktur von *Dico Clodiam amare Catullum neutralisiert* worden (zum Terminus ‹Neutralisierung› vgl. 3.3.5). Das griechische Beispiel zeigt das umgekehrte Phänomen, welches wir *Dissimilation* (im Anschluß an Lambs *diversification,* der jedoch die Verhältnisse mit etwas anderen Mitteln beschreiben würde) nennen können: Zwei Sätze können verschiedene Oberflächenstrukturen, jedoch identische Tiefenstrukturen haben. (Eben diese Erscheinung veranschaulichen auch die englischen Sätze *They denied the existence of God* und *They denied that God exists* [‹Sie leugneten die Existenz Gottes› und ‹Sie leugneten, das Gott existiert›].)

Bisher wurden transformationelle Beziehungen unter besonderem Bezug auf Neutralisation und Dissimilation besprochen (und wir haben dabei absichtlich einen traditionellen Standpunkt vertreten). Es muß aber betont werden, daß die Unterscheidung von Oberflächen- und Tiefenstruktur auch unabhängig voneinander gemacht werden kann. Traditionelle Grammatiken des Deutschen sagen, daß Aktiv- und Passivsätze (wie *Hans öffnete das Tor* und *Das Tor wurde von Hans geöffnet*) syntaktisch zueinander in Beziehung zu setzen sind, wobei das Objekt des Aktivsatzes Subjekt der Passivstruktur ‹wird›. Dies ist eine transformationelle Feststellung, die nur unter der Voraussetzung gemacht werden kann, daß in der Tiefenstruktur Identität oder Ähnlichkeit herrscht. Die Beziehung zwischen Aktiv- und Passivsätzen muß erklärt werden, ob dies nun ein Fall von Dissimilation ist oder nicht (gerade darüber gehen die Meinungen auseinander). Nehmen wir weiter an, nur um einem Argument zu begegnen, daß *the shooting of the hunters* (und damit alle Wortkomplexe der Form *the V+ing of NP)* nicht doppeldeutig sind, sondern nur eine ‹Objekt-Interpretation› haben und *the hunter's shooting* (und damit alle Wortkomplexe der Form *NP's V+ing)* nur eine ‹Subjekt-Interpretation›. Dann würden wir immer noch von der Grammatik verlangen, zwischen *the shooting of the hunters* und dem transitiven Satz *NP_1 shoot the hunters* sowie *the hunters' shooting* und dem intransitiven *The hunters shoot* Beziehungen herzustellen.

Die in der Sprache weitverbreitete Erscheinung von syntaktischer Neutralisierung und Dissimilation rückt die Unterscheidung von Tiefen- und Oberflächenstruktur schärfer in unser Blickfeld.

6.6.4 *Formationsregeln und Transformationsregeln (PS-Regeln und T-Regeln)*

In unserer Erörterung der Transformationsgrammatik sind wir bisher sehr wenig konsequent vorgegangen. Es wurde auch keine Entscheidung angesichts der verschiedenen möglichen Regelsysteme getroffen, welche die Beziehung zwischen Tiefen- und Oberflächenstruktur zu formalisieren suchen. Wir wollen jetzt die Theorie der grammatischen Struktur näher ins Auge fassen, die Chomsky in ‹Syntactic Structures› entwickelte. In einem späteren Abschnitt werden wir über einige der bedeutenderen Änderungen sprechen, die in den letzten Jahren vorgenommen wurden.

Auf Grund verschiedener Überlegungen (von denen nicht alle bisher erwähnt wurden) kam Chomsky zu dem Schluß, daß «die Vorstellungen von der Konstituentenstruktur (Formationsstruktur) einem beschränkten Ausschnitt der Sprache durchaus entsprechen und daß der Rest der Sprache dadurch abgeleitet werden kann, daß eine ziemlich einfache Klasse von Transformationen wiederholt auf die von der Konstituentenstrukturgrammatik gegebenen Ketten angewendet wird. Würden wir den Versuch unternehmen, die Konstituentenstrukturgrammatik so zu erweitern, daß damit die gesamte Sprache direkt beschrieben würde, dann würden wir die Einfachheit der begrenzten Konstituentenstrukturgrammatik und der transformationellen Entwicklung aufgeben«.

Chomsky schlug deshalb vor, die Syntax einer Sprache in zwei Teile zu teilen: (I) eine *Konstituentenstrukturkomponente (phrase-structure component* oder *base-component* [‹Basiskomponente›]), die Regeln der Form $X + A + Y \rightarrow X + B + Y$ (vgl. 6.5.2) enthält, und (II) eine *Transformations*komponente (*transformational component*) mit Zusatzregeln, die nicht auf die Form von Konstituentenstrukturregeln beschränkt sind. Die Transformationsregeln sollten ‹Zusatzregeln› in dem Sinne sein, daß sie nach den Konstituentenstrukturregeln wirksam werden bzw. auf die Ausgabe Anwendung finden. Wir werden also in Zukunft die Abkürzungen ‹PS-Regel› und ‹T-Regel› für Regeln der Basiskomponente bzw. der Transformationskomponente verwenden. Die in ‹Syntactic Structures angegebenen PS-Regeln (‹Phrasenstrukturregeln› = ‹Konstituentenstrukturregeln›) sind die folgenden:

(1) $\Sigma \rightarrow NP + VP$
(2) $VP \rightarrow Verb + NP$
(3) $NP \rightarrow \begin{Bmatrix} NP_{sing} \\ NP_{plur} \end{Bmatrix}$
(4) $NP_{sing} \rightarrow T + N + \emptyset$
(5) $NP_{plur} \rightarrow T + N + s$
(6) $Verb \rightarrow Aux + V$
(7) $Aux \rightarrow C(M)\ (have + en)\ (be + ing)$

Wir haben hier die Regeln zur lexikalischen Substitution aus den PS-Regeln übergangen (siehe 4.3.2). Stattdessen führen wir Chomskys Beispiellexikon in der folgenden Form an (die Diskrepanz ist in keinem der dargestellten Punkte wesentlich):

$T = \{\textit{the}\}$
$N = \{\textit{man, ball, \ldots}\}$
$V = \{\textit{hit, take, walk, read, \ldots}\}$
$M = \{\textit{will, can, can, shall, must}\}$

Die einzige Regel, die zu diesem Zeitpunkt einer Erklärung bedarf, ist (7); alle anderen entsprechen der Übereinkunft, die wir in früheren Kapiteln getroffen haben. Regel (7) entwickelt *Aux* (dessen Zusammenhang mit ‹Auxiliarverb› rein mnemotechnisch ist) in eine Kette mit bis zu vier Elementen. Von diesen ist C obligatorisch (seine Aufgabe, Kongruenzverhältnisse zu regeln, wird durch eine Transformationsregel interpretiert); die anderen Regeln auf der rechten Seite von (7) sind fakultativ; jedes Element ist unabhängig von den andern beiden. Die Ausgabe von Regel (7) wird daher (in der Position von *Aux* bei der Ausgabe von Regel (6)) eine der folgenden acht Ketten enthalten:

(I) C
(II) C + *M*
(III) C + *have* + *en*
(IV) C + *be* + *ing*
(V) C + *M* + *have* + *en*
(VI) C + *M* + *be* + *ing*
(VII) C + *have* + *en* + *be* + *ing*
(VIII) C + *M* + *have* + *en* + *be* + *ing*

Andere Eigenschaften von Regel (7) werden später erklärt.

Die Ausgabe von PS-Regeln ist eine *Kernkette (kernel string)*. Es ist darauf zu achten, daß dieser Terminus nicht mit *Kernsatz (kernel sentence)* verwechselt wird. Ein Kernsatz ist (nach dem in ‹Syntactic Structures› vorgeschlagenen System) jeder Satz, der ohne Anwendung irgendeiner *fakultativen* Transformation aus einer einzigen Kernkette erzeugt wird. Kein Satz wird ohne die Anwendung einer zumindest beschränkten Anzahl von obligatorischen T-Regeln erzeugt. Dieser Punkt ist wesentlich, da häufig angenommen wird, daß Kernsätze (z. B. die einfachen, aktiven Aussagesätze des Englischen) allein durch PS-Regeln einer Transformationsgrammatik erzeugt würden.

6.6.5 *Die Passivtransformation*

Wir wollen die Natur der T-Regeln nach ‹Syntactic Structures zuerst am Beispiel der Erzeugung von Passivsätzen im Englischen erläutern. (Der

Umstand, daß Chomsky seinen Standpunkt im Hinblick auf die Beziehung zwischen Aktiv- und Passivsätzen in seinen jüngeren Arbeiten modifiziert hat, ist für unsere Argumentation unwesentlich). Die entsprechende T-Regel ist nach ‹Syntactic Structures› folgende:

> *Passiv* (fakultativ)
> Strukturelle Beschreibung: *NP* – *Aux* – *V* – *NP*
> Strukturelle Veränderung: $X_1 - X_2 - X_3 - X_4 \rightarrow X_4 - X_2 + be + en - V - by + X_1$

(Eine andere äquivalente, aber formal ungenauere Darstelung der Regel ist die folgende:

$$NP_1 - Aux - V - NP_2 \rightarrow NP_2 - Aux + be + en - V - by + NP_1$$

Die Unterscheidung von Bindestrich und Pluszeichen als Verkettungssymbolen ist nicht ohne Bedeutung; eine Erörterung dieser Fragen ist hier aber nicht nötig).

Zuerst ist zu beachten, daß die obige T-Regel zwei Teile enthält: eine ‹Strukturelle Beschreibung› (*Structural Analysis*) und eine ‹Strukturelle Veränderung› (*Structural Change*) (abgekürzt SB (SA) bzw. SV (SC)). Während PS-Regeln in der Ausgabe der vorher angewandten Regel wirksam werden (fakultativ oder obligatorisch, rekursiv oder nicht-rekursiv, mit Kontextbeschränkung oder ohne usw.), werden T-Regeln per definitionem nur in Ketten wirksam, die mit Hilfe der in ihrer strukturellen Beschreibung (SB) angegebenen Elemente *analysierbar* sind. In dem vorliegenden Fall ist die Transformation (der SV-Teil der Regel) auf Ketten beschränkt, deren Analyse *NP*, *Aux*, *V* und *NP* ergibt. Jedes dieser vier Elemente ist im linken Teil der SV mittels der dem Zeichen X beigegebenen Indexzahl identifiziert: X_1 bezeichnet das in SB an erster Stelle stehende Element (d. i. *NP*); X_2 bezeichnet *Aux*, usw. Die Transformation (definiert durch SV) wirkt folgendermaßen: (a) das erste und das vierte Element werden permutiert; (b) *by* wird an das gehängt, was jetzt das letzte *NP* in der Kette ist; (c) *be* + *en* wird an *Aux* gehängt. Das Ergebnis der Transformation ist also genau das, was in der alternativen, formal weniger genauen Darstellung der Regel schon beschrieben wurde:

$$NP_1 - Aux - V - NP_2 \rightarrow NP_2 - Aux + be + en - V - by + NP_1$$

Wir müssen uns nun überlegen, was es bedeuten soll, daß eine Kette mittels der vier Elemente *NP*, *Aux*, *V* und *NP* analysierbar ist. Durchlaufen wir zuerst die PS-Regeln und schreiben jene Ketten an, die sich aus der Anwendung jeder Regel auf die Ausgabe der vorausgehenden Regel ergeben (vgl. 6.6.4):

Mittels Regel (1): $NP + VP$
(2): $NP + Verb + NP$
(3): $NP_{sing} + Verb + NP_{sing}$
(4): $T + N + ø + Verb + T + N + ø$
(6): $T + N + ø + Aux + V + T + N + ø$
(7): $T + N + ø + C + M + have + en + V +$
$+ T + N + ø$

Man sieht, daß Regel (3) zweimal angewandt wurde. Da NP_{sing} für beide Positionen in der Ausgabe von Regel (2) gewählt wurde, wurde auch Regel (4) zweimal angewandt; Regel (5) hingegen war nicht applikabel. In Regel (7) wurde *Aux* durch $C + M + have + en$ ersetzt (d. h. unter den acht nach unserer notationellen Übereinkunft möglichen Ausgaben wurde (V) gewählt; vgl. 6.6.5). Die Ausgabe von Regel (7) ist eine *Kernkette* (*kernel string*) jenes Typus, welcher einander entsprechenden Aktiv- und Passivsätzen wie *The man will have read the book* und *The book will have been read by the man* (‹Der Mann wird das Buch gelesen haben› und ‹Das Buch wird vom Mann gelesen worden sein›) zugrundeliegt.

Wir wollen nun die Passivtransformation auf diese Kette anwenden, vorausgesetzt, daß diese eine Analyse nach den Bedingungen, die in SB der Regel spezifiziert wurden, ermöglicht. Es ist vor allem zu beachten, daß keines der Elemente, die in SB in Bezug auf die Passivtransformation angegeben wurden, in der Kernkette vorkommt. Weiter sind wir bei keiner Stufe der Ableitung der Kernkette durch die PS-Regeln auf die Kette $NP + Aux + V + NP$ gestoßen. Wir werden deshalb die Regeln nochmals durchgehen; diesmal wollen wir aber die Konstituentenkonstruktur der gewünschten Kernkette erzeugen.

Mittels Regel (1): $\Sigma\,(NP + VP)$
(2): $\Sigma\,(NP + VP\,(Verb + NP))$
(3): $\Sigma\,(NP\,(NP_{sing}) + VP\,(Verb + NP\,(NP_{sing})))$
(4): $\Sigma\,(NP\,(NP_{sing}\,(T + N + ø)) + VP\,(Verb + NP$
$(NP_{sing}\,(T + N + ø))))$
(6): $\Sigma\,(NP\,(NP_{sing}\,(T + N + ø)) +$
$+ VP\,(Verb\,(Aux + V) + NP\,(NP_{sing}\,(T + N + ø))))$
(7): $\Sigma\,(NP\,(NP_{sing}\,(T + N + ø)) + VP\,(Verb\,(Aux\,(C + M$
$+ have + en) + V) + NP\,(NP_{sing}\,(T + N + ø))))$

Dies ist die Konstituentenstruktur der Kernkette, die Sätzen wie *The man will have read the book* und *The book will have been read by the man* zugrundeliegt.

Wird eine Kette mit Konstituentenklammerung und mit Klammerindizes (*labelled-bracketing*) dargestellt, spricht man von einem *Formationsmarker* oder *P-Marker* (*phrase-marker*). Formationsmarker können durch

Baumdiagramme mit Knotenindizes wiedergegeben werden (vgl. Abb. 15). Wir müssen nun zwei weitere Begriffe einführen: ‹Subkette› und ‹Dominanz› (*substring* und *domination*).

Eine ‹Subkette› ist jeder Teil einer Kette, der selbst eine Kette ist (von einem oder mehreren Elementen). Die Kette $a + b + c$ ist z. B. auf mehrere Arten in Subketten zu zerlegen: in die beiden Subketten a und $b + c$ oder $a + b$ und c oder in die drei Subketten a und b und c. Die Kernkette, die uns augenblicklich interessiert, nämlich

$$T + N + ø + C + M + \textit{have} + \textit{en} + V + T + N + ø$$

kann in sehr viele verschiedene Klassen von Subketten zerlegt werden. Was wir wissen wollen ist, ob irgendeine Klasse der Subketten den Bedingungen zur Analysierbarkeit genügt, die in SB der T-Regel für das Passiv angegeben wurden. Und hier benötigen wir den Begriff der ‹Dominanz›.

Man sagt, ein Symbol *dominiert* einen ganzen Klammerausdruck, wenn die Klammer in dem P-Marker unmittelbar nach eben diesem Symbol geöffnet wird (äquivalent dazu: Ein Symbol dominiert alles, was sich in dem dem P-Marker entsprechenden Baumschema von dem Knoten herleiten läßt, der mit eben diesem Symbol indiziert ist). In dem uns interessierenden P-Marker gilt also: Σ dominiert alles zwischen den beiden äußersten Klammerzeichen; *VP* dominiert *Verb* (*Aux* (*C* + *M* + *have* + *en*) + *V*) + *NP*, usw.

Wir können nun den Begriff der *strukturellen Analysierbarkeit* als eine Bedingung für die Anwendung von T-Regeln definieren. Wenn eine Kette (nicht notwendig eine Kernkette) ohne Restelemente in Subketten zerlegbar ist, von denen jede in dem für diese Kette gültigen P-Marker von einem Symbol dominiert wird, welches in SB der T-Regel gegeben ist, dann genügt die Kette den durch die strukturelle Beschreibung (SB) definierten Bedingungen. Wenn die betreffende T-Regel obligatorisch ist, dann *muß* sie angewandt werden; wenn sie fakultativ ist, dann *kann* sie angewandt werden. Die Passivtransformation wird in der Regel, die wir uns hier angesehen haben, als fakultativ definiert.

Die hier dargestellte (Kern-)Kette entspricht den Bedingungen für die Anwendung der Passivtransformation. Dies verdeutlicht die folgende Darstellung (die unter Bezug auf den P-Marker in Abb. 15 interpretiert werden kann):

$$\underset{NP_1}{\{T + N + ø\}} + \underset{Aux}{\{C + M + \textit{have} + \textit{en}\}} + \underset{V}{\{V\}} + \underset{NP_2}{\{T + N + ø\}}$$

Durch die Operation der eigentlichen T-Regel (in SV) ergibt sich als Ausgabe eine weitere Kette (keine Kernkette mehr; vgl. 6.6.4), die dann mit ihrem dazugehörigen P-Marker zur Eingabe für weitere T-Regeln dient.

Wenn alle entsprechenden obligatorischen T-Regeln zur Anwendung gekommen sind, dann wird die Ausgabe des generativen Systems ein Passivsatz wie *The book will have been read by the man* sein.

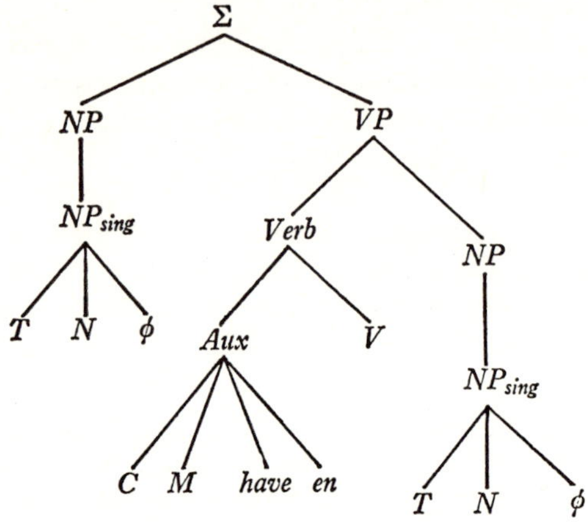

Abb. 15. P-Marker für einen Kernsatz

6.6.6 *Die Uneinheitlichkeit der T-Regeln*

Bei unserer Diskussion des Begriffs *Analysierbarkeit* sind wir stärker ins Detail gegangen, weil wir dies für ein Verständnis von Chomskys Formalisierung der Transformationsgrammatik als wesentlich erachten. Zahlreiche verbreitete Darstellungen der Theorie (selbst wenn diese nicht eigentlich falsch oder irreführend sind) machen keine Angaben darüber, was der Terminus ‹Transformationsregel› bedeutet.

Eines der auffälligsten Merkmale der T-Regeln in ‹Syntactic Structures› ist ihre *Uneinheitlichkeit* (*heterogeneity*). Es ist wichtig sich vor Augen zu führen, daß die Konstruktion selbst einer partiellen Transformationsgrammatik für irgendeine Sprache eine ungeheuer komplexe Aufgabe ist. Es gibt viele verschiedene Faktoren, die den Linguisten in seiner Entscheidung beeinflussen können, ob auf ein bestimmtes Element besser eine T-Regel oder eine Basisregel (PS-Regel) anzuwenden ist. Wie wir sehen werden, sind nicht alle T-Regeln ihrer eigentlichen Natur nach, also ‹inhärent› transformationell.

Nach unserer Untersuchung der strukturellen Analysierbarkeit können wir zwei verschiedene Kriterien unterscheiden, die eine Regel als ‹inhärent› transformationell festlegen. Das erste kann folgendermaßen zusammengefaßt werden: Jede Regel, die den einer Konstituentenstrukturregel auferlegten Bedingungen nicht entspricht, ist transformationell. Einige dieser Bedingungen wurden in einem früheren Abschnitt (siehe 6.2.11) besprochen. Wenn den Regeln der Basiskomponente einer Transformationsgrammatik verschiedene formale Beschränkungen dieser Art auferlegt werden, dann gilt als sicher, daß die Kernketten zumindest *eindeutig* in Subketten *analysierbar* sind und zwar unter den Bedingungen, die in SB einer T-Regel spezifiziert sind.

Das zweite Kriterium ist etwas anderer Natur: Eine Transformationsregel ist die, welche in der Symbolkette links vom Ersetzungspfeil (oder in der zur Regel gehörigen strukturellen Beschreibung) zumindest ein als *Variable* fungierendes Symbol enthält, das als ‹Wert› irgendeine aus der ganzen Klasse von Subketten, die von jenem Symbol im P-Marker dominiert werden, annimmt; dieser P-Marker gehört zu der als Regeleingabe dienenden Kette. So sind sind z. B. alle Symbole (mit Ausnahme von V) in der SB der Passivtransformation, wie sie oben beschrieben wurde, nämlich

SB: *NP – Aux – V – NP*

in diesem Sinne Variable. Zum Unterschied davon ist *V* eine *Konstante:* Es handelt sich um ein Endsymbol des in 6.6.4 dargestellten Systems von PS-Regeln, welches keine andere Subkette als sich selbst dominiert (‹Eigendominanz› in diesem Sinne ist ein formales Erfordernis des Systems). Diese Unterscheidung zwischen ‹Konstanten› und ‹Variablen› (die als spezielle Fälle der allgemeineren Unterscheidung in 6.5.2 betrachtet werden können) ist grundlegend für die Definition der ‹Transformation› im Chomskyschen System.

Die Transformationsregeln sind *leistungsfähiger* als Konstituentenstrukturregeln auf Grund ihrer Eigenschaft, sich auf Klassen von Unterketten und nicht nur auf eine bestimmte Unterkette beziehen zu können. Der Ausdruck ‹leistungsfähig› (*powerful*) ist, zumindest unabhängig vom ganzen System, schwieriger zu definieren. Lassen wir es bei der Feststellung bewenden, daß eine Regel leistungsfähiger als eine andere ist, wenn sie mehr ‹Sachverhalte› erklären kann oder diese ‹korrekter› erklären kann. (Hinter dieser Feststellung verbergen sich verschiedene Voraussetzungen hinsichtlich schwacher und starker Adäquatheit; vgl. 6.5.7.) In manchen Fällen ist unschwer zu erkennen, was mit ‹leistungsfähig› gemeint ist. Wir wollen nur ein Beispiel geben.

Das System der PS-Regeln, wie es in 6.6.4 dargestellt wurde, erlaubt die Erzeugung von nur zwei Subketten, die von NP dominiert werden: $T + N + ø$ und $T + N + s$ (z. B. *the boy* und *the boys).* Es ist jedoch klar, daß in einer umfassenderen Grammatik des Englischen die Passivtransformation alle möglichen Nominalkomplexe permutieren muß: z. B. *The man who was here yesterday read a thousand books last year* und die entsprechende Passivstruktur *A thousand books were read last year by the man who was here yesterday.* Vorausgesetzt daß alle Regeln der Grammatik im generativen System korrekt eingeordnet sind, werden sowohl *the man who was here yesterday* wie auch *a thousand books* als ‹Konstanten› analysiert, die unter die Dominanz der ‹Variablen› NP_1 und NP_2 fallen; die Passivtransformation wird korrekt operieren. Andere Regeln werden über die verschiedenen möglichen Stellungen von *last year* verfügen, über die ‹Einbettung› von *who was here yesterday* im ersten Nominalkomplex der Kette, die als Eingabe zur Transformationsregel für das Passiv dient usw. Abgesehen von anderen Vorzügen kann eine Regel, die Variable enthält, auf ganze Klassen von Sätzen Anwendung finden, für die andernfalls eine Anzahl von isolierten, zueinander nicht in Beziehung stehenden Konstituentenstrukturregeln erforderlich sein würde.

Ist eine Grammatik transformationell in dem Sinne, daß sie einige ‹inhärent› transformationelle Regeln enthält, die in der Ausgabe von Konstituentenstrukturregeln wirksam werden, dann spielt eine Reihe von anderen Faktoren mit. Es sollen hier nur zwei erwähnt werden. Man könnte z. B. entscheiden, daß solch ‹komplexe› Eigenschaften wie Rekursion und Kontextabhängigkeit in die transformationelle Komponente transferiert werden (wiewohl diese Eigenschaften für sich die Bedingungen der Analysierbarkeit nicht verletzen). Chomsky hat diese Entscheidung aus Gründen, die hier nicht erörtert werden müssen, für das in ‹Syntactic Structures› vorgeschlagene System getroffen. Eine andere Überlegung betrifft die Reihenfolge, in der die Grammatikregeln zur Anwendung kommen. Eine ‹echte› Konstituentenstrukturregel kann so angesetzt werden, daß sie in der Ausgabe einer ‹inhärent› transformationellen Regel wirksam wird. Wenn die Formalisierung eines Systems vorsieht, daß die T-Regeln nach den PS-Regeln kommen (und dies ist in ‹Syntactic Structures› der Fall), dann müßte die ‹echte› Konstituentenstrukturregel auf Grund ihrer Einreihung in der Grammatik als T-Regel neu klassifiziert werden. (Dies ist möglich, denn eine Konstante kann immer als Variable mit nur einer ‹Valenz› betrachtet werden.) Überlegungen dieser (und anderer) Art erweisen die Heterogenität von Transformationsregeln in einer Grammatik, wie sie nach Chomskys erster Formulierung der Theorie aufgestellt war.

Wie wir sehen werden, sind von Chomsky und anderen, die auf der Grundlage der Transformationstheorie arbeiten, in diesem System eine Reihe von Änderungen vorgenommen worden. In dem jüngeren System von Chomsky wird die Analysierbarkeit mit Hilfe von etwas anderen formalen Mitteln gewährleistet; erhalten aber (und wir zitieren hier Chomskys eigenes Argument in diesem Zusammenhang) bleiben «die grundsätzlichen Eigenschaften, auf Grund derer die Theorie der Transformationsgrammatik sich entwickelt hat».

6.6.7 *Kongruenz zwischen Subjekt und Verb in einer Transformationsgrammatik*

Irgendwo in einer Beschreibung des Englischen müssen wir die Gesetzlichkeit der Subjekt-Verb-Kongruenz festhalten. Wir haben uns darauf bereits im Zusammenhang mit dem Begriff der Kontextabhängigkeit bezogen (6.5.6). Wir wollen nun kurz jene Transformationsregel betrachten, die in ‹Syntactic Structures› zur Regelung der Kongruenz von Numerus (‹Singular›/‹Plural›) im Satzsubjekt und im Verb angesetzt wurde. Damit werden auch einige allgemeine Punkte, die für die Natur der T-Regeln gelten, veranschaulicht.

Die Regel (die nur in einer Hinsicht modifiziert wurde) lautet:

Numerustransformation (obligatorisch)
SB: X – C – Y

$$\text{SV:}\quad C \rightarrow \begin{cases} s/ \text{ in dem Kontext } NP_{sing} + \ldots \\ \o/ \text{ in allen anderen Fällen} \end{cases}$$

Wir haben hier eine andere SB als jene vor uns, die in der Passivtransformation erschien. X und Y sind Variable, die irgendeine Subkette der Eingabekette ohne Bezug auf deren Analysierbarkeit bezeichnen; *C* ist ein Endsymbol der in 6.6.4 eingeführten PS-Regel. Zwar ist richtig, daß die Kontextbeschränkung für $C \rightarrow s$ sich auf das nichtterminale Symbol NP_{sing} bezieht. Wir können aber auch erwägen, diese ‹transformationelle› Regel unter die PS-Regeln zu reihen. Wenn nämlich die PS-Regeln von 6.6.4 in der Reihenfolge (1), (2), (3), (6), (7), (4), (5) angewandt werden und wenn die Regel für die Numeruskongruenz nach (7), aber vor (4) wirksam wird, dann ist der Effekt genau derselbe, wie wenn die Regel auf eine durch die Regeln in 6.6.4 erzeugte Kette in der dort angegebenen Reihenfolge Anwendung gefunden hätte. Der Leser kann dies selbst überprüfen.

Es gibt jedoch ein sehr gutes Argument dafür, daß Chomsky die Numeruskongruenzregel an eine bestimmte Stelle unter den T-Regeln in ‹Syntactic Structures› setzte. Die Grundsätze der Subjekt-Verb-Kongruenz gelten im Englischen sowohl für Aktiv- als auch Passivsätze; man vergleiche *The men see the cows, The man sees the cows, The cow is seen by the men, The cow is seen by the man, The cows are seen by the men* usw. Wenn die Passivtransformation (die eine ‹inhärent› transformationelle Regel ist) der Numeruskongruenzregel vorausgeht, dann kann die letztere so formuliert werden, daß sie in Abhängigkeit von der Anzahl der *NP*, die links von *C* (dem ersten Element von *Aux*) in der Eingabekette vorkommen, wirksam wird. Es gilt daher für die Kernkette

(1) $T + N + \o + C + M + have + en + V + T + N + s$

(die auf $NP_1 - Aux - V - NP_2$ zurückgeht), daß sie transformiert wird zu

(1*a*) $T + N + ø + s + M + have + en + V + T + N + s$

und (2) $T + N + s + C + M + have + en + be + en + V +$
$+ by + T + N + ø$

(was die Entsprechung zu $NP_2 - Aux + be + en - V - by + NP_1$, resultierend aus der Anwendung der fakultativen Passivtransformation, ist) durch die Numeruskongruenzregel

(2a) $T + N + s + ø + M + have + en + be + en + V +$
$+ by + T + N + ø$

Diese Ketten liegen Sätzen wie *The man will have read the books* (‹Der Mann wird die Bücher gelesen haben›) und den entsprechenden Passivversionen wie *The books will have been read by the man* (‹Die Bücher werden von dem Mann gelesen worden sein›) zugrunde.

Unter den Regeln, die noch auf (1a) und (2a) angewandt werden müssen, sind die Regeln für die Verbalsuffigierung und die Markierung der Wortgrenzen. Wir wollen diese Regeln nicht angeben. (Man lese ‹Syntactic Structures› S. 39 und S. 113 nach; es werden dort in der Regel für die ‹Auxiliartransformation› *ad hoc*-Variable verwendet). Diese Regeln verwandeln (1*a*) und (2*a*) in

(1*b*) $\ldots M + s \# have \# V + en \# \ldots$
(2*b*) $\ldots M + ø \# have \# be + en \# V + en \# \ldots$

(Es wurden hier nur die *Aux*-V-Teile der Ketten dargestellt.)

Wenden wir nun die Regeln für die lexikalische Substitution an (vgl. 4.3.2. Es besteht ein gewisser Unterschied zu ‹Syntactic Structures›, wo die Lexikoneinheiten die Endsymbole der PS-Regeln sind), wobei die Wortgrenzen wieder durch # vertreten sind.

(1*c*) *# the # man + ø # will + s # have # read + en # the #book + s #*
(2*c*) *# the # book + s # will + ø # have # be + en # read + en # by # the # man + ø #*

Weitere Regeln (nach ‹Syntactic Structures› «morphophonemische Regeln») bringen diese Ketten nun in die korrekte phonologische Form:
man + ø → /man/, *will* + *s* → /wil/, *read* + *en* → /red/, usw. Für die geschriebene Sprache würden alternative ‹morphographemische› Regeln die Ketten in

(1*d*) *The man will have read the books*
(2*d*) *The books will have been read by the man*

umwandeln.

6.6.8 *Generalisierte Transformationen*

Bisher sind wir bei der Diskussion der in ‹Syntactic Structures› von Chomsky eingeführten Regeln von der Annahme ausgegangen, daß nur eine Endkette als Eingabe in die Transformationskomponente dient. Das System ermöglicht jedoch auch die Kombination von zwei oder mehr Endketten (durch aufeinanderfolgende Verkettung von Kettenpaaren) mittels fakultativer *generalisierter Transformationen* oder Transformationen mit ‹doppelter Basis› (*generalized* (‹double-based›) *transformations*). Im Gegensatz dazu bezeichnen wir T-Regeln, die nur in einer Endkette (und ihren darauffolgenden Transformen) wirksam sind, als *singuläre Transformationen* (*singulary transformations*) (oder Transformationen mit ‹einfacher Basis› ‹[single-base transformations›]). Wie wir gesehen haben, sind die Singulärtransformationen in ‹Syntactic Structures› als fakultativ (z. B. die Passivtransformation) oder obligatorisch (z. B. die Numeruskongruenztransformation) spezifiziert worden.

Generalisierte Transformationen zerfallen in zwei Klassen: *Einbettungs-* und *Konjunktionsregeln* (*embedding* and *conjoining rules*). Die Unterscheidung von Satzgefüge und Satzreihe (complex und compound sentences) (vgl. S. 270), die in der traditionellen Grammatik manchmal gemacht wird (und die manchmal schwierig einzuhalten ist), entspricht ihr nur annähernd. Zu den Konstruktionen, denen durch eine Einbettungsregel Rechnung getragen wird, gehören verschiedene ‹Nominalisierungen›. Wir haben (in früheren, in formaler Hinsicht weniger genauen Abschnitten dieses Kapitels) bereits Sätze wie *Flying planes are dangerous* besprochen. Es wurde dort gesagt, daß *flying planes* ein Nominalkomplex in der Oberflächenstruktur dieses Satzes ist (und daß es wie *supersonic planes* die ‹interne› Oberflächenstruktur Adjektiv + Nomen hat), daß es jedoch in ‹transformationeller› Beziehung zu der Tiefenstruktur von *Planes fly* und *Planes are flying* steht. Wir können nun sagen, daß die Grammatik eine *Matrixkette* (*matrix-string*) (der Form *NP* – *be* – *A*) und eine *Konstituentenkette* (*constituent string*) (der Form *NP* – V_{intr}) erzeugt, weiter daß die Konstituentenkette zu einem *NP* der Form *A* + *N* transformiert (‹nominalisiert›) und dann als Subjekt der Matrix *NP* – *be* – *A* eingebettet wird.

Wir werden uns nicht mit Einzelheiten der Formalisierung von Einbettungsregeln befassen. Dies wurde in ‹Syntactic Structures› kaum mehr als angedeutet. Arbeiten, die seither erschienen sind, haben eine Reihe von Problemen offenbart. Die Feststellungen im vorausgehenden Absatz sollten nur dazu dienen darauf hinzuweisen, was mit dem Ausdruck ‹Einbettung› gemeint ist. Das Wesentliche ist, daß eine eingebettete Struktur (ob es sich nun nach der traditionellen Unterscheidung zwischen beiden Typen ‹sekundärer› Entitäten (vgl. 5.1.1.) um einen Wortkomplex [phrase] oder einen Teilsatz [*clause*] handelt) das Transform einer Kette ist, welche auch die zugrundeliegende Struktur eines ganzen Satzes sein könnte, die aber als Konstituente eines anderen Satzes ‹fungiert›. Es ist gewissermaßen ein Satz in einem anderen Satz. Der P-Marker des von Σ dominierten Matrixsatzes enthält daher ein anderes Σ, welches hinsichtlich der ‹Funktion›, die der Konstituentensatz in der Gesamtstruktur innehat, durch das entsprechende Symbol dominiert wird.

Konjunktionstransformationen jedoch verbinden auch Sätze (präziser: die den Sätzen zugrundeliegenden Strukturen) innerhalb eines ‹größeren› Satzes. Der Unterschied liegt darin (und dies ist der Unterschied zwischen ‹komplexen› Sätzen (Satzgefügen), nämlich Einbettungen, und ‹konjugierten› Sätzen (Satzreihen) in der traditionellen Grammatik), daß Konjunktionstransformationen nicht einen Satz als ‹Konstituente› einem anderen oder Teil eines anderen, der ‹Matrix›, unterordnen. Beide konjugierten Strukturen (wir gehen hier von der Annahme aus, daß der Konjugierung nur zwei Strukturen zugrundeliegen) bewahren ihren ‹Satzstatus› innerhalb des ‹größeren› Satzes. Der P-Marker für den größeren Satz wird also zwei (oder mehr) miteinander koordinierte Σ unter dem obersten Σ, das den ganzen P-Marker dominiert, enthalten. Ein gutes (und auf den ersten Blick ein sehr einfaches) Beispiel eines solchen Satzes, der auf eine Konjunktionstransformation zurückgeht, ist aus zwei Teilsätzen zusammengesetzt, die durch eine koordinierende Konjunktion verbunden sind (z. B. *and/und*): etwa *Caesar advanced and Pompey retreated/Cäsar rückte vor und Pompeius zog sich zurück.*

6.6.9 *Der gegenwärtige Stand der Transformationsgrammatik*

Wir sagten zu Beginn dieses Kapitels, daß eine Grammatik dann eine Transformationsgrammatik ist, wenn sie den Sätzen, die sie erzeugt, eine Tiefen- und eine Oberflächenstruktur zuschreibt. Wir haben auch festgestellt, daß traditionelle Grammatiken in dieser Beziehung transformationell waren. Sie waren aber auch generativ nach dem ersten der beiden Kriterien, die man jetzt mit diesem Terminus verbindet (d. h. sie waren im Prinzip ‹projektiv›, aber nicht ‹explizit›. Vgl. 4.2.13).

Anschließend richteten wir unser Augenmerk auf das bekannteste, am besten formalisierte System der generativ-transformationellen Grammatik, das bisher entwickelt worden ist. Es war das von Chomsky in ‹Syntactic Structures› eingeführte System (ein relativ einfacher Abriß einer früheren Arbeit, mit der sich, obwohl sie zum größten Teil ungedruckt blieb, ein großer Kreis von Linguisten, die sich mit formalisierter generativer Grammatik befaßten, vertraut machten). Es wurden in dieser notwendigerweise überblickshaften und lückenhaften Darstellung des Systems Chomskys viele wichtige theoretische Fragen nicht angeschnitten. Es erschien uns für eine Einführung in die Theorie der Linguistik geeigneter, solch fundamentale Begriffe wie ‹strukturelle Analysierbarkeit› und das Wesen der Transformationsregeln schwerpunktsmäßig zu behandeln und für den Leser zu veranschaulichen, wie die eine oder andere Regel im Detail wirksam wird. Damit erschien uns gewährleistet, daß die Bedeutung grundlegender Prinzipien des Systems verständlich werden.

Es erschien uns gleichfalls geeigneter, diese Grundsätze anhand des früheren Systems der Transformationsgrammatik (wie es in ‹Syntatic Structures› ausgeführt ist) darzulegen. Ein Grund, der uns dazu bewog, ist der, daß in den meisten praktischen Arbeiten der Transformationsgrammatik auf dieses erste System Chomskys zurückgegriffen wird. Ein zweiter, noch wichtigerer Grund ist der, daß wichtigere Veränderungen, die von Chomsky und anderen stammen, auf Versuche in etwa den letzten zehn Jahren zurückgehen, dieses erste System syntaktischen Beziehungen in noch größerem Umfang anzupassen (von denen einige in der traditionellen Grammatik nicht einmal oberflächlich behandelt worden sind). Um die Bedeutung dieser Modifikationen zu verstehen, muß man vor allem einmal das frühere System erfassen.

Darüber hinaus sind die ‹Syntactic Structures› doch in einem bestimmten Punkt nicht durch andere Arbeiten abgelöst worden. Es war ein Buch von revolutionärer Bedeutung in der Geschichte der modernen Linguistik. Chomsky häufte dort nicht eine Menge Details aus zahlreichen Sprachen an, sondern wählte einige klare und verständliche Sachverhalte der Struktur einer sehr verbreiteten Sprache (Englisch) und der Sprache im allgemeinen aus und zeigte überzeugend, daß diese Sachverhalte im Rahmen der gültigen linguistischen Theorie nicht ‹erklärt› werden konnten. Dabei setzte er strengere Maßstäbe der ‹Erklärung›, als sie bisher unter Linguisten üblich gewesen waren. Diese Maßstäbe sind wohl noch etwas umstritten (ein nicht unbedeutender Teil der Einwände ist allerdings durch Mißverständnisse zu erklären). Von vielen Linguisten sind sie jedoch akzeptiert worden einschließlich derer, welche die Details der Formalisierung in der von Chomsky entwickelten Grammatiktheorie ablehnen. Dieser Umstand stellt ‹Syntactic Structures› das Zeugnis ‹revolutionärer› Bedeutung aus.

Die in ‹Syntactic Structures› dargestellten und erörterten Grundsätze der Transformationsgrammatik sind einfach (gleichwohl mag es eine gewisse Anstrengung kosten, die Konsequenzen eines bestimmten Formalisierungssystems zu verstehen). Diese Grundsätze auf mehr als einen Teil der grammatischen Struktur einer beliebigen Sprache anzuwenden ist jedoch gewiß nicht einfach. Die Verwendung von T-Regeln in einer generativen Grammatik mit einer einfachen Konstituentenstruktur-Basiskomponente wirft sehr schwere Probleme hinsichtlich der Reihenfolge auf, in der diese T-Regeln (und insbesonders die generalisierten Transformationen der ‹Syntactic Structures›) wirksam werden. Wir haben gesehen, daß die T-Regeln des ersten Systems sehr uneinheitlich sind. Das Problem der Analysierbarkeit wurde für Kernketten dadurch gelöst, daß die PS-Regeln in der Basiskomponente bestimmten Bedingungen hinsichtlich der Natur dieser Regeln unterworfen wurden. Aber das Problem war in der Grammatik noch immer vorhanden. Da eine T-Regel in einer Kette wirksam werden konnte, die nach Anwendung einer früheren T-Regel (einschließlich Permutationen und Tilgungen) entstand und da (theoretisch) jede T-Regel einen P-Marker (und nicht nur eine Kette ohne Konstituentenstruktur) in einen anderen P-Marker transformierte, war es nötig Prinzipien zu finden, nach denen mit Hilfe eines bestimmten T-Regeltyps abgeleitete P-Marker (derived phrase-markers) zugeordnet werden konnten. Zwar haben Chomsky und andere sich mit diesem Problem von Anfang an befaßt, doch es wird in ‹Syntactic Structures› kaum berührt und ist noch nirgends befriedigend gelöst worden.

In den letzten Jahren sind die Probleme der Reihenfolge der T-Regeln in einem Grammatiksystem, wie es in ‹Syntactic Structures› vorgeschlagen wurde, von vielen Linguisten behandelt worden. 1965 hat Chomsky selbst die Theorie mit der Absicht modifiziert, diese Schwierigkeiten zu reduzieren, wenn nicht völlig auszuschließen. Chomskys Überlegungen gehen kurz gesagt (dies erhebt keinesfalls den Anspruch, einen vollständigen Überblick über diese Modifikationen zu geben) dahin, die generalisierten Transformationen aus der Grammatik auszuschließen und in der Basiskomponente fakultative rekursive Regeln mit Σ rechts vom Ersetzungspfeil einzuführen. Es gibt nur mehr singuläre und obligate Transformationen (in manchen Fällen ‹ausgelöst› durch fakultative Elemente in den Basisregeln), die so geordnet sind, daß sie in ‹Konstituentensätzen› vor der Einbettung und in ‹Matrixsätzen› nach der Einbettung wirksam werden (wobei Einbettung und Konjunktion durch die Regeln der Basiskomponente gesteuert werden).

Abgesehen vom Problem der Regelreihung war es eines der Hauptziele für die Neuordnung des Systems, Syntax, Phonologie und Semantik in systematische Beziehungen zueinander zu setzen. Es wurde angenommen, daß die tiefenstrukturelle Analyse (die von der Basiskomponente erzeugt wird) keinen Einfluß auf Operationen des phonologischen Regelkorpus habe und daß die Oberflächenstruktur (das Ergebnis von Operationen der singulären Transformationen auf das Phrasenschema der Tiefenstruktur) keinen Einfluß auf die semantische Interpretation von Sätzen habe. Das ist unleugbar eine attraktive Hypothese. Der empirische Beleg für ihre Haltbarkeit oder Nichthaltbarkeit erfordert jedoch noch umfangreiche und eingehende Untersuchungen. Bis zum Abschluß und zu eindeutigen Ergebnissen solcher Arbeiten sind beide Teile der Hypothese mit einer gewissen Skepsis zu betrachten.

Wenn auch die Bedeutungslosigkeit der Oberflächenstruktur für die semantische Analyse noch zu beweisen oder zu widerlegen ist, herrscht unter den Linguisten, von denen die Unterscheidung zwischen grammatischer Tiefen- und Oberflächenstruktur akzeptiert wird (dies schließt jene mit ein, die das Verhältnis zwischen den beiden Strukturen anders als Chomsky beschrieben haben) doch die Ansicht, daß zwischen Tiefensyntax und Semantik eine besonders starke Bindung besteht. Diesen Standpunkt vertreten wir in allen Teilen dieses Buches.

Abschließend ist noch Folgendes zu sagen. Die Bewertung von Grammatiken, die nicht demselben Formalisierungssystem angehören (oder gar nicht formalisiert sind), wirft Probleme ganz anderer Art auf als die Bewertung von Grammatiken, die formal vergleichbar (siehe 6.2.12) und schwach äquivalent sind. Die komplexe Struktur von Transformationsgrammatiken (der Terminus ‹transformationell› wird hier in seinem uneingeschränktesten Sinne gebraucht) ist so groß, daß es sehr schwierig ist, Transformationsgrammatiken verschiedener Typen miteinander zu vergleichen. Es ist ebenso schwierig, einen Ausgleich herzustellen zwischen den konvergierenden Ansprüchen von schwacher und starker Adäquatheit in Bezug auf zahlreiche Klassen von Sätzen, die wir mit Hilfe einer Grammatik eines bestimmten Typus erzeugen wollen. Später in diesem Buch werden wir auf einige ‹Tiefenbeziehungen› zwischen Sätzen hinweisen, die Chomskys Theorie der syntaktischen Struktur in ihrer gegenwärtigen Form nicht erklären kann (wie Chomsky selbst angedeutet hat). Es ist jedoch nicht schwierig sich vorzustellen, daß ein Linguist auf Grund der Einsicht in die Sprachstruktur, die seine Vorgänger gewonnen haben, Klassen von Sätzen produzieren kann, die er (ohne formale Grundlage) korrekt als ‹transformationell verwandt› beschreiben kann. Das Problem liegt darin, in jenem theoretischen Rahmen, der bereits für andere Satzklassen erarbeitet wurde, diese Verwandtschaften systematisch zu erklären. Mißlingt dies, so kann man die theoretische Grundlage ändern. Diese Änderung kann aber darauf hinauslaufen, daß es dann unmöglich wird, Beziehungen, die im früheren System befriedigend erklärt werden konnten, Rechnung zu tragen. Dieses Argument wollen wir während der folgenden mathematisch-formal weniger expliziten Diskussion der Grammatiktheorie im Auge behalten.

7 GRAMMATISCHE KATEGORIEN

7.1 *Einleitung*

7.1.1 *Der Ausdruck ‹Kategorie› in der traditionellen Grammatik*

Bisher haben wir die grammatische Analyse unter rein ‹formalen› Gesichtspunkten betrieben. Im vorliegenden Kapitel soll die traditionelle Annahme erörtert werden, daß es gewisse ‹Begriffskategorien› gibt, die universell, also allen Sprachen gemeinsam sind (vgl. 4.1.3, 4.2.9). Im besonderen werden wir uns mit der traditionellen Theorie der Wortarten (oder Redeteile = partes orationis) befassen sowie mit denjenigen ‹grammatischen Kategorien›, die traditionell mit den Wortarten in Zusammenhang gebracht werden: Person, Tempus, Modus, Genus, Numerus und Kasus. Zunächst muß in diesem einleitenden Abschnitt einiges zu dem Terminus ‹grammatische Kategorie› und zu seiner Bedeutung in der traditionellen Grammatik bemerkt werden.

Es herrscht in modernen Abhandlungen zur Theorie der Grammatik wenig Konsistenz und Übereinstimmung bei der Verwendung des Ausdruckes ‹Kategorie›. Es wird ähnlich wie ‹Klasse› oder ‹Menge› oft verwendet, um irgendeine Gruppe von Elementen zu bezeichnen, die bei der Beschreibung bestimmter Sprachen unterschieden werden. Manche Autoren bezeichnen die ‹Redeteile› (Wortarten) als ‹Kategorien›; andere folgen dem traditionelleren Sprachgebrauch und beschränken die Verwendung von ‹Kategorie› auf jene Merkmale, die man, wie oben bereits erwähnt, mit den Wortarten der klassischen Sprachen assoziiert (Person, Tempus, Modus u.s.w.). Es gibt darüberhinaus noch andere – weitere, engere oder ganz andere – spezifisch fachliche Bedeutungen, unter denen der Terminus verwendet worden ist. Es soll hier nicht der Versuch gemacht werden, den Ausdruck ‹grammatische Kategorien› genau im Detail zu erklären. Er kommt uns hier nur eben recht als Titel für das Kapitel, in dem bestimmte wichtige Probleme der traditionellen Grammatik im Lichte jüngerer Entwicklungen der allgemeinen Syntaxtheorie besprochen werden sollen.

Der Terminus ‹Kategorie› ist nur einer von jenen zahlreichen traditionellen Ausdrücken der Sprachwissenschaft, die ihren Ursprung dem Umstand verdanken, daß sich die abendländische Grammatiktheorie auf der Grundlage des bestimmten philosophischen Systems entwickelte, das wir hier etwas ungenau als ‹aristotelisch› bezeichnen. ‹Kategorie› ist von einem griechischen Wort abgeleitet, das sonst als ‹Prädikation› (im logischen oder philosophischen Sinne von ‹Zuteilung von Eigenschaften› an Dinge) übersetzt wird. In der aristotelischen (und scholastischen) Philosophie waren die ‹Kategorien› die verschiedenen Möglichkeiten, den Dingen Eigenschaften zuzuteilen. Man nahm an, daß die verschiedenen Modi der Prädikation Unterschiede in der objektiven Welt, und zwar die verschiedenen ‹Seinsarten› darstellten. Die Klassifikation der Arten der Prädikation und des ‹Seins› ging von der Annahme aus, daß die physische Welt aus Dingen besteht (‹substantia›), die gewisse Eigenschaften (‹accidentia›) besitzen, gewisse Veränderungen hervorrufen oder erleiden, zueinander in bestimmten Verhältnissen stehen oder eine gewisse Ausdehnung oder einen bestimmten Platz in Raum oder Zeit innehaben. Wir wollen uns hier nicht mit den Details der aristotelischen Theorie von den ‹Kategorien› befassen. Zwei allgemeine Bemerkungen sollen aber noch gemacht werden. Erstens sollte beachtet werden, daß zwischen der Kategorie der ‹Substanz› einerseits und den übrigen ‹akzidentellen› (zufälligen) Kategorien andererseits ein grundlegender Unterschied gemacht wurde: ‹Substanz› war das individuelle Ding, abstrahiert von seinen ‹akzidentellen› Eigenschaften. Zweitens wurde von Aristoteles und seinen Nachfolgern angenommen und von den mittelalterlichen ‹spekulativen› Grammatikern ausdrücklich wiederholt, daß die Struktur der Sprache ein Niederschlag der Struktur der Welt sei, und zwar insofern, als Wörter Dinge gemäß ihrer ‹Seinsart› als ‹Substanzen› oder ‹Akzidenzien› bezeichnen. Gerade infolge dieser Entsprechung von ‹Sein› und ‹Be-deuten› sei die Erkenntnis der Welt möglich. Die Kategorien des ‹Seins›, ‹Be-deutens› und ‹Verstehens› seien aufeinander kongruent abbildbar. Die Kongruenz dieser drei Kategorienmengen rechtfertigte, wie man annahm, die enge und unauflösliche Verbindung von Philosophie, Grammatik und Logik.

7.1.2 *‹Stoff› und ‹Form›, ‹Substanz› und ‹Akzidens›*

Eine weitere Unterscheidung der aristotelischen Philosophie ist für die Entwicklung der traditionellen Theorie von den Wortarten und den ‹grammatischen Kategorien› von Bedeutung: die Unterscheidung zwischen ‹Stoff› und ‹Form›. Jedes individuelle Ding (das heißt, jede ‹Substanz›) besteht, wie man behauptete, aus ‹Stoff› (den wir uns als irgendeine physische Materie vorstellen können) und der bestimmten ‹Form› (dem individuativen Prinzip), die diesem physischen Stoff aufgeprägt ist und dem sich daraus ergebenden Ding seine Identität und innere Stabilität gibt. (Die aristotelische Distinktion von ‹Stoff› und ‹Form› ist der Unterscheidung, die de Saussure zwischen ‹Substanz› und ‹Form› getroffen hat – vgl. 2.2.2 – sehr ähnlich. Wie wir eben gesehen haben, hatte der Ausdruck

‹Substanz› in der traditionellen Sprachphilosophie eine ganz andere Bedeutung.)

Da die Sprache sowohl Objekt der Analyse als auch das Instrument war, mit dessen Hilfe alle philosophische Analyse ausgeführt wurde, wirkte sich die ‹Kategorientheorie› in zweifacher Weise auf die traditionelle Grammatik aus. Es wurden die Elemente der Sprache selbst nicht nur nach ‹Stoff› und ‹Form› analysiert und als ‹Substanzen› in Bezug auf ihre akzidentellen Eigenschaften klassifiziert, sondern auch nach dem ‹Modus› des Bedeutens der Dinge, Eigenschaften und Beziehungen in Klassen (nämlich den ‹Redeteilen›) zusammengefaßt.

Wie wir bereits gesehen haben (vgl. 5.4.1), war die Grundeinheit der grammatischen Analyse in der traditionellen Theorie das Wort (lat. *dictio*). Jedes Wort setzt sich als ‹Zeichen› aus einer bestimmten Verbindung von Lauten (*vox*) und Bedeutung (*significatio*) zusammen. Die physische Realisation (*vox*) war kein wesentlicher Bestandteil des Wortes, vielmehr war sie nur eine der Arten, wie dieses Wort ‹zufällig› und aufgrund der ‹Konvention› und des ‹Sprachgebrauchs› in einer bestimmten Sprache ausgesprochen wurde. Als physisches Objekt war die *vox* weiter zerlegbar in ihre ‹Elemente›, nämlich Laute oder Buchstaben. Die eigentliche grammatische Analyse aber setzte damit ein, daß analysiert wurde, in welcher Weise Wörter als ‹Zeichen›, als Instrumente für Beschreibung und Verständnis der ‹Realität› wirkten. Sie begann damit, daß Wörter als Wortarten (‹Redeteile›) klassifiziert wurden und daß Modelle (oder ‹Paradigmen‹) für ‹Deklination› und ‹Konjugation› aufgestellt wurden.

Die Wörter mußten, wie jeder andere Gegenstand wissenschaftlicher Forschung, mithilfe der traditionell festgelegten Liste aristotelischer ‹Kategorien› beschrieben werden. Die ‹Substanz› des Wortes war von seinen ‹Akzidenzien› zu unterscheiden, den verschiedenen Formen, die es je nach seiner syntaktischen Funktion und dem jeweiligen ‹Modus des Be-deutens› annahm. Bestimmte ‹akzidentelle› Kategorien waren für bestimmte Wortarten typisch festgelegt: Nomina wurden nach *Kasus* (Nominativ, Akkusativ u.s.w.) und *Numerus* (Singular, Plural) flektiert und gehörten einem bestimmten *Genus* an (maskulin, feminin, neutrum); Verben wurden nach *Tempus* (Präsens, Präteritum, Futur), *Person, Numerus* u.s.w. flektiert, u.s.f. Was die traditionelle Grammatik als ‹die grammatischen Kategorien› bezeichnete, sind daher in der Grammatiktheorie die ‹akzidentellen› Kategorien. (Dies erklärt auch den im Englischen früher gebräuchlichen Terminus ‹accidence›, vom Lateinischen *accidentia,* für ‹inflexional variation›.)

Bei manchen grammatischen ‹akzidentellen› Kategorien, wie etwa *Tempus* (von lateinisch *tempus* für ‹Zeit›) konnte ohne weiteres ein Zusammenhang mit den aristotelischen Kategorien der Prädikation hergestellt werden. Andere wie etwa *Kasus* waren eigentümlich für die Sprache allein. Hier geht es jedoch nicht um eine bis ins Einzelne gehende Einsicht in die Zusammenhänge zwischen den aristotelischen Kategorien und den traditionellen ‹grammatischen Kategorien›, sondern lediglich um die Erkenntnis der allgemeinen Zusammenhänge. Die These von der Universalität der aristotelischen Prädikationskategorien förderte die weitere These, daß die ‹grammatischen Kategorien› zu den Universalmerkmalen der menschlichen Sprache gehörten: daß jede Sprache Kategorien wie Tempus, Numerus, Kasus u.s.w. aufweisen müßte und daß diese Kategorien für bestimmte ‹Redeteile› typisch seien.

7.1.3 *‹Hauptrangige› und ‹nebenrangige› Wortarten*

Die ‹Redeteile› selbst wurden ebenfalls unter Bezug auf die aristotelischen ‹Kategorien› (unabhängig von der jeweiligen Flexion aufgrund der ‹akzidentellen› Kategorien wie Kasus, Tempus, u.s.w.) definiert. Nomina wurden gemäß ihrem ‹Bedeutungsmodus› als Wörter definiert, die sich auf ‹Substanzen› beziehen (daher der Terminus ‹Substantiv›), Adjektive als Wörter, die ‹Eigenschaften› angaben, u.s.w. Der Leser ist sicherlich mit den Definitionen der ‹Redeteile›, die in dieser traditionellen, ‹inhaltbezogenen› Terminologie formuliert sind, vertraut. In einem späteren Teil dieses Kapitels werden wir die Gültigkeit derartiger Definitionen untersuchen.

Der aristotelische Gegensatz zwischen ‹Stoff› und ‹Form› wurde von manchen Grammatikern auch herangezogen, als es darum ging, bei den Redeteilen zwei Gruppen zu unterscheiden, die wir als ‹hauptrangige› und ‹nebenrangige› bezeichnen können. Nur die hauptrangigen ‹Redeteile› (Nomina, Verben, Adjektive und Adverbien) waren Bedeutungsträger im eigentlichen Sinn des Wortes: Sie ‹be-deuteten› die gedanklichen Objekte, die den Rede‹stoff› darstellen. Die anderen ‹Redeteile› (Präpositionen, Konjunktionen u.s.w.) bedeuteten für sich genommen nichts, sondern trugen nur zur Gesamtbedeutung der Sätze dadurch bei, daß sie ihnen eine gewisse ‹Form› oder Ordnung aufzwangen. Diese Unterscheidung erinnert einerseits an die von Aristoteles getroffene zwischen den eigentlichen ‹Wörtern› und den ‹Konjunktionen› (vgl. 1.2.5) und andererseits an die zwischen ‹vollen› und ‹leeren› Wörter der traditionellen chinesischen Grammatiktheorie. Sie wurde von den Grammatikern von Port Royal (vgl. 1.2.5) aufgegriffen und weiter verbreitet und taucht bei Leibniz auf sowie bei vielen Philosophen, die von ihm beeinflußt wurden. Die Unterscheidung findet sich häufig in modernen Abhandlungen über Grammatiktheorie als Gegensatz von ‹lexikalischer› und ‹grammatischer› Bedeutung wieder (vgl. 9.5.1).

7.1.4 *Logik und Grammatik*

Zum Abschluß dieses Abschnitts muß etwas zum allgemeinen Einfluß der ‹aristotelischen› Logik auf die Theorie der traditionellen Grammatik bemerkt werden. Es ist oft behauptet worden, daß die aristotelische Theorie der ‹Kategorien›, im besonderen die Unterscheidung zwischen ‹Substanz› und ‹Akzidens› einfach die grammatische Struktur des Griechischen widerspiegle und daß Aristoteles, hätte er eine Sprache mit einer wesentlich anderen grammatischen Struktur gesprochen, ganz andere ‹Kategorien› und möglicherweise ein anderes logisches System aufgestellt hätte. Andererseits stellen die Grammatiker gerne fest, daß manche Unterscheidungen der traditionellen Grammatik rein ‹logischer› Natur seien (z. B. die Unterscheidung zwischen Eigennamen und Appellativen) und für das Griechische und Lateinische nicht gerechtfertigt seien. Daß sowohl der eine als auch der andere Standpunkt vertreten worden ist, weist darauf hin, daß der Zusammenhang zwischen der traditionellen Grammatik und der ‹aristotelischen› Logik weitaus komplexer ist, als allgemein vermutet wird. Und dies trifft auch zu. Wie wir im späteren Verlauf dieses Kapitels noch sehen werden, könnten uns jüngste Entwicklungen in der Theorie der Syntax (im besonderen die Trennung von ‹Tiefen›- und ‹Oberflächen›-struktur; vgl. 6.6.1) in die Lage versetzen, das Maß der Übereinstimmung zwischen den logischen und grammatischen ‹Kategorien› zu bestimmen.

7.1.5 *Primäre, sekundäre und funktionale Kategorien*

Es erscheint uns terminologisch zweckmäßig, in den kommenden Abschnitten die ‹Redeteile› (Wortarten) als *primäre* grammatische Kategorien und solche Begriffe wie Tempus, Modus, Kasus u.s.w. als *sekundäre* grammatische Kategorien zu bezeichnen. Die traditionellen syntaktischen Begriffe ‹Subjekt›, ‹Prädikat›, ‹Objekt› u.s.w. werden wir als *funktionale* Kategorien bezeichnen. Aus Gründen, die bald ersichtlich sein werden, wollen wir uns zunächst mit den sekundären grammatischen Kategorien befassen.

Die meisten Abhandlungen über die von uns aus Gründen der Zweckmäßigkeit sogenannten sekundären grammatischen Kategorien geben den traditionell anerkannten Flexionskategorien des Lateinischen und Griechischen (*Numerus, Genus* und *Kasus* für das Nomen; *Person, Tempus, Modus, Genus* für das Verb) den Vorrang. Man wird sich daran erinnern, daß in den traditionellen, flexionsbezogenen Definitionen der Redeteile (vgl. 1.2.5) der *Kasus* als das Kriterium für das Nomen und das *Tempus* für das Verbum angesehen wurde. Wir wollen hier der allgemeinen Übung folgen, indem wir uns auf die Kategorien der traditionellen Grammatik beschränken. Wir werden sehen, daß diese Kategorien zwar einen ziemlich breiten Anwendungsbereich haben, daß sie aber im Rahmen der modernen generativen Grammatik, die die Syntax als das Primäre betrachtet und die Flexion als eine unter mehreren Möglichkeiten, die syntaktischen Beziehungen innerhalb der Sätze darzustellen (vgl. 5.4.2), neu formuliert werden müssen.

7.2 *Deiktische Kategorien*

7.2.1 *Deixis und die Situation der Äußerung*

An dieser Stelle wollen wir den Begriff der *Deixis* einführen, auf den wir bei der Besprechung der grammatischen Kategorien oft zurückgreifen werden. Jede sprachliche Äußerung erfolgt an einem bestimmten Ort und zu einer bestimmten Zeit, findet also in einer gewissen Raum-Zeit-Situation statt. Sie wird von einer bestimmten Person (dem Sprecher) gemacht und ist gewöhnlich an eine andere Person (den Hörer) gerichtet. Die Unterscheidung zwischen Sprecher und Hörer (es kann natürlich auch eine Mehrzahl von Hörern auftreten) wollen wir als typisch ansehen; Sprecher und Hörer befinden sich – ebenfalls typisch – in derselben Zeit-Raum-Situation. (Es gibt viele alltägliche Situationen, die in dieser Hinsicht ‹atypisch› sind. Es ist möglich, ein ‹Selbstgespräch› zu führen; und beim Telephonieren befindet sich der Hörer nicht in derselben Raum-Zeit-Situation.) Wir nehmen des weiteren an, daß die typische Äußerung einen Bezug auf ein Objekt oder eine Person (die von Sprecher und Hörer verschieden sein kann oder auch nicht; vgl. etwa *Bist du schon fertig?* gegenüber *Ist er schon fertig?* u.s.w.) enthält; vorläufig wollen wir dieses Objekt oder diese Person, auf die in der Äußerung referiert wird, als ‹Gesprächsgegenstand› bezeichnen. Die Äußerung enthält demzufolge ebensoviele ‹Gesprächsgegenstände› wie lexikalische Ausdrücke, die sich auf Gegenstände und Personen beziehen.

Der Begriff der *Deixis* vom griechischen Wort für ‹zeigen› oder ‹hinweisen› wird eingeführt, um die Merkmale der Sprache, die der ‹Orientierung› dienen, nämlich die, die sich auf Zeit und Ort der Äußerung beziehen, in den Griff zu bekommen. Die sogenannten ‹Personalpronomina› (*ich, du, er* u.s.w.) stellen nur eine Gruppe von Sprachelementen dar, deren Bedeutung im Zusammenhang mit den ‹deiktischen Koordinaten› der für die Äußerung typischen Situation gesehen werden muß. Andere Elemente, die eine deiktische Komponente enthalten, sind Adverbialausdrücke des Ortes und der Zeit wie etwa *hier* und *dort* (‹in der Nähe des Sprechers› im Gegensatz zu ‹nicht in der Nähe des Sprechers›) und *jetzt* und *dann* (‹zum Zeitpunkt des Sprechens› bzw. ›nicht zum Zeitpunkt des Sprechens›). Dies sind nur die augenfälligsten Beispiele dafür, wie in der grammatischen Struktur der Sprache die Raum-Zeit-Koordination der für die

Äußerung typischen Situation zum Ausdruck kommen können. Die typische Situation der Äußerung ist *egozentrisch*. Sobald die Rolle des Sprechers in einem Gespräch von einem Teilnehmer auf einen anderen übergeht, ändert sich auch das ‹Zentrum› des deiktischen Systems (wobei *ich* von jedem Sprecher gebraucht wird, um auf sich selbst zu verweisen, und *du*, um sich auf den Hörer zu beziehen). Der Sprecher ist immer sozusagen der Mittelpunkt der Situation, in der die Äußerung gemacht wird. Es sollte auch beachtet werden, daß die Beteiligten an einer solchen Sitution nicht allein die Rollen von Sprecher und Hörer (wir werden den Ausdruck *Rollen* verwenden) innehaben. Sie können untereinander auch in einem bestimmten sprachlich relevanten Gesellschafts- oder Autoritätsverhältnis stehen (Eltern – Kinder, Herr – Diener, Lehrer – Schüler u.s.w.). Solche Statusverhältnisse überschneiden sich in ihrer Wirkung mit den Rollen von Sprecher und Hörer, ja sie können die Rollen der Gesprächsteilnehmer als Sprecher und Hörer in manchen Sprachen völlig überlagern.

7.2.2 *Person*

Die Kategorie der Person läßt sich mithilfe des Begriffs der Sprecher- und Hörerolle eindeutig festlegen. Die ‹erste› Person wird vom Sprecher gebraucht, um sich selbst als Gegenstand des Gesprächs zu bezeichnen, die ‹zweite› Person bezeichnet den Hörer und die ‹dritte› Person andere, von Sprecher und Hörer verschiedene Personen oder Dinge. Das leuchtet auf den ersten Blick ein. Es gibt jedoch in der traditionellen Behandlung der Kategorie der Person eine Reihe von Punkten, die der Klarstellung bedürfen.

Die ‹dritte› Person ist von der ‹ersten› und ‹zweiten› in mehrfacher Hinsicht zu unterscheiden. Sprecher und Hörer nehmen an der Situation notwendig als Anwesende teil, während andere Personen und Dinge, auf die Bezug genommen wird, in der Situation der Äußerung selber nicht zu stehen brauchen und auch nicht identifiziert werden müssen. Das heißt, die Kategorie der dritten Person kann sich mit anderen Kategorien wie ‹bestimmt› oder ‹unbestimmt› und ‹nahe› und ‹entfernt› (wobei die Kategorie der ‹Distanz›, wie wir sehen werden, unter Bezug auf die Teilnehmer bestimmt wird) verbinden. Die Pronomina *er, sie, es* sind bestimmt, im Gegensatz zu *jemand* und *etwas*, die unbestimmt sind. Im Türkischen ist die Kategorie ‹bestimmt› bei Pronomina der ersten und zweiten Person (im Akkusativ) obligatorisch gekennzeichnet (mithilfe eines Suffixes), und zwar ähnlich wie sie fakultativ für Nomina angegeben ist: vgl. *ben-i* ‹mich›, *sen-i* ‹dich›, *kitab-i* ‹das Buch› gegenüber *kitab* ‹ein Buch›. Die deutschen Pronomina der ersten und zweiten Person sind jedoch nicht weniger bestimmt als die entsprechenden türkischen. Vom Standpunkt der Grammatik aus nämlich sind Pronomina der ersten und zweiten Person unabhängig von ihrer phonologischen Realisation notwendig ‹definit› (+ def), während Pronomina der dritten Person entweder ‹definit› oder ‹indefinit› (± def) sein können, wenn diese Unterscheidung in der betreffenden Sprache ausgedrückt wird. Darüber hinaus beziehen sich Pronomina der ersten und zweiten Person auf jeden Fall auf Menschen. (In Fabeln und Märchen werden Tiere und Dinge ‹personifiziert›; sobald man sie daher selbst in Sprachen sprechen läßt, deren Genussystem dies erkennen läßt, scheint eine automatische ‹Umkategorisierung› zu beseelten Wesen für den bestimmten Zweck zu erfolgen.) Pronomina der dritten Person können sich auf Menschen, Tiere und Sachen beziehen. Dies heißt natürlich nicht, daß diese Unterscheidungen für die dritte Person in allen Sprachen syntaktisch relevant sind, sondern es bedeutet nur, daß solche Unterscheidungen, wenn sie in einer bestimmten Sprache enthalten sind, bei der ersten und zweiten Person neutralisiert werden. Schließlich scheint folgende Feststellung berechtigt: Während die erste und die zweite die positiven Elemente der Kategorie ‹Person› sind, ist die dritte Person im wesentlichen deren Negation; im Gegensatz zur ersten und zweiten Person bezieht sie sich nicht unbedingt auf an der Situation der Äußerung Beteiligte. In vielen Sprachen ist die dritte Person der traditionellen Grammatik nicht eigens gekennzeichnet, sondern lediglich durch das Nichtvorhandensein der formalen Merkmale der ersten und zweiten Person von diesen unterschieden.

Irreführend ist, wie die traditionelle Terminologie die Verbindung der Kategorien *Person* und *Numerus* darstellt. Z. B. leuchtet ein, daß *wir* (‹erste Person Plural›) normalerweise zu *ich* (‹erste Person Einzahl) nicht in demselben Verhältnis steht wie *Jungen, Kühe* u.s.w. zu *Junge, Kuh* u.s.w. Das Pronomen *wir* ist zu verstehen als: ‹Ich und eine oder mehrere andere Personen›; bei den ‹anderen Personen› kann der Hörer mitgerechnet sein oder auch nicht. Mit anderen Worten, *wir* ist nicht ‹der Plural von *ich*›, *wir* enthält vielmehr einen Bezug auf ‹ich› und ist Mehrzahl. Je nachdem ob das Pronomen der ‹ersten Person Plural› den Hörer miteinbezieht oder nicht, unterscheidet man gewöhnlich zwischen ‹inklusivem› und ‹exklusivem› Gebrauch des Pronomens. Diese Unterscheidung ist zwar im allgemeinen für das Deutsche (ebenso wie für das Englische) belanglos, es gibt aber viele Sprachen, in denen die Unterscheidung zwischen dem ‹inklusiven› und ‹exklusiven› Gebrauch der ‹ersten Person Plural› systematisch in allen Satztypen getroffen wird und in zwei phonologisch geschiedenen Pronomina realisiert wird. Eine Unterscheidung könnte auch zwischen einem ‹inklusiven› und ‹exklusiven› Gebrauch der ‹zweiten Person Plural› (in einem etwas verschiedenen Sinn von ‹inklusiv› und ‹exklusiv›) getroffen werden. Das englische Pronomen *you* kann natürlich entweder Singular oder Plural sein (vgl. *wash yourself* und *wash yourselves*).

In der Pluralform ist es entweder ‹inklusiv› (es bezieht sich nur auf die anwesenden Hörer – in diesem Fall ist es der Plural vom Singular *you* und zwar in demselben Sinn wie *cows* der Plural von *cow* ist) oder aber ‹exklusiv› (wenn es sich auf den oder die Hörer und eine oder mehrere andere Personen bezieht). Es ist also motiviert zu sagen, daß ‹erste› (*ego*) und ‹zweite› (*tu*) Person innerhalb der Kategorie ‹Person› nicht denselben Status haben, daß die primäre Unterscheidung zwischen ‹erster› (+ ego: ‹plus ego›) und ‹nicht-erster› (– *ego*: ‹minus ego›) Person zu treffen ist und daß der Gegensatz zur ‹zweiten› und ‹dritten› Person ein sekundärer ist. Wenn das stimmt, dann sieht die richtige syntaktische Analyse der traditionellen Singularpersonalpronomina im Deutschen aufgrund der deiktischen Merkmalkomponenten folgendermaßen aus: *ich* = [+ ego]; du [– ego, + tu]; *er, sie, es* = [– ego, – tu].

Er, sie und *es* sind weiter durch die nichtdeiktischen Genusmerkmale unterschieden. Diese Genusmerkmale sind (im Deutschen und Englischen) neutralisiert (fallen weg), wenn Person und Plural kombiniert sind: *sie* (*they*) (Plural) ist ja in Bezug auf das Genus neutral. Diese Art der Neutralisation kommt ziemlich häufig vor; sie findet sich z. B. auch im Russischen. Im Gegensatz dazu behalten andere Sprachen, unter ihnen Französisch und Italienisch, die Genustrennung in den Pluralpersonalpronomina. Im Französischen entsprechen *il* ‹er›, *elle* ‹sie› den Pluralen *ils* ‹sie› (maskulin) und *elles* ‹sie› (feminin). Hier sind jedoch andere Arten der Neutralisation wirksam. *Elles* ist in dem Sinne feminin, daß alle referierten Personen oder Sachen feminin sind; *ils* ist in dem Sinn maskulin, daß zumindest eine oder eines der referierten Personen oder Dinge maskulin ist. Mit anderen Worten das maskuline Genus ist hier das Dominierende im Genussystem, wie ‹erste Person› in der Kategorie ‹Person› dominiert.

7.2.3 *Demonstrativpronomina und Adverbien*

In diesem Zusammenhang gehören auch die ‹Demonstrativpronomina› (z. B. *dies, jenes : diese, jene*) und die ‹situationsgebundenen Adverbien des Ortes› (z. B. *hier, dort*). Es ist offensichtlich, daß diese Formen ein deiktisches Element ‹enthalten›, weiter daß sie ‹bestimmt› und nicht ‹unbestimmt› sind (vgl. dagegen *ein*; *manchenorts, irgendwo*) und daß sie untereinander mithilfe einer Kategorie der ‹Distanz› zu unterscheiden sind. Nicht sofort einsichtig ist vielleicht, daß die Kategorie der *Distanz* stets im Verhältnis zur Kategorie der Person festgelegt ist. (Genau gesagt sind sowohl Person als auch Distanz in Bezug auf die Elemente der typischen Situation der Äußerung festgelegt). Sowohl *dies* und *hier* sind als ‹proximal› zum Sprecher zu verstehen. Es ist aber folgendes zu beachten: Während das Deutsche (und Englische) die Unterscheidung zwischen ‹zweiter› und ‹dritter› Person bei der Kategorie ‹Distanz› neutralisiert, gibt es Sprachen, bei denen das nicht der Fall ist. Sowohl im Lateinischen als auch im Türkischen gibt es bei den Demonstrativpronomina ein dreigliedriges System: im Lateinischen *hic*, *iste*, *ille* und im Türkischen *bu*, *şu*, *o*. Das Lateinische *hic* und das türkische *bu* entsprechen dem Deutschen *dieser* (englisch *this*); es sind ‹Demonstrativa der ersten Person› (d. h. sie geben die Nähe zum Sprecher an. Lateinisch *iste* und *ille* aber so wie türkisch *şu* und *o* (die im Deutschen allgemein mit *jener* (englisch *that*) wiedergegeben werden können), sind Demonstrativa der ‹zweiten› bzw. ‹dritten Person›. *Iste* und *şu* stehen für Nähe zum Hörer, während *ille* und *o* größere Entfernung sowohl von Sprecher als auch Hörer angeben.

In vielen Sprachen unterscheiden sich die ‹Demonstrativa› nicht von den ‹Pronomina der dritten Person›. Dies ist z. B. im Türkischen der Fall, wo *er, sie* und *es* (wenn man sie durch ein Pronomen wiedergibt) normalerweise mit *o* übersetzt würden (das Türkische kennt kein Genus) und das pluralische *sie* mit der Pluralform desselben Demonstrativums, nämlich *onlar*. Im klassischen Latein (wie auch im Griechischen) gab es überhaupt kein ‹Pronomen der dritten Person›. Wo man sich ‹pronominal› auf einen Gesprächsgegenstand (der weder Sprecher noch Hörer war) bezog, gebrauchte man das entsprechende ‹Demonstrativum› – *hic, iste* oder *ille*. (Zusätzlich gab es, neben den genannten drei Demonstrativa, aber anders als diese hinsichtlich des Verhältnisses zwischen Distanz und Person verwendet, das Wort *is*, das normalerweise nicht für das grammatische Subjekt gebraucht wurde und in den anderen syntaktischen Stellungen das ‹neutralste› unter den ‹Demonstrativpronomina› war, da es außerhalb der Kategorie ‹Distanz› stand). Die ‹Pronomina der dritten Person› in den romanischen Sprachen (Französisch, Italienisch, Spanisch u.s.w.) haben sich tatsächlich aus ‹Demonstrativpronomina› entwickelt. Dasselbe gilt für die ‹Pronomina der dritten Person› im Englischen und Deutschen. Auch der ‹bestimmte Artikel› hat sich in allen diesen Sprachen (englisch *the*; französisch *le, la* u.s.w.) ursprünglich aus einem ‹Demonstrativpronomen› entwickelt. Dies ist der eigentliche Schlüssel zum Verhältnis zwischen diesen drei verschiedenen ‹Redeteilen›. Alle drei haben unter anderem das Merkmal ‹bestimmt›; in dieser Hinsicht stehen *der Mann, dieser Mann, jener Mann* im Gegensatz zu *ein Mann*, steht *er* im Gegensatz zu *jemand*. Sowohl *der Mann* als auch *er* stehen jedoch, da sie keinen Distanzfaktor enthalten, im Gegensatz zu *dieser Mann* (‹proximal›) und *jener Mann* (‹distal›). Die traditionelle Trennung zwischen ‹Artikel›, ‹Personalpronomen› und ‹Demonstrativpronomen› verschleiert diese Beziehungen.

7.2.4 *‹Attraktion› von Person und Numerus*

Es ist in diesem kurzen Überblick über die Kategorie der Person unmöglich, auf alle anderen interessanten Unterscheidungen einzugehen, die in bestimmten Sprachen noch festzustellen sind. Wir wollen jedoch kurz auf das Phänomen der ‹Attraktion› und auf die ‹Statusdimension› im System der ‹Personalpronomina› hinweisen. Was in diesem Zusammenhang unter ‹Attraktion› zu verstehen ist, kann anhand von Beispielen aus dem Russischen und Französischen erklärt werden. Der Satz *Hans und ich kamen an* wird im Russischen bzw. Französischen etwa so übersetzt: *My s Ivanom priechali* (wörtlich ‹Wir mit Hans kamen an›) und *Nous sommes arrivés avec Jean* (wörtlich ‹Wir kamen an mit Hans›). Wie man sieht, gibt in beiden Fällen ‹mit Hans› die andere Person an, die bereits in der Referenz des Pronomens ‹wir› enthalten ist. Derartige ‹Attraktionen› sind ein weiteres Beispiel dafür, daß es notwendig ist, die in der Oberflächenstruktur der Sätze erscheinenden ‹Personalpronomina› hinsichtlich Deixis und Numerus auf ihre Merkmalkomponenten hin zu untersuchen.

7.2.5 *‹Statusunterscheidungen›*

Mithilfe der Statusdimension kann eine Differenzierung der Personalpronomina in bestimmten Sprachen erklärt werden, die sich nicht auf die Rollen der an der Äußerungssituation Beteiligten bezieht, sondern auf den gesellschaftlichen Status oder den Grad der *Vertrautheit* der Beteiligten. Bekannte und einleuchtende Beispiele hiefür finden sich in einer Reihe europäischer Sprachen (z. B. im Französischen, Deutschen, Russischen, Italienischen u.s.w.), wo das ‹Pronomen der zweiten Person Singular› für Anrede von Kindern und Freunden gebraucht wird (die Konventionen bezüglich der Anwendung der ‹Intimform› sind in den einzelnen Sprachen recht unterschiedlich und müßten unter Berücksichtigung der sozialen Schichtung und anderer Faktoren angegeben werden), während die ‹zweite Person Plural› oder eine andere Pronominalform (z. B. Spanisch *usted*) ‹formeller› für den Hörer verwendet wird. Wichtig ist die Erkenntnis, daß eine derartige Verwendung einer ‹Pluralform› oder der Form einer ‹dritten Person› für den Hörer die Numerusunterscheidung in der ‹zweiten Person› oder die Trennung zwischen ‹zweiter› und ‹dritter› Person im Singular nicht verwischt. Daß diese Unterscheidungen erhalten bleiben, ist nicht nur für die richtige semantische Interpretation der Sätze, die ‹Höflichkeitsformen› enthalten, unerläßlich, sie sind auch häufig in den syntaktischen Regeln im Hinblick auf Genus- und Numeruskongruenz nötig.

7.2.6 *Person und Verb*

Nach traditioneller Auffassung wird die Person als Kategorie des Verbums betrachtet. Tatsächlich ist die Person in vielen Sprachen in der Flexionsform des Verbums oder der Verbalgruppe markiert. Dies soll durch folgende lateinische Wörter veranschaulicht werden: *amo* ‹ich liebe›, *amas* ‹du liebst›, *amat* ‹er, sie liebt›. Im Lateinischen wird wie in vielen anderen Sprachen das Pronominalsubjekt normalerweise nicht angeführt: *ego amo, tu amas* u.s.w. würde nur dann gebraucht werden, wenn *ego* (‹ich›), *tu* (‹du›) u.s.w. betont sind oder einer anderen ausdrücklich genannten oder vorausgesetzten Form gegenübergestellt werden. Aufgrund derartiger Sachverhalte wird oft die These vertreten, daß die Selektion des Pronomens durch die Verbform bestimmt wird: daß also *amo* bei Betonung *ego* selegiert, daß *tu* von *amas* bestimmt wird, u.s.w. Diese These ist jedoch falsch, da sie die Unterscheidung zwischen der ‹Oberflächenstruktur› der Sätze und der ihr zugrundeliegenden ‹Tiefenstruktur› nicht berücksichtigt. Was die den Sätzen zugrundeliegende, semantisch interpretierbare Struktur betrifft, unterscheidet sich das Lateinische wenig vom Deutschen oder Englischen. In beiden Fällen müssen wir ein abstraktes ‹pronominales› Element (das nach Person und Zahl festgelegt ist) voraussetzen, welches Subjekt zum Verb ist und ausschlaggebend ist für die Regeln, die für die phonologische Realisation des Verbums in der Oberflächenstruktur maßgeblich sind. Dieses ‹pronominale› Element wird im Lateinischen normalerweise nicht realisiert. Bei der Erzeugung von lateinischen Sätzen wird es getilgt, nachdem das Verb mit den Merkmalen von Person und Zahl ausgestattet worden ist, während es im Deutschen und Englischen gemäß den Regeln für die phonologische Realisierung als ‹Personalpronomen› (*ich, du* u.s.w.; *I, you* u.s.w.) ‹erzeugt› wird. Wie wir gesehen haben, wird das ‹Pronominalelement› auch im Lateinischen bei emphatischem oder kontrastivem Gebrauch phonologisch realisiert. Und es wird auch in anderem syntaktischen Kontext phonologisch realisiert (als *me, te* u.s.w.): vgl. (dixit) *me amare* ‹(Er sagte), daß ich . . . liebte›. In der allgemeinen Syntaxtheorie ist Person (wie auch Numerus) nur in zweiter Linie und mittelbar eine Kategorie des Verbums, und das nur in bestimmten Sprachen.

7.3 *Numerus und Genus*

7.3.1 *Numerus und Zählbarkeit*

Am häufigsten tritt die Kategorie des *Numerus* als Distinktion von *Singular* und *Plural* in Erscheinung (vgl. *Haus* : *Häuser, boy* : *boys* u.s.w.) und zwar in vielen Sprachen auf der ganzen Welt. Diese Unterscheidung beruht natürlich auf der Erkenntnis, daß Personen, Tiere und Gegenstände aufzählbar sind – als ‹ein (eine, eines)› oder ‹mehr als ein (eine, eines)› – und daß man sich auf sie einzeln oder gesamt mithilfe von Nomina beziehen kann. Numerus ist deshalb eine Kategorie des Nomens. Wir haben bereits gesehen, daß er sich auf besondere Weise mit der Kategorie der Person verbindet, um ‹Personalpronomina› zu bilden (die als den Nomen syntaktisch gleichwertig betrachtet werden können).

Auf den ersten Blick scheint diese Unterscheidung zwischen ‹eins› und ‹mehr als eins› sehr plausibel. Dabei ist jedoch zu bedenken, daß die Begriffe für ‹einen Gegenstand› und ‹mehr als einen Gegenstand›, ‹eine Gruppe von Gegenständen› oder eine nicht in Einzelelemente zerlegbare ‹Menge› zumindest im Bereich des Leblosen ganz wesentlich von der lexikalischen Struktur der Einzelsprachen abhängen. Das deutsche Wort *Traube* ebenso wie das englische Wort *grape* ist z. B. in dem Sinne ein ‹zählbares› Nomen, als es in den Plural gesetzt werden kann (*Willst Du ein paar Trauben haben? Er aß sechs Trauben; Will you have some grapes?, He ate six grapes*), während das russische *vinograd* ein ‹Mengensubstantiv› ist* (wie das deutsche *Obst,* englisch *fruit*). Das französische *raisin* kann im Singular entweder als ‹Mengensubstantiv› (*Vous voulez du raisin?*) oder als ‹Kollektivnomen› (*Prenez un raisin* – was gewöhnlich nicht mit ‹Nehmen Sie sich eine Traube›, sondern ‹Nehmen Sie sich Trauben› übersetzt wird) verwendet werden. Im Gegensatz dazu sind französische *fruit* und russische *frukt* ‹zählbar› (vgl. *Nimm etwas Obst, Have some fruit: Prenez un fruit*). Und in allen hier erwähnten Sprachen können einzelne Wörter sowohl ‹Mengenbegriffe› als auch ‹zählbare› Begriffe sein (vgl. *Nimm etwas Weintrauben*: *Nimm ein paar Weintrauben*; *Have some grapefruit*: *Have a grapefruit*). Ähnliche Beispiele lassen sich noch in beliebiger Zahl finden. Sie zeigen, daß die lexikalische Kategorisierung in ‹zählbare›, ‹Kollektiv-› und ‹Mengen›-Begriffe von Sprache zu Sprache sehr verschieden ist, selbst wenn die betreffenden Sprachen solche syntaktisch distinkten Subklassen aufweisen.

7.3.2 ‹*Sekundäre Umkategorisierung*›

Neben der Primärkategorisierung der Nomina in z. B. ‹zählbare›, ‹Mengen-› und ‹Kollektiv›-Begriffe kann noch eine ‹sekundäre Umkategorisierung› auftreten. Im Englischen können z. B. die meisten ‹Mengen›-Begriffe in bestimmten Sinnzusammenhängen in ‹zählbare› ‹umkategorisiert› werden (vgl. *Sie hatten die besten Weine*, ebenso engl. *They drink three or four different wines at every meal*). Es treten dabei in Einzelfällen ‹Anomalien› auf; z. B. ist oft darauf hingewiesen worden, daß engl. *oats* (‹Hafer›) im Gegensatz zu *wheat* (‹Weizen›), *barley* (‹Gerste›) u.s.w. ein Pluralwort (vgl. *these oats*: *this wheat*), nichtsdestoweniger aber kein ‹zählbarer›, sondern ein ‹Mengen›-Begriff ist. (Es ist nicht nur unmöglich, von *oats* eine Einzahl zu bilden – etwa von **one oat* im Gegensatz zu **two*

* Okkasionell neben dem ‹zählbaren› Begriff. – Anm. d. Übers.

oats zu sprechen –, sondern sein unregelmäßiges Verhalten schafft auch im Zusammenhang mit der ‹Sekundärkategorisierung› eine gewisse Unsicherheit. Man könnte sich fragen, ob *One oats is very like another* möglich ist oder nicht.) Zu trennen von einem Wort wie *oats* sind Pluraliatantum wie *scissors, trousers,* deutsch *Leute.* Dasselbe gilt für bestimmte ‹Kollektiv›Begriffe im Englischen wie *committee, Government* (vgl. *This Government have / has decided* . . ., nicht aber **These Government have decided* . . .). Schließlich können im Sprachgebrauch verschiedener Gruppen innerhalb einer Sprachgemeinschaft Stilunterschiede auftreten. Es fällt z. B. auf, daß man in der englischen Jägersprache dazu neigt, Wörter wie *lion* ‹Löwe›, *elephant* ‹Elephant›, *buffalo* ‹Büffel› u.s.w. teilweise als ‹Mengen›-Begriffe zu gebrauchen: vgl. *an elephant,* aber auch *a herd of elephant.* Man vergleiche das für alle englischen Stilstufen geltende *a fish* und *a shoal of fish* (‹ein Schwarm von Fischen›); im Gegensatz dazu heißt es einerseits *a cow*: *a herd of cows* und andererseits **a cattle*: *a herd of cattle.* Eine Analyse der Numeruskategorie kann in bestimmten Sprachen eine recht komplizierte Angelegenheit sein.

Die Vorstellung der ‹Zählbarkeit› findet sich in der lexikalischen Struktur aller menschlichen Sprachen, da die Kategorie Nomen – wahrscheinlich eine universale Primärkategorie der Sprache – das ‹Individuieren› und Aufzählen von Personen, Tieren und zumindest einer bestimmten Anzahl perzeptiv distinkter Gegenstände voraussetzt (vgl. die Diskussion über die ‹Redeteile› in 7.6.1 ff.). Aber nicht alle Sprachen weisen eine grammatische Numeruskategorie auf. Im Chinesischen und Vietnamesischen (wie in vielen anderen Sprachen) kann, wenn nötig, zwischen ‹Ich schrieb einen Brief› und ‹Ich schrieb mehrere Briefe› mithilfe eines Zahlwortes oder eines Wortes in der Bedeutung ‹einige› unterschieden werden; dieses Element kann aber auch genausogut weggelassen werden. Andere Sprachen (z. B. Altgriechisch, Sanskrit und bestimmte slawische Sprachen) haben neben Singular und Plural noch einen Dual (der für zwei Gegenstände verwendet wird: vgl. griechisch *ámphō kheîre* ‹beide Hände› – im Griechischen wurden jedoch Dual und Plural inkonsequent verwendet). Fidschi und einige andere Sprachen sollen neben Singular, Dual und Plural noch einen Trial (für drei Gegenstände) aufweisen.

7.3.3 *Genus*

Die überlieferten Bezeichnungen für die drei Genera in den klassischen indogermanischen Sprachen, nämlich ‹maskulin›, ‹feminin› und ‹neutrum›, zeugen von dem Zusammenhang, den die traditionelle Grammatik zwischen Sexus und Genus sah (vgl. 1.2.5). Der Terminus ‹Genus› selbst kommt aus dem Lateinischen und war ursprünglich ein sehr weitgefaßter Ausdruck in der Bedeutung ‹Klasse› oder ‹Art›. Die drei Genera des Griechischen und Lateinischen entsprachen nämlich den drei Hauptklassen, in welche die Grammatik die Nomina unterteilte. Grammatisch gesehen wurden die griechischen und lateinischen Nomina in drei Genera unterteilt, um zwei verschiedenen Erscheinungen zugleich gerecht zu werden: (1) Referenz durch Pronomina, und (2) Adjektivkongruenz. Aus genau diesen Gründen sind die französischen, italienischen und spanischen Nomina in zwei Genera, die russischen und deutschen in drei Genera, die Nomina des Suaheli in mindestens sechs Genera u.s.w. unterteilt. Im Vergleich zu anderen Sprachen spielt das Genus in der englischen Grammatik eine relativ unbedeutende Rolle. Es gibt keine Genuskongruenz; der Pronominalbezug *he*, *she* und *it* wird weitgehend durch das sogenannte ‹natürliche› Geschlecht bestimmt. Dieses ist im Englischen von der Klassifikation der Personen und Gegenstände in männliche, weibliche und nichtmenschliche abhängig. Wie die Genuskongruenz sich auswirkt, soll nun anhand des Suaheli veranschaulicht werden.

7.3.4 *Die ‹natürliche› Grundlage des Genus*

Die erste allgemeine Feststellung, die getroffen werden muß, ist die, daß das Genus als grammatische Kategorie logisch unabhängig ist von jedweden semantischen Zusammenhängen, die zwischen dem Genus eines Nomens und den physischen oder sonstigen Eigenschaften der Personen oder Dinge, die es bezeichnet, gesehen werden können. Andererseits ist empirisch erwiesen, daß in den meisten Sprachen, die eine Genuskategorie (definiert als die Klassifikation der Substantive hinsichtlich Pronominalreferenz oder Kongruenz) haben, der Klassifikation eine gewisse ‹natürliche› semantische Grundlage eignet. Dies muß nicht unbedingt das Geschlecht sein; es kann Gestalt, stoffliche Struktur, Farbe, Eßbarkeit – kurz jede ‹natürliche› Eigenschaft sein. Wie weit die Übereinstimmung zwischen der Klassifikation der Substantive aufgrund des grammatischen Genus und einer Klassifikation der durch sie referierten Personen und Gegenstände aufgrund der jeweiligen ‹natürlichen› Eigenschaften geht, ist von Sprache zu Sprache sehr verschieden. Bekannt ist ja, daß in den indogermanischen Sprachen viele Wörter, die unbelebte Gegenstände bezeichnen, ‹maskulines› oder ‹feminines› Genus haben; insofern entsprechen ‹natürliches› und grammatisches Genus einander nicht.

7.3.5 *Das Genus im Suaheli*

Im Suaheli (und in anderen Bantusprachen) werden die Nomina nach den vorangestellten Singular- und Pluralpräfixen eingeteilt. Es gibt im Suaheli mindestens sechs Genera (und noch viel mehr in einigen anderen Bantusprachen). Die folgenden Wörter sollen sie veranschaulichen:

I. *mtu, watu* (‹Person›, ‹Leute›)
II. *kisu, visu* (‹Messer› sg., ‹Messer› pl.)
III. *mti, miti* (‹Baum›, ‹Bäume›)
IV. *nchi, nchi* (‹Land›, ‹Länder›)
V. *jiwe, mawe* (‹Stein›, ‹Steine›)
VI. *udevu, ndevu* (‹einzelnes Barthaar›, ‹Bart›)

Es ist festzustellen, daß es zwar nur fünf Singular- und fünf Pluralpräfixe gibt (*m*-, *ki*-, *n*-, *ji*-, *u*- bzw. *wa*-, *vi*-, *m*-, *n*-, *ma*-), daß sich aber aus den Kombinationsmöglichkeiten sechs Substantivklassen ergeben (vgl. die Klassen I und III einerseits und IV und VI andererseits). Das Genus ist nicht nur für die Wahl der richtigen Singular- oder Pluralform eines bestimmten Substantivs von Bedeutung, sondern legt auch die Verben, Adjektive und anderen Bestimmungswörter fest, die sich mit ihm zu einer Konstruktion verbinden.

mtu amefika, watu wamefika (‹Der Mann ist gekommen›, ‹Die Leute sind gekommen›)
kisu kimeanguka, visu vimeanguka (‹Das Messer fiel›, ‹Die Messer fielen›)
mti umekauka, miti imekauka (‹Der Baum welkte›, ‹Die Bäume welkten›)
mtu mzuri yule, watu wazuri wale (‹Jene schöne Person›, ‹Jene schönen Leute›)
miti mzuri ule, miti mizuri ile (‹Jener schöne Baum›, ‹Jene schönen Bäume›)

Aus diesen Beispielen geht hervor, daß Genuskongruenz zwischen Subjekt und Prädikat des Satzes erfolgt (vgl. die ersten drei Satzpaare mit den Präfixformen *m- a-*, *wa- wa-*; *ki- ki-*, *vi- vi-*; *m- u-*, *mi- i-*: Man beachte, daß bei Klasse I im Singular und Klasse III im Singular und im Plural das Verbpräfix anders ist als das Substantivpräfix), ebenso zwischen jedem Nomen und den in demselben Satz davon abhängigen Adjektiven und anderen Bestimmungswörtern (vgl. das vierte und fünfte Paar mit den Präfixformen *m- m- yu-*, *wa- wa- wa-; m- m- u-*, *mi- mi- i-*: die Wortstellung in diesen Gruppen ist Nomen – Adjektiv – Demonstrativpronomen).

Das Subjektpräfix ist im Suaheli ein obligatorischer Bestandteil des Verbums, gleichgültig ob ein Nomen als Satzsubjekt vorhanden ist oder nicht: vgl. *Amefika, Wamefika* (‹Er/Sie ist gekommen›, ‹Sie sind gekommen›). Die Subjektpräfixe fungieren wie Pronomina; sie sind weiter durch das Genus des Nomens determiniert, auf das sie sich beziehen. Z. B. würde es, wollte man sich auf ein Wort der II. Klasse beziehen, *kimeanguka*, unter Bezug auf ein Wort der III. Klasse *umeanguka* heißen. Das Verb kann auch ein Objektpräfix nehmen: vgl. *Amewaona*, *Ameviona*, *Ame-*

miona u.s.w. (‹Er sah sie‹, wobei sich die Präfixe *wa-, vi-, mi-* u.s.w. auf Nomina der Klassen I, II, III, u.s.w. beziehen). Pronomina der ersten und zweiten Person erscheinen ebenfalls in denselben Positionen, um Subjekt oder Objekt des Verbums anzuzeigen: vgl. *Nimewaona, Umewaona, Tumewaona* u.s.w. (‹Ich, du, wir u.s.w. sahen sie›). Die Subjekt- und Objektpräfixe des Verbums haben also neben der Aufgabe, die Kongruenz zwischen dem Verbum und den tatsächlich im Satz vorhandenen Nomina herzustellen, eine pronominale Funktion zu erfüllen (vgl. 7.2.2).

Es wird zwar im Suaheli nicht zwischen maskulinen und femininen Substantiven unterschieden, trotzdem beruht das Genussystem auf einer Art ‹natürlichen› Grundlage. Die meisten Nomina für die Bezeichnung von Menschen fallen unter Klasse I, die für unbelebte Gegenstände unter Klasse II, Bezeichnungen für Bäume, Pflanzen u.s.w. in Klasse III, Abstrakta in Klasse VI u.s.w. Bei vielen Wörtern scheint die Klassifikation willkürlich oder unregelmäßig; dies entkräftet aber nicht die Feststellung, daß zwischen dem Genus und einer semantisch orientierten Klassifikation der Substantive weitgehende Übereinstimmung herrscht.

7.3.6 *Widerspruch zwischen ‹natürlichem› und ‹grammatischem› Genus*

Die Trennung zwischen ‹belebten› und ‹nicht-belebten› Substantiven geht im Suaheli jedoch quer durch die Klassifikation nach dem Genus und ist in gewissen Fällen mit ihr im Widerspruch. Es gibt eine Reihe von Nomina, die Menschen bezeichnen und nicht der I. Klasse angehören. Da sie aber ‹Belebtes› bezeichnen, bestimmen sie die Verbalpräfixe im allgemeinen nach den für Wörter der I. Klasse geltenden Selektionsgrundsätzen (obwohl sie bei von ihnen abhängigen Adjektiven und Bestimmungswörtern innerhalb einer Nominalgruppe die Präfixe entsprechend ihrer eigenen Genusklasse selegieren). Dies gilt auch für die meisten Nomina, die sich auf Tiere beziehen (obwohl die Mehrzahl von ihnen der IV. Klasse angehört). Mit anderen Worten, es tritt zwischen ‹grammatischem› und ‹natürlichem› Genus ein gewisser Widerspruch auf, der in der Syntax der Sprache seinen Niederschlag findet. Es mag in diesem Zusammenhang interessieren, daß dies auch auf die bekannteren europäischen Sprachen mit unregelmäßigen Genusklassifikationen zutrifft. Das französische *professeur* ist z. B. maskulin, obwohl es sich auf eine männliche wie eine weibliche Person beziehen kann. Das Genus des Nomens bestimmt die Kongruenz innerhalb der Nominalgruppe als Maskulinum unabhängig davon, ob die Bezugsperson männlichen oder weiblichen Geschlechts ist: *le nouveau professeur* (‹der neue Lehrer›/‹die neue Lehrerin›). Wenn sich aber *professeur* auf eine Frau bezieht und wenn ein Adjektiv, das normalerweise mit dem Substantivgenus in Übereinstimmung gebracht werden müßte, im Prädikat erscheint, kommt es zu einem Widerspruch zwischen dem genus masculinum des Nomens und dem weiblichen Geschlecht der durch das Nomen bezeichneten Person. Weder die Verwendung der maskulinen Form des Adjektivs (z. B. *beau*) noch die der femininen Form (*belle*) kann in dieser Situation geeignet sein, ohne daß der ‹Konflikt› zwischen ‹grammatischem› und ‹natürlichem› Genus zugunsten des einen oder anderen entschieden würde. Weder *Le nouveau professeur est beau* (was sich jedenfalls auf einen Mann bezieht) noch **Le nouveau professeur est belle* (was ungrammatisch ist) ist hier möglich. Der ‹Konflikt› wird mit einem Satz der Art *Elle est belle, le nouveau professeur* gelöst. Die neue Konstruktion ist, wie man feststellen wird, syntaktisch dem normalen Satzbau im Suaheli (und einer Reihe anderer Sprachen) sehr ähnlich; auf das Satzsubjekt wird sowohl pronominal als auch mithilfe eines Nomens referiert. In beiden Sprachen dominiert das ‹grammatische› Genus innerhalb der Nominalgruppe; das ‹natürliche› Genus kann jedoch bei Pronominalreferenz und Kongruenz mit dem Prädikat überwiegen. Dieses Phänomen, das sich in einer Reihe von Sprachen findet, scheint den Schluß zuzulassen, daß die grammatische Kohäsion in der Nominalgruppe stärker ist als zwischen Subjekt und Prädikat. Es zeigt auch, daß die Genussysteme der betreffenden Sprachen tatsächlich auf einer gewissen ‹natürlichen› Basis beruhen.

7.3.7 *Genusredundanz*

Von der Semantik her betrachtet sind die Genusunterschiede beim Nomen gewöhnlich redundant. Die Formen *la* und *ronde* (anstatt *le* und *rond*) hängen z. B. vom Feminingenus des Nomens *table* ab, mit dem sie in der französischen Wortgruppe *la table ronde* (‹der runde Tisch›) übereinstimmen. Es gibt nun einige wenige Homonyme im Französischen, die sich durch ihr Genus voneinander unterscheiden: z. B. *le mousse* : *la mousse* (‹der Schiffsjunge› : ‹das Moos›, ‹der Schaum›). *Le* anstatt *la* in Verbindung mit *mousse* würde zwar ausreichen, um jede mögliche Verwechslung von ‹Schiffsjunge› und ‹Moos› bzw. ‹Schaum› auszuschalten, es scheint jedoch außerdem sehr unwahrscheinlich, daß die beiden Wörter in demselben Zusammenhang vorkommen. Die Funktionslast des Genusunterschieds kann deshalb vernachlässigt werden (vgl. 2.4.1). Dies scheint für die meisten Homonymenpaare mit verschiedenem Genus im Französischen zuzutreffen. Es gilt wahrscheinlich allgemein für die indogermanischen Sprachen.

Das Genus ist jedoch semantisch relevant bei denjenigen Wörtern, die nach der überlieferten Terminologie ‹gemeinsames Genus› haben. Das französische *enfant* (‹Kind›) ist z. B. von vornherein in seinem Genus nicht festgelegt, sondern wird je nach dem Geschlecht des bezeichneten Kindes entweder maskulin oder feminin verwendet. Ebenso ist das Genus semantisch relevant bei einem Wortpaar wie französisch *le chien*: *la chienne* (‹Rüde› : ‹Hündin›) *le chat* : *la chatte* (‹Kater› : ‹Katze›) u.s.w., wo der formal ausgedrückte Genusunterschied systematisch einen bestimmten Bedeutungsunterschied darstellt. Man vergleiche z. B. die spanischen und italienischen Wörter für ‹Knabe› und ‹Mädchen›: *muchacho, muchacha*; *ragazzo, ragazza*. Auch im Suaheli kann die Verwendung eines bestimmten Präfixes anstelle eines anderen den Sinn eines Nomens in bestimmter Weise festlegen. Wenn z. B. *-tu* mit Präfixen der I. Klasse (*m-*, *wa-*) vorkommt, bedeutet es ‹Person‹, wenn es mit Präfixen der II. Klasse vorkommt (*ki-*, *vi-*), bedeutet es ‹Sache›; mit anderen Worten: *-tu* selbst ist in Bezug auf die Bedeutung von ‹Person› oder ‹Sache› nicht festgelegt, wird aber als das eine oder andere dadurch festgelegt, daß es in einem bestimmten Zusammenhang ‹menschliches› oder ‹nicht-belebtes› Genus erhält. (Dies ist im Prinzip nicht anders als die Festlegung des italienischen Wortstammes *ragazz-* als ‹Knabe› oder ‹Mädchen› je nach dem besonderen Genussuffix, das angefügt wird.) Solche Beispiele sind atypisch. Den meisten Substantiven sowohl der indogermanischen als auch der Bantusprachen ist das Genus inhärent. Wo eine Übereinstimmung zwischen ‹natürlichem› und ‹grammatischem› Genus herrscht, betrachtet man gewöhnlich die Bedeutung des Nomens als genusbestimmend und nicht umgekehrt. Eben in diesem Sinne sind die Genusunterscheidungen bei den Nomina semantisch irrelevant (mit Ausnahme von Fällen des ‹gemeinsamen Genus› und bildungsmäßig verwandter Wörter, wie sie oben vorgeführt worden sind). Dabei ist interessant, daß außerordentlich häufig vorkommende Wörter, die semantisch in einer durch das bloße Genus ausdrückbaren Weise zusammenhängen, oft völlig verschiedene phonologische Formen zeigen. Das Fehlen phonologischer Übereinstimmung etwa in den englischen oder französischen Wortpaaren *boy*: *girl*, *garçon*: *fille* ist weit typischer für die Beschaffenheit des Vokabulars im Hinblick auf die häufigen Wörter als die Parallelität von italienisch *ragazzo*: *ragazza*.

Die Genuskongruenz ist eine Erscheinung der ‹Oberflächenstruktur› bestimmter Sprachen (vgl. 6.6.1). Zweifellos fällt der pronominalen Funktion des Genus bei der sprachlichen Kommunikation die primäre Bedeutung zu.

7.3.8 *‹Klassifikatoren›*

Sehr ähnlich der Genuskategorie findet sich bei vielen südostasiatischen Sprachen ein System für die Klassifikation von Nomina zum Zweck der Individuierung und Aufzählung. Im Chinesischen z. B. muß dem Nomen, wenn es nicht selbst eine Maßeinheit bezeichnet (z. B. *nián*, ‹Jahr›, *tiān*, ‹Tag›) ein ‹Klassifikator› vorangehen, wenn es mit einem Zahlwort oder einem Demonstrativum vorkommt (*zhè*, ‹dies›). Manche dieser Klassifikatoren sind sehr allgemein und können als semantisch leer angesehen werden. Andere gehören zu bestimmten Substantivklassen und können auch selbst anderswo als Nomina auftreten. Das ist ungefähr so, als würden die deutschen Wörter *Sache, Person, Tier, Baum, Frucht* wie folgt gebraucht: *diese Person Polizist, drei Baum Banane* (für ‹dieser Polizist›, ‹drei Bananenbäume); und der Unterschied zwischen ‹drei Bananen› und ‹drei Bananenbäumen› läge dann nur in der Klassenbezeichnung – *drei Frucht Banane*: *drei Baum Banane.*

7.4 *Kasus*

7.4.1 *Der Terminus ‹Kasus›*

Die griechischen und lateinischen Nomina (wie auch Pronomina und Adjektive) wurden in der traditionellen Grammatik nach bestimmten Deklinationsparadigmen für die *Flexions*kategorien *Kasus* und Numerus eingeteilt. Diese Terminologie – ‹Flexion›, ‹Kasus› und ‹Deklination› (‹Paradigma› bedeutet einfach ‹Muster› oder ‹Modell›: vgl. 1.2.3) – spricht bereits für die Bedeutung, die der Kasuskategorie seit je von der traditionellen Grammatik bei der Definition und Klassifikation von Nomina beigemessen wurde. Das lateinische *casus* (und das griechische Wort, dessen Übersetzung es ist) bedeutet ‹das Fallen› oder ‹Abweichung›. Was auch immer der Anlaß zum metaphorischen Gebrauch dieses Fachausdrucks aus der Grammatiktheorie ist (und man ist sich darüber nicht einig), so steht doch fest, daß Veränderungen der Formen eines Lexems je nach der Syntax der Sprache als Abweichung von der normalen ‹geraden› Form betrachtet wurden (vgl. 1.2.5; zu ‹Lexem› siehe 5.4.4). Die Termini ‹Flexion› und ‹Deklination› werden durch denselben Metapher erklärt. Bei den Stoikern bekam das Wort ‹Kasus› den besonderen Sinn, den es seit damals in der grammatischen Terminologie trägt (vgl. 1.2.5). Der Kasus war die wichtigste unter den Flexionskategorien des Nomens, so wie Tempus die wichtigste Flexionskategorie des Verbs war. Es ist bezeichnend, daß der Terminus ‹Kasus› (ursprünglich mehr oder weniger synonym mit dem, was später ‹Flexion› genannt wurde) auf eine bestimmte Flexionskategorie beschränkt wurde. Der Grund dafür scheint darin zu liegen, daß die meisten anderen Kategorien – Genus, Numerus, Tempus, Person u.s.w. – auf ein semantisches Klassifikationsprinzip zurückgeführt werden konnten. Jeder Kasus des Nomens wurde zwar mit einer Bezeichnung versehen, die zumindest eine seiner wichtigsten semantischen Funktionen verriet (z. B. der ‹Dativ› war der Kasus, der mit dem Begriff des ‹Gebens› in Zusammenhang gebracht wurde, der ‹Ablativ› der Fall, der mit ‹Entfernen› zu tun hatte, u.s.w.), und doch war es nicht möglich, für die Kasuskategorie selbst innerhalb der Semantik eine befriedigende, allgemeine Definition aufzustellen. Letztlich besagen die überkommenen Definitionen der Kasuskategorie für das Lateinische und Griechische (und andere indogermanische Sprachen) wenig mehr als Folgendes: Von den beiden Flexionskategorien des Nomens ist eine der Numerus (der im semantischen Bereich definierbar ist und sich mit der aristotelischen Quantitätskategorie in Verbindung bringen läßt), die andere der Kasus. Die Kasuskategorie war sozusagen die ureigenst grammatische unter den traditionellen Flexionskategorien, denn sie hatte in den Schwesterwissenschaften Logik, Epistemologie und Metaphysik keine Entsprechung.

7.4.2 *Der Kasus im Lateinischen und Türkischen*

Es wird das Verständnis erleichtern, wenn wir hier auf drei lateinische Paradigmen eingehen, die für die gebräuchlichsten Deklinationsklassen gelten. Die Paradigmen sind in Tabelle 9 in der herkömmlichen Weise wiedergegeben. Ursprung und Bedeutung der traditionellen lateinischen Kasusbezeichnungen sollen hier nicht besprochen werden. Es genüge die Feststellung, daß die üblichste Funktion des ‹Nominativs› die Kennzeich-

Tabelle 9. *Drei lateinische Deklinationen*

(Das Lexem PUELLA ‹Mädchen› ist feminin, LUPUS ‹Wolf ist maskulin, BELLUM ‹Krieg› ist neutrum.)

	Singular		
Nominativ	puella	lupus	bellum
Vokativ	puella	lupe	bellum
Akkusativ	puellam	lupum	bellum
Genetiv	puellae	lupī	bellī
Dativ	puellae	lupō	bellō
Ablativ	puellā	lupō	bellō
	Plural		
Nominativ	puellae	lupī	bella
Vokativ	puellae	lupī	bella
Akkusativ	puellās	lupōs	bella
Genetiv	puellārum	lupōrum	bellōrum
Dativ	puellīs	lupīs	bellīs
Ablativ	puellīs	lupīs	bellīs

nung des Satzsubjekts ist; der ‹Vokativ› ist der Kasus der Anrede; der ‹Akkusativ› markiert das Objekt eines transitiven Verbums; der ‹Genetiv› ist der Kasus des ‹Besitzes›; der ‹Dativ› kennzeichnet das ‹indirekte› Objekt; der ‹Ablativ› schließlich hat eine Reihe verschiedener Funktionen, u. a. die, das ‹Instrument› zu kennzeichnen, mit dessen Hilfe etwas getan wird (z. B. die Entsprechung von *Schwert* in der lateinischen Übersetzung von *Ich tötete ihn mit einem Schwert*). Beachtet sollte auch werden, daß bestimmte Verbklassen für ihr Objekt einen anderen Kasus als den Akkusativ verlangen, daß verschiedene Präpositionen bestimmte Kasus (am häufigsten den Akkusativ oder Ablativ) nach sich ziehen und daß Akkusativ und Ablativ (mit und ohne Präpositionen) verschiedene ‹adverbiale› Funktionen im Hinblick auf Ort und Zeit erfüllen. All dies ist für die allgemeine Diskussion von Bedeutung. Wir haben mit dem Lateinischen begonnen, da es Beispiele für eine Reihe allgemeiner und besonderer Merkmale der Kasuskategorie in den indogermanischen Sprachen enthält. Das Hauptproblem bei dem Vorhaben, Kasus als grammatische Kategorie zu definieren, liegt, wie wir sehen werden, darin, genau abzugrenzen, wie viele der eigentlich ‹indogermanischen› Merkmale wir in die Definition aufnehmen wollen.

Es ist in einem früheren Kapitel bereits darauf hingewiesen worden, das Kasus und Numerus im Lateinischen in dem Sinne ‹verschmolzen› sind, daß die Flexionssuffixe (dort, wo sich eine Trennung in Stamm und Suffix durchführen läßt) das Nomen nach Kasus und Numerus gleichzeitig festlegen. Weiter kann die Verbindung eines bestimmten Kasus und eines bestimmten Numerus in den verschiedenen ‹Deklinationen› durch ganz verschiedene Suffixe gekennzeichnet sein, und dasselbe Suffix kann für verschiedene Kombinationen von Kasus und Numerus auftreten. Kurz, das Lateinische ist ‹fusionierend› im Hinblick auf die Flexion des Nomens (vgl. 5.3.8). Es besteht kein Grund dafür, in die Definition der Kasuskategorie die Bedingung aufzunehmen, daß sie entweder für sich oder ‹fusioniert› mit einer anderen Nominalkategorie die Nomina in verschiedene Deklinationsklassen unterteilt. Die syntaktischen Funktionen der Kasus im Türkischen sind denen der lateinischen sehr ähnlich, sie sind jedoch, wie wir bereits gesehen haben, durch ein Suffix markiert, das (nach den allgemeinen Prinzipien der Vokalharmonie) segmentierbar und für alle Nomina gleich ist. Es gibt also im Türkischen nur eine einzige regelmäßige ‹Deklinationsklasse›.

In der traditionellen Beschreibung des Lateinischen werden sechs Kasus unterschieden. Es gibt aber kein lateinisches Nomen, bei dem alle sechs Fälle morphologisch geschieden sind. In den meisten Deklinationen sind die Nominativ- und Vokativformen sowohl im Singular als auch im Plural gleich. Das wichtigste Beispiel für eine Ausnahme zu dieser Verallgemeinerung ist mit der Deklination von LUPUS – einem sehr häufigen Para-

Tabelle 10. *Kasus und Numerus im Türkischen*

	Singular	*Plural*
Nominativ	*ev*	*evler*
Akkusativ	*evi*	*evleri*
Genetiv	*evin*	*evlerin*
Dativ	*eve*	*evlere*
Lokativ	*evde*	*evlerde*
Ablativ	*evden*	*evlerden*

digma – gegeben. In manchen Deklinationen ist kein morphologischer Unterschied zwischen Genetiv und Dativ Singular (vgl. PUELLA), in anderen sind Dativ und Ablativ des Singulars gleich (vgl. LUPUS, BELLUM), bei keinem lateinischen Nomen unterscheidet sich der Dativ des Plurals morphologisch vom Ablativ des Plurals. Folgendes Prinzip scheint den traditionellen Paradigmen zugrundezuliegen: Es werden sechs Kasus unterschieden, weil dies die Mindestzahl der syntaktisch relevanten Unterscheidungen ist, von denen ausgehend es möglich ist, Selektionsregeln aufzustellen, die für alle Deklinationen sowohl im Singular als auch im Plural gelten. Würden alle Nomina wie LUPUS dekliniert, wäre es nicht nötig, zwischen Dativ und Ablativ zu unterscheiden; würden alle Nomina wie BELLUM dekliniert, so hätte man nicht zwischen Nominativ, Vokativ und Akkusativ zu trennen u.s.w. Innerhalb des überlieferten Klassifikationssystems wird es möglich, so allgemeine Feststellungen zu treffen wie etwa «der Genetiv ist der Kasus des ‹Besitzes›» (*puellae et lupī* [‹des Mädchens und des Wolfs›]), «das ‹indirekte› Objekt steht im Dativ» (*puellae et lupō* [‹dem Mädchen und dem Wolf›]), «die Präposition *ā* regiert den Ablativ» (*ā puellā et lupō* [‹vom Mädchen und von dem Wolf›]). Dieser allgemeine Grundsatz der Unterscheidung von sechs Kasus wird aber in den meisten lateinischen Grammatiken praktisch nicht konsequent angewendet. Denn es gibt noch mindestens einen anderen Kasus, der in den Regeln berücksichtigt werden muß, die die Beziehungen zwischen der Flexion des Nomens und der Satzsyntax herstellen. Das ist der Lokativ. Lokativbildungen haben im Lateinischen gewöhnlich die Form Präposition + Ablativ des Nomens (z. B. *in rīpā* [‹am Ufer›]; *in oppidō* [‹in der Stadt›]). Bei einer bestimmten Gruppe von Wörtern steht jedoch keine Präposition, und die Lokativform des Nomens ist bei den meisten Nomina der Deklinationstypen PUELLA, LUPUS und BELLUM identisch mit dem Genetiv (vgl. *Romae* [‹in Rom›]; *domī* [‹zuhause›]), bei bestimmten anderen Deklinationen (für die wir hier keine Beispiele angeführt haben) jedoch gleich dem Ablativ. Die Regel dafür, welche Form der Lokativ verlangt, wird gewöhnlich so dargestellt, wie das eben hier geschehen ist. Dies widerspricht offensichtlich dem Grundsatz, nach dem die sechs traditionellen Fälle implizit festgelegt worden sind. Diese Inkonsequenz ist jedoch nur eine von vielen. Ihre Bedeutung für die allgemeine Grammatiktheorie liegt darin, daß deutlich zu zeigen ist, daß syntaktisch äquivalente Konstruktionen durch Wörter oder Syntagmen realisiert werden können, die nach ihrer ‹Oberflächenstruktur› oft ganz verschieden klassifiziert werden. Selbst wenn wir festzustellen hätten, es gebe einen Lokativ im Lateinischen, der je nach Deklination und Numerus des Nomens zufällig mit dem Genetiv bzw. Ablativ zusammenfällt, so bliebe doch immer noch eine Erklärung für die syntaktische Gleichwertigkeit von *Romae* (‹Lokativ›) und *in oppidō* (Präposition + Ablativ) zu liefern.

Jede allgemeine Kasustheorie muß zwei Umstände berücksichtigen: (1) daß derselbe Kasus mehr als eine syntaktische Funktion erfüllen kann, und (2) daß eine bestimmte syntaktische Funktion in ein und derselben Sprache auf verschiedene Weise realisiert werden kann – im besonderen, daß im Lateinischen zwischen Kasus und Präpositionalausdruck eine ‹tiefere› Beziehung besteht, als die überlieferte Flexionsanalyse vermuten läßt. Beide Umstände sind für die Beschreibung vieler anderer Sprachen sowohl innerhalb als außerhalb der indogermanischen Sprachfamilie von Bedeutung.

7.4.3 *Wechselseitige Abhängigkeit von Kasus und Genus in den indogermanischen Sprachen*

Nach der traditionellen Methode der grammatischen Beschreibung, die sich erst dann mit den syntaktischen Regeln befaßte, wenn die verschiedenen Flexionsformen klassifiziert und mithilfe von Paradigmen dargestellt worden waren, könnte man annehmen, daß jeder Kasus eine typische syntaktische Funktion zu erfüllen hätte und alle die verschiedenen Kasus des Nomens in der grammatischen Struktur einer Sprache sozusagen an derselben Stelle stünden. Die Kasussysteme, die wir in den indogermanischen Sprachen und anderswo finden, sind indessen weit weniger symmetrisch, als die traditionelle Darstellung glauben machen will. Wir haben bereits gesehen, daß im Lateinischen in der einen Deklination Kasusunterschiede gemacht werden, die in einer anderen nicht erscheinen, und daß das überlieferte Sechs-Kasus-System auf der etwas inkonsequenten Anwendung eines Prinzips beruht, das etwa so heißt: Für alle Deklinationen sind sämtliche Kasusunterschiede zu postulieren, die in irgendeiner einzelnen Deklination auftreten. Es gibt aber zumindest einen Punkt, wo dieses Prinzip dazu beiträgt, daß ein sehr wichtiges Merkmal der Kasuskategorie, welches nicht nur für das Lateinische, sondern für die indogermanischen Sprachen allgemein gilt, eher verschleiert wird. Bei Neutra wird in keiner indogermanischen Sprache ein Unterschied zwischen Nominativ- und Akkusativform gemacht. Die Deklination von BELLUM ist typisch dafür. Typisch ist BELLUM aber auch insofern, als es abgesehen von Nominativ/Akkusativ Plural (wir können den Vokativ im Augenblick vernachlässigen) wie das Maskulinum LUPUS dekliniert wird. Dies scheint darauf hinzudeuten, daß die Kasuskategorie in den indogermanischen Sprachen mit der Genuskategorie zusammenhängt. Soweit das Genus eine ‹natürliche› Grundlage hat, d. h. auf Belebtheit und natürlichem Geschlecht beruht, spielen zwei Kontrastpaare eine Rolle: ‹belebt› gegenüber ‹unbelebt› und ‹feminin› gegenüber ‹nicht-feminin›. Der Unterschied zwischen Maskulinum und Neutrum im Nominativ kann als Folge des Überwiegens der Subjekt-Objekt-Unterscheidung im Zusammenhang mit belebten Nomina betrachtet werden. Da viele unbelebte Nomina entweder maskulin oder feminin sind, ist die Unterscheidung für diese mehr oder weniger redundant. Das Wichtige ist, daß relativ wenige belebte Nomina Neutra sind. Selbst in Sprachen ohne Kasusflexion besteht zwischen dem Merkmal der Belebtheit und der Stellung des Subjekts ein enger Zusammenhang. Das Prinzip gilt also sehr allgemein und wir werden später wieder darauf zurückkommen (vgl. 8.2.5). Die Bedeutung dieses Prinzips ist noch deutlicher im Russischen (und anderen slawischen Sprachen) zu erkennen, wo Maskulina und Neutra sich im wesentlichen wie im Lateinischen zueinander verhalten, wo jedoch die Distinktion zwischen ‹belebt› und ‹unbelebt› für Maskulina nach dem ‹natürlichen› Kriterium der Belebtheit sozusagen ein zweites Mal getroffen wird. Die Trennung zwischen Subjektkasus und Objektkasus erfolgt für belebte Maskulina dadurch, daß, wie oft irreführend beschrieben wird, statt des ‹Akkusativs› der ‹Genetiv› genommen wird (wobei ersterer in konventionellen Darstellungen des Russischen für Maskulina und Neutra als identisch mit dem Nominativ beschrieben wird). Diese Unterscheidung zwischen ‹belebt› und ‹unbelebt› bei Maskulina bewirkt in jener besonders wichtigen Gruppe von Sätzen, in denen sowohl Subjekt als auch Objekt ‹belebt› sind, daß das Objekt eines transitiven Verbums eine andere Flexion erhält als das Subjekt: vgl. *Ivan videl Borisa, Borisa videl Ivan* (‹Hans sah Boris›, wobei *‹-a› Borisa* als Objekt kennzeichnet). Im Gegensatz dazu ist in *Boris videl stol, Stol videl Boris* (‹Boris sah einen/den Tisch›) das unbelebte *stol* in seiner Flexionsform nicht als Objekt des Verbs *videl* markiert. Es kommt relativ selten vor, daß zwei unbelebte Nomina als Subjekt oder Objekt desselben transitiven Verbs gleich wahrscheinlich sind. Wenn dies einmal der Fall sein sollte, gibt es eine Reihe von Möglichkeiten für eine Unterscheidung. Die Stellung der beiden Nomina im Satz ist eine der Möglichkeiten, wie im Russischen (und in einer Reihe anderer Sprachen, unter ihnen Latein und Griechisch) sozusagen ein letzter Rest an syntaktischer Unterscheidung verwirklicht werden kann. Es ist deshalb bei jeder allgemeinen Besprechung der Kasuskategorie der Zusammenhang zwischen Wortstellung und Kasus sowie das Verhältnis von Präpositionalgruppe und Kasus zu berücksichtigen.

7.4.4 *Kasus und Bestimmtheit*

Eine weitere Kategorie, die in einer Reihe von Sprachen mit dem Kasus zusammenhängt, ist die deiktische Kategorie der Bestimmtheit (im Deutschen durch den Artikel *der/die/das* gekennzeichnet). Der türkische ‹Akkusativ› hat nur dann eine vom ‹Nominativ› verschiedene Flexionsform, wenn das Nomen definit ist (wobei Eigennamen sowie Personalpronomina inhärent definit sind) – vgl. *ev aldïm* (‹Ich kaufte ein Haus›): *evi aldïm* (‹Ich kaufte das Haus›). Im Finnischen gilt die umgekehrte Situation: Ist ein Singularnomen definit, so kann es im ‹Nominativ› stehen; ist es indefinit, so steht es im ‹Partitivus› (oder ‹Genetiv›). Mit dieser Bemerkung wollen wir nicht nur wieder darauf hinweisen, daß die traditionellen Kasusflexionen des Nomens im Bereich der Syntax nicht immer nur eine einzige oder auch nur eine Hauptfunktion zu erfüllen haben, sondern auch, daß die Kategorie ‹definit› wie die Kategorie ‹belebt› oft mit der syntaktischen Unterscheidung von Subjekt und Objekt zusammenhängt, dies sogar in Sprachen ohne Kasusunterschiede wie dem Englischen.

7.4.5 *‹Grammatische› Funktionen*

In vielen Abhandlungen über die Kasusflexionen in den verschiedenen Sprachen wird zwischen der ‹grammatischen› und der ‹lokalen› Funktion unterschieden. Die Unterscheidung wird auch manchmal als Opposition zwischen den ‹abstrakteren› (‹grammatischen›) und den ‹konkreteren› (‹lokalen›) Funktionen bestimmter Kasus formuliert. Unter den ‹grammatischen› Funktionen, die in der Beschreibung vieler Sprachen erscheinen, sind die folgenden im Zusammenhang mit unserer gegenwärtigen Besprechung von besonderer Bedeutung:

(I)	Subjektfunktion	(‹Nominativ›)
(II)	Objekt-	(‹Akkusativ›)
(III)	indirekte Objekt-	(‹Dativ›)
(IV)	adnominale Possessiv-	(‹Genetiv›)
(V)	Instrumental-	
(VI)	Agentiv-	
(VII)	Komitativ-	

Im vorliegenden Abschnitt wird die Allgemeingültigkeit der meisten dieser ‹grammatischen› Funktionen vorausgesetzt, wenngleich wir Gelegenheit haben werden, sie später noch genauer zu untersuchen. Wichtig ist, daß die Funktionen selbst nicht in allen Sprachen immer durch Kasusunterschiede realisiert sind. Die Klammerausdrücke hinter den ersten vier Termini der Aufstellung oben geben die traditionellen Bezeichnungen für die vier Kasus an, die diese Funktionen in den indogermanischen Sprachen – Latein, Griechisch, Sanskrit, Deutsch, Russisch u.s.w. – erfüllen. Keine solchen Bezeichnungen stehen hinter der Instrumental-, Agentiv- und Komitativfunktion, da diese in den verschiedenen indogermanischen Sprachen verschieden realisiert sind. Die folgenden Sätze sollen die oben angeführten sieben Funktionen in ihrer Anwendung veranschaulichen:

(1) *Peter starb*
(2) *Karl tötetete Peter*
(3*a*) *Karl gab das Buch Manfred*
(3*b*) *Karl gab Manfred das Buch*
(4) *Es ist Dietrichs Bleistift*
(5) *Karl tötete Peter mit einem Messer*
(6) *Peter wurde von Karl mit einem Messer getötet*
(7) *Karl ging mit Helga in die Stadt*

In Satz (1) ist *Peter* das Subjekt, in (2) und (5) ist *Peter* das (direkte) Objekt; in Satz (2), (3), (5) und (7) ist *Karl* Subjekt; in (3a) und auch in (3b) ist *Manfred* das indirekte Objekt; in Satz (4) steht *Dietrich* in adnominal ‹*possessivem*› Verhältnis zu *Bleistift*; bei (5) und (6) hat *Messer* instrumentale Funktion; in Satz (6) hat *Karl* Agentivfunktion; und in (7) hat *Helga* komitative Funktion (‹zusammen mit›). Zwischen bestimmten Satzpaaren bestehen gewisse transformationelle Zusammenhänge: Das Objekt des aktiven Satzes (5) ‹wird› Subjekt des entsprechenden Passivsatzes (6); und das Subjekt von Satz (5) ‹wird› das Agens im Satz (6); das Subjekt des intransitiven Satzes (1) ‹wird› zum Objekt des transitiven Satzes (2), vorausgesetzt zwischen den Verben *sterben* und *töten* besteht ein ‹kausatives› Verhältnis. Satz (4) ist ebenfalls transformationell verwandt mit *Dietrich hat einen Bleistift* (zu beachten ist, daß neben anderen Faktoren Bestimmtheit und Unbestimmtheit bei dem Unterschied zwischen den letzten beiden Sätzen eine Rolle spielen). Wir werden auf diese verschiedenen transformationellen Beziehungen später bei der Besprechung von Subjekt und Objekt, Aktiv und Passiv, intransitiv, transitiv und kausativ noch zurückkommen. Der Terminus ‹adnominal› soll jedoch gleich hier erklärt werden.

Die Grammatiker haben schon lange erkannt, daß der Terminus ‹possessiv› als typischste Funktion des ‹Genetivs› bei weitem zu eng gefaßt ist. Nicht nur in den indogermanischen, sondern auch in vielen über die ganze Welt verstreuten Sprachen, die genetisch nicht zusammenhängen, besteht eine auffallende Parallelität (a) zwischen Adjektiv und ‹Genetiv› einerseits und (b) zwischen ‹Genetiv› und Subjekt und/oder Objekt eines

Verbums andererseits. Die typischste Funktion des sogenannten ‹Possessivus› oder ‹Genetivs› besteht darin, ein Nomen oder eine Nominalgruppe in einer endozentrischen Konstruktion (zu endozentrischen und exozentrischen Konstruktionen vgl. 6.4.1) näher zu bestimmen (zu ‹modifizieren›), und dies ist auch die typischste Funktion des Adjektivs: vgl. *Dietrichs Bleistift, der rote Bleistift.* Ebendiese Funktion wird mit dem traditionellen Terminus ‹adnominal› bezeichnet (wie der Terminus ‹adverbial› die Funktion der näheren Bestimmung des Verbums in einer endozentrischen Konstruktion bezeichnet; der Terminus ‹Adverb› hatte jedoch in der traditionellen Grammatik einen weitaus größeren Anwendungsbereich). Die adnominale ‹attributive› Funktion von Nomina und Adjektiven steht wieder in Zusammenhang mit der ‹prädikativen› Funktion in Verbindung mit ‹dem Verbum *to be*›: vgl. etwa engl. *The pencil is Harry's: Harry's pencil, The pencil is red: the red pencil.* So steht auch die endozentrische Konstruktion ‹adnominal + nominalisiertes› Verbum transformationell entweder mit der Subjekt-Prädikat-Konstruktion oder der Objekt-Verb-Konstruktion im Zusammenhang. Diese werden konventionell als Subjekts- und Objekts-‹Genetiv› unterschieden: vgl. *Horsts Tod, Karls Ermordung von Horst* : *Horst starb, Karl ermordete Horst* : *Horsts Ermordung* (*durch Karl*): *Horst wurde* (*von Karl*) *ermordet.* Hier ist wieder der Zusammenhang zwischen dem Objekt des Aktivsatzes und dem Subjekt des Passivsatzes zu beobachten. Zum Unterschied etwa vom Lateinischen können im Deutschen und auch im Englischen die adnominalen Subjekt- und Objektfunktionen auf mehrfache Weise realisiert werden (sie können z. T. frei variiert werden, z. T. in komplementärer Verteilung auftreten), und zwar durch den ‹Genetiv› *Horsts* (engl. *Bill's*) und den ‹Präpositionalausdruck‹ *von Horst* (*of Bill*). Nur die erste Realisierung ist ein Kasus des Nomens im althergebrachten Sinn. Der englische ‹Genetiv› steht eigentlich etwas außerhalb der traditionellen Vorstellung vom Kasus, da das Flexionssuffix ‹*-'s*› nicht unbedingt an das Trägernomen der Nominalgruppe angefügt wird: vgl. *the queen of Sheba's beauty.* Im folgenden Kapitel wollen wir den Versuch unternehmen, die adnominale Funktion innerhalb eines allgemeineren Rahmens zu der Subjekt- und Objektfunktion in Beziehung zu bringen.

Mit Ausnahme des ‹Genetivs› (*Bill's*) hat das englische Nomen keine Kasusflexion. Der Unterschied zwischen Subjekt und Objekt kommt in einigen Personalpronomina zum Ausdruck (*I* : *me, he* : *him,* u.s.w.), wobei der Objektkasus auch in Verbindung mit Präpositionen gebraucht wird (*to me, with me* u.s.w.). Der Unterschied wird jedoch nicht beim unbelebten bzw. Neutrumpronomen (*it*) gemacht. Ansonsten sind die oben angeführten ‹grammatischen› Funktionen im Englischen durch die Wortstellung oder durch Präpositionen markiert. Die Sätze (1) – (7) sind Beispiele dafür. Im Lateinischen ist der Instrumentalis der ‹Ablativ›, im Griechischen der ‹Dativ›, im Russischen und Sanskrit ist es ein Kasus (distinkt vom ‹Dativ› im Russischen und sowohl vom ‹Dativ› als auch ‹Ablativ› im Sanskrit),der eigens als ‹Instrumentalis› bezeichnet wird; im Deutschen wird eine Präposition gebraucht. Im Lateinischen wird die Agensfunktion durch einen Präpositionalausdruck realisiert (*ā* + Ablativ), ebenso im Griechischen und Deutschen; im Russischen und Sanskrit steht der ‹Instrumentalis› auch für das Agens. Im Lateinischen wird der Komitativ durch einen Präpositionalkomplex realisiert (*cum* + Ablativ), ebenso im Griechischen, Russischen, Deutschen und Sanskrit. Diese sehr gedrängte (und etwas vereinfachte) Darstellung der Art undWeise, wie die ‹grammatischen› Funktionen in einigen indogermanischen Sprachen realisiert werden, zeigt zunächst, daß Kasus und Präpositionalausdruck ähnliche Aufgaben zu erfüllen haben (wobei eine bestimmte Präposition eine bestimmte Kasusflexion bedingt), ebenso daß zwischen den Realisationen der Instrumental- und Agensfunktion einerseits (vgl. Russisch und Sanskrit; man beachte daß das englische *by the knife* instrumental sein kann, wenn der Satz kein Agens oder aktives Subjekt hat) und zwischen der Instrumental- und der Komitativfunktion andererseits (vgl. *mit dem Messer* : *mit Horst*; die typische Komitativkonstruktion tritt im Lateinischen auch für die instrumentale Funktion auf) eine gewisse Überschneidung besteht. Zweierlei Reaktionen auf diese Funktionsüberschneidung bieten sich an. Einerseits könnte man sagen, daß im Rahmen einer allgemeinen grammatischen Theorie keine genaue Trennlinie zwischen Agens- und Instrumentalfunktion bzw. zwischen Instrumental- und Komitativfunktion gezogen werden kann, andererseits daß das in bestimmten Sprachen auftretende ‹Verschmelzen› (der traditionelle Ausdruck hierfür ist *Synkretismus*) eine Folge der Neutralisation des Unterschiedes auf einer oberflächlicheren grammatischen Ebene oder einer ‹Umkategorisierung› im Hinblick auf ‹Belebtheit› oder einen anderen syntaktisch relevanten Begriff ist. Zur Veranschaulichung des Begriffs der ‹Umkategorisierung›: In einem Satzpaar wie *Das ist der Mann, der Horst tötete* und *Das ist das Messer, das Horst tötete* sieht es so aus, als hätten *Mann* und *Messer* dieselbe syntaktische Funktion zu erfüllen. Man könnte aber auch sagen, *Messer* sei ein Instrumentalis, der als ‹Täter› für das ursprüngliche Ding (hier spielt der traditionelle Begriff ‹Personifizierung› eine Rolle) syntaktisch ‹umkategorisiert› worden ist und daß dies im Deutschen (ebenso wie in anderen Sprachen) dann möglich ist, wenn ein ‹Täter› weder als Subjekt noch als Agens ausdrücklich auftritt. ‹Inhaltbezogene› Erklärungen dieser Art sollten, wenn auch in der Vergangenheit Mißbrauch mit ihnen getrieben wurde, nicht von vornherein von der Hand gewiesen werden. Beim vorliegenden Beispiel wird unsere Analyse dadurch unterstützt, daß in den entsprechenden Passivsätzen *Mann* und *Messer* klar als Agens (*von, durch*; vgl. engl. *by*) bzw. Instrument (*mit*; vgl. engl. *with*) unterschieden sind: *Dies ist der Mann, von dem Horst umgebracht wurde: Dies ist das Messer, mit dem Horst umgebracht wurde.* Wenn *Dies ist das Messer, von dem Horst umgebracht wurde* möglich ist, so deutet dies ohne Zweifel auf eine ‹Umkategorisierung› von *Messer* als Agens.

7.4.6 *‹Lokale› Funktionen*

Wir können uns nun den sogenannten ‹lokalen› Funktionen der Kasuskategorie zuwenden. ‹Lokal› muß so verstanden werden, daß es sowohl zeitliche als auch räumliche Unterscheidungen einschließt, da diese gewöhnlich in den ‹Orientierungssystemen› der verschiedenen Sprachen zusammengefaßt werden (vgl. 7.2.1). Eben deshalb ziehen es viele Linguisten vor, eher von ‹konkreten› als von ‹lokalen› Kasusunterscheidungen zu sprechen. Wie wir sehen werden, ergibt sich gerade im Zusammenhang mit der Kasuskategorie einer der gewichtigsten Gründe für die Annahme, daß die Syntax im Zusammenhang mit dem spatiotemporalen, ‹orientativen› System, in dem die Sprache wirkt, betrachtet werden muß.

Tabelle 11. *Die sogenannten ‹lokalen› Kasus des Finnischen*

‹Innen›	Inessiv	*talossa*	‹im Haus›
	Elativ	*talosta*	‹aus dem Haus heraus›
	Illativ	*taloon*	‹in das Haus hinein›
‹Außen›	Adessiv	*talolla*	‹bei (*oder* nahe) dem Haus›
	Ablativ	*talolta*	‹von dem Haus (außen)›
	Allativ	*talolle*	‹zu dem Haus *oder* auf das Haus hin›
‹Allgemein›	Essiv	*talona*	
	Partitiv	*taloa*	
	Translativ	*taloksi*	

Ein relativ einfaches System von ‹lokalen› Oppositionen findet sich im Türkischen: *eve* (‹zum Haus›), *evde* (‹im Haus›); *evden* (‹vom Haus weg›) (vgl. Tabelle 10, 7.4.2). Dieselbe dreigliedrige Opposition von ‹zu› : ‹in›: ‹von› ist im Finnischen in der konventionell als ‹außen› (im Gegensatz zu ‹innen›) bezeichneten Kategorie enthalten (vgl. Tabelle 11: Es ist festzustellen, daß mit Ausnahme von ‹Illativ› und ‹Allativ› der Unterschied zwischen den ‹äußeren› und ‹inneren› Kasus ganz deutlich durch die ‹agglutinierenden› Suffixe *-l-* und *-s-* gekennzeichnet ist; wir kommen auf die ‹allgemeinen› Kasus gleich zurück). Andere Sprachen bilden kompliziertere Fügungen für ‹lokale› Kasusunterschiede, bei denen noch entweder ein ‹asboluter› oder ‹relativer› Bezugspunkt eine Rolle spielt. Unter einem ‹absoluten› Bezugspunkt ist irgend etwas aus der Umwelt (ein bestimmter Fluß oder Berg z. B.) zu verstehen, auf das bei der Angabe einer Lage oder einer Richtung Bezug genommen wird (‹stromaufwärts von›, ‹weit weg vom Berg› u.s.w.). Kasusunterscheidungen dieser Art sind in einigen australischen und indianischen Sprachen zu finden. Ebenso unter ‹absolut› fallen Ortsangaben wie ‹Nord›, ‹Süd›, ‹Ost› und ‹West›, etwa in der Sprache der Eskimos: *anna,* ‹das im Norden›; *qanna,* ‹das im Süden› u.s.w. Unter ‹relativem› Bezugspunkt versteht man irgendeine Komponente einer typischen Situation einer Äußerung, die zur Angabe von Lage oder Richtung dient. Die primären ‹Lokaldistinktionen› (‹zu› : ‹in›: ‹von›) können mit einer Referenz auf den Sprecher oder den Hörer verbunden werden, indem die entsprechenden Kasusmerkmale an Stämme angehängt werden, die aus den deiktischen ‹Demonstrativen› gebildet worden sind (vgl. die dreigliedrige Opposition von *hither* (‹hierher›), *here* (‹hier[her]›) und *hence* (‹von hier weg›) im älteren Englisch; *thither* (‹dorthin›), *there* (‹dort[hin]›) und *thence* (‹von dort›). Dies gibt es in sehr vielen Sprachen. Begriffe wie ‹links von› bzw. ‹rechts von› oder ‹vor› bzw. ‹hinter› können sich implizit auf den Sprecher als ‹Zentrum› der typischen Redesituation beziehen oder auch explizit auf irgendeinen anderen ‹relativen› Bezugspunkt, wenn dies durch die Flexion eines bestimmten Nomens gekennzeichnet ist (‹hinter dem Haus›). Interessant ist, daß in vielen Sprachen, die diese ‹Lokal›distinktionen mithilfe von Nomina (vergleichbar mit *back* oder *top* in den englischen ‹zusammengesetzten Präpositionen› *at the back of, at the top of*) ausdrücken, diese Nomina dieselben sind, die sonst Teile des menschlichen Körpers bezeichnen – ‹Kopf›, ‹Stirn›, ‹Fuß›, engl. ‹face› (‹Gesicht›) u.s.w. Aber selbst bei jenen Sprachen, wo dieselben oder ähnliche Lokalunterscheidungen mithilfe von Kasusflexionen ausgedrückt werden (vergleichbar mit der Kennzeichnung von ‹außen› und ‹innen› im Finnischen), gehen diese Distinktionen darauf zurück, daß eine Kategorisierung, die zunächst für die Orientierung der Beteiligten einer typischen Redesituation bestimmt war, auf den expliziten Bezugspunkt übertragen wird.

Die allgemeinste Unterscheidung, die innerhalb der ‹lokalen› Funktionen der Kasus getroffen werden kann, ist die zwischen ‹stationär› und ‹direktional› (‹in/an› bzw. ‹nach› oder ‹von›). Ob sich der daraus ergebende Ausdruck auf Raum oder Zeit bezieht, hängt in erster Linie von der Subklassifikation des flektierten Nomens ab: vgl. ‹in dem Haus›, ‹von dem Haus an›, ‹in der Kindheit›, ‹von Kindheit an›, was in einer Reihe von Sprachen durch jeweils ein einziges flektiertes Nomen wiedergegeben wird. Die Termini ‹stationär› und ‹direktional› sind indifferent im Hinblick auf die Unterscheidung von Raum und Zeit zu verstehen; und die Unterscheidung zwischen ‹(bis) zu› und ‹von› ist eine sekundäre Unterscheidung innerhalb der Kategorie ‹direktional›.

Die Opposition zwischen ‹stationär› und ‹direktional› kann als Sonderfall der allgemeineren Opposition zwischen *statisch* und *dynamisch* angesehen werden. Wir werden darauf bei unserer Besprechung des *Aspekts* im folgenden Abschnitt noch zurückkommen. Hier genügt die Feststellung, daß Sich-an-einer-Stelle-befinden zu Bewegung genau so verhält wie Sich-in-einem-gewissen-Zustand-befinden zu Sich-in-diesen-Zustand-versetzen (*oder* Diesen-Zustand-aufgeben). Mit anderen Worten, es besteht begrifflich eine Parallelität zwischen statischen Ausdrücken wie etwa ‹in London (sein)›, ‹am Dienstag (geschehen)›, ‹Lehrer (sein)› und ihren dynamischen Entsprechungen, ‹nach London (gehen/kommen)›, ‹bis Dienstag (dauern)›, ‹Lehrer (werden)›. Ähnlich gilt: So wie sich An-einer-Stelle-befinden zu Bewegung verhält, genau so verhält sich Besitz zu Erwerb (und Verlust: also wie ‹in London (sein)› zu ‹ein Buch (haben)› so ‹nach London (gehen/kommen)› zu ‹ein Buch (bekommen)› (vgl. 8.4.7).

Wenn wir in dem allgemeinen Terminus «Zustand» alles zusammenfassen, was Lokalisierung, Qualität, Verfassung, Besitz u.s.w. bezeichnet, so können wir unterscheiden zwischen jenen Zuständen, die als dauernd (oder notwendig) mit einer bestimmten Person oder einem bestimmten Gegenstand assoziiert angesehen werden, und jenen, die nur als vorübergehend (oder kontingent) mit ihnen verbunden betrachtet werden. Nun setzt die Verwendung der dynamischen Form (die Bewegung, Änderung, Erwerb oder Verlust ausdrückt) voraus, daß der betreffende Zustand *kontingent* (d. h. ‹nicht-essentiell› oder ‹akzidentell›) und nicht *notwendig* ist. Außerdem wird dieser Unterschied zwischen dem Kontingenten und dem Notwendigen in gewissen Sprachen in der Kasusflexion prädikativer Nomina und Adjektive markiert. Im Russischen z. B. wird der ‹Instrumentalis› (ausgenommen im Präsens) für kontingente Zustände der Qualität oder Voraussetzungshaftigkeit genommen: *ja byl/stal soldatom* (‹Ich war/wurde Soldat›), während der ‹Nominativ› für länger andauernde oder notwendige Zustände gebraucht wird. Im Finnischen wird der ‹Essiv› in der statischen Form für kontingente, periodische oder vorübergehende Zustände der Qualität oder Voraussetzungshaftigkeit (‹während er Lehrer war›, ‹in seiner Eigenschaft als Lehrer› u.s.w.) und der ‹Translativ› in der jeweiligen dynamischen Entsprechung (‹er wurde Lehrer›; ebenso in Wendungen wie ‹es wurde blau›, u.s.w.) gebraucht. Der Unterschied zwischen dem Kontingenten und dem Notwendigen kann auch im Zusammenhang mit jener Klasse von Beziehungen relevant sein, die wir mit dem Titel ‹Besitz› überschrieben haben. Wenn das Verhältnis zwischen Besitz und Besitzer kontingent ist, ist der Gegenstand des Besitzes in manchen Sprachen (insbesondere im Chinesischen, auch in den Siouxsprachen) als *veräußerlich* (‹das Besitzverhältnis kann gelöst werden‹) gekennzeichnet, während es merkmallos oder als *nicht-veräußerlich* markiert ist, wenn die Verbindung mit dem ‹Besitzer› eine unlösbare ist. Typische Beispiele für veräußerlichen und nicht-veräußerlichen Besitz sind ‹Gerhards Buch› bzw. ‹Gerhards Vater›, wobei freilich das Deutsche keine eigenen Zeichenkategorien für diesen Unterschied zur Verfügung hat.

Schon im klassischen Altertum hat der Disput über den Zusammenhang zwischen den ‹lokalen› und den ‹grammatischen› Funktionen der Kasuskategorie begonnen (in diesem Zusammenhang bedeutet ‹lokal› ‹orts- und zeitbezogen›). In den klassischen (und in vielen anderen) Sprachen sind die ‹lokalen› und ‹grammatischen› Funktionen eines bestimmten Kasus oft schwer zu trennen. Daher ist man versucht, sich die eine von der anderen oder beide von einem allgemeineren Prinzip abgeleitet vorzustellen, für welches die Trennung von räumlich-zeitlich und syntaktisch neutralisiert ist. Dies gilt auch für die ‹lokalen› und ‹grammatischen› Funktionen der englischen Präpositionen (die, wie wir sehen werden, als Kasus der Nomina, die sie regieren, betrachtet werden können, wenn ‹Kasus› nicht nur auf Flexionsveränderungen beschränkt wird). Man könnte sich durchaus fragen, ob der ‹Sinn› von *from* in *I am from London* (d. h. ‹ich bin ein Londoner›) oder *I came from school* synchronisch in keiner Beziehung zu dem ‹Sinn› von *from* in *I got the book from John* steht; ob der direktionale ‹Sinn› von *to* in *I went to London* nicht mit dem *to* des indirekten Objekts in *I gave the book to John* zusammenhängt. Noch ist keine Sprache ausreichend im Detail unter einem generativen Gesichtspunkt untersucht worden, als daß ein Urteil darüber möglich wäre, in welchem Ausmaß die Übereinstimmung zwischen den eindeutiger ‹lokalen› und den eindeutiger ‹grammatischen› Funktionen von Kasus und Präposition in einer bestimmten Sprache synchronisch relevant ist. Gleichzeitig sind bestimmte Fälle der Übereinstimmung in genetisch nicht verwandten Sprachen so auffallend, daß dafür eine Erklärung in der allgemeinen Syntaxtheorie gesucht werden müßte. Eine dieser Übereinstimmungen, der wir später noch einige Aufmerksamkeit widmen werden, ist in vielen Sprachen die Ähnlichkeit zwischen dem direktionalen und dem indirekten Objekt (vgl. *I went to London* und *I gave the book to John*; man beachte, daß sich bei *I sent the book to John* darüber streiten ließe, ob *to John* direktionales oder indirektes Objekt ist).

7.4.7 *Präpositionen*

Die Kasuskategorie bezieht sich zwar nach überlieferter Auffassung nur auf Flexionsveränderungen, trotzdem besteht kein Zweifel, daß sowohl die ‹grammatischen› als auch die ‹lokalen› Funktionen, die oben besprochen worden sind, logisch davon unabhängig sind, wie sie in den verschiedenen Sprachen realisiert werden. Überdies können diese ‹grammatischen› und ‹lokalen› Funktionen in ein und derselben Sprache teils mithilfe von Kasusflexionen, teils auf andere Weise – am häufigsten durch Präpositionen oder Postpositionen oder durch bestimmte Wortstellungen – realisiert werden. Das bedeutet, daß die Kasuskategorie nicht bloß vom morphologischen Standpunkt aus besprochen werden kann.

Der Unterschied zwischen *Präpositionen* und *Postpositionen* ist trivial. Viele Linguisten würden es als bloße Pedanterie bezeichnen, die terminologische Unterscheidung aufrechtzuerhalten. In der traditionellen Theorie der ‹Redeteile› (Wortarten), wie sie für die Beschreibung der klassischen europäischen Sprachen entwickelt worden ist, wird der Ausdruck ‹Präposition› für die Bezeichnung jener Klasse unveränderlicher Wörter oder Partikel gebraucht, die eine ‹grammatische› oder ‹lokale› Funktion zu erfüllen haben und die, wie es im Lateinischen und Griechischen der Fall ist, meistens unmittelbar vor dem Nomen oder dem Nominalsyntagma stehen, das sie bestimmen. In vielen anderen Sprachen (Türkisch, Japanisch, Hindi u.s.w.) stehen Partikel mit ähnlichen ‹grammatischen› oder ‹lokalen› Funktionen wie die Präpositionen im Lateinischen, Griechischen oder Englischen nach dem Nomen, das sie bestimmen (vgl. Türkisch *Ahmet için* ‹für Achmed›; Japanisch *Tokyo e* ‹nach Tokio›; Hindi *Ram ko* ‹nach *Rama*› u.s.w.). Sie werden deshalb gewöhnlich als ‹Postpositionen› bezeichnet. Ob ein Partikel vor oder nach dem dazugehörigen Nomen steht, hat für die allgemeine grammatische Theorie wenig zu bedeuten. Der Einfachheit halber wollen wir deshalb den gebräuchlicheren Ausdruck ‹Präposition› für beide Partikelarten gebrauchen.

Auch ob der Terminus ‹Kasus› über den traditionellen Anwendungsbereich hinaus neben den variablen Flexionsformen die Präpositionen einschließen soll, ist eine Frage von geringer Tragweite. Der Unterschied zwischen Flexionsform und Präpositionalform gehört zur ‹Oberflächenstruktur› der Sprache. Wichtig vom Standpunkt der allgemeinen Sprachtheorie ist die Tatsache, daß die ‹grammatische› und ‹lokale› Funktion, die traditionell als der Kasuskategorie inhärent betrachtet worden sind, in jenen Sprachen nicht genauer getrennt werden können, die sie mithilfe von Präpositionen realisieren; dies ist hingegen bei jenen Sprachen möglich, wo diese Funktionen durch die Flexion realisiert werden. Gerade auf die gegenseitige ‹Durchdringung› des Syntaktischen und des ‹Orientativen› in der Sprache ist im vorliegenden Abschnitt besonders eingegangen worden.

Daß die ‹grammatische› und ‹lokale› Funktion der Kasusflexionen und Präpositionen in vielen, vielleicht den meisten Fällen nicht getrennt werden kann, will jedoch nicht heißen, daß die konventionelle Scheidung zwischen ‹grammatisch› und ‹lokal› (bzw. ‹abstrakt› und ‹konkret›) überhaupt keinen Sinn hat. Erstens sollte beachtet werden, daß es im allgemeinen nicht möglich ist, eine ‹abstrakte› Kasusform oder Präpositionsform durch eine andere zu ersetzen, ohne anderswo im Satz entsprechende Veränderungen vorzunehmen. Man kann z. B. im Lateinischen nicht einen ‹Nominativ› an die Stelle eines ‹Akkusativs› oder ‹Genetivs› setzen, ebenso wie man in einem deutschen Satz nicht einfach *er* gegen *ihm* oder *ihn* austauschen kann. Dies kann als typisch für das betrachtet werden, was mit dem Terminus ‹abstrakt› (oder ‹grammatisch›) in diesem Zusammenhang gemeint ist. Im Gegensatz dazu ist es häufig möglich, im Finnischen einen ‹Außen›-Kasus durch den entsprechenden ‹Innen›-Kasus zu ersetzen, genauso wie es etwa im Englischen möglich ist, *at* für *in* oder *to* für *into* einzusetzen (*I'll meet you at/in the church, Let's go to/into the church*). Der Unterschied zwischen ‹außen› und ‹innen› ist daher ‹konkreter›, denn er ist nicht von anderen syntaktischen Variablen im Satz abhängig und kann für sich Träger eines Bedeutungsunterschieds sein. Als Beispiel für eine ‹lokale› Unterscheidung, die in der Mitte zwischen dem ganz ‹Abstrakten› und ganz ‹Konkreten› liegt, können wir den Gegensatz zwischen ‹lokativ› und ‹direktional› betrachten; dieser ist weniger ‹abstrakt› als der Unterschied zwischen ‹Subjekt›- und ‹Objekt›funktion, aber weniger ‹konkret› als der Unterschied zwischen ‹außen› und ‹innen›. Die Präposition englisch *at* kann in einem Satz wie *He went to church* nicht für *to* eingesetzt werden, ohne daß das richtungsbezogene *went* durch ein Verbum mit ‹ortsfester› Referenz (z. B. *was*) ersetzt wird. In dieser Hinsicht ist der Unterschied ein ‹abstrakter›. Gleichzeitig könnte man genausogut behaupten, daß die Wahl von sowohl *went* als auch *to* bzw. *was* und *at* von der vorhergehenden Wahl eines ‹direktionalen› anstelle eines ‹lokativen› Prädikates auf einer ‹höheren› (oder ‹tieferen›) Ebene abhängig ist. Dies ist die Analyse, die wir weiter unten (vgl. 8.4.7) vertreten werden. Wenn sie richtig ist, so deutet das darauf hin, daß die Unterscheidung zwischen ‹lokativ› und ‹direktional› eine semantisch relevante bzw. ‹konkrete› Unterscheidung der ‹Tiefen›struktur ist, daß hingegen die Wahl von *to* anstelle von *at* oder *into* statt *in* grammatisch bedingt ist und von sich aus nicht Träger eines Bedeutungsunterschiedes sein kann.

Der Unterschied zwischen der Varianz der Flexion und dem Gebrauch von Präpositionen ist zwar oben als ziemlich unwichtiger Unterschied in der ‹Oberflächen›struktur der Sprache beschrieben worden, doch besteht möglicherweise Grund zur Annahme, daß in einer Sprache, welche sowohl Flexionsunterschiede als auch Präpositionen aufweist, erstere in Bezug auf das oben angedeutete Kriterium eher eine ‹abstraktere› und letztere eher die ‹konkretere› Funktion erfüllen. Dies trifft ohne Zweifel auf die indogermanischen Sprachen zu; und es scheint auch für viele andere Sprachen mit Kasusflexion zu stimmen. Darüber hinaus ist es vielleicht richtig, daß die Wortstellung, wenn sie auch häufig als Mittel zur Unterscheidung zwischen ‹Subjekt› und ‹Objekt› oder zwischen dem ‹bestimmten› und dem ‹bestimmenden› Element eines Satzes dient, doch selten oder überhaupt nie eine ‹konkretere› Funktion, wie sie für Präpositionen typisch ist, erfüllt. In dieser Hinsicht ist die Wortstellung vielleicht typischer ‹grammatisch› als die Flexion und die Flexion typischer ‹grammatisch› als die Präpositionsform.

7.5 *Tempus, Modus und Aspekt*

7.5.1 *Tempus*

Der Terminus ‹Tempus› ist die lateinische Übersetzung des griechischen Wortes für ‹Zeit› (griech. *khrónos*, lat. *tempus*). Die Tempuskategorie hat insofern mit Zeitrelationen zu tun, als diese in systematischen, grammatischen Kontrasten Ausdruck finden. Drei solche Kontraste hat die traditionelle Grammatik in der Analyse des Griechischen und Lateinischen erkannt: ‹Präteritum›, ‹Präsens› und ‹Futurum›. Es ist oft vermutet worden, daß eben dieses dreigliedrige Oppositionsverhältnis der Zeit ein Universalmerkmal der Sprache schlechthin sei. Das stimmt aber nicht. In Wirklichkeit ist Tempus nicht einmal in allen Sprachen festzustellen; und die Opposition von ‹vergangen›, ‹gegenwärtig› und ‹zukünftig› ist auch im Griechischen und Lateinischen nicht einfach eine bloße Tempusangelegenheit. Das wesentliche Merkmal der Tempuskategorie ist, daß sie die Zeit der Handlung, des Vorfalls oder Zustands, auf die der Satz referiert, mit der Zeit der Äußerung in Beziehung setzt (wobei die Zeit der Äußerung dem ‹Jetzt› entspricht). Tempus ist deshalb eine *deiktische* Kategorie, die (wie alle syntaktischen Merkmale, die teilweise oder ganz von der Deixis abhängen: vgl. 7.2.1) gleichzeitig ein Merkmal des Satzes und der Äußerung ist (vgl. 5.2.4). Viele Abhandlungen über Tempus sind deshalb unbrauchbar, weil sie davon ausgehen, daß die ‹natürliche› Einteilung der Zeit in ‹Vergangenheit›, ‹Gegenwart› und ‹Zukunft› notwendig ihren Niederschlag in der Sprache findet. Sogar Jespersen ist ein Opfer dieser Annahme in seiner Besprechung des Tempus in ‹The Philosophy of Gram-

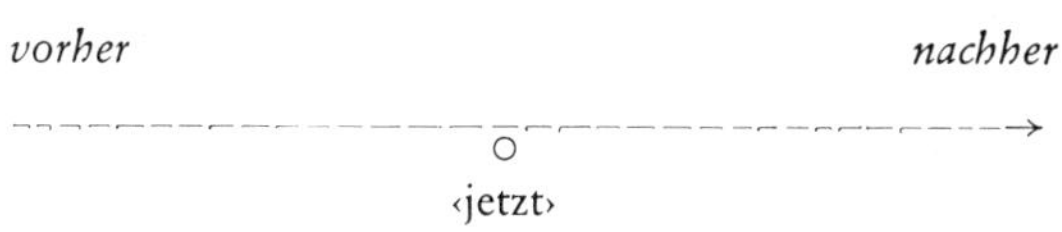

Abb. 16. Zeit und Tempus

mar›. Er bezieht sich auf ein Diagramm, welches dem von Abb. 16 ähnlich ist, und legt zunächst das ‹Präsens› als gleichzeitig mit dem theoretischen Nullpunkt (dem ‹Jetzt› des Zeitpunkts der Äußerung) fest, das ‹Präteritum› als ›vor dem Jetzt› und das ‹Futur› als ‹nach dem Jetzt›. Die ‹primären› Unterscheidungen ‹vergangen› und ‹zukünftig› werden hierauf von

Jespersen aufgrund einer ‹sekundären› Anwendung der Vorstellungen ‹vor› und ‹nach› weiter unterteilt: ‹vor-vergangen›, ‹nach-vergangen›, ‹vor-zukünftig› und ‹nach-zukünftig›. (Als ‹theoretischer Nullpunkt› ist die ‹Gegenwart› nicht unterteilt.) Das Ergebnis ist ein siebengliedriges ‹inhaltbezogenes› Tempussystem, das in verschiedenen Sprachen teilweise oder vollständig realisiert ist.

Tempus läßt sich jedoch auf viele verschiedene Arten einteilen. Man könnte voraussetzen (wie oft vertreten worden ist), die Tatsache, daß die Zeit eine Richtung hat, liege in ihrer ‹Natur› begründet (wie das durch den Pfeil im Diagramm von Abb. 16 zum Ausdruck kommt). Das kann für die Tempusanalyse bestimmter Sprachen von Bedeutung sein oder auch nicht. Verschiedene Einteilungen sind möglich. Der ‹theoretische Nullpunkt› (das ‹Jetzt› der Äußerung) kann entweder der ‹Vergangenheit› oder der ‹Zukunft› zugerechnet werden, so daß einerseits eine Dichotomie zwischen ‹zukünftig› und ‹nicht-zukünftig› oder andererseits eine Dichotomie zwischen ‹vergangen› und ‹nicht-vergangen› entsteht. Eine andere Zweiteilung (gründend auf der Unterscheidung von ‹jetzt› und ‹nicht-jetzt› ohne Berücksichtigung der Zeitrichtung) könnte sich aus ‹gegenwärtig› gegenüber ‹nicht-gegenwärtig› ergeben. Andere Kategorisierungen könnten von der Vorstellung der ‹Distanz› ausgehen (ohne oder mit Berücksichtigung der Gerichtetheit): z. B. eine Dichotomie von ‹proximal› gegenüber ‹nicht-proximal› (bezogen auf den Zeitpunkt der Äußerung), eine Trichotomie von ‹jetzt› gegenüber ‹proximal› gegenüber ‹distal›. Alle diese Distinktionen können auf verschiedene Weise verknüpft werden, nicht nur so, wie es Jespersens Schema andeutet.

Es ist hier nicht der Platz, die Vielzahl der Tempussysteme der verschiedenen Sprachen zu besprechen oder auch nur Beispiele dafür anzugeben. Dies wäre schon deshalb problematisch, ganz abgesehen vom Platzmangel, weil die Tempusanalyse selbst im Deutschen eine ziemlich umstrittene Angelegenheit ist. Die wichtigste Tempusunterscheidung ist im Deutschen zweifellos diejenige, die konventionell als Gegensatz von ‹vergangen› gegenüber ‹gegenwärtig› beschrieben wird: z. B. *Sie arbeiten*: *Sie arbeiteten*. Dies wird jedoch am besten als Gegensatz von ‹vergangen› gegenüber ‹nicht-vergangen› angesehen. Und zwar aus folgendem Grund: Während das Präteritum sich seinem Wesen nach auf ‹vor dem Jetzt› bezieht, ist das Nicht-Präteritum nicht auf Gleichzeitigkeit mit dem Zeitpunkt der Äußerung beschränkt; dazu gehören vielmehr auch die ‹zeitlosen› Feststellungen (*Die Sonne geht im Osten auf* u.s.w.) und die vielen Feststellungen die sich auf Zukünftiges (‹nach dem Jetzt›) beziehen. Mit anderen Worten, eine Form wie *arbeiteten* ist eindeutig als Präteritum markiert, während *arbeiten* (oder *arbeite*, *-est*, *-et*) ‹merkmallos› ist. Diese Auffassung wird dadurch gestützt, wenn nicht bestätigt, daß der Gegensatz ‹vergangen›–‹nicht-vergangen› systematisch durch Suffigierung des ersten Elements der Verbalgruppe realisiert wird: *arbeiten*: *arbeiteten*; *werde arbeiten*: *würde arbeiten*; *haben gearbeitet*: *hatten gearbeitet*; *werden gearbeitet haben*: *würden gearbeitet haben* u.s.w. Es handelt sich dabei um die einzige obligatorische Tempusopposition im einfachen Satz.

Das im Deutschen traditionell als ‹Futurum› beschriebene Tempus wird mithilfe der ‹Auxiliarverbs› *werden* realisiert, (vgl. engl. *will* und *shall*, wobei die Regeln, die für die Wahl zwischen den beiden Hilfsverben von den normativen Grammatikern aufgestellt sind, zum Großteil auf bestimmten vorgefaßten Meinungen darüber beruhen, welcher Unterschied zwischen den beiden herrschen sollte, und nicht auf dem Sprachgebrauch irgendeiner der englischen Sprachgemeinschaft angehörenden Gruppe). Es ist zwar nicht zu leugnen, daß *werden* in vielen Sätzen vorkommt, die sich auf die Zukunft beziehen; es erscheint aber auch in anderen Sätzen. Und es muß auch nicht unbedingt in Sätzen vorkommen, die einen Bezug auf die Zukunft enthalten. Es wird am besten als Modal (wie *können, dürfen, müssen* u.s.w.) beschrieben. In unserer Besprechung der Moduskategorie werden wir sehen, daß die Tatsache, daß etwas Zukunft ist, ebensosehr mit dem Modus wie mit dem Tempus zu tun hat. Selbst bei der Analyse des Griechischen und Lateinischen (wo das ‹Futurum› wie das ‹Präsens› und das ‹Präteritum› flektiv realisiert ist) sprechen gewisse Gründe dafür, das ‹Futurum› als teilweise modal zu betrachten.

7.5.2 *Modus*

Modus wird wie Tempus häufig durch Flexion oder Modifikation des Verbums mithilfe von ‹Auxiliarverben› realisiert. Er läßt sich am besten definieren, indem man ihn in Zusammenhang mit einem ‹nicht-markierten› Satztyp betrachtet, einfachen, sachlichen Feststellungen, die nichts über die Einstellung des Sprechers zu dem Gesagten enthalten. Einfache Aussagen dieser Art sind in einem strengen Sinne nicht-modal (d. h. ‹unmarkiert› in Bezug auf Modus). Sind jedoch in einer bestimmten Sprache ein oder mehrere grammatische Möglichkeiten vorgesehen, Sätze je nach dem Verhältnis des Sprechers zu dem ausgesprochenen Sachverhalt (seine emphatische Gewißheit, seine Ungewißheit, seinen Zweifel u.s.w.) zu ‹markieren›, so ist es üblich, auch bei den ‹unmarkierten› Sätzen von einem bestimmten ‹Modus› zu sprechen; der für diesen ‹merkmallosen› Modus übliche Ausdruck ist *Indikativ* (*Aussageform, Deklarativ*).

Zwei Satztypen stehen aufgrund ihrer Modalität etwas abseits von allen anderen. Der erste umfaßt die *Imperativ*sätze, die keinerlei Feststellung enthalten, sondern Gebote oder Anweisungen ausdrücken (*Komm her! Zieh den Mantel an!* u.s.w.). Da Befehle oder Anweisungen im allgemeinen direkt an den Angesprochenen gerichtet sind, hängt die Hauptgruppe der Imperativsätze mit der ‹zweiten Person› zusammen. Es ist dabei ziemlich auffallend, daß in sehr vielen Sprachen, die die Verben nach Person, Zahl, Tempus, Modus u.s.w. flektieren (die indogermanischen Sprachen miteingeschlossen), die Verbform in den Imperativsätzen der ‹zweiten Person singularis› für alle diese Kategorien unflektiert erscheint (d. h. mit dem Stamm identisch ist). Viele Linguisten sahen diesen Umstand als Beweis dafür an, daß das Befehlen und nicht das Treffen von Feststellungen die ‹grundlegendere› Aufgabe der Sprache sei. Da nicht eindeutig ist, was unter ‹grundlegend› in diesem Zusammenhang zu verstehen ist, werden wir dieses Problem hier nicht behandeln. Jedenfalls kann zwischen Befehlen und Feststellungen keine klare Trennlinie gezogen werden. *Ich möchte, daß du herkommst* würde normalerweise unter die deklarativen Sätze gereiht werden. Und doch könnte die entsprechende Äußerung im richtigen Zusammenhang so verstanden werden, daß sie ein nicht weniger zwingendes oder autoritatives Gebot ausdrückt als *Komm her*!

Auch *Frage*sätze (Interrogativsätze) kontrastieren aufgrund ihrer Modalität mit den deklarativen Sätzen. Sie werden herkömmlich nicht als modal betrachtet, da in den meisten Sprachen (darunter Latein, Griechisch, Englisch) der syntaktische Unterschied zwischen Deklarativ- und Interrogativsätzen nicht an eine eigene Verbalflexion oder ein bestimmtes Hilfsverb gebunden ist, sondern ebenso wie der ‹Indikativ› an verschiedene Fragepartikel oder Pronomina oder auch an eine bestimmte Wortstellung oder Intonation. In der Linguistik spricht man gewöhnlich nicht von einem ‹Interrogativmodus›, außer im Zusammenhang mit jenen Sprachen, wo Fragen von den modal ‹unmarkierten› Sätzen auf dieselbe Weise syntaktisch unterschieden sind wie andere modal ‹markierte› Sätze. Von einem allgemeineren Standpunkt aus gehören jedoch die Interrogativsätze eindeutig zu den Modalsätzen. Sie können noch zusätzliche Modalfaktoren enthalten, die auf die Erwartungen des Sprechers hinweisen. In der Beschreibung des Lateinischen z. B. werden allgemein drei Arten von Entscheidungsfragen (‹ja – nein›) unterschieden: (i) ‹offene› Fragen (die nicht angeben, ob der Sprecher ‹ja› oder ‹nein› erwartet) mit dem Suffix *-ne*; (ii) jene Fragen, die die Antwort ‹ja› erwarten, eingeleitet durch das Partikel *nonne*; und (iii) jene, die die Antwort ‹nein› erwarten, eingeleitet durch *num*. Im Englischen gibt es einen ähnlichen Kontrast zwischen der ‹offenen› Frage des Typs *Is she here*? einerseits und *He's here, isn't he*? oder *He isn't here, is he*? andererseits. (Unter Entscheidungsfragen sind nicht Fragen zu verstehen, die mit ‹ja› oder ‹nein› beantwortet werden *müssen*, sondern solche, die so beantwortet werden *können*. *Ist John gekommen*? ist z. B. eine ‹ja›-‹nein›-Frage, nicht aber *Wer ist gekommen*?)

Wenn wir uns nun den anderen Aussageweisen neben Befehl und Frage zuwenden, finden wir eine große Anzahl von Möglichkeiten, wie die

‹Einstellung› des Sprechers in den verschiedenen Sprachen grammatisch markiert werden kann. Zumindest drei ‹Modalitätsskalen› können dabei eine Rolle spielen. Die erste ist die Skala des ‹Wunsches› und der ‹Absicht›. Ein Beispiel hierfür ist der Epitaph *Requiescat in pace*, ‹Er ruhe in Frieden›: der lateinische ‹Konjunktiv› *requiescat* kontrastiert modal mit dem ‹Indikativ› *requiescit*, ‹er ruht›. (Der griechische ‹Optativ›, der vom ‹Konjunktiv› geschieden ist, verdankt seine Bezeichnung der Tatsache, daß eine seiner Hauptfunktionen darin bestand, Wünsche auszudrücken). Die zweite Skala ist die der ‹Notwendigkeit› und der ‹Verpflichtung›: *Ich muß nächste Woche nach London fahren* u.s.w. Die dritte die der ‹Gewißheit› und ‹Möglichkeit›: *Er kann hier sein*, *Er muß hier sein* u.s.w. Ich habe den Terminus ‹Skala› für diese verschiedenen Arten der Aussageweise gewählt, weil sie in mehr oder weniger viele weitere Unterteilungen gegliedert werden können (z. B. ‹Gewißheit›, ‹Wahrscheinlichkeit›, ‹Möglichkeit›; oder ‹stärkere› und ‹schwächere› oder verschiedene Arten der ‹Verpflichtung› und ‹Notwendigkeit› u.s.w.). Darüberhinaus können bestimmte Sprachen beliebig zwei oder alle drei dieser Modalitätsskalen verschmelzen oder ihnen im grammatischen Bereich überhaupt nicht Rechnung tragen. Zu beachten ist auch, daß eine Verwandtschaft zwischen Imperativsätzen und den Modi des ‹Wunsches› und der ‹Notwendigkeit› einerseits und zwischen den Fragesätzen und dem Modus der ‹Möglichkeit› andererseits besteht. Insbesonders kann, was wie ein Fragesatz aussieht, etwa *Wirst Du herkommen*? (wir wollen von möglichen Intonationsunterschieden absehen) semantisch dem Imperativ *Wirst du wohl herkommen*? oder einfach *Komm her*! gleichwertig sein und kaum einer bestimmten Aussageweise zugeteilt werden.

7.5.3 *Überschneidung von Tempus und Modus*

Die Kategorien Modus und Tempus können sich auf verschiedene Weise überschneiden. Erstens kann eine bestimmte modale Distinktion in Verbindung mit einem bestimmten Tempus erfolgen, mit einem anderen Tempus jedoch neutralisiert sein. So fällt z. B. die Scheidung zwischen ‹Verpflichtung› und ‹Folgerung› in der Bedeutung des englischen Hilfsverbs *must* in einem nichtpräteriteralen Satz weg: *He must come regularly* (was entweder ‹Er hat regelmäßig zu kommen› heißt oder ‹Es ist wohl nicht anders möglich, als daß er regelmäßig kommt›). Dagegen ist diese Distinktion im Präteritum ganz deutlich: *He had to come regularly* (‹Er mußte regelmäßig kommen›) gegenüber *He must have come regularly* (‹Er muß regelmäßig gekommen sein›). (Interessant ist auch, daß die Neutralisation der beiden Bedeutungen ‹Verpflichtung› und ‹Folgerung› bei *must* nicht alleine vom Tempus abhängt. Die Ambiguität von *He must come regularly* hängt von dem Umstand ab, daß der Satz durch das Adverb *regularly* den Aspekt ‹habituell› erhält; im Gegensatz dazu ist *He must come now als* ‹nicht-habituell› festgelegt und gestattet kaum eine Interpretation im Sinne von ›Folgerung‹. Die Kategorie des Aspekts wird weiter unten besprochen).

Es gibt innerhalb der Auslegung von englisch *must* im Sinne von ‹Verpflichtung› noch eine weitere Unterscheidungsmöglichkeit, die mit dem Aufsichnehmen oder der Erfüllung der Verpflichtung zusammenhängt. Dies hat wieder mit der Entscheidung zwischen *must* bzw. *have to* einerseits (wobei zwischen diesen beiden im Nichtpräteritum gewisse Unterschiede bestehen) und *ought* andererseits zu tun. Der Unterschied wird dann deutlich, wenn wir die durchaus zulässigen Sätze *I ought to go to New York tomorrow but I'm not going to* (‹Ich sollte eigentlich morgen nach New York fahren, aber ich fahre nicht›) oder *He ought to have gone to New York yesterday but he didn't* (‹Er hätte eigentlich gestern nach New York fahren sollen, aber er tat es nicht›) mit den nicht-zulässigen Sätzen **I must go to New York tomorrow but I'm not going to* (‹Ich muß [mit naturgesetzlicher Notwendigkeit] morgen nach New York fahren, aber ich werde nicht fahren›) oder **He had to go to New York yesterday but he didn't* (‹Er mußte gestern nach New York fahren, aber er fuhr nicht›) vergleicht. Mit anderen Worten, an *must/have to* sind andere modale Voraussetzungen geknüpft als an *ought*. Diese Voraussetzungen sind zwar nicht tempusbedingt, sie bewirken aber, daß der Zuhörer aus dem präteritalen Satz *He ought to have gone* (‹Er hätte gehen sollen›) richtig schließt, daß (soweit der Sprecher weiß) die betreffende Person tatsächlich nicht gefahren ist, und aus *He had to go* (‹Er mußte gehen›), daß er tatsächlich gefahren ist. Diese Unterscheidungen innerhalb der Interpretation von ‹Verpflichtung› werden manchmal fälschlich beschrieben als Varianz in der ‹Stärke› der Verpflichtung oder als Distinktion zwischen ‹Pflicht› und ‹Notwendigkeit›.

Weiter oben in diesem Abschnitt ist die Andeutung gefallen, daß bei der Realisation der ‹Zukünftigkeit› in vielen Sprachen ebensosehr Modus wie Tempus beteiligt ist. Zunächst ist zu beachten, daß englische und auch deutsche Sätze, die *will* und *shall* bzw. *werden* enthalten, sich nicht unbedingt auf die Zukunft beziehen müssen. Unter den eindeutig modalen Verwendungen dieser Verben wäre der ‹Putativ› zu nennen (z. B. *He will be quite a big boy now, Er wird jetzt schon ein großer Junge sein,* was zu trennen ist von einer Folgerung wie: *He must be quite a big boy now, Er muß jetzt ein großer Junge sein*) sowie der ‹Induktiv›, der (um den englischen Grammatiker Palmer zu zitieren) «bei ‹allgemeinen›, zeitlosen Wahrheiten» steht, «welche induktiv bewiesen werden können, etwa wie *Oil will float on water*» (‹Öl schwimmt auf Wasser›). Neben der rein futurischen Bedeutung von engl. *shall*, dt. *werden* gibt es eine weitere, noch eindeutiger modale Verwendung, den ‹Promissiv›. Dabei tritt der Sprecher sozusagen als Garant für die Wahrheit oder das Eintreffen der Aussage auf: z. B. *You shall have your money by the end of the week*, *Du wirst dein Geld garantiert bis zum Wochenende haben*. Es sind noch andere Modalitäten an *shall* und *will* bzw. *werden* geknüpft. Darüber hinaus haben sich im Englischen nicht nur beide ‹Verben› historisch ganz deutlich aus Modalverben eines früheren Sprachzustands entwickelt, sie stehen auch paradigmatisch in Opposition mit anderen Modalverben der heutigen englischen Syntax wie *may*, *can* und *must*.

Wohl werden *will/shall* und *werden* häufig in Sätzen gebraucht, die die Zukunft ausdrücken, doch kann dies auch als ‹natürliche› Folge davon angesehen werden, daß Aussagen über kommende Geschehnisse immer von den Meinungen, Voraussagen oder Absichten des Sprechenden und nicht von seinem Wissen um Sachverhalte ausgehen. Interessant ist, daß in sehr vielen Sprachen, in denen gewöhnlich ein Tempus Futurum erkannt wird, dieses auch in Sätzen mit modalem Gehalt verwendet wird ähnlich wie in den englischen und deutschen Sätzen mit *will / shall* bzw. *werden* oben. Hierfür einige Beispiele: Das französische *Ça sera le facteur* (mit dem Futur *sera*) wird unter denselben Umständen verwendet wie das englische *That will be the postman* oder deutsch *Das wird der Briefträger sein*. Das russische ‹imperfektive Futur› (z. B. *Ja ne budu rabotatj* [‹Ich werde/will nicht arbeiten›]) kann ‹Absicht› oder ‹Entschlossenheit› mitbedeuten. Sogar das Futur des Lateinischen und Griechischen war in vielen Verwendungen modal; die Modalität (im Gegensatz zu ‹Präsens›, d. h. zu Nicht-Präteritum und Präteritum) wird durch zwei Tatbestände bestätigt, die das Futur mit dem Konjunktiv verbinden: (I) in bestimmten Zusammenhängen kann das Futur den Konjunktiv ersetzen, und (II) in keiner der beiden Sprachen gibt es einen ‹Konjunktiv des Futurs›. In dieser Hinsicht ist das traditionelle Schema der drei Tempora mit je zwei Aussageweisen für das Lateinische und drei für das Griechische (wobei in beiden Fällen der Imperativ ausgenommen ist) nicht ganz befriedigend. Für die allgemeine Theorie der Syntax kann als axiomatisch betrachtet werden, daß ‹Zukünftigkeit› eine Vorstellung ist, die quer durch die Trennung von Modus und Tempus verläuft.

Ob eine Sprache sowohl eine Tempuskategorie als auch eine Moduskategorie unterscheidet, ist natürlich eine Sache, die empirisch untersucht werden muß. Bei Hockett heißt es «Die Sprache der Hopiindianer hat drei Tempora: die eine für Feststellungen allgemeiner zeitloser Sachverhalte (‹Berge sind hoch›), eine zweite für Berichte bekannter oder als bekannt angenommener Ereignisse (‹Ich sah ihn gestern›, ‹Ich bin jetzt auf dem richtigen Weg›), und eine dritte für Vorkommnisse, die noch im Bereich der Ungewißheit sind, daher oft für etwas, was wir uns in der Zukunft des Sprechers vorstellen würden (‹Er kommt morgen›).» Aus dem, was über die Bedeutungen dieser drei ‹Zeiten› gesagt wird, könnte man wohl schließen, daß sie besser als Modi bezeichnet werden sollten. Was wir aber damit allgemein zum Ausdruck bringen wollen, ist, daß Modus und Tempus einander so ‹überkreuzen› können, daß jede der beiden Bezeichnungen gleich geeignet ist. Dasselbe wird durch Hocketts Feststellungen über die Sprache der Menomini (einer von Bloomfield beschriebenen Indianersprache) veranschaulicht: «Die Sprache der Menomini weist einen fünffachen Kontrast, hauptsächlich vom modalen Typus auf*, wenngleich semantisch auch Spuren tempusähnlicher Bedeutung festzustellen sind: /pi?w/ ‹er kommt, kommt gerade, kam›: /pi?wen/, ‹man sagt, er kommt; man sagt, er sei gekommen›: /pi?/, ‹Kommt er? Kam er?›: /piasah/ ‹er kommt also doch (obwohl wir es nicht erwartet haben)›: /piapah/ ‹aber er wollte doch kommen! (und nun stellt sich heraus, er kommt nicht!)›.» Es ist nebenbei festzuhalten, daß die Form /pi?/ als ‹Fragemodus› bezeichnet werden könnte (vgl. 7.5.2).

Noch eine andere Möglichkeit gibt es, wie Tempus und Modus einander ‹überschneiden› können. Es ist im Englischen oft richtig, *would, should, could* und *might* als präteritale Formen der Nicht-Präterita *will, shall, can* und *may* (wobei *had to* zu *must* und *have to* gehört) zu beschreiben: vgl. *I am going, I will go* (‹Ich werde gehen›), *He said that he was going, He said that he would go* (‹Er sagte, er würde gehen›) u.s.w. Es gibt jedoch auch andere Sätze mit *would, should* u.s.w., die mit dem Präteritum nichts zu tun haben: z. B. *That would be a good place for a picnic* (‹Dies wäre (würde sein) ein guter Platz für ein Picknick›), *You should see a doctor* (‹Du solltest zum Arzt gehen›), *It could be true* (‹Es könnte wahr sein›) u.s.w. Es sieht so aus, als würde in solchen Sätzen die ‹Tempus›unterscheidung von Nicht-Präterital und Präterital die betreffende Modalität auf eine solche Weise subkategorisieren, daß die Verknüpfung von ‹Präteritum› und Modus einen mehr ‹provisorischen›, ‹distanzierten› oder ‹höflichen› Sinn ergibt. Mit anderen Worten, ‹Tempus› wird hier zu einer sekundären Aussageweise.

7.5.4 *Die Modalität der Nebensätze*

Unsere Besprechung des Modus ist bisher allein vom Gegensatz zwischen einfachen Sätzen ausgegangen. Wir wollen uns jetzt mit der Modalität in den Nebensätzen komplexer Satzfügungen befassen. Der traditionelle Terminus für ‹Konjunktiv› im Englischen (‹subjunctive›) und Französischen (‹subjonctif›) ist in diesem Zusammenhang aufschlußreich. Er ist aus der lateinischen Übersetzung des griechischen Wortes für ‹Unterord-

* Hockett sagt wie Bloomfield «mode» statt des jetzt im Englischen gebräuchlichen «mood» (dt. «Modus»).

nung› abgeleitet und deutet darauf hin, daß der Konjunktiv für die traditionelle Grammatik der Modus der Nebenordnung (Subordination) schlechthin war. Dies läßt sich sehr gut anhand des Französischen aufzeigen, wo (wie im Griechischen und Lateinischen) der traditionell als Konjunktiv bezeichnete Modus in vielen Konstruktionen obligatorisch ist, in anderen wieder der Indikativ: z. B. *Je crois qu'il vient* gegenüber *Je ne crois pas qu'il vienne* (‹Ich glaube, daß er kommt› und ‹Ich glaube nicht, daß er kommt›; *vient* ist der Indikativ, *vienne* der Konjunktiv). Es gibt nur sehr wenige Fälle, in denen Indikativ und Konjunktiv im Französischen austauschbar sind. Der Konjunktiv kommt außer in Nebensätzen selten vor; wo er steht, bestimmt weitgehend die Art des Hauptsatzes, von dem der Nebensatz abhängt, die Art des Hauptverbums, die Negation sowie einige andere Faktoren. Mit anderen Worten, die Indikativ- und Konjunktivformen des Verbums sind beinahe in komplementärer Distribution.

Nun ergibt sich die Frage, ob der französische Konjunktiv zurecht als Modus bezeichnet wird. Allgemeiner (da das Französische in dieser Hinsicht keineswegs alleine dasteht): Wie hängen Modus und Subordination zusammen? Zunächst muß festgestellt werden, daß in jenen Kontexten, wo eine bestimmte Verbform (z. B. *vienne* statt *vient*) durch andere syntaktische Merkmale des Satzes bereits festgelegt ist, diese Verbform von sich aus keine bestimmte Aussageweise tragen kann. Daß z. B. in *Je ne crois pas qu'il vienne* nicht *vient*, sondern *vienne* steht, deutet nicht auf einen bestimmten semantischen Unterschied hin, der mit dem Konjunktiv im Gegensatz zum Indikativ verbunden wäre. Der Sprecher hat in diesem Kontext gar keine andere Wahl als den Konjunktiv. Warum behaupten wir also, daß das Verb *vienne* im ‹Modus› des Konjunktivs steht? Warum gebrauchen wir nicht einen neutraleren Ausdruck und sprechen von Konjunktiv‹form›?

Bei Sprachen, in denen eine Menge von Verbalformen vor allem in subordinierten Sätzen steht, gibt es drei wesentliche Möglichkeiten zu unterscheiden: (1) Die Distribution einer Menge von Formen, A, und einer Menge von Formen, B, kann teils komplementär teils überschneidend sein; der Unterschied zwischen beiden kann in jenen Kontexten, in denen sie kontrastieren, echt modaler Natur sein. Dieser Fall liegt, wenn auch in geringem Umfang, im Französischen vor. Man kann z. B. *Dieu vous bénit* (Indikativ: ‹Gott segnet dich›) und *Dieu vous bénisse* (Konjunktiv: ‹Möge Gott dich segnen!›) nebeneinanderstellen. Im Lateinischen und Griechischen kontrastierten Konjunktiv und Indikativ in größerem Ausmaß, jedoch war wie im Französischen in der Mehrzahl der Nebensätze bereits durch andere Faktoren bestimmt, ob Konjunktiv oder Indikativ zu stehen hatte. (2) Das Vorkommen von A oder B in Nebensätzen kann auch mit der jeweiligen Modalität, die auch anderwärts im Satz angedeutet ist, übereinstimmen. Z. B. drückt der verneinte Satz *Je ne crois pas qu'il vienne*, im Gegensatz zur relativen Gewißheit eines bejahenden *Je crois qu'il vient*, den Zweifel des Sprechers aus. (Eigentlich ist es so, daß ein solcher Unterschied in der Modalität beider Sätze in gewissen Kontexten nur dadurch ausgedrückt werden kann,daß von den beiden Alternativen, Indikativ oder Konjunktiv, der Indikativ gewählt wird. Dies kann jedoch für unser Beispiel vernachlässigt werden.) Wir können daher sagen, daß im Fall *Je ne crois pas qu'il vienne* bzw. *Je crois qu'il vient* die Form des Verbums im Einklang ist mit dem modalen Kontext, in dem sie steht, und zwar auf dieselbe Weise, wie die Verbform bei *He came yesterday* mit der Zeitangabe *yesterday* übereinstimmt. (3) Es kann auch keinerlei Zusammenhang bestehen zwischen der Verbform und dem modalen Kontext, von dem der Nebensatz abhängt. In einem solchen Fall würde man den Unterschied zwischen A und B nicht als modal bezeichnen, wenn es auch vertretbar ist, die Bezeichnung ‹Konjunktiv› auf jene ‹Formen› anzuwenden, die mehr oder weniger auf subordinierte Sätze beschränkt sind. Der Konjunktiv wird im Griechischen und Lateinischen (wie im Französischen) traditionsgemäß als ‹Modus› betrachtet, weil er sowohl die erste als auch die zweite der oben beschriebenen Bedingungen erfüllt. Der Terminus ‹Konjunktiv› an sich impliziert aber noch nicht Modalität.

7.5.5 *Aspekt*

Die Bezeichnung *Aspekt* (eine Übersetzung von russisch *vid*) wurde ursprünglich für die Unterscheidung zwischen ‹perfektivisch› und ‹imperfektivisch› bei der Verbflexion im Russischen und in anderen slawischen Sprachen gebraucht. Das Wort ‹perfektivisch› (oder ‹perfektisch›) erinnert an den Ausdruck, den die Grammatiker der Stoa für die in manchem ähnliche Vorstellung der ‹Vollendung›, die im Griechischen anzutreffen ist, verwendet haben. Wie bereits angedeutet, erkannten die Stoiker bei der Untersuchung der griechischen Verbalformen, daß neben dem Zeitbezug, wie er durch das Tempus gegeben war, noch ein anderer Faktor eine Rolle spielte (vgl. 1.2.5). Diese Erkenntnis der von uns mit ‹Aspekt› bezeichneten Erscheinung wurde jedoch von den Alexandriern und ihren Nachfolgern nicht aufgegriffen.

7.5.6 *‹Perfektiv› und ‹Imperfektiv›*

Der Unterschied zwischen dem perfektivischen und dem imperfektivischen Aspekt im Russischen läßt sich anhand der folgenden Sätze veranschaulichen: (I) *Ja pročital roman* und (II) *Ja čital roman.* Beide Sätze können zwar mit ‹Ich las einen Roman› wiedergegeben werden (als Antwort etwa auf die Frage: ‹Was hast du gestern abend gemacht?›), sie sind aber im Russischen nicht gleichwertig. Bei (I) steht das perfektivische Verb (*pro-čital*), bei (II) das imperfektivische (*čital*). Wichtig dabei ist, daß es nicht allein von den situationsbedingten Sachverhalten abhängt, ob der eine oder der andere Aspekt gebraucht wird. Das perfektivische Verb ist im russischen Aspektsystem der ‹merkmalhafte› Ausdruck, während das imperfektivische im Gegensatz dazu merkmallos ist. (Dieses Verhältnis zwischen den beiden Aspekten gilt unabhängig von der morphologischen Ableitung der Formen. Viele Perfektiva erhält man durch Präfigierung der entsprechenden Imperfektiva, z. B. *pro-čital* : *čital*; bei anderen ist es wieder die Imperfektivform, die durch Suffigierung aus dem Perfektivum gebildet wird, z. B. *za-pis-al* [perfektivisch] : *za-pis-yv-al* [imperfektivisch], ‹schrieb schnell hin›.) Die perfektivische Form in Satz (I) vermittelt die Bedeutung, daß die ‹Handlung› des Lesens vollendet wurde (d. h. daß das Buch ausgelesen wurde). Satz (II) hingegen sagt nichts darüber aus, ob die ‹Handlung› vollendet wurde oder nicht; er besagt lediglich, daß der Sprecher einige Zeit damit verbrachte, einen Roman zu lesen.

Wie im Russischen ist auch im Griechischen der perfektivische Aspekt ‹merkmalhaft› im Gegensatz zum imperfektivischen. Es gibt jedoch im griechischen Aspektsystem noch eine dritte Kategorie, den ‹Aorist›, der in gewissen syntaktischen Stellungen sowohl im Gegensatz zum imperfektischen als auch zum perfektivischen Aspekt steht. Es ist sehr gut möglich, daß dieses dreigliedrige System ein Merkmal der indogermanischen ‹Ursprache› war. Der perfektivische Aspekt im Griechischen ist von allen dreien am stärksten ‹markiert›. Vielleicht ist es richtiger zu sagen, daß der imperfektivische Aspekt im Vergleich zum perfektivischen ‹unmarkiert› ist, daß der Aorist aber ‹unmarkiert› im Vergleich zum imperfektivischen ist. Wie bereits angedeutet, ist die Opposition zwischen perfektivischem und imperfektischem Aspekt im Griechischen durch das Kriterium der ‹Vollendung› festgelegt. Dies kann mithilfe des folgenden Satzes veranschaulicht werden (aus Platos *Crito*): «Jetzt ist nicht die Zeit, Entscheidungen zu treffen [imperfektivisch, bouleúesthai], sondern bereits entschieden zu haben [perfektivisch, bebouleûsthai]». Das griechische Perfektiv bezeichnet den Zustand [engl. ‹state›], der sich aus der Vollendung der Handlung bzw. des Vorganges ergibt, so daß das Verbum *bebouleûsthai* im obigen Satz etwas unelegant, aber für unsere Zwecke aufschlußreicher mit ‹im Zustand des entschieden-Habens sein› übersetzt werden kann. Die Opposition Imperfektiv : Aorist hat mit der Dauer der beschriebenen Handlung bzw. des Vorgangs zu tun. Im Gegensatz zur aoristischen Form *bouleúseasthai* (‹entscheiden› ohne Hinweis darauf, ob die Entscheidung augenblicklich erfolgt oder nicht) bedeutet das imperfektivische *bouleúesthai* ‹eben beim Entscheiden sein›. Die dreigliedrige Opposition von perfektivischem, imperfektivischem und aoristischem Aspekt ist also das Ergebnis zweier zweigliedriger Unterscheidungen: perfektivisch (oder kompletiv [‹vollendend›]) und nicht-perfektivisch; durativ [‹andauernd] und nicht-durativ. Die Aspektvorstellungen der ‹Vollendung› und ‹Dauer› finden sich entweder zusammen oder einzeln in vielen Sprachen.

Wir besprechen an dieser Stelle nicht die anderen Begriffe, die gewöhnlich unter dem Terminus ‹Aspekt› zusammengefaßt werden: so den ‹Iterativ› (oder ‹Frequentativ›), die ‹Punktualität› (bzw. ‹Augenblicklichkeit› [engl. ‹momentary›], den ‹Habituativ› [engl. ‹habitual›], den ‹Inchoativ› (oder ‹Inceptiv›) u.s.w. Schon die Liste dieser wenigen Beispiele zeigt, daß die Aspektkategorie eine große Vielfalt von Distinktionen umfaßt. Sie alle hängen wie die Tempusunterscheidungen mit der Zeitvorstellung zusammen; jedoch geht es beim Aspekt (wie Hockett es formulierte) mehr um die «Verteilung in der Zeit bzw. die zeitliche Abgrenzung» einer Tätigkeit, eines Vorfalls oder eines Zustands als um die «Festlegung in der Zeit». Zum Unterschied vom Tempus ist der Aspekt keine deiktische Kategorie; er hat keinen Bezug auf den Zeitpunkt der Äußerung.

7.5.7 *Aspekt im Englischen*

Das Englische hat zwei Aspekte, die sich ziemlich unbeschränkt mit Tempus und Modus verbinden: das ‹perfect› (z. B. *I have/had read the book, I will/would have read the book*) und die ‹Verlaufs-(Progressiv-)form› (*I am/was reading the book, I will/would be reading the book*). Sie lassen sich auch beliebig miteinander verbinden (*I have/had been reading the book*), zum Unterschied von den beiden oben besprochenen entsprechenden Aspekten im Griechischen (die in jedem Fall nur sehr grob mit den englischen vergleichbar sind). Es gibt im Englischen eine Reihe anderer Aspektunterscheidungen mit nicht so allgemeiner Distribution, darunter den ‹Habituativ› (der nur mit dem Präteritum auftritt: *I used to read* [‹Ich las gewöhnlich›]) und den ‹Mutativ› (der auf das Passivum beschränkt ist: *I got killed* [‹Ich wurde getötet›]). Umfassendere Auskunft über die Kategorie geben die im bibliographischen Anhang zitierten Arbeiten, darunter eine Anzahl jüngerer Abhandlungen. Die eine oder andere Bemerkung von allgemeinerem theoretischem Interesse soll hier angeschlossen werden.

Es gibt im Englischen einige Verben, die gewöhnlich nicht mit dem Verlaufsaspekt vorkommen und zwar auch nicht in jenen Kontexten, wo die meisten Verben in der Verlaufsform stehen müssen. Unter diesen sogenannten ‹nicht-progressiven› Verben sind: *think, know, understand, hate, love, see, taste, feel, possess, own* u.s.w. Das auffallendste gemeinsame Merkmal ist, daß sie ‹statisch› sind – sie bezeichnen nicht eine Tätigkeit, ein Ereignis oder einen Vorgang, sondern einen Zustand. Da die häufigste Aufgabe des Verlaufsaspekts darin besteht, Dauer anzuzeigen, könnte man behaupten, es sei ‹natürlich›, daß statische Verben sich nicht mit dem Verlaufsaspekt verbinden, denn die Bedeutung des Andauerns ist bereits in der allgemeinen Bedeutung dieser Verben enthalten. Zu beachten ist, daß dies auch für die meisten prädikativen Adjektive im Englischen gilt. Ein Satz wie **The book is being very heavy* ist anomal, wenn nicht überhaupt unmöglich. Es gibt aber einige Adjektive, die mit der Verlaufsform (des ‹Verbums *to be*›) vorkommen, wenn sie nicht einen Zustand oder eine Eigenschaft, sondern eine Tätigkeit bezeichnen: *John is being very good now* (‹John führt sich jetzt sehr gut auf›). Wir werden auf diese Unterscheidung zwischen ‹Zustand› und ‹Tätigkeit› noch zurückkommen, wenn wir weiter unten allgemein den Unterschied zwischen Verben und Adjektiven besprechen (vgl. 7.6.4). Hier soll nur festgestellt werden, daß alle ‹nicht-progressiven› Verben den progressiven Aspekt tatsächlich unter gewissen Voraussetzungen annehmen können. Einer der Umstände unter denen der progressive Aspekt bei ‹Verben des Zustands› im Englischen gebraucht wird, ist eine *ad hoc*-‹Umkategorisierung› der Verben als ‹Verben der Tätigkeit›. Selbst ein so ungewöhnlicher Satz wie *I am having a headache* kann in passendem Kontext als ‹Tätigkeit› ausgelegt werden. Es ist auch zu beachten, daß die englischen ‹nicht-progressiven› Verben nicht unbedingt statisch (Zustandsverben) sind, wenn sie sich mit dem Präteritum oder einem der Modalverben verbinden: z. B. *As soon as I saw him, I knew that there was something wrong* (‹Sobald ich ihn sah, wußte ich, daß etwas nicht in Ordnung war›); *You will feel a slight pain when I insert the needle* (‹Du wirst einen leichten Schmerz spüren, wenn ich die Nadel einführe›). In diesen Sätzen bezeichnen die Verben *knew* und *feel* ein ‹Ereignis› – den Beginn eines Zustandes und nicht den Zustand als solchen.

7.5.8 *Überschneidung von Tempus und Aspekt*

Wir haben bereits gesehen, daß im Englischen (oder in anderen Sprachen), was das Futur betrifft, keine scharfe Trennung zwischen Tempus und Modus gezogen werden kann. Der Aspekt ‹verschmilzt› gleichfalls mit Tempus und mit Modus. Es wird z. B. das ‹perfect› zusammen mit *just* (‹gerade›) verwendet, um auf die allerjüngste Vergangenheit zu verweisen (*I have just seen him*); es bildet eine ‹Vergangenheit in der Vergangenheit› in der indirekten Rede (*He said he'd seen him the day before* [‹Er sagte, er habe ihn am Vortag gesehen›] kann sich zu *I saw him yesterday* [‹Ich sah ihn gestern›] ebenso verhalten wie *He said he was reading* [‹Er sagte, er habe gelesen›] zu *I am reading* [‹Ich lese eben›]); und (um Palmers Formulierung zu zitieren) die präteritalen und nicht-präteritalen Perfektformen «umfassen Zeitspannen, die vorher begannen und bis zu einem bestimmten Zeitpunkt andauerten, und zwar bis zur Gegenwart im Fall des Präsens und bis zu einem vergangenen Zeitpunkt im Fall des Präteritums». Alle diese Eigenschaften des englischen Perfekts stützen die traditionelle Auffassung, daß das Perfekt zumindest unter bestimmten Voraussetzungen nicht Aspekt, sondern ein sekundäres oder relatives Tempus ist. Auch die Verlaufsform hat nicht nur Aspektcharakter, sondern kann auch modale Aufgaben erfüllen. Insbesondere kann sie Absicht ausdrücken (z. B. *I am going to London tomorrow* [‹Ich habe vor, morgen nach London zu fahren›].

Tempus, Modus und Aspekt gehen in vielen anderen Sprachen ähnlich dem Englischen ineinander über, z. T. deshalb, weil gewisse Begriffe, wie wir gesehen haben, genausogut als modal, temporal oder aspektual angesehen werden können, z. T. aber auch deshalb, weil in der semantischen Analyse dieser Sprachen mehr Unterscheidungen zu berücksichtigen sind, als durch die systematischen morphologischen und syntaktischen Kontraste, die wir als ‹Tempus›, ‹Modus› oder ‹Aspekt› bezeichnen, aufs erste erfaßt werden. Keine der drei Kategorien ist ein unbedingt nötiger Bestandteil der menschlichen Sprache. Die verschiedenen Sprachen zeigen große Unterschiede in der Art und Weise, wie sie temporale, modale und aspektuale Vorstellungen zusammenfassen bzw. trennen. Nur wenn diese Vorstellungen mithilfe von sprachlichen Mitteln wie der Flexion oder dem Einsatz von Partikeln ausgedrückt werden, ist der Linguist bereit, sie als *grammatisch* zu bezeichnen. Es gibt z. B. viele Sprachen, in denen die temporale Referenz, wenn überhaupt, fakultativ mithilfe von *lexikalischen* Elementen wie ‹gestern›, ‹morgen› u.s.w. oder ‹jetzt› und ‹dann› realisiert wird. Dies wird normalerweise nicht als Tempus betrachtet. Auf recht ähnliche Weise können verschiedene Satzmodalitäten im Englischen mithilfe von Adverbien wie *certainly, probably, perhaps* u.s.w. anstelle der modalen Auxiliarverben oder zusätzlich zu diesen ausgedrückt werden.

Am Schluß dieses Abschnitts sei darauf hingewiesen, daß dieser Überblick über Tempus, Modus und Aspekt nur skizzenhaft und zuweilen allzu vereinfachend sein konnte. Insbesondere haben wir uns überhaupt nicht mit der wichtigen Tatsache auseinandergesetzt, daß in jedem beliebigen Kontext die Bedeutung einer dieser grammatischen Kategorien mithilfe von Adverbien oder Adverbialkomplexen, die mit dieser Kategorie in dem Satz in syntagmatischer Bindung stehen, genauer präzisiert werden kann.

7.6 *Die Wortarten*

7.6.1 *Sind die traditionellen Definitionen zirkelhaft?*

Eine der häufigsten Kritiken an den traditionellen Definitionen der Wortarten (‹Redeteile›) ist der Vorwurf, daß sie zirkelhaft sind. So hat man z. B. darauf hingewiesen, daß die Definition des ‹Nomens› etwa für Wörter wie *Schönheit*, *Wahrheit*, *Elektrizität* u. a. zirkelhaft ist, wenn nämlich die Klasse der Nomina auf der Grundlage der ‹Inhaltbezogenheit› als jene Klasse von lexikalischen Einheiten definiert wird, deren Klassenelemente Personen, Orte und Dinge bezeichnen (so lautet tatsächlich die Definition des Nomens in der traditionellen Grammatik). Die Zirkelhaftigkeit liegt darin, daß der einzige Grund, weshalb wir *Wahrheit, Schönheit* und *Elektrizität* als ‹Dinge› bezeichnen, der ist, daß die deutschen Wörter, die sie bezeichnen, Nomina sind.

Diese Kritik verliert ihre Stichhaltigkeit, sobald wir zwischen ‹formalen› und ‹inhaltbezogenen› Definitionen unterscheiden und die Möglichkeit vorsehen, daß die ‹inhaltbezogenen› Definitionen der Wortarten dazu dienen können, die Bezeichnung der wichtigeren syntaktischen Klassen des Deutschen und anderer Sprachen – wenn auch nicht die Zugehörigkeit ihrer einzelnen Elemente – festzulegen. Angenommen wir haben für das Deutsche eine Menge syntaktischer Klassen, *X*, *Y* und *Z* (neben einer Reihe von anderen Klassen) auf ‹formaler›, distributioneller Grundlage aufgestellt (vgl. 4.2.9) und die Elemente jeder dieser Klassen sind in dem zur Grammatik gehörigen Lexikon angeführt:

X = {*Junge, Frau, Gras, Atom, Baum, Kuh, Wahrheit, Schön-*
{*heit, Elektrizität* ...}
Y = {*kommen, gehen, sterben, essen, lieben, existieren* ...}
Z = {*gut, schön, rot, schwer, groß* ...}

Durch Nachschlagen im Lexikon können wir für jedes Wort der Sprache entscheiden, zu welcher syntaktischen Klasse bzw. zu welchen Klassen es gehört. Wohl bezeichnen nicht alle Elemente der Klasse *X* Personen, Orte und Sachen (wenn ‹Sache› als ‹diskreter, physischer Gegenstand› verstanden wird). Es ist aber vielleicht trotzdem so, daß alle lexikalischen Einheiten (oder die überwältigende Mehrheit), die Personen, Orte und Sachen bezeichnen, in Klasse *X* fallen. Wenn das so ist, dann können wir *X* die Klasse der Nomina nennen. Mit anderen Worten, wir haben eine ‹formale› Klasse *X* und eine ‹inhaltbezogene› Klasse *A*. Sie entsprechen einander nicht völlig; wenn aber *A* zur Gänze oder in der Hauptsache in *X* enthalten ist, dann kann der Klasse *X* die durch die ‹inhaltbezogene› Definition von *A* nahegelegte Bezeichnung gegeben werden. Eben deshalb trägt die lexikalische Klasse, die nicht nur *Junge, Frau* u.s.w., sondern auch *Wahrheit*, *Schönheit* u.s.w. umfaßt, im Deutschen zurecht die Bezeichnung ‹Nomen›. Ob es irgendeine Sprache gibt, für die das Nomen nicht auf diese Weise definiert werden kann, ist eine empirische Frage. Wenn ein Linguist die Behauptung aufstellt, das Nomen sei keine universelle Kategorie der menschlichen Sprache, so ist dies in den meisten Fällen deshalb falsch, weil nicht beachtet wurde, daß die Kriterien der Klassenzugehörigkeit und die Kriterien, die für die Bezeichnung der Klasse gelten, auseinandergehalten werden müssen. In der Praxis scheint den Linguisten die Entscheidung nicht schwergefallen zu sein, welche Klasse in einer bestimmten Sprache als Klasse der Nomina zu bezeichnen ist. Wie wir sehen werden, ist dies bei den anderen Wortarten der traditionellen Grammatik anders. Im Prinzip ist jedoch die Trennung zwischen ‹formaler› und ‹inhaltbezogener› Definition auch hier anwendbar.

Ernster zu nehmen ist der Vorwurf, daß die in den Definitionen enthaltenen Kriterien ganz klar sprachabhängig (oder ‹glossozentrisch›) in dem Sinne sind, daß sie außerhalb eines sehr kleinen Bereiches von Sprachen (dazu gehört Latein und Griechisch, für die sie ursprünglich aufgestellt worden waren) nicht gelten. Dies läßt sich anhand der von Dionysius Thrax aufgestellten Definitionen von Nomen, Verb und Präposition (die von den meisten seiner Nachfolger im Hauptstrom der abendländischen grammatischen Überlieferung übernommen wurden; vgl. 1.2.5) aufzeigen: «Das *Nomen* ist ein Redeteil, dem Kasusflexion eignet und der eine Person oder eine Sache bezeichnet»; «Das *Verb* ist ein Redeteil, der keine Kasusflexion hat, sondern nach Tempus, Person und Numerus flektiert und eine Tätigkeit bzw. das Erleiden einer Tätigkeit bezeichnet»; «Die *Präposition* ist ein Wort, das bei Wortbildung und syntaktischen Fügungen vor allen anderen Redeteilen steht». Nomen und Verb erhalten demnach eine Definition, die ‹inhaltbezogen› ist nicht nur im Hinblick auf ihre ‹Bedeutung›, sondern auch im Hinblick auf ihre Flexionsmerkmale, während der Definition der Präposition die völlig andersartige Eigenschaft der Position (sowohl bei morphologischen als auch syntaktischen Fügungen) zugrundeliegt. Nun ist erstens die Flexion keineswegs ein universelles Sprachmerkmal; zweitens müssen jene Sprachen, die Flexion besitzen, nicht unbedingt die Kategorien Kasus, Numerus und Tempus haben; und schließlich kann die scharfe Trennung, die die traditionelle Grammatik zwischen Kasus und Präpositionen zieht, in der allgemeinen Syntaxtheorie nicht aufrechterhalten werden (vgl. 1.2.5, 7.4.1, 7.4.7). Die Frage, auf welche die Definitionen des Dionysius Thrax Antwort geben sollten, läßt sich so formulieren: Vorausgesetzt die Sätze der Sprache sind in Wörter gegliedert, welcher Klasse würde jedes Wort zugeteilt werden? Und die grammatischen Kriterien für die Klassifikation der Wörter gingen in der Hauptsache von Eigenschaften der Oberflächenstruktur aus.

Es kann mit Sicherheit angenommen werden, daß jede allgemeine Theorie der Wortarten, deren Gültigkeit über eine enge Auswahl von Sprachen hinausreichen soll, der Distinktion zwischen Tiefen- und Oberflächenstruktur einen ganz wesentlichen Platz einräumen muß, daß weiter die Wortarten nicht als Wortklassen der Oberflächenstruktur, sondern als Satzkonstituenten der Tiefenstruktur (vgl. 6.6.1) definiert werden müssen. Im letzten Teil dieses Abschnitts wollen wir uns mit der Frage befassen, ob ein Teil oder die Gesamtheit der traditionellen Wortarten auf diese Weise definiert werden können.

7.6.2 *Die syntaktischen Funktionen der wichtigsten Wortarten*

Die Trennung zwischen Tiefen- und Oberflächensyntax wurde in der traditionellen Grammatik nicht ausdrücklich getroffen. Aber sie war zumindest teilweise in der Annahme enthalten, daß alle zusammengesetzten Sätze sowie verschiedene Arten nicht-deklarativer Sätze, Teilsätze und Wortkomplexe von einfachen, modal ‹unmarkierten› Sätzen abgeleitet sind. Darüberhinaus verband man die ‹Haupt-Redeteile› mit gewissen typischen Funktionen im einfachen Satz. Diese wurden von manchen Grammatikern für die wichtigeren Eigenschaften der ‹Redeteile› gehalten als ihre ‹akzidentellen› Flexionsmerkmale in den verschiedenen Sprachen (vgl. 7.1.2). Man behauptete, daß jeder einfache Satz aus zwei Teilen besteht: einem *Subjekt* und einem *Prädikat*. Das Subjekt war immer ein Nomen (oder ein Pronomen, ‹stehend für› ein Nomen). Das Prädikat aber entsprach einem von drei Typen, je nachdem welcher Redeteil (bzw. welche Redeteile) darin enthalten war(en); dies konnte sein: (I) ein intransitives Verb, (II) ein transitives Verb mit seinem *Objekt*, (III) das ‹Verbum *sein*› (oder eine andere ‹Kopula›) mit seinem *Komplement* (*Ergänzung*). Das Objekt hatte wie das Subjekt ein Nomen zu sein, das Komplement entweder (a) ein Adjektiv oder (b) ein Nomen.

Die Begriffe ‹Subjekt›, ‹Objekt› und ‹Komplement› werden im folgenden Kapitel besprochen. Wir wollen sie vorläufig als definiert ansehen. Wir wollen weiter annehmen, daß das, was wir im letzten Absatz über den Zusammenhang mit den Wortarten festgestellt haben, zumindest für das Deutsche (und Englische) richtig ist. Dazu folgende Beispielsätze:

(1) *Maria tanzt*
(2) *Maria kocht Fisch*
(3 *a*) *Maria ist schön*
(3 *b*) *Maria ist ein Kind*

Wenn wir von Tempus, Modus, Aspekt, Zählbarkeit und Definitheit absehen, können wir diese Sätze mit den entsprechenden Strukturbeschreibungen mithilfe der folgenden grammatischen Regeln und dem dazugehörigen Lexikon erzeugen:

Grammatik	*Lexikon*
(I) $\Sigma \rightarrow A + X$	$A = \{$ *Maria, Fisch, Kind, ...* $\}$
(II) $X \rightarrow \begin{cases} B \\ C + A \\ D + Y \end{cases}$	$B = \{$ *tanzen, ...* $\}$ $C = \{$ *kochen, ...* $\}$
(III) $Y \rightarrow \begin{cases} A \\ E \end{cases}$	$D = \{$ *sein* $\}$ $E = \{$ *schön, ...* $\}$

Eine schematische Darstellung der diesen Sätzen zugrundeliegenden Konstituentenstrukturen ist aus Abb. 17 ersichtlich.*

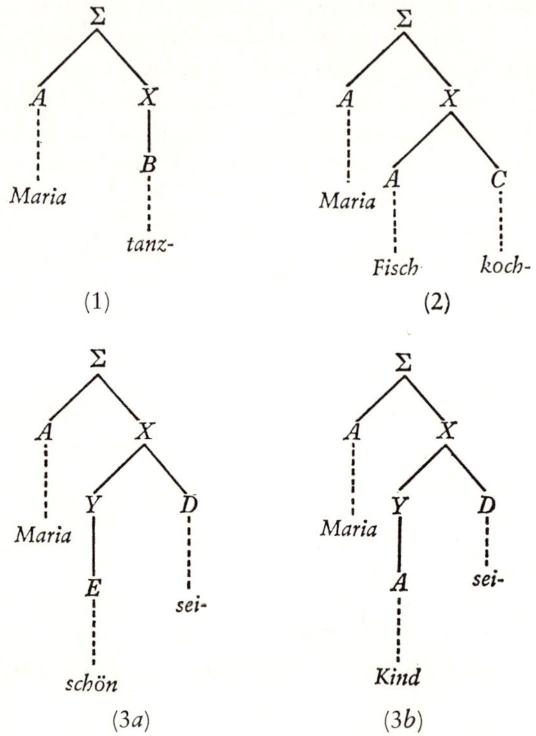

Abb. 17

Man wird feststellen, daß *X* und *Y* *Hilfssymbole* sind, deren einzige Aufgabe darin besteht, die Knoten zu bezeichnen (vgl. 6.3.1) und aufzuzeigen, daß nur (3*a*) und (3*b*) auf der tieferen Stufe der Konstituentenstruktur gleich sind, während auf höherer Stufe alle vier Sätze syntaktisch äquivalent sind. Abgesehen davon, daß wir die Symbole *A, B, C, D* und *E* willkürlich an die Stelle der überlieferten Bezeichnungen für die Wortarten gesetzt haben, formalisieren die eben aufgestellten Regeln die konventionellen Aussagen, die wir weiter oben bezüglich der Struktur verschiedener

* Man beachte, daß zum Unterschied vom Englischen die Reihung der Elemente in der Tiefenstruktur des deutschen Satzes die Letztstelle für das Verb vorsieht. Vgl. dazu Bierwisch Manfred: Grammatik des deutschen Verbs. Studia Grammatica II. Akademie-Verlag, Berlin, [4]1966, und Bach Emmon: «The Order of Elements in a Transformational Grammar of German». Language 38 (1962), 263–269.

Typen einfacher deklarativer Sätze zitiert haben. Es erhebt sich nun die Frage, ob es möglich ist, die traditionellen Wortarten bzw. ihre Funktionen ausschließlich aufgrund der Beziehungen festzulegen, die zwischen den Konstituentenstrukturen der vier Satztypen bestehen.

Diese Frage kann eindeutig bejaht werden. Klasse *A* ist die Klasse der Nomina, da es die einzige Konstituentenklasse ist, die alle Sätze auf der höchsten Stufe der Konstituentenstruktur gemeinsam haben. *B* ist die einzige Klasse, die sich unmittelbar mit Nomina (unter dem Hilfsknoten X) zu Sätzen verbindet und stellt demzufolge die Klasse der intransitiven Verben dar. Da die Elemente von C sich mit keiner anderen Klasse als den Nomina (*A*) zu Prädikaten (*X*) verbindet, ist C die Klasse der transitiven Verben. *D* ist schließlich die Kopula-Klasse, da diese sich sowohl mit Nomina als auch mit der Klasse *E* verbindet, die daher die Adjektivklasse vertritt.

Dieses Argument beruht natürlich auf den spezifischen Annahmen, die in der überlieferten Auffassung von der syntaktischen Aufgabe der Wortarten enthalten sind. Sollte eine allgemeinere Theorie der ‹Redeteile› erstellt werden, so sind mindestens zwei dieser Hypothesen in Frage zu stellen. Die erste hat mit dem Status der Kopula bzw. des ‹Verbs *sein*› zu tun, die zweite mit der Universalität der Unterscheidung zwischen Verben und Adjektiven.

7.6.3 *Das ‹Verb «sein»›*

Es ist bekannt, daß in vielen Sprachen die Sätze (*3a*) *Maria ist schön* und (*3b*) *Maria ist ein Kind* so aussehen würden: (*3a*) ‹Maria schön› und (*3b*) ‹Maria Kind›; d. h. das prädikative Adjektiv oder Nomen ist unmittelbar, ohne Kopula, mit dem Subjektnomen verbunden. Sogar in den indogermanischen Sprachen scheint die kopulative Aufgabe des ‹Verbs *sein*› eine Sekundärentwicklung zu sein. Der ‹ursprüngliche› Zustand läßt sich anhand eines Beispiels aus dem Gegenwartsrussisch veranschaulichen: *Marija krasivaja* (‹Maria ist schön›) und *Marija rebënok* (‹Maria ist ein Kind›), wobei *krasivaja* die auf *Marija* abgestimmte weibliche Form des Adjektivs ist und *rebënok* ein Nomen (im Nominativ). Im Lateinischen und Griechischen war das ‹Verbum *sein*› in derartigen Sätzen nicht obligatorisch. Wenn wir sie aber ins Präteritum (oder in einen nicht-indikativischen Modus) setzen, müßte die entsprechende Form des ‹Verbums *sein*› im Russischen unbedingt erscheinen (*byla*, *budet* u.s.w.), ebenso im Lateinischen (*erat* u.s.w.) und Griechischen (*ên* u.s.w.).

Dies deutet darauf hin, daß die Hauptfunktion des kopulativen ‹Verbums *sein*› im Russischen, Griechischen und Lateinischen darin besteht, in der Oberflächenstruktur den *locus* für die Markierung von Tempus, Modus und Aspekt anzugeben. (‹locus› ist kein üblicher Fachausdruck.

Wir führen ihn hier ein zur Bezeichnung jenes Elements der Oberflächenstruktur, welches ‹Träger› eines syntaktischen, distinkten Merkmals ist.) Mit anderen Worten, *sein* ist von sich aus nicht eine Konstituente der Tiefenstruktur, sondern ein semantisch leeres ‹Quasi-Verb›, welches von den grammatischen Regeln des Russischen, Griechischen und Lateinischen erzeugt wird, um gewisse Merkmale (die gewöhnlich vom Verbum ‹getragen› werden) angeben zu können, wenn kein anderes verbales Element da ist, das diese Aufgabe übernehmen kann. Sätze, die in Bezug auf Tempus, Modus und Aspekt ‹unmarkiert› sind (z. B. ‹Maria ist schön›), brauchen dieses ‹Quasi-Verb› nicht.

Dieser Überblick über die Leistung der Kopula im Russischen, Griechischen und Lateinischen gilt verallgemeinernd auch für das Deutsche und jene anderen Sprachen, bei denen ein ‹Verbum *sein*› sowohl in den Sätzen steht, die Modus-, Tempus- oder Aspektmerkmale enthalten, als auch in denen, die in dieser Hinsicht ‹merkmallos› sind.

Einer der Vorteile, das kopulative ‹Verbum *to be*› etwa im Englischen als rein grammatisches ‹Quasizeichen› zu betrachten (so wie das ‹Quasi-Auxiliar› *do* in Sätzen wie *Do they come regularly?*, *He doesn't eat fish* u.s.w.) liegt darin, daß Nominalgruppen wie z. B. *the tall man* (‹der große Mann›) transformationell von den P-Markern abgeleitet werden können, die Sätzen wie *The man is tall* (‹Der Mann ist groß›) zugrundeliegen, ohne daß dabei die Kopula getilgt werden muß. Englische (deutsche) Grammatiken, die *be* (*sein*) in der Tiefenstruktur der Sätze einführen (vgl. die Regel $X \rightarrow D + Y$ in 7.6.2), enthalten jedenfalls viele Transformationsregeln zur Eliminierung dieses Elements in vielen verschiedenen Positionen der Oberflächenstruktur.

Wichtiger noch ist, daß das ‹Verb *sein*› (englisch *to be*) in Sätzen wie *Maria ist schön* im Gegensatz zum Verb *kochen* in *Maria kocht Fisch* nur mit einer beschränkten Anzahl anderer ‹Verben›, insbesondere mit *werden* (englisch *become*) kontrastiert. Ob *werden* oder *sein* steht, hängt vom Kriterium ‹markiert›/‹unmarkiert› im Hinblick auf eine andere grammatische Opposition ab (statischer/nicht-statischer Aspekt). Wir wollen darauf weiter unten eingehen (vgl. 8.4.7). Im Augenblick genügt es, daß wir die Eliminierung des ‹Verbums *sein* (*to be*)› aus der dem Deutschen (Englischen) zugrundeliegenden Konstituentenstruktur motiviert haben. Zweifellos kann für andere Sprachen mit einem kopulativen ‹Verb *sein*› ähnliches geltend gemacht werden. Wir wollen uns nun der Unterscheidung zwischen Verb und Adjektiv in der allgemeinen Syntaxtheorie zuwenden.

7.6.4 *Verb und Adjektiv*

Wie bereits bemerkt, wurden Adjektive von Plato und Aristoteles als eine Subklasse des ‹Verbums›, von den Alexandriern und ihren Nachfolgern jedoch als Subklasse des ‹Nomens› betrachtet. Die dreigliedrige Unterscheidung von Nomina, Verben und Adjektiven (als getrennte Redeteile) wurde erst im Mittelalter vollzogen (vgl. 1.2.5). Diese unterschiedliche Auffassung vom Adjektiv im Griechischen und Lateinischen läßt sich leicht anhand der Unterscheidung von Tiefen- und Oberflächenstruktur erklären. Der Hauptgrund, warum Adjektiv und Nomen im Griechischen und Lateinischen zusammengefaßt wurden, liegt darin, daß beide nach Numerus und Kasus flektiert werden. Die Flexion des Adjektivs ist jedoch eindeutig eine Erscheinung der Oberflächenstruktur: Numerus und Kasus (wie auch Genus) des Adjektivs werden durch die Transformationsregeln für die Kongruenz abgeleitet von dem Nomen, welches das Adjektiv näher bestimmt. Ansonsten unterscheidet sich der Status des Adjektivs im Griechischen und Lateinischen nicht wesentlich von seinem Status etwa im Englischen, wo zwischen Adjektiv und Nomen keine Übereinstimmung besteht. Plato und Aristoteles gingen davon aus, daß die typischeste Leistung sowohl des Adjektivs als auch des Verbs die der Prädikation ist, während die charakteristischste Aufgabe des Nomens darin besteht, das Subjekt des Prädikats zu nennen. Deshalb nun faßten sie Adjektiv und Verb zusammen; die Logiker kamen zu demselben Schluß. Im Gegensatz dazu trennen die meisten Grammatiker seit dem Mittelalter genauso scharf zwischen Adjektiv und Verb wie zwischen Verb und Nomen. Wir wollen deshalb die Frage aufwerfen, was denn – und ob sich überhaupt – das Adjektiv vom Verb in der allgemeinen Syntaxtheorie unterscheidet. Wir wollen die Beispiele aus dem Deutschen und Englischen nehmen.

Die deutlichsten Unterschiede zwischen den beiden lexikalischen Klassen, die traditionell als Adjektive und Verben bezeichnet werden, sind beide an das Oberflächenphänomen Flexion geknüpft:

(1) Das Adjektiv trägt in prädikativer Stellung keine Verbalsuffixe, nämlich Merkmale von Tempus, Modus und Aspekt. Statt dessen generiert die Grammatik ein ‹Quasi-Verb› (*sein, werden*; *be, become* u.s.w.), welches die notwendigen Flexionssuffixe trägt. Es ergeben sich also *Maria ist schön*, *Mary is beautiful*; *Maria wäre schön gewesen*, *Mary would have been beautiful*; *Maria tanzt*, *Mary dances*; *Maria hätte getanzt*, *Mary would have danced*, nicht aber **Maria schön-t*, **Mary beautiful-s* oder **Maria hätte ge-schön-t, Mary would have beautiful-ed*, oder **Maria ist tanzen*, **Mary is dance*, oder **Maria hätte tanzen*, **Mary would have been dance*.

(2) Das Verbum läßt sich nicht so frei in das modifizierende Element eines Nominalkomplexes transformieren; wenn es jedoch in dieser syntaktischen Stellung erscheint, so hat es im Gegensatz zum Adjektiv das Suffix *-end* (*-ing*). Es ergibt sich daher *das schöne Mädchen* : *das singende Mädchen* (*the beautiful girl* : *the singing girl*), nicht aber **das schön-ende Mädchen* (**the beautiful-ing girl*) oder **das singen Mädchen* (**the sing girl*).

In ‹inhaltbezogenen› Arbeiten über die Wortarten wird häufig der Standpunkt vertreten, daß die Adjektive ‹Eigenschaften› angeben, während Verben entweder ‹Tätigkeiten› oder ‹Zustände› bezeichnen. Der Unterschied zwischen einer ‹Eigenschaft› und einem ‹Zustand› ist jedoch (wenn nicht überhaupt illusorisch) weniger charakteristisch als der zwischen einer ‹Tätigkeit› und einem ‹Zustand›. Man mag sich sehr wohl fragen, ob z. B. *wissen, existieren, fröhlich, jung* u.s.w. ‹Zustände› oder ‹Qualitäten› bedeuten. Es besteht aber kein Zweifel darüber, daß *wissen* und *existieren* einerseits und *fröhlich* und *jung* andererseits grammatikalisch zusammengehören. Diese Frage entscheiden wir mithilfe der im letzten Absatz besprochenen Kriterien. Es gibt aber viele Sprachen (z. B. das Chinesische), auf welche diese Kriterien nicht anwendbar sind. Die Linguisten sagen dann meist, es gäbe in diesen Sprachen keine Trennung zwischen Adjektiv und Verb, wohl aber eine Trennung zwischen Verben des Zustands und Verben der Tätigkeit.

Eine Unterscheidung zwischen *Verben des Zustands* und *Verben der Tätigkeit* ist auch im Englischen von Bedeutung. Wie wir bereits gesehen haben, gibt es im Englischen gewisse Verben des Zustands, die normalerweise nicht in der Verlaufsform vorkommen (vgl. 7.5.7). Im Gegensatz dazu kann die überwiegende Mehrzahl der englischen Verben, die uneingeschränkt in der Verlaufsform erscheinen, als Verben der ‹Tätigkeit› bezeichnet werden. Diesem Aspektunterschied zwischen Verben des Zustands und solchen der Tätigkeit entspricht ein ähnlicher Unterschied bei den englischen Adjektiven. Die meisten englischen Adjektive sind solche des Zustands in dem Sinne, daß sie normalerweise den Verlaufsaspekt nicht annehmen, wenn sie in prädikativer Stellung vorkommen (z. B. *Mary is beautiful,* nicht **Mary is being beautiful*). Es gibt aber eine Reihe von Adjektiven, die in bestimmten Kontexten mit der Verlaufsform vorkommen können (vgl. *Mary is being silly now*). Mit anderen Worten, der statische Aspekt ist die Norm für die Klasse der Adjektive, jedoch nicht die Norm für Verben. Eine Tätigkeit (bzw. einen Nicht-Zustand) anzuzeigen ist das Normale für Verben, jedoch anomal für Adjektive. Die Kombinierbarkeit mit dem Verlaufsaspekt geht in der englischen Syntax Hand in Hand mit einer Reihe anderer wichtiger Merkmale: vor allem mit der Möglichkeit, als Antwort auf eine Frage des Typs *What did she do*? (‹*Was machte sie*?›], *What is she doing*? [‹*Was tut sie gerade*?›] zu erscheinen. Sowohl *Mary danced* (*that's what she did*) [‹Maria tanzte›] und *Mary is being silly* (*that's what she is doing*) [‹Maria benimmt sich jetzt albern›] sind mögliche Antworten auf Fragen dieser Art, nicht jedoch **Mary knows Greek* (*that's what she does*) [‹Maria kann Griechisch›] oder **Mary is beautiful* (*that's what she does*) [‹Maria ist schön›].

Wir sprechen deshalb von ‹statischen› Verben, ‹Zustandsverben› (in Unterscheidung von Adjektiven) und ‹nicht-statischen Adjektiven› (in Unterscheidung von Verben), da der Aspektkontrast zwischen ‹statisch› und ‹nicht-statisch› im allgemeinen mit den Flexionsverschiedenheiten zusammenfällt, die nach der überkommenen Auffassung bei der Definition der Wortarten schwer wiegen; in bestimmten Fällen freilich stimmt der genannte Aspektgegensatz nicht mit der traditionellen Scheidung zwischen den Wortarten überein. Gerade der Aspektkontrast, wenn überhaupt etwas, entspricht jedoch der ‹inhaltbezogenen› Distinktion von Verb und Adjektiv als Träger von ‹Handlung› bzw. ‹Eigenschaft›.

7.6.5 *Adverb*

Eine typische traditionelle Definition des Adverbs könnte etwa so lauten: Das Adverb ist eine Wortart, die zur näheren Bestimmung eines Verbums, Adjektivs oder anderen Adverbs bzw. eines Adverbialkomplexes dient.

Das erste, was an dieser Definition auffällt, ist die Terminologie. Das lateinische Präfix *ad-* (griechisch *epi-*) kann mit ‹angefügt und näher bestimmend› übersetzt werden. Dies ist jedoch auch die Bedeutung von ‹Adjektiv› (griechisch *epithetos*). Das Adjektiv war in der traditionellen Grammatik das Bestimmungselement schlechthin. Es wurde dem Nomen ‹angefügt› und ‹bestimmte› es näher (und wurde aus bereits besprochenen Gründen in der nach-aristotelischen Zeit als eine Art Nomen angesehen). Das Adjektiv war daher ein nominales Bestimmungselement (ein Adnominal) und das Adverb ein verbales Bestimmungselement (ein Adverbial). Die obige Definition schließt jedoch nähere Bestimmung von Adjektiven wie auch Verben ein. Die Erklärung dafür ist darin zu suchen, daß der traditionelle Terminus ‹Adverb› (und überhaupt die Definitionen des Dionysius Thrax und des Priscian) implizit von der früheren und weiter gefaßten Bedeutung von ‹Verb› abhängig war. Mit anderen Worten, es wurde vorausgesetzt, daß ‹Adjektive› und ‹Verben› (im engeren, neueren Sinn) zur Bestimmung ihrer Kombinierbarkeit mit Elementen anderer syntaktischer Hauptklassen als Elemente ein und derselben syntaktischen Hauptklasse anzusehen waren. Wir haben bereits darauf verwiesen, daß ‹Adjektive› und ‹Verben› vieles gemeinsam haben und daß sie in vielen Sprachen (das Englische miteingeschlossen) völlig zurecht als Elemente derselben tiefenstrukturellen Kategorie zusammengefaßt werden.

Zweitens ist bei der obigen Definition des Adverbs zu beachten, daß das Adverb eine rekursive Kategorie und zwar (typischer als die anderen Wortarten) in dem Sinn ist, daß ein Adverb ein anderes näher bestimmen kann. So sind z. B. in Sätzen wie *Maria tanzt außerordentlich gut* und *Maria bäckt außerordentlich gut* sowohl *außerordentlich* als auch *gut* Adverbien (des ‹Grades›, bzw. der ‹Art und Weise›). In der endozentrischen Adverbialgruppe *außerordentlich gut* ist *außerordentlich* nähere

Bestimmung zu *gut*. Aufgrund eben dieser kombinatorischen Möglichkeiten in einfachen Sätzen stellten Jespersen und Hjelmslev vor ungefähr 30 Jahren ihre Theorien der Wortarten auf (unabhängig voneinander und mit gewissen Unterschieden, die in diesem Zusammenhang vernachlässigt werden können). Wir werden ihre Ansichten gleich skizzieren. Zuerst ist noch einiges über das Adverb zu sagen.

In der traditionellen Grammatik stellen die Adverbien eine sehr heterogene Klasse dar; und es ist zu bezweifeln, ob irgendeine allgemeine Theorie der Syntax alle jene Formen, die konventionell als ‹Adverbien› beschrieben werden, als Elemente derselben syntaktischen Klasse erfassen kann. Wir wollen unsere Aufmerksamkeit vorläufig auf Adverbien der ‹Art und Weise› beschränken (wie sie durch die Beispiele *gut* und *schön* in *Maria bäckt gut* und *Maria tanzt schön* vertreten sind).

Im Englischen (und auch in manchen anderen Sprachen) sind die meisten Adverbien der ‹Art und Weise› von den ‹Adjektiven› verschieden, jedoch morphologisch mit ihnen verwandt (vgl. *beautifully* : *beautiful*). Weiter hängen sie transformationell in einer Reihe paralleler Konstruktionen mit den entsprechenden Adjektiven zusammen: vgl. *Mary is a beautiful dancer* : *Mary dances beautifully*. Da es anscheinend keinen paradigmatischen Gegensatz zwischen dem ‹Adverb der Art und Weise› und dem ‹Adjektiv› gibt, sind sie als kontextabhängige Varianten derselben Wortart zu betrachten. Das Anfügen des Adverbialsuffixes *-ly* (im Englischen) an ‹Adjektive› wie *beautiful* (und die ‹Ersetzung› von *good* durch *well*) ist von jenen Regeln zu besorgen, die die tiefenstrukturelle Analyse der Sätze in ihre Oberflächenstruktur verwandeln. Mit anderen Worten: ‹Adverbial› bezieht sich auf die nähere Bestimmung eines Verbs (in der weiteren Bedeutung des Wortes) durch ein anderes Verb, wobei das bestimmende Verb normalerweise, aber nicht unbedingt (vgl. *smilingly* u.s.w.) ein ‹Adjektiv› ist. Nicht alle ‹Adjektive› kommen in ‹adverbialer› Stellung vor: vgl. **The light shone greenly* u.s.w. Umgekehrt kommen andere als Bestimmungselemente von Nomina nur in solchen Konstruktionen vor, die transformationell aus Strukturen abgeleitet sind, in denen das ‹Adjektiv› die Funktion eines ‹Adverbs› erfüllt: vgl. *a rapid movement* ← *move rapidly*. Die Mehrzahl der englischen Adjektive tritt jedoch in der Tiefenstruktur als Bestimmungselement sowohl von Nomina als auch Verben auf.

7.6.6 *Eine ‹kategoriale› Interpretation der Wortarten*

Bei unserer Besprechung des Adverbs verwiesen wir auf jene Theorien der Wortarten, die von Jespersen und Hjelmslev aufgestellt worden sind. Diese Theorien sind in den letzten Jahren von den meisten Linguisten z. T. übergangen worden (aus gemeinhin mangelndem Interesse an der ‹inhaltbezogenen› Grammatik). Mit der Möglichkeit der Formalisierung des Unterschieds zwischen Tiefen- und Oberflächenstruktur in der transformationellen Syntax haben diese Theorien in der allgemeinen Syntaxtheorie neue Bedeutung erlangt. Sie wurzeln in der traditionellen Grammatik, und es wurde ihnen Material aus vielen Sprachen zugrundegelegt.

Wir wollen uns mehr an Jespersens Formulierung halten als an die Hjelmslevs (obwohl Hjelmslev in Detailfragen oft feinere Unterschiede herausbringt). Wir werden jedoch Jespersens Terminologie nicht verwenden, da sie mit der Interpretation einiger Ausdrücke anderswo in diesem Buch im Widerspruch steht und Anlaß zu Mißverständnissen geben könnte. Für Jespersen waren die Nomina Kategorien *ersten Grades*; Verben (die ‹Adjektive› miteingeschlossen) waren Kategorien *zweiten Grades*, die Adverbien Kategorien *dritten Grades*. Die Begriffsdefinition des ‹Grades› geht von den kombinatorischen Merkmalen der betreffenden Kategorien aus. Jede Kategorie wird in den typischesten Einfachstrukturen von einer Kategorie eines ‹höheren› Grades näher bestimmt (modifiziert). Nomina werden durch Verben (die ‹Adjektive› miteingeschlossen) näher bestimmt, sie sind daher *adnominale* Kategorien; Verben werden von Adverbien modifiziert, sie sind also *ad-adnominale* Kategorien; Adverbien schließlich werden wieder von Adverbien modifiziert. Nicht mehr als diese drei Kategorien sind für die Klassifikation der Wortarten erforderlich (in jeder beliebigen Sprache, die Jespersen oder Hjelmslev untersuchten), da es keine Hauptkategorie gibt, deren Aufgabe es ist, Kategorien dritten Grades näher zu bestimmen.

Es ist für uns hier interessant, daß sich diese ‹Grad›-Theorie im Rahmen der kategorialen Grammatik (vgl. 6.3.1) sehr sauber formalisieren läßt. Sie war eigentlich schon in einem früheren Entwicklungsstadium der kategorialen Grammatik von Leśniewski und Ajdukiewicz enthalten. Das Nomen ist eine Grundkategorie; alle anderen Wortarten sind abgeleitete, zusammengesetzte Kategorien. Kategorien zweiten Grades verbinden sich mit Kategorien ersten Grades (nach den Grundsätzen der Wohlgeformtheit, die Ajdukiewicz ‹syntaktische Konnexität› nannte) zur Bildung von Sätzen (oder ‹Propositionen›). Kategorien dritten Grades verbinden sich miteinander und bilden wieder Kategorien dritten Grades.

Aus Gründen der Vereinfachung wollen wir nun für die kategoriale Darstellung dieses ‹Grad›-Begriffs ein numerisches Notierungssystem einführen. (Die Zahlen können als gleichwertig mit den ‹Brüchen› angesehen werden, die wir bei unseren früheren Verweisen auf die kategoriale Grammatik verwendet haben). Wir nehmen an: 0 (Null) für ‹Satz›, 1 für ‹Nomen›, 2 für ‹Verbum› (einschließlich ‹Adjektiv›) und 3 für ‹Adverb›; und wir wollen Hochstriche zur Angabe der Rekursion verwenden, z. B. 3' (‹3 hoch Einstrich), 3'' (‹3 hoch Zweistrich›) u.s.w. Die einem Satz wie *Maria tanzt außerordentlich gut* zugrundeliegende Konstituentenstruktur ist mithilfe des besprochenen Zahlensystems in Abb. 18 aufgezeichnet. Es kann in äquivalenter Weise auch so dargestellt werden: 0 (1 + 2 (2 + 3 (3 + 3'))). Es ist sofort zu sehen, daß das System *nicht-direktional* ge-

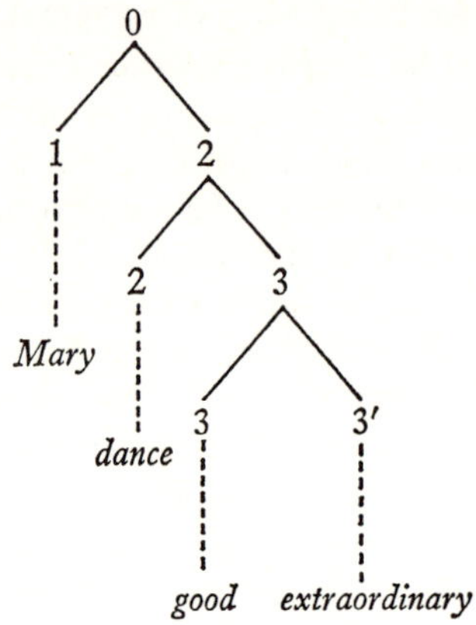

Mary dances extraordinarily well

Abb. 18. Eine kategoriale Darstellung der Konstituentenstruktur

dacht ist: Ist eine zusammengesetzte Kategorie *x* gegeben, die sich aus zwei fundamentalen oder abgeleiteten Kategorien zusammensetzt, so können wir den ‹Nenner› (in der ‹Bruch›darstellung) von *x* mit einer anderen Kategorie *y* ‹kürzen›, unabhängig davon ob *x* und *y* in der Oberflächenstruktur des Satzes nebeneinanderstehen, und unabhängig von der Stellung von *x* und *y* zueinander in der Oberflächenstruktur. Bei der numerischen Notation heben sich 3' und 3 so auf, daß sie 3 ergeben; die Kürzung von 3 und 2 ergibt 2, und 2 und 1 gekürzt ergibt 0.

Wir haben in einem früheren Abschnitt darauf hingewiesen, daß (bidirektionale) kategoriale Grammatiken den einfachen, kontextfreien Konstituentenstrukturgrammatiken schwach (wahrscheinlich jedoch nicht stark) äquivalent sind (vgl. 6.3.7). Weder kategoriale Grammatiken noch einfache Konstituentenstrukturgrammatiken (PSG) reichen für eine Gesamtbeschreibung der Syntax einer natürlichen Sprache aus. Dies ist von Chomsky (und anderen) nachgewiesen worden. Bisher hat noch niemand eine Transformationsgrammatik entwickelt, der nicht eine Wortkomplexstruktur (‹Phrasenstruktur›), sondern eine kategoriale Struktur als Basiskomponente zugrundeliegt. (Schaumjans Theorie kommt dieser Möglichkeit noch am nächsten; sie weist aber gewisse andere Merkmale auf, die einen formalen Vergleich mit Chomskys Theorie der transformationellen Syntax problematisch machen, und sie wurde noch nicht genügend erprobt.) Trotzdem findet der ‹Grad›-Begriff in der traditionellen Theorie der Wortarten und der Anwendung dieser Theorie auf die Beschreibung vieler verschiedenster Sprachen weitgehend Bestätigung. Interessant ist, daß ein Großteil der Arbeiten, die gegenwärtig von einer Reihe von Linguisten (Lakoff, Rosenbaum, Fillmore u. a.), allerdings nicht von Chomsky selbst stammen, zu dem Ergebnis führt, daß ‹Verb› und ‹Adjektiv› in der Tiefenstruktur des Englischen ›kategorial‹ identisch sind. Es ist denkbar, daß weitere Entwicklungen die Ansicht rechtfertigen werden, daß die Basiskomponente einer neuen Transformationsgrammatik des Englischen, die adäquater ist als die jetzt bestehende, eine ‹Subkomponente› enthalten wird, deren Regeln im Rahmen der kategorialen Grammatik eleganter formuliert werden können. Es gibt jedoch andere Merkmale der Tiefenstruktur, die von kategorialen Grammatiken nicht formalisiert werden können. Wir werden darauf gleich zu sprechen kommen und uns dabei auf unsere Erörterung der sekundären grammatischen Kategorien und der Wortarten in diesem Kapitel stützen. Zunächst haben wir uns jedoch mit einer angeblichen Unzulänglichkeit kategorialer Grammatiken zu befassen.

7.6.7 *Eine angebliche Unzulänglichkeit kategorialer Grammatiken*

Es ist behauptet worden, daß kategoriale Grammatiken im Vergleich zu Konstituentenstrukturgrammatiken (PSG) eine ernste Unzulänglichkeit aufweisen. Folgender Vorwurf wird erhoben: eine kategoriale Grammatik stellt ‹Adjektive› und ‹intransitive Verben› als zur selben Hauptkategorie gehörig dar (z. B. *schön* und *tanzen* in Sätzen wie *Maria ist schön* und *Maria tanzt*), stellt aber keinen Zusammenhang zwischen ‹transitiven› und ‹intransitiven Verben› her. Aufs erste scheint dies eine vernichtende Kritik zu sein. Die Beziehung zwischen ‹transitiven› und ‹intransitiven Verben› ist jedoch keineswegs so einfach, wie die gängige Transformationstheorie annimmt. Wir müssen uns diese Frage für ein späteres Kapitel aufheben (vgl. Abschnitt 8.2). Hier wollen wir die Aufmerksamkeit auf eine ebenso ernst zu nehmende Unzulänglichkeit in der Basiskomponente lenken, die nach den von Chomsky in seiner letzten Arbeit vorgebrachten Ideen formalisiert wurde. Worauf wir hinaus wollen, ist, daß jede theoretisch befriedigende Lösung für die Konstituentenstrukturgrammatik (PSG) zu einer kategorialen Grammatik erweitert werden könnte. Damit wäre die oben angedeutete Kritik automatisch hinfällig. Wir wollen deshalb unsere Aufmerksamkeit kurz den Konstituentenstrukturgrammatiken zuwenden und uns ansehen, wie sie die Regeln der Basiskomponente einer transformationellen Grammatik formalisieren.

7.6.8 *Eine Unzulänglichkeit der Konstituentenstrukturgrammatiken (PSGs)*

Man betrachte die folgenden Regeln:

(1) $\Sigma \rightarrow NP + Aux + VP$
(2) $VP \rightarrow V + NP$
(3) $VP \rightarrow V$
(4) $NP \rightarrow T + N$

Angenommen wir haben ein Lexikon der folgenden Art

$N = \{man, doctor, \ldots\}$
$V = \{examine, leave, \ldots\}$
$T = \{the, a, \ldots\}$

dazu die notwendigen Regeln für die Entwicklung von *Aux* (zur Erfassung von Tempus, Modus und Aspekt), für den Numerus der Nomina und die anschließende Subjekt-Verb-Kongruenz, so generieren die angeführten Formationsregeln Sätze wie *The doctor examines the man* ($T + N + V + s + T + N$) und *The man leaves* ($T + N + V + s$). Es gibt verschiedene Arten, wie der Zusammenhang zwischen ‹transitiven› und ‹intransitiven› Verben in einer Konstituentenstrukturgrammatik (PSG) formalisiert werden kann. Die obigen Regeln erreichen es dadurch, daß sie beide Verbarten in dieselbe Hauptkategorie einordnen (*V*) und die einzelnen Elemente von *V* dadurch gegeneinander abgrenzen, daß sie sie, so nehmen wir an, im Lexikon mit einem *Merkmal* versehen (oben nicht ersichtlich), welches anzeigt, ob dem betreffenden Verbum ein *NP* folgen muß oder kann: vgl. Regel (2). Dies ist im wesentlichen die von Chomsky in ‹Aspects of the Theory of Syntax› entwickelte Technik. (Das frühere System der ‹Syntactic Structures› formalisierte das Verhältnis zwischen ‹transitiven› und ‹intransitiven› Verben ganz anders.)

Was wir damit sagen wollen, ist einfach Folgendes: Die oben aufgestellten Regeln tragen in keiner Weise dem Umstand Rechnung, daß zwischen *N* und *NP* und zwischen *V* und *VP* ein wesentlicher, übereinzelsprachlicher Zusammenhang herrscht. Von der Formalisierung der Konstituentenstrukturgrammatiken her gesehen handelt es sich um einen reinen Zufall, daß die Linguisten in ihre Grammatiken der verschiedenen Sprachen gewöhnlich Regeln aufnehmen, die *NP* stets zu Symbolketten expandieren, die *N* enthalten, sowie andere Regeln, die *VP* zu einer Symbolkette expandieren, die *V* enthält. Mit anderen Worten, Konstituentenstrukturgrammatiken tragen der Tatsache nicht formal Rechnung, daß *NP* und *VP* nicht bloß mnemotechnisch zweckmäßige Symbole sind, sondern Satzkonstituenten darstellen, die notwendig nominal bzw. verbal sind, weil sie *N* und *V* obligatorisch als Hauptkonstituente enthalten. (Chomsky selbst hat diesen Mangel erkannt. Er deutete bereits eine mögliche Lösung an; diese ist aber noch nicht im Detail ausgearbeitet worden und wird in der bisher veröffentlichten Literatur noch nicht erwähnt). Notwendig wäre – was in der traditionellen Grammatik bereits da war – irgendeine Methode, zwischen Satzkonstituenten der Form *XP* und *X* (wobei *X* eine Hauptkategorie ist, etwa *N*, *V* u.s.w.) eine Beziehung herzustellen. Es wäre nicht nur widersinnig, sondern theoretisch unmöglich, daß z. B. Regeln folgender Form (als Basiskomponente des Englischen oder sonst einer Sprache) angesetzt werden:

(1*a*) $\Sigma \rightarrow VP + Aux + NP$
(2*a*) $NP \rightarrow V + VP$
(3*a*) $NP \rightarrow V$
(4*a*) $VP \rightarrow T + N$

Das gegenwärtige Formalisierungssystem schließt derartige Regeln nicht aus; sie sind auch den vier vorher dargestellten Regeln nicht nur schwach, sondern vielleicht sogar stark äquivalent. (Dies ergibt sich aus den im vorigen Kapitel besprochenen Grundsätzen der Konstituentenstrukturgrammatiken.)

Wenn das Problem für Konstituentenstrukturgrammatiken gelöst werden kann, dann ist dies auch für kategoriale Grammatiken möglich. Um nur den Fall der ‹transitiven› und ‹intransitiven› Verben zu nehmen: Jedes lexikalische Element mit der kategorialen Klassifikation (Σ n)/n, das ist z. B. ein ‹transitives› Verb, würde aufgrund der allgemeinen Prinzipien des Systems als Trägerelement eines Wortkomplexes mit der grammatischen Analyse Σn definiert werden. Ähnliches gälte für ‹intransitive› Verben mit der kategorialen Klassifikation Σn. Wie wir bereits erwähnt haben, ist jedoch das Problem der Transitivität komplexer, als wir vorläufig andeuten konnten. Kein derzeit gängiges System der transformationellen Grammatik erfaßt alle Fakten zur Gänze. Wir kommen darauf im folgenden Kapitel noch zurück.

7.6.9 *Kategorien und Merkmale*

Zweck der Diskussion der kategorialen Grammatiken und Konstituentenstrukturgrammatiken oben war aber nicht nur, auf einen ziemlich wichtigen Unterschied aufmerksam zu machen, der bei den hauptrangigen Wortarten zwischen den einzelnen Kombinationsmöglichkeiten in der Tiefenstruktur einerseits und deren verschiedenen Flexionsmerkmalen und transformationellen Eigenschaften andererseits besteht.

Wir haben gesehen, daß der Unterschied zwischen den traditionell als ‹Verb› und ‹Adjektiv› getrennt betrachteten Begriffen im Englischen ziemlich kompliziert ist und daß dabei Aspektunterschiede (‹Zustand› gegenüber ‹Tätigkeit›) und Flexionsunterschiede eine Rolle spielen. Wir haben aber auch gesehen, daß die Flexions- und Aspektcharakteristiken nicht immer übereinstimmen. ‹Adjektive› und ‹Verben› sind einander in der Art ähnlich, wie sie sich mit Nomina verbinden, um Konstituenten in Form von (mittels Klammern strukturierten) Ketten in der Tiefenstruktur zu bilden. Dies bezeichnet man vielleicht am besten als ihre *kategoriale* Funktion. Die Transformations-, Aspekt- und Flexionsunterschiede bei bestimmten Subklassen dieser Kategorie ‹zweiten Grades› werden befriedigender im Lexikon mithilfe von Merkmalen spezifiziert, welche die Subklassen gegeneinander abgrenzen.

Gängige Transformationsgrammatiken, die nach dem kürzlich von Chomsky vorgeschlagenen System formalisiert sind, bedienen sich solcher Merkmale, allerdings nur auf der niedrigsten Stufe der Konstituentenstruktur. Unsere Diskussion der nebenrangigen Wortarten und der sekundären grammatischen Kategorien im vorliegenden Kapitel deutet eher daraufhin, daß Tempus, Modus, Aspekt, Numerus, Definitheit u.s.w. mit Konstituenten verschiedener Stufen zusammenhängen.

Derartige Kategorien können nicht als Universalkategorien der menschlichen Sprache angesehen werden (wenngleich sie innerhalb der allgemeinen Theorie der Syntax mit universal gültiger Terminologie definiert werden können). Die einzelnen Sprachen zeigen eine jeweils andere ‹Selektion› aus der Gesamtheit der in der allgemeinen Syntaxtheorie enthaltenen sekundären grammatischen Kategorien; ebenso gibt es von Sprache zu Sprache beträchtliche Unterschiede, wie die Oppositionen innerhalb dieser Kategorien in der Oberflächenstruktur realisiert sind. Was möglicherweise in der menschlichen Sprache universal ist, sind die kombinatorischen Eigenschaften der hauptrangigen Kategorien untereinander (wie es die Theorien von Jespersen und Hjelmslev annehmen). Wenn dies so ist, dann wäre es vorstellbar, daß die Basiskomponente einer Transformationsgrammatik für jede beliebige Sprache zwei ‹Subkomponenten› enthält: Die erste (ob sie nun in Ersetzungsregeln formalisiert ist oder nicht) wäre echt universal und würde die kategoriale Kombination von lexikalischen Elementen erfassen; die zweite würde Regeln enthalten, die Tempus-, Modus-, Aspekt-, Numerus-, Definitheits- und andere Merkmale auf verschiedenen Ebenen der Konstituentenstruktur, die von der kategorialen Subkomponente erzeugt worden sind, miteinander verknüpfen.

7.6.10 *Grammatica est una . . .*

Diese letzten Vorschläge sind noch äußerst provisorisch; möglicherweise sind sie technisch nicht durchführbar oder empirisch nicht haltbar. Eines sollte jedoch hervorgehoben werden. Noch vor wenigen Jahren hätte der weitaus größte Teil der Linguisten die Möglichkeit einer universalen

Theorie der grammatischen Kategorien verworfen. Das hat sich geändert. Chomsky hat erklärt: «Neuere Arbeiten haben ... eine starke Verschiedenartigkeit in den Oberflächenstrukturen der Sprachen nachgewiesen», aber «die Tiefenstrukturen, für die der Anspruch auf Universalität erhoben wird, können ganz anders aussehen als die Oberflächenstrukturen der Sätze, so wie sie tatsächlich in Erscheinung treten». Folglich sind die «Entdeckungen der modernen Linguistik nicht unvereinbar mit den Hypothesen der Universalgrammatiker». Wieder einmal wird Roger Bacons berühmter Ausspruch über die Universalgrammatik von der Sprachwissenschaft mit Zustimmung aufgenommen: «Die Grammatik ist substantiell in allen Sprachen gleich, wenngleich sie akzidentell verschieden sein kann« (vgl. 1.2.7). Die scholastischen Termini ‹substantiell› (*secundum substantiam*) und ‹akzidentell› (*accidentaliter*) werden vielleicht noch einmal bei einer Formalisierung des Unterschieds zwischen Tiefen- und Oberflächenstruktur eine befriedigende syntaktische Auslegung erfahren.

8 GRAMMATISCHE FUNKTIONEN

8.1 *Subjekt, Prädikat und Adjunktion*

8.1.1 *Nukleare und extranukleare Konstituenten*

Ein fundamentaler Grundsatz der traditionellen Grammatik und weitgehend auch der modernen Syntaxtheorie lautet, daß jeder einfache Aussagesatz aus zwei obligatorischen Hauptkonstituenten besteht, nämlich einem *Subjekt* und einem *Prädikat*, und daß er zusätzlich eine oder mehrere *Adjunktionen* enthalten kann. Adjunktionen (des Ortes, der Zeit, der Art und Weise, des Grundes, u.s.w.; wir werden später noch auf die verschiedenen Arten von Adjunktionen zu sprechen kommen) sind fakultative bzw. strukturell entbehrliche Satzkonstituenten; sie können entfernt werden, ohne den übrigen Satz zu beeinträchtigen.*

Wie diese Termini verwendet werden, wird anhand des folgenden Satzes gezeigt: *Jemand tötete Herbert am Sonntag im Stadtpark.* Das Subjekt ist *jemand*, das Prädikat ist *tötete Herbert*; *im Stadtpark* und *am Sonntag* sind Adjunktionen des Ortes bzw. der Zeit. Eine Adjunktion oder auch alle beide können weggelassen werden, ohne die Grammatizität des Satzes zu zerstören: *Jemand tötete Herbert am Sonntag, Jemand tötete Herbert im Stadtpark, Jemand tötete Herbert.* Hingegen sind weder **tötete Herbert im Stadtpark am Sonntag* noch **Jemand im Stadtpark am Sonntag* grammatisch vollständige Sätze (zum Begriff der ‹unvollständigen› Sätze vgl. 5.2.3). Wir sagen, Subjekt und Prädikat zusammen bilden den Nukleus des Satzes. Subjekt und Prädikat sind daher *nukleare* und Adjunktionen *extranukleare* Konstituenten.

8.1.2 *Thema und Kommentar*

Wie bereits erwähnt, war seit der Zeit Platos die Definition von Nomen und Verb eng mit den Begriffen Subjekt und Prädikat verbunden (vgl. 1.2.5, 7.6.4). Sapir wiederholte nur diese überkommene Anschauung, als er feststellte: «Es muß etwas da sein, worüber man spricht, und etwas muß über diesen Gesprächsgegenstand ausgesagt werden ... Der Gesprächs-

* Grebe (Duden-Grammatik S. 11) spricht von ‹freien Umstandsangaben›. Die ‹Angaben› (vgl. ‹participants› bei Tesnière) sind bei Heringer als fakultativ definiert. – Anm. d. Übers.

gegenstand ist ein Nomen ... Keine Sprache unterscheidet nicht in irgendeiner Form Nomen und Verb, wenn auch in bestimmten Fällen das Wesen der Unterscheidung schwer zu fassen ist.» Hier definiert Sapir implizit das Subjekt als die Person oder Sache, über die etwas ausgesagt wird, und das Prädikat als die Aussage, die über diese Person oder Sache gemacht wird. Dies ist jedoch nur eine Art, wie Subjekt und Prädikat von den Grammatikern definiert wurde. Da wir uns auch mit einigen anderen Definitionen befassen werden, wollen wir uns für Sapirs Begriffe Hocketts nun weitgehend anerkannte Terminologie zu eigen machen: Wir bezeichnen die Person oder Sache, über die etwas ausgesagt wird als *Thema* und die Aussage über diese Person oder Sache als *Kommentar*.*

Hockett führt diese Termini folgendermaßen ein: «Der allgemeinsten Beschreibung von Prädikatkonstruktionen werden die Ausdrücke ‹Thema› und ‹Kommentar› gerecht ...: Der Sprecher kündigt ein Thema an und sagt dann etwas darüber aus. So bei *Hans/lief fort*; *Dieses neue Buch von Thomas Guernsey/habe ich noch nicht gelesen*. [Der Schrägstrich deutet in den Beispielsätzen die Trennung in der Hauptkonstituentenstruktur an.] In den bekannten europäischen Sprachen ist das Thema gewöhnlich auch Subjekt und der Kommentar Prädikat: so etwa in *Hans/lief fort*. Diese Identifikation versagt jedoch bisweilen, etwa im umgangssprachlichen Englisch, regelmäßig in gewissen Sonderfällen des förmlichen Englisch und genereller in einigen nicht-europäischen Sprachen.»

Zweierlei ist zu dem zitierten Passus Hocketts zu bemerken. Erstens, ‹Subjekt› und ‹Prädikat werden als syntaktische Begriffe von ‹Thema› und ‹Kommentar› unterschieden (obwohl sie, wie behauptet, in den häufigsten Aussagesätzen des «Englischen und der bekannten europäischen Sprachen» mit ‹Thema› und ‹Kommentar› zusammenfallen). Zweitens, Hocketts Satz scheint zu implizieren, daß das *Thema* notwendig dem *Kommentar* vorausgeht; er fährt nämlich im Zusammenhang mit seinem zweiten Beispiel fort, daß *Dieses neue Buch von Thomas Guernsey* zuerst genannt wird, da es angibt, worüber der Sprecher seine Aussage machen wird: Es ist wohl das Thema des Satzes, aber nicht sein Subjekt. Das Thema ist gleichzeitig *Objekt* des Verbs *habe (noch nicht) gelesen*; das Subjekt dieses Verbs ist *ich*, das zum Kommentar des ganzen Satzes gehört.»

Die Unterscheidung von Thema und Kommentar wird häufig (wenn auch nicht von Hockett) mithilfe des Kriteriums der Entbehrlichkeit im Kontext oder der Voraussagbarkeit aus dem Kontext getroffen: Das Thema bzw. der ‹Gesprächsgegenstand› wird als dasjenige Element beschrie-

* Das Begriffspaar Thema-Rhema spielt in der funktionellen Satzperspektive der Prager Schule eine entscheidende Rolle. Da auf diese Theorie hier nicht eingegangen wird, vermeiden wir den Terminus ‹Rhema›. – Anm. d. Übers.

ben, das in der allgemeinen Situation oder in einer expliziten Frage, auf die der Sprecher antwortet, gegeben ist; der Kommentar als der Teil der Äußerung, der etwas *Neues* hinzufügt (und daher Information an den Hörer weitergibt). Nach diesem Kriterium können wir nicht entscheiden, was in einer bestimmten Äußerung *Thema* und was *Kommentar* ist (noch ob sie überhaupt begründet in Thema und Kommentar unterteilt werden kann), es sei denn wir wüßten, was im Kontext ‹gegeben› ist. Wenn z. B. *Hans lief fort* die explizite oder implizite Frage ‹Wer lief fort?› beantwortet, dann ist nach dem Kriterium ‹gegeben – neu› *Hans* Kommentar und *lief fort* Thema. Wenn die explizite oder implizite Frage nicht gezielter ist als *Was geschah*?, dann ist lediglich die Vergangenheit aus dem Kontext vorherzusagen und die ganze übrige Äußerung ist ‹neu›. Nur wenn die Aussage *Hans lief fort* die explizite oder implizite Frage *Was tat Hans*? beantwortet, ist *Hans* Thema und *lief fort* nach dem Kriterium ‹gegeben – neu› der Kommentar (genauer noch: *lief fort* abzüglich der Zeitangabe ist neue Information). Die Ausdrücke ‹gegeben› und ‹neu› sind von Halliday übernommen, der noch verschiedene andere Begriffe unterscheidet, die bei der Zerlegung von Sätzen in Thema und Kommentar eine Rolle spielen.

Im allgemeinen würde die Äußerung *Hans lief fort* nicht als Antwort auf eine explizite Frage stehen, in der entweder *Hans* oder *lief fort* ‹gegeben› ist; die Antwort würde dann eher heißen *Er lief fort* (‹Was tat Hans?›) oder *Hans* (‹Wer lief fort?›). Im Deutschen, Englischen und möglicherweise in allen Sprachen ist das Kriterium ‹gegeben – neu› nicht so sehr für die Bestimmung der syntaktischen Struktur von *Sätzen* brauchbar als vielmehr für die Aufstellung jener Bedingungen, die für Tilgbarkeit und pronominale Substitution in den ‹situationsgebundenen›, elliptischen *Äußerungen* im Redezusammenhang gelten (zur Unterscheidung von Sätzen und Äußerungen vgl. 5.1.2).

In vielen Sprachen kann der Sprecher durch bestimmte Wortstellung oder ein besonderes Partikel tatsächlich zum Ausdruck bringen, daß er ein ‹Thema ankündigt› (es muß nicht unbedingt in der Situation bereits ‹gegeben› sein) und dann ‹etwas darüber aussagt›. Dies ist freilich etwa im Englischen nur in einem beschränkten Ausmaß möglich. Es ist einer der Faktoren, die (unter vielen anderen) bei der Wahl einer Passivkonstruktion eine Rolle spielen (vgl. 8.3.3). Es hat jedoch keinen Einfluß etwa auf die Form *John ran away* (‹*Hans lief fort*›). Alternativen wie *What John did was run away*, *It was John who ran away*, *The one who ran away was John* sowie *Jóhn ran away*, *John rán away* u.s.w. (der Akut zeigt kontrastierende oder emphatische Hervorhebung an) haben eine Reihe anderer, komplexer Merkmale (auf die wir hier nicht weiter eingehen wollen). *John ran away* (wie auch entsprechend im Deutschen *Hans lief fort*) ist, was die Unterscheidung von Thema und Kommentar betrifft, strukturell ‹merkmallos›; es ist ein Beispiel für die ‹neutralste› Form des englischen (deutschen) Satzes.

Und doch würden wir, legte man uns diesen Satz isoliert vom tatsächlichen oder möglichen Kontext vor, Hockett (und den meisten Sprachwissenschaftlern und Logikern seit Platos Zeiten) zweifellos beipflichten, daß etwas über John ausgesagt wird und nicht über das Weglaufen. Was uns nun bei solchen ‹merkmallosen› Sätzen zu dieser Auffassung veranlaßt, ist eine interessante Frage. Sie führt uns zur zweiten Definition von Subjekt und Prädikat, die wir neben der erstbesprochenen in der traditionellen Grammatik- und Logiktheorie hauptsächlich vorfinden. Keine andere als diese zweite Auffassung liegt, wie wir sehen werden, auch der traditionellen ‹inhaltbezogenen› Definition des Nomens als ‹Name einer Person oder Sache› zugrunde; es liegt hier vielleicht die einzige Möglichkeit für eine Definition von ‹Subjekt› als auch von ‹Nomen› (in gegenseitiger Abhängigkeit) vor, die universal brauchbar ist. Wir haben dies bereits im Abschnitt über die Redeteile (Wortarten) angedeutet (vgl. 7.6.9).

8.1.3 *Universelle und singuläre Gültigkeit*

Wir müssen an dieser Stelle zur aristotelischen Lehre von den ‹Prädikationskategorien› zurückkehren (vgl. 7.1.2). Es wurde bereits erwähnt, daß die erste Kategorie der *Substanz* für logisch grundlegender angesehen wurde als die übrigen *akzidentellen* Eigenschaften: Substanzen waren Personen oder Dinge, deren akzidentelle Eigenschaften (in Bezug auf Quantität, Qualität, Verhältnis, Aktion, Ort, Zustand u.s.w.) in logisch wohlgeformten Sätzen ausgesagt (oder behauptet) werden konnten. Nach dieser Auffassung sind *Hans lief fort*, *Er ist in Wien*, *Mein Freund ist groß* u.s.w. logisch wohlgeformt; *Hans*, *er* und *mein Freund* bezeichnen Substanzen (in unseren Beispielen Personen); und *lief fort*, *ist in Wien*, und *ist groß* sind Prädikationen (sie ‹sagen etwas aus›) über diese Substanzen – Prädikationen der Tätigkeit, des Ortes bzw. der Qualität.

Nun sind Eigennamen sowie Pronomina und Wortkomplexe, die eine bestimmte Person oder Sache bezeichnen (wie *Hans*, *er* und *mein Freund* in den Beispielen des vorhergehenden Absatzes) als die im eigentlichsten Sinn ‹substantivischen› – im wahrsten Sinne ‹nominalen› – Ausdrücke einer Sprache anzusehen (daher der traditionelle Ausdruck ‹Substantiv› für ‹Nomen›). Es handelt sich dabei um *singuläre* (oder ‹partikuläre›) Ausdrücke, die eine ganz bestimmte, *individuelle* Substanz bezeichnen. Andere Wörter und Wortgruppen, u. a. die der indefiniten ‹Appellativa› (Mann, Buch u.s.w.) und ‹Abstrakta› (Güte, Schönheit u.s.w.), wie auch Verben, Adjektive und Adverbien, sind *universelle* (oder ‹allgemeine›) Ausdrücke: sie bezeichnen von sich aus keine individuellen Substanzen (außer sie sind syntaktisch auf die Spezifizierung eines Individuums festgelegt, z. B. *der Mann dort drüben*), sondern entweder eine Klasse von Individuen oder Eigenschaften, Zustände, Tätigkeiten u.s.w., die mit Individuen in Zusammenhang gebracht werden können.

Manche Logiker unterscheiden zwei Arten von universellen Ausdrükken (und da dies eine klare Darstellung erlaubt, werden wir dieser terminologischen Unterscheidung hier folgen): (I) *Ordnungs*universalien, die dazu dienen, Individuen in Klassen einzuordnen (gleichgültig ob diese Klassen aufgrund irgendwelcher inhärenter Eigenschaften ihrer Elemente definierbar sind oder nicht), und (II) *charakterisierende* Universalausdrükke, die sich auf Eigenschaften, Zustände, Tätigkeiten u.s.w. beziehen. Typische Ordnungsuniversalien sind die ‹Appellativa› der traditionellen Grammatik, typische charakterisierende Universalien sind ‹abstrakte› Nomina, Verben, Adjektive und Adverbien.

Ausgehend von diesen Unterscheidungen können wir folgenden wichtigen Grundsatz der traditionellen Logik formulieren: Während Universalien sowohl in Subjekts- als auch Prädikatsstellung in wohlgeformten Sätzen auftreten, sind die singulären Ausdrücke auf die Subjektposition beschränkt. Gängige Beispiele für Sätze, die sich aus einem Partikular- und einem Universalausdruck zusammensetzen, sind *Sokrates ist ein Mann* (einordnend) und *Sokrates ist weise* (charakterisierend); Beispiel für einen Satz bestehend aus zwei Universalausdrücken ist: *Die Menschen sind weise.* (Wir gehen nicht näher auf die traditionelle These ein, daß von zwei Universalausdrücken immer der weniger spezifische vom spezifischeren prädiziert wird.)

Die traditionelle Unterscheidung von Singulär- und Universalausdrükken kann unabhängig von den aristotelischen und scholastischen Begriffen Substanz und Akzidenz getroffen werden. Sie beruht darauf, daß in der Welt der Wahrnehmungen eine Reihe von gegeneinander abgegrenzten, im Zeitablauf mehr oder weniger festbleibenden ‹Ganzheiten› (Personen, Tiere und Sachen) erkannt werden, daß weiter die Prinzipien der Identifikation und Klassifikation erkannt werden, aufgrund derer diese ‹Ganzheiten› (als Individuen) benannt oder mithilfe der lexikalischen Konventionen der betreffenden Sprache in Klassen eingeordnet werden können, und daß schließlich eine Reihe sich wiederholender Eigenschaften, Zustände, Tätigkeiten u.s.w. erkannt werden, die mit den ‹Ganzheiten› assoziiert werden können. Es besteht kein Grund daran zu zweifeln, daß dieser alltägliche Begriff der ‹Ganzheit› (welchen philosophischen Wert er auch immer haben mag) bei der Untersuchung von Wortschatz und syntaktischer Struktur verschiedener Sprachen in einer ausreichend großen Zahl von Fällen brauchbar und anwendbar ist, vorausgesetzt wir halten die Unterscheidung zwischen ‹inhaltbezogenen› und ‹formalen› Kriterien aufrecht (vgl. 7.6.1).

8.1.4 *Übereinstimmung von logischen und grammatischen Kategorien*

Es sollte nun klar sein, warum ‹Subjekt› und ‹Nomen› in der traditionellen grammatischen und logischen Theorie unauflöslich miteinander verbunden sind. Die Nomina im eigentlichen Sinne des Wortes (auf welche die ‹inhaltbezogene› Standarddefinition ohne jeden Zirkelschluß anwendbar ist: vgl. 7.6.1) sind jene, die individuelle Personen und Dinge bezeichnen. Ihre normale syntaktische Stellung in Sätzen, die nur ein derartiges Glied in Verbindung mit einem Nicht-Nomen (einem Verb im weitesten Sinn des Ausdruckes, vgl. 7.6.4) enthalten, ist die, wie sie der englische Satz *John ran away* (bzw. der deutsche Satz *Hans lief fort*) zeigt. Der Terminus ‹Subjekt› wurde ja zunächst einmal auf der Grundlage solcher Sätze definiert.

Dies bedeutet nun nichts anderes, als daß der traditionelle Grammatiker oder Logiker genau wie der Nichtfachmann auf die Frage nach Thema und Kommentar im Satz *John ran away,* also ‹Was wird worüber gesagt?›, (wenn nicht gegenteilige Hinweise aus dem Kontext vorliegen) antwortet, die einzelne Person, nämlich *John/Hans* stehe eher im Brennpunkt des Interesses des Sprechers als die Tätigkeit des Davonlaufens. Und bei *Pferde sind boshafte Tiere* oder *Tugend ist selten* wird er sagen, daß *Pferde* und *Tugend* die Themen sind, weil diese Sätze syntaktisch parallel zu jenen konstruiert sind, die aus einem Singulär- und einem Universalausdruck bestehen (*Hans lief fort* oder *Hans ist brav*) – wo also die Voraussetzungen für eine Anwendung der traditionellen Prinzipien zur Determinierung von Subjekt und Prädikat am klarsten gegeben sind. Mit anderen Worten, das traditionelle Kriterium Thema – Kommentar war implicite abhängig von der Unterscheidung zwischen Substanz und Akzidens bei einfachen Sätzen, die aus einem Partikular- und einem Universalausdruck bestehen; die Anwendung des Thema-Kommentar-Kriteriums auf Sätze, die aus zwei Universalausdrücken bestehen, erfolgte aufgrund ihrer äußeren grammatischen Struktur.

Bei der Definition von ‹Subjekt› und ‹Prädikat› (wie in vielem anderem) lehnten sich die traditionelle Logik und die traditionelle Grammatik sehr aneinander an. Beide beriefen sich auf die aristotelische Theorie der Prädikationskategorien, die philosophische Grundlage für die Auffassung war, daß die Welt von individuellen Personen, Tieren und Dingen (Substanzen) bevölkert ist und daß diese Substanzen entweder die Initiatoren oder die Opfer (‹Agens› bzw. ‹Patiens›) von Tätigkeiten und Prozessen sind, mit gewissen Eigenschaften ausgestattet sind, sich an bestimmten Orten zu bestimmter Zeit befinden, Änderungen unterworfen sind, u.s.f. Wie weit dieses Weltkonzept im einzelnen durch die grammatische Struktur der klassischen Sprachen bestimmt ist, ist ein heißes Problem, mit dem wir uns hier nicht weiter befassen wollen. Um den ‹Subjekt›-Begriff in der allgemeinen syntaktischen Theorie gültig erscheinen zu lassen, genügt es, daß im Fall der einfachen Aussagesätze mit nur einem Nominalausdruck eine notwendige Übereinstimmung zwischen der logischen und der grammatischen Kategorie festgestellt wird.

Man kann annehmen, daß jede Sprache als typischeste Satzart minimaler syntaktischer Struktur eine Klasse von Sätzen aufweist, deren Nuklei sich aus einem Nominal und einem Verb zusammensetzen (unter ‹Nominal› sind Nomina, Pronomina und Nominalkomplexe zu verstehen; ‹Verb› ist im weiteren Sinn, der auch die Adjektive einschließt, zu verstehen; vgl. 8.1.1, 7.6.4). Die Begriffe ‹Subjekt› und ‹Prädikat› sind, wie wir gesehen haben, in erster Linie unter Bezug auf solche Sätze definiert. Sie werden dann auf Sätze komplizierterer Bauart übertragen. Erst im Verlaufe dieser Erweiterung kann ein gewisser Widerspruch zwischen verschiedenen Arten logischer und grammatischer Kriterien zur Identifikation des Subjekts auftreten.

8.1.5 *‹Täter› und ‹Ziel›*

Betrachten wir den Satz *Hans tötet Alfred*, dessen Nukleus aus zwei Nominalen und einem Verb besteht. In früheren Kapiteln des vorliegenden Buches nahmen wir entsprechend der traditionellen Auffassung von der syntaktischen Struktur solcher Sätze an, daß (in unserem Beispiel) das Nomen *Hans* Subjekt und der Komplex *tötet Alfred* Prädikat ist, das sich aus dem transitiven Verb *tötet* und dem Nomen *Alfred* als Objekt zusammensetzt (vgl. 6.2.3, 7.6.4). Der Hauptgrund für diese Auffassung liegt darin, daß eine grammatische Parallelität festzustellen ist zwischen dem Nomen *Hans* in *Hans tötet Alfred* und dem Subjekt eines intransitiven Satzes, sowie zwischen *tötet Alfred* und dem Prädikat eines intransitiven Satzes (da ja, wie wir bereits gesehen haben, ‹Subjekt› und ‹Prädikat› zunächst im Zusammenhang mit intransitiven Sätzen mit nur einem Nominal definiert wurden). Sowohl bei *Hans tötet Alfred* als auch *Hans läuft (weg)* besteht Kongruenz zwischen dem Singularnomen *Hans* und den Verben *tötet* und *läuft*; der Numerus des Objektnomens *Alfred* ist für die (deutschen) Kongruenzregeln irrelevant. Wenn für die Nomina Pronomina eingesetzt werden, so nimmt das für *Hans* eingesetzte Nomen sowohl im transitiven als auch im intransitiven Satz dieselbe Form (den ‹Nominativ›, vgl. 7.4.5) an: *Er tötet Alfred. Er läuft weg.* Das für *Alfred* im transitiven Satz eingesetzte Pronomen nimmt eine andere Form an (den ‹Akkusativ›): *Hans tötet ihn.* Weiter können die beiden Sätze in beliebiger Folge aneinandergefügt, und *Hans* kann einmal aus der daraus entstehenden Satzreihe getilgt werden: *Hans tötet Alfred und läuft weg. Hans läuft weg und tötet Alfred.* Die Transformationsregeln für die Koordination – aufs Englische umgedacht – erfordern, daß die Konstituentenstruktur von *John kills Bill* auf der Stufe der Regel $\Sigma \rightarrow NP + VP$ (um die Regel in der üblichen Form zu bringen, vgl. 6.6.4) identisch ist mit der von *John runs away*. Es gibt im Englischen noch viele andere Transformationsrregeln, die davon ausgehen, daß in *John kills Bill* der Ausdruck *John* als Subjekt und *kills Bill* als Prädikat identifiziert wird: vgl. *I deplore John's killing Bill* (‹*Ich-beklage-Johns-Töten-von-Bill*›): *I deplore John's running away* (‹*Ich-beklage-Johns-Weglaufen*›) u.s.w. Schließlich können sowohl *John kills Bill* als auch *John runs away* mit *that's what he does* erweitert werden, wobei das ‹Pro-Verb› *do* entweder für *kills Bill* oder für *runs away*, nicht aber einfach für *kills* steht.

Dieser letzte Umstand hängt mit einem anderen Aspekt der traditionellen Subjekt-Prädikat-Theorie zusammen, der bisher noch nicht erwähnt wurde. Sowohl intransitive als auch transitive Sätze können im Englischen als Antwort auf die implizite Frage stehen ‹What does X do?›, in der X ein Nominal und *do* (das zweite *do* in der Frage) ein ‹Pro-Verb› ist, das intransitive Verb einerseits und transitive Verben + Objekte andererseits zusammenfaßt. Immer wenn dies der Fall ist (es gilt nicht bei transitiven wie intransitiven Verben des Zustandes [‹statischen› Verben] vgl. 7.6.4), kann das Subjekt als ‹Täter› (oder ‹Agens›) bezeichnet werden. Im Gegensatz dazu ist das Objektnomen in transitiven Sätzen ‹Ziel› (oder das ‹Patiens›). Die ‹inhaltbezogene› Interpretation des Subjekts als ‹Täter› und des Objekts als ‹Ziel› steht häufig im Widerspruch mit einigen anderen im vorhergehenden Absatz genannten Kriterien. In den Sätzen *Wealth attracts robbers* und *Riches attract robbers* z. B. sind (aufgrund des Kriteriums der Subjekt-Verb-Kongruenz) die Subjekte *wealth* und *riches* [beide ‹Reichtum›]; es ist aber *robbers* [‹Räuber›, pl.] das einzige Nomen, das logisch für die Rolle des ‹Täters› infrage kommt. Trotzdem ist für das Englische (und eine Reihe anderer Sprachen, u. a. Latein und Griechisch) etwas Wahres an der traditionellen Ansicht, daß das Subjekt eines aktiven, transitiven Satzes der ‹Urheber› einer Tätigkeit und das Objekt das ‹Patiens› oder ‹Ziel› ist. In der Wortschatzstruktur dieser Sprachen spiegelt sich dies insofern wider, als die meisten transitiven Verben in aktiven Sätzen belebte Nomina als Subjekt vorziehen, während das Subjekt eines intransitiven Verbs und das Objekt eines transitiven Verbs relativ indifferent gegenüber der Unterscheidung belebt/unbelebt sind.

8.1.6 *Widersprüchliche Kriterien*

Außerhalb der indogermanischen Familie gibt es sehr viele andere Sprachen (Baskisch, Eskimo, Georgisch u.s.w.), wo sozusagen ein systematischer Widerspruch zwischen den wichtigsten traditionellen Kriterien für die Identifikation des Subjekts in aktiven, transitiven Sätzen vorliegt. Wir bringen ein Beispiel aus dem Eskimo. Beim Vergleich der unter (1) und (2) angeführten Sätze (die Flexionsendungen sind durch Bindestriche von den Stämmen getrennt (*qimmi-* ‹Hund›; *agna-* ‹Frau›; *taku-* ‹sehen›) fällt auf, daß in jedem Satz jeweils ein Nomen das Suffix *-q* und das andere *-p* aufweist (Verbalsuffixe lassen wir hier außer Acht):

(1) *qimmi-p agna-q taku-b-a-a* (‹Der Hund sieht die Frau›)
(2) *qimmi-q agna-p taku-b-a-a* (‹Die Frau sieht den Hund›)

Wir können sagen, daß in transitiven Sätzen *-p* den ‹Täter› und *-q* das ‹Ziel› der ‹Handlung› kennzeichnet. Aufgrund dieses Kriteriums ist daher *qimmi-p* Subjekt von Satz (1) und *agna-p* Subjekt von (2). In den Übersetzungen von Sätzen wie ‹Der Hund läuft weg› und ‹Die Frau läuft weg› (mit einem intransitiven Verb) würden die Nomina *qimmi-* und *agna-* das Suffix *-q* haben. Die syntaktische Parallelität zwischen dem ‹Ziel› eines transitiven Verbs und dem Subjekt eines intransitiven Verbs wird allgemein als ‹Ergativität› bezeichnet. Wir werden später im Zusammenhang mit dem Begriff der ‹Transitivität›, den wir vorläufig als gegeben voraussetzen, noch darauf zurückkommen (vgl. 8.2.2).

Hier genügt der Hinweis, daß der traditionelle ‹Subjekt›-Begriff, wie er bei transitiven Sätzen gültig ist, zum Teil von der grammatischen Struktur des Lateinischen und Griechischen (und anderer indogermanischer Sprachen) abhängt, wo die folgenden zwei Bedingungen herrschen: (I) Eines der Nomina eines transitiven Satzes (und wo die ‹inhaltbezogene› Kategorie des ‹Täters› klar anwendbar ist, ist es das Nomen, das den ‹Täter› bezeichnet) ist mit derselben Kasusflexion (dem ‹Nominativ› vgl. 7.4.5) gekennzeichnet wie das Subjekt intransitiver Sätze. (II) Numerus (und Person) des Verbums wird bestimmt durch das Subjektnomen des intransitiven und durch das ‹Täter›nomen des transitiven Satzes. Für beide Bedingungen lassen sich aus dem Deutschen und Englischen Beispiele anführen, wenn wir die Nomina durch Pronomina ersetzen: *He sees them/Er sieht sie, They see him/Sie sehen ihn, He runs away/Er läuft fort, They run away/Sie laufen fort.* (Im Lateinischen und Griechischen wie in verschiedenen anderen indogermanischen Sprachen ist der in *he* : *him* und *they* : *them* deutliche Kasusunterschied auch aus den nicht-neutralen Nomina zu ersehen: vgl. 7.4.3). Wie wir gesehen haben, würde in Sprachen mit ‹Ergativ›-Konstruktion das syntaktische Merkmal des Kasus (und zuweilen auch Kongruenz, wenn dies auch hier nicht gezeigt wurde) das ‹Ziel›-Nomen eines transitiven Satzes als das Subjekt festlegen. Dies steht aber im Widerspruch mit der Auffassung, daß das Subjekt meistens ‹Täter› und nicht ‹Ziel› (oder ‹Patiens›) ist; in der Praxis betrachten die meisten Linguisten den ‹Täter›-‹Ziel›-Gegensatz als dominant in Sprachen, die wie Eskimo eine Ergativkonstruktion haben. Es wird meist so formuliert, daß das Objekt eines transitiven Verbs dieselbe Kasusflexion hat wie das Subjekt eines intransitiven Verbs.

Im Deutschen und Englischen wie auch im Griechischen und Lateinischen besteht ein systematischer Widerspruch zwischen dem ‹Täter›-‹Ziel›-Kriterium und anderen grammatischen Kriterien, die zur Definition des Subjekts in Passivsätzen herangezogen werden. Im Satz *Bill is killed by John/Bill wird von John getötet* ist *John* ‹Täter› und *Bill* ‹Ziel› der Handlung. In dieser Hinsicht sind *John kills Bill/John tötet Bill* und *Bill's killed by John/Bill wird von John getötet* identisch. Während aber *John* traditionell als Subjekt des ersten Satzes betrachtet wird, wird beim zweiten *Bill* als Subjekt angesehen. Die Gründe dafür sind u. a.: (I) der Kasus des ‹Ziel›nomens in passiven Sätzen ist der ‹Nominativ› (im Englischen kann dies nur bei Pronomina gezeigt werden: vgl. *He hits them* [‹Er schlägt sie›], *They hit him* [‹Sie schlagen ihn›], *He is hit* [‹Er wird geschlagen›], *They are hit* [‹Sie werden geschlagen›]; (II) das ‹Ziel›nomen eines passiven Satzes bestimmt Singular oder Plural des Verbs, genau wie das Subjekt eines transitiven oder eines intransitiven, nicht-passiven Satzes: vgl. *Bill hits them/Bill schlägt sie, They hit Bill/Sie schlagen Bill*; *Bill runs away/Bill läuft fort, They run away/Sie laufen fort*; *Bill is hit/Bill wird geschlagen, They are hit/Sie werden geschlagen*; (III) Das ‹Ziel›nomen eines passiven Satzes kann mit dem ‹Agens›-Subjekt sowohl eines transitiven wie eines intransitiven nichtpassiven Satzes bei Koordination gleichgesetzt werden (z. B. *Bill challenged John to a duel and was killed* [‹Bill forderte John zu einem Duell und wurde getötet›], *Bill fell downstairs and was killed* [dt. nicht-grammatikalisch bzw. mit anderer Interpretation ‹Bill fiel die Stiege hinunter und wurde getötet›]).

Ein weiterer Grund warum man das ‹Ziel› und nicht den ‹Täter› in Passivsätzen als Subjekt betrachten kann, ist, daß der ‹Täter› eine fakultative, extranukleare Konstituente ist (sie steht zumindest in der Oberflächenstruktur ‹außerhalb› des Nukleus). *Bill was killed* ist ein vollständiger Satz, während **John killed* keiner ist. Der Komplex *by John* in *Bill was killed by John* wird traditionell als Agentivadjunktion betrachtet, die syntaktisch vergleichbar ist etwa mit der ‹instrumentalen› Adjunktion *with a knife* in *Bill was killed with a knife* (vgl. 7.4.5).

8.1.7 *Verschiedene Arten des Subjekts*

Wir werden das Verhältnis von Aktiv- und Passivsätzen weiter unten noch besprechen (8.3.3). An dieser Stelle möchte ich nur darauf hinweisen, daß viele Linguisten zwischen dem ‹grammatischen› und dem ‹logischen› Subjekt passiver Sätze in dem Sinne unterscheiden, daß in *Wilhelm wurde von Hans umgebracht* das ‹grammatische› Subjekt *Wilhelm* und das ‹logische› (oder zugrundeliegende) Subjekt *Hans* ist, während im entsprechenden Aktivsatz *Hans brachte Wilhelm um* das Nomen *Hans* sowohl ‹grammatisches› als auch ‹logisches› Subjekt (und *Wilhelm* Objekt) ist.

Die terminologische Unterscheidung zwischen einem ‹grammatischen› und einem ‹logischen› Subjekt wurde kürzlich von Chomsky aufgegriffen, der weiter die These vertritt: «Thema-Kommentar ist die grundlegende grammatische Beziehung der Oberflächenstruktur, die (ungefähr) der grundlegenden Subjekt-Prädikatbeziehung der Tiefenstruktur entspricht. So könnten wir das Satzthema als die linkeste NP definieren, die unmittelbar von S in der Oberflächenstruktur dominiert wird und den Satzkommentar als den übrigen Teil der Kette.» Dies leuchtet bis zu einem gewissen Grad ein. Jedoch kann das Thema nicht einfach mit dem oberflächenstrukturellen ‹grammatischen› Subjekt identifiziert werden. Nach Chomsky würde *this book* (völlig logisch) sowohl im Aktivsatz *This book millions of people have read* (‹Dieses Buch haben Millionen gelesen›) wie im Passivsatz *This book has been read by millions of people* (‹Dieses Buch wurde ... gelesen›) als Thema identifiziert, ist aber nur im Passivsatz ‹grammatisches› Subjekt. Weiter ergibt sich die Frage, ob der Begriff ‹Thema› auf Nominalausdrücke beschränkt bleiben soll (außer er wird unter Berufung auf die Unterscheidung ‹Substanz›-‹Akzidens› eingeschränkt). Im russischen Satz *Bežal Ivan* (‹John lief (weg)›) könnte der Umstand, daß das Verb am Satzanfang steht, als Zeichen dafür angesehen werden, daß es sich um das (‹vom Sprecher angekündigte›, vgl. 8.1.2) Thema des Satzes handelt, obwohl vermutlich *Ivan* logisches wie grammatisches Subjekt ist. Und beim lateinischen Satz *Interfectus est Caesar* (‹Caesar wurde getötet›) könnte man *interfectus* (*est*) für das Thema halten, was weder mit dem ‹grammatischen› Subjekt *Caesar* noch dem ‹logischen› Subjekt (ein ungenannter ‹Täter›) zusammenfällt.

Eine Betrachtung der in diesem Abschnitt angeführten Beispiele ergibt, daß weit mehr Unterscheidungen eine Rolle spielen, als durch die einfache Dichotomie von ‹grammatischem› und ‹logischem› Subjekt erfaßt werden können. Selbst eine dreifache Unterscheidung von ‹psychologischem› (Thema-), ‹grammatischem› (oberflächenstrukturellem) und ‹logischem› (tiefenstrukturellem) Subjekt vermag nicht alle Unterscheidungen zu umfassen, die man im Lauf der Zeiten in der Grammatik- und Logiktheorie mit dem Subjektbegriff verbunden hat.

In diesem Abschnitt sollte vor allem gezeigt werden, daß die Unterscheidung zwischen Subjekt und Prädikat nur auf jene Sätze universell und eindeutig zutrifft, deren Nuklei aus einem Nominalausdruck und einem intransitiven Prädikat bestehen; in solchen Sätzen hängt nun die Definition des Subjekts letztlich von denselben Kriterien ab, die in der allgemeinen Syntaxtheorie das Nomen definieren. Wie wir gesehen haben, sind in Passivsätzen sowie in Sätzen, die mehr als ein Nominal im Nukleus enthalten, die traditionellen Kriterien bei ihrer Anwendung auf verschiedene Sprachen oft miteinander im Widerspruch. Es verdient jedoch Beachtung, daß die meisten der strengen ‹formalen› Kriterien, die wir im Zusammenhang mit der Subjektidentifikation genannt haben, mit Phänomenen der ‹Oberflächenstruktur› wie Kasus, Kongruenz und Koordination zu tun haben. Im folgenden Abschnitt wollen wir die Unterscheidung von Objekt und Subjekt eines Satzes von einem etwas anderen Gesichtspunkt aus betrachten. Zunächst müssen wir uns jedoch kurz mit dem Begriff der ‹Adjunktion› auseinandersetzen.

8.1.8 *‹Adjunktion›*

Eine ‹Adjunktion› ist definitionsgemäß ein ‹Bestimmungselement›, das zusammen mit einem ‹Trägerelement› vorkommt, von dem es abhängt und von dem es ‹getrennt› werden kann, ohne daß sich daraus für den Satz eine syntaktische Veränderung ergibt. (Zu den Termini ‹Bestimmungs›- und ‹Trägerelement› siehe 6.4.2.) Wir beschäftigen uns hier mit Elementen, die man gewöhnlich als Satzadjunktionen betrachtet und nicht mit Bestimmungselementen von Konstituenten niedrigerer Stufe (wie etwa Adjektiven als Bestimmungselementen von Nomina in Nominalkomplexen, Adverbien, die Verben innerhalb des Verbalkomplexes näher bestimmen, u.s.w.). Beispiele für Satzadjunktionen wurden bereits am Beginn dieses Abschnitts angeführt (*im Stadtpark* und *am Sonntag* in dem Satz *Jemand brachte Herbert am Sonntag im Stadtpark um*).

Satzadjunktionen können verschiedenen Rang haben (Nebensätze, Wortkomplexe oder Wörter). Z. B. können der Nebensatz *sobald seine Frau eintraf*, der Wortkomplex *drei Stunden später* und das Wort *sofort* gleichermaßen als Adjunktionen mit dem Nukleus (der selbst ein vollständiger Satz ist) *John machte sich auf den Weg ins Büro* verbunden werden. Weiter sind Adjunktionen nach ihrer semantischen Funktion in verschiedene Klassen zu unterteilen: Es gibt Adjunktionen der Zeit, des Ortes, des Zwecks, des Ergebnisses, der Bedingung, u.s.w. Nicht alle diese Klassen sind in allen Rängen vertreten. Aber wir wollen uns hier gar nicht mit diesen Einzelheiten befassen. Im vorliegenden Abschnitt beschränken wir unsere Aufmerksamkeit auf Adjunktionen der Zeit und des Ortes, die in der Sprachstruktur einen besonders interessanten Platz einnehmen.

8.1.9 *Adjunktionen und Komplemente*

Zunächst fällt bei temporalen und lokativen Adjunktionen auf, daß sie auf der Rangebene des Wortes und der Wortgruppe (wenn auch nicht auf der des Nebensatzes) häufig in ihrer inneren Struktur identisch sind mit temporalen und lokativen *Komplementen* (‹[Sinn-]Ergänzungen›; zu dieser

Bedeutung von «Rang» vgl. 5.5.1). Bisher wurde der Ausdruck «Komplement» nur im Zusammenhang mit nominalen oder adjektivischen Ausdrücken gebraucht, die sich in Sätzen wie *Maria ist ein schönes Mädchen* und *Maria ist schön* (vgl. 7.6.2) mit der ‹Kopula› verbinden. In der traditionellen Grammatik* bezeichnet ‹Komplement› alle jene Wörter oder Wortgruppen, die (ausgenommen das Verb selbst) obligatorische Konstituenten des Prädikats sind wie z. B. das Objekt eines transitiven Verbs (vgl. *den Ball* in *Hans fing den Ball*). Das prädikative Komplement ist syntaktisch zur ‹Vervollständigung› der Prädikatsstruktur notwendig (daher ‹Komplement› bzw. ‹Ergänzung›). Insbesondere wird ‹Komplement› für ‹Adverbialausdrücke› wie *im Stadtpark* oder *am Sonntag* in Sätzen wie *Die Parade war im Stadtpark* oder *Die Demonstration war am Sonntag* verwendet. Die Temporal- und Lokativkomplexe dieser beiden Sätze sind offensichtlich keine Adjunktionen (da **Die Parade war* und **Die Demonstration war* syntaktisch unvollständig sind). Der Unterschied zwischen einer Adjunktion und einem Komplement ist im Prinzip ziemlich klar: Erstere ist eine fakultative (extranukleare) und letztere eine obligatorische (nukleare) Satzkonstituente.

In der Praxis ist der Unterschied zwischen Satzadjunktionen und prädikativen Komplementen oft alles andere als eindeutig. Wie wir eben gesehen haben, kann dieselbe Klasse von Wörtern oder Wortgruppen in einem Satz als Temporal- bzw. Lokativadjunktion, in einem anderen als Komplement (der Kopula) stehen. Dieser Umstand allein hätte noch keine weitreichenden Folgen. Aber betrachten wir nun einen Satz wie *Die Demonstration fand am Sonntag statt.* In traditionellen Grammatiken des Englischen und Deutschen wird *occur/stattfinden* als intransitives Verb angesehen (das sich definitionsgemäß mit einem Nominalausdruck zur Bildung eines Satznukleus verbindet und kein Komplement erfordert). Aus dieser Klassifikation von *occur/stattfinden* geht hervor, daß *The demonstration occurred/Die Demonstration fand statt* (nicht aber **The demonstration was/*Die Demonstration war*) ein vollständiger Satz und daß *on Sunday/am Sonntag* eine Adjunktion ist. Andererseits würde die semantische Verwandtschaft zwischen *The demonstration was on Sunday/ Die Demonstration war am Sonntag* und *The demonstration occurred on Sunday/Die Demonstration fand am Sonntag statt* wohl nahelegen, daß *was/war* und *occurred/fand statt* gleichwertige Elemente sind und daß *on Sunday/am Sonntag* daher in beiden Fällen prädikatives Komplement ist.

Es wurde bereits die These vertreten, daß die Kopula in Sätzen wie *Mary is beautiful/Maria ist schön* nicht ein lexikalisches Element, sondern

* des Englischen und anderer, im Englischen beschriebener Sprachen. Der Grammatik-Duden spricht von (‹Sinn-)Ergänzung›, Heringer von ‹Ergänzung›, Brinkmann von ‹Mitspieler› (vgl. Tesnières ‹actant›). – Anm. d. Übers.

ein rein grammatisches ‹Quasi-Symbol› ist, das als ‹Platzhalter› für Tempus-, Modus- und Aspektangabe dient (vgl. 7.6.3). Wir können nun dasselbe Prinzip auf Sätze erweitern, in denen *be/sein* mit einem Temporal- oder Lokativkomplement (z. B. *on Sunday/am Sonntag* oder *in/im Central Park*) auftritt; und es scheint nichts dagegen zu sprechen, ‹Verben› wie *occur, happen, take place/stattfinden, sich ereignen* u.s.w. in Sätzen wie *Die Demonstration fand am Sonntag statt* nicht auch als temporale und lokative Kopulae zu behandeln.

8.1.10 *Lokative und temporale Komplemente*

Für die den Sätzen vom Typ *Die Demonstration war (fand) am Sonntag (statt)* und *Die Parade war (fand) im Stadtpark (statt)* zugrundeliegende Konstituentenstruktur scheinen die folgenden beiden Regeln (1) und (2) erforderlich

(1) $\Sigma \rightarrow$ Nominal + Zeit
(2) $\Sigma \rightarrow$ Nominal + Ort

neben Regel (3), die zumindest den intransitiven Nuklei (u. a. den ‹adjektivischen› Nuklei) nicht-lokativer und nicht-temporaler Sätze zugrundeliegt

(3) $\Sigma \rightarrow$ Nominal + Verbal.

Einige Implikationen dieses Vorgehens werden später noch untersucht werden (8.4.2 ff.). An dieser Stelle ergeben sich jedoch eine Reihe von Fragen im Zusammenhang mit der Unterscheidung (wenn es überhaupt eine eindeutige gibt) zwischen Adjunktionen und Komplement.

Es muß an die Nominalklasse, die mit temporalen Komplementen unter Anwendung der Regel (1) vorkommt, eine wichtige Bedingung geknüpft werden. ‹Sätze› wie **John war gestern*, **Der Hund fand am Sonntag statt* u.s.w. müssen als ungrammatisch ausgeschlossen werden. Wir unterteilen deshalb die Nominale in Nominale *erster* und *zweiter* Ordnung und stellen dann fest, daß nur Nominale zweiter Ordnung in Sätzen, denen die Struktur Nominal + Zeit zugrundeliegt, vorkommen können.

Nominale erster Ordnung könnten wir auch als substantivische Nominale bezeichnen, da sie in den auffallendsten Beispielen Personen, Tiere, Dinge oder Orte angeben; ‹inhaltbezogen› ausgedrückt: sie sind die im eigentlichsten Sinn ‹nomen-artigen› Nominale (vgl. 7.6.1). Im Gegensatz dazu bezeichnen Nominale zweiter Ordnung keine ‹Substanzen›. Manche von ihnen sind lexikalische Elemente (vgl. 4.3.1): z. B. *Geschehen, Zufall, Ereignis* u.s.w. Die Mehrzahl kann jedoch auf dem Wege der Transformation aus Satznuklei, die mithilfe von Regel (3) erzeugt werden, abgeleitet werden. Unser Beispiel *the demonstration/die Demonstration* gehört zu dieser Gruppe.

Haben wir einmal diese Charakteristik der Nominale zweiter Ordnung akzeptiert, so erscheint die syntaktische Unterscheidung zwischen temporalen Adjunktionen und temporalen Komplementen noch um einiges unbefriedigender. Welcher tiefenstrukturelle Unterschied, so fragen wir, besteht eigentlich zwischen *Die Demonstration fand am Sonntag statt* und *Sie demonstrierten am Sonntag* bzw. *Sie hielten die Demonstration am Sonntag ab* u.s.w.? Wenn überhaupt ein Unterschied besteht, so ist er jedenfalls nicht durch einen Unterschied in der Konstituentenstruktur auf tiefenstruktureller Ebene zu erklären: etwa Nominal + Zeit einerseits und Nominal + Verbal + Zeit andererseits. Es hat eher den Anschein, als läge den beiden Sätzen dieselbe Konstituentenstruktur zugrunde, wobei zusätzliche syntaktische Merkmale die Selektion der einen oder anderen ‹Version› in der Oberflächenstruktur bedingen. Das deutet darauf hin, daß wir eine Regel in die Grammatik aufnehmen sollten, die den ‹Output› von $\Sigma \rightarrow$ Nominal + Verbal (diese Regel für die Nominalisierung ist ohnehin erforderlich) transformiert und in die Subjektposition der durch $\Sigma \rightarrow$ Nominal + Zeit erzeugten Struktur einbettet.

Durch Transformation abgeleitete Nominale zweiter Ordnung können noch in Sätzen mit einem lokativen Komplement vorkommen sowie in Sätzen mit einem temporalen Komplement: vgl. *Die Demonstration fand im Stadtpark statt*, *Der Tod Churchills ereignete sich in London*, u.s.w. Es ist jedoch festzustellen, daß nicht nur Nominale zweiter Ordnung, sondern auch vollsubstantivische Nominale (Nominale erster Ordnung) mit lokativen Komplementen auftreten: vgl. hierzu *Hans war zuhause* und **Hans war am Sonntag.*

Der Unterschied zwischen Nominalen erster und zweiter Ordnung ist auch für die interessante Asymmetrie in der Distribution lokativer und temporaler Kopulae mit Ausnahme von *be* (‹sein›) (von der Semantik her die ‹inhaltloseste› der englischen Kopulae) bedeutungsvoll. Weder **John occurred on Sunday* (*‹Hans geschah am Sonntag›) noch **John took place at home* (*‹Hans fand zuhause statt›) ist möglich (außer natürlich aufgrund einer vorstellbaren, aber ungewöhnlichen ‹Umkategorisierung› von *John/Hans,* so daß darunter ‹*Johns/Hansens Geburt*› oder ähnliches zu verstehen ist – die Tatsache allein, daß eine derartige ‹Umkategorisierung› vorgenommen und *ad hoc* interpretiert werden kann, hängt mit dem hier besprochenen Unterschied zwischen den beiden Nominalklassen zusammen). Die erwähnte Asymmetrie liegt darin, daß *be/sein* in Verbindung mit nominalen Subjekten zweiter Ordnung sowohl mit lokativen wie temporalen Prädikaten auftritt, nicht aber in Verbindung mit nominalen Subjekten erster Ordnung und temporalen Prädikaten; hingegen sind *occur, take place, happen, sich ereignen, stattfinden* u.s.w. auf nominale

Subjekte zweiter Ordnung mit sowohl temporalen als auch lokativen Prädikaten beschränkt. Diese distributionellen Fakten lassen sich wie folgt zusammenfassen (*occur* repräsentiert hier jene Klasse, zu der auch *take place, happen* u.s.w. gehören):

	temporal	lokativ
Nominale erster Ordnung:	**John was on Sunday*	*John was in Central Park*
	**Hans war am Sonntag*	*Hans war im Stadtpark*
	**John occurred on Sunday*	**John occurred in Central Park*
	**Hans ereignete sich am Sonntag*	**Hans ereignete sich im Stadtpark*
Nominale zweiter Ordnung:	*The demonstration was on Sunday*	*The demonstration was in Central Park*
	Die Demonstration war am Sonntag	*Die Demonstration war im Stadtpark*
	The demonstration occurred on Sunday	*The demonstration occurred in Central Park*
	Die Demonstration fand am Sonntag statt	*Die Demonstration fand im Stadtpark statt*

Es bestehen möglicherweise semantische Unterschiede zwischen den Prädikaten mit *occur, happen, take place, sich ereignen, stattfinden* u.s.w. in verschiedenen Kontexten. Jedoch haben alle diese Prädikate eines gemeinsam, und das ist für unseren Zusammenhang entscheidend: Sie bezeichnen keinen Zustand (d. h. sie sind ‹nicht-statisch› vgl. 7.6.4). Da Nominale erster Ordnung meist ‹Ganzheiten› (die eine gewisse Zeitspanne andauern, wenn sie sich auch von der Stelle bewegen oder bewegt werden können) und Nominale zweiter Ordnung meist ‹Vorkommnisse› (mit ‹punktförmiger› Lage in Raum und Zeit) bezeichnen, läßt sich der Umstand, daß *occur, stattfinden* u.s.w. mit letzteren, nicht aber mit ersteren in der Oberflächenstruktur lokativer und temporaler Sätze anzutreffen sind, leicht erklären. Die lokativen und temporalen Prädikate von Nominalen erster Ordnung sind unbedingt ‹statisch›.

Der Unterschied zwischen Nominalen erster und zweiter Ordnung allein erklärt jedoch noch nicht das Nichtvorkommen von Sätzen wie: **Hans war am Sonntag*. Es ist nicht nur die Kürze der durch *am Sonntag* bezeichneten Zeitspanne, welche diesen Satz nicht-akzeptierbar macht; denn auch **Sokrates war im fünften Jahrhundert vor Christus* ist nicht möglich. Statt dessen würde man sagen *Sokrates lebte im fünften Jahrhundert vor Christus* (wobei *im fünften Jahrhundert vor Christus* in der traditionellen Grammatik richtig als prädikatives Komplement betrachtet wird). Ähnlich sagen wir nicht **Dieses Gebäude war dreißig Jahre lang*, sondern *Dieses Gebäude existiert seit dreißig Jahren.* Dies läßt darauf schließen, daß *leben*, *existieren*, *bestehen* (wobei ersteres auf belebte Subjekte beschränkt ist) die temporalen Kopulae sind, die in Verbindung mit nominalen Subjekten erster Ordnung auftreten. Wie *sein* in lokativen Sätzen sind auch sie rein grammatische ‹Platzhaltersymbole›. Wir brechen unsere Argumentation hier ab, wollen sie aber in einem späteren Kapitel (vgl. 8.4.3) wieder aufnehmen.

8.1.11 *Tempus und temporale Adjunktionen*

Alle hier zitierten Beispiele für grammatische Sätze, die die traditionell so bezeichneten Temporaladjunktionen enthalten, erfüllten implizit die Voraussetzung, daß Adjunktion und Tempus des Satzes aufeinander abgestimmt sind. Wird diese Bedingung nicht eingehalten, so wird der Satz, an den die Adjunktion ‹angefügt› wird, dadurch ungrammatisch: vgl. z. B. **Hans tötete Alfred nächste Woche* und *Hans tötete Alfred vergangene Woche.* Dieser Punkt bedarf keiner weiteren Ausführungen. Man darf jedoch nicht übersehen, daß dadurch die überlieferte Auffassung zweifelhaft erscheint, die Temporaladjunktion sei vom übrigen Satz syntaktisch unabhängig. Zwar ist die Temporaladjunktion im allgemeinen von dem Satz, zu dem sie gehört ‹abtrennbar› (vgl. 8.1.1), jedoch müssen die generativen Regeln für das ‹Hinzufügen› die Adjunktion von vornherein auf Tempus und Aspekt des Satzes abstimmen. In den meisten gegenwärtigen transformationellen Arbeiten über das Englische (und andere Sprachen mit Tempusunterscheidungen) sind die Regeln so angeordnet, daß die vorherige Selektion eines bestimmten Tempus in der Folge die Selektion der Temporaladjunktion einengt, und dies ist wahrscheinlich die beste Methode, die notwendigen Kompatibilitätsbedingungen in einem System generativer Regeln unterzubringen. Worauf es hier ankommt, ist, daß die Temporaladjunktion durch diese Übereinstimmung an die obligate (nukleare) Tempuskategorie gebunden ist.

Wir wollen uns nun dem Unterschied zwischen ‹Subjekt› und ‹Objekt› und den anderen damit zusammenhängenden Problemen zuwenden. Wir werden hier beträchtlich tiefer ins Detail gehen, als sonst in allgemeinen Werken über die Theorie der Linguistik üblich ist. Der Grund dafür ist, daß Probleme im Zusammenhang mit ‹Transitivität› und ‹Verbalgenus› gegenwärtig zu wichtigen Revisionen der Theorie der generativen Grammatik führen. Ein Hinweis auf eine mögliche Entwicklung wird in 8.3.6 gegeben. Aber zuvor haben wir uns mit den sprachlichen Fakten und dem traditionellen Standpunkt zu diesen Fragen zu befassen.

8.2 *Transitivität und Ergativität*

8.2.1 *Einwertige und zweiwertige Verben*

Es ist zweckmäßig, an dieser Stelle eine Klassifikation der Verben aufgrund der Anzahl der Nominale einzuführen, mit denen sie sich zu Satznuklei verbinden. Nach dieser Klassifikation bezeichnen wir ein Verb wie *sterben*, das nur ein Nominal verlangt, als einwertiges Verb. Wird z.B. das eine ‹Argument› (‹Valenz›) von *sterben* durch *Hans* ‹ausgefüllt›, so erhält man den Nukleus *Hans starb*. Ein transitives Verb (z. B. *töten*) ist *zweiwertig*: die eine Valenz wird vom Subjekt, die andere vom Objekt besetzt; vgl. *Hans tötete Herbert*. Manche Verben (z. B. *geben* oder *legen*) sind *dreiwertig*, sie verbinden sich mit einem Subjekt, einem direkten Objekt und einem indirekten Objekt (oder ‹Richtungslokativ›: vgl. 7.4.6): vgl. *Hans gab Herbert das Buch* (das *Buch* ist das direkte, *Herbert* das indirekte Objekt) oder *Hans legte das Buch auf den Tisch* (*das Buch* ist das direkte Objekt und *auf den Tisch* der Richtungslokativ). Wir kommen auf die dreiwertigen Verben, indirekten Objekte und Richtungslokative weiter unten noch zurück (vgl. 8.2.14).

8.2.2 *Der Terminus ‹transitiv›*

Die traditionelle ‹inhaltbezogene› Auffassung von der Transitivität (sowie der Terminus selbst) deutet darauf hin, daß die Wirkung der im Verb ausgedrückten Tätigkeit vom ‹Agens› (oder ‹Täter›) auf das ‹Patiens› (oder das ‹Ziel›) übergeht. Es braucht nicht eigens hervorgehoben zu werden, daß die ‹inhaltbezogene› Definition der Transitivität bei vielen englischen (und deutschen) Sätzen versagt. Wie Robins es ausdrückt: «Die Schwäche semantischer Definitionen zeigt sich hier sehr deutlich: *hit* (‹schlagen›) in *I hit you* ist syntaktisch ein transitives Verb und wird oft als Beispiel gewählt, weil die Behauptung hier recht plausibel erscheint, daß die angeführte ‹Tätigkeit› über meine Faust auf dich ‹übergeht›; doch *hear* (‹hören›) in *I hear you* ist in eben demselben syntaktischen Verhältnis zu den beiden Pronomina und wird als transitives Verb angesehen, obwohl in diesem Fall die ‹Tätigkeit› – wenn tatsächlich auf eine solche Bezug genommen wird – in umgekehrter Richtung erfolgt; und wer tut was wem in jener Situation, auf die sich das syntaktisch ähnliche Verb *love* (‹lieben›) in *I love you* bezieht?» Diese (oft vorgebrachte) Kritik an der traditionellen Vorstellung von der Transitivität besteht zurecht.

Wieder einmal müssen wir jedoch darauf achten, daß wir zwischen ‹formaler› und ‹inhaltbezogener› Definition trennen. Es genügt, daß die semantische oder ‹inhaltbezogene› Definition auf die Mehrzahl der zweiwertigen Verben anwendbar ist, um die gesamte Verbklasse als ‹transitiv› bezeichnen zu können. Unter stillschweigendem Rekurs auf eben dieses Prinzip (das wir bereits im Zusammenhang mit der traditionellen Vorstellung vom Nomen als ‹Name für Personen, Orte oder Sachen›, vgl. 7.6.1, besprochen haben) beschrieben wir *agna-* (‹Frau›) als ‹Täter› und *qimmi-* (‹Hund›) als ‹Ziel› in dem Satz der Eskimosprache *qimmiq agnap takubaa* (‹Die Frau sieht den Hund›) (8.1.6). Weiter könnte man behaupten, daß die grammatische Form eines deutschen Satzes wie *Ich höre dich* oder *Ich sehe dich* (seine Parallelität mit *Ich schlage dich* u.s.w.) den Sprecher des Deutschen dahingehend beeinflußt, daß er Hören und Sehen als Tätigkeiten betrachtet, die von der Person, die das Hören und Sehen ‹vollzieht›, ausgehen. Ob dies von einem psychologischen oder physiologischen Standpunkt aus die Wahrnehmung richtig erfaßt, ist dabei belanglos. Wenn der muttersprachliche Sprecher des Deutschen (und anderer Sprachen, in denen Verben mit der Bedeutung ‹hören›, ‹sehen›, ‹riechen› u.s.w. sich syntaktisch parallel verhalten zu ‹inhaltbezogen› transitiven Verben wie *schlagen* oder *töten*) dazu neigt, Wahrnehmung als Tätigkeit zu interpretieren, die von einem ‹Täter› auf ein ‹Ziel› ‹übergeht›, so deutet dieser Umstand allein schon darauf hin, daß der traditionelle Begriff der Transitivität einer gewissen semantischen Grundlage nicht entbehrt. (In Wirklichkeit sind z. B. *see*, *hear* und auch *love* im Englischen nicht vollkommen parallel zu *hit* und *kill*. Sie sind ‹nicht-progressive› Verben des Zustands; zum Unterschied von den ‹Verben der Tätigkeit› kommen sie in Antworten auf die Form *What is X doing?* normal nicht vor: vgl. 7.6.4.) Die Klasse der syntaktisch transitiven Verben umfaßt zwar (im Englischen, Deutschen und in anderen Sprachen) zweifelsohne viele Verben, von denen man nicht ohne weiteres behaupten kann, daß sie Tätigkeiten bezeichnen, deren Wirkungen von einem ‹Täter› auf ein ‹Ziel› übergehen; trotzdem aber gilt, daß die traditionelle, ‹inhaltbezogene› Erklärung der Transitivität klar auf viele, ja vielleicht sogar die meisten syntaktisch (oder ‹formal›) transitiven Verben paßt.

8.2.3 *Der Terminus ‹ergativ›*

Im vorhergehenden Abschnitt wurden verschiedene Kriterien erörtert, an Hand derer zu entscheiden ist, welches von zwei Nominalen das Subjekt eines zweiwertigen Verbs ist. Es wurde darauf hingewiesen, daß das Kriterium ‹Täter›-‹Ziel› bei Sprachen mit ergativer Konstruktion und allgemeiner noch in passiven Sätzen schlechthin in systematischem Widerspruch steht mit Kriterien des Kasus und der Kongruenz. Wir wollen die Passivsätze im Augenblick unberücksichtigt lassen und den Zusammenhang zwischen Transitivität und Ergativität etwas eingehender betrachten.

Zunächst möchte ich darauf hinweisen, daß es im Englischen viele Verben gibt, die sich entweder mit einem oder mit zwei Nominalen zu Satznuklei verbinden können (*move* [‹bewegen›], *change* [‹verändern›], *open* [‹öffnen›] usw.). Betrachten wir die folgenden Sätze:

(1) *The stone moved* (‹Der Stein bewegte sich›)
(2) *John moved* (‹John bewegte sich›)
(3) *John moved the stone* (‹John bewegte den Stein›)

In (1) und (2) ist *move* intransitiv, in (3) hingegen transitiv. Darüberhinaus besteht zwischen (1) und (3) ein wichtiger Zusammenhang. Anknüpfend an die in (1) mitgeteilte Information könnten wir fragen: ‹Who moved it?› – d. h. ‹Wer ist der ‹Täter› oder das ‹Agens›, das für die Bewegung des Steins verantwortlich ist?› Wenn diese Frage explizit gestellt wird, so könnte die Antwort lauten: ‹John did› [‹John war es›] (eine Äußerung, die von Satz (3) *John moved the stone* abgeleitet ist). Der Ausdruck, der in der Linguistik gemeinhin für den syntaktischen Zusammenhang zwischen (1) und (3) gebraucht wird, ist ‹ergativ›: Das Subjekt eines intransitiven Verbs wird zum Objekt eines entsprechenden transitiven Verbs, und ein neues ‹ergatives› Subjekt wird als ‹Agens› (oder ‹Ursache›) der genannten Tätigkeit eingeführt. Dies legt nahe, daß ein transitiver Satz wie (3) mit Hilfe einer ergativen oder *kausativen* Transformation von einem intransitiven Satz wie (1) syntaktisch abgeleitet werden kann. (Der Terminus ‹ergativ› wurde durch Ableitung von einem griechischen Verb mit der Bedeutung ‹verursachen›, ‹zustandebringen›, ‹erzeugen› geprägt). Festzustellen ist weiter, daß das kausative oder ergative Agens in Satz (3) ein belebtes Nomen ist; daß die Subjekte transitiver Verben meist belebt sind, wurde ja bereits vermerkt. Wir werden darauf noch zurückkommen.

8.2.4 *Kausativa*

Das Verb *move* illustriert eine der Möglichkeiten, wie intransitive und transitive Sätze in einem kausativen Verhältnis stehen können: Dasselbe Verb kommt unverändert in beiden Satztypen vor. Wir finden aber auch Paare bestehend aus verschiedenen Verben, zwischen denen in den entsprechenden transitiven und intransitiven Sätzen dasselbe syntaktische (und semantische) Verhältnis herrscht. Betrachten wir die folgenden Sätze:

(4) *Bill died/Bill starb*
(5) *John killed Bill/John tötete Bill*

In solchen Fällen können wir von einem ‹lexikalisierten› Verhältnis zwischen transitiv und intransitiv sprechen. Es liegt in der lexikalischen

Struktur des Englischen und Deutschen, daß es *John killed Bill / John tötete Bill* und nicht **John died Bill / *John starb Bill* heißt. Das syntaktische und semantische Verhältnis zwischen *kill / töten* und *die / sterben* gehört zu den Dingen, die das Kind beim Erlernen der Sprache begreifen muß, genauso wie es das Verhältnis zwischen transitiver und intransitiver Verwendung der Verbklasse vom Typ *move* zu begreifen hat. Vorläufig nennen wir *kill / töten* und *die / sterben* noch ‹verschiedene› Verben. Später wollen wir uns überlegen, welche Folgen sich ergeben, wenn wir sie als syntaktisch bedingte phonologische Alternativrealisationen ‹desselben› Verbs behandeln.

In vielen Sprachen gibt es eine produktive grammatische Regel zur Bildung kausativer Verben. Wir nehmen unsere Beispiele aus dem Türkischen und Französischen. Die englischen/deutschen Sätze (4) und (5) können ins Türkische wie folgt übersetzt werden.

(6) *Bill öldü*
(7) *John Bill-i öldürdü*

Hier verwandelt das Suffix *–dür–* (dessen Form nach der Vokalharmonie variiert; vgl. 3.3.13) den intransitiven Stamm *öl-* (‹sterben›) in einen transitiven Stamm *öl-dür-*, wie er im abgeleiteten Satz (7) vorkommt. (Das Suffix *-dü* kennzeichnet das Präteritum, das an das ‹Zielnomen› angefügte *-i* in (7) kennzeichnet das Objekt des transitiven Verbs, sofern es sich um ein definites Objekt handelt – wobei alle Eigennamen und Personalpronomina im Türkischen von vorneherein definit sind; vgl. 7.4.4. Sowohl das Tempus als auch das Objektsuffix verändern ihre phonologische Form entsprechend der Vokalharmonie). Als weiteres Beispiel aus dem Türkischen möchte ich das folgende anführen:

(8) *Patlïcan pişiyor* (‹Die Eierfrucht kocht gerade›)
(9) *Ahmet patlïcanï pişiriyor* (‹Achmet kocht gerade die Eierfrucht›)

Wieder besteht zwischen den beiden Sätzen dasselbe syntaktische Verhältnis wie bei den Sätzen (1) und (3) oder (4) und (5). (*-ir-* ist eine weniger häufige Variante des kausativen Suffixes. Welche der Varianten oder ‹Allomorphe› mit einem bestimmten Verbstamm vorkommt, ist im allgemeinen durch eine eigene, auf diesen Zweck ausgerichtete Klassifikation der Verbalstämme festgelegt; mit anderen Worten, die Distribution der kausativen Suffixe ist nicht frei variierbar, sondern lexikalisch bedingt: vgl. 5.3.5. Das Suffix *-iyor-* kennzeichnet den Dauer- bzw. ‹progressiven› Aspekt. Ohne das Objektsuffix – d. h. mit *patlïcan* anstelle von *patlïcanï* – wäre (9) mit ‹Achmet kocht gerade (eine) Eierfrucht› zu übersetzen. Da der Unterschied zwischen definit und indefinit beim Subjektnomen im Türkischen nicht markiert wird, wird bei einem Satz wie (8) zwischen ‹eine Eierfrucht ...› und ‹die Eierfrucht ...› nicht unterschieden). Es ist festzustellen, daß das englische Verb *cook* ‹kochen› intransitiv oder transitiv gebraucht werden kann. Weiter ist als Alternativübersetzung für (8) möglich: ‹The eggplant is being cooked›/‹Die Eierfrucht wird gerade gekocht›. Der Unterschied zwischen dem intransitiven *is cooking/kocht* und dem Passiv (des Transitivverbs) *is being cooked/wird gekocht* wird weiter unten besprochen (vgl. 8.2.13).

Im Französischen ist die zwischen (6) und (7) bestehende Beziehung wie im Englischen durch zwei verschiedene Verben, nämlich *mourir* und *tuer* lexikalisiert (vgl. *Bill est mort* und *John a tué Bill*). (8) und (9) bzw. (10) und (11) lassen sich jedoch so ins Französische übersetzen, daß daraus die französische kausative Konstruktion ersichtlich wird.

(10) *Les aubergines cuisent*
(11) *Ahmet fait cuire les aubergines*

(Eigentlich ist in unserem Fall *Les aubergines sont en train de cuire*, sozusagen ‹Die Eierfrucht ist gerade dabei zu kochen›, vom Kontext her wahrscheinlicher als (10). Doch ist (10) möglich.) Im Französischen wird das intransitive Verb *cuire* nicht durch morphologische Veränderung (Präfix, Suffix, Infix, usw.) in ein transitives Verb verwandelt, sondern mithilfe des Auxiliar‹verbs› *faire* (‹machen‹, ‹tun›). Dies ist vergleichbar mit dem englischen *make* in Satz

(12) *John makes the brass shine* (‹John bringt das Messing zum Glänzen›)

der ebenso wie

(13) *John shines the brass* (‹John glänzt das Messing›)

syntaktisch aus dem intransitiven

(14) *The brass shines* (‹Das Messing glänzt›)

ableitbar ist. Jedoch schwingt bei der englischen Konstruktion mit *make* im allgemeinen die Bedeutung ‹Zwang› oder ‹Gewalt› mit (wenn dies auch gerade bei unserem Beispiel nicht der Fall ist). Dies gilt generell nicht für die französische Konstruktion mit *faire*, die übrigens in weit größerem Umfang verwendet wird. Kausative Konstruktionen, die den hier gezeigten Beispielen aus dem Türkischen und Französischen vergleichbar sind, gehören zu den häufigsten Spracherscheinungen und sind in fast allen Sprachen der Welt anzutreffen. Sie geben, wie uns scheint, einen hinlänglich allgemeinen Rahmen für die Erörterung von Transitivität und Ergativität ab.

8.2.5 *Der ‹Ergativ› in den indogermanischen Sprachen*

Wir wollen uns nun die englischen ‹ergativen› Konstruktionen vom Standpunkt des Kasus und der Kongruenz aus ansehen. Aus Gründen, die sofort ersichtlich sein werden, verwenden wir in den Modellsätzen nicht Nomina, sondern Symbole. Diese sind wie folgt zu interpretieren: *A* ist das Subjekt eines transitiven Verbs (wir nehmen an, *A* ist immer belebt) und *B* ist entweder das Subjekt eines intransitiven oder das Objekt eines transitiven Verbs. Da *B* belebt oder unbelebt sein kann (in jeder einzelnen der beiden syntaktischen Positionen wie in beiden zugleich) führen wir die Indices *a* und *i* zur Kennzeichnung dieses Unterschieds ein: B_a steht für ein belebtes und B_i für ein unbelebtes Nominal. Auf Grund dieser Konventionen können die oben (8.2.3) angeführten Sätze (1) – (3) wie folgt ‹übersetzt› werden:

(1*a*) B_i moved (cf. It moved) (‹B_i bewegte sich› [vgl. ‹Es bewegte sich›])
(2*a*) B_a *moved* (cf. *He moved, She moved)* (‹B_a bewegte sich› [vgl. ‹Er/Sie bewegte sich›])
(3*a*) *A moved* B_i (cf. *He moved it, She moved it*) (‹A bewegte B_i [vgl. ‹Er/Sie bewegte es›])

Es ergibt sich auf Grund der Trennung zwischen unbelebten und belebten Objekten auch noch eine vierte Möglichkeit:

(3*b*) *A moved* B_a (cf. *He/She moved him/her*) (‹A bewegte B_a› [vgl. ‹Er/Sie bewegte ihn/sie›])

die, wie wir zunächst einmal annehmen wollen, sich zu (2*a*) genau so verhält wie (3*a*) zu (1*a*).

Wenn wir nun bei den indogermanischen Sprachen, die nach traditioneller Auffassung drei Genera unterscheiden (vgl. 7.3.3), die Kategorien ‹neutral› und ‹unbelebt› gleichsetzen, können wir sagen, daß das Englische in zweifacher Hinsicht für die Mehrzahl der indogermanischen Sprachen typisch ist: (I) Der Kasus von B_i in (1*a*) wird zwar gewöhnlich als ‹Nominativ› und der Kasus von B_i in (3*a*) als ‹Akkusativ› bezeichnet, doch ist das Vorkommen von B_i in Subjekt- oder Objektstellung faktisch nie mit einem Flexionsunterschied bei B_i verbunden. Einen Flexionsunterschied zwischen der ‹Nominativ-› und der ‹Akkusativ›form der Nomina und Pronomina gibt es nur bei belebten Nominalen (vgl. 7.4.3: im Englischen gilt das natürlich überhaupt nur für die Pronomina). Daher *It moved* (‹Es bewegte sich›), *A moved it* (‹A bewegte es›): *He moved* (‹Er bewegte sich›), *A moved him* (‹A bewegte ihn›). (II) Der Kasus von B_a ist in einem Satz wie (2*a*) identisch mit dem Kasus von *A*: vgl. *He moved* (‹Er bewegte sich›), *He moved it/him,* (‹Er bewegte es/ihn›), etc. Weiter bestimmt B_a in einem Satz wie *(2a)* Zahl (bzw. Genus) des Verbs genauso, wie *A* in (3*a*) oder (3*b*) das Verb bestimmt, vorausgesetzt zwischen dem Verb und einem der Nominale besteht Numerus- (oder Genus-)kongruenz, während von B_a in einem Satz wie (3*b*) diese Wirkung nicht ausgeht: vgl. *He moves* (‹Er bewegt sich‹), *He moves it/him* (‹Er bewegt es/ihn›) : *They move* (‹Sie bewegen sich›), *They move it/him* (‹Sie bewegen es/ihn›). Vor allem wegen der unter (II) erwähnten Merkmale, nämlich Kasus und Kongruenz, werden die indogermanischen Sprachen im allgemeinen nicht als ‹ergative› Sprachen angesehen (vgl. 8.1.6). Doch sobald wir den unter (I) erwähnten Unterschied zwischen belebten und unbelebten Nomina berücksichtigen, verlieren Kasus und Kongruenz einen Großteil der Bedeutung, die ihnen in traditionellen Beschreibungen der indogermanischen Sprachen beigemessen wurde.

Es gibt gewisse Anhaltspunkte dafür, daß das indogermanische Kasussystem sich tatsächlich aus einem System entwickelt hat, in dem der ‹Nominativ› ein ‹agentives› oder ‹ergatives› Suffix (meist *-s)* war, das nur bei belebten Nomina anzutreffen war. Wir wollen uns mit dieser Frage vom diachronischen Standpunkt aus hier nicht näher befassen. Bemerkenswert ist jedoch, daß der Unterschied etwa zwischen Englisch und Eskimo, was den verschiedenen Kasus von Subjekt und Objekt betrifft, auf das relativ unbedeutende Faktum zusammenschmilzt, daß in Satz (2*a*) das Nominal B_a im Englischen im agentiven Kasus, in Eskimo jedoch im nichtagentiven Kasus steht. Das heißt, wenn wir uns den ‹Nominativ› im Englischen (und in den indogermanischen Sprachen allgemein) als den Kasus des ‹Täters› (wie das Suffix *-p* im Eskimo) denken, so können wir in die englische Grammatik eine Regel einführen, die bewirkt, daß in diesem Kasus nicht nur der ‹Täter› (im Gegensatz zum ‹Ziel›) bei zweiwertigen Verben zu stehen hat, sondern auch belebte Nominale einstelliger Verben. Mit anderen Worten, *He moves* [‹Er bewegt sich›] kann über eine obligatorische Transformation von **Him move* (wobei *him* genau wie *it* ‹merkmallose› (nicht-agentive) Form ist, die zwischen ‹Täter› und ‹Ziel› noch nicht unterscheidet) abgeleitet werden.

8.2.6 *Ein ‹ideales› ergatives System*

Doch läßt sich eine Unterscheidung zwischen ‹agentiv› und ‹nicht-agentiv› praktisch zumindest ‹vom Inhalt her› bei einstelligen Verben durchführen. Nehmen wir einen Satz wie *John flew through the air* (‹John flog durch die Luft›). Dies kann die Antwort auf eine von zwei möglichen Fragen sein: (I) ‹What did John do?› (‹Was tat John?›) oder (II) ‹What happened to John?› (‹Was passierte John?›). Wenn es die Antwort auf (I) ist, so ist *John* ‹Agens› (er könnte z. B. ein Flugzeug fliegen); ist es die Antwort auf (II), wird *John* nicht als ‹Agens› betrachtet (er könnte von jemandem durch das Zimmer geschleudert worden sein). Manche englische intransitive Verben gestatten wohl kaum eine ‹agentive› Auslegung: vgl. *John died* (‹John starb›). Andere lassen sich kaum mit einem ‹nicht-agentiven› belebten Nominal deuten: vgl. *John jumped from the roof* (‹John sprang vom Dach›). Bei anderen wieder ist entweder die ‹agentive› oder die ‹nicht-agentive› Interpretation mit belebten Nominalen näherliegend, wenn auch die weniger normale Interpretation unter bestimmten Umständen ebenfalls vorstellbar ist. *John fell* (‹John fiel›) z. B. ist wahrscheinlich als ‹nicht-agentiver› Satz normaler, doch ist die andere Deutung sicherlich auch möglich. Im Gegensatz dazu ist *The chimney fell* (‹Der Rauchfang fiel›) (mit unbelebtem Subjekt) immer ‹nicht-agentiv›.

Aufgrund der ‹inhaltbezogenen› Unterscheidung zwischen ‹agentiv› und ‹nicht-agentiv› (die nur bei belebten Nominalen relevant ist) können wir ein theoretisch ‹ideales› System für einwertige und zweiwertige Verben konstruieren, das in den folgenden Sätzen veranschaulicht wird (in denen *he* für ein ‹agentives› und *him* für ein ‹nicht-agentives› belebtes Nominal steht; n. b. dies sind keine englischen Sätze, sondern pseudoenglische Repräsentationen einer ‹idealen› Menge von Distinktionen):

(1*a*) *It moved*
(2*b*) *Him moved*
(2*c*) *He moved*
(3*a*) *He moved it*
(3*b*) *He moved him*

Wenn man diese mit den in 8.2.5 angegebenen vier englischen Sätzen vergleicht, wird man feststellen, daß der einzige Unterschied, was die Distribution der Kasus betrifft, darin liegt, daß (2*a*) der ersten Satzgruppe nun in (2*b*) und (2*c*) aufgespalten wurde. Dies soll die Möglichkeit reflektieren, daß ein Satz wie (2) *John moved* (8.2.3) prinzipiell sowohl ‹nicht-agentiv› als auch ‹agentiv› interpretiert werden kann. Dieses theoretisch ‹ideale› System ist im Englischen (und auch in den anderen indogermanischen Sprachen) nicht realisiert. Es ist auch nicht in den Sprachen verwirklicht, die nach der traditionellen Beschreibung eine ergative Konstruktion haben. Es ist jedoch zu beobachten, daß wir entweder das im Englischen oder das im Eskimo vorhandene System jeweils durch eine einfache ‹Fusion› von (2*b*) und (2*c*) erhalten. Findet die ‹Fusion› in der einen Richtung statt:

(2*b*) *Him moved* }
(2*c*) *He moved* } → *He moved*

so ist das Ergebnis (was die Kasuskategorie betrifft) das typische indogermanische System für das maskuline oder feminine Subjekt eines intransitiven Verbs. Geht die ‹Fusion› in die umgekehrte Richtung:

(2*b*) *Him moved* } → *Him moved*
(2*c*) *He moved* }

so ergibt sich eine ergative Konstruktion, wie sie für das Eskimo und viele andere Sprachen charakteristisch ist.

8.2.7 *Transitivität und Belebtheit*

Dieses ‹ideale› System der Distribution eines ‹agentiven› Kasus bei ein- und zweiwertigen Verben wurde nicht aufgestellt, um als notwendiger Bestandteil in Grammatiken des Englischen bzw. Eskimo aufgenommen zu werden, sondern lediglich um zu einem besseren Verständnis von Ergativität und Transitivität beizutragen. Die beiden genannten Sprachen sind als Beispiel für syntaktische Typen gewählt worden, die oft als diametral verschieden angesehen werden. Es läßt sich aus unserer Besprechung der allgemeine Schluß ziehen, daß in beiden Sprachen die Kasusflexion des Subjekts eines intransitiven Verbs von zweitrangiger Bedeutung ist. Beide Sprachen stimmen in folgender Hinsicht überein: (I) Sie kennzeichnen ‹Täter› und ‹Ziel› transitiver Sätze durch verschiedene Kasus (als ‹agentiv› bzw. ‹nicht-agentiv›). (II) Sie setzen dieselbe Form (den ‹Nicht-Agentiv›) für das Subjekt intransitiver Verben wie für das Objekt transitiver Verben, vorausgesetzt daß das Subjekt des intransitiven Verbs unbelebt ist. (III) Sie trennen ‹agentive› und ‹nicht-agentive› Subjekte intransitiver Verben nicht durch eigene Kasusflexionen. In jeder Sprache kann der ‹Agentiv› (der ‹Nominativ› im Englischen, der ‹Ergativ› im Eskimo) als der ‹merkmalhafte› Ausdruck der Kasusopposition angesehen werden. Der Unterschied zwischen den beiden Sprachen liegt darin, daß das Englische die Verwendung der ‹agentiven› Form auf alle belebten Subjekte erweitert (ob sie nun ‹vom Inhalt her› agentiv sind oder nicht); das Eskimo verallgemeinert seinerseits die ‹nicht-agentive› Form. Wir haben den Unterschied zwischen den beiden Sprachen im Hinblick auf die Kongruenz nicht besprochen. Es sollte jedoch klar sein, daß auch dieser Unterschied in der Oberflächenstruktur liegt und daß hier ähnlich vorgegangen werden kann wie bei der Distribution der Kasusflexionen.

Wir haben zwar das Englische zur Illustration der Verwendung von ‹Nominativ› und ‹Akkusativ› in den indogermanischen Sprachen herangezogen, doch ist Englisch in mancher Hinsicht ein untypisches Beispiel. Erstens gibt es einen Kasusunterschied zwischen ‹Nominativ› und ‹Akkusativ› im Englischen nicht bei den Nomina, sondern nur bei den Pronomina (*he* : *him*, *she* : *her*, *they* : *them*, *who* : *whom*, u.s.w.). Wichtiger noch, die Korrelation zwischen ‹grammatischem› und ‹natürlichem› Genus ist im Englischen weit größer als in den meisten anderen indogermanischen Sprachen (vgl. 7.3.4). In Sprachen wie dem Lateinischen und Griechischen wird die Unterscheidung zwischen ‹agentiv› und ‹nicht-agentiv›, soweit die

Kasusflexionen betroffen sind, ‹automatisch› auf unbelebte Nomina erweitert, wenn sie maskulines oder feminines Genus haben. Doch entkräftet dies die tiefenstrukturelle Unterscheidung zwischen ‹agentiven› und ‹nicht-agentiven› Nominalen in transitiven und intransitiven Sätzen nicht. In einem griechischen Satz wie *líthoi píptousin ap' ouranoû* (‹Steine fallen vom Himmel›) ist *líthoi* (‹Steine›) im ‹Nominativ›; obwohl es sich um ein unbelebtes Nomen handelt, ist es maskulin und hat daher in Subjektstellung die Nominativflexion. *Líthoi* ist aber hier ebensowenig ‹agentiv› wie *Steine* im entsprechenden deutschen Satz. Umgekehrt hat im deutschen Satz *Das Kind öffnet die Tür* das Subjekt *das Kind* neutrales Genus und kann daher nicht die charakteristische ‹agentive› Flexion haben (vgl. *Der Mann öffnet die Tür*; vgl. auch *Das Kind sieht den Mann* und *Der Mann sieht das Kind*). Die tiefenstrukturelle Unterscheidung zwischen ‹agentiv› und ‹nicht-agentiv› ist aber trotzdem im Deutschen auf belebte Nomina mit neutralem Genus wie auch auf belebte maskuline und feminine Nomina anwendbar.

Transitivität ist also mit der Unterscheidung zwischen belebten und unbelebten Nominalen verquickt. Im ‹idealen› System können erstere entweder ‹agentiv› oder ‹nicht-agentiv› (und zwar in transitiven wie intransitiven Sätzen) sein, letztere nur ‹nicht-agentiv›. Eine entsprechende, bis in die Einzelheiten ausgearbeitete These für die einzelnen Sprachen würde uns zu weit vom Hauptanliegen dieses Buches entfernen. Wir wollen annehmen, daß die allgemeinen in diesem Zusammenhang getroffenen Feststellungen zumindest für eine beträchtliche Anzahl der transitiven und intransitiven Sätze in den angeführten Sprachen haltbar sind. Gleichzeitig müssen wir zur Kenntnis nehmen, daß das, was wir als die ‹inhaltbezogene› Basis des Systems der Transitivität betrachten, in den einzelnen Sprachen von vielen transitiven Konstruktionen überlagert wird, die den Bedingungen des ‹idealen› Systems nicht genügen. *Wealth attracts robbers* (‹Reichtum zieht Räuber an›) ist zum Beispiel ein durchaus akzeptierbarer transitiver englischer Satz, obwohl *wealth* (‹Reichtum›) ein unbelebtes Nomen ist. Man sollte vielleicht derartige Sätze (sie sind im Englischen weitaus häufiger als in manchen anderen Sprachen, etwa dem Griechischen) am besten als ‹Parasiten› neben dem ‹normaleren› Typ des transitiven Satzes mit einem belebten Subjekt betrachten. Wie dem auch sei, wir wollen uns hier auf jene transitive Sätze konzentrieren, die den ‹normalen› Bedingungen genügen.

8.2.8 *‹Kausative› Verben im Englischen*

Wir haben gesehen, daß es im Englischen eine Klasse von Verben gibt (die wir ‹ergative Verben› genannt haben: 8.2.3), die sowohl in intransitiven als auch in transitiven Sätzen vorkommen; ebenso, daß die zweiwertige transitive Konstruktion mithilfe einer kausativen Operation, welche die Einführung eines ‹agentiven› Subjekts bewirkt, aus einer einwertigen, intransitiven Konstruktion ableitbar ist. Das in den Beispielen gebrachte Verb war *move* (‹bewegen›). Andere Verben, die zu dieser Klasse gehören sind *change* (‹verändern›), *grow* (‹wachsen›), *develop* (‹entwickeln›), *open* (‹öffnen›), *close* (‹schließen›), *start* (‹beginnen›), *stop* (‹halten›), *begin* (‹anfangen›), *break* (‹brechen›), *crack* (‹einen Sprung bekommen/sprengen›), *split* (‹auseinanderbrechen›), *tear* (‹reißen›) u.s.w.

Als Intransitiva können sie sich je nachdem, ob sie mit einem ‹agentiven› oder ‹nicht-agentiven› Subjekt vorkommen, verschieden verhalten; sie sind aber insofern alle ‹normal›, als sie in transitiven Konstruktionen gewöhnlich mit einem belebten Subjekt auftreten. Neben diesen gibt es im Englischen gewisse transitive Verben, die in einem syntaktisch ‹kausativen› Verhältnis zu den entsprechenden intransitiven Verben stehen und (historisch gesehen) von diesen aufgrund von früher mehr oder weniger produktiven morphologischen Vorgängen (vgl. die oben angeführten kausativen Verben des Türkischen: 8.2.4) abgeleitet sind. Beispiele dazu sind *lay* (‹make to lie› [‹liegen machen›]), *fell* (‹make to fall› [‹fallen machen›]) u.s.w. (Diese Verben sind in ihrer Selektion spezialisierter als die entsprechenden Intransitiva.) Insbesondere gibt es eine große Anzahl transitiver Verben, die morphologisch mit intransitiven ‹adjektivischen› Verben verwandt sind: *enrich* (*rich*) (‹anreichern› [‹reich›]), *soften* (*soft*) (‹weich machen›, [‹weich›]), *strengthen* (*strong*) (‹stärken› [‹stark›], *actualize* (*actual*) (‹verwirklichen› [‹wirklich›]) u.s.w. Die meisten dieser morphologischen Paradigmen der Wortbildung durch Präfigierung und Suffigierung sind im heutigen Englisch nicht mehr produktiv (mit der beachtlichen Ausnahme von *-ize*, das nicht nur an Verbalstämme, sondern auch bei Nominalen suffigiert wird: vgl. *computerize* u.s.w.). Diese morphologischen Kausativa liegen zwischen den beiden Extremfällen der ‹Lexikalisierung› einerseits (vgl. *kill/töten* : *die/sterben*, besprochen in 8.2.4) und der Verwendung ‹desselben› Verbs (z. B. *move*) in intransitiven wie in transitiven Sätzen andererseits. Im Gegensatz zu den ‹lexikalischen› und morphologischen Kausativen können die transitiven Verben *move, change, grow* u.s.w. als von den entsprechenden intransitiven Verben (die in ihrer phonologischen Form identisch sind und deshalb oben als ‹dieselben› Verben bezeichnet wurden: 8.2.4) durch den morphologischen Vorgang der ‹Nullmodifikation› abgeleitet beschrieben werden. Interessant ist, daß viele Formen, von denen die traditionelle Grammatik angibt, daß sie als ‹Verben› wie als ‹Adjektive› vorkommen, in eben diese Klasse fallen: *He warms the milk* (‹Er wärmt die Milch›) hängt z. B. mit *The milk is warm* (‹Die Milch ist warm›) (der englische Satz enthält das intransitive ‹adjektivische› Verb *warm*) auf dieselbe Weise zusammen wie *He moves the stone* (‹Er bewegt den Stein›) und *The stone moves* (‹Der Stein bewegt sich›). Morphologisch sind die transitiven Verben *move* und *warm* von den intransitiven Verben *move* und *warm* durch ‹Nullmodifikation› abgeleitet.

8.2.9 ‹*Objekttilgung*›

Neben der Verbklasse, der *move* angehört, gibt es im Englischen noch verschiedene andere Klassen, die, wie es scheint, sowohl transitiv als auch intransitiv gebraucht werden. Betrachten wir folgenden Satz:

(15) *We never eat at five o'clock* (‹Wir essen nie um fünf Uhr›).

Das Verb *eat* (‹essen›) ist hier ohne Objekt verwendet. Ob es jedoch als intransitives Verb bezeichnet werden soll, ist ein strittiger Punkt. Viele traditionelle Grammatiker würden es als transitives Verb betrachten, das entweder mit einem Objekt oder ‹absolut› verwendet werden kann. Für die ‹absolute› Verwendung (ohne ausgesprochenes Objekt) ist (15) ein Beispiel. Vergleicht man diesen Satz mit

(16) *We never eat caviare at five o'clock* (‹Wir essen nie Kaviar um fünf Uhr›)

so sieht man sofort, daß das Verhältnis zwischen der transitiven und der ‹absoluten› Verwendung von *eat* ganz anders ist als das zwischen der transitiven und intransitiven Verwendung von *move*. Es gibt kein **Caviare never eats at five o'clock* (*‹Kaviar ißt sich nie um fünf Uhr›), sondern vielmehr das passive *Caviare is never eaten at five o'clock* (‹Kaviar wird nie um fünf Uhr gegessen›), das (16) entspräche. Es scheint daher die These vertretbar, daß *eat* seiner Natur nach transitiv ist, daß aber das Objekt getilgt werden kann (so daß eine pseudo-intransitive, ‹absolute› Konstruktion entsteht). Die Objekttilgung kann bei bestimmten Äußerungen vom Kontext abhängen (und zum Zweck der semantischen Interpretation wieder rückgängig gemacht werden). Sie kann aber auch eine Eigenheit der lexikalischen Struktur der Sprache sein. *I spent the morning painting* (‹Ich verbrachte den Vormittag mit Malen›) kann man z. B. zumindest auf zweierlei Art auslegen: (I) ‹. . . painting pictures› (‹. . . Bilder malen›) oder ‹. . . painting the house (the garden fence› u.s.w.) (‹. . . das Haus [den Gartenzaun, u.s.w.] streichen›). Die Tilgung des Objekts wird in beiden Fällen (bei der ersten Auslegung handelt es sich um ein ‹Resultatobjekt›: vgl. 9.5.3) von der lexikalischen Struktur des Englischen gefordert. Es braucht beim Verb *paint* im Kontext kein Hinweis auf ein Objekt enthalten sein, das der Hörer zum Verständnis des Satzes ergänzen müßte. In vielen Sprachen besteht bei der ‹Objekttilgung› weit weniger Freiheit. Die türkische Übersetzung des englischen ‹absoluten› Satzes *He is writing* (‹Er schreibt gerade›) erfordert z. B. ein ‹Quasi›objekt (das morphologisch mit dem Verb ‹schreiben› verwandt ist): *Yazï yaz-ïyor* (sozusagen: ‹Er schreibt Geschriebenes›) (vgl. dazu *Mektup yaz-ïyor* [‹Er schreibt einen Brief›]).

8.2.10 *Reflexiva*

Ein Beispiel aus einer weiteren englischen Verbklasse, die anscheinend sowohl transitiv als auch intransitiv verwendet wird, ist *shave* (‹rasieren›) in den folgenden beiden Sätzen:

(17) *The barber shaved ten men before lunch* (‹Der Friseur rasierte zehn Männer vor dem Lunch›)
(18) *He never shaves before lunch* (‹Er rasiert (sich) nie vor dem Lunch›)

Von diesen beiden ist (17) ein eindeutiger transitiver Satz mit einem ‹agentiven› Subjekt, *the barber*, und einem ‹nicht-agentiven› Objekt oder ‹Ziel›, *ten men*. Doch Satz (18) ist doppeldeutig: Er könnte heißen: ‹Er rasiert nie jemanden vor dem Lunch› oder ‹Er rasiert sich nie vor dem Lunch›. Die erste Auslegung fällt unter die im vergangenen Absatz besprochene ‹Objekttilgung›. Hier beschäftigt uns vor allem die zweite. In dieser zweiten Auslegung könnte man (18) vielleicht am besten als implizit reflexiv bezeichnen.

Bei einer reflexiven Konstruktion beziehen sich Subjekt und Objekt auf dieselbe Person (bzw. Sache). Viele Sprachen haben wie das Englische eine Anzahl von Reflexivpronomina, die sich nach Person und Numerus voneinander unterscheiden (*myself, yourself, himself* u.s.w.); andere Sprachen, wie etwa Französisch, Deutsch oder Latein unterscheiden zwischen reflexiven und nicht-reflexiven Objekten nur in der dritten Person (vgl. Französisch, *Maman me lave* : *Je me lave* [‹Mutter wäscht mich› : ‹Ich wasche mich›]; *Maman la lave* : *Maman se lave* [‹Mutter wäscht sie› : ‹Mutter wäscht sich›]); wieder andere Sprachen verwenden dasselbe Reflexivpronomen für alle Personen und Numeri (z. B. verwendet das Russische unter Bedingungen, auf die wir nicht weiter eingehen wollen, entweder das Suffix *-sja* oder das Pronomen *sebja*). Bei einem explizit reflexiven Satz ist die Gleichheit von Subjekt und Objekt entweder durch die Form des Objektpronomens oder auf eine andere Weise (z. B. durch Verwendung eines bestimmten Suffixes, Präfixes oder Infixes, das mit dem Verbstamm verbunden ist) klar gekennzeichnet. So ist *He killed himself* (‹Er tötete sich›) (im Gegensatz zu *He killed him* [‹Er tötete ihn›] explizit reflexiv. Dasselbe gilt für *He washed himself* (‹Er wusch sich›). Es ist jedoch charakteristisch für das Englische, daß viele Verben in reflexiven Sätzen ohne Objektpronomen stehen können. *He never shaves before lunch* ist ein Beispiel dafür; deshalb wird das Verb als implizit reflexiv bezeichnet. Tatsächlich kommt *shave* sehr selten in explizit reflexiven Konstruktionen vor, am häufigsten noch vielleicht in Sätzen wie *I don't mind shaving others, but I never shave myself,* wo *myself* für den Gegensatz zu *others* erforderlich ist. Nebenbei sei bemerkt, daß *I never shave myself* aus dem Zusammenhang gelöst syntaktisch zweideutig ist: (I) ‹As for me, I never do any shaving› [‹Was mich betrifft, so rasiere ich nie selbst›] (= Objekttilgung); (II) ‹As for me, I never shave (myself)› [‹Was mich betriftt, ich rasiere mich nie›] (= implizit reflexiv); (III) ‹I always get someone else to shave me› [‹Ich lasse mich immer von jemandem rasieren›] (= explizit reflexiv). Im Fall der Auslegungen (I) und (II) ist *myself* nicht Reflexivpronomen, sondern emphatische ‹Adjunktion› zum Subjekt, die in der Oberflächenstruktur an verschiedenen Stellen im Satz vorkommen kann: *I myself never shave, I never myself shave* u.s.w.

Die implizit reflexive Konstruktion findet sich häufig bei *wash* (‹waschen›), das auch explizit reflexiv auftritt, nicht aber z. B. bei *dry* (‹trocknen›): *He dried in the sun* (‹Er trocknete in der Sonne›) läßt sich als intransitiver (‹nicht-agentiver›) oder als pseudo-intransitiver Satz mit Objekttilgung auffassen (z. B. ‹He dried the dishes› [‹Er trocknete das Geschirr›] oder ‹He dried the clothes› [‹Er trocknete die Kleider‹]), aber wahrscheinlich nicht als implizit reflexiv, was semantisch *He dried himself in the sun* (‹Er trocknete sich in der Sonne›) entsprechen würde. Anders als die Objekttilgung des allgemeineren Typs scheint sich die implizite Reflexivität (die natürlich als Spezialfall der Objekttilgung angesehen werden kann) im Englischen auf eine relativ kleine Gruppe von Verben zu beschränken. Es ist auch nicht immer eindeutig zu erkennen, ob in einem bestimmten Satz implizite Reflexivität oder die allgemeinere Objekttilgung vorliegt. *change* (‹wechseln›, ‹verändern› usw.) z. B. ist nicht nur als ‹ergatives› Verb (so wie *move* [‹bewegen›], *grow* [‹wachsen›], *open* [‹öffnen›] usw.) in den entsprechenden intransitiven und transitiven Sätzen anzutreffen, sondern auch in Sätzen wie

(19) *I'll just slip upstairs and change before dinner*
(‹Ich werde vor dem Essen schnell hinaufgehen und mich umziehen›).

Dieser Satz ist hier im Sinne von ‹umkleiden› zu verstehen, wie es der Einschub von *my dress* oder *into a more respectable suit* zwischen *change* und *before dinner* noch deutlicher machen würde. (Ein Satz wie *I have changed* ist natürlich insofern doppeldeutig, als er sowohl die eben angedeutete Auslegung wie auch die ‹ergative› gestattet: ‹I have undergone some kind of physical, intellectual, moral, etc. transformation› [im Sinne von: ‹Ich habe mich verändert›]). Die Frage ist nun, ob der zweite Teilsatz von (19) implizit reflexiv ist. Man beachte, daß die folgenden drei Sätze akzeptierbar sind:

(20) *I'll change the baby* (‹Ich werde das Baby umwickeln›)
(21) *I'll change the baby's dress* (‹Ich werde das Baby umziehen›)
(22) *I'll change my dress* (‹Ich werde mich umziehen›)

nicht aber

(23) **I'll change myself*

((23) ist explizit reflexiv, in dem beabsichtigten Sinne). Die semantische Parallelität zwischen (20) und (21) einerseits und (22) und *I'll change* andererseits läßt darauf schließen, daß *I'll change* implizit reflexiv ist, daß es nämlich automatisch transformiert wurde aus *I'll change myself* durch Tilgung des explizit reflexiven Objekts. Es kann aber auch *I'll change* als Fall der allgemeineren Objekttilgung betrachtet werden, der sich zu Sätzen wie (22) verhält wie weiter oben (15) zu (16) (vgl. 8.2.9). Die Frage scheint syntaktisch nicht lösbar, und semantischer Unterschied besteht keiner (im Gegensatz zu den beiden Interpretationen eines Satzes wie *I'll wash before lunch*).

8.2.11 ‹*Pseudo-intransitiv*›

Bisher haben wir drei englische Verbklassen besprochen, die (mit ‹Nullmodifikation›) sowohl in transitiven als auch in intransitiven (oder pseudo-intransitiven) Konstruktionen vorkommen können. Die wichtigen syntaktischen Eigenschaften jener Verben, die zu diesen drei Klassen (vertreten durch *move, eat* und *shave*) gehören, werden zusammen mit den Eigenschaften dreier weiterer Klassen, die weiter unten noch erwähnt werden, in Tab. 12 aufgezeigt. Man wird feststellen, daß die Klassen 2 und 3 (*eat* und *shave*) sich von Klasse 1 (*move*) in mehrfacher Hinsicht unterscheiden.

Tabelle 12. *Einige englische Verben*

Transitiv			(Pseudo-)Intransitiv		
Subjekt	Verb	Objekt	Subjekt	Verb	(Objekt)
1. *A*: + ag	*move*	*B*: – ag	*B*: ± ag	*move*	
2. *A*: + ag	*eat*	*B*: – ag	*A*: + ag	*eat*	(≠ *A*)
3. *A*: + ag	*shave*	*B*: – ag	*A*: + ag	*shave*	(= *A*)
4. *A*: + ag	*walk*	*B*: + ag	*B*: + ag	*walk*	
5. *A*: + ag	*build*	*B*: – ag	*B*: – ag	*build*	
6. *A*: + ag	*sell*	*B*: – ag	*B*: – ag	*sell*	

Auf der rechten Seite der Tabelle ist bei 2 und 3 eine Eintragung in der Rubrik ‹(Objekt)›, und beide haben *A* und nicht *B* im Subjekt. Dies definiert die Klassen 2 und 3 als pseudo-intransitive Verben, da *A* das Subjekt der entsprechenden transitiven Konstruktion angibt und die Klammerausdrücke in der dritten Rubrik rechts die ‹Tilgung› des transitiven Objekts angeben. Der Unterschied zwischen 2 und 3 – wir haben gesehen, daß er im Einzelfall nicht immer nachweisbar ist – liegt in der Identität (= *A*) bzw. Nicht-Identität (≠ *A*) von ‹getilgtem› Objekt und Subjekt sowohl in der transitiven wie in der pseudotransitiven Konstruktion. Im Gegensatz dazu wird Klasse 1 durch die oben (8.2.3) besprochenen ‹ergativen› Eigenschaften ausgewiesen. Die Unterscheidung zwischen ‹+ ag› (‹agentiv› bzw. ‹plus-agentiv›) und ‹–ag› (‹nicht-agentiv› bzw. ‹minus-agentiv›) ist für die Abgrenzung ‹ergativer› Verben von solchen mit ‹tilgbaren› Objekten nicht ausschlaggebend. *Move* kann zwar als einwertiges Verb entweder mit einem ‹agentiven› oder ‹nicht-agentiven› Subjekt auftreten, vorausgesetzt es handelt sich um ein belebtes Nominal (*move* würde daher im Lexikon mit der Klassifikation ‹ ± ag›, ‹plus oder minus agentiv› versehen werden; vgl. 4.3.3, 8.2.6), doch nehmen wir hier an, daß ein transitiver Satz wie *John moved Bill* (z. B. ‹to another desk in the office›) [‹John bewegte (hier etwa «versetzte, übersiedelte») Bill zu einem anderen Schreibtisch in seinem Büro›] in einem unmittelbareren Verhältnis zur ‹nicht-agentiven› Interpretation von *Bill moved* (‹Bill bewegte sich› – er kann dabei selbst Urheber der Bewegung sein oder bewegt werden) steht als zu der ‹agentiven› Auslegung. Es scheint uns, daß *John*: + ag, *moved*, *Bill*: + ag (wobei *John* ‹kausatives› Subjekt und das ‹agentive› *Bill moved* ‹Prädikat› ist; wir kommen auf die Formalisierung dieser Begriffe noch zurück) gewöhnlich wie folgt realisiert wird: *John made Bill move* oder *John got Bill to move* oder *John had Bill move* (alle etwa: ‹John veranlaßte, daß Bill sich bewegte›).

8.2.12 *Agentive Objekte*

Nun gibt es aber im Englischen mindestens eine Verbklasse, die in Verbindung mit einem ‹agentiven› Objekt vorkommen kann (vgl. Klasse 4 in Tafel 12). Ein Beispiel ist *walk* (‹gehen›) im folgenden Satz:

(24) *John walked the horse* (etwa: ‹John führte das Pferd im Schritt› bzw. ‹Er machte, daß das Pferd im Schritt ging›)

Dieser Satz verhält sich zu

(25) *The horse walked* (‹Das Pferd ging im Schritt›)

anders als *John moved Bill* zu *Bill moved*. Andere Verben, die zu dieser ziemlich kleinen Klasse gehören sind *gallop* (‹galoppieren›), *run* (‹laufen›), *jump* (‹springen›) u.s.w. Ein Unterschied zwischen (24) und dem gebräuchlicheren Typ des ‹doppelt-agentiven› Satzes *John made the horse walk* scheint darin zu liegen, daß in (24) *John* der ‹direkte› Täter ist (daß er selbst das Pferd führte oder ritt). *John made the horse walk* enthält diese Bedeutung nicht. Doch kann die Unterscheidung zwischen einem ‹direkten› und einem ‹indirekten› Täter auf diese Weise nur bei den wenigsten englischen Verben getroffen werden. Nicht nur *John made Bill move* (wie *John made the horse walk*) ist in Bezug auf die Unterscheidung von ‹direktem› und ‹indirektem› Täter neutral (was *John* betrifft), sondern auch *John moved Bill.* Am häufigsten ist im Englischen die ‹indirekte› Täterschaft so ausgedrückt, wie es das Beispiel *John had a house built* zeigt, das in Bezug auf die ‹indirekte› Täterschaft ‹markiert› ist. Es ist nicht nur unklar, in welchem Bereich die in (24) veranschaulichte Konstruktion verwendet werden kann; es ist auch in manchen Fällen unsicher, ob das Verhältnis zweier entsprechender transitiver und intransitiver Sätze dem zwischen (24) und (25) herrschenden entspricht oder aber dem häufigeren ‹ergativen›, wie es zwischen *John moved Bill* und *Bill moved* besteht. Bei den folgenden beiden Sätzen fällt z. B. die Entscheidung schwer:

(26) *Das Flugzeug flog von London nach Paris*
(27) *Der Pilot flog das Flugzeug von London nach Paris*

Der Vogel flog durch die Luft hat ein ‹agentives› Subjekt (‹Was tat der Vogel?›) und *Der Stein flog durch die Luft* ein ‹nicht-agentives› Subjekt (‹Was geschah mit dem Stein?›); (26) aber scheint in dieser Hinsicht nicht ganz festgelegt. In eindeutigen Fällen können die Unterschiede zwischen Klasse 1 und Klasse 4 in Zusammenhang gebracht werden mit dem Unterschied zwischen ‹nicht-agentiven› und ‹agentiven› Nominalen als Subjekt des intransitiven, bzw. als Objekt des transitiven Verbs. Abgesehen von diesem Unterschied sind die Verben der 4. Klasse ‹ergativ›.

8.2.13 *Andere pseudo-intransitive Konstruktionen*

Die Klassen 5 und 6 der Tabelle 12 haben ebenfalls einen beschränkten Anwendungsbereich. Die betreffenden Konstruktionen sind in den folgenden beiden Sätzen enthalten:

(28) *The house is building* (‹Das Haus wird gerade gebaut›)
(29) *Detergents sell well* (‹Waschpulver verkaufen sich gut›)

Beide Sätze sind ‹nicht-agentiv› und lassen sich mit transitiven Sätzen eines sehr üblichen Typs (*They are building the house*, *They sell detergents*) in Zusammenhang bringen. Sie unterscheiden sich jedoch von intransitiven ‹ergativen› Sätzen (z. B. *The house is moving*, *grass grows well*, u.s.w.) insofern, als sie einen Täter ‹voraussetzen›. Tatsächlich ist die im modernen Englisch üblichere Version von (28) wahrscheinlich *The house is being built.* (29) jedoch ist ein Beispiel für eine weit häufigere Konstruktion, noch dazu eine, die sich nicht so einfach in eine entsprechende ‹Passivversion› umwandeln läßt.

Hierzu Halliday: «Dieser Typ tritt besonders häufig im einfachen Präsens auf (*this material washes* [‹dieses Material ist waschbar›]) und hier wieder besonders in verneinter Form und zwar mit *don't*, *won't*, nicht aber mit *can't*: *this material doesn't/won't wash.* Es ist aber nicht auf diese Verbalformen beschränkt und kann faktisch in jedem Tempus besonders mit bestimmten *-ly*-Adverbien vorkommen: z. B. *the clothes washed easily* (‹die Kleider waren leicht zu waschen›), *these books are not going to sell quickly* (‹diese Bücher werden sich nicht rasch verkaufen›). All dem zugrunde liegt ein Merkmal der Charakterisierung des Vorgangs an sich, und zwar entweder in Form einer Qualifikation oder einer allgemeinen Feststellung über seine Durchführbarkeit. Wir können diesen Typ als ‹vorgangsorientiert› bezeichnen im Gegensatz zum ‹täterorientierten› Typ *the clothes were washed.*»

Dieser Unterschied zwischen den von Halliday als ‹vorgangsorientiert› und ‹täterorientiert› bezeichneten Sätzen wird beim Vergleich der folgenden drei Beispiele deutlich:

(30) *The books sold quickly* (‹Die Bücher verkauften sich schnell›)
(31) *The books were sold quickly* (‹Die Bücher wurden schnell verkauft›)
(32) *They sold the books quickly* (‹Sie verkauften die Bücher schnell›)

Unter diesen ist Satz (30) ganz klar ‹vorgangsorientiert›. Es scheint nahe zu liegen, daß die Bücher gerade wegen einer ihnen anhaftenden, bestimmten Eigenschaft rasch abgesetzt wurden (sozusagen: ‹The books sold themselves›; es ist in diesem Zusammenhang bemerkenswert, daß ein (30) entsprechender Satz in manchen Sprachen wie etwa dem Französischen in reflexiver Form stehen kann). (31) hingegen kann als ‹täterorientiert› beschrieben werden. Es läßt gewiß die Auslegung zu, daß gerade der (nicht angeführte) Täter dafür verantwortlich war, daß die Bücher so schnell verkauft wurden. In Satz (32) jedoch, im aktiven Satz, ist diese Bedeutung noch stärker enthalten. Man sollte vielleicht so formulieren, daß Sätze wie (30) als ‹vorgangsorientiert› markiert sind, während das Passivum in dieser Hinsicht nicht-markiert ist. Es gibt viele Beispiele für Satzpaare, von denen der eine Satz ‹vorgangsorientiert›, der andere passiv ist (z. B. *She doesn't frighten easily*, *She isn't easily frightened* [‹Sie erschrickt nicht leicht› : ‹Sie ist nicht leicht zu erschrecken›]), die semantisch gleichwertig zu sein scheinen. Die Passivversion kann mit einer ‹agentiven› oder ‹instrumentalen› Adjunktion (vgl. 7.4.5) vorkommen: z. B. *She isn't easily frightened by burglars/threats* (‹Sie wird nicht leicht durch Diebe/Drohungen erschreckt›). Aber auch hier würde man eher der ‹vorgangsorientierten› Auslegung zuneigen. Der Grund scheint darin zu liegen, daß im Englischen das nicht-präteritale Tempus (ohne Aspektmerkmal) als ‹habituell› interpretierbar ist (vgl. 7.5.7). Die Indefinitheit der Adjunktion (*burglars, threats*) stützt diese Auslegung im vorliegenden Beispiel. Im Gegensatz dazu ist *She wasn't easily frightened by the burglars/threats* eher als ‹täterorientiert› aufzufassen.

Die Analyse von Sätzen wie (30), die Verben der Klasse (6) enthalten, ist etwas problematisch. Obwohl die Anwendungsgrenzen der ‹vorgangsorientierten› Sätze alles andere als deutlich sind (und viele ‹Sätze› dieser Art sind ganz klar unmöglich: **The first edition exhausted in three days*, **Caviare never eats at five o'clock*, u.s.w. oder zweifelhaft: ?**The music heard well at the back of the hall*, u.s.w.), kommen diese Sätze doch im Englischen sehr häufig vor. Innerhalb des allgemeinen, im vorliegenden Abschnitt dargelegten Rahmens handelt es sich um Pseudo-Intransitiva. Sie unterscheiden sich jedoch von den Verben der Klassen 2 und 3 insofern, als ihr Subjekt in der pseudo-intransitiven Verwendung dasselbe ist wie das Objekt in der transitiven Konstruktion. In dieser Hinsicht verhalten sie sich wie Passivformen des Verbums (vgl. 8.3.3).

Alle pseudo-intransitiven Sätze (Tabelle 12, Klassen 2, 3, 5 und 6) sind transformationell aus transitiven zu gewinnen. Andererseits können, wie unsere frühere Besprechung der kausativen Konstruktionen bereits andeutete, echte intransitive Sätze (vgl. Tabelle 12, Klassen 1 und 4) als Grundlage für die Generation transitiver Sätze angesehen werden. Als Reihenfolge der Derivation ergibt sich somit: intransitiv – transitiv – pseudo-intransitiv. Bevor wir uns mit den formalen Konsequenzen dieses Vorschlags befassen, haben wir uns noch kurz mit den dreiwertigen Konstruktionen zu befassen, d. h. mit Satznuklei, die aus einem Subjekt, einem direkten und einem indirekten Objekt bestehen (vgl. 8.2.1).

8.2.14 *Dreiwertige Konstruktionen*

Allgemein ist festzustellen, daß dreiwertige Konstruktionen – so wie zweiwertige Konstruktionen sich mithilfe des Begriffs der ‹Kausativität› von einwertigen ableiten lassen – mithilfe einer nochmaligen Anwendung desselben Prinzips von zweiwertigen Konstruktionen hergeleitet werden können. Dieselbe syntaktische Beziehung, die zwischen *John moves the stone* (‹John bewegt den Stein›) und *The stone moves* (‹Der Stein bewegt sich›) gesehen wird, herrscht auch zwischen (33) und (34):

(33) *John gives the book to Mary* (‹John gibt Mary das Buch›)
(34) *Mary has the book* (‹Mary hat das Buch›)

Vorläufig können wir *the book* im ‹possessiven› Satz (34) als Objekt von *have* ansehen. Was wir mit diesem Abschnitt sagen wollen, wird nicht durch die Tatsache geschmälert, daß (34), wie wir später sehen werden (vgl. 8.4.4), gar kein transitiver Satz ist.

Die dreiwertigen Verben lassen sich besser anhand einer Sprache mit einer produktiven kausativen Konstruktion erörtern, die sowohl bei transitiven als auch bei intransitiven Satznuklei angewendet werden kann. Wir wollen zu diesem Zweck das Französische heranziehen. Die beiden oben zitierten Sätze (33) und (34) können wie folgt ins Französische übersetzt werden:

(35) *Jean donne le livre à Marie*
(36) *Marie a le livre*

Die kausative Konstruktion im Französischen, die oben im Zusammenhang mit der Ableitung transitiver Sätze aus intransitiven Nuklei erklärt worden ist (vgl. 8.2.4), läßt sich auch bei transitiven Nuklei zur Generierung dreiwertiger Konstruktionen anwenden. Ein Beispiel hiefür ist das Verhältnis von

(37) *Jean fait manger les pommes aux enfants*

zu

(38) *Les enfants mangent les pommes*

((37) läßt sich übersetzen mit: ‹Jean veranlaßt die Kinder, die Äpfel zu essen›; (38): ‹Die Kinder essen die Äpfel›. Die grammatische Struktur von (37) kann dargestellt werden durch die quasi-deutsche Paraphrase ‹Jean macht die Kinder die Äpfel essen›.) Die strukturelle Parallelität zwischen (35) und (37) liegt klar auf der Hand. So wie in Satz (35) *le livre* das direkte und *à Marie* das indirekte Objekt des ‹einfachen› dreiwertigen Verbs *donne* ist, können in (37) *les pommes* als direktes und *aux enfants* als indirektes Objekt des ‹zusammengesetzten› dreiwertigen Verbs *fait manger* angesehen werden. Diese Parallelität wird gestützt durch den Umstand, daß man im Französischen häufig zwischen einem ‹einfachen› und einem ‹zusammengesetzten› dreiwertigen Verbum wählen kann. Die folgenden beiden Sätze sind z. B. als Übersetzungen von ‹Hans zeigt Maria das Buch› semantisch gleichwertig:

(39) *Jean montre le livre à Marie*
(40) *Jean fait voir le livre à Marie*

(Letzteres kann quasi-deutsch mit ‹Hans macht Marie das Buch sehen› paraphrasiert werden.) Daraus ergibt sich, daß *montrer* (‹zeigen›), genau wie *kill* (‹töten›) die ‹lexikalisierte› zweiwertige kausative Form von *die* (‹sterben›) ist (vgl. 8.2.4), die ‹lexikalisierte› dreiwertige kausative Form von *voir* (‹sehen›) ist. Ähnlich hat man im Französischen oft die Wahl zwischen einem ‹einfachen› und einem ‹zusammengesetzten› zweiwertigen Verb: z. B. *Jean appelle le docteur* (‹Hans ruft den Doktor›) : *Jeans fait venir le docteur* (‹Hans macht den Doktor kommen›). Der Unterschied zwischen *donner* (‹haben machen› = ‹geben›) in (35) und *montrer* (‹sehen machen› = ‹zeigen›) in (39) liegt also in der einerseits obligatorischen, andererseits fakultativen ‹Lexikalisierung› bei dreiwertigen Konstruktionen.

Es ist für die kausative Konstruktion des Französischen (wie auch manch anderer Sprachen, u. a. Türkisch und Hindi) charakteristisch, daß bei dreiwertigen kausativen Verben, gleichgültig ob es sich um ‹einfache› (d. h. ‹lexikalisierte›) oder ‹zusammengesetze› (mit dem Auxiliarverb *faire*) handelt, das Subjekt des zugrundeliegenden zweiwertigen Nukleus zu einem indirekten Objekt wird, während das Objekt des zugrundeliegenden zweiwertigen Nukleus in der dreiwertigen kausativen Konstruktion direktes Objekt bleibt. Der gesamte 3-Stufen‹zyklus› ist in Abb. 19

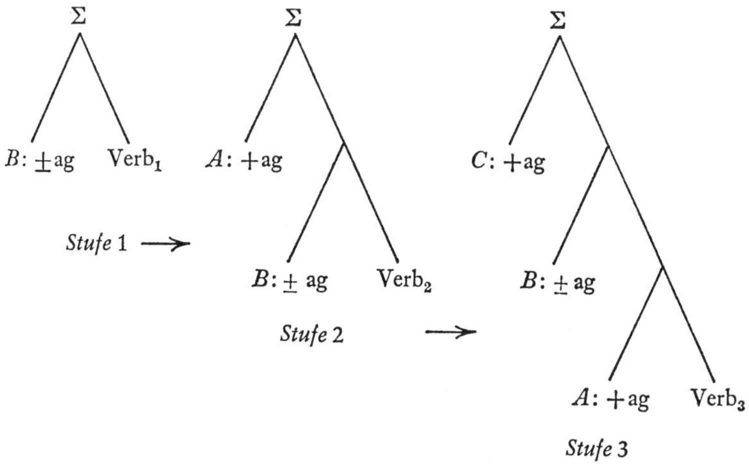

Abb. 19. Transitivität und Kausativität

veranschaulicht, wobei *B* das Subjekt des zugrundeliegenden intransitiven Nukleus (in Stufe 1) ist, *A* das Subjekt des zweiwertigen transitiven Nukleus (in Stufe 2) und *C* das Subjekt der dreiwertigen kausativen Konstruktion (in der vorläufig als letzten in dem Zyklus betrachteten Stufe). Das Subskript des Symbols ‹Verb› am rechten, letzten Knoten jedes Verzweigungsdiagramms entspricht der Anzahl der Nominalien, die die mit dem Verb verbundenen Argumente ‹ausfüllen› (die Bezeichnungen für die anderen Knoten folgen gleich). Es ist festzustellen, daß *B* in der Abbildung in allen Positionen als ‹plus oder minus agentiv› markiert ist (und daher die englischen transitiven Sätze der Klassen 1 wie auch 4 erfaßt;

vgl. 8.2.11). Die Markierung von *A* als ‹plus-agentiv› in Stufe 3 ist bereits fragwürdiger, da sie soviel bedeutet, daß alle indirekten Objekte ‹agentiv› sind. Das ist aber bestimmt nicht der Fall. Doch vorläufig behandeln wir Sätze wie ‹*A* haben/have *B*› (z. B. *Maria hat das Buch/Mary has the book*) als transitiv, wobei *A* Subjekt und *B* Objekt ist. Und in dem oben entwickelten System haben alle transitiven Sätze ein ‹agentives› Subjekt.

8.2.15 *Syntaktisch ambige Konstruktionen*

Eine weitere Bemerkung sei noch zu den kausativen Konstruktionen des Französischen angefügt. Sätze der folgenden Art sind mehrdeutig:

(41) *Jean fait manger les enfants*

Zwar wird (41) unter normalen Umständen als ‹Hans bringt die Kinder dazu, daß sie essen› verstanden werden; es kann aber auch heißen: ‹Hans veranlaßt, daß die Kinder gegessen werden›. Die Doppeldeutigkeit ergibt sich daraus, daß *manger* (‹essen›) Objekttilgung (vgl. 8.2.9) zuläßt. (41) liegt in seiner üblicheren Auslegung der pseudo-intransitive Satz *Les enfants mangent* (‹Die Kinder essen›) zugrunde; daß *les enfants* in (41) die Form eines direkten und nicht indirekten Objekts hat, läßt darauf schließen, daß sich pseudo-intransitive Konstruktionen unter Einwirkung der kausativen Transformation wie echte intransitive Konstruktionen verhalten. Die Regel für die Objekttilgung muß daher vor der Kausativtransformation wirksam sein, die zu (41) führt. Darüber hinaus kann (41) in der Auslegung ‹Hans veranlaßt die Kinder zum Essen› nicht als Konstruktion der Stufe 3, ableitbar von einem Nukleus der Stufe 2, erklärt werden, sondern vielmehr als Konstruktion der 2. Stufe, die von einer anderen Konstruktion derselben Stufe abgeleitet ist (welche ihrerseits durch die Regeln der Grammatik nach der Objekttilgung als Nukleus der 1. Stufe ‹uminterpretiert› worden ist). Im Gegensatz dazu ist (41) in der Interpretation ‹Hans veranlaßt, daß die Kinder gegessen werden (z. B. vom Löwen im Zoo)› eine Konstruktion der 3. Stufe, wobei der in Abb. 19 mit *A* indizierte Knoten getilgt (bzw. nicht realisiert) wurde. Die Doppeldeutigkeit von Satz (41) ist also in gewisser Weise der Doppeldeutigkeit ähnlich, die in englischen Syntagmen wie etwa the *shooting of the hunters* (eines der Beispiele für syntaktische Mehrdeutigkeit, das von Chomsky besprochen wurde) vorliegt. Das Verbum *shoot* ist in *X shoots the hunters* (wobei *X* für den ungenannten Täter steht) transitiv, in *the hunters shoot* (vgl. *eat*, 8.2.9) jedoch pseudo-intransitiv. Da der allgemeine Grundsatz für die Auslegung englischer Nominalkomplexe wie *the V-ing of NP* zu sein scheint, daß sie ‹subjektiv› sind, wenn das betreffende Verb (*V*) intransitiv ist, jedoch ‹objektiv›, wenn das Verb transitiv ist, so folgt, daß pseudo-intransitive Konstruktionen sich in der Regel, die Wortkomplexe wie *the shooting of the hunters* aus dem zugrundeliegenden Nukleus *The hunters shoot* generiert, wie echte intransitive Konstruktionen verhalten. Nebenher sei bemerkt, daß die in (41) auftretende Mehrdeutigkeit auch in vergleichbaren türkischen Sätzen anzutreffen ist (vgl. *Ahmet çocuk-lar-ï ye-dir-di* [‹Achmed-die-Kinder-machte-essen›]); und die Doppeldeutigkeit des englischen Ausdrucks *the shooting of the hunters* tritt offensichtlich auch in einfachen Sätzen der Eskimosprache auf wie *agna-q takubaa* (‹Jemand sieht die Frau› oder ‹Die Frau sieht jemanden›).

Interessant ist, daß alle diese mehrdeutigen Fälle (zwischen einer ‹objektiven› und einer ‹subjektiven› Interpretation) darauf zurückzuführen sind, daß in den betreffenden Konstruktionen das ‹agentive› Nominal strukturell fakultativ (d. h. eine ‹Adjunktion›: vgl. 8.1.1) ist. Die ‹objektive› Interpretation wird festgelegt durch die Okkurrenz von *au lion* in (41) – *Jean fait manger les enfants au lion* (‹Hans veranlaßt den Löwen die Kinder zu fressen› oder ‹Hans veranlaßt, daß die Kinder vom Löwen gefressen werden›); durch *the gamekeeper* (‹Wildhüter›) bei *the shooting of the hunters*; durch *qimmi-p* im Eskimo-Satz (*qimmi-p agna-q takubaa* [‹Der Hund sieht die Frau›]: vgl. 8.1.6). Da die Tatsache, daß der ‹Täter› angeführt sein kann oder nicht, eines der Hauptmerkmale passiver Sätze ist – vgl. *The hunters were shot (by the gamekeeper), The children were eaten (by the lion), The woman was seen (by the dog)* –, mag die Ansicht nicht ungerechtfertigt sein, daß alle im voraufgehenden Absatz erwähnten ambigen Konstruktionen im Hinblick auf eine aktive (‹subjektive›) und passive (‹objektive›) Interpretation neutral sind. Wir haben uns nun dem Unterschied zwischen aktiven und passiven Sätzen zuzuwenden: der traditionellen Kategorie des ‹Verbalgenus›.

8.3 *Verbalgenus*

8.3.1 *Der Ausdruck ‹Verbalgenus› (engl. ‹voice›)*

Der Ausdruck *‹voice‹* (engl. für ‹Verbalgenus›; lat. *vox*) wurde ursprünglich von römischen Grammatikern in zwei verschiedenen, aber verwandten Bedeutungen verwendet: (I) in der Bedeutung ‹Laut› (als Element der ‹Aussprache› der menschlichen Sprache, übersetzt vom Griechischen *phōnḗ*), insbesondere für die durch Schwingung der ‹Stimmbänder› erzeugten ‹Laute›; daher engl. *‹vowel›* (aus lat. *sonus vocalis*, ‹ein mit Stimme erzeugter Laut›, über das altfranzösische *vouel*); (II) für die ‹Form› eines Wortes (d. h. seiner ‹Lautung›) im Gegensatz zu seiner ‹Bedeutung› (vgl. 7.1.2). Die erste dieser beiden Bedeutungen ist in der Sprachwissenschaft im Zusammenhang mit der Unterscheidung zwischen stimmhaften und stimmlosen Lauten noch gängig (und zwar sowohl für phonetische wie auch für phonologische Einheiten; vgl. 3.2.4). In der zweiten Bedeutung ist das englische ‹voice› aus der modernen Sprachtheorie verschwunden. Stattdessen hat sich eine neue Bedeutung herausgebildet, die sich letztlich von (II) ableiten läßt und die sich auf die aktiven und passiven Formen des Verbums bezieht. (Der traditionelle lateinische Ausdruck für diese dritte Bedeutung war *species* oder *genus*. Im Laufe der Zeit beschränkte sich *genus* auf die Genuskategorie des Nomens, und man ging ab von der etwas künstlichen Klassifikation der bei den verschiedenen Wortarten auftretenden ‹Formen› in genera und species). Der traditionelle griechische Ausdruck für ‹voice› als Verbalkategorie (also ‹Verbalgenus›) lautete *diathesis,* ‹Zustand›, ‹Disposition›, ‹Funktion› u.s.w.; und es gibt Linguisten, die den Ausdruck ‹Diathese› (bzw. engl. ‹diathesis›) dem Terminus ‹voice› in dieser letzteren Bedeutung vorziehen. Doch ist die Verwechslungsgefahr zwischen der phonetischen oder phonologischen Interpretation von engl. ‹voice› und seiner grammatischen Interpretation sehr gering. Im vorliegenden Abschnitt befassen wir uns natürlich mit der grammatischen Kategorie ‹voice›.

Nicht allein die traditionelle Terminologie ist bei theoretischen Diskussionen der Kategorie des Verbalgenus Anlaß zu Verwirrung. Die griechischen Grammatiker haben die Erscheinungen, die durch solche Verbalflexionen gekennzeichnet sind und die sie als ‹Aktivum›, ‹Passivum› (das ist der *Zustand* des ‹durch eine Tätigkeit Betroffenseins› bzw. ‹des Aufsichnehmens der Auswirkungen der Tätigkeit›) und ‹Medium› bezeichneten, in ihrem Wesen nicht richtig erkannt. Und dies ist der Grund, weshalb wir uns heute einem Erbe widersprüchlicher Feststellungen über die Rolle des Verbalgenus gegenübersehen, die sich nicht nur auf die klassischen Sprachen beschränken, sondern auch auf das Englische und andere moderne Sprachen ausgedehnt worden sind, deren Beschreibung stark von der traditionellen Grammatik beeinflußt worden ist. Über das Englische ist z. B. Folgendes gesagt worden (McKerrow): «Würden wir uns heute zum ersten Mal daran machen, eine Grammatik des modernen Englisch zu erstellen und dabei jedes Wissen und jeden Bezug zu den klassischen Sprachen außer Acht lassen, so würde uns wahrscheinlich niemals der Gedanke kommen, überhaupt ein passives Verbalgenus zu postulieren. Meiner Ansicht nach ist es fraglich, ob es im gesprochenen Englisch der Gegenwart überhaupt etwas derartiges gibt, und wenn es auch aus Gründen der Zweckmäßigkeit vielleicht ganz gut ist, das Passiv in unseren Grammatiken beizubehalten, so bezweifle ich doch, daß ihm eine so wichtige Stelle eingeräumt werden muß, wie das bisweilen der Fall ist.» (Dieser Passus wird zusammen mit Bemerkungen anderer Grammatiker zum Thema des englischen Passivs von Svartvik in einer kürzlich erschienenen umfassenden und aufschlußreichen Studie zu diesem Fragenkomplex zitiert.) Paradoxerweise könnte man auch die Ansicht vertreten, daß das, was die griechischen Grammatiker seinerzeit über das Passivum und seine Opposition zum Aktivum gesagt haben, sich unmittelbarer auf das heutige Englisch anwenden ließe als auf das klassische Griechisch! Wenn wir dies auch nicht im Einzelnen hier explizieren wollen, so ist die einfache Feststellung doch als symptomatisch dafür zu verstehen, daß die Interpretation des Verbalgenus heute wie in der abendländischen grammatischen Tradition Gegenstand beträchtlicher Auseinandersetzungen ist.

8.3.2 *‹Aktivum› und ‹Medium› im Griechischen*

Im vorhergehenden Abschnitt wurde bereits angedeutet, daß es im Griechischen drei Verbalgenera gibt: das ‹Aktivum›, das ‹Passivum› und das ‹Medium›. Wie dem Wort zu entnehmen ist, dachte man sich das *Medium* als zwischen der primären Opposition ‹Aktiv und Passiv› stehend (indem es je nach den Umständen oder der dem betreffenden Verbum inhärenten Bedeutung entweder eine ‹Tätigkeit› angab wie das Aktivum oder einen ‹Zustand› wie das Passivum). In Wirklichkeit unterscheidet sich aber das Passiv in den meisten flektierten Formen des griechischen Verbs nicht vom Medium; gesonderte Passivflexionen gibt es nur im Futur und im Aorist (vgl. 7.5.6). Von diesen beiden entwickelte sich ersteres nicht vor der klassischen Periode, und das zweite konnte zumindest bei gewissen Verben auch ‹mediale› Bedeutung haben (was man darunter versteht, werden wir gleich sehen). Schließlich sind die Verbalformen, die entweder in ‹medialen› oder passiven Sätzen gebraucht werden konnten, weitaus häufiger medial als passiv zu interpretieren. Kurz gesagt, die im Griechischen einander in Opposition gegenüberstehenden Verbalgenera sind in erster Linie das Aktivum und das ‹Medium›. Das Passivum bildete sich erst später aus (wie in allen indogermanischen Sprachen) und trat zunächst verhältnismäßig selten auf.

Was das Medium (wenn es in Opposition zum Aktivum steht) bedeutet, ist, daß die ‹Handlung› oder der ‹Zustand› das Subjekt des Verbums bzw. seine Interessen berührt. Eine Gruppe von Sätzen, die hier hergehört, sind die Reflexivsätze (vgl. 8.2.10). Der englische Satz *I am washing myself* (oder seine implizit reflexive Version *I am washing*) kann griechisch mit *loúomai* (im Gegensatz zum aktiven *loúo* [‹Ich wasche (etwas)›]) übersetzt werden. Das Medium kann aber auch in einem transitiven Satz mit einem vom Subjekt verschiedenen Objekt vorkommen: z. B. *loúomai khitõna* (‹Ich wasche mir (mein) Hemd›). Hier bedeutet die Verwendung des Mediums anstelle des Aktivums, daß die ‹Tätigkeit› vom Subjekt für sich selbst oder in seinem Interesse ausgeführt wird. Interessant ist in diesem Zusammenhang, daß das Französische eine recht ähnliche Konstruktion hat: vgl. nicht nur *Je me lave* (‹Ich wasche mich›), sondern auch *Je me lave une chemise* (‹Ich wasche mir ein Hemd›). Die reflexive Bedeutung kann in derartigen Sätzen mit ‹benefaktiv› (‹zum Wohle von›, ‹im Interesse von›) beschrieben werden: vgl. *I got myself a new suit/Ich beschaffte mir einen neuen Anzug*. In anderen Fällen kann die Bedeutung des griechischen Mediums am besten mithilfe einer Konstruktion ins Deutsche (Englische) übertragen werden, die wir etwas umständlich als ‹Kausativreflexiv› beschreiben können: vgl. *misthô̄* (‹Ich stelle an›/‹I hire›) gegenüber *misthoûmai* (‹Ich lasse mich anstellen›/‹I get myself hired›, d. h. ‹Ich nehme eine Anstellung an›, ‹Ich lasse mich als Söldner anwerben› u.s.w.); *didáskō* (‹Ich lehre›/‹I teach›) gegenüber *didáskomai* (‹Ich lasse mich belehren›/‹I get myself taught›). Es ließen sich zwar noch andere Bedeutungen des griechischen Mediums aufzeigen (und bei einer eingehenderen Besprechung würden verschiedene Faktoren zu besprechen sein), doch reicht das hier Gesagte aus, um den allgemeinen Charakter des ‹Mediums› in Sätzen, wo es in Opposition zum Aktivum steht, zu beleuchten. Aus den Paraphrasen, die einigen Beispielen angefügt sind, ergibt sich, daß das Subjekt des ‹Mediums› je nach dem Kontext oder der Bedeutung des Verbums entweder als ‹nicht-agentiv› oder als ‹agentiv› zu verstehen ist; ist das Subjekt ‹nicht-agentiv› zu interpretieren, so kann es in bestimmten Fällen mit dem Objekt eines entsprechenden transitiven Satzes im aktiven Genus gleichgesetzt werden. Unter dieser Bedingung wird die Unterscheidung zwischen Medium und Passiv ‹neutralisiert›.

Dieser Punkt nun läßt sich vom Englischen her veranschaulichen (wo eine Reihe von Konstruktionen mit den Auxiliarverben *have* und *get* dieselbe Art von Ambivalenz zeigen). Betrachten wir einen Satz wie

(42) *I am getting shaved* { (‹Ich werde rasiert›)
(‹Ich rasiere mich›)

im Gegensatz zu jedem einzelnen der folgenden beiden

(43) *I am shaving* (‹Ich rasiere mich›)
(44) *I am being shaved* (‹Ich werde rasiert›).

Nimmt man das Subjekt von (42) als ‹nicht-agentiv›, im übrigen aber als an der ‹Tätigkeit interessiert› an, so ist (42) semantisch äquivalent mit (44) – ein Passivsatz.

8.3.3 *Das Passiv*

Was wir damit sagen wollen, ist, daß bei ‹nicht-agentiver› Auslegung des Subjekts das ‹Medium› mit dem ‹Passiv› verschmelzen kann. Und das scheint der Ausgangspunkt für die anschließende Entwicklung passiver Konstruktionen in den indogermanischen Sprachen gewesen zu sein. Lateinische Grammatiken erkennen nur zwei Verbalgenera, das ‹Aktiv› und das ‹Passiv›. Es gibt aber viele Funktionen des lateinischen Passivs, die denen des griechischen ‹Mediums› näher sind als denen des Passivums in seiner traditionellen Auslegung. Besonders interessant ist die Opposition zwischen Aktivum und Passivum bei Verben wie englisch ‹move› und ‹turn›. Wir haben bereits gesehen, daß das englische Verb *move* ‹ergativ› ist: *B moves* gegenüber *A moves B* (vgl. 8.2.3). In entsprechenden lateinischen Sätzen finden wir *B movetur* (‹passiv›) gegenüber *A movet B* (aktiv, transitiv). *B movetur* kann jedoch zweierlei heißen: (I) ‹*B* bewegt sich›/‹*B* moves› (wobei *B* entweder ‹agentiv› oder ‹nicht-agentiv› sein kann); oder (II) ‹*B* wird bewegt›/‹*B* is moved› (wobei nicht *B*, sondern ein anderer ‹Täter› vorausgesetzt wird). Nur die zweite dieser Interpretationen ist nicht ‹medial›, sondern ‹passiv›. Die erste kann paraphrasiert werden mit: ‹es ist eine Bewegung da, und *B* ist davon betroffen (gleichgültig ob *B* Veranlassung bzw. Urheber der Bewegung ist oder nicht)›.

Wir haben bereits herausgefunden, daß das ‹Medium› im Griechischen (bei bestimmten Verben) in Sätzen stehen kann, die wir im Englischen (und Deutschen) explizit oder implizit reflexiv wiedergeben würden. Umgekehrt steht in vielen lebenden europäischen Sprachen (Französisch, Deutsch, Italienisch, Spanisch usw.) die reflexive Konstruktion in Sätzen, in denen im Griechischen das ‹mediale› Genus, im Lateinischen das Passivum und im Englischen eine ‹ergative›, intransitive oder eine pseudo-intransitive Konstruktion steht (vgl. *move, shave, sell* in Tab. 12, S. 371). Dazu hat sich das russische Passiv (mit Ausnahme des perfektivischen Präteritums) aus der Reflexivkonstruktion entwickelt und ist zu einem gewissen Grad damit verschmolzen; auch im Spanischen kann das Reflexivum in einer großen Gruppe von Sätzen anstelle des Passivs verwendet werden. Es ist hier nicht der Platz, weiter in die vielschichtigen Zusammenhänge einzudringen, die zwischen Medium, Reflexivum, Passiv und verschiedenen Arten von intransitiven und pseudointransitiven Konstruktionen in den einzelnen Sprachen herrschen. Hier haben wir uns darauf zu beschränken, was man unter ‹Passiv› eigentlich versteht, etwas was wir bislang als gegeben vorausgesetzt haben.

Man würde sich wohl allgemein darüber einig sein, daß von den folgenden Sätzen (45*a*) und (46*a*) *aktiv* und (45*b*) und (46*b*) *passiv* sind; des weiteren, daß aktive Sätze gewissermaßen ‹grundlegender› sind, so daß (45*b*) als die passive ‹Version› von (45*a*) und (46*b*) als passive ‹Version› von (46*a*) angesehen werden kann (dies steht in Einklang mit traditionellen Ansichten über die Struktur des Englischen; wir haben aber bereits gesehen, daß bestimmte Grammatiker hier Zweifel angemeldet haben, vgl. 8.3.1):

(45*a*) *John killed Bill/Hans brachte Willi um*
(45*b*) *Bill was killed by John/Willi wurde von Hans umgebracht*
(46*a*) *Bill killed John/Willi brachte Hans um*
(46*b*) *John was killed by Bill/Hans wurde von Willi umgebracht*

Dieser Zusammenhang zwischen einander entsprechenden Aktiv- und Passivsätzen wurde traditionell etwa so dargestellt:

(I) Das Objekt des Aktivsatzes wird zum Subjekt des entsprechenden Passivsatzes. So ist *Willi* das Objekt von (45*a*) und das Subjekt von (45*b*); *Hans* ist das Objekt von (46*a*) und das Subjekt von (46*b*).

(II) Das Verbum erscheint in der grundlegenden (aktiven) ‹Version› in ‹aktiver Form›, in der weniger grundlegenden (passiven) ‹Version› in der ‹passiven Form›. Daher *brachte um* (‹aktiv›) und *wurde umgebracht* (‹passiv›).

(III) Das Subjekt des Aktivsatzes muß in der passiven Version ‹desselben› Satzes nicht unbedingt ‹ausgedrückt› (explizit genannt) sein; wenn es jedoch ausgedrückt wird, so erfolgt dies in Form einer Adjunktion, die mithilfe von Kasusflexion oder durch eine bestimmte Präposition (vgl. 7.4.7) als ‹agentiv› gekennzeichnet ist. Daher *von Hans* und *von Willi* in (45*b*) und (46*b*). Die ‹täterlosen› Passivsätze, die (45*b*) und (46*b*) entsprechen, sind *Willi wurde umgebracht* und *Hans wurde umgebracht*. Wir haben bereits gesehen, daß die Beziehung zwischen einander entsprechenden Aktiv- und Passivsätzen (im Englischen) mithilfe von Transformationsregeln formalisiert werden kann, die von derselben zugrundeliegenden ‹Kernkette› (oder Kernstruktur) ausgehen (vgl. 6.6.4).

Man wird jedoch bemerken, daß die Ausdrücke ‹aktiv› und ‹passiv› in der traditionellen Formulierung der drei im voraufgehenden Absatz angeführten Bedingungen in zwei verschiedenen Bedeutungen gebraucht worden sind. In (I) und (III) wurden sie auf Sätze angewendet, während sie in (II) auf die ‹Formen› des Verbums bezogen (und deshalb unter Anführungszeichen gestellt worden) sind. Es ist in diesem Zusammenhang wichtig, daß die drei Bedingungen, wenn sie auch in den am klarsten unterscheidbaren Fällen von einander entsprechenden Aktiv- und Passivsätzen zusammenfallen, bis zu einem gewissen Grad voneinander unabhängig sind. Von intransitiven ‹ergativen› Sätzen (z. B. englisch *The stone moved*) und verschiedenen Arten von pseudo-intransitiven Sätzen (z. B. *The books sold quickly, The house was building* usw.) könnte man sagen, daß sie die erste der drei Bedingungen erfüllen (vgl. *John moved the stone, John sold the books quickly, John was building the house* usw.), nicht aber die zweite (das Verb erscheint in ‹aktiver Form›: *moved, sold, was building* usw. anstelle von *was moved, were sold, was being built* usw.) und ebenso nicht die dritte (es ist nicht möglich, das Subjekt der entsprechenden transitiven ‹Version› mithilfe der typischen ‹agentiven› Adjunktionskonstruktion auszudrücken: **The stone moved by John, *The books sold quickly by John*, usw.).

Die Möglichkeit eines Konflikts zwischen der ‹Form des Passivs› und seiner ‹Funktion› (die Konversion oder Transformation eines Satzes, indem das Subjekt als ‹handelnd› dargestellt ist, in einen Satz, in dem das

Subjekt als ‹durch die Handlung betroffen› oder als ‹die Auswirkungen der Handlung auf sich nehmend› dargestellt ist) ist von den traditionellen Grammatikern theoretisch und praktisch sehr wohl erkannt worden. Im Lateinischen und Griechischen gibt es viele Verben, deren Form als passiv (oder medial), ihre Bedeutung jedoch als aktiv bezeichnet wird (die traditionelle Terminologie nennt sie ‹Deponentia› – diese Verben ‹legen› sozusagen die ‹Bedeutung ab›, die normalerweise mit dem Passivgenus verbunden ist). Ein Beispiel ist das lateinische Verbum *sequor* (‹ich folge›), das trotz seiner ‹Form› in aktiven, transitiven Sätzen vorkommt. Umgekehrt kann, wenn auch selten, ein Verbum, das seiner ‹Form› nach ‹aktiv› ist, in der entsprechenden passiven ‹Version› eines aktiven Satzes stehen. Betrachten wir z. B. die beiden folgenden griechischen Sätze, von denen (47*b*) die normale passive ‹Version› von (47*a*) ist:

(47*a*) *hoi Athēnaîoi apokteinousi Sōkrátēn* (‹Die Athener töten Sokrates›)

(47*b*) *Sōkrátēs apothnḗiskei* (*hypò tȭn Athēnaíōn*) (‹Sokrates wird [von den Athenern] getötet›)

Das in (47*b*) mit ‹wird getötet› übersetzte Verbum kann in anderen Kontexten auch als ‹stirbt› wiedergegeben werden; seiner ‹Form› nach ist es ‹aktiv›. Es ist festzustellen, daß (47*b*) anders als die im vorangehenden Absatz angeführten intransitiven, ‹ergativen› und pseudo-intransitiven englischen Sätze sowohl (I) als auch (III), nicht aber (II) der oben angeführten Bedingungen erfüllt.

Man kann nicht sinnvoll von einem Konflikt zwischen ‹Form› und ‹Funktion› in bestimmten Fällen sprechen, wenn es nicht andere, zahlreichere und als typisch angenommene Fälle gibt, in denen ein solcher Konflikt nicht besteht. Die traditionelle Auffassung vom Unterschied zwischen einem aktiven und einem passiven Genus geht von der Annahme aus, daß die drei oben erwähnten Bedingungen im allgemeinen zusammentreffen. Wäre es z. B. im Deutschen so, daß die Entsprechungen von (45*b*) und (46*b*) so aussähen:

(45*c*) **Willi brachte von Hans um*

(46*c*) **Hans brachte von Willi um*

wobei *von Hans* und *von Willi* fakultativ als ‹agentive› Adjunktionen auftreten könnten, und wäre dies nicht nur eine Eigentümlichkeit von *umbringen* und einer relativ kleinen Gruppe anderer transitiver Verben, sondern typisch für die Beziehung zwischen Satzpaaren, in denen das Objekt des einen zum Subjekt des anderen wird, dann würde man vom Deutschen (wie vom Englischen) nicht sagen, es hätte ein passives Verbalgenus, sondern vielmehr, daß das deutsche (englische) Verbum ‹genusneutral› ist und sowohl ‹Täter› als auch ‹Ziel› zum Subjekt haben kann. Dieser Sachverhalt findet sich auch in einer Reihe anderer Sprachen (u. a. im Eskimo; vgl. 8.2.15).

8.3.4 ‹Täterlose› Sätze

In Bedingung (III) war enthalten, daß das (‹agentive›) Subjekt des aktiven Satzes in der Passivversion nicht notwendig ausgedrückt sein oder offen erscheinen muß. Das Englische nimmt in der Tat unter den Sprachen mit einem Passivgenus insofern eine Sonderstellung ein, als die ‹agentive› Adjunktion ziemlich frei stehen kann. Selbst im Englischen sind jedoch Sätze wie *Bill was killed by John* weniger häufig als Sätze von der Art *Bill was killed.* Wenn es überhaupt eine Funktion gibt, die dem Passiv in allen jenen Sprachen gemeinsam ist, denen man gewöhnlich ein passives Verbalgenus nachsagt (und in bestimmten Sprachen, wie etwa dem Türkischen, scheint das seine einzige Aufgabe zu sein), dann liegt sie darin, daß es die Konstruktion ‹täterloser› Sätze ermöglicht: z. B. *Bill was killed.*

Doch gibt es im Englischen (abgesehen von den oben besprochenen pseudo-intransitiven Konstruktionen) noch eine andere Möglichkeit, ‹täterlose› Sätze zu konstruieren, und zwar mithilfe eines ‹nicht-spezifischen› Subjekts an jener Stelle, wo in einem entsprechenden Satz mit spezifiertem ‹Täter› das Wort oder Syntagma steht, das den ‹Täter› bezeichnet: vgl. *Hans brachte Willi um* und *Jemand brachte Willi um* : *Willi wurde von Hans umgebracht* und *Willi wurde (von jemandem) umgebracht.* Es gibt also fünf Möglichkeiten: aktiv mit ‹spezifischem› Täter; aktiv mit ‹nicht-spezifischem› Täter; passiv mit ‹spezifischem› Täter; passiv mit ‹nicht-spezifischem› Täter (*Willi wurde von jemandem umgebracht*); und passiv ohne Erwähnung des Täters (*Willi wurde umgebracht*). Von diesen ist das Passiv mit ‹nicht-spezifischem› Täter im Englischen (*Bill was killed by someone*) ungewöhnlich, doch gibt es Fälle, wo es anzutreffen ist.

Es gibt jedoch andere Sprachen, in denen nur drei oder gar nur zwei dieser fünf Möglichkeiten realisiert sind. Das Türkische kennt z. B. die strukturellen Äquivalente von *Hans brachte Willi um*, *Jemand brachte Willi um* und *Willi wurde umgebracht* nicht, wohl aber von *Willi wurde von Hans umgebracht.* (Es ist zwar möglich, dem Passivsatz eine Adjunktion anzufügen, die in bestimmten Fällen als ‹agentiv› übersetzt werden kann, doch ist sie streng genommen mit *von Hans* in Sätzen wie dem obigen nicht vergleichbar.) Es gibt auch Sprachen, die keine Passivsätze haben, sondern stattdessen einen Gegensatz zwischen einem ‹spezifischen› und einem ‹nicht-spezifischen› aktiven Satz (vgl. *Hans brachte Willi um* gegenüber *Jemand brachte Willi um*).

In bestimmten Sprachen kann man zwischen verschiedenen Arten ‹nicht-spezifischer› Subjekte in ‹agentiver› Position wählen. Die lateinischen Pronomina *quidam* und *aliquis* zum Beispiel können beide im Deutschen mit ‹jemand› wiedergegeben werden; das erste wird dann gebraucht, wenn die ‹nicht-spezifizierte› Person dem Sprecher bekannt ist (‹eine gewisse Person, die nicht identifiziert zu werden braucht›), das zweite, wenn dies nicht der Fall ist (‹jemand, von dem ich nicht weiß, wer er ist›). Eine ähnliche Unterscheidung gibt es im Russischen zwisch *kto-to* und *kto-nibudj*. Und in vielen Sprachen gibt es etwas, was man am besten als ‹Quasi-Subjektspronomen› bezeichnen könnte. Seine Funktion unterscheidet sich deutlich von der der ‹nicht-spezifischen› Pronomina (die in keinem Fall unbedingt auf die Subjektsstellung beschränkt sind). Dies läßt sich anhand des französischen *on* oder des deutschen *man* in Sätzen wie *On parle anglais* oder *Man spricht Englisch* veranschaulichen (das englische Pronomen *they* kann in derselben ‹Quasi›- oder ‹Scheinfunktion› auftreten: *They speak English* [‹Sie sprechen Englisch›, d. h. ‹in diesem Geschäft›, ‹in Jamaika› usw.]). Bemerkenswert ist, daß derartige Sätze ins Englische meistens als Passivsätze übersetzt werden. In anderen Sprachen werden sie wieder meist reflexiv (oder pseudo-reflexiv) wiedergegeben, wie etwa im Spanischen: *Se habla inglés.*

Schließlich soll noch jene Konstruktion erwähnt werden, die die traditionelle Grammatik als ‹unpersönliche› Verwendung des Passivs bei intransitiven Verben beschreibt. Bislang sind wir davon ausgegangen, daß das Passivgenus definiert ist durch das Zusammentreffen der drei in 8.3.3 angeführten Bedingungen. Die erste von diesen beschränkt das Passiv jedoch auf transitive Verben. Diese Einschränkung gilt zwar für das Deutsche und Englische und im großen und ganzen für die meisten indogermanischen Sprachen, doch ist das Passiv in gewissen anderen Sprachen regelmäßig bei intransitiven Verben anzutreffen. Entsprechend dem türkischen Aktivsatz (*0*) *Istanbula bu yoldan gider* (‹Er Istanbul-nach diese Route-über geht›, d. h. ‹Er fährt diese Route nach Istanbul›) gibt es die ‹unpersönliche› passive ‹Version› *Istanbula du yoldan gid-il-ir* (‹Istanbul-nach diese Route-über wird gegangen›, d. h. ‹Dies ist die Route nach Istanbul› oder ‹Man fährt diese Straße nach Istanbul›; dasselbe Suffix *-il-* kennzeichnet im Türkischen das Passivum, ganz gleich ob es sich um ein transitives oder intransitives Verb handelt). Eine ähnliche, wenn auch weniger häufige Konstruktion findet sich im Deutschen: *Es wird heute abend getanzt.* Sie ist auch im Lateinischen belegt (*pugnabatur* [‹Es wurde gekämpft› oder ‹Es gab einen Kampf›]). Ja es ist wahrscheinlich, daß ‹unpersönliche› Verbformen mit dem ‹Medium› verschmolzen und so das ‹Passivum› des klassischen Lateins bildeten (vgl. 8.3.3).

‹Unpersönliche› Konstruktionen, wie wir sie hier gezeigt haben, erfüllen eindeutig nicht jene Bedingungen, die wir oben für die Definition des Passivs angegeben haben. Diese Bedingungen gehen nämlich von der Annahme aus, daß Passivsätze aus aktiven, transitiven Strukturen abgeleitet sind. Andererseits sind ‹unpersönliche› Sätze jenen, die wir als ‹echte› Passivsätze betrachten, in zweifacher Hinsicht ähnlich: Erstens sind sie ‹täterlos›, und wir haben gesehen, daß die typischste Aufgabe des Passivums darin besteht, die Konstruktion ‹täterloser› Sätze zu ermöglichen; zweitens weisen sie eine Verbform auf, die – durch Flexion oder sonstwie – deutlich als ‹passiv› gekennzeichnet ist. In Sprachen, in denen sie zusammen mit ‹echten› Passiven vorkommen, sind sie wahrscheinlich mit diesen syntaktisch in Zusammenhang zu stellen.

8.3.5 *Die Formalisierung von Transitivität und Verbalgenus*

Die verschiedenen, im vorliegenden Abschnitt unter den Titeln ‹Transitivität›, ‹Ergativität› und ‹Verbalgenus› besprochenen Erscheinungen stellen den Sprachwissenschaftler vor beträchtliche Probleme sowohl praktischer als auch theoretischer Natur. Unter ‹praktischen› Problemen verstehe ich die Schwierigkeiten, die sich ergeben, wenn es darum geht, bei der Analyse bestimmter Sprachen die ‹Fakten› festzustellen und herauszufinden, welche Unterschiede mit den einzelnen ‹Versionen› oder Konstruktionen verbunden sind. Schon diese Probleme sind ungeheuer (wenn wir auch bei unserer notwendig vereinfachenden Besprechung der angeschnittenen Themen gewisse Interpretationsschwierigkeiten beschönigend übergangen haben). Doch sind die theoretischen Probleme noch weitaus größer.

Auf dem Gebiet der Syntaxtheorie ist eines gegenwärtig nicht wegzuleugnen. Zwar wurden neue Einsichten in die Zusammenhänge zwischen verschiedenen Satztypen gewonnen und große Fortschritte bei ihrer Formalisierung gemacht, doch ist keines der bisher vorgeschlagenen transformationellen Syntaxmodelle (das bekannteste wurde von Chomsky und seinem Kreis entwickelt) imstande, mit den überaus komplizierten Beziehungen zwischen den vielen verschiedenen in diesem Kapitel behandelten Konstruktionen auf systematische und von der Intuition her befriedigende Weise fertig zu werden (vgl. 6.5.7: ‹starke Adäquatheit›). Die Sprachtheorie baut natürlich auf der Annahme auf, daß alle ‹Fakten› prinzipiell innerhalb eines einheitlichen, allgemeinen Rahmens formalisierbar sind. Und es werden laufend Arbeiten veröffentlicht, die es sich zur Aufgabe gemacht haben, einer Formalisierung von Fakten, wie wir sie hier auf elementare und nicht-formale Weise besprochen haben, näherzukommen.

Wir wollen nicht versuchen, einige der vorgebrachten technischen Alternativvorschläge zusammenzufassen oder sie auf ihre Vorteile oder ihre Anfechtbarkeit hin zu untersuchen. Stattdessen wollen wir den vorliegenden Abschnitt beschließen, indem wir einige der theoretischen Implikationen der von uns angestellten Überlegungen zur ‹Kausativität› aufzeigen (vgl. 8.2.4 ff.).

8.3.6 *Versuch einer transformationellen Darstellung transitiver und kausativer Konstruktionen*

Gehen wir von der Annahme aus, daß die Basiskomponente der Grammatik des Englischen unter anderem die folgenden Regeln enthält:

$$\text{(I)}\quad \Sigma \rightarrow \text{Nom} + \text{Präd}$$

$$\text{(II)}\quad \text{Präd} \rightarrow \begin{cases} \text{Verb} \\ \Sigma \end{cases}$$

(Die Zeichen ‹Nom› und ‹Präd› stehen für ‹Nominal› und ‹Prädikat›). Beide Regeln sind rekursiv anwendbar und zwar unbeschränkt oft (vgl. 6.2.6).

Wenn Regel (I) zur Anwendung kommt, gefolgt von der fakultativen Regel ‹Präd → Verb› in (II), so ergibt sich als Output die Konstituentenstruktur für den Kern eines einfachen intransitiven Satzes. Das an der Nominalstelle eingeführte Nomen oder Nominalsyntagma ist per definitionem das Subjekt des Satzes (vgl. 8.1.4). Wir wir gesehen haben (8.2.6), kann das Subjekt eines intransitiven Verbs ‹agentiv› oder ‹nicht-agentiv› sein: Das Nominal wird deswegen mit dem Merkmal ‹plus agentiv› (‹+ag›) oder ‹minus agentiv› (‹–ag›) versehen, um die Alternative zu markieren. Einstellige (intransitive) Verben müssen im Lexikon dahingehend klassifiziert werden, wie sie sich mit Nominalen verbinden können; dabei gibt es folgende Möglichkeiten: (*a*) ‹entweder agentiv oder nicht-agentiv›; (*b*) ‹ausschließlich agentiv›; (*c*) ‹ausschließlich nicht-agentiv›. Die Verben *move, jump, die* etwa veranschaulichen diese Klassifikation. *Bill moved* kann folglich die Interpretation ‹+ag› oder ‹–ag› erhalten; *Bill died* hingegen ist ‹–ag›, und *The horse jumped* ‹+ag› (vgl. 8.2.11). Die jeweilige zugrundeliegende Konstituentenstruktur der Kerne dieser Sätze ist in Abb. 20 dargestellt.

Es kann jedoch auch die Alternative ‹Präd → Σ› bei Anwendung der Regel (II) eingeführt werden. In diesem Falle muß das Symbol ‹Σ› durch eine weitere (rekursive) Anwendung von Regel (I) wiederum in ‹Nom + Präd› expandiert werden. Und dann liegen die Bedingungen für eine zweite Anwendung von (II) vor. Wird in diesem Abschnitt die Alternative ‹Präd → Verb› beschritten, dann ergeben sich Muster von Konstituentenstrukturen für zweistellige Kerne.

Zwei Möglichkeiten bieten sich bei der Frage nach der ‹Besetzung› dieser zweistelligen Struktur an. Man kann einmal davon ausgehen, daß das zweite Wirksamwerden von Regel (I) äquivalent ist der Entwicklung der durch die erste Anwendung von (I) erzeugten Prädikatkonstituenten, wobei die durch Anwendung 1 von Regel (I) erzeugte Nominalkonstituente sozusagen konstant bleibt. Dies würde darauf hinauslaufen, daß das Subjekt eines zweistelligen Nukleus und das Subjekt eines einstelligen Nu-

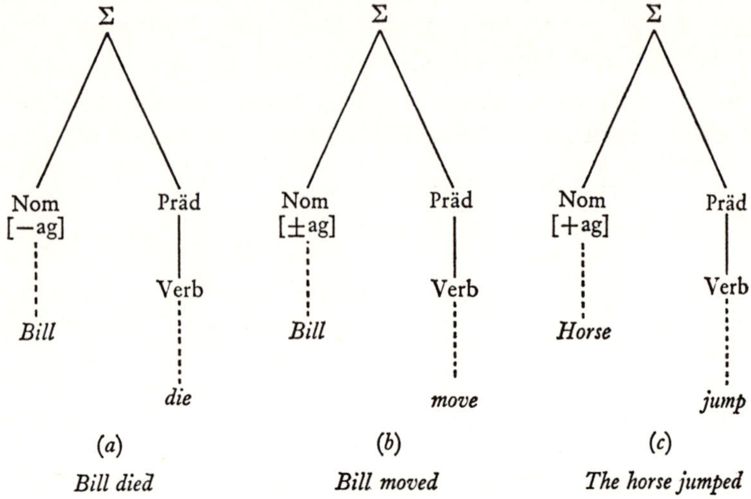

Abb. 20. Einstellige Konstruktionen

kleus als syntaktisch äquivalent bestimmt werden. Mit andern Worten, auf Grund dieser Interpretation der rekursiven Anwendung der Regeln (I) und (II) wäre die transitiven Sätzen zugeschriebene Konstituentenstruktur (wenn von den eingebetteten Knoten ‹Σ› und ‹Präd› abgesehen wird) jener gleich, die durch die beiden folgenden Regeln entwickelt wird:

(a) $\Sigma \rightarrow$ Nom + Präd

(b) Präd $\rightarrow \begin{cases} \text{Verb} \\ \text{Nom + Verb} \end{cases}$

Dies ist der Weg, der in den meisten transformationellen Arbeiten bei der Erzeugung transitiver Konstruktionen bisher eingeschlagen wurde (vgl. 7.6.8). Wir sind aber im Laufe unserer Erörterung von Transitivität und Ergativität in diesem Abschnitt zu dem Schluß gekommen, daß im wesentlichen relativ oberflächliche Merkmale wie Kasus und Kongruenz dafür bestimmend sind, daß die Subjekte einer transitiven und einer intransitiven Konstruktion als syntaktisch äquivalent verstanden werden können. Kasus und Kongruenz aber können von später folgenden Transformationsregeln eingeführt werden (vgl. 8.2.7).

Wenn wir daher dem oben beobachteten allgemeinen Prinzip folgen, daß das Objekt eines zweistelligen Kernes und das Subjekt eines einstelligen Kernes einander entsprechen, dann haben wir die zweite der beiden Möglichkeiten zu wählen: d. h. wir müssen den einstelligen Kern als Prädikat des zweistelligen Kerns einbetten. Dies wirft bestimmte schwierige, aber wahrscheinlich nicht unüberwindliche technische Probleme auf, auf die wir hier nicht eingehen wollen. Wir nehmen vielmehr an, daß sie befriedigend gelöst werden können, und diskutieren die Folgerungen daraus.

Zur Vereinfachung wollen wir noch einen augenblicklich nicht näher begründbaren Mechanismus einführen. Wenn der einstellige Kern als Prädikat einer transitiven Konstruktion eingebettet wird, dann soll das Verb mit einem Merkmal ‹kausativ› markiert werden (‹+ caus›). Dieses Merkmal soll gemäß verschiedenen Bedingungen unterschiedliche Interpretationen erhalten.

Führen wir uns zuerst die Situation vor Augen, in der der eingebettete Kern ein ‹agentives› Nominal enthält. Es gibt zwei Möglichkeiten. Das gewählte Verb kann im Lexikon als der beschränkten Klasse von englischen Verben zugehörig gekennzeichnet sein, die ein ‹agentives› Objekt haben können (*jump, walk, gallop* u.s.w., vgl. 8.2.12). In diesem Falle ergibt sich, was gewöhnlich als transitive Konstruktion betrachtet wird: z. B. *John jumped the horse* (‹. . . brachte das Pferd zum Springen›). Dies heißt weiter, daß ‹*jump*: + caus› (auf der Basis der Information, die mit dem einstelligen Verb *jump* im Lexikon gegeben wird) als *jump* realisiert wird: mittels eines ‹Prozesses› der ‹Nullmodifikation› (vgl. 8.2.8). In der Mehrzahl der Fälle jedoch löst die Kookkurrenz von ‹Nom: + ag› und ‹Verb: + caus› im eingebetteten Kern das Wirksamwerden der Regeln für die produktiven Kausativkonstruktionen mit den Hilfsverben *make, get, have* u.s.w. aus. Der endgültige Output der Grammatik besteht dann aus so ‹offenkundig› kausativen Konstruktionen wie *John made Bill sing, John got Bill to come* u.s.w. (‹. . . machte Bill singen›, ‹. . . brachte Bill zum Kommen›).

Enthält der eingebettete Kern ein ‹nicht-agentives› Nominal, dann liegen die üblicheren Bedingungen für Transitivität vor. Es gibt eine Reihe von wichtigen Faktoren. (1) Das dem Lexikon entnommene Verb kann ‹ergativ› sein, z. B. *move* (vgl. 8.2.3). In diesem Falle wird es in der Oberflächenstruktur des entstehenden Satzes ohne morphologische Modifikation (mit ‹Null-Modifikation›) eingesetzt. Da jedoch das zweistellige Verb ein Beispiel für ‹Verb: + caus› ist, erklärt die Grammatik den resultierenden transitiven Satz als Kausativum des entsprechenden intransitiven (‹nicht-agentiven›) Satzes. *John moved Bill* wird also eine syntaktische Analyse gegeben, auf Grund welcher der Satz eindeutig semantisch analysierbar wird als ‹John war das Agens und die (direkte) Ursache für die (nicht-agentive) Bewegung Bills›. (2) Das gewählte Verb kann morphologisch eindeutig von zweistelliger Form sein, z. B. *soft* (‹weich›) (in diesem speziellen Fall ein ‹adjektivisches› Verb, vgl. 8.2.8). Die Lexikoneintragung für *soft* muß daher eine solche Information enthalten, welche die Realisierung von ‹*soft*: + caus› als *soften* gestattet. (3) Dem gewählten Verb kann eine ‹lexikalisierte› zweistellige Form entsprechen, z. B. *die* (‹sterben›). In diesem Fall wird diese entsprechende zweistellige Form für ‹Verb: + caus› eingesetzt; so erhält z. B. ‹*die*: + caus› die Realisation *kill* (‹töten›) in der Oberflächenstruktur. (4) Es mag aber auch keine entsprechende morphologische oder lexikalische Form existieren, und ebensowenig mag das Verb die Bedingungen für ‹Null-Modifikation› erfüllen (es ist zu beachten, daß diese Bedingungen durchaus nicht völlig einsichtig sind; es ist nicht sicher, ob die ‹ergativen› Verben des Englischen eine distinkte, geschlossene Klasse bilden). In diesem Fall löst ‹Verb: + caus› eine der produktiven, formal deutlich kausativen Konstruktionen aus: *John made Bill fall*, *John made Bill responsible* (*for the administration of the department*), u.s.w. (‹... machte Bill fallen›, ‹... machte Bill verantwortlich ...›).

Es scheint, daß ein Weg wie der angedeutete bei der Erzeugung von transitiven Sätzen im Englischen (aber auch anderen Sprachen) beschritten werden muß, wenn man die Beziehungen, die zweifellos zwischen den verschiedenen beschriebenen Satzklassen bestehen, erfolgreich formalisieren will (Beispielanalysen zugrundeliegender Konstituentenstrukturen finden sich in Abb. 21). Zum andern ist aber auch klar, daß es viele transitive Verben gibt, für die eine Analyse nach einem zugrundeliegenden ‹Verb: + caus› nicht gut möglich ist. Man kann sie ‹basishaft transitive›

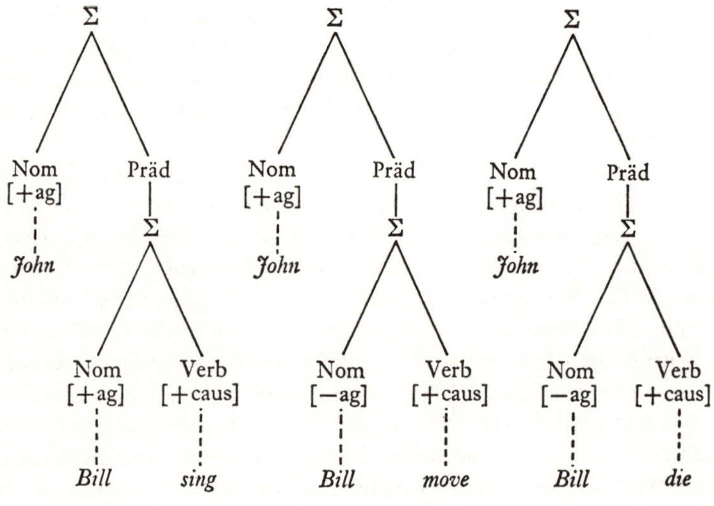

(*a*) *John made Bill sing*

(*b*) *John moved Bill*

(*c*) *John killed Bill*

Abb. 21. Zweistellige Konstruktionen.

Verben nennen. Beispiele sind *eat* (‹essen›) und *read* (‹lesen›). Es wäre wenig erreicht, wenn man *eat* oder *read* als zweistellige Realisationen von einstelligen Quasi-Verben mit der Bedeutung ‹be eaten› (‹gegessen werden›) bzw. ‹be read› (‹gelesen werden›) behandelte. Die ‹nicht-agentiven› einstelligen Sätze *Caviare is eaten* (‹Kaviar wird gegessen›) und *The book is read* (‹Das Buch wird gelesen›) sind nicht nur ihrer ‹Form› nach passiv (vgl. 8.3.3), sondern setzen vor allem auch – ähnlich wie *Bill is moved*, aber verschieden von *Bill moves* (‹nicht-agentiv›) – ein Agens voraus (dieses muß in Passivsätzen natürlich nicht spezifiziert sein). Es wäre gegen die Intuition und für die semantische Analyse unbrauchbar, würde man ‹basishaft transitive› Sätze syntaktisch in der Art behandeln, wie sie für jene Sätze, die wir ‹abgeleitet transitiv› nennen können, dargelegt worden ist. Es sollte deshalb in Regel (II) oben eine dritte Möglichkeit erwogen werden. Angenommen, es würde die Regel so neu angeschrieben werden:

$$\text{Präd} \rightarrow \begin{cases} \text{Verb} \\ \text{Nom} + \text{Verb} \\ \Sigma \end{cases}$$

Dann könnte man die Vorteile beider Alternativen vereinigen. Worauf diese Korrektur hinausläuft, ist, wie man sieht, die Verbindung des üblicheren Weges zur Erzeugung transitiver Konstruktionen (vgl. die Regeln (a) und (b) auf S. 390) mit dem Vorschlag, den wir für die Ableitung zweistelliger Kerne aus eingebetteten einstelligen gemacht haben. Wiewohl diese Verbesserung aufs erste attraktiv aussieht, werden dadurch die technischen Schwierigkeiten doch erheblich gesteigert. Könnte man diese Probleme jedoch lösen, dann würde die Integration der beiden Lösungswege vorteilhaft die folgenden beiden Feststellungen formalisieren: «Es gibt transitive Konstruktionen in der Sprache, welche in dem Sinne basishaft sind, daß sie sowohl ein tiefenstrukturelles Subjekt als auch ein tiefenstrukturelles Objekt haben. Andere Konstruktionen dieser Art sind abgeleitet; ihr Objekt ist ein transformiertes, einstelliges, nicht-agentives Subjekt.» Diese Feststellung oder zumindest das, was im zweiten Teil zum Ausdruck kommt, gibt den Standpunkt wieder, der oft von Linguisten, die in dem nicht-formalen Rahmen der traditionellen Grammatik arbeiten, eingenommen worden ist. Der erste Abschnitt der Feststellung gibt den Standpunkt in Bezug auf Transitivität wieder, den Chomsky in Arbeiten jüngeren Datums formalisiert hat. Es ist, wie wir gesehen haben, wünschenswert, daß die Theorie der generativen Grammatik eine Formalisierung beider Gesichtspunkte in Bezug auf Sätze, die verschiedene Klassen lexikalischer Elemente enthalten, ermöglicht.

Nur wenig ist zu dreistelligen Kernen zu sagen. Sind die Regeln (I) und (II) unendlich oft rekursiv anwendbar, dann erzeugen sie selbstverständlich den konstituentenstrukturellen Rahmen für Kerne mit jeder beliebigen Anzahl von Nominalstellen. Im Falle von dreistelligen Kernen, in welchen entweder ein ‹abgeleiteter› oder ein ‹basishaft› transitiver Kern eingebettet worden ist, muß Vorsorge getroffen werden für die Transformation des Subjekts des zweistelligen Kernes an die Stelle des ‹indirekten Objekts› in der dreistelligen Konstruktion (vgl. 8.2.14). Diese ‹Degradierung› des zweistelligen Subjekts auf den Status einer Adjunktion (dies ähnelt der ‹Degradierung› unter der Wirkung jener Regeln, die passive Konstruktionen aus zweistelligen aktiven ableiten; vgl. 8.3.4) ist nur bei ‹lexikalisierten› dreistelligen Kausativen obligatorisch: z. B. *give/geben*, *show/zeigen*. Nehmen wir einmal an, *Bill sees the book/Bill sieht das Buch* veranschaulicht einen ‹basishaft› transitiven Satz. Der zugrundeliegende Kern, in dem *Bill* Subjekt ist und *book/Buch* Objekt, ist eingebettet in einem dreistelligen kausativen Satz, in dem *John* Subjekt und ‹see/sehen: + caus› als *show/zeigen* realisiert ist: also *John shows the book to Bill/John zeigt Bill das Buch* (vgl. Abb. 22). Es gibt aber relativ wenige ‹lexikalisierte‹ Kausativa in der Sprache. (Es gibt allerdings weitaus mehr,

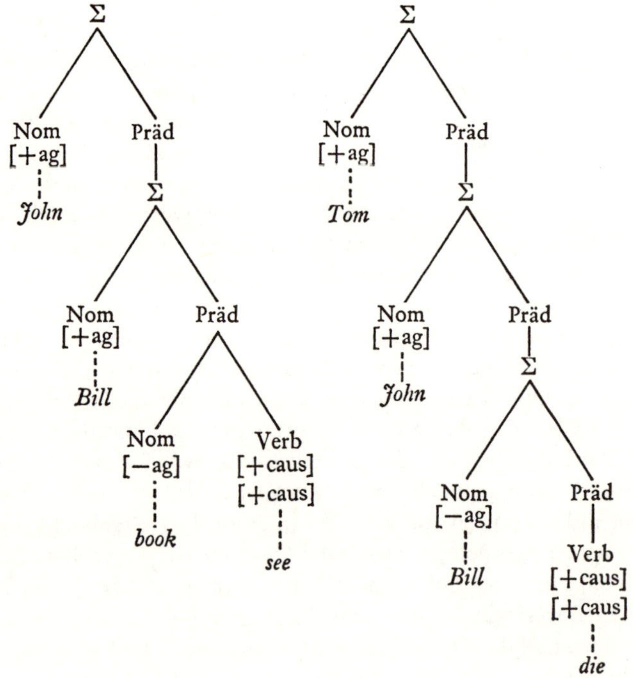

(*a*) *John shows the book to Bill*

(*b*) *Tom made John kill Bill*

Abb. 22. Dreistellige Konstruktionen.

wenn wir Verben wie engl. *persuade* [‹überzeugen›] einschließen, das als ‹lexikalisiertes› Kausativum zu dem zweistelligen *believe* [‹glauben›] mit einem nominalisierten Satz als Objekt gedacht werden kann; man vergleiche *Bill believed that the earth was flat* [‹Bill glaubte, daß die Erde flach sei›] : *John persuaded Bill that the earth was flat* [‹John überzeugte Bill, daß die Erde flach sei›]. Die Einbeziehung solcher Konstruktionen würde zusätzliche Komplikationen nach sich ziehen.)

Meist ist auf dieser dritten Stufe des Zyklus eine ‹oberflächlich› kausative Konstruktion realisiert. Angenommen das aus dem Lexikon gewählte Verb ist *die/sterben*, und zwar in der Position, der durch die Anwendung der Einbettungsregeln ‹Verb: + caus, + caus› zwei Kausativmerkmale zugeordnet worden sind. Es gibt keine lexikalische oder morphologische dreistellige Form, die *kill/töten* in der Weise entspricht, wie *kill/töten die/sterben* entspricht. Auf der dritten Stufe wird daher eines der kausativen Auxiliare eingeführt. Als Beispiel für den Satztyp, der auf diese Weise erklärt werden kann, soll *Tom made John kill Bill/Tom veranlaßte John, Bill zu töten* stehen. Es ist interessant, daß bei den Kausativauxiliaren engl. *get* und *have* jeweils ‹aktive› und ‹passive› Formen des eingebetteten zweistelligen Kernes einander gegenüberstehen: vgl. *Tom had John kill Bill* (‹Tom veranlaßte John, Bill zu töten›) gegenüber *Tom had Bill killed (by John)* (‹Tom veranlaßte, daß Bill (von John) getötet wurde›). Die ‹passive› Form hat strukturelle Ähnlichkeit mit jenen Sätzen, die charakteristischerweise mit ‹lexikalisierten› dreistelligen Kausativen vorkommen, und dies in dem Sinne, daß das Subjekt des zweistelligen Kernes den Status einer Adjunktion annimmt (vgl. 8.2.15 zur Kausativkonstruktion im Französischen). Schließlich soll noch darauf hingewiesen werden, daß die ‹oberflächlich› kausative Konstruktion (im Englischen wie in vielen anderen Sprachen) eindeutig rekursiv ist: vgl. *Peter made Harry make Frank ... make Tom make John kill Bill.* Aus diesem Grunde wurden die Regeln (I) und (II) in ihrer Anwendung unbeschränkt rekursiv gemacht.

Was die Formalisierung und die technischen Details betrifft, sind die in diesem Kapitel gemachten Vorschläge mit gewissen Vorbehalten zu betrachten (vgl. 8.3.5). Andererseits wollen wir darauf hinweisen, daß sie in zweifacher Hinsicht anderen Vorschlägen, die zur Zeit in linguistischen Zeitschriften und Büchern über Syntaxtheorie vorgebracht werden, ähneln. Zum ersten wird die Annahme eines weit ‹abstrakteren› Verständnisses der zugrundeliegenden Struktur getroffen, als dies in den frühesten Arbeiten der Transformationsgrammatik der Fall war. Insbesondere werden Merkmale wie ‹+ ag›, ‹+ caus› u.s.w. ohne spezielle Einschränkung gebraucht; sie sind keine Konstituenten in dem Sinne wie die Auxiliarelemente ‹Präd› oder das Terminalelement ‹Verb›, sondern sie werden solchen Konstituenten im Hinblick auf das korrekte Wirksamwerden der Transformationsregeln oder der Regeln zur lexikalischen Realisierung beigeordnet. Zum zweiten implizieren unsere Vorschläge, daß sowohl die lexikalische als auch die syntaktische Struktur der Sprache teilweise von solchen Prinzipien wie ‹Agentialität› [agency], ‹Kausativität› [causativity], ‹Zustandshaftigkeit› [state] (im Gegensatz zu ‹Handlung› [activity] oder ‹Vorgangshaftigkeit› [process]) bestimmt wird. Gerade in dieser Beziehung greift die Syntaxtheorie in gewissem Maße auf Gedanken der traditionellen, ‹inhaltbezogenen› Grammatik zurück (vgl. 4.1.3). Dies geschah jedoch (wenigstens prinzipiell), ohne die Maßstäbe der Strenge und Genauigkeit bei der Formulierung, die die Linguisten in bewußtem Gegensatz zur traditionellen Grammatik einführten, aufzugeben.

8.4 *Existentielle, lokative und possessive Konstruktionen*

8.4.1 *‹To be› (‹sein›) und ‹to have› (‹haben›)*

Es wurde oben bereits die Ansicht geäußert, daß das allgemein so genannte ‹Verb *to be*› (‹*sein*›) im Englischen und anderen Sprachen ein bedeutungsleeres, grammatisches Element ist, das nur als ‹Träger› der Tempus-, Modus- und Aspektkennzeichnung in der Oberflächenstruktur der Stäze dient (vgl. 7.6.3, 8.2.10). Im vorliegenden Abschnitt werden wir im Hinblick auf das ‹Verb *to have*› zu demselben Schluß kommen. Der Einfachheit halber wollen wir von der Annahme ausgehen, daß ‹sein› und ‹haben› (‹Besitz›) fest umrissene und universale Begriffe sind. Doch möchte ich sofort darauf hinweisen, daß es viele Sprachen gibt, die weder ein ‹Verb *sein*› noch ein ‹Verb *haben*› kennen. In anderen Sprachen wieder gibt es viele verschiedene «Kopulae», von denen keine einzige dem englischen *be* und *have* genau entspricht.

8.4.2 *Logische Analyse des ‹Verbs «sein»›*

Die Logiker trennen heute meist scharf zwischen der ‹existentiellen› Funktion des ‹Verbs *sein*› und seinen verschiedenen ‹prädikativen› oder ‹kopulativen› Funktionen. Die philosophische Bedeutung dieser Unterscheidung liegt in der wohl von den meisten modernen Philosophen vertretenen Auffassung, daß Existenz nicht in demselben Sinn von Gegenständen ausgesagt werden kann wie ihre verschiedenen Eigenschaften oder Merkmale, sondern in der Identifikation von Gegenständen oder einem beliebigen Hinweis auf sie bereits vorausgesetzt ist. Unser Interesse hier gilt nicht der philosophischen Tragweite der Trennung zwischen ‹existentiellen› und ‹prädikativen› Feststellungen. Doch ist es immerhin beachtenswert, daß das ‹Verb *sein/to be*› im Deutschen und Englischen nicht so frei in existentiellen Sätzen gebraucht wird, wie das im Griechischen der Fall war – gerade Sätzen wie *Gott ist/God is* (wo das ‹Verb *sein*› im Griechischen völlig regulär steht) gehörte vor allem das Interesse der Philosophen. Die sogenannte ‹existentielle› Verwendung des ‹Verbs *to be*› ist im Englischen nur mit einem lokativen oder temporalen Komplement gebräuchlich (vgl. 8.1.10). Beispiele hiefür sind: (I) *There are lions in Africa* (‹Es gibt Löwen in Afrika›) und (II) *The accident was yesterday* (‹Der Unfall war gestern›). Wir werden auf derartige ‹existentielle› Sätze gleich zu sprechen kommen.

Unter den ‹prädikativen› Verwendungen des ‹Verbs *sein*› unterscheiden die Logiker gewöhnlich: (*a*) die *Identifizierung* (Gleichsetzung) einer Entität mit einer anderen ($a = b$: z. B. *Dieser Mann ist Hans*); (*b*) *Klassenzugehörigkeit* ($b \in C$: z. B. *Hans ist Katholik*, d. h. ‹Hans gehört zu jener Klasse von Personen, die als Katholiken charakterisiert sind›); und (*c*) *Klasseninklusion* ($C \subset D$: *Katholiken sind Christen*, d. h. ‹die Elemente jener Klasse von Personen, die als Katholiken charakterisiert sind, sind mit eingeschlossen unter den Elementen jener Klasse von Personen, die als Christen charakterisiert sind›).

Obwohl die Unterscheidung zwischen Klassenzugehörigkeit und Klasseninklusion logisch wichtig ist, kommt ihr in den meisten Sprachen keine syntaktische Bedeutung zu. Ziemlich wichtig ist hingegen die Unterscheidung zwischen ‹charakterisierenden› und ‹einordnenden› Sätzen (auf die wir oben bereits verwiesen haben, vgl. 8.1.3): vgl. *Äpfel sind süß* und *Äpfel sind Früchte*. Erstere haben meist ein adjektivisches Prädikat (und zwar in Sprachen, wo zwischen ‹Verben› und ‹Adjektiven› unterschieden werden kann), letztere ein nominales. Die syntakische Analyse von Sätzen mit nominalen Prädikaten (z. B. *Äpfel sind Früchte, Hans ist (ein) Soldat, Maria ist noch ein sehr junges Mädchen*) ist sehr kompliziert; es soll hier nicht darauf eingegangen werden. Wir werden die Unterschiede zwischen den verschiedenen Subtypen nominaler Prädikate vernachlässigen und sie alle wie ‹adjektivische› Prädikate behandeln. Um die Terminologie zu vereinfachen, wollen wir beide Satzklassen (egal ob sie charakterisierender› oder ‹einordnender› Art sind und unter Vernachlässigung etwaiger anderer Unterschiede) als *attributiv* bezeichnen.

Weiter wird das ‹Verb *sein*› mit *lokativen* Komplementen gebraucht. Diese Konstruktion haben wir bereits hinlänglich im Detail besprochen (vgl. 8.1.10); im Folgenden wird darauf aufgebaut.

8.4.3 *Existentielle und lokative Sätze*

Wir haben vier Funktionen des ‹Verbs *sein*› unterschieden, die ‹existentielle›, die ‹identifizierende› (oder ‹gleichsetzende›), die ‹attributive› und die ‹lokative› Funktion. Die letzten drei werden von den Linguisten gewöhnlich unter dem Terminus ‹kopulativ› zusammengefaßt (die ‹Kopula› ist in der traditionellen Logik ein ‹Bindeglied› zwischen dem Subjekt und dem Prädikat); die ‹existentielle› Verwendung des ‹Verbs *sein*› wird häufig als von den anderen Verwendungen grundverschieden behandelt.

Es wurde bereits darauf hingewiesen, daß das existentielle ‹Verb *sein*› im Englischen selten ohne ein lokatives oder temporales Komplement auftritt. Doch wenn wir hier ‹Komplement› und nicht ‹Adjunktion› sagen, so bedarf dies vielleicht einer Erklärung (vgl. 8.1.9). Es ist so, daß bei existentiellen Sätzen kaum eine Trennung vorgenommen werden kann. Sehen wir uns die folgenden beiden Sätze an:

(1) *There are lions in Africa* (‹Es gibt [eig. «sind»] Löwen in Afrika›)
(2) *There is a book on the table* (‹Es liegt [eig. «ist»] ein Buch auf dem Tisch›)

Wir sind vielleicht versucht zu sagen, der erste sei ein ‹existentieller›, der zweite ein ‹lokativer› Satz, weil der erste im Gegensatz zum zweiten mit einem Satz umschrieben werden kann, der *exist* enthält: *Lions exist in Africa.* Man könnte noch hinzufügen, daß *in Africa* syntaktisch ‹abtrennbar› (und somit eine Adjunktion) ist: *Lions exist.* Andererseits besteht zwischen (1) und (2) deutlich eine strukturelle Ähnlichkeit. Des weiteren könnten existentielle Sätze von ihrer semantischen Analyse her gesehen als implizit lokativ (oder temporal) beschrieben werden. Die Feststellung, daß etwas existiert bzw. existierte, erfordert ‹Komplementierung› durch einen lokativen (oder temporalen) Ausdruck; erst dann kann sie eine Interpretation erhalten.

Ob man nun diese letzte Bemerkung gelten läßt oder nicht, es ändert nichts an der Tatsache, daß in vielen Sprachen wie eben im Englischen, deutliche Ähnlichkeiten zwischen lokativen und existentiellen Sätzen festzustellen sind. Es besteht wenig oder überhaupt kein Bedeutungsunterschied zwischen Sätzen wie *Coffee will be here in a moment* (s.v.w. ‹Der Kaffee wird gleich da sein›) und *There will be coffee here in a moment* (‹Es wird gleich Kaffee geben›), ja man könnte vermuten, es läge ihnen dieselbe tiefenstrukturelle Analyse zugrunde.

Zwei weitere Dinge seien hierzu bemerkt. Typisch für existentielle Sätze ist das indefinite Subjekt; aufgrund dieser Tatsache ergibt sich die Möglichkeit, sie in einer syntaktischen Analyse ihrer Tiefenstruktur als indefinite Lokativa zu behandeln (wobei ‹lokativ› in diesem Zusammenhang so zu verstehen ist, daß es ‹temporal› mit einschließt: vgl. 7.4.6 zu den ‹lokalen› Kasus). Zweitens: Für einen Zusammenhang zwischen existentiellen und lokativen Konstruktionen spricht der Umstand, daß in den existentiellen Sätzen einer ganzen Reihe von europäischen Sprachen ein ursprünglich lokatives (und noch genauer: ein deiktisches; vgl. 7.2.1) Adverb zur Anwendung kommt: vgl. deutsch *da* (in *ist da*, vgl. auch *das Dasein*), englisch *there* (in *there is/are ...*), französisch *y* (in *il y a*), italienisch *ci* (in *ci sono* u.s.w.).

8.4.4 *Possessivsätze*

Was unter ‹Possessivsätzen› zu verstehen ist, soll zunächst anhand des Englischen erläutert werden:

(3) *The book is John's* (s.v.w. ‹Das Buch ist Johns (Buch), d. h. ‹es gehört John›)
(4) *John has a book* (‹John hat ein Buch›)

Diese beiden Sätze sind in ihrer Oberflächenstruktur auffallend verschieden. In (3) ist das Subjekt *the book* und das Prädikat *John's* – ein Nomen im ‹Genitiv›- bzw. ‹Possessiv-Kasus› (vgl. 7.4.5). In (4) ist *John* das Subjekt, das Prädikat ist *has a book*, wobei *a book* das Objekt des ‹Verbs *to have*› ist. Gleichzeitig besteht kein Zweifel, daß (3) und (4) mit dem Komplex *John's book* (‹the book which is John's›, ‹the book which John has›) und damit untereinander transformationell verwandt sind. Welcher Art ist nun diese Verwandtschaft?

In der Behandlung des Genitivs im vorangegangenen Kapitel wiesen wir auf die ‹adjektivische› Funktion des Genitivs sowohl in adnominaler als auch prädikativer Position hin: vgl. *The book is John's* : *John's book* = *the book is heavy* : *the heavy book*. (Nebenher sei vermerkt, daß *book* in *John's book* oder *the man's book* notwendig definit ist: ‹das Buch Johns›, ‹das Buch des Mannes›. Die entsprechenden indefiniten Syntagmen wären *a book of John's/ein Buch Johns, one of John's books/eines von Johns Büchern*, u.s.w.) Eine ähnliche strukturelle Parallelität ist zwischen lokativen und possessiven Konstruktionen festzustellen: vgl. *the book is John's* : *John's book* (‹das Buch gehört John›, eig. ‹ist Johns›: ‹Johns Buch›) = *the book is on the table* : *the book on the table* (‹das Buch ist auf dem Tisch› : ‹das Buch auf dem Tisch›). (Ob das adnominale Wort oder Syntagma, z. B. *John's* oder *on the table* in der Oberflächenstruktur vor oder nach dem dadurch näher bestimmten Nomen steht, ist eine Überlegung von sekundärer Bedeutung.)

Die meisten bisher veröffentlichten transformationellen Abrisse der englischen Syntax nahmen an, daß Syntagmen wie *John's book* von einer Grundstruktur abzuleiten sind, in der das ‹possessive› Nomen Subjekt des ‹Verbs *have*› ist. Mit anderen Worten, es wird angenommen, daß *have* ein Verb der Tiefenstruktur ist (wie *read* u.s.w.), das sich jedoch von der Mehrzahl der transitiven Verben dadurch unterscheidet, daß es die Passivtransformation nicht mitmacht (**A book is had by John* [*‹Ein Buch wird von Hans gehabt›]). Es sprechen viele Gründe dafür, daß diese Darstellung der Beziehung zwischen ‹*have*-Sätzen› und possessiven Komplexen nicht richtig ist.

Zunächst wird man feststellen, daß die oben angedeutete Parallelität zwischen ‹adjektivischen›, lokativen und possessiven Konstruktionen darauf hinzudeuten scheint, daß in allen Fällen das Trägerwort des Prädikats zum adnominalen Ausdruck transformiert wird. Wir brauchen also eine Regel, die *John has a book* von einer Grundstruktur ableitet, in der *a book* das Subjekt ist und *John* dazu in einem prädikativen Verhältnis steht. Von den beiden oben angeführten Possessivsätzen ist (3) und nicht (4) in der Oberflächenstruktur jener Konstruktion ähnlicher, die wir als Tiefenstruktur von (4) ansehen können.

Zweitens ist zu bedenken, daß relativ wenige Sprachen ‹*haben*-Sätze›, d. h. Possessivsätze, in deren Oberflächenstruktur der ‹Besitzer› das Subjekt eines ‹Verbs *haben*› und der ‹besessene Gegenstand› das Objekt dieses Verbs ist, aufweisen. Selbst in den indogermanischen Sprachen haben sich die ‹*haben*-Sätze› verhältnismäßig spät und nicht in vollem Umfang entwickelt. Sie sind in keiner slawischen oder keltischen Sprache anzutreffen. Darüber hinaus sieht es so aus, als hätten sich die ‹*haben*-Sätze› in jenen indogermanischen Sprachen, in denen sie vorkommen (im Lateinischen, Griechischen, Germanischen, u.s.w.), jeweils unabhängig entwickelt. In vielen Fällen (sowohl bei den indogermanischen als auch bei anderen Sprachen mit einem ‹Verb *haben*›) scheint sich die possessive Verwendung des Verbs aus Sätzen entwickelt zu haben, in denen es ursprünglich ‹fassen› oder ‹(in der Hand) halten› bedeutete.

Anhand des Lateinischen läßt sich, wie Benveniste hervorgehoben hat, die Entwicklung der ‹*haben*-Sätze› in den indogermanischen Sprachen besonders gut aufzeigen. Sehen wir uns die folgenden drei Sätze an:

(5) *Johannes habet librum* (‹Johannes-Nominativ› + ‹hat› + ‹Buch-Akkusativ›)
(6) *Est Johanni liber* (‹ist› + ‹Johannes-Dativ› + ‹Buch-Nominativ›)
(7) *Liber est Johanni* (‹Buch-Nominativ› + ‹ist› + ‹Johannes-Dativ›)

Im Lateinischen gibt es keinen ‹bestimmten Artikel›, und der Sachverhalt der Definität wird auch auf keine andere Art eigens markiert. Der Unterschied zwischen (6) und (7) liegt allein in der Wortstellung der Oberflächenstruktur; ob nun die eine oder die andere Wortstellung gilt, hängt im Lateinischen (unter anderem) davon ab, welches Wort bzw. Syntagma ‹Thema› und was im Satz ‹Kommentar› ist (vgl. 8.1.2). Das ‹Thema› dieses Satzes ist gewöhnlich definit, ob es nun in den einzelnen Sprachen so gekennzeichnet ist oder nicht. Die normale Übersetzung von (7) lautet daher ‹Das Buch gehört Johannes› (wobei *liber* ‹Thema› ist); die normale

Übersetzung von (6) ist ‹Johannes hat ein Buch› (nicht ‹Johannes hat das Buch›). Der ‹*haben*-Satz› (5), der sich nachträglich aus (6) entwickelt hat, ist entweder mit ‹Johannes hat ein Buch› oder ‹Johannes hat das Buch› zu übersetzen. Wir wollen nun annehmen, daß sich (5) aufgrund einer zunächst fakultativen, ‹stilistischen› Transformation aus (6) entwickelt hat, die bewirkte, daß ‹Johannes› in der Oberflächenstruktur in Subjektposition erscheinen konnte. Dies ist nämlich die Stellung, die belebte Nomina normalerweise (als Subjekt des Aktivums oder des Passivums) einnehmen; belebte Nomina wieder sind eher ‹Themata› als unbelebte.

Zunächst mag es den Anschein haben, als wären dieser Vergleich mit dem Lateinischen und die obigen diachronischen Überlegungen von geringer Bedeutung für die synchronische Beschreibung der modernen Sprache. Man beachte jedoch, daß (3) und (4) in der syntaktischen Analyse des Englischen genauso aufeinander bezogen werden müssen wie (6) und (7) im Lateinischen. Da **A book is John's* (wie wir annehmen wollen) als ungrammatisch ausgeschlossen werden muß, ist man versucht, diesen Zusammenhang durch eine obligatorische Transformation herzustellen, die **A book is John's* (oder vielmehr die zugrundeliegende Struktur) in *John has a book* umwandelt.

Wir können nun dieses Verfahren neben ein in gewisser Weise ähnliches für indefinite lokative Sätze stellen. *A book is on the table* ist im Englischen zwar möglich, kommt jedoch weniger häufig vor als *There is a book on the table.* Nennen wir also die bisweilen mit der eines Füllwortes (bzw. ‹Platzhalters›) gleichgesetzte Verwendung des Wortes *there* in lokativen Sätzen ein syntaktisches Hilfsmittel der englischen Sprache, das mit dem Zweck eingesetzt wird, das lokative Syntagma in der Oberflächenstruktur zu ‹antizipieren›. Beachtung verdient, daß das ‹Füllwort› *there* in lokativen Sätzen mit definitem Subjekt im allgemeinen nicht zu finden ist (z. B. *The book is on the table*); es steht auch in ‹existentiellen› Sätzen, die wir bereits mit indefiniten lokativen Sätzen in Zusammenhang gestellt haben. Sobald wir den Unterschied zwischen definiten und indefiniten Subjekten berücksichtigen, erkennen wir eine gewisse Parallelität zwischen existentiellen, lokativen und possessiven englischen Sätzen. Diese Parallelität ist in bestimmten anderen Sprachen sogar noch auffallender.

8.4.5 *Beispiele aus anderen Sprachen*

Sehen wir uns die folgenden (Mandarin-) chinesischen Sätze an:

(8) *Shū zài zhūo-shàng* (‹Buch› + ‹sein› + ‹Tisch-Oberteil›), ‹Das Buch ist auf dem Tisch›

(9) *Zhūo-shàng yoǔ shū* (‹Tisch-Oberteil› + ‹haben› + ‹Buch›), ‹Auf dem Tisch ist ein Buch›

(10) *Shū shì wǒ-de* (‹Buch› + ‹sein› + ‹mir von›), ‹Das Buch gehört mir›

(11) *Wǒ yoǔ shū* (‹mir› + ‹haben› + ‹Buch›), ‹Ich habe ein Buch›

Man wird feststellen, daß in unseren Beispielen zwei ‹Verben *sein*› vorkommen, nämlich *zài* und *shì,* und ein ‹Verb *haben*›, *yoǔ.* Ihre Distribution unterscheidet sich jedoch von der Distribution der englischen Wörter *be* und *have.* (Das ‹postpositionale› *shàng* gehört zu einer Gruppe lokativer Formen: inhärent lokative Nomina, Ländernamen u. dgl. stehen in Sätzen ohne derartige ‹lokalisierende› Formen wie (8) und (9). Ähnlich erfordert ‹veräußerlicher› Besitz das Partikel *-de*; vgl. (10), ‹unveräußerlicher› Besitz hingegen nicht: vgl. *wǒde shū* gegenüber *wǒ jiā,* ‹mein Buch› gegenüber ‹mein Heim, Familie›. Zu den Begriffen ‹veräußerlich› und ‹unveräußerlich› siehe 7.4.6). Bei aller ihrer oberflächenstrukturellen Verschiedenheit kann zwischen den chinesischen und englischen Konstruktionen folgender Zusammenhang hergestellt werden. Die englische *have*-Transformation erfolgt bei indefiniten Possessivstrukturen, um den ‹Besitzer› in seine oberflächenstrukturelle Position zu bringen; im Chinesischen gibt es eine ähnliche *joǔ*-Transformation, die jedoch sowohl bei possessiven als auch lokativen Sätzen wie (9) und (11) wirksam ist. Für die definiten possessiven und lokativen Sätze generiert die englische Syntax die ‹Kopula *be*›; im Chinesischen wird für den einen Fall *shì*, für den anderen *zài* generiert. Bei der Übersetzung von einer Sprache in die andere müssen wir die syntaktische Subklassifikation der Nomina beachten, die in den zu übersetzenden Sätzen vorkommen. (11) übersetzen wir mit *I have a book/Ich habe ein Buch* und nicht mit *There is a book at me/Es gibt ein Buch bei mir,* da *wǒ* belebt ist; umgekehrt übersetzen wir (9) durch den existentiell-lokativen Satz *There is a book on the table/Es (liegt) gibt ein Buch auf dem Tisch*, da *zhūo* unbelebt ist. Gewisse grammatische Beschreibungen des Chinesischen unterscheiden zwischen einer ‹existentiellen› und einer ‹possessiven› Bedeutung des ‹Verbs *yoǔ*›; dies verzerrt aber gewiß die Analyse des Chinesischen. Beachtung verdient, daß (9) auch mithilfe eines ‹*haben*-Satzes› ins Deutsche übersetzt werden kann, in dem das Lokativum in oberflächenstruktureller Subjektposition ‹vorweggenommen› und dann später im Satz noch einmal durch ein Pronomen wiederholt wird: *Der Tisch hat ein Buch auf sich.* Weiter findet sich die transformationelle Beziehung, die im Chinesischen zwischen Sätzen wie (8) und (9) besteht, bei einer beschränkteren Gruppe von Sätzen auch z. B. im Englischen, und zwar zwischen Sätzen mit einem lokativen Komplement und den ihnen entsprechenden Sätzen, in welchen das Trägerwort der lokativen Phrase das Oberflächensubjekt von Verben des Typs *contain* (‹enthalten›) ist: vgl. *There is water in the bottle* : *The bottle contains water* (‹Es ist Wasser in der Flasche : Die Flasche enthält Wasser›).

Das Russische verfügt zwar über ein ‹*haben*-Verb› (*imetj*), es ist aber nicht gebräuchlich. Die übliche Übersetzung der obigen chinesischen Sätze sähe folgendermaßen aus:

(9*a*) *Kniga na stole* (‹Buch› + ‹auf› + ‹Tisch›)
(9*a*) *Na stole kniga* (‹auf› + ‹Tisch› + ‹Buch›)
(10*a*) *Kniga moja* (‹Buch› + ‹mein›)
(11*a*) *U menja kniga* (‹bei› + ‹mir› + ‹Buch›)

Man sieht, daß in diesen (in Bezug auf Tempus, Modus und Aspekt unmarkierten) Sätzen weder ein ‹*sein*-› noch ein ‹*haben*-›Verbum steht. *U menja* in (11*a*) ist strukturell den lokativen Komplexen ähnlich, und die Präposition *u* mit dem ‹Genitiv› (wie in unserem Beispiel) würde man mit ‹bei› oder ‹nahe› übersetzen, wenn das davon abhängige Nomen unbelebt ist. In den modal und temporal markierten ‹Versionen› der obigen russischen Sätze (z. B. im Präteritum und im Futur; vgl. 7.6.3) würde zwar dasselbe ‹*sein*-Verbum› (*bytj*) stehen, die negativen ‹Versionen› der Possessiva und indefiniten Lokativa fallen aber insofern zusammen, als bei ihnen die ‹existentielle› Negativkonstruktion steht (*net* mit dem Genitivus ‹Partitivus›). Es gibt sehr viele Sprachen, in denen die (11*a*) entsprechende ‹Possessiv›-Konstruktion strukturell mit einer lokativen Konstruktion zusammenfällt (z. B. Gaelisch, Suaheli, Hindi).

Im Türkischen wieder ist bei den possessiven und existentiellen Sätzen der Zusammenhang, was die oberflächenstrukturellen Ähnlichkeiten betrifft, am auffälligsten. Die übliche Übersetzung von (11*a*) lautet:

(11*b*) *Kitab-ïm var* (‹Buch-mein› + ‹existierend›)

wobei *var* das Existenzverbum ist. Eine andere mögliche Übersetzung wäre

(11*c*) *Ben-de kitab var* (‹mir-Lokativ› + ‹Buch› + ‹existierend›)

Der Unterschied zwischen (11*b*) und (11*c*) wird deutlich gemacht, indem man den zweiten Satz mit ‹Ich habe ein Buch mit mir› oder ‹Ich habe ein Buch bei mir› übersetzt. Viele Sprachen unterscheiden auf diese Weise zwischen einem ‹gewöhnlichen› oder ‹allgemeinen› Possessiv und einem ‹Possessiv der Verfügbarkeit›; letzterer ist häufig lokativ, was Kasus und Präposition betrifft.

Das angeführte Beispielmaterial genügt, um zu zeigen, daß lokative, possessive und existentielle Sätze in einer Reihe verschiedener Sprachen untereinander zusammenhängen. Man braucht bloß alle jene Sätze zu betrachten, in denen *have* im Englischen als ‹Hauptverb› vorkommt, um zu erkennen, daß die gesamte Kategorie der sogenannten ‹possessiven›

Sätze suspekt ist. Das einzige, was bei ‹*have*-Sätzen› gemeinsam ist, ist der Umstand, daß das ‹Subjekt› von *have* in der Oberflächenstruktur in eine hervorragende Position gelangt. Die Syntax dieser Sätze ist, von einem transformationellen Standpunkt aus betrachtet, sehr kompliziert; eines scheint jedoch ziemlich klar zu sein: daß *have* genauso wie *be* kein tiefenstrukturelles Verb ist.

8.4.6 *Das englische Perfektiv*

Die meisten gängigen englischen Grammatiken unterscheiden zwischen dem ‹Vollverb *to have*› (wie es in ‹possessiven› Sätzen steht) und dem ‹Auxiliarverb *to have*›, das in Verbindung mit dem ‹Perfektpartizip› den perfektiven Aspekt bildet (vgl. 7.5.7). Sätze wie *I have the book* (‹Ich habe das Buch›) und *I have done the work* (‹Ich habe die Arbeit getan›) mögen grammatisch völlig voneinander verschieden erscheinen. Sie sind jedoch diachronisch und in gewissem Maße auch synchronisch miteinander verwandt. Die diachronische Entwicklung läßt sich am klarsten bei den lateinischen ‹Possessiv-› und den romanischen Perfektkonstruktionen mit ‹haben› erkennen. (Die Verwendung von ‹haben› als ‹Auxiliarverb› in den germanischen und romanischen Sprachen scheint das Ergebnis einer für jede Sprachgruppe unabhängigen Entwicklung zu sein. Sie läßt sich jedoch durch dieselben allgemeinen Grundsätze erklären.) Wie wir gesehen haben, wurde *Est mihi liber* (s.v.w. ‹Es ist mir ein Buch›) im klassischen und späteren Latein durch *Habeo librum* (‹Ich habe ein Buch›) ersetzt. Die Funktion des Dativs (z. B. bei *mihi*) wird häufig unter einem allgemeinen Ausdruck wie ‹benefaktiv› oder ‹Dativus des Interesses› zusammengefaßt. Das sind vage Bezeichnungen, aber sie helfen uns hier, unser Argument zu veranschaulichen. Der lateinische Satz *Est mihi liber* kann umschrieben werden mit ‹Da ist ein Buch, mit dem ich etwas zu tun habe›. In den späteren Stadien des Lateinischen wird die fakultative Transformation, welche für die ‹interessierte Person› in der Oberflächenstruktur eine Stelle schafft, obligatorisch (*Habeo librum*). Das ‹Verbum *habere*› ähnelt den transitiven lateinischen Verben in vieler Hinsicht, und das Subjekt eines transitiven Verbs ist normalerweise ‹agentiv› (vgl. 8.7.2).

Im klassischen Latein heißt es für ‹Ich habe die Arbeit getan› (Perfekt) *Feci opus*. Dieser Satz kann jedoch ins Passiv gesetzt werden als *Opus mihi est factum* oder noch verbreiteter durch die typische lateinische ‹agentive› Adjunktion (*a me*: vgl. 7.4.5) als *Opus a me factum est*. Die spätere lateinische Entsprechung von *Feci opus* ist *Habeo factum opus* (vgl. *Habeo librum*) ‹Die Arbeit ist erledigt, und ich habe mit ihrer Erledigung (als Täter) zu tun›, d. h. ‹Ich habe die Arbeit getan›. Der Ursprung des englischen ‹*have*-Perfekts› läßt sich ähnlich erklären. Es war zunächst auf transitive Verben beschränkt und bewahrte daher den Zusammenhang mit dem Perfektpassiv ohne *have* (wie es in Sätzen von der Art *The work is done, The house is built* noch vorkommt). Die anschließende Erweiterung des ‹*have*-Perfekts› auf intransitive Konstruktionen (z. B. *B has moved* parallel zu *A has moved B*) lockert die Verknüpfung zwischen dem transitiven Aktivum mit *have* und dem Passivum ohne *have*, ohne sie jedoch vollständig zu lösen. Ein Satz wie *John has finished the house* (‹John hat das Haus fertiggemacht›) hängt gleichzeitig mit *John finishes the house* (‹John macht das Haus fertig›) und mit *The house is finished* (‹Das Haus ist fertiggemacht›) zusammen. Gängige transformationelle Grammatiken des Englischen neigen dazu, diesen besonderen Zusammenhang zwischen dem transitiven Perfekt und dem Passivum zu vernachlässigen.

Vor allem aber möchte ich mit dem Vorangegangenen Folgendes sagen: Ein und dasselbe Prinzip erklärt sowohl die diachronische Entwicklung des ‹*have*-Perfekts› als auch die ‹Possessiv›-Konstruktionen mit *have*. In beiden Fällen wurde die *have*-Transformation obligatorisch, wobei ihre ursprüngliche Aufgabe darin lag, die ‹interessierte Person› (nicht notwendig den ‹Täter›) in der Oberflächenstruktur in die Subjektposition zu bringen. Dasselbe Prinzip ist im Englischen noch immer wirksam. Zwischen *I had a book on the table* (‹Ich hatte ein Buch auf dem Tisch›) und *There was a book on the table* (‹Es war ein Buch auf dem Tisch›) besteht derselbe Zusammenhang wie zwischen *I had the work done* (sinngemäß: ‹Ich sah zu, daß die Arbeit getan wurde›) und *The work was done* (‹Die Arbeit wurde/war getan›). In beiden Fällen kann nur die ‹interessierte Person› als Subjekt der Oberflächenstruktur angesehen werden. In einem Satz wie *I had a book stolen* (mit zwei möglichen Auslegungen: ‹Ich ließ ein Buch stehlen› und ‹Mir wurde ein Buch gestohlen›) – um eines von Chomskys Beispielen zu nehmen – ist die ‹interessierte Person› entweder der (‹indirekte›) Täter oder der, zu dessen ‹Gunsten› etwas geschieht. In einem Satz wie *I will have the work done by five o'clock* ist die ‹interessierte Person› entweder der direkte oder der indirekte (kausative) Täter (‹Die Arbeit wird von mir getan› oder ‹Ich werde jemanden veranlassen, die Arbeit zu tun). Ob derartige Sätze als syntaktisch mehrdeutig bezeichnet werden sollen, ist jedoch ein strittiger Punkt. Es scheint nicht mehr und nicht weniger gerechtfertigt, *I will have the work done* von zwei verschiedenen Tiefenstrukturen ableiten zu wollen, als dasselbe für *I built a house by the sea* zu behaupten. *I built a house* (‹Ich baute ein Haus›) ist ebenfalls zweifach auszulegen (im Sinne von ‹Ich legte selbst Hand an› und ‹Ich veranlaßte jemanden, mir ein Haus zu bauen›).

8.4.7 *Statisch, dynamisch und kausativ*

Alle bisher im vorliegenden Abschnitt besprochenen lokativen, possessiven und attributiven Sätze (z. B. *The book is on the table* [‹Das Buch ist auf dem Tisch›], *John has a book* [‹John hat ein Buch›], *The book is valuable* [‹Das Buch ist wertvoll›]) sind statisch (vgl. 7.5.7). Bei der Besprechung der ‹Lokal›kasus im vergangenen Kapitel wurde darauf hingewiesen, daß der Gegensatz von ‹stationär› (engl. ‹locative›) und ‹direktional› (engl. ‹directional›), wie er in den Kasussystemen vieler Sprachen anzutreffen ist, einen Sonderfall eines allgemeineren Aspektgegensatzes darstellt, den man als *statisch/dynamisch* bezeichnen könnte; weiter, daß sich, so wie sich ‹Bewegung vom Ort weg› zu ‹Verbleiben am Ort› verhält, ‹Erwerb› zu ‹Besitz› und ‹werden› zu ‹sein› verhalten (vgl. 7.4.6, 7.6.3).

Sind *be* und *have* keine Verben der Tiefenstruktur, dann enthalten die folgenden Sätze in ihrer Tiefenstruktur wohl auch keine Verben:

(12) *John came/went to San Francisco* (‹John kam/ging nach San Francisco›)
(13) *John got a book* (‹John bekam ein Buch›)
(14) *The book became valuable* (‹Das Buch wurde kostbar›)

So wie sich *be* (*in San Francisco*) zu *come/go* (*to San Francisco*) verhält, so verhalten sich *have (a book)* zu *get (a book)* und *be* (*valuable*) zu *become* (*valuable*). In jedem dieser Fälle können wir den statischen Satz (mit *be* oder *have*) als ‹unmarkiert› bezeichnen im Gegensatz zum dynamischen Satz, der bei diesem speziellen Aspektgegensatzpaar das ‹markierte› Glied darstellt.

Daß diese Opposition zurecht als Aspektgegensatz zu betrachten ist, ergibt sich klar aus folgenden Überlegungen. Das Perfekt des dynamischen Satzes impliziert das (unmarkierte) Imperfekt des entsprechenden statischen Satzes. *John has gone to San Francisco* impliziert also *John is in San Francisco*, ebenso *John has got a book – John has a book* und *The book has become valuable – The book is valuable.* (Dieser Zusammenhang im besonderen führte dazu, daß *has got* und *has* in vielen englischen Dialekten praktisch gleichwertig sind.) Werden diese Satzpaare in der Basiskomponente der Grammatik verschieden behandelt, so geht damit eine wichtige Generalisierung verloren. Es müssen z. B. bestimmte ‹Präpositionalausdrücke› (z. B. *in the park* [‹im Park›], *at church* [‹in der Kirche›]) als ‹stationär›, andere als ‹direktional› ausgewiesen werden; dann müssen die Regeln so gestaltet werden, daß *be* nicht in Verbindung mit ‹direktionalen› und ‹Bewegungsverben› nicht mit ‹stationären› Ausdrücken vorkommen können. Wenn aber diese Konstruktionen dergestalt bereits in der Tiefenstruktur unterschieden werden, so bleiben Tatsachen wie die folgenden (außer durch *ad hoc* geschaffene Regeln) unerklärt: *John went to San Francisco and is still there* (‹John begab sich nach San Francisco und befindet sich noch dort›) ist ein möglicher Satz, während **John went to San Francisco and is still here* (‹John begab sich nach San Francisco und befindet sich noch hier›) unmöglich ist. Die deiktische Opposition von *here/there* (‹hier/dort›) (im Zusammenhang mit dem Sprecher, vgl. 7.2.1) ist für die Grammatizität von *John is in San Francisco* nicht relevant; wohl aber ist sie relevant für die Wahl zwischen *came* und *went* in *John . . . to San Francisco*, weiter für die Verbindung von ‹direktional› und ‹stationär› bei Sätzen wie den obigen. Diese Tatbestände lassen sich nur dann systemhaft erklären, wenn wir die Tiefenstruktur von beispielsweise *John is in San Francisco* und *John goes/comes to San Francisco* mit Ausnahme der Opposition statisch/dynamisch als identisch annehmen. Jeder der beiden Sätze ist außerdem in der Tiefenstruktur in Bezug auf ‹distale› bzw. ‹maximale› Entfernung vom Sprecher gekennzeichnet (*here* [‹hier›], gegenüber *there* [‹dort›]; dabei treten gewisse komplizierende Faktoren auf, auf die wir hier nicht einzugehen brauchen). In Verbindung mit dem Merkmal ‹dynamisch› generiert das Merkmal ‹proximal› (‹nahe›) in der Oberflächenstruktur *come* (‹kommen›), das Merkmal ‹distal› (‹entfernt›) generiert *go* (‹gehen›).

Für jeden der oben angeführten Satztypen – den lokativen, possessiven und attributiven Typus – gibt es eine charakteristische dreiwertige kausative Konstruktion (vgl. 8.3.6). (12)–(14) entsprechen (12*a*)–(14*a*):

(12*a*) *Bill brought/took John to San Francisco* (‹Bill brachte John nach San Francisco›)
(13*a*) *Bill gave John a book* (‹Bill gab John ein Buch›)
(14*a*) *Bill made the book valuable* (‹Bill machte das Buch kostbar›)

(Der letzte der angeführten Beispielsätze mag etwas merkwürdig erscheinen, er entspricht aber zweifellos (14) in der angegebenen Weise.) Die kausative Konstruktion ist dynamisch: *Bill has given John a book* (‹Bill hat John ein Buch gegeben›) impliziert *John has a book* ebenso wie *John has got a book* (‹John hat ein Buch bekommen›).

Ob in einem bestimmten Fall die zweiwertige oder die dreiwertige dynamische Lokativkonstruktion steht, hängt nun davon ab, ob die Person oder der Gegenstand, denen die Bewegung eignet, ‹agentiv› ist oder nicht. *The book has gone to London* (‹Das Buch ist nach London gegangen›) ist zwar gewiß nicht ungrammatisch, aber doch weniger normal als *John has gone to London* (‹John ist nach London gegangen›); es erfordert möglicherweise eine ‹Umkategorisierung› von *the book* in ein ‹belebtes› Nomen (vgl. 7.4.5). *Bill took John to San Francisco* (‹Bill führte John nach San Francisco›) markiert (im Gegensatz zu *John went to San Francisco* [‹John begab sich nach San Francisco›] oder *Bill went with John to San Francisco* [‹Bill begab sich mit John nach San Francisco›]) *Bill* als ‹agentiv› und *John* als ‹nicht-agentiv›.

Zuletzt sei darauf verwiesen, daß Possessiva und Lokativa bei dreiwertigen Konstruktionen nicht immer klar voneinander zu trennen sind. Eine

Entscheidung, ob *Bring me the book* ‹possessiv› oder ‹lokativ› ist (ob *me* ‹indirektes Objekt› oder ‹Direktionalausdruck› ist), ist unmöglich, vielleicht auch unnötig. Es wurde bereits auf den Umstand aufmerksam gemacht, daß in vielen Sprachen für das ‹indirekte Objekt› und die ‹Bewegung zu etwas hin› derselbe Kasus bzw. dieselbe Präposition steht (vgl. 7.4.6), was wiederum auf die Ähnlichkeit (und vielleicht letztlich Identität) von Lokativ- und Possessivkonstruktionen deutet. An allgemeineren Schlüssen folgt aus dem vorliegenden Abschnitt, daß man eine beträchtliche Anzahl von gewöhnlich als ‹Vollverben› angesehenen Verben vielleicht besser als ‹Verben der Oberflächenstruktur› ansetzen sollte, die jeweils von der Grammatik als ‹Träger› für Tempus-, Modus- und Aspektkontraste mit oder ohne zusätzliche Merkmale wie ‹dynamisch› oder ‹kausativ› generiert werden.

9 DIE SEMANTIK: ALLGEMEINE GRUNDSÄTZE

9.1 *Einleitung*

9.1.1 *Der Begriff ‹Semantik›*

Die Semantik kann zunächst provisorisch als ‹Erforschung der Bedeutung› definiert werden. Der Begriff ‹Semantik› ist relativ jungen Ursprungs; er wurde erst im späten neunzehnten Jahrhundert aus dem griechischen Wort für ‹bedeuten› geprägt. Dies heißt natürlich nicht, daß die Wissenschaft ihre Aufmerksamkeit erst vor weniger als einem Jahrhundert der Untersuchung der Wortbedeutung zuwandte. Ganz im Gegenteil: von allem Anfang an bis zum heutigen Tag haben sich die Grammatiker stets für die Bedeutung des Wortes interessiert, ja sie waren an dieser häufig mehr interessiert als an der syntaktischen Funktion des Wortes. Praktischer Niederschlag dieses Interesses sind die zahllosen Wörterbücher, die im Laufe der Jahrhunderte nicht nur im Abendland, sondern in allen Teilen der Welt, wo man Sprache untersuchte, entstanden sind. Wie wir bereits gesehen haben, waren die Kategorien der traditionellen Grammatik zum Großteil auf die jeweils charakteristischen ‹modi significandi› (‹Arten des Bedeutens›) festgelegt (vgl. 1.2.7).

9.1.2 *Vernachlässigung der Semantik in der modernen Linguistik*

Viele der bedeutenderen sprachwissenschaftlichen Arbeiten, die in den letzten dreißig Jahren erschienen sind, widmen der Semantik wenig oder gar keine Aufmerksamkeit. Der Grund dafür liegt darin, daß vielen Sprachwissenschaftlern Zweifel gekommen sind, ob Bedeutung – zumindest zum gegenwärtigen Zeitpunkt – so objektiv und streng wissenschaftlich untersucht werden kann wie Grammatik und Phonologie. Darüber hinaus scheint die sogenannte ‹Sinn- oder Bedeutungsfrage› im Gegensatz zu Phonologie und Grammatik, die eindeutig zur Gänze in den Bereich der Sprachwissenschaft gehören (wenn auch die Art und Weise, wie ein Kind den phonologischen und grammatischen Aufbau seiner Sprache lernt, für den Psychologen von großem Interesse ist) in gleichem, wenn nicht größerem Maße Anliegen der Philosophie, Logik und Psychologie und vielleicht auch noch anderer Disziplinen wie der Anthropologie und Soziologie zu sein. Besonders die Philosophen waren seit jeher an der Frage der Bedeutung interessiert, da sie notwendig mit so essentiellen und bekanntermaßen umstrittenen philosophischen Themen wie dem Wesen der Wahrheit, dem Status universeller Begriffe, dem Problem der Erkenntnis und der Analyse der ‹Wirklichkeit› zusammenhängt.

9.1.3 *Das philosophische und psychologische Interesse an der Frage nach der Bedeutung*

Es ist nicht schwer aufzuzeigen, warum die Frage nach der Bedeutung für Philosophen und Psychologen von Interesse ist und warum sie als umstritten und problematisch betrachtet wird. Sehen wir uns die harmlos klingende Frage an «Was bedeutet *Kuh*?». Sicherlich kein bestimmtes Tier. Also die gesamte Tierklasse, der wir die Bezeichnung *Kuh* geben? Alle Kühe sind auf die eine oder andere Weise voneinander verschieden; jedenfalls kennt niemand jedes Element der gesamten Klasse ‹Kuh› oder wäre auch nur imstande, jedes zu kennen, und doch neigen wir zu der Behauptung, die Bedeutung von *Kuh* sei uns bekannt und wir seien fähig, sie richtig zu gebrauchen für die Bezeichnung bestimmter Tiere, die wir nie zuvor gesehen haben. Gibt es ein bestimmtes Merkmal oder eine Gruppe von Merkmalen, die Kühe von allen anderen Gegenständen, für die wir andere Wörter haben, unterscheiden? Und damit finden wir uns bereits mitten im philosophischen Streit zwischen ‹Nominalisten› und ‹Realisten›, der in der einen oder anderen Form von Platos Zeiten bis heute fortgedauert hat. Haben die Dinge, denen wir denselben Namen geben, irgendwelche ‹wesentliche› Eigenschaften gemeinsam, aufgrund derer wir sie erkennen können (wie die ‹Realisten› behaupten würden), oder haben sie außer dem Namen, den wir aufgrund von Konventionen auf sie anzuwenden gelernt haben, nichts gemeinsam (wie die ‹Nominalisten› sagen würden)? Dabei ist *Kuh* gar kein besonders schwieriger Fall. Wir sind vielleicht bereit einzuräumen, daß Kühe aufgrund einer biologischen Klassifikation von Genera und Spezies definierbar sind. Wie aber steht es mit *Tisch*? Tische sind verschieden geformt und verschieden groß, sie bestehen aus den verschiedensten Materialien und werden zu verschiedenen Zwekken verwendet. Tische sind jedoch – so ließe sich argumentieren – zumindest physisch bemerkbare und faßbare Gegenstände; und wir könnten uns denken, daß es möglich ist, eine Liste definierender Charakteristika zusammenzustellen. Was aber sollen wir mit Wörtern wie *Wahrheit, Schönheit, Güte,* usw. anfangen? Haben alle Dinge, die wir als ‹schön› oder ‹gut› beschreiben, etwas gemeinsam? Und wenn ja, wie identifizieren oder beschreiben sie dieses Etwas? Sollen wir sagen, die Bedeutung von Wörtern wie *Wahrheit, Schönheit* und *Güte* liegt in dem ‹Begriff› oder der ‹Idee›, die damit in den ‹Vorstellungen› derjenigen verbunden sind, welche die Sprache, der jene Wörter angehören, beherrschen, und sollen wir allgemein behaupten, ‹Bedeutungen› seien nichts anderes als ‹Begriffe› oder

‹Ideen›? Damit fänden wir uns erneut mitten im philosophischen und psychologischen Streitfeld. Viele Philosophen und Psychologen zweifeln nämlich sehr an der Existenz von ‹Begriffen› oder überhaupt der ‹Vorstellung›. Selbst wenn wir diese Schwierigkeiten beiseite schieben oder sie nicht beachten, bestehen noch andere mehr oder weniger philosophischer Natur. Ist es sinnvoll zu sagen, jemand habe ein Wort in einer Bedeutung gebraucht, die sich von der ‹wirklichen› Bedeutung unterscheidet? Gibt es bei einem Wort überhaupt so etwas wie eine ‹wahre› oder ‹richtige› Bedeutung?

9.1.4 *Die Bedeutungen von ‹Bedeutung›*

Bisher sprachen wir nur von Wortbedeutung. Wir sagen aber auch, daß Sätze eine Bedeutung haben. Wird ‹Bedeutung› hier in demselben Sinn gebraucht? Man beachte, daß man von Sätzen und Wortgruppen oft sagt, sie seien ‹sinnvoll› bzw. nicht ‹sinnvoll›; man sagt aber normalerweise nicht, Wörter seien nicht ‹sinnvoll›. Ist es also möglich, zwischen ‹sinnvoll sein› und ‹eine Bedeutung haben› vielleicht sogar in mehrfacher Hinsicht zu unterscheiden? All diese und viele damit zusammenhängende Fragen wurden von Philosophen und Sprachwissenschaftlern ausführlich diskutiert. Es ist zu einem Gemeinplatz der Semantiktheorie geworden, auf die zahlreichen Bedeutungen von ‹Bedeutung› aufmerksam zu machen.

Neben diesen philosophisch interessanten Fragen gibt es andere, die im eigentlicheren Sinn Anliegen der Sprachwissenschaft sind. Die Philosophen setzten für gewöhnlich wie der unvorbelastete Laie ‹Wörter› und ‹Sätze› als gegeben voraus. Anders der Sprachwissenschaftler: Für ihn sind Wörter und Sätze zu allererst und vor allem Elemente der grammatischen Beschreibung; sie sind auch nicht die einzigen grammatischen Elemente, die er unterscheidet. Der Sprachwissenschaftler hat sich mit der allgemeinen Frage zu befassen, wie die verschiedenen grammatischen Elemente mit den semantischen Elementen zusammenhängen. Im besonderen hat er zu untersuchen, ob zwischen ‹lexikalischer› und ‹grammatischer› Bedeutung eine Unterscheidung zu treffen ist.

9.1.5 *Unzulänglichkeiten heute vertretener Semantiktheorien*

Noch niemand hat auch nur in Umrissen eine befriedigende und umfassende Semantiktheorie angeboten. Dies muß bei einer Darstellung des Gegenstandes klargestellt werden. Der Umstand, daß bisher noch keine systematische Semantiktheorie entwickelt wurde, bedeutet jedoch nicht, daß in der theoretischen Untersuchung der Bedeutung überhaupt kein Fortschritt erzielt worden wäre. Wir geben im Folgenden eine kurze Übersicht über die wichtigsten Beiträge, die von Sprachwissenschaftlern und Philosophen in den letzten Jahren auf diesem Gebiet geleistet worden sind.

Wir haben die Semantik bereits provisorisch als ‹die Erforschung der Bedeutung› definiert; und diese Definition gibt den einzigen Punkt wieder, in dem sich die Semantiker einig sind. Sobald wir auf besondere Aspekte des Gegenstandes eingehen, sehen wir uns einer verwirrenden Vielfalt von Möglichkeiten gegenüber, wie ‹Bedeutung› definiert und festgelegt werden kann. Da wird unterschieden zwischen ‹emotiver› und ‹kognitiver› Bedeutung, zwischen ‹Signifikanz› und ‹Signifikation›, zwischen ‹performativer› und ‹deskriptiver› Bedeutung, zwischen ‹Sinn› und ‹Referenz›, zwischen ‹Denotation› und ‹Konnotation›, zwischen ‹Zeichen› und ‹Symbolen›, zwischen ‹Extension› und ‹Intension›, zwischen ‹Implikation›, ‹Folgerung› und ‹Präsupposition›, zwischen dem ‹Analytischen› und dem ‹Synthetischen› usf. Die zum Gegenstand gehörige Terminologie ist reich und etwas verwirrend, da ihre Verwendung bei den einzelnen Autoren ein nur geringes Maß an Konsequenz und Übereinstimmung aufweist. Es ist daher unvermeidlich, daß die Termini im vorliegenden Kapitel nicht immer genau die Bedeutung haben wie in anderen Arbeiten über Semantik.

Zu Beginn wollen wir kurz darlegen, wie die traditionelle Grammatik Bedeutung definiert, und knüpfen daran einige kritische Bemerkungen.

9.2 *Traditionelle Semantik*

9.2.1 *Das Benennen von Gegenständen*

Die traditionelle Grammatik gründete auf der Annahme, daß das Wort (im Sinne von ‹Lexem›: vgl. 5.4.4) die Grundeinheit von Syntax und Semantik sei (vg. auch 1.2.7, 7.1.2). Das Wort war ein aus zwei Komponenten zusammengesetztes ‹Zeichen›; wir wollen diese beiden Komponenten in unserer Besprechung Wort*form* und Wort*bedeutung* nennen. (Man wird sich erinnern, daß dies nur eine der Bedeutungen ist, in denen der Ausdruck ‹Form› in der Linguistik gebraucht wird; die ‹Form› eines Wortes als ‹Zeichen› oder lexikalisches Element muß von den einzelnen ‹akzidentellen› Formen bzw. den Flexionsvarianten unterschieden werden, die das Wort im Satz annimmt: vgl. 4.1.5.) Sehr früh in der Geschichte der traditionellen Grammatik tauchte die Frage auf nach dem Zusammenhang zwischen dem Wort und dem ‹Ding›, auf das es sich bezog bzw. das es ‹bezeichnete›. Die griechischen Philosophen aus der Zeit des Sokrates und nach ihnen Plato gaben dieser Frage jene Formulierung, in der sie im allgemeinen seitdem immer gestellt wurde. Für sie war die semantische Beziehung zwischen Wörtern und ‹Dingen› die Beziehung der ‹Benennung›; dabei ergab sich die weitere Frage, ob die ‹Namen›, die wir den ‹Dingen› geben, ‹natürlichen› oder ‹konventionellen› Ursprungs sind (vgl.

1.2.2). Im Laufe der Entwicklung der traditionellen Grammatik wurde es üblich, zwischen der Bedeutung eines Wortes und dem ‹Ding› bzw. den ‹Dingen›, die das Wort ‹nannte›, zu unterscheiden. Diese Unterscheidung wurde von den mittelalterlichen Grammatikern wie folgt formuliert: Die Form eines Wortes (die *vox*-Komponente einer *dictio*) bedeutet ‹Dinge› aufgrund des ‹Begriffs›, der mit der Form eines Wortes in der Vorstellung der Sprecher einer Sprache verbunden ist; und der ‹Begriff›, von dieser Warte aus betrachtet, ist die Bedeutung des Wortes (die *significatio*). Dies wollen wir als die traditionelle Auffassung von dem Verhältnis zwischen Wörtern und ‹Dingen› betrachten. Wir haben bereits gesehen, wie diese Ansicht im Prinzip als Ausgangspunkt für die philosophische Definition der ‹Redeteile› gemäß den jeweiligen ‹modi significandi› genommen wurde (vgl. 1.2.7). Ohne auf die traditionelle Theorie der ‹Signifikation› im einzelnen näher einzugehen, wollen wir erwähnen, daß die verwendete Terminologie die Möglichkeit von Mehrdeutigkeiten und Mißverständnissen beim Gebrauch des Terminus ‹bedeuten› nicht ausschloß. Man konnte von der Form eines Wortes sagen, daß sie den ‹Begriff›, unter dem ‹Dinge› zusammengefaßt wurden (durch ‹Abstraktion› ihrer ‹akzidentellen› Eigenschaften), aber auch die ‹Dinge› selbst ‹bedeutete›. Natürlich bestanden unter den Philosophen bezüglich des Verhältnisses zwischen ‹Begriffen› und ‹Dingen› beträchtliche Meinungsverschiedenheiten (an der Spitze der Gegensatz zwischen den ‹Nominalisten› und den ‹Realisten›: vgl. 9.1.3). Wir können diese philosophischen Unterschiede einstweilen übergehen.

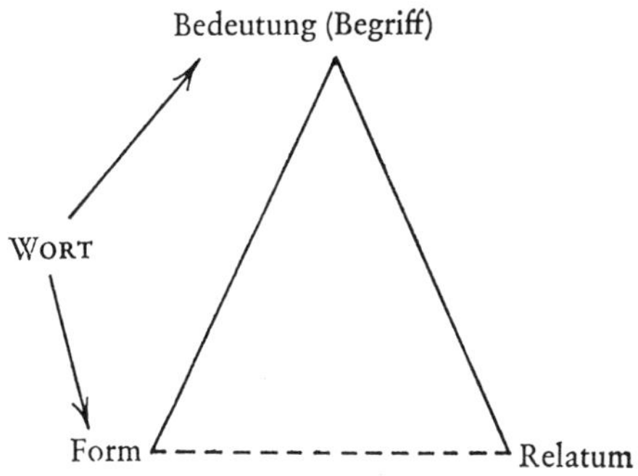

Abb. 23

9.2.2 *Referenz*

Es wird hier zweckmäßig sein, einen modernen Fachausdruck für ‹Dinge› einzuführen, insofern als sie durch Wörter ‹benannt› oder ‹bezeichnet› werden. Es handelt sich um den Ausdruck *Relatum* (Bezogenes). Wir sagen, das Verhältnis zwischen Wörtern und Dingen (den Relata) ist ein

Verhältnis der Referenz (des Bezugs): Wörter *beziehen sich auf* (anstelle von ‹bezeichnen› oder ‹benennen›) Dinge. Setzt man die Unterscheidung von Form, Bedeutung und Relatum voraus, so läßt sich deren Zusammenhang untereinander nach der traditionellen Auffassung mithilfe eines bekannten Diagramms, des ‹semiotischen Dreiecks›, darstellen; vgl. Abb 23. Die gestrichelte Linie zwischen Form und Relatum soll andeuten, daß die Beziehung zwischen ihnen indirekt ist: Die Form hängt mit dem entsprechenden Relatum über die vermittelnde (begriffliche) Bedeutung zusammen, die mit beiden unabhängig verbunden ist. Das Diagramm bringt den wichtigen Punkt zum Ausdruck, daß in der traditionellen Grammatik das Wort Ergebnis der Verbindung einer bestimmten Form mit einer bestimmten Bedeutung ist.

9.2.3 *Synonymie und Homonymie*

Aufbauend auf dieser Auffassung vom Wesen des Wortes können wir die traditionelle semantische Klassifikation der Wörter im Zusammenhang mit *Synonymie* und *Homonymie* erklären. Man könnte sagen (wie die Anomalisten: vgl. 1.2.3), die ‹ideale› Sprache wäre eine, bei der jeder Form nur eine einzige Bedeutung und jeder Bedeutung eine einzige Form entspricht. Aber dieses ‹Ideal› wird wahrscheinlich von keiner natürlichen Sprache verwirklicht. Zwei oder mehrere Formen können mit derselben Bedeutung verbunden sein (z. B. engl. *hide* : *conceal*, ‹verstecken›; engl. *big* : *large*, ‹*groß*› – wir wollen annehmen, daß sie tatsächlich dieselbe Bedeutung haben). In diesem Fall sind die betreffenden Wörter *Synonyme*. Zwei oder mehrere Bedeutungen können auch mit einer Form verbunden sein (z. B. engl. *bank*, (I) ‹Flußufer›, (II) ‹Geldinstitut›). Die Wörter sind hier *Homonyme*. Ist die Sprache so beschaffen, daß die Orthographie anders ist als die Phonologie oder mit ihr nicht zusammenhängt, dann kann man natürlich außerdem noch zwischen *Homographie* (z. B. engl. *lead*, (I) ‹Leine›, (II) ‹Blei›) und *Homophonie* (z. B. engl. *meat*, *meet*, ‹Fleisch›, ‹treffen›; engl. *sow*, *sew*, ‹säen›, ‹nähen›: vgl. 1.4.2) unterscheiden. Wichtig dabei ist, daß nach der traditionellen Auffassung Homonyme getrennte Wörter sind: Bei Homonymie handelt es sich nicht um Bedeutungsunterschiede innerhalb eines Wortes. Im Prinzip rechtfertigt die Verbindung zweier oder mehrerer Bedeutungen mit einer Form bereits die Unterscheidung zweier oder mehrerer Wörter. Dies folgt aus der traditionellen Auffassung vom Wort.

9.2.4 *Mehrfache Bedeutung*

Eine Unterscheidung zwischen Bedeutungsgleichheit und Bedeutungsverschiedenheit führt uns in der Semantik nicht sehr weit. Es scheint klar, daß manche Bedeutungen in einer Weise zusammenhängen, wie sie bei anderen nicht zu finden ist. Daß dem so ist, stört die Symmetrie der einfachen Opposition zwischen Synonymen und Homonymen. Wie verschieden müssen die mit einer bestimmten Form verbundenen Bedeutungen sein, damit wir eine Unterscheidung zweier oder mehrerer verschiedener Wörter als gerechtfertigt empfinden? Bei ihrem Versuch, die ‹natürliche› Herkunft der Sprache zu beweisen, stellten die Griechen eine Reihe von Prinzipien auf, die die Erweiterung des Bedeutungsumfanges eines Wortes über seine ‹wahre› oder ‹ursprüngliche› Bedeutung hinaus erklärten (vgl. 1.2.2). Das wichtigste dieser Prinzipien war die *Metapher* (‹Übertragung›), die auf dem ‹natürlichen› Zusammenhang zwischen dem Primärrelatum und dem Sekundärrelatum, auf die das Wort angewendet wurde, gründete. Beispiele für ‹metaphorische› Erweiterung ließen sich etwa bei engl. Wörtern wie *mouth* (‹Mund›, ‹Mündung›), *eye* (‹Auge›, ‹Öhr›), *head* (‹Kopf›, ‹Führer›), *foot* (‹Fuß›) und *leg* (‹Bein›) bei ihrer Anwendung im Zusammenhang mit Flüssen bzw. Nadeln, leitenden Persönlichkeiten, Bergen und Tischen feststellen. In jedem dieser Fälle ist irgendeine formale oder funktionale Ähnlichkeit zwischen den Relata zu erkennen. Noch verschiedene andere Arten der Bedeutungs-‹Erweiterung› oder -‹Übertragung› wurden von den griechischen Grammatikern festgestellt und in die traditionellen Arbeiten über Rhetorik, Logik und Semantik übernommen. Bedeutungen, die mehr oder weniger durchsichtig im Einklang mit diesen Grundsätzen zusammenhängen, werden in der traditionellen Auffassung als nicht ausreichend verschieden angesehen, um die Annahme getrennter Wörter zu rechtfertigen. Der traditionelle Semantiker würde *mouth* (‹Flußmündung›) und *mouth* (‹Mund›) nicht als Homonyme bezeichnen, sondern für das Wort *mouth* zwei verwandte Bedeutungen feststellen. Wir haben also neben Synonymie und Homonymie die in der neueren Entwicklung der traditionellen Semantik sogenannte *mehrfache Bedeutung* (auch *Polysemie* genannt). Der Unterschied zwischen Homonymie und mehrfacher Bedeutung geht aus dem Aufbau unserer üblichen Wörterbücher hervor: Diejenigen Wörter, die der Verfasser als Homonyme klassifiziert, werden als verschiedene Stichwörter angeführt, während mehrfache Bedeutungen unter einem Stichwort erscheinen.

Genau genommen ist die Trennung zwischen Homonymie und Polysemie willkürlich und läßt sich nicht festlegen. Sie beruht letztlich entweder auf dem Urteil des Lexikographen über die Vertretbarkeit der angenommenen Bedeutungs‹erweiterung› oder einem historischen Beleg darüber, daß die betreffende ‹Erweiterung› tatsächlich stattgefunden hat. Die Willkür der Trennung zwischen Homonymie und Polysemie zeigt sich in den unterschiedlichen Klassifikationen bei verschiedenen Wörterbüchern; und diese Willkür wurde durch die Entwicklung wissenschaftlicherer etymologischer Methoden im neunzehnten Jahrhundert nicht beseitigt, sondern noch erhöht. Um ein Beispiel anzuführen: Die meisten modernen englischen Wörterbücher unterscheiden zwei verschiedene Wörter *ear*: (I) *ear* ‹Ohr› und (II) *ear* ‹Ähre›. Zufällig haben sich diese beiden ‹Wörter› aus Wörtern entwickelt, die im Altenglischen sowohl verschiedene Formen als auch Bedeutungen hatten: (I) *éare*, (II) *éar*. Aber wie viele Sprecher des Englischen wissen das? Und wenn sie es wissen, welche Auswirkung hat das Wissen um diese Tatsache auf ihren Sprachgebrauch? Es wäre sicherlich falsch anzunehmen, *ear* sei für diejenigen, welche die Sprachgeschichte kennen (unter ihnen die Schreiber von Wörterbüchern), zwei Wörter, für alle übrigen ein Wort – es sei denn man würde tatsächlich feststellen, daß diejenigen, die die Sprachgeschichte kennen, Wörter wie *ear* anders gebrauchen als diejenigen, die die Sprachgeschichte nicht kennen. Würden wir herausfinden, daß dies tatsächlich der Fall ist, dann müßten wir sagen, daß die beiden Gruppen ein wenig voneinander abweichende Sprachen sprächen. Jedes wie immer geartete Wissen über die Entwicklung von Wortbedeutungen ist prinzipiell irrelevant für ihre synchronische Verwendung und Auslegung (vgl. 1.4.5). Bei der Trennung zwischen Synchronie und Diachronie in der Semantik gelten jedoch dieselben allgemeinen Vorbehalte wie bei Phonologie und Grammatik.

9.2.5 *Antonymie*

Es muß an dieser Stelle eine weitere traditionelle Kategorie des ‹Verhältnisses zwischen Bedeutungen› genannt werden. Es handelt sich um die *Antonymie* oder den ‹Bedeutungsgegensatz›. Zumindest für die bekannteren europäischen Sprachen stehen eine Reihe von Wörterbüchern der ‹Synonyme und Antonyme› zur Verfügung, die häufig von Schriftstellern und Studenten zur ‹Erweiterung des Wortschatzes› und ‹Bereicherung des Ausdrucks› benützt werden. Wenn solche Spezialwörterbücher sich in der Praxis als nützlich erweisen, so ist das ein Anzeichen dafür, daß Wörter einigermaßen befriedigend in Gruppen von Synonymen und Antonymen eingeteilt werden können. Auf zwei Dinge muß jedoch in diesem Zusammenhang hingewiesen werden. Erstens sind Synonymie und Antonymie logisch gesehen sehr verschiedene semantische Verhältnisse: ‹Bedeutungsgegensatz› (*lieben* : *hassen*, *heiß* : *kalt* u.s.w.) ist nicht einfach der Extremfall von Bedeutungsverschiedenheit. Zweitens müssen innerhalb des traditionellen Begriffs ‹Antonymie› eine Anzahl von Unterscheidungen getroffen werden: ‹Antonymen›wörterbücher sind in der Praxis nur in dem Maße gewinnbringend, wie ihre Benützer diese Unterscheidungen treffen (zum Großteil ohne zu überlegen). Auf beides wird später noch eingegangen (vgl. 10.4). Es läßt sich aus den traditionellen theoretischen Erörterungen der ‹Antonymie› nur wenig Brauchbares gewinnen.

Es wurde in den vergangenen Jahren sowohl von Sprachwissenschaftlern als auch von Philosophen manche Kritik gegen die traditionelle Semantik vorgebracht. Die wichtigsten Punkte dieser Kritik sollen hier besprochen werden.

9.2.6 *Konzeptualismus und Mentalismus*

Auf die philosophischen und psychologischen Meinungsverschiedenheiten im Zusammenhang mit dem Status von ‹Begriffen› und ‹Ideen› wurde bereits hingewiesen (vgl. 9.1.3). Die traditionelle Semantik baut den gesamten theoretischen Rahmen auf der Existenz von ‹Begriffen› auf und führt daher (beinahe zwangsläufig) zu Subjektivismus und Introspektion bei der Untersuchung der Bedeutung. Dazu meint Haas: «Eine empirische Wissenschaft kann sich nicht damit zufrieden geben, sich auf eine Methode zu stützen, die darin besteht, daß Leute ihre Intuition befragen – und zwar jeder seine eigene.» Diese Kritik setzt Übereinstimmung damit voraus, daß die Semantik eine empirische Wissenschaft ist oder sein sollte, die eine Festlegung im Hinblick auf philosophische und psychologische Streitfragen wie die Unterscheidung von ‹Körper› und ‹Geist› und den Status von ‹Begriffen› tunlichst vermeidet. Dieser Meinung schließen wir uns bei unserer Besprechung der Semantik in den folgenden Kapiteln an. Es muß jedoch betont werden, daß die methodologische Zurückweisung des oben angedeuteten ‹Mentalismus› nicht die Befürwortung einer ‹mechanistischen› Auffassung impliziert, wie sie von einigen Linguisten vorgeschlagen wurde. Bloomfields ‹mechanistische› und ‹positivistische› Definition der Bedeutung eines Wortes als eine voll und ganz ‹wissenschaftliche› Beschreibung des betreffenden Relatums ist dem Fortschritt in der Semantik hinderlicher als die traditionelle Definition mithilfe der ‹Begriffe›, da sie eine relativ kleine Gruppe von Wörtern im Vokabular natürlicher Sprachen, nämlich jene, die sich auf ‹Dinge› beziehen, die im Prinzip durch die Naturwissenschaften beschreibbar sind, herausgreift. Darüberhinaus beruht sie auf zwei impliziten, ungerechtfertigten Annahmen: (I) daß eine ‹wissenschaftliche› Beschreibung der Relata dieser Wörter dafür relevant ist, wie die Wörter von den Sprechern der Sprache (die zum größten Teil von ‹wissenschaftlicher› Beschreibung wenig Ahnung haben) gebraucht werden; und (II) daß die Bedeutung aller Wörter letztlich in denselben Ausdrücken beschrieben werden kann. Ja man könnte soweit gehen zu behaupten, daß Bloomfields Vorschlag (den auch andere vorgebracht haben) sich auf eine ‹realistische› Auffassung von dem Verhältnis zwischen Sprache und ‹Welt› stütze, die sich von der vieler ‹Konzeptualisten› zumindest insofern nicht wesentlich unterscheidet, als sie zu der Ansicht neigt, daß es, da es zum Beispiel ein Wort *Intelligenz* gibt, auch etwas gibt, auf das es sich bezieht (und dieses ‹Etwas› werde wahrscheinlich von der ‹Wissenschaft› zu gegebener Zeit hinreichend beschrieben werden können); daß es, da es ein Wort *Liebe* gibt, auch etwas gibt, auf das es sich bezieht u.s.w. Die vom Linguisten eingenommene Haltung sollte eine sein, die sich im Hinblick auf ‹Mentalismus› und ‹Mechanismus› neutral verhält, eine die mit beiden Richtungen im Einklang steht, dabei aber keine impliziert.

9.2.7 *‹Ostensive› Definition*

Der vorangegangene Absatz enthält eine weitere Kritik an der herkömmlichen Semantik (und auch an gewissen modernen Theorien). Wir haben bereits gesehen, daß der Ausdruck ‹Bedeutung› selbst im landläufigen Sprachgebrauch viele ‹Bedeutungen› hat. Wenn wir jemanden in einem alltäglichen (weder philosophischen noch sonst einschlägigen) Gespräch vor die Frage stellen: «Was ist die Bedeutung des Wortes *x*?», dann sind wir keineswegs überrascht, je nach den Umständen der Fragesituation verschiedene Antworten zu erhalten. Fragen wir nach der Bedeutung eines Wortes in einer Fremdsprache, so wird die Frage normalerweise durch Übersetzung beantwortet. (Bei der ‹Übersetzung› spielen die verschiedensten semantisch interessanten Probleme eine Rolle, die wir jedoch im Augenblick übergehen: vgl. 9.4.7.) Aufschlußreicher für unsere gegenwärtigen Zwecke ist die Situation, in der wir nach der Bedeutung von Wörtern in unserer eigenen Sprache (oder einer anderen Sprache, die wir zumindest ‹teilweise› ‹beherrschen› – der ganze Begriff des ‹vollkommenen Beherrschens einer Sprache› ist natürlich illusorisch) fragen. Angenommen wir fragten nach der Bedeutung von *Kuh* in der unwahrscheinlichen (für unser Argument aber brauchbaren) Situation, bei der in einem benachbarten Feld eine Anzahl Kühe weideten. Die Antwort könnte lauten: «Sehen Sie diese Tiere dort drüben? Das sind Kühe.» Diese Methode, die Bedeutung des Wortes *Kuh* zu übermitteln, enthält ein Element dessen, was man in der Philosophie als *ostensive Definition* bezeichnet. (Als ‹ostensiv› bezeichnet man eine Definition, die einen Gegenstand dadurch definiert, daß sie auf ihn ‹hinzeigt›.) Eine ostensive Definition allein genommen ist aber niemals ausreichend, weil zunächst einmal derjenige, der die ‹Definition› auslegt, bereits vorher wissen muß, was die Geste des ‹Hinzeigens› in diesem Zusammenhang bedeutet (nämlich daß damit eine ‹Definition› und nicht etwas anderes gemeint ist), und – was noch wichtiger ist – weil er den Gegenstand, auf den ‹gezeigt› wird, richtig identifizieren muß. Im Falle unseres hypothetischen Beispiels schränken die Worte *diese Tiere* die Möglichkeit falscher Auslegungen ein. (Sie schalten sie nicht ganz aus; aber wir wollen annehmen, daß die ‹Definition› von *Kuh* befriedigend ausgelegt wurde.) Die theoretische Bedeutung dieses stark vereinfachten und ziemlich unrealistischen Beispiels ist eine zweifache:

Erstens zeigt es die Schwierigkeit auf, die Bedeutung eines beliebigen Wortes zu erklären, ohne dabei andere Wörter zu verwenden, um das ‹Ziel› des ‹Zeigens› einzuengen und weiter zu verdeutlichen (es läßt darauf schließen, daß es vielleicht unmöglich ist, die Bedeutung eines Wortes zu bestimmen und möglicherweise auch zu kennen, ohne auch die Bedeutung anderer Wörter zu kennen, zu denen ein ‹Zusammenhang› besteht, wie zum Beispiel zwischen *Kuh* und *Tier*); zweitens läßt das Beispiel erkennen, daß eine ostensive Definition nur auf eine relativ kleine Gruppe von Wörtern anwendbar ist. Man überlege nur, wie aussichtslos es ist, die Bedeutung von *wahr*, *schön* u.s.w. auf diese Weise zu erklären! Die Bedeutung solcher Wörter wird im typischen Fall – und zwar nicht immer erfolgreich – mithilfe von Synonymen (deren Bedeutung beim Fragesteller als bekannt vorausgesetzt wird) oder durch meist umfangreiche Definitionen, wie sie etwa in den Wörterbüchern stehen, erklärt. Wiederum wird dadurch die unvermeidbare Zirkelhaftigkeit der Semantik unterstrichen: Es gibt im Wortschatz keinen Punkt, wo man anfangen könnte und von dem aus sich die Bedeutung der übrigen Wörter ableiten ließe. Dieses Problem der ‹Zirkelhaftigkeit› wird später noch besprochen werden (vgl. 9.4.7).

9.2.8 *Kontext*

Weiter ist für die Alltagssituationen, in denen wir nach der Bedeutung von Wörtern fragen, charakteristisch, daß häufig geantwortet wird, sie hänge vom Kontext ab. («Sage mir den Zusammenhang, in dem das Wort vorgekommen ist, und ich sage dir seine Bedeutung.») Es ist oft unmöglich, die Bedeutung eines Wortes anzugeben, ohne es ‹in einen Sinnzusammenhang zu stellen›. Und Wörterbücher sind je nach der Anzahl und Verschiedenartigkeit der für ein bestimmtes Wort angeführten ‹Kontexte› mehr oder weniger nützlich. Häufig – und das ist vielleicht der typischste Fall – wird die Bedeutung eines Wortes durch ein ‹Synonym› mit Angabe der ‹Kontext›-Einschränkungen für den Gebrauch des betreffenden Wortes erklärt (*faul*: u. a. ‹verdorben [bei Eiern]›; *ranzig*: ‹verdorben [bei Fett]› u.s.w.). Fakten wie diese – daß die Bedeutung von Wörtern in der Praxis auf so verschiedene Art und Weise angegeben wird, die ‹Zirkelhaftigkeit› des Wortschatzes, die ‹Kontext›-Relevanz – werden in der herkömmlichen Semantik theoretisch nicht erschöpfend berücksichtigt.

9.2.9 *‹Bedeutung› und ‹Sprachgebrauch›*

An dieser Stelle möchte ich Wittgensteins berühmtes und viel beachtetes Wort erwähnen: «Man suche nicht nach der Bedeutung eines Wortes, sondern nach seiner Verwendung.» Die Ausdrücke ‹Verwendung, Gebrauch› sind von sich aus nicht klarer als der Ausdruck ‹Bedeutung›; setzt man jedoch ‹Gebrauch› an die Stelle von ‹Bedeutung›, so wird der Semantiker ‹Bedeutung› nicht mehr herkömmlich im Sinne von ‹Bezeichnung› (Signifikation) definieren. Wittgensteins eigene Beispiele (in seinen späteren Arbeiten) lassen die Auffassung erkennen, daß die ‹Verwendung› der Wörter in der Sprache sehr verschiedenartig sein kann. Er stellte keine Hypothese der Wort‹verwendung› als semantische Theorie auf und hatte auch nicht die Absicht, dies zu tun. Aber wir sind wohl berechtigt, aus Wittgensteins fast programmatischer Erklärung die folgenden Grundsätze herauszulösen: Die einzige empirische Kontrolle, die wir bei der Untersuchung der Sprache ausüben können, ermöglicht uns der ‹Gebrauch› der Sprachäußerungen in den vielfältigen Situationen des alltäglichen Lebens. Ausdrücke wie ‹die Bedeutung eines Wortes› und ‹die Bedeutung eines Satzes (oder einer Feststellung)› sind insofern gefährlich, als sie dazu verleiten, nach den ‹Bedeutungen› zu suchen und mit diesen ‹Bedeutungen› Ganzheiten wie physische Gegenstände, ‹Begriffe› innerhalb der ‹Vorstellung› oder ‹Zustände› in der physischen Welt zu identifizieren.

Wir haben keinen direkten Beleg für das Verstehen von Äußerungen, einen solchen gibt es nur für das *Mißverstehen*, wenn also etwas im Kommunikationsprozeß ‹nicht klappt›. Wenn wir zum Beispiel zu jemandem sagen *Bringe mir das rote Buch, das im oberen Stock auf dem Tisch liegt*! und er bringt uns ein Buch einer anderen Farbe oder eine Schachtel, oder er geht in den unteren Stock, um dort das Buch zu suchen, oder er tut etwas gänzlich Unerwartetes, so könnten wir einigermaßen zurecht behaupten, er habe die ganze Äußerung oder einen Teil davon ‹mißverstanden› (andere Erklärungen sind natürlich auch möglich). Wenn er das Erwartete tut (in die richtige Richtung geht und mit dem richtigen Buch zurückkommt), sagen wir wohl, er habe die Äußerung richtig verstanden. Damit meinen wir, in einem Fall wie dem beschriebenen lasse die Verhaltensweise darauf schließen, daß die Äußerung nicht mißverstanden wurde. Es könnte sein, daß wir, würden wir mit einiger Hartnäckigkeit fortfahren zu prüfen, wie die Wörter *bringen*, *rot* oder *Buch* verstanden wurden, an einen Punkt gelangen, wo der Betreffende irgend etwas tun oder sagen würde, aus dem ersichtlich wäre, daß sein ‹Verständnis› dieser Wörter sich von dem unseren etwas unterscheidet: daß er aus Äußerungen, die diese Wörter enthalten, Schlüsse zieht, die wir nicht ziehen (oder umgekehrt, daß wir etwas schließen, was er nicht schließt), oder daß er sie gebraucht, um sich auf eine etwas andere Klasse von Gegenständen und Handlungen zu beziehen. Die normale Kommunikation beruht auf der Annahme, daß wir alle Wörter gleich ‹verstehen›; diese Annahme erweist sich in vereinzelten Fällen als falsch, für alle übrigen wird ‹Verstehen› vorausgesetzt. Ob wir dieselben ‹Begriffe› in unserer ‹Vorstellung› haben, wenn wir miteinander sprechen, ist eine Frage, die durch einen Blick auf die ‹Verwendung› der Wörter in Äußerungen beantwortet werden kann. Die Behauptung, daß jeder ein bestimmtes Wort ein wenig anders ‹versteht›, entspricht wahrscheinlich der Wahrheit, führt aber zu nichts. Die Semantik beschäftigt sich damit, das Maß der Einheitlichkeit in der Sprach‹verwendung› zu erklären, welches die normale Kommunikation ermöglicht. Sobald wir von der Auffassung abgehen, daß ein Wort das ‹bedeutet›, was es ‹bezeichnet› (‹signifiziert›), dann erkennen wir, daß verschiedenartige Beziehungen festgestellt werden müssen, um dem ‹Gebrauch› der Wörter gerecht zu werden. Zwei der später noch zu besprechenden ‹Faktoren› werden als *Referenz* (die bereits erwähnt wurde) und *Sinn* unterschieden.

9.2.10 *Unbestimmtheit der Bedeutung*

Wenn wir uns von der These distanzieren, daß ein Wort das ‹bedeutet›, was es ‹bezeichnet›, und daß das, was es ‹bezeichnet›, im Kommunikationsprozeß vom Sprechenden an den Hörenden gewissermaßen weitergegeben wird, dann liegt der Schluß nahe, daß es unnötig und auch nicht wünschenswert ist anzunehmen, Wörter hätten eine bis ins Letzte festgelegte Bedeutung. Wie wir gesehen haben, kann die Art und Weise, wie Sprache in normalen Situationen gebraucht wird, mithilfe der weitaus bescheideneren Annahme erklärt werden, daß die Sprecher einer bestimmten Sprache sich über den ‹Gebrauch› der Wörter (worauf sie sich beziehen, was sie implizieren, u.s.w.) hinreichend einig sind, um ‹Mißverständnisse› auszuschließen. Dies müssen wir präsent halten, wenn künftig von der ‹Bedeutung› von Wörtern und Sätzen die Rede sein wird. Wir setzen es im Folgenden stillschweigend voraus.

9.3 *‹Bedeutungshaftigkeit›*

9.3.1 *‹Bedeutung haben› und ‹Signifikanz›*

Es wurde weiter oben bereits darauf hingewiesen (9.1.4), daß wir zwar davon sprechen, *Sätze* oder *Wortgruppen* ‹hätten Bedeutung› oder ‹hätten keine Bedeutung›, daß wir aber normalerweise nicht von Wörtern sagen, sie ‹hätten keine Bedeutung›. (Vorläufig wollen wir weiterhin an der herkömmlichen Ansicht festhalten, nach der Wörter die kleinsten ‹bedeutungstragenden› Einheiten der Sprache sind; ‹Wort› wird hier natürlich im Sinne von Lexem verstanden: vgl. 5.4.4.) Dieser Umstand weist von sich aus bereits darauf hin, daß unter ‹Bedeutung haben› zweierlei zu verstehen ist. Dies wollen wir als gegeben ansehen und jetzt der Einfachheit und Klarheit halber eine terminologische Trennung zwischen *Bedeutung haben* und *Signifikanz* (oder *signifikant sein*) einführen. Aufgrund dieser

Unterscheidung gilt, daß Wörter Bedeutung haben, während Wortgruppen und Sätze signifikant oder nicht signifikant sind. Man beachte folgendes: es bleibt dabei die Möglichkeit offen, daß andere Einheiten neben Wörtern Bedeutung haben, und es ist damit nicht gesagt, zwischen ‹Bedeutung haben› und ‹Signifikanz› bestehe kein Zusammenhang. Die herkömmliche Semantik (und eine Reihe moderner Theorien) verwischt die hier getroffene Unterscheidung, indem sie in beiden Fällen von ‹Signifikation› spricht.

Wir behaupten im vorliegenden Abschnitt, daß ‹Bedeutung haben› (in dem Sinn, in dem dieser Begriff definiert werden wird) logisch vor ‹Bedeutung› kommt: mit anderen Worten, daß wir zunächst entscheiden müssen, ob ein bestimmtes Element Bedeutung hat, bevor wir fragen, *welche* Bedeutung es hat; weiter halten wir es für möglich – und das mag zunächst paradox erscheinen –, daß ein Element Bedeutung hat, ohne eine bestimmte Bedeutung zu haben.

9.3.2 *Der Situationskontext*

Wir gehen von einem intuitiven und undefinierten *Kontext*begriff aus. Jede (gesprochene) Äußerung erfolgt in einer bestimmten Raum-Zeitsituation, die Sprecher und Hörer, die Handlungen, die sie gerade ausführen, und verschiedene Gegenstände und Ereignisse umfaßt. Wie wir bereits gesehen haben, kann die Äußerung ‹deiktische› Merkmale enthalten, die sich auf die Situation, in der sie erfolgt, beziehen (vgl. 7.2.1). Der Hörer ist nicht in der Lage, eine Äußerung zu verstehen, wenn er diese ‹deiktischen› Elemente nicht richtig unter Bezug auf die entsprechenden Merkmale der Situation interpretiert. Der Kontext einer Äußerung kann jedoch nicht einfach mit der Raum-Zeitsituation, in der sie erfolgt, gleichgesetzt werden. Man muß sich vorstellen, daß sie nicht nur die relevanten Gegenstände und die zur Zeit stattfindenden Handlungen erfaßt, sondern auch das gemeinsame Wissen von Sprecher und Hörer in Bezug auf vorher Gesagtes, soweit dies für das Verständnis der Äußerung von Bedeutung ist. Weiter müssen alle relevanten Konventionen, Meinungen, ja der geistige Hintergrund, den die Mitglieder der Sprachgemeinschaft, zu der Sprecher und Hörer gehören, ‹als gegeben betrachten›, als kontextzugehörig angesehen werden. Daß es praktisch und möglicherweise auch prinzipiell nicht möglich ist, alle diese ‹Kontext›merkmale ganz zu erfassen, darf nicht zum Anlaß genommen werden, ihre Existenz oder ihre Tragweite zu leugnen. Wohl aber könnte man es als Argument dagegen auffassen, daß es möglich ist, eine vollständige Theorie über die Bedeutung von Äußerungen zu erstellen. (Dem Leser wird nicht entgangen sein, daß wir gegenwärtig von Äußerungen und nicht von Sätzen sprechen: vgl. 5.1.2.)

9.3.3 *‹Bedeutung haben› setzt Wahlmöglichkeit voraus*

Auf der Grundlage dieses intuitiven ‹Kontext›begriffs können wir nun *Bedeutung haben* für Äußerungen definieren. Eine Äußerung hat nur dann Bedeutung, wenn ihr Vorkommen nicht vollständig durch den Kontext bestimmt ist. Diese Definition beruht auf dem weithin vertretenen Grundsatz, daß ‹Bedeutungshaftigkeit Alternativen voraussetzt›. Weiß der Hörer im vorhinein, daß der Sprecher in einem bestimmten Kontext unweigerlich eine bestimmte Äußerung macht, dann ist klar, daß die Äußerung, wenn sie erfolgt, ihm keine Information gibt: Es findet keine ‹Kommunikation› statt. Vollständige Äußerungen haben im allgemeinen Bedeutung, da der Sprecher letztlich auch hätte schweigen können. Es gibt aber einige gesellschaftlich vorgeschriebene Äußerungen, die in hohem Maße, wenn nicht ganz durch ihren Kontext festgelegt sind; solche Äußerungen sind theoretisch unter mehreren Gesichtspunkten interessant. Nehmen wir um des Arguments willen an, *How do you do?* sei in England die einzige gesellschaftlich vorgeschriebene Äußerung in der Situation des förmlichen Vorstellens und diese Äußerung sei in solchen Situationen nicht weglaßbar. Ist das der Fall, kann man wohl zu Recht von *How do you do?* sagen, es hätte keine Bedeutung. Alles was über diese Äußerung in einer semantischen Beschreibung englischer Äußerungen gesagt werden müßte, ist, daß sie in den betreffenden Situationen ‹gebraucht› würde. Es wäre unnütz, darauf zu bestehen, diese Äußerung müsse über ihre ‹Verwendung› hinaus noch etwas ‹bedeuten›. Aber nehmen wir einmal an, sie sei zwar die einzige gesellschaftlich vorgeschriebene Äußerung im Kontext des Bekanntmachens, kontrastiere aber mit Stillschweigen (oder einem Kopfnicken, einem Lächeln, einem mürrischen Blick u.s.w.) in dem Sinne, daß dem Vorgestellten alle diese ‹Wahlmöglichkeiten› offen stehen. Dann hat aufgrund der oben gegebenen Definition das Ergebnis jeder solchen ‹Wahl› Bedeutung – es wird dem anderen dadurch etwas ‹mitgeteilt›; und wir können weitergehen und fragen, welche Bedeutung jede der möglichen ‹Handlungen› im Vergleich zu den anderen hat.

9.3.4 *Die Relevanz nicht-sprachlichen Verhaltens*

Es ist lohnend, anhand dieses einfachen Beispiels aufzuzeigen, welche weiteren Folgerungen sich unter anderem aus dem Grundsatz der ‹Wahlmöglichkeit› ableiten lassen. Erstens gehen Äußerungen Hand in Hand mit nichtsprachlichem Verhalten (u. a. Stillschweigen, Mimik und Gestik) und können dazu im Gegensatz stehen. Die Äußerung *How do you do?* mag zwar für sich allein genommen im Kontext obligatorisch sein, kann dann aber auf die verschiedenste Art ausgesprochen werden – ‹höflich›, ‹lässig›, ‹verächtlich›, ‹herablassend› u.s.w. – und diese verschiedenen ‹Modalitäten› der Äußerung können durch ‹Tonfall› oder begleitende Gesten (oder beides zusammen) ‹ausgedrückt› werden. Es stellt sich nun die Frage (und das gilt für alle Äußerungen, nicht nur für die, die für bestimmte Kontexte gesellschaftlich vorgeschrieben sind), ob Charakteristika wie ‹Tonfall› und Gesten (des Unmuts, der Herablassung, Höflichkeit u.s.w.) Bedeutung haben. Im Prinzip ist die Antwort klar. Sind derartige Charakteristika der Äußerung vollkommen festgelegt (in dem Sinne, daß der Sprecher keine Kontrolle über sie hat – daß er keine ‹Wahlmöglichkeit› hat), dann haben sie keine Bedeutung. Wenn er andererseits mit voller Absicht seinen Unmut, seine Ungeduld oder seine ‹gute Kinderstube› zum Ausdruck bringen möchte, so werden diese ‹Fakten› tatsächlich von ihm ‹mitgeteilt›, und die Züge der Äußerung, die diesem Zweck dienen, haben im Sinne der oben gegebenen Definition Bedeutung. Daß der Hörer dieselben Fakten ‹folgern› kann, auch wenn sie nicht vom Sprecher ‹mitgeteilt› werden (möglicherweise ist er dabei nicht in der Lage anzugeben, ob der Sprecher diese Folgerungen beabsichtigt), berührt diese Frage nicht im geringsten. Es ist ganz und gar unangebracht, den Begriff der Mitteilung (Kommunikation) so zu erweitern, daß er jede ‹Information› umfaßt, die der Hörer aus einer Äußerung ‹folgert›. Der Grundsatz der ‹Wahlmöglichkeit› legt fest, ob Äußerungen und Bestandteile von Äußerungen Bedeutung haben oder nicht.

9.3.5 *Quantifizierbarkeit von ‹Bedeutung haben›*

Das zweite, was sich über ‹Bedeutung haben› sagen läßt, ist, daß die Bedeutung prinzipiell im Hinblick auf die Wahrscheinlichkeit des Vorkommens im Kontext quantifiziert werden kann. Von diesem Gesichtspunkt aus ist ‹keine Bedeutung haben› nur der Grenzfall der vollkommenen ‹Vorhersagbarkeit›. Jede Äußerung (oder ein Merkmal der Äußerung), die nicht vollkommen ‹vorhersagbar› (durch den Kontext festgelegt) ist, ist mehr oder weniger wahrscheinlich als ein Stillschweigen oder als eine andere Äußerung (oder ein anderes Merkmal derselben Äußerung), zu denen innerhalb des Kommunikationssystems ein Gegensatz besteht. Und je *weniger* wahrscheinlich ein bestimmtes Element ist, desto *mehr* Bedeutung hat es in dem bestimmten Kontext (‹Element› ist hier so zu verstehen, daß es sich auf alle Ergebnisse der ‹Auswahl› bezieht, die das Kommunikationssystem für bestimmte Kontexte vorsieht, das Stillschweigen mit eingeschlossen). Um auf unser einfaches Beispiel zurückzukommen: Kontrastiert *How do you do?* mit Stillschweigen, ist es aber weitaus wahrscheinlicher als dieses (oder irgendein anderes ‹Element›) im Kontext des Sich-Vorstellens, so hat diese Äußerung in dem Kontext weniger Bedeutung als Stillschweigen. Es ist vielleicht sogar logisch, in solchen Fällen zu sagen, die gesellschaftlich vorgeschriebene Äußerung ist ‹unmarkiert› und hat nur in dem eher leeren Sinn des Kontrasts Bedeutung (ohne die Übermittlung einer positiven ‹Information›), während Stillschweigen ‹markiert› ist und eine positive kommunikative Funktion erfüllen kann. Das ist wohl eine von der Intuition her befriedigende Darstellung der Beziehung zwischen den beiden Möglichkeiten des ‹Verhaltens› (vorausgesetzt der Sachverhalt ist so, wie er dargestellt wurde). Auf jeden Fall kann man zweifellos im Einklang mit dem allgemeinen, alltäglichen Sprachgebrauch behaupten, daß die ‹Bedeutungshaftigkeit› von Äußerungen (und Teilen davon) sich umgekehrt proportional zu dem Grade ihrer ‹Vorhersehbarkeit› im Kontext verhält. Und eben dieser Sinn von ‹Bedeutungshaftigkeit› wird hier unter ‹Bedeutung haben› dargelegt. Obwohl man behaupten könnte, daß ein Element aufgrund der relativen ‹Wahrscheinlichkeit des Vorkommens› in einem bestimmten Kontext mehr Bedeutung hat als ein anderes, so ist doch klar, daß die genaue mengenmäßige Bestimmung des ‹Bedeutung Habens› von unserer Fähigkeit abhängen würde, die Kontextkomponenten, die ihrerseits die ‹Wahrscheinlichkeit des Vorkommens› bestimmen, zu erkennen. (Genau genommen sollten wir nicht von ‹Wahrscheinlichkeit des Vorkommens› und ‹umgekehrt proportionalem Verhältnis› sprechen, wenn wir nicht in der Lage sind, die in unserem Fall wirksamen Faktoren zu bestimmen und zu errechnen.) Es ist sehr unwahrscheinlich, daß es jemals möglich sein wird, ‹Bedeutung haben› in diesem präzisen Sinn mengenmäßig zu erfassen. Dies ist jedoch von geringerer Wichtigkeit, als man vielleicht erwarten würde, da, wie wir sehen werden, die Frage, *welche* Bedeutung Elemente in einem gegebenen Kontext haben, nicht damit zusammenhängt, *wieviel* Bedeutung sie haben verglichen mit den Elementen, mit denen sie im Kontrast stehen. Dabei ist zu beachten, daß sich die Frage, welche Bedeutung ein Element hat, nur im Falle jener Elemente stellt, die tatsächlich in den Kontexten, in denen sie vorkommen, Bedeutung haben (in dem von uns definierten Sinn). Dies wurde zwar vorläufig erst anhand vollständiger Äußerungen mit ‹rituellem› Charakter beleuchtet, soll aber später im Lichte der in einem früheren Kapitel vorgenommenen Unterscheidung zwischen Äußerungen und Sätzen noch weiter verallgemeinert werden (vgl. 5.1.2).

9.3.6. *‹Behaviorismus› in der Semantik*

Zwei weitere Dinge seien zu den gesellschaftlich vorgeschriebenen Äußerungen von der Art *How do you do?* bemerkt. Sie sind meistens ‹vorgefertigt› in dem Sinn, daß sie vom muttersprachlichen Sprecher als nichtanalysierte Ganzheiten erlernt und eindeutig nicht jedes Mal neu gebildet werden, wenn sie – um mit Firth zu sprechen – «bei den typischen, sich wiederholenden Gelegenheiten des gesellschaftlichen Ablaufs» zur Anwendung gelangen. Da sie so beschaffen sind, wäre es möglich, sie ‹behavioristisch› zu erklären: Die betreffenden Äußerungen ließen sich plausibel als ‹bedingte Reaktionen› auf die Situationen, in denen sie vorkommen, beschreiben. Dieser Umstand sollte vom Semantiker nicht übersehen werden. Ein Gutteil unseres alltäglichen Sprachgebrauchs kann recht adäquat ‹behavioristisch› beschrieben und als ‹Ausführen› bestimmter ‹Rollen› unter Einhalten gesellschaftlich vorgeschriebener, ‹ritueller› Verhaltensmuster erklärt werden. Im Hinblick auf diesen Aspekt ihres Sprachgebrauchs verhalten sich Menschen wie viele Tiere, deren ‹Kommunikationssysteme› aus einer Reihe ‹vorgefertigter Äußerungen› bestehen, die in bestimmten Situationen zur Anwendung kommen. Die eigentlich menschlichen Aspekte des Sprachverhaltens, die auf den generativen Eigenschaften der Sprache wie auch auf den semantischen Begriffen ‹Bedeutung haben›, Referenz und Sinn gründen, lassen sich freilich nicht glaubwürdig dadurch erklären, daß man die ‹behavioristischen› Begriffe ‹Reiz› und ‹Reaktion› für sie verwendet. Nichtsdestoweniger stimmt es, daß die menschliche Sprache eine ‹behavioristische› Komponente enthält. Wir haben dazu im Folgenden zwar nichts weiter zu bemerken, doch soll diesem Umstand hiermit theoretisch Rechnung getragen sein.

9.3.7 *Die ‹Teilhabefunktion› der Sprache*

Erwähnt werden soll in diesem Zusammenhang auch jener Aspekt des Sprachverhaltens, den Malinowski als ‹Teilhabefunktion› (‹phatic communion›) bezeichnete. Er lenkte die Aufmerksamkeit darauf, daß man von vielen Äußerungen nicht mit Recht behaupten kann, ihre einzige oder primäre Aufgabe bestehe darin, Information weiterzugeben oder nach etwas zu fragen, Befehle zu erteilen, Hoffnungen, Wünsche und Verlangen auszudrücken oder auch nur ‹Gefühle an den Tag zu legen› (in jenem unbestimmten Sinn, in dem Semantiker diesen letzteren Ausdruck oft gebrauchen), daß diese Ausdrücke vielmehr dazu dienen, ein Gefühl der gesellschaftlichen Verbundenheit und des Wohlbefindens herzustellen und zu erhalten. Viele ‹klischeehafte› Äußerungen wie *How do you do?*, die in bestimmten Kontexten gesellschaftlich vorgeschrieben sind, können diese ‹Teilhabefunktion› erfüllen. Daneben gibt es aber noch viele andere, die mehr oder weniger frei vom muttersprachlichen Sprecher gebildet werden und die gleichzeitige Information weitergeben und die ‹Teilhabe› des Sprechers demonstrieren. Ein Beispiel hiefür könnte *Schönes Wetter heute* sein, wenn diese Äußerung ein Gespräch zwischen Verkäufer und Kunde in einem Geschäft eröffnet. Diese Äußerung soll eindeutig nicht in erster Linie dem Verkäufer eine Information bezüglich des Wetters vermitteln; es handelt sich hier um die Feststellung, daß man ‹teilhat›. Gleichzeitig hat die Äußerung eine Bedeutung, die sich von der unzähliger anderer Äußerungen unterscheidet, die im gleichen Kontext hätten vorkommen können und die den Zweck einer Feststellung über eine solche ‹Teilhabe› ebensogut erfüllt hätten; und das weitere Gespräch wird im allgemeinen irgendwie an die betreffende Äußerung auf der Grundlage dieser Bedeutung anknüpfen. Wir haben daher zu unterscheiden zwischen jenem Aspekt der ‹Verwendung› von Äußerungen, der mit der Aufgabe, über kulturelle und situationelle ‹Teilhabe› zu informieren, in Zusammenhang gestellt werden kann, und jener anderen Komponente, die als Bedeutung dieser Äußerungen unterschieden werden muß (wenn die Äußerung im Sinne unserer Definition Bedeutung hat). Damit stellen wir fest, daß jeweils einer dieser Aspekte, selbst wenn beide vorhanden sind, bei der ‹Anwendung› der Äußerung eine dominierende Rolle spielen kann. Malinowski ging zweifellos zuweit mit seiner Behauptung, die Mitteilung von Information gehöre zu den ‹unursprünglichsten und spezialisiertesten Aufgaben› der Sprache.

9.3.8 *Erweiterung von ‹Bedeutung haben› auf alle sprachlichen Einheiten*

Bislang haben wir den Begriff ‹Bedeutung haben› nur im Hinblick auf als unzerlegbare Ganze betrachtete Äußerungen beleuchtet. Wir werden es vorläufig weiterhin mit Äußerungen und nicht mit Sätzen zu tun haben, und wir werden wie bisher vom intuitiven ‹Kontext›begriff ausgehen; der Begriff ‹Bedeutung haben› soll jedoch nun wie folgt erweitert werden: *Jedes* in einer Äußerung vorkommende sprachliche Element hat nur dann Bedeutung, wenn es in dem betreffenden Kontext nicht vollständig vorherbestimmt (‹obligatorisch›) ist.

Es versteht sich von selbst, daß der Begriff ‹Bedeutung haben› (wie er hier definiert ist) auf alle Stufen der Analyse von Äußerungen, einschließlich der phonologischen, anwendbar ist. Es sind zum Beispiel viele Kontexte denkbar, in denen die deutschen Wörter *Kamm* und *Lamm* mit gleicher Wahrscheinlichkeit in sonst identischen Äußerungen vorkommen können. Da diese Äußerungen, wie wir annehmen wollen, jeweils etwas Verschiedenes bedeuten (die Relata von *Kamm* und *Lamm* sind verschieden, wie auch die Implikationen im allgemeinen verschieden sind, die in den Äußerungen, in denen sie vorkommen, ‹enthalten› sind), gilt von den Phonemen /l/ und /k/ nicht nur, daß sie Bedeutung haben, sondern daß sie in diesen Äußerungen jeweils verschiedene Bedeutung haben. Und es sind andere Äußerungen mit anderen Wörtern als *Kamm* und *Lamm* denkbar, in denen der Bedeutungsunterschied einzig und allein im phonologischen Gegensatz /l/ bzw. /k/ liegt. Wie wir in einem früheren Kapitel gesehen haben (vgl. 3.1.3), beruht die phonologische Struktur der einzelnen Sprachen letztlich auf diesen unterscheidenden Eigenschaften der Phoneme (genauer auf ihren ‹distinktiven Merkmalen›) unter gewissen Einschränkungen, die auf das Komplementärprinzip der phonetischen Ähnlichkeit zurückgehen. Es sprechen daher gute Gründe dafür, den Begriff ‹Bedeutung haben› selbst auf der Stufe der phonologischen Analyse anzuwenden. Es ist jedoch zu beachten, daß im Falle phonetisch unterscheidbarer, aber ‹ähnlicher› Sprachlaute ‹Bedeutung haben› notwendig impliziert, daß eine verschiedene Bedeutung zumindest in einigen Kontexten besteht. Dies gilt nicht für die ‹höheren› Stufen der Analyse. Bei Sprachen, in denen die Sprachlaute [l] und [k] vorkommen, aber niemals Äußerungen unterscheiden, sprechen wir von komplementärer Distribution oder freier Variation der beiden Laute (mit anderen Worten, es handelt sich um phonetische Alternativrealisationen derselben phonologischen Einheit: vgl. 3.3.4). In jenen Kontexten, in denen Sprachlaute, die an anderer Stelle als getrennte phonologische Einheiten betrachtet werden, dieselbe Bedeutung haben, können sie logisch als ‹synonym› bezeichnet werden. Als Beispiel können die Anfangslaute der beiden möglichen Aussprachen von englisch *economics* ([i:], [e]) angesehen werden (dem ist gegenüberzustellen der unterscheidende Wert derselben Vokale in englisch *beat* [bi:t] ‹schlagen› und *bet* [bet] ‹wetten› u.s.w.) oder die Betonung von *cóntroversy*: *contróversy* ‹Kontroverse›, einmal auf der ersten, dann wieder auf der zweiten Silbe.

Der Semantiker hat zwar ‹Bedeutung haben› theoretisch grundsätzlich auch für die phonologische Stufe anzunehmen, er wird sich aber im allgemeinen nicht weiter mit der ‹Bedeutung› phonologischer Einheiten beschäftigen. Der Grund liegt darin, daß phonologische Einheiten sich nie auf etwas beziehen (sie haben keine Referenz) und daß bei ihnen außer Bedeutungsgleichheit und Bedeutungsverschiedenheit keine anderen semantischen Verhältnisse möglich sind. Weiter ist Bedeutungsgleichheit bei phonologischen Einheiten (die zuvor besprochene phonologische ‹Synonymie›) vereinzelt und unsystematisch. Sie wird mithilfe von Regeln dargestellt, die für bestimmte Wörter Alternativrealisationen beinhalten; in diesen Regeln erschöpft sich bereits alles, was in diesem Zusammenhang interessant ist. Im allgemeinen (diese Qualifizierung ist für die ‹Lautsymbolik› erforderlich, ein semantisch interessantes Phänomen, das wir aus Platzmangel hier nicht weiter besprechen können: vgl. 1.2.2) liegt ‹die Bedeutung› einer bestimmten phonologischen Einheit lediglich darin, daß sie sich von jeder anderen phonologischen Einheit (wenn es solche gibt) unterscheidet, die im gleichen Kontext hätte vorkommen können.

9.3.9 *Eingeschränkte Kontexte*

Wir sind nun an einem Punkt angelangt, wo wir auf die Unterscheidung zwischen Äußerungen und Sätzen (vgl. 5.1.2) zurückkommen müssen. Zweierlei muß beachtet werden. Beim Gebrauch der Sprache zum Zweck der Mitteilung bringen wir keine Sätze hervor, sondern Äußerungen; diese Äußerungen werden in bestimmten Kontexten hervorgebracht und können ohne Kenntnis der relevanten Kontextmerkmale (auch innerhalb der oben bezüglich der Interpretation von ‹verstehen› gemachten Einschränkungen: vgl. 9.2.9) nicht verstanden werden. Außerdem entfaltet sich der Kontext im Laufe eines Gesprächs (wir wollen annehmen, es handle sich um ein solches) andauernd in dem Sinne, daß er aus dem, was gesagt wird und was sich gleichzeitig ereignet, all das ‹in sich aufnimmt›, was für das Hervorbringen und das Verstehen weiterer Äußerungen relevant ist. Den Grenzfall für Kontexte, die sich nicht in diesem Sinn ‹entfaltet› haben, stellen jene dar, in denen von den Gesprächsteilnehmern weder die Tatsache ihres Bekanntseins miteinbezogen wird noch das, was in vorhergehenden Äußerungen an ‹Information› mitgeteilt worden ist, wo vielmehr die Gesprächsteilnehmer die allgemeineren Ansichten, Konventionen und Voraussetzungen gemeinsam haben, die innerhalb des bestimmten ‹Gesprächshorizontes› der entsprechenden Gesellschaft herrschen. Diese Kontexte, die wir als *eingeschränkte Kontexte* bezeichnen wollen, sind verhältnismäßig selten, da die meisten Äußerungen, was ihr Verständnis betrifft, von der in vorhergehenden Äußerungen enthaltenen Information abhängig sind. Wir dürfen den Zusammenhang zwischen Äußerungen und individuellen Kontexten nicht aus den Augen verlieren.

Zweitens ist Folgendes zu beachten: Da Sätze nie von Sprechern hervorgebracht werden (Sätze sind ja theoretische Einheiten, eingeführt vom Sprachwissenschaftler, um die distributionellen Einschränkungen darzulegen, die für die verschiedenen Klassen grammatischer Elemente gelten), kann es keinen direkten Zusammenhang zwischen Sätzen und bestimmten Kontexten geben. Dabei haben Äußerungen aber eine grammatische Struktur, die darauf zurückgeht, daß sie von Sätzen ‹abgeleitet› sind; und die grammatische Struktur von Äußerungen kann semantisch relevant sein. Dies tritt im Fall von ‹syntaktischer Mehrdeutigkeit› (vgl. 6.1.3) besonders deutlich hervor. Darüber hinaus werden Äußerungen (abgesehen von ‹klischeehaften› Ausdrücken wie *How do you do?*) auf der Grundlage jener sich wiederholenden Formationen und Transformationen von Sprecher und Hörer erzeugt bzw. verstanden, die von den Grammatikregeln für Sätze festgelegt sind. Gegenwärtig ist weder die Linguistik noch irgendeine andere Wissenschaft, die sich mit der Erzeugung einer solchen Äußerungen zugrundeliegenden ‹Mechanik› befaßt, in der Lage, eine konkrete Aussage darüber zu machen, wie Wissen um die innerhalb von Sätzen zwischen grammatischen Elementen herrschenden, abstrakten Beziehungen mit den verschiedenen Kontextmerkmalen zusammenspielt, um Erzeugung und Verstehen von Äußerungen zu bewirken, in denen die mit den Sinnen erfaßbaren ‹Korrelate› dieser grammatischen Elemente vorkommen. Daß eine Wechselwirkung zwischen der grammatischen Struktur der Sprache und den relevanten Kontextmerkmalen besteht, scheint Tatsache zu sein; und wir müssen diesem Umstand gerecht werden.

Da wir im allgemeinen weder feststellen können, welche Elemente der Sprecher bei der Erzeugung von Äußerungen tatsächlich ‹selegiert› hat, da sich ebensowenig alle Merkmale bestimmter Kontexte erfassen lassen, können wir uns aufgrund einer rein methodologischen Entscheidung einer bei den Linguisten allgemein verbreiteten Praxis anschließen und die semantischen Beziehungen zwischen Äußerungen so betrachten, als handle es sich um die semantischen Beziehungen zwischen den Sätzen, von denen man sich die Äußerungen ‹abgeleitet› denkt, wenn sie von muttersprachlichen Sprechern in eingeschränkten Kontexten erzeugt werden. (Die Vorstellung des ‹eingeschränkten Kontexts› muß mit hereingenommen werden, da sich, wie wir weiter unten sehen werden, die semantischen Beziehungen zwischen Sätzen nicht ohne dieses Mindestmaß an ‹Kontextualisierung› angeben lassen: vgl. 10.1.2). Die Merkmale bestimmter Kontexte werden hierauf herangezogen (dies hat – zumindest vorläufig – *ad-hoc*-Charakter), um die semantisch relevanten ‹Rest›-Aspekte von Äußerungen zu erklären. Was hier als bewußte, methodologische Entscheidung dargestellt wurde, soll nicht so verstanden werden, als sei damit eine Priorität der grammatischen vor der kontextualen Komponente im psychologischen Vorgang des Erzeugens und Verstehens von Äußerungen gesetzt.

9.3.10 *Tiefenstrukturelle Elemente in Sätzen haben Bedeutung*

Wir können den Begriff ‹Bedeutung haben› nun auf jene grammatischen Elemente anwenden, aus denen mithilfe der Regeln über die Formation und Transformation der Satzbasen Sätze erzeugt werden (vgl. 6.6.1). Da ‹Bedeutung haben› Wahlmöglichkeit voraussetzt, folgt daraus, daß kein Element, das durch obligatorische Regeln in Sätze eingeführt wird, im Sinne der Definition Bedeutung haben kann. (‹Platzhalterelemente› wie *do* in engl. *Do you want to go?* [Möchtest du gehen?] haben keine Bedeutung: vgl. 7.6.3). Weiter ist klar, daß der Begriff ‹Bedeutung haben›, angenommen alle ‹Auswahlvorgänge› finden im Hinblick auf die Selektion von Elementen in der ‹Tiefen›struktur statt (wobei diese Elemente entweder ‹Kategorien› oder ‹Merkmale› sind: vgl. 7.6.9), nicht an Einheiten einer bestimmten Rangordnung gebunden ist. Erstens gründet die Einteilung derartiger Einheiten in Morpheme, Wörter und Syntagmen in einer bestimmten Sprache bis zu einem gewissen Grad auf der ‹Oberflächen›struktur (6.6.1); zweitens gibt es viele grammatische Kategorien (Tempus, Modus, Aspekt, Genus, Numerus u.s.w.: vgl. 7.1.5), die nicht immer durch Morpheme oder Wörter realisiert sind, sondern in Sätzen Systeme von ‹Wahlmöglichkeiten› darstellen. Ob in der Frage, welche Bedeutung die Elemente haben, eine scharfe Trennung zwischen ‹lexikalischer› und ‹grammatischer› Bedeutung gezogen werden kann, soll später besprochen werden (vgl. 9.5.2). Hier genügt es darauf hinzuweisen, daß der Begriff ‹Bedeutung haben› gleichermaßen auf beiderlei Elemente in der ‹Tiefen›-struktur von Sätzen Anwendung findet. Darüber hinaus wird er explizit oder implizit von allen moderneren linguistischen Theorien berücksichtigt. Klassen von Elementen (dargestellt entweder durch Auxiliar- oder durch Endsymbole: vgl. 6.2.2) werden an jedem Punkt bei der Erzeugung von Sätzen erstellt, an dem ‹Wahlmöglichkeit› vorliegt.

Aus dem eben Gesagten ergibt sich, daß ein Element in einem Satz nur dann Bedeutung hat, wenn es Element einer der syntaktisch bestimmten Klassen in der ‹Tiefen›struktur des Satzes ist. Gerade diese Tatsache rechtfertigt die von Sprachwissenschaftlern, Logikern und Philosophen beinahe ausnahmslos unterschriebene Annahme, daß die Gruppe von Elementen, die in einer bestimmten Sprache Bedeutung haben, jedenfalls weitgehend mit den Elementen der terminalen ‹Konstituenten› und ‹Merkmale› zusammenfällt. Es folgt jedoch nicht daraus, daß jede ‹Konstituente› und jedes ‹Merkmal› in jedem Satz, in dem sie vorkommen, Bedeutung haben. Dies ist ein wichtiger Punkt, der gelegentlich von Linguisten übersehen wurde und daher verdient, noch etwas ausführlicher besprochen zu werden.

Angelpunkt der Frage ist die Unterscheidung zwischen grammatischer und semantischer Akzeptierbarkeit. Wie wir in einem früheren Kapitel gesehen haben (vgl. 4.2.12 ff.), ist Grammatizität jener Teil der Akzeptierbarkeit von Äußerungen, der mithilfe jener Formations- und Transformationsregeln erklärt werden kann, die die in Sätzen erlaubten Kombinationen der Distributionsklassen von Elementen (‹Kategorien› und ‹Merkmale›) angeben. Es wird allgemein eingeräumt, daß die Grammatik einer beliebigen Sprache unzählige Sätze generiert, die auf verschiedene Art nicht-akzeptierbar sind; und traditionsgemäß wird zumindest eine Art von Nicht-Akzeptierbarkeit mit den Worten ‹sinnlos› oder ‹ohne Bedeutung› beschrieben. Nehmen wir zum Beispiel an, die folgenden Sätze werden von einer Grammatik des Deutschen erzeugt (und sind daher grammatisch korrekt):

(a) *John trinkt Milch* (*Bier, Wein, Wasser,* u.s.w.)
(b) *John ißt Käse* (*Fisch, Fleisch, Brot,* u.s.w.)

(c) *John trinkt Käse* (*Fisch, Fleisch, Brot,* u.s.w.)
(d) *John ißt Milch* (*Bier, Wein, Wasser,* u.s.w.)

Wir wollen weiter annehmen, daß alle diese Sätze mit derselben strukturellen Beschreibung generiert werden, daß also die Verben *essen* und *trinken* und die Nomina *Milch, Bier, Wein, Wasser, Käse, Fisch, Fleisch, Brot* u.s.w. im Lexikon nicht durch entsprechende syntaktische Merkmale unterschieden sind. Es scheint klar, daß Äußerungen, die von den unter (a) und (b) gruppierten Sätzen abzuleiten sind, in einem gewissen Sinn der Ausdrücke ‹akzeptierbar› bzw. ‹nicht-akzeptierbar› zulässig sind, während die von den unter (c) und (d) zusammengefaßten Sätzen abzuleitenden Äußerungen (unter ‹normalen› Umständen) unzulässig sind. Ob diese Art der Zulässigkeit bzw. Unzulässigkeit unter Bezug auf Kriterien der ‹Bedeutungshaftigkeit› (im Sinne des Begriffs ‹Signifikanz›, den wir dafür vorschlagen) beschrieben werden soll, ist eine Frage, auf die wir in Kürze zurückkommen wollen. Was hier deutlich gemacht werden soll, ist der Umstand, daß die Mengen von Elementen, die als Verb und Objekt dieser Sätze vorkommen können und als solche Bedeutung haben, weitaus kleinere Untermengen jener Elemente sind, die auf Grund grammatischer Regeln vorkommen können. Wieder ist der Grenzfall dann gegeben, wenn das Vorkommen eines Elements durch den Kontext der übrigen Satzelemente bereits festgelegt ist. Ein Beispiel für vollständige Determination auf dieser Stufe ist etwa das Vorkommen von *Zähne* in dem Satz *Ich biß ihn mit meinen falschen Zähnen* (gleiches gilt für *falsches Gebiß*). Wie wir später sehen werden (vgl. 9.5.3), stellt dieser Satz einen semantisch interessanten Typus syntagmatischer ‹Vorbedingung› (‹Präsupposition›) dar, die normalerweise latent ist, aber offen zutage tritt, wenn eine ‹syntaktische› Stütze für ein ‹Bestimmungswort› (in unserem Fall *falsch*) notwendig ist. Würde *Zähne* nur in Sätzen vorkommen, in denen es vom Kontext vollständig vorherbestimmt ist, so hätte es im Deutschen keine Bedeutung; und die Semantik hätte nichts über dieses Wort auszusagen.

Wir wollten hiermit zeigen, wie ‹Bedeutung haben› von den ‹konkreteteren› Fällen – in denen der Begriff auf grammatisch unstrukturierte, geschlossene *Äußerungen* einerseits und auf *Äußerungen*, die sich in ihrer phonologischen Struktur minimal unterscheiden, andererseits anwendbar ist – auf die ‹abstraktere› Ebene übertragen werden kann, ja muß, wo er auf die wichtigere und zahlenmäßig weitaus größere Klasse der *Sätze* Anwendung findet, die von den Grammatikregeln erzeugt werden. Die Anwendbarkeit des Begriffs ‹Bedeutung haben› auf bestimmte Kontexte ist darin begründet, daß ‹Bedeutung haben› den die Intuition befriedigenden Grundsatz ‹Bedeutungshaftigkeit setzt Wahlmöglichkeit voraus› impliziert. Seine Übertragung auf die ‹abstraktere› Ebene beruht auf einer methodologischen Entscheidung, die aus zwei Gründen getroffen wurde: Erstens wird dadurch dem Umstand Rechnung getragen, daß im besonderen Fall die Kontextmerkmale, die Erzeugung und Interpretation von Äußerungen beeinflussen, nur *ad hoc* (d. h. außerhalb des Regelsystems) behandelt werden können; zweitens wird so ein befriedigender Zusammenhang zwischen der semantischen Interpretation von Sätzen und ihrer syntaktischen Beschreibung hergestellt. Steht fest, daß ein bestimmtes Element in einer gewissen Anzahl von Sätzen Bedeutung hat, so können wir dann die Frage stellen, *welche* Bedeutung es hat; und diese Frage läßt sich, wie wir im nächsten Abschnitt sehen werden, auf verschiedene Weise beantworten.

9.3.11 ‹*Signifikanz*›

Wir haben uns nun kurz mit dem Begriff ‹Signifikanz› (vgl. 9.3.1) zu befassen. Im ersten Augenblick ist man vielleicht versucht, Signifikanz gleichzusetzen mit totaler Akzeptierbarkeit im Hinblick auf bestimmte Kontexte bei Äußerungen und auf die verallgemeinerten, eingeschränkten Kontexte bei Sätzen. Es gibt jedoch, wie wir bereits gesehen haben, viele ‹Schichten› der Akzeptierbarkeit (‹zuoberst› die grammatische), die zwar oft vage als ‹semantisch› bezeichnet werden, jedoch von den herkömmlichen Begriffen ‹Bedeutungshaftigkeit› bzw. ‹Signifikanz› geschieden werden können (vgl. 4.2.3). Gewisse Äußerungen werden als ‹gotteslästerlich› oder ‹obszön› verurteilt; andere sind vielleicht in einem bestimmten Sprachgebrauch (Gebet, Mythos, Märchen, Utopie u.s.w.) zulässig, im Alltagsgespräch jedoch unzulässig. Mit einem Versuch, ‹Signifikanz› so zu definieren, daß damit alle diese verschiedenen ‹Dimensionen› der Akzeptierbarkeit erfaßt werden, wäre nur wenig gedient. Nehmen wir zum Beispiel an, daß das deutsche Verb *sterben* zwar in Verbindung mit belebten Nomina, darunter auch Personennamen, frei verwendet würde, daß aber ein allgemein beachtetes Tabu eine Verwendung von *sterben* im Zusammenhang mit *mein Vater*, *meine Mutter*, *mein Bruder* und *meine Schwester*, d. h. unter Hinweis auf Mitglieder der eigenen, engeren Familie, untersagte. *Mein Vater starb vergangene Nacht* würde daher im Gegensatz zu *Sein Vater starb letzte Nacht* als unzulässig betrachtet werden. Es liegt wohl klar auf der Hand, daß eine richtige Erklärung der Unzulässigkeit von *Mein Vater starb letzte Nacht* zunächst darauf hinweisen muß, daß der Satz ‹Bedeutung hat›, da er, sollte er trotz des Tabus vorkommen, verstanden werden würde (ja man könnte den Standpunkt vertreten, die Verständlichkeit des Satzes sei eine Voraussetzung für das Tabu) und zweitens, daß das semantische Verhältnis von *Mein Vater starb letzte Nacht* und *Sein Vater starb letzte Nacht* mit dem von *Mein Vater kam vergangene Nacht* und *Sein Vater kam letzte Nacht* identisch ist. Herkömmlich wird die Signifikanz grammatisch wohlgeformter Sätze im Rahmen gewisser allgemeiner Grundsätze bezüglich der Kompatibilität erklärt, die zwischen den ‹Bedeutungen› der konstituierenden Elemente zu bestehen hat. Man könnte zum Beispiel sagen, *Hans ißt Milch* und *John trinkt Brot* sind deshalb nicht signifikant, weil das Verbum *essen* nur mit Nomina (als Objekte des Verbs) vereinbar (kompatibel) ist, die feste Nahrung bezeichnen, und das Verb *trinken* nur mit Nomina, die für flüssige Nahrung stehen. (Man beachte, daß nach dieser Darstellung *John ißt Suppe* als semantische Anomalie betrachtet werden könnte, die aufgrund einer bestimmten Konvention ‹gesellschaftlich zulässig› wird, die außerhalb der generalisierbaren Regeln für die Interpretation deutscher Sätze liegt.) Es sind mit dem Begriff der Signifikanz schwierige Probleme verbunden (man könnte zum Beispiel behaupten, *John ißt Milch* ‹habe Bedeutung›, wenn auch die Umstände, unter denen der Satz zur Anwendung kommt, ein wenig ungewöhnlich sind). Trotzdem scheint die herkömmliche Explikation dieses Begriffes mithilfe der ‹Kompatibilität der Elemente› grundsätzlich vertretbar. Wir werden einige neuere Formulierungen des Begriffs in einem späteren Abschnitt (vgl. 10.5.4) besprechen.

9.4 *Referenz und Sinn*

9.4.1 *Referenz*

Der Terminus ‹Referenz› wurde weiter oben für die Beziehung eingeführt, die zwischen Wörtern einerseits und den Dingen, Ereignissen, Handlungen und Eigenschaften, ‹für die die Wörter stehen›, andererseits besteht (vgl. 9.2.2). Es wurde darauf hingewiesen, daß unter gewissen Voraussetzungen die Frage «Welche Bedeutung hat das Wort *x*?» mithilfe der ‹ostensiven› Definition beantwortet werden kann, d. h. indem auf das *Relatum* (oder die Relata) des Wortes gezeigt oder sonstwie hingewiesen wird (vgl. 9.2.7). Es sind mit der exakten Definition des Begriffs ‹Referenz› gewisse philosophische Probleme verbunden, die uns hier nicht zu beschäftigen brauchen. Wir wollen davon ausgehen, daß die Beziehung der Referenz (manchmal auch ‹Denotation› genannt) für die Erstellung einer befriedigenden Theorie der Semantik notwendig ist; mit anderen Worten: In einem bestimmten Sinn können zumindest bestimmte Einheiten des Vokabulars aller Sprachen mit ‹Merkmalen› der physischen Welt in einem korrespondierenden Verhältnis gesehen werden.

Wenn wir diese Annahme vertreten, so heißt das noch nicht, daß wir der Meinung sind, Referenz sei die semantische Beziehung, auf die sich alle übrigen zurückführen lassen. ‹Referenz›, wie wir den Ausdruck hier verstehen, impliziert notwendig das Vorverständnis (die ‹Präsupposition›) von ‹Existenz› (oder ‹Realität›), wobei von der unmittelbaren Erfahrung von Gegenständen in der physischen Welt ausgegangen wird. Wenn man sagt, ein bestimmtes Wort (oder ein anderes Element, das Bedeutung hat) ‹bezieht sich (referiert) auf einen Gegenstand›, so heißt das, das Relatum ist ein Gegenstand, der in demselben Sinn ‹existiert› (‹Realität› ist), in dem wir sagen, bestimmte Personen, Tiere und Dinge ‹existieren›; außerdem wird damit impliziert, daß es prinzipiell möglich ist, die physischen Eigenschaften des betreffenden Gegenstandes zu beschreiben. Dieser Begriff der ‹physischen Existenz› kann als grundlegend für die Definition der Referenz angesehen werden. Die Anwendung der Termini ‹Existenz› und ‹Referenz› kann dann in verschiedener Weise erweitert werden. Zum Beispiel können wir, obwohl es (wie wir annehmen wollen) keine Gegenstände wie Kobolde, Einhörner und Kentauren gibt, ihnen in einer Unterhaltung sehr wohl eine fiktive oder mythische ‹Existenz› zuerkennen; wir können daher für die Wörter *Kobold*, *Einhorn* und *Kentaur* im Deutschen Referenz feststellen, wenn die Sprache in einer derartigen Unterhaltung gebraucht wird. In ähnlicher Weise läßt sich die Anwendung der Termini ‹Existenz› und ‹Referenz› auf theoretische Konstrukte der Naturwissenschaften wie Atome, Gene u.s.w. erweitern, ja sogar auf ganz abstrakte Objekte. Dabei muß jedoch beachtet werden, daß diese ‹analogen› Erweiterungen der Begriffe ‹Existenz› und ‹Referenz› auf ihre grundlegende oder primäre Anwendung auf physische Objekte im ‹alltäglichen› Sprachgebrauch zurückgehen.

Aus dieser Interpretation des Referenzbegriffs folgt, daß der Wortschatz einer Sprache Elemente enthält, die nicht in einem Referenzverhältnis zu etwas Außersprachlichem stehen. Es kann zum Beispiel sein, daß es so etwas wie Intelligenz oder Güte, auf die sich die Wörter *intelligent* oder *gut* beziehen, nicht gibt, wenn auch stets die Möglichkeit besteht, daß ein Psychologe oder ein Philosoph die Existenz dieser Entitäten im Rahmen einer bestimmten psychologischen Theorie oder Ethik postuliert und sogar den Anspruch erhebt, ihre ‹Realität› sei durch eine Art ‹ostensive› Definition zu beweisen. Der Umstand, daß sich über die ‹Realität› gewisser angeblicher ‹Gegenstände› mit mehr oder weniger Spitzfindigkeit streiten läßt, berührt den allgemeinen Grundsatz nicht, daß Referenz Existenz voraussetzt. Darauf zu bestehen, alle lexikalischen Elemente müßten sich auf etwas beziehen, wäre widersinnig, würde es bedeuten, daß in bestimmten Fällen kein anderer Beweis für die Existenz dieses ‹Etwas› erbracht werden kann als die Tatsache, daß sich ein lexikalisches Element darauf ‹bezieht›.

Zwei weitere Dinge seien im Zusammenhang mit dem Referenzbegriff erwähnt. Wenn wir uns hinter die Meinung stellen, daß bestimmte lexikalische Elemente sich auf außersprachliche Gegenstände und Eigenschaften beziehen, so verpflichtet uns dies logisch nicht zu der Annahme, daß alle durch einen bestimmten Ausdruck bezeichneten Gegenstände eine ‹natürliche Klasse› in dem Sinne bilden, daß sie unabhängig von der allgemeinen Konvention der betreffenden Sprachgemeinschaft, sie ‹unter› einen gemeinsamen Ausdruck zu stellen, ‹zusammengehören›. Mit anderen Worten, die hier eingenommene Haltung läßt sich entweder mit dem ‹Nominalismus› oder mit dem ‹Realismus› in der philosophischen Semantik in Einklang bringen. Zweitens muß die Referenz eines lexikalischen Elements nicht in dem Sinne exakt und vollständig festgelegt sein, daß daraus immer klar hervorgeht, ob ein bestimmter Gegenstand oder eine bestimmte Eigenschaft in den Bereich eines gegebenen lexikalischen Elements fallen. Wie wir bereits gesehen haben, ist eine solche Annahme für die Erklärung des ‹Verstehens› von Äußerungen im normalen Kommunikationsprozeß nicht erforderlich (vgl. 9.2.9). Es ist oft so, daß die ‹Referenzabgrenzung› lexikalischer Elemente nicht fest ist. Zum Beispiel kann die genaue Stelle nicht angegeben werden, wo in der Referenz von *Hügel* und *Berg*, von *grün* und *blau* u.s.w. die Trennlinie verläuft. Dies bedeutet jedoch nicht, daß der Referenzbegriff auf solche Wörter nicht anwendbar ist. Es gehört zu den Eigenheiten von Sprachen, daß sie der Welt den Stempel einer bestimmten lexikalischen ‹Kategorisierung› aufdrücken und die Trennlinien sozusagen ‹willkürlich› an unterschiedlichen Stellen ziehen. Wie wir sehen werden, ist dies einer der Gründe, weshalb es oft unmöglich ist, bei verschiedenen Sprachen lexikalische Kongruenzen herzustellen. Daß die ‹Referenzabgrenzung› willkürlich und unbestimmt ist, führt normalerweise nicht zu Mißverstehen, da die ‹genaue› Identifikation eines Gegenstandes mit einem bestimmten lexikalischen Element nur sehr selten relevant ist; und sollte dies einmal der Fall sein, so können wir auf andere Identifikations- und Spezifikationssysteme zurückgreifen. Wenn wir uns zum Beispiel auf eine von zwei Personen beziehen möchten, für die beide die Ausdrücke *Mädchen* oder *Frau* angebracht sind, können wir durch den Namen, das relative Alter, die Haarfarbe, die Kleidung u.s.w. eine Unterscheidung erzielen. Die Referenz von *Mädchen* überschneidet sich zwar mit der von *Frau*, doch sind die beiden Wörter nicht synonym; ihre relative Position in der Dimension des Alters liegt fest, und es gibt viele Fälle, in denen nur jeweils eines der beiden Wörter angebracht ist. Die ‹unbestimmte› Natur der Referenz, die hier veranschaulicht wurde, ist nicht ein Mangel, wie manche Philosophen behaupteten, sie erhöht im Gegenteil die Leistungsfähigkeit der Sprache als Kommunikationsmittel. Ein ‹Festlegen› des Sprachbezugs im absoluten Sinn ist unerreichbar, da Anzahl und Art der möglichen Unterscheidungen zwischen verschiedenen Gegenständen im Unendlichen liegen; auch ist es kein Gewinn, zu einer größeren Anzahl von Unterscheidungen gezwungen zu sein, als für den jeweiligen Zweck nötig ist.

9.4.2 *Sinn*

Es ist nun der Begriff ‹Sinn› einzuführen. Unter dem *Sinn* eines Wortes verstehen wir seinen Platz in einem System von Beziehungen, die das Wort mit anderen Wörtern des Vokabulars eingeht. Man wird feststellen, daß der Sinnbegriff, da seine Definition in Beziehungen zwischen Wortschatzelementen ausgedrückt ist, keine Voraussetzungen bezüglich der Existenz von Gegenständen und Eigenschaften außerhalb des Vokabulars der betreffenden Sprache enthält.

Können zwei Elemente in demselben Kontext vorkommen, so *haben* sie in diesem Kontext *Bedeutung*. Es kann nunmehr die Frage gestellt werden, *welche Bedeutung* sie haben. Wie wir gesehen haben, kann ein Teil, beziehungsweise eine Komponente der Bedeutung gewisser Elemente mittels ihrer Referenz beschrieben werden. Davon abgesehen, ob die beiden Elemente Referenz haben oder nicht, kann die Frage gestellt werden, ob sie in dem Kontext, bzw. den Kontexten, wo sie beide vorkommen, dieselbe Bedeutung haben. Da Bedeutungsgleichheit oder *Synonymie* eine Beziehung ist, die zwischen zwei oder mehreren Wortschatzelementen besteht, ist sie nicht der Referenz, sondern dem Sinn zuzuordnen. Es mag in bestimmten, hier nicht näher zu beschreibenden Situationen angebracht sein zu sagen, daß zwei Elemente dieselbe Referenz, aber einen verschiedenen Sinn haben; ebenso, daß Elemente synonym sein können, selbst wenn sie keine Referenz haben. Es kann angenommen werden, daß bei Elementen mit Referenz Referenzidentität eine notwendige, wenn auch nicht allein ausreichende Vorbedingungen für Synonymie ist.

Theoretische Erörterungen der Synonymie scheitern oft an zwei ungerechtfertigten Annahmen. Die erste ist die, daß zwei Elemente in einem Kontext nicht ‹absolut synonym› sein können, wenn sie nicht in allen Kontexten synonym sind. Diese Annahme wird oft durch einen Hinweis auf den Unterschied zwischen ‹kognitiver› und ‹emotiver› Bedeutung unterstützt. Doch ist diese Unterscheidung selbst ziemlich unklar. Es ist nicht zu leugnen, daß ein bestimmter Sprecher bei der Wahl eines Elements aus zwei oder mehr Möglichkeiten von den mit den Elementen verbundenen, verschiedenen ‹emotiven Assoziationen› beeinflußt wird. Dies bedeutet jedoch nicht, daß diese ‹emotiven Assoziationen› (auch wenn sie mit anderen Mitglieder der Sprachgemeinschaft geteilt werden) immer relevant sind. Und es kann nicht einfach grundsätzlich angenommen werden, daß Wörter immer mit den ‹Assoziationen› behaftet sind, die auf ihre Verwendung in anderen Kontexten zurückgehen. Wir lehnen daher die Annahme ab, daß Wörter in einem beliebigen Kontext nur dann synonym sein können, wenn sie in allen Kontexten synonym sind.

Die zweite von Semantikern gemeinhin vertretene Annahme ist die, daß Synonymie ein Identitätsverhältnis ist, das zwischen zwei (oder mehr) unabhängig definierten Sinnen herrscht. Mit anderen Worten, das Kriterium dafür, ob zwei Wörter *a* und *b* synonym sind, wird in der Frage gesehen, ob *a* und *b* dieselbe Entität, nämlich ihren Sinn, bezeichnen. Innerhalb der hier angedeuteten semantischen Methode erübrigt sich die Forderung nach der Existenz unabhängig definierter Sinne. Synonymie wird wie folgt definiert: Zwei (oder mehr) Elemente sind dann synonym, wenn die Sätze, die sich aus der gegenseitigen Substitution der Elemente ergeben, dieselbe Bedeutung haben. Diese Definition setzt einen Begriff der ‹Bedeutungsgleichheit› bei Sätzen (und Äußerungen) voraus. Wir werden darauf in Kürze zurückkommen. Worauf es hier ankommt, ist, daß Synonymie als Verhältnis zwischen lexikalischen Elementen und nicht als Relation zwischen ihrem jeweiligen Sinn dargestellt ist. Die Synonymie lexikalischer Elemente ist ein Teil ihres Sinnes. Um dasselbe allgemeiner zu formulieren: Was wir als Sinn eines lexikalischen Elements bezeichnen, ist die ganze Gruppe von *Sinnbeziehungen* (Synonymie mit eingeschlossen), die das betreffende Element mit anderen Elementen des Wortschatzes eingeht.

9.4.3 *Paradigmatische und syntagmatische Sinnbeziehungen*

Es gibt neben der Synonymie noch viele andere Sinnbeziehungen. *Mann* und *Frau* sind zum Beispiel nicht synonym, sie stehen aber in einem semantischen Verhältnis, wie es zwischen *Mann* einerseits und *Käse* bzw. *Wasserstoff* andererseits nicht herrscht; *gut* und *böse* haben verschiedenen Sinn, sind sich jedoch ähnlicher als *gut* und *rot* oder *rund*; *klopfen*, *schlagen*, *tappen*, *pochen* stehen in einem Zusammenhang, wie er zwischen *klopfen* und *essen* oder *bewundern* nicht festzustellen ist. Die hier gezeigten Verhältnisse sind *paradigmatisch* (alle Glieder der Gruppen semantisch verwandter Ausdrücke können im selben Kontext vorkommen). Das Verhältnis zwischen Ausdrücken kann auch ein *syntagmatisches* sein: vgl. *blond* und *Haar*, *bellen* und *Hund*, *treten* und *Fuß* u.s.w. (zur allgemeinen Unterscheidung paradigmatischer und syntagmatischer Verhältnisse vgl. 2.3.3). Ob diese syntagmatischen und paradigmatischen Sinnbeziehungen auf der Grundlage ihrer ‹Entfernung› von Synonymie anhand einer Skala von Sinngleichheit und -verschiedenheit definiert werden können (wie von manchen Semantikern vorgeschlagen wurde), ist eine Frage, auf die wir hier nicht eingehen wollen. Eine Alternativdarstellung wird im folgenden Kapitel gegeben. Vorläufig wollen wir einfach annehmen, daß zumindest ein Teil der Wortschatzelemente unter *lexikalische Systeme* fällt und daß die *semantische Struktur* dieser Systeme auf der Grundlage der zwischen den lexikalischen Elementen herrschenden Sinnrelationen zu beschreiben ist. Diese Darstellung ist als präzisere Formulierung des Grundsatzes gedacht, daß «die Bedeutung jedes Ausdrucks eine Funktion der Stelle ist, die er in seinem eigenen System einnimmt» (vgl. 2.2.1, unter Verweis auf russische und englische Verwandtschaftsbezeichnungen).

9.4.4 *Semantische Felder*

In letzter Zeit hat man sich eingehender mit der Untersuchung lexikalischer Systeme im Wortschatz verschiedener Sprachen beschäftigt, wobei man sich im besonderen auf *Felder* (oder *Bereiche*) wie Verwandtschaft, Farbe, Flora und Fauna, Maße und Gewichte, militärische Ränge, moralische und ästhetische Wertung und verschiedene Art von Wissen, Können und Verstehen bezog. Die dabei gewonnenen Erkenntnisse erwiesen schlüssig den Wert des strukturalistischen Standpunkts in der Semantik und bestätigten ältere Wissenschaftler wie von Humboldt, de Saussure und Sapir, die behauptet hatten, daß der Wortschatz verschiedener Sprachen (zumindest in gewissen Gebieten) *nicht isomorph* ist: daß in verschiedenen Sprachen jeweils verschiedene semantische Unterscheidungen gemacht werden, ja daß bestimmte Felder in verschiedenen Sprachen auf gänzlich verschiedene Weise kategorisiert sein können. Dieser Umstand läßt sich in der Terminologie de Saussures so formulieren: Jede Sprache drückt der a priori undifferenzierten *Substanz* der Inhaltsebene eine spezifische *Form* auf (vgl. 2.2.2, 2.2.3). Zur Veranschaulichung dieses Begriffs wollen wir (als Substanz) den Farbbereich betrachten und untersuchen, wie er im Deutschen präzisiert oder als Information ‹mitgeteilt› wird.

9.4.5 *Farbbezeichnungen*

Der Einfachheit halber wollen wir zunächst einmal nur jenen Teil des Feldes betrachten, der durch die Wörter *rot*, *orange*, *gelb*, *grün* und *blau* erfaßt wird. Jeder dieser Ausdrücke ist in seiner Referenz unpräzise, doch steht ihre relative Position in dem lexikalischen System fest (und alle zusammen erfassen sie den größerenTeil des sichtbaren Spektrums): *orange* liegt zwischen *rot* und *gelb*, *gelb* zwischen *orange* und *grün*, und so fort. Es ist ein Teil des Sinns der einzelnen Ausdrücke, daß sie zu diesem bestimmten lexikalischen System der deutschen Sprache gehören und daß untereinander Verhältnisse des Aneinander-Anschließens (vielleicht genauer, des ‹Dazwischenliegens›) bestehen. Es mag den Anschein haben, als sei der Sinnbegriff in diesem Zusammenhang überflüssig und es genüge zur Beschreibung der Bedeutung die Angabe der Referenz einer jeden Farbbezeichnung. Zu bedenken ist aber, unter welchen Voraussetzungen das Erlernen der Referenz dieser Wörter erfolgt, beziehungsweise wann man von jemandem sagen kann, daß er die Referenz dieser Wörter kennt.

Das Deutsch lernende Kind kann nicht zuerst die Referenz von *grün* und hierauf die Referenz von *blau* oder *gelb* lernen, so daß man zu einem bestimmten Zeitpunkt von ihm sagen könnte, es kenne die Referenz der einen, nicht aber der anderen Farbe. (Zwar kann es ostensiv lernen, daß *grün* sich auf die Farbe des Grases, der Blätter eines bestimmten Baumes oder eines Kleides der Mutter bezieht, doch umfaßt die Referenz von *grün* mehr als irgendein einzelner Fall seiner Verwendung; ein Kennen der Referenz beinhaltet aber auch das Kennen der Begrenzung dieser Referenz.) Es muß angenommen werden, daß das Kind im Verlauf einer gewissen Zeitspanne allmählich die Stellung von *grün* im Hinblick auf *blau* und *gelb*, die Stellung von *gelb* im Verhältnis zu *grün* und *orange* u.s.w. lernt, bis es die Stellung jeder einzelnen Farbbezeichnung im Verhältnis zur Nachbarbezeichnung im lexikalischen System kennt und annähernd weiß, wo innerhalb des Feldkontinuums die Grenzen jenes Bereichs liegen, den der einzelne Ausdruck erfaßt. Die Kenntnis der Bedeutung der Farbbezeichnungen setzt also beim Kind notwendig eine Kenntnis sowohl ihres Sinns als auch ihrer Referenz voraus.

Das Feld, das die fünf bislang betrachteten Farbbezeichnungen umfaßt, kann als undifferenzierte (sichtbare oder physische) Substanz angesehen werden, der durch das Deutsche eine bestimmte Form aufgeprägt wird, indem an bestimmten Stellen Grenzlinien gezogen und den so unterschiedenen fünf Bereichen bestimmte lexikalische Klassifikationen gegeben werden (wie *rot*, *orange*, *gelb*, *grün* und *blau*). Es wurde oft gezeigt, daß andere Sprachen dieser Substanz eine andere Form geben, indem sie sie in eine andere Anzahl von Bereichen aufteilen und die Trennlinien an verschiedenen Stellen ziehen. Wir verweisen wieder auf das oben angeführte Beispiel: Die russischen Wörter *sinij* und *goluboj* zusammen erfassen ungefähr dasselbe Gebiet wie das deutsche *blau*; sie beziehen sich auf getrennte, aber benachbarte Farben und sind in dem System den Wörtern *zelënyj* und *žëltyj* (‹grün› und ‹gelb›) gleichwertig – sie sind nicht als Ausdrücke zu betrachten, die sich auf verschiedene Schattierungen ein und derselben Farbe beziehen, etwa so wie *karmesin* und *scharlachrot*, die zusammen mit anderen Ausdrücken den als *rot* bezeichneten Farbbereich im Deutschen unterteilen (vgl. 2.2.3).

Die zwischen den Farbbezeichnungen und ihrer Bedeutung herrschende Beziehung ist nicht ganz so einfach, wie wir es bisher dargestellt haben. Der Referenzunterschied bei *rot, orange, gelb, grün* und *blau* kann als Verschiedenheit des Farb*tons* (Reflexion von Licht verschiedener Wellenlänge) beschrieben werden. Der Physiker unterscheidet bei der Farbanalyse zwei weitere Variable: die *Luminosität* oder Helligkeit (die Reflexion von mehr oder weniger Licht) und die *Sättigung* (verkehrt proportional zur ‹Verdünnung› mit weiß). Die durch *schwarz*, *grau* und *weiß* im Deutschen bezeichneten Farbbereiche unterscheiden sich vor allem in Bezug auf die Helligkeit; es gibt andere gebräuchliche Farbbezeichnungen, deren Referenz in allen drei Variationsdimensionen angegeben werden muß; *braun* z. B. bezieht sich auf einen Farbbereich, der im Ton zwischen *rot* und *gelb* liegt und dessen Helligkeit und Sättigung relativ gering sind; *rosa* bezieht sich auf eine Farbe mit rötlichem Ton, ziemlich großer Helligkeit und geringer Sättigung. Aufgrund dieser Tatsachen könnten wir die Substanz des Feldes der Farbbezeichnungen als dreidimensionales (physisches oder sichtbares) Kontinuum betrachten.

Aber auch diese Darstellung enthält noch allzu große Vereinfachungen. Sprachen unterscheiden sich nicht nur dadurch, daß sie den drei Dimensionen Ton, Helligkeit und Sättigung jeweils verschiedenes Gewicht beimessen und dadurch zu andersartigen Systemen der Farbbezeichnungen kommen (beispielsweise scheinen das Lateinische und Griechische der Helligkeit mehr Gewicht gegeben zu haben als dem Ton); es gibt auch Sprachen, in denen die Farbunterscheidung nach ganz anderen Gesichtspunkten erfolgt. In einer klassischen Arbeit über dieses Thema zeigte Conklin, daß die vier Haupt‹farben› des Hanunóo (einer auf den Philippinen beheimateten Sprache) mit hell (allgemein sind hier weiß und die hellen Schattierungen anderer deutscher Farben zusammengefaßt), dunkel (hierher gehören schwarz, violett, blau, dunkelgrün und die dunklen Schattierungen anderer Farben), ‹naß› (gewöhnlich entspricht das hellgrün, gelb und hellbraun u.s.w.) und ‹trocken› (hierher gehören gewöhnlich braun, rot, orange u.s.w.) assoziiert werden. Daß die Unterscheidung zwischen ‹naß› und ‹trocken› nicht einfach im Farbton liegt (‹grün› gegenüber ‹rot›: dies scheint jene Unterscheidung zu sein, die den häufigsten Übersetzungen der beiden Ausdrücke zugrundeliegt), ergibt sich eindeutig aus der Tatsache, daß »ein glänzendes, nasses, *braunes* Stück frisch geschnittenen Bambus« mit jenem Ausdruck beschrieben wird, der im allgemeinen für hellgrün gebraucht wird u.s.w. Conklin schließt daraus, daß «Farbe in einem abendländischen, technischen Sinn kein universeller Begriff ist»; weiter, daß die Oppositionen, durch welche die Substanz des Farbfeldes in verschiedenen Sprachen bestimmt wird, in erster Linie von der Assoziation der lexikalischen Elemente mit kulturell wichtigen Merkmalen von Gegenständen in der natürlichen Umgebung abhängig sein können. Im Fall der Hanunóo-Wörter scheint die eine Dimension des Systems auf das typische Aussehen frischer, junger (‹nasser›, ‹saftiger›) Pflanzen zurückzugehen. Interessant ist in diesem Zusammenhang, daß Wörterbücher des Deutschen (Englischen u. a.) die wichtigeren Farbausdrücke häufig unter Hinweis auf typische Merkmale der Umwelt definieren (von *blau* wird z. B. gesagt, daß es sich auf die Farbe des wolkenlosen Himmels bezieht, von *rot*, daß es die Farbe des Blutes ist u.s.w.).

9.4.6 *Semantische ‹Relativität›*

Wir sind einigermaßen ausführlich auf die Farbskala eingegangen, da man sie oft dazu benützt hat zu zeigen, wie sehr die *gleiche* Substanz hinsichtlich ihrer Form in den verschiedenen Sprachen differieren kann. Wir haben gesehen, daß man auch im Falle der Farben allen Grund hat, daran zu zweifeln, daß eine apriorische Identität von ‹Gehalt-Substanz› postuliert werden könnte. Conklins Darstellung der ‹Farb›-Kategorien im Hanunóo sollte uns vor der Annahme warnen, daß die für die Sprache relevanten Dimensionen der Farbsubstanz unbedingt jene sind, welche die Physik als entscheidend auswählt. Was wir allgemein daraus zu schließen haben, ist, daß die Sprache einer bestimmten Gesellschaft ein wesentlicher Teil ihrer Kultur ist und daß sich in den lexikalischen Unterscheidungen, die jede Sprache vornimmt, die kulturell bedeutungsvollen Merkmale von Gegenständen, Einrichtungen und Vorgängen in der Gesellschaft spiegeln, in der diese Sprache wirkt. Diese Schlußfolgerung wird durch eine Reihe von neueren Untersuchungen verschiedener Ausschnitte aus dem Wortschatz verschiedener Sprachen gestützt. Da die natürlichen Umweltbedingungen, in der die verschiedenen Gesellschaften leben, und mehr noch ihre Einrichtungen und Verhaltensweisen so unterschiedlich sind, ist es höchst zweifelhaft, ob die Annahme, daß die semantische Struktur einer zugrundeliegenden (wahrnehmenbaren, physischen oder abstrakten), allen Sprachen gleichermaßen eigenen Substanz eine Form zuordnet, zu irgendeinem Ergebnis führt. Wie Sapir gesagt hat: »Die Welten, in denen die verschiedenen Gesellschaften leben, sind verschiedene Welten, und nicht gleiche mit unterschiedlichen Etiketten.»

Selbst wenn man zugesteht, daß verschiedene Gesellschaften in ‹unterschiedlichen Welten› leben (wir kommen gleich darauf zurück), so kann man jedoch immer noch vertreten, daß jede einzelne Sprache die Substanz der ‹Welt›, in der sie wirksam ist, in einer bestimmten Form prägt. Mit gewissen Einschränkungen (wie wir gesehen haben z. B. im Falle der Farbenterminologie) ist dies richtig. Es ist jedoch wichtig zu erkennen, daß lexikalische Systeme nicht unbedingt eine ‹zugrundeliegende› Substanz voraussetzen. Nehmen wir nur einmal an, daß die Wörter *Ehrlichkeit, Aufrichtigkeit, Reinheit, Treue* usw. zusammen mit *Tugend* in ein lexikalisches System fallen. Die Struktur dieses Systems kann mittels der Sinnrelationen, die unter den Einzelgliedern dieses Systems bestehen, beschrieben werden. Unter diesem Gesichtspunkt wird die Frage, ob es irgendwelche ‹substantielle› Korrelationen zwischen den lexikalischen Einheiten und identifizierbaren Eigenschaften oder Verhaltensweisen gibt, bedeutungslos. Existieren solche Korrelationen, so werden sie mit Mitteln der Referenz, aber nicht des Sinns beschrieben. Kurz: Die Verwendbarkeit des Begriffs der Substanz in der Semantik wird von dem gleichen

Postulat der ›Existenz‹ bestimmt wie der Begriff der Referenz (vgl. 9.4.1).

Der Satz «Die Welten, in denen verschiedene Gesellschaften leben, sind verschiedene Welten» wird häufig als Bekenntnis zu einem linguistischen ‹Determinismus› verstanden. Ob Sapir (oder vor ihm Humboldt und Whorf nach ihm) glaubte, daß unsere Kategorisierung der Welt zur Gänze von der Struktur unserer Muttersprache abhängt, brauchen wir hier nicht weiter zu verfolgen. Es besteht allgemein Einigkeit darüber, daß ein linguistischer Determinismus dieser strengen Interpretation eine unhaltbare Hypothese ist. Wenn wir uns jedoch früher dazu bekannt haben, daß bestimmte Sprachen in ihrem Wortschatz die kulturell bedeutsamen Unterscheidungen der Gesellschaften, in denen diese Sprachen wirksam sind, wiedergeben, so haben wir ein gewisses Maß an linguistischer und kultureller ‹Relativität› anzuerkennen. Wir müssen dann aber die unübersehbare Tatsache erklären, daß es möglich ist, eine Kenntnis von der Struktur lexikalischer Systeme in Fremdsprachen zu erlangen, ob man sie nun aus praktischen Gründen erlernt, oder mit der Absicht, ihren Wortschatz zu untersuchen. Die Möglichkeit des Übersetzens aus einer Sprache in eine andere steht mit dieser Tatsache in einem deutlichen Zusammenhang.

9.4.7 *Kulturelle Überschneidung*

Kulturen (in dem Sinne, in dem ‹Kultur› von Anthropologen und Soziologen gebraucht wird) decken sich in ihrer Verbreitung nicht mit Sprachen. Viele der Einrichtungen, Sitten, Kleidungsstücke, Möbel und Nahrungsmittel finden sich z. B. in Frankreich und Deutschland ebenso wie in England; andere eignen einem bestimmten Land, einem bestimmten Landesteil oder einer Gesellschaftsklasse. (Das Verhältnis zwischen Sprache und Kultur ist selbstverständlich weit komplexer, als wir hier darlegen: politische Grenzen fallen nicht mit sprachlichen zusammen, selbst wenn wir der Vorstellung von einer geschlossenen Sprachgemeinschaft einige Gültigkeit zuerkennen; kulturelle Gemeinsamkeiten kann es bei verschiedenen Klassen in verschiedenen Ländern geben usw.). Man kann also davon sprechen, daß zwischen zwei beliebigen Gesellschaften eine mehr oder weniger ausgeprägte *Kulturüberschneidung* besteht. Es ist aber auch möglich, daß bestimmte Merkmale in den Kulturen aller Gesellschaften zu finden sind. Aus dem Studium fremder Sprachen (unter den normalen Bedingungen, unter denen diese Sprachen gebraucht werden) wurde die praktische Erkenntnis gewonnen, daß wir in dem Bereich der Kulturüberschneidung bestimmte Gegenstände, Situationen und andere Phänomene ohne Schwierigkeit identifizieren und ebenso leicht die Wörter und Ausdrücke, die sich darauf beziehen, erlernen. Die Bedeutungen anderer Wörter und Ausdrücke werden weniger leicht erlernt; ihr korrekter Gebrauch gelingt, wenn überhaupt, erst nach langer Praxis im Sprechen der Sprache. Wir können dieser Erfahrung theoretisch Rechnung tragen, indem wir sagen, daß wir in die semantische Struktur einer anderen Sprache auf dem Sektor kultureller Überschneidung eindringen. Wenn wir dann durch Identifikation der Elemente auf diesem Sektor in den Kreis eingebrochen sind (vgl. 9.4.7 zur nicht umgehbaren ‹Zirkelhaftigkeit› der Semantik), dann können wir unsere Kenntnis des verbleibenden Vokabulars schrittweise von innen erweitern und präzisieren, indem wir nämlich die Referenz der lexikalischen Einheiten und Sinnrelationen lernen, die zwischen diesen lexikalischen Einheiten in den Textzusammenhängen gelten, in denen sie vorkommen. Wahre Zweisprachigkeit setzt die Assimilation zweier Kulturen voraus.

9.4.8 *‹Applikation›*

Wenn Elemente verschiedener Sprachen durch Identifikation gemeinsamer Merkmale und Verhältnisse in den Kulturen, in denen sie gültig sind, zur Deckung gebracht werden können, so können wir sagen, daß sie gleiche *Applikation* haben. Es gibt zwei Gründe, die für die Verwendung dieses Terminus und gegen ‹Referenz› sprechen. Erstens ist er für die Beziehung gebraucht worden, die zwischen Situationen und darin vorkommenden Ausdrücken besteht (z. B. für das Verhältnis zwischen *Entschuldigen Sie, Danke schön* usw. und den verschiedenen erkennbaren Situationen, in denen diese Äußerungen auftauchen); es handelt sich hier eindeutig nicht um eine Referenzbeziehung. Zweitens wollen wir die semantische Identifikation lexikalischer Einheiten sichern, die keine Referenz haben: Es sollte zum Beispiel gelten, daß das deutsche Wort *Sünde* und das französische *péché* die gleiche *Applikation* besitzen, obwohl es schwierig, wenn nicht ganz unmöglich ist, dafür eine Referenzbeziehung aufzustellen. Unter Umständen verliert das zweite Argument für die Einführung des Begriffs der Applikation mit der Erstellung einer umfassenden und leistungsfähigen Theorie der Kultur seine Bedeutung. Zum gegenwärtigen Zeitpunkt ist Applikation so wie der Übersetzungsvorgang vorwiegend eine Sache der Intuition zweisprachiger Sprecher. Das heißt nun nicht, daß der Begriff jeder objektiven Begründung entbehrt, denn es besteht unter zweisprachigen Sprechern Einigkeit über die Applikation der meisten Wörter und Ausdrücke in den verschiedenen Sprachen.

Es wurde in diesem Abschnitt nichts darüber gesagt, wie paradigmatische und syntagmatische Sinnrelationen aufgestellt werden. Bevor wir uns dieser Frage zuwenden, müssen wir uns überlegen, ob die Begriffe der Referenz und des Sinns ebenso auf grammatische wie auf lexikalische Elemente ausgedehnt werden können.

9.5 ‹Lexikalische› und ‹grammatische› Bedeutung

9.5.1 ‹Strukturelle Bedeutungen›

Bei der Besprechung der ‹grammatischen Kategorien› haben wir auch auf den traditionellen ‹Aristotelischen› Standpunkt verwiesen, nach dem nur die Hauptredeteile (Nomina, Verben, ‹Adjektive› und Adverbien) im eigentlichen Sinne ‹bedeutungshaft› waren (sie ‹signifizierten› die ‹Konzepte›, die man als Konstituenten der Substanz der Rede betrachtete) und daß die anderen Redeteile zur Gesamtbedeutung der Sätze dadurch beitrugen, daß sie der Redesubstanz eine bestimmte ‹Form› zuteilten (vgl. 7.1.3). Viele Gegner der traditionellen Grammatik haben einen auffallend ähnlichen Standpunkt vertreten.

Fries zum Beispiel trifft eine Unterscheidung zwischen ‹lexikalischer› und ‹struktureller› Bedeutung, die beinahe übereinstimmend die ‹Aristotelische› Unterscheidung zwischen ‹stofflicher› und ‹formaler› Bedeutung wiedergibt. Die Hauptredeteile haben ‹lexikalische› Bedeutung; diese ist im Wörterbuch gegeben, welches mit der Grammatik in Verbindung steht. Im Gegensatz dazu wird die Unterscheidung von Subjekt und Objekt eines Satzes, werden Oppositionen der Definitheit, Tempus und Numerus und der Unterschied zwischen Feststellungen, Fragen und Befehlen als ‹strukturelle Bedeutungen› bezeichnet. («Die gesamte linguistische Bedeutung einer Äußerung setzt sich aus den lexikalischen Bedeutungen der einzelnen Wörter und solchen strukturellen Bedeutungen zusammen ... Der Apparat, mit dem strukturelle Bedeutungen beschrieben werden, konstituiert die Grammatik einer Sprache.»)

Wenigstens drei verschiedene Typen semantischer Funktionen sind bei Fries unter dem Terminus ‹strukturelle Bedeutung› zusammengefaßt. (Andere Linguisten haben den Ausdruck ‹grammatische Bedeutung› – als Gegensatz zu ‹lexikalischer Bedeutung› – in demselben Sinne gebraucht). Diese drei Typen von ‹Bedeutung› sind: (1) die ‹Bedeutung› von grammatischen Elementen (charakteristisch für die sekundären Redeteile und grammatischen Kategorien); (2) die ‹Bedeutung› von grammatischen ‹Funktionen› wie ‹Subjekt-von›, ‹Objekt-von› oder ‹Bestimmungselement-von›; (3) die ‹Bedeutung›, die sich im Rahmen der Klassifikation verschiedener Satztypen an Begriffe wie ‹deklarativ›, ‹interrogativ› oder ‹imperativ› knüpft. Es ist wesentlich, diese drei Typen ‹grammatischer Bedeutung› auseinanderzuhalten; wir wollen jeden für sich kurz behandeln.

9.5.2 Lexikalische und grammatische Elemente

Es sind für die Unterscheidung von grammatischen und lexikalischen Elementen verschiedene Kriterien vorgeschlagen worden. Das am besten verwendbare (und das einzige, das wir hier erwähnen wollen), wurde von Martinet, Halliday und anderen unter Hinweis auf die paradigmatische Opposition innerhalb *geschlossener* oder *offener* Klassen von Alternativen formuliert. Eine geschlossene Klasse von Elementen besteht aus einer unveränderlichen und normalerweise kleinen Anzahl von Elementen: z. B. die Klasse der Personalpronomina, der Tempora, Genera usw. Eine offene Klasse umfaßt eine unbeschränkte, unbestimmt große Zahl von Elementen: z. B. die Klasse der Nomina oder Verba einer Sprache. Mit Hilfe dieser Unterscheidung können wir sagen, daß grammatische Elemente geschlossenen Klassen angehören, lexikalische Elemente dagegen offenen. Diese Definition steht in Einklang mit der traditionellen Unterscheidung von den Hauptredeteilen einerseits und den sekundären Redeteilen und sekundären grammatischen Kategorien andererseits. Zum Unterschied von einer Reihe von anderen Definitionen ist sie nicht auf Sprachen eines bestimmten morphologischen Typs beschränkt (z. B. die Flexionssprachen, vgl. 5.3.6). Wir wollen in diesem Stadium annehmen, daß sie richtig ist und daß mit Hilfe dieser Unterscheidung von geschlossenen und offenen Klassen alle in der Tiefenstruktur von Sätzen eingeführten Elemente entweder als ‹grammatisch› oder ‹lexikalisch› klassifiziert werden können. Es erhebt sich nun die Frage, ob grundsätzlich ein Unterschied zwischen der Bedeutung von grammatischen und lexikalischen Elementen besteht.

Vorerst ist festzuhalten, daß von lexikalischen Elementen traditionellerweise galt, sie hätten sowohl ‹lexikalische› als auch ‹grammatische› Bedeutung (‹stoffliche› wie ‹formale› Bedeutung, vgl. 9.5.1). In der Terminologie der scholastischen ‹spekulativen› Grammatik: Ein bestimmtes lexikalisches Element, z. B. *Kuh*, ‹bedeutet› nicht nur ein bestimmtes ‹Konzept› (die ‹stoffliche› oder ‹lexikalische› Bedeutung des betreffenden Elements), sondern tut dies auch nach einem bestimmten ‹modus significandi› (einer bestimmten ‹Art des Bedeutens›), nämlich z. B. als eine ‹Substanz›, eine ‹Eigenschaft›, eine ‹Handlung› usw. (vgl. 1.2.7, 7.1.1). Obwohl man sich in der Linguistik heute dieser Terminologie selten bedient, so ist diese allgemeine Auffassung vom Unterschied zwischen ‹lexikalischer› und ‹grammatischer› Bedeutung lexikalischer Elemente immer noch geläufig. Sie hat wohl auch eine gewisse Gültigkeit.

Es gibt ein bekanntes Gedicht von Lermontov, das so beginnt: *Beleet parus odinokij* ... Es ist schwierig, vielleicht sogar unmöglich, dies ins Deutsche (oder Englische) zu übersetzen, denn seine Wirkung beruht auf dem Umstand, daß im Russischen ‹weiß seiend› mit einem ‹Verb› ‹ausgedrückt werden kann (*belyj* = ‹weiß› wird in Sätzen ohne temporale, aspektuale und modale Markierung normalerweise ohne ‹das Verb *sein*› gebraucht, vgl. 7.6.3). *Parus odinokij* kann übersetzt werden als ‹ein einsames Segel› (*parus* ist das Nomen, *odinokij* ein ‹Adjektiv›). Traditionellerweise sagt man, das ‹Verb› vertritt ‹weiß seiend› als einen ‹Prozeß› oder eine ‹Tätigkeit›, das ‹Adjektiv› als eine ‹Eigenschaft› oder einen ‹Zustand›. Der Unterschied von ‹Verb› zum ‹Adjektiv› im vorliegenden Beispiel kommt im Deutschen nur durch eine nicht ganz adäquate Umschreibung zum Ausdruck, etwa: ‹Ein einsames Segel, das sich weiß (gegen den Himmel oder das Meer dahinter) abhebt (oder sogar: ‹weiß herleuchtet›) . . .›. Probleme solcher Art beim Übersetzen aus einer Sprache in eine andere sind zur Genüge bekannt. Uns beschäftigt hier die theoretische Frage: Kann man sagen, daß mit jedem der Hauptredeteile eine bestimmte ‹grammatische Bedeutung› verknüpft ist?

Wir haben bereits gesehen, daß der Unterschied zwischen ‹Verbum› und ‹Adjektivum› in der allgemeinen Syntaxtheorie komplexer Natur ist. In manchen Sprachen kann eine solche Unterscheidung überhaupt nicht getroffen werden; in anderen muß diese Unterscheidung viele syntaktische Merkmale berücksichtigen, die in manchen Fällen in Konflikt miteinander stehen können (vgl. 7.6.4). Das Hauptkriterium jedoch, das auch die traditionelle Unterscheidung zwischen ‹Tätigkeit› und ‹Eigenschaft› wiedergibt, ist die aspektuale Unterscheidung zwischen ‹dynamisch› und ‹statisch› (vgl. 8.4.7). Im Russischen sind die verschiedenen ‹grammatischen Bedeutungen› der ‹lexikalischen Bedeutung›, die dem ‹Verb› *beletj* wie dem ‹Adjektiv› *belyj* gemeinsam ist, ‹überlagert›. In diesem Sinne ist die traditionelle Theorie von den ‹modi significandi› (‹Arten des Bedeutens›) richtig; sie muß natürlich im Rahmen einer überzeugenden Theorie der syntaktischen Struktur neu formuliert werden.

Andererseits dürfen wir aber nicht den allgemeinen Grundsatz aus dem Auge verlieren, daß ‹Bedeutung haben Wahlmöglichkeiten voraussetzt›. Wenn die beschriebene Sprache die Wahl zwischen einem ‹verbalen› und einem ‹adjektivischen› Ausdruck vorsieht (wir beschränken uns hier auf die oben beschriebene Unterscheidung), dann fällt die Verwendung entweder der einen oder der anderen Möglichkeit in die Domäne der semantischen Analyse einer Sprache. Man kann dann fragen, ob die beiden ‹Ausdrucksweisen› dieselbe Bedeutung haben; falls sie von unterschiedlicher Bedeutung sind, kann man weiter fragen, wie sie sich semantisch unterscheiden. Wenn zwischen diesem Unterschied und irgendeiner tiefenstrukturellen grammatischen Unterscheidung eine Beziehung hergestellt werden kann (etwa ‹dynamisch› und ‹statisch›), dann wird er zu Recht ‹grammatische Bedeutung› genannt. Dies kann aber nicht heißen, daß die Entscheidung: «eher ‹Verb› als ‹Adjektiv›» stets an einen Unterschied von ‹grammatischer Bedeutung› gebunden ist. In vielen Fällen bindet sich eine bestimmte ‹lexikalische Bedeutung› notwendig an einen bestimmten Redeteil und keinen anderen. Kurz: In dieser Frage wie in vielen anderen sollte die Theorie der Linguistik eine Brücke zwischen ‹inhaltbezogener› und ‹formaler› Grammatik schlagen (vgl. 7.6.1). Es sollte nicht der Standpunkt verfochten werden, daß das ‹Bezeichnen einer Tätigkeit› Teil der

‹Bedeutung› jedes ‹Verbs› ist bzw. das ‹Bezeichnen einer Eigenschaft› Teil der ‹Bedeutung› jedes ‹Adjektivs›.

Traditionellerweise gilt, daß lexikalische Elemente sowohl ‹lexikalische› (‹substantielle›) als auch ‹grammatische› (‹formale›) Bedeutung haben. Bei der Beschreibung grammatischer Elemente nimmt man gewöhnlich nur ‹grammatische› Bedeutung an. Im letzten Kapitel haben wir gesehen, daß eine bestimmte Anzahl von Elementen, die in der Oberflächenstruktur von Sätzen als ‹Verben› erscheinen, als ‹lexikalische Realisationen› aspektualer, kausativer und anderer ‹grammatischer› Unterscheidungen interpretiert werden können. Ob solche Überlegungen richtig waren oder nicht, können wir unbeachtet lassen. Im gegenwärtigen Stadium der Syntaxtheorie ist die Unterscheidung zwischen grammatischen und lexikalischen Einheiten noch etwas unbestimmt. Der Grund liegt darin, daß die Unterscheidung zwischen offenen und geschlossenen Klassen von Alternativen allein im Hinblick auf die Stellen in der Tiefenstruktur von Sätzen, wo solche ‹Wahlmöglichkeiten› bestehen, getroffen werden kann. Wie wir aber gesehen haben, läßt die Festlegung, an welchen Stellen diese ‹Wahlmöglichkeiten› gegeben sind, breiten Raum für verschiedene Möglichkeiten zu.

Worauf es in diesem Zusammenhang besonders ankommt, ist Folgendes: Es scheint, daß zwischen der ‹Art von Bedeutung›, die lexikalischen Einheiten zukommt, und jener, die sich an grammatische Einheiten knüpft, in allen Fällen, in denen die Distinktion zwischen diesen beiden Klassen von tiefenstrukturellen Einheiten getroffen werden kann, kein wesentlicher Unterschied besteht. Die Begriffe ‹Sinn› und ‹Referenz› sind auf beide gleich anwendbar. Wenn überhaupt eine Verallgemeinerung hinsichtlich der Bedeutung grammatischer Einheiten getroffen werden kann (und man wird sich hier ins Gedächtnis zurückrufen, daß bestimmte ‹rein grammatische› Elemente keine Bedeutung haben: vgl. 8.4.1), dann die, daß grammatische ‹Wahlmöglichkeiten› die generellen Begriffe der Referenz auf Raum und Zeit, Ursächlichkeit, Vorgangshaftigkeit, Individuation usw. – Begriffe der Art, wie sie in den Kapiteln 7 und 8 besprochen wurden – betreffen. Wir können jedoch nicht im vorhinein die Annahme treffen, daß solche Begriffe, seien sie auch noch so deutlich identifizierbar, in der Struktur irgendeiner bestimmten Sprache ‹grammatikalisiert› und nicht ‹lexikalisiert› werden müssen.

9.5.3 *Die ‹Bedeutung› grammatischer ‹Funktionen›*

Die zweite Klasse von Erscheinungen in der Struktur des Englischen, für die Fries (und andere) den Terminus ‹strukturelle Bedeutung› (oder ‹grammatische Bedeutung›) verwendet haben, gilt für Begriffe wie ‹Subjekt›, ‹Objekt› und ‹Bestimmungselement› (‹modifier›). Fries schrieb sein Buch vor der Ausbildung der modernen transformationellen Syntax, und es beschäftigte ihn allein die Oberflächenstruktur (aus einem ziemlich eingeschränkten Blickwinkel). Es ist daher vieles, was er über diese ‹funktionalen› Begriffe zu sagen hat, wohl korrekt, aber für die semantische Analyse kaum von Bedeutung. Dies gilt übrigens auch für den größten Teil der modernen Linguistiktheorie.

Es ist ganz klar, daß gewisse tiefenstrukturelle grammatikalische Beziehungen zwischen lexikalischen Einheiten und Kombinationen lexikalischer Einheiten von Bedeutung für die semantische Analyse von Sätzen sind. Chomsky hat darauf hingewiesen, daß es die ‹funktionalen› Begriffe ‹Subjekt-von›, ‹direktes-Objekt-von›, ‹Prädikat-von› und ‹Hauptverb-von› sind, die die wesentlichen tiefenstrukturellen Beziehungen zwischen lexikalischen Einheiten herstellen. Katz, Fodor und Postal haben vor einiger Zeit versucht, die Semantiktheorie mit Hilfe einer Klasse von ‹Projektionsregeln› zu formalisieren, die jene lexikalischen Einheiten erfassen, die innerhalb von Sätzen in solchen Beziehungen zueinander stehen (vgl. 10.5.4). Begriffe wie ‹Subjekt›, ‹Prädikat› und ‹Objekt› haben wir in dem letzten Kapitel behandelt. Wir sind dabei zu dem Schluß gekommen, daß ihre Formalisierung in der Syntaxtheorie nicht so eindeutig ist, wie Chomsky angenommen hat. Die Stellung der ‹Projektionsregeln›, die Sätzen auf Grund dieser Begriffe Interpretationen zuteilen, ist daher durchaus nicht geklärt.

Bei unserer Besprechung von ‹Transitivität› und ‹Ergativität› haben wir darauf hingewiesen, daß viele der ‹direkten Objekte› in englischen Sätzen durch die Einbettung von einstelligen Konstruktionen als ‹Prädikate› von zweistelligen Konstruktionen und die Einführung eines neuen ‹agentiven› Subjekts erzeugt werden können. Wir haben aber auch gesehen, daß es andere zweistellige, transitive Konstruktionen gibt, die so nicht in befriedigender Weise erzeugt werden können. Dieser Umstand allein läßt schon den Schluß zu, daß die Relation ‹direktes-Objekt-von› in der semantischen Analyse von Sätzen nicht nur eine einzige Interpretation erhalten kann. In der traditionellen Grammatik wurden viele verschiedene Arten von ‹direkten Objekten› unterschieden. Davon wollen wir nur eine herausgreifen, denn es kommt ihr (gleichgültig, welcher Art ihr Status in der Theorie der Syntax ist) zweifellos große Bedeutung in der Semantik zu. Es ist das ‹Objekt des Resultats› (oder des ‹Effekts›).

Das ‹Objekt des Resultats› kann mit den beiden folgenden Sätzen veranschaulicht werden:

(1) *Er liest ein Buch*
(2) *Er schreibt ein Buch*

Im ersten Satz existiert das Buch, bevor (und unabhängig davon ob) es gelesen wird. Im zweiten Satz jedoch gibt es das Buch noch gar nicht – es wird erst geschaffen durch die Vollendung der Tätigkeit, die der Satz beschreibt. Auf Grund dieses Unterschieds wird *das Buch* in (1) traditionsgemäß als ‹gewöhnliches› Objekt des Verbs *liest* betrachtet, während *das Buch* in (2) als ‹Resultatsobjekt› gilt. Semantisch gesehen ist jedes Verb, welches als Objekt ein ‹Resultatsobjekt› hat, zutreffend als ‹existentielles Kausativ› zu beschreiben. Das häufigste ‹Verb› im Englischen, das in diese Klasse fällt, ist *make*. Wir haben bereits darauf verwiesen, daß dieses *make* auch ein ‹kausatives Auxiliar› ist (vgl. 8.3.6, 8.4.7). Es steht, ebenso wie *do*, als ‹Pro-Verb› in Interrogativsätzen. Eine Frage wie *What are you doing*? setzt weniger Kenntnisse über das ‹Prädikat› in jenem Satz voraus, mit dem die Frage beantwortet wird (das Verb kann transitiv oder intransitiv sein, aber es muß ein ‹Tätigkeitsverb› sein: vgl. 7.6.4). Zum Unterschied davon setzt *What are you making*? voraus, daß die ‹Tätigkeit› ‹resultativ› ist und daß ihr Ziel oder Abschluß die ‹Existenz› eines bestimmten ‹Objekts› ist. Es ist zu beachten, daß dieser Unterschied in einer Reihe von europäischen Sprachen nicht so auffallend ist wie im Englischen. (So kann man das französische *Qu'est-ce que tu fais*? entweder mit ‹What are you doing?› oder ‹What are you making?› wiedergeben). Das heißt andererseits wieder nicht, daß der Unterschied zwischen ‹gewöhnlichen› Objekten und ‹Resultatsobjekten› in diesen Sprachen ohne Bedeutung ist.

Die Bedeutung dieses Begriffs ‹existentielles Kausativ› ist dem Umstand zuzuschreiben, daß häufig und in hohem Grade Interdependenz zwischen einem bestimmten Verb oder einer Verbklasse und einem bestimmten Nomen oder einer Klasse von Nomina in Sätzen besteht, in denen sich diese Konstruktion ‹Resultatsobjekt› manifestiert. So könnte z. B. keine befriedigende semantische Analyse des Substantivs *Bild* gegeben werden, würde diese Analyse nicht die syntagmatische Beziehung zwischen diesem Substantiv und Verben wie *malen* und *zeichnen* herstellen. Umgekehrt ist die Tatsache, daß das Nomen *Bild* ‹Resultatsobjekt› dieser Verben ist, als Teil ihrer Bedeutung festzuhalten.

Dieser Begriff der syntagmatischen Interdependenz oder Präsupposition ist für die Analyse des Wortschatzes jeder Sprache von großer Bedeutung (vgl. 9.4.3). Er ist in weit größerem Rahmen gültig, als hier gezeigt werden kann. Es gibt Präsuppositionen, die bei bestimmten Klassen von Substantiven und Verben bestehen, wo das Nomen Subjekt zum Verb ist (z. B. *Vogel* : *fliegen*, *Fisch* : *schwimmen*); weiter bei ‹Adjektiven› und Nomina (*blond* : *Haar*, engl. *addled* : *egg*), Verben und ‹gewöhnlichen› Objekten (engl. *drive* : *car*), Verben und Nomina von ‹instrumentaler› Beziehung zueinander (*beißen* : *Zähne*, engl. *kick* : *foot*) usw. Viele dieser Beziehungen der einzelnen Klassen lexikalischer Einheiten zueinander können im Rahmen der von Chomsky entwickelten Transformationssyntax nicht beschrieben werden, es sei denn durch eine Reihe von ‹Projektionsregeln›, die ad hoc aufgestellt werden.

Da es bis jetzt noch keinen zur Gänze befriedigenden syntaktischen Beschreibungsrahmen gibt, in dem die verschiedenen Sinnrelationen, die die Grundlage für die Strukturen der Vokabulare in den Sprachen bilden, dargestellt werden können, versuchen wir nicht, eine Reihe von ‹Projektionsregeln› zu formulieren, die in den tiefenstrukturellen grammatischen Relationen wirksam werden. Im folgenden Kapitel werden wir eine Anzahl von besonders wichtigen paradigmatischen Relationen zwischen Klassen lexikalischer Einheiten besprechen. Wir werden dabei nicht streng formal vorgehen. Wir nehmen aber an, daß diese Relationen auf der Grundlage eines geeigneteren Darstellungsschemas tiefenstruktureller grammatischer Relationen eleganter beschrieben werden könnten.

9.5.4 *Die ‹Bedeutung› von ‹Satztypen›*

Die dritte Klasse von ‹Bedeutungen›, gemeinhin als ‹grammatisch› gekennzeichnet, kann mittels des Unterschieds zwischen ‹deklarativen›, ‹interrogativen› und ‹imperativen› Sätzen illustriert werden. Nach der neueren Entwicklung in der Transformationstheorie geht man dazu über, in die tiefenstrukturellen P-Marker von Sätzen grammatische Elemente wie ‹Interrogativelement› (‹interrogative marker›) und ‹Imperativelement› (‹imperative marker›) einzuführen und dann die Regeln der Transformationskomponente so zu formulieren, daß die Anwesenheit eines dieser Elemente (‹marker›) die entsprechende Transformationsregel auslöst. Wir wollen hier nicht auf die Vorteile eingehen, die sich aus der Formulierung der Unterscheidung zwischen verschiedenen ‹Satztypen› syntaktisch ergeben, sondern wir wollen vielmehr auf die semantischen Folgerungen eingehen.

Es wurde darauf hingewiesen (von Katz und Postal), daß diese (Initial-) Elemente (‹markers›) semantisch den lexikalischen und grammatischen Elementen gleichen, die als Konstituenten der Satzkerne vorkommen. Das ‹Imperativelement› (‹Initialelement für den Imperativsatz›) etwa soll in dem Wörterbuch mit einer Eintragung versehen sein, «welche das Element etwa in dem Sinne von ‹der Sprecher wünscht (bittet, fordert, besteht darauf, u.s.w.), daß› vertritt». Diesem Vorschlag jedoch liegt eine undeutliche Interpretation des Terminus ‹Bedeutung› zu Grunde. Wenn wir den Ausdruck ‹Bedeutung› weiterhin für alle Arten von unterscheidbaren semantischen Funktionen verwenden, dann können wir mit gutem Grund sagen, daß zwischen einander entsprechenden Feststellungen, Fragen und Befehlen (die nicht unbedingt als Deklarativ-, Interrogativ- bzw. Imperativsätze ‹ausgedrückt› werden müssen – der Einfachheit halber lassen wir dieses Argument jedoch beiseite) ein Unterschied in der ‹Bedeutung› besteht. Die Frage jedoch, ob zwei lexikalische Einheiten ‹dieselbe Bedeutung› haben, wird gewöhnlich unter Bezug auf den Begriff der Synonymie geklärt:

Gleichheit von *Sinn.* Dies ist eine paradigmatische Relation: d. h. eine Relation, die zwischen Einheiten besteht oder eben nicht besteht, welche in demselben Satztypus im gleichen Kontext vorkommen. Im folgenden Kapitel werden wir sehen, daß der Begriff der ‹Synonymie› zwischen *x* und *y* mit Hilfe der Klasse von Implikationen erklärt werden kann, die sich ergeben, wenn zwei Sätze sich nur dahingehend unterscheiden, daß in dem einen *x* steht, wo in dem anderen *y* steht. Solche Überlegungen sind aber auf einander entsprechende deklarative und interrogative oder imperative Sätze (etwa *Du schreibst den Brief* und *Schreibst Du den Brief?* oder *Schreib den Brief!*) nicht anwendbar. Wenn man auch sagen kann, daß sich die entsprechenden Elemente verschiedener ‹Satztypen› hinsichtlich ihrer ‹Bedeutung› unterscheiden, so geht es doch nicht an zu sagen, daß sie hinsichtlich ihres Sinnes differieren. Der Versuch, die Semantiktheorie so zu formulieren, daß die ‹Bedeutung› eines ‹Interrogativelements› oder ‹Imperativelements› genau so beschrieben werden kann wie die ‹Bedeutung› lexikalischer Einheiten, ist verfehlt.

10 SEMANTISCHE STRUKTUR

10.1 *Einleitung*

10.1.1 *Die Priorität von Sinnrelationen*

In diesem Kapitel geht es um den Begriff *Sinn* (zum Unterschied von Referenz und Applikation, vgl. 9.4.1–9.4.8). Wir haben bereits erörtert, daß das Vokabular einer Sprache eine Reihe von *lexikalischen Systemen* umfaßt, deren semantische Struktur mit Hilfe von paradigmatischen und syntagmatischen Sinnrelationen beschrieben werden kann. Diese Relationen – das haben wir hervorgehoben – sind so zu definieren, daß sie zwischen lexikalischen Einheiten und nicht zwischen unabhängig voneinander bestimmten ‹Sinnen› gelten (vgl. 9.4.2).

Dieser letzte Punkt ist theoretisch und methodologisch bedeutsam. Es gilt als einer der fundamentalen Grundsätze des ‹Strukturalismus›, wie er von de Saussure und seinen Nachfolgern entwickelt wurde, daß jede linguistische Einheit ihren ‹Platz› in einem System hat und ihre Funktion oder ihr Wert von den Relationen abzuleiten ist, die es mit anderen Einheiten des Systems eingegangen ist (vgl. 2.2.2–2.2.9). Für den Linguisten, der sich für die strukturelle Methode in der Semantik entscheidet, bietet sich der Vorteil, daß er sich in der strittigen Frage des philosophischen und psychologischen Status der ‹Begriffe› oder ‹Ideen› nicht festlegen muß (vgl. 9.2.6). Im Hinblick auf die empirische Untersuchung der Sprachstruktur kann der Sinn einer lexikalischen Einheit definiert werden als nicht nur abhängig von, sondern vielmehr identisch mit der Menge von Relationen, die zwischen der betreffenden Einheit und Einheiten in demselben lexikalischen System bestehen. Der Charakter dieser Sinnrelationen wird in diesem Kapitel besprochen werden.

Die methodologische Bedeutung einer strukturellen Untersuchung im Hinblick auf die Definition von Sinn kann dadurch veranschaulicht werden, daß man diese mit dem Definitionsvorschlag für Begriffe wie Länge, Gewicht, Form u.s.w., wie er von Russell und anderen modernen Logikern gemacht wurde, vergleicht. In der traditionellen Logik wurde die Frage «Ist x dieselbe Länge wie y?» allgemein so interpretiert, als wäre sie von sekundärer Natur und abhängig von Fragen einer ganz anderen logischen Struktur: «Was ist die Länge von x?» und «Was ist die Länge von y?» (wobei Länge als eine Eigenschaft betrachtet wurde, die Objekten mehr oder weniger eignet). Praktisch wird die Länge eines Objekts dadurch bestimmt, daß es mit einer konventionell niedergelegten Norm verglichen wird. Wenn wir z. B. sagen, daß *x* genau einen Meter lang ist, dann stellen wir fest, daß dieses *x*, würden wir es mit der Stange aus Platin-Iridium im Internationalen Maß- und Gewichtsbüro vergleichen, sich in seiner Länge als gleich mit dem Abstand zwischen den beiden auf dieser Stange markierten Strichen herausstellen würde. (Die Tatsache, daß seit 1960 das Meter mit Hilfe komplizierterer, aber verläßlicher physikalischer Messungen definiert ist, beeinträchtigt unser Argument nicht weiter.) Mit anderen Worten, die Frage «Was ist die Länge von *x*»? wird mittels eines Verfahrens beantwortet, welches auch eine Antwort auf die Frage «Ist *x* die gleiche Länge wie *z*?» ergibt (*z* ist dabei die Norm). Wenn zwei Objekte *x* und *y* gegeben sind, so können wir sie direkt miteinander oder indirekt unter Bezugnahme auf ein drittes Objekt *z* vergleichen (die Platin-Iridium-Stange in Paris, ein Richtmaß, welches in Übereinstimmung mit bestimmten allgemein gültigen Meßnormen geeicht wurde). Ob man nun von dem einen oder dem anderen ausgeht, «Was ist die Länge von *x*?» ist jedenfalls von einer Klasse von Fragen der Form «Ist *x* dieselbe Länge wie *y*?» abhängig, ja darauf reduzierbar. Empirisch gibt es keinen anderen Weg, die Länge von *x* zu bestimmen. Unter diesen Voraussetzungen hat Russell den Vorschlag gemacht, daß Länge nicht anders als mittels der Relation ‹hat dieselbe Länge wie› definiert wird. (Wir wollen hier nicht in die Details von Russells Formulierung gehen. Das allgemeine Prinzip ist unabhängig davon.)

Ebenso wie ‹hat dieselbe Länge wie› eine Relation ist, die zwischen zwei Objekten besteht (und nicht zwischen den ‹Längen›, die ihnen eignen), so ist auch ‹hat denselben Sinn› – oder Synonymie – eine zwischen zwei lexikalischen Einheiten geltende Relation (und nicht eine zwischen den ‹Sinnen›, mit denen sie sich im Geiste der Sprecher verbinden: vgl. 9.2.6). Die Definition von Sinn ist weit komplexer als die Definition von Länge (oder Gewicht usw.), da es um mehr als die Relation von Gleichheit und Verschiedenheit geht. Aber es besteht wohl ebenso wenig Anlaß, eine Klasse von ‹Sinnen›, die in einem System lexikalischen Einheiten zugeordnet sind, zu postulieren wie eben eine Klasse von ‹Längen›, die physischen Objekten eigen sind. Die Frage «Was ist der Sinn von *x*?» (wie man sich erinnern wird, ist die Antwort darauf nur Teil der Antwort auf die Frage «Was ist die Bedeutung von *x*?») ist methodisch zurückführbar auf eine Klasse von Fragen, deren jede einzelne relationell ist: «Besteht zwischen *x* und *y* die Sinnrelation R_i?»

10.1.2 *‹Analytische› und ‹synthetische› Implikation*

Der Begriff des Sinnes wird in der Philosophie häufig in Verbindung mit der Unterscheidung von *synthetischen* und *analytischen* Feststellungen diskutiert. Der Unterschied kann folgendermaßen formuliert werden: Eine synthetische Feststellung ist eine solche, die ‹bedingt› (‹kontingent›) wahr ist – als empirisches Faktum, welches auch anders sein könnte. Eine analytische Feststellung ist eine, die ‹notwendig› wahr ist; ihre Wahrheit ist festgelegt (I) durch den Sinn ihrer konstituierenden Elemente und (II) durch die syntaktischen Regeln der Sprache. Um ein Standardbeispiel zu nehmen: Der Satz *Alle Junggesellen sind unverheiratet* kann als analytisch in dem Sinne betrachtet werden, daß *Junggeselle* und *unverheiratet* derart semantisch miteinander in Beziehung gesetzt sind, daß die Wahrheit des Satzes feststeht.

Die Diskussion über die Gültigkeit des Begriffs der Analytizität ist noch im Gange. Es ist durchaus möglich, daß er in der üblicherweise diskutierten Form philosophisch unhaltbar ist. Glücklicherweise ist es aber so, daß die semantische Analyse der Sprache, wie sie in der täglichen Rede verwendet wird, die Lösung der philosophischen Probleme, die sich an die Scheidung von bedingter und notwendiger Wahrheit knüpfen, nicht voraussetzt. Was der Linguist benötigt, ist ein *pragmatisches* Konzept der Analytizität – ein Konzept, welches in der Theorie die in der Sprachgemeinschaft stillschweigend vorausgesetzten Kenntnisse (Präsuppositionen) und Annahmen anerkennt und andererseits von ihrer Wertung innerhalb eines anderen Bezugssystems, von dem man annimmt, daß es absolut oder linguistisch und kulturell neutral ist, absieht. Wir haben früher aus eben diesem Grunde den Begriff des *eingeschränkten Kontexts* (*restricted context*) eingeführt. Alle Feststellungen, die in diesem Kapitel über die semantischen Relationen gemacht werden, welche zwischen Sätzen vermittels des Sinnes der lexikalischen Einheiten in ihnen bestehen, müssen im Lichte dieses Begriffs interpretiert werden.

Sinnrelationen können in einem System aufgezeigt werden, in dem der Begriff der *Implikation* einen Platz hat. Dieser Begriff kann hier auf der Grundlage der früher verwendeten Begriffe der expliziten Affirmation (Feststellung) und Negation eingeführt werden. Wir wollen die Annahme treffen, daß es in allen Sprachen möglich ist, Entsprechungsregeln zwischen feststellenden und negierenden Sätzen aufzustellen, und daß weiter die Entsprechung zwischen einem bestimmten feststellenden und einem bestimmten negierenden Satz in der Grammatik der Sprache eine Erklärung findet. So entspricht der negative Satz *John ist nicht verheiratet* der Feststellung *John ist verheiratet*. Wir sagen nun, daß ein negativer Satz *explizit verneint*, was der entsprechende feststellende (affirmative) Satz *explizit behauptet* (*feststellt*). Auf der Grundlage dieses Begriffs von expliziter Behauptung und Verneinung können wir den semantisch intressanteren Begriff der *impliziten* Behauptung und Verneinung oder der Implikation aufbauen. Man sagt, daß ein S_1 einen anderen Satz S_2 impliziert – symbolisch $S_1 \supset S_2$ –, wenn Sprecher der Sprache darin übereinstimmen, daß es nicht möglich ist, S_1 explizit zu behaupten und S_2 explizit zu verneinen. S_1 wiederum verneint implizit S_2 – S_1 impliziert *nicht* S_2: $S_1 \supset \sim S_2$ –, wenn nach Übereinkunft die explizite Feststellung von S_1 die explizite Feststellung von S_2 ohne Widersprüchlichkeit unmöglich macht.

Es ist zu betonen, daß Implikation in dem hier definierten Sinne grundsätzlich objektiv überprüfbar ist. Das heißt natürlich nicht, alle Sprecher seien unbedingt einer Meinung darüber, daß ein Satz den anderen impliziert. Wie wir bereits gesehen haben, findet das, was man normalerweise unter dem ‹Verstehen› von Äußerungen meint, eine recht gute Erklärung, ohne daß die Voraussetzung gemacht werden muß, alle Sprecher einer Sprache leiteten aus einer bestimmten Äußerung dieselbe Menge von Implikationen ab (vgl. 9.2.9). Vielmehr muß angenommen werden, daß in den Implikationen genügend große Überschneidungen bestehen, die unter den verschiedenen Sprechern in der Mehrzahl der Fälle, in denen sie miteinander kommunizieren, Mißverständnisse verhindern. In einer Theorie der Semantik muß in einem gewissen Ausmaß Platz sein für Unbestimmtheit in Anzahl und Art der Implikationen, die zwischen den Sätzen einer Sprache gelten.

10.2 *Synonymie*

10.2.1 *‹Synonymie› in strengerem und weiterem Sinne*

Man kann von einer strengeren und einer weiteren Interpretation des Ausdrucks ‹Synonymie› sprechen. Nach der strengeren Auslegung (sie ist in der modernen Semantiktheorie am häufigsten anzutreffen) sind zwei Elemente synonym, wenn sie denselben Sinn haben. Wir werden in diesem Abschnitt eben diese Interpretation von Synonymie erörtern.

Die weitere Interpretation mag ein Zitat aus ‹Rogets Thesaurus› verdeutlichen: «Nehmen wir einmal das Wort ‹nice› ... Wir werden darunter [im Index] ... verschiedene Synonyma finden, die verschiedene Bedeutungsnuancen des Wortes ‹nice› wiedergeben.» Die für *nice* im Index angeführten ‹Synonyma› sind *savoury*, *discriminative*, *exact*, *good*, *pleasing*, *fastidious* und *honourable*. Jedes dieser Wörter ist selbst wieder Hauptstichwort. Schlagen wir z. B. den Absatz *pleasing* auf, so stoßen wir auf «eine Ansammlung buchstäblich von Dutzenden von Äquivalenten ..., die alle nur möglichen Bedeutungsschattierungen zum Ausdruck bringen». Das Gleiche gilt für *good*, *exact* und die anderen. Der Thesaurus bietet also eine Übersicht über «hunderte von Wörtern und Ausdrücken, die uns statt ... ‹nice›, von dem wir ausgingen, zur Verfügung stehen». All diese Wörter sind nach der weiteren Auslegung des Begriffs der Synonymie ‹synonym›.

10.2.2 *Vorschläge für eine Quantifizierung der Synonymie*

Es wird manchmal der Vorschlag gemacht, Synonymie als eine Sache der Gradunterschiede zu betrachten: jede Klasse von lexikalischen Einheiten könne also auf einer Stufenleiter von Sinnähnlichkeiten und -unterschieden so aufgeteilt werden, daß z. B. *a* und *b* als sinnidentisch (streng synonym) dargestellt werden könnten, *a* und *c* in ihrem Sinn als relativ ähnlich (synonym im weiteren Sinne), *a* und *d* weniger ähnlich u.s.w. In den letzten Jahren sind verschiedene entsprechende Vorschläge zur Quantifizierung der Synonymie gemacht worden. Wir wollen keine davon hier diskutieren. Selbst wenn gezeigt würde, daß das eine oder das andere Maß für Sinnähnlichkeit empirisch verläßlich wäre (unabhängig verwendbar für mehrere Wissenschaftler zu verschiedenen Zeiten und konsistent in seinen Resultaten) und daß es Elemente als mehr oder weniger ‹synonym› erklären könnte, die der Muttersprachler gefühlsmäßig als ‹zusammengehörig› empfindet, dann bliebe immer noch das Problem, wie die Unterschiede zwischen den ‹Synonymen› zu erklären sind. (Es ist wohl nicht überflüssig darauf hinzuweisen, daß die praktische Verwendbarkeit von Nachschlagewerken wie ‹Roget's Thesaurus› davon abhängt, ob der Benutzer die Sprache kennt oder nicht. Kann er nämlich selbst nicht, ohne zu irren, zwischen den Hunderten von ‹Äquivalenten›, die für *nice* angegeben werden, unterscheiden, so können sie ihm kaum «zur Verfügung stehen»). Man kann jedenfalls nicht ohne Willkür sagen, daß *b* und *c* synonym sind und zu *a* in gleicher semantischer Beziehung stehen, wenn sich zeigen läßt, daß sie ihrem Sinn nach von *a* ‹äquidistant› sind. Nehmen wir an, es würde sich herausstellen, daß nach einem der vorgeschlagenen Meßverfahren für die Sinnähnlichkeit *Mutter* und *Sohn* von *Vater* ‹äquidistant› sind. Wie wäre dieses Ergebnis zu interpretieren? Wir wären natürlich nicht bereit zu sagen, daß *Mutter* und *Sohn* auch nur in irgendeinem ‹weiten Sinne› synonym seien. Die Sinnrelation zwischen *Vater* und *Mutter* ist offensichtlich und beschreibbar anders als die zwischen *Vater* und *Sohn*. Kurz, es gibt keine objektive Methode, die verschiedenartigen Sinnrelationen, die ganz offensichtlich in der Zusammenstellung des Wörterbuchs eine wichtige Rolle spielen, von einem Maß der relativen ‹Synonymie› abzuleiten.

10.2.3 *‹Totale› Synonymie und ‹reine› Synonymie*

Es ist eine weit verbreitete Ansicht, daß es, wenn überhaupt, nur wenige ‹wirkliche› Synonyme in natürlichen Sprachen gibt. Nach Ullmann ist es «fast ein Gemeinplatz, daß totale Synonymie äußerst selten vorkommt, ein Luxus, den sich eine Sprache nur schwer leisten kann». Ullmann nennt zwei voneinander unabhängige Kriterien dafür: «Es können nur solche

Wörter synonym genannt werden, die einander in einem bestimmten Kontext ohne die leiseste Änderung in ihrer kognitiven oder emotiven Bedeutung ersetzen können.» Die beiden Bedingungen für ‹totale Synonymie› sind demnach (I) Auswechselbarkeit in allen Kontexten und (II) Identität nach kognitiver und emotiver Bedeutung. Wir werden die Gültigkeit einer solchen Unterscheidung zwischen ‹kognitivem› und ‹emotivem› Sinn noch erörtern; im Augenblick jedoch wollen wir sie als gegeben annehmen.

Die Bedingung der Auswechselbarkeit in allen Kontexten ist Niederschlag der allgemeinen Annahme, daß Wörter niemals in irgendwelchen Kontexten synonym sind, wenn sie nicht in allen Kontexten vorkommen können (und denselben Sinn haben). Wir haben darauf bereits Bezug genommen und diesen Standpunkt verworfen (9.4.2). Wie alle Sinnrelationen ist Synonymie kontextabhängig; wir werden darauf zurückkommen. Der Haupteinwand gegen die von Ullmann (und anderen) vorgeschlagene Definition der Synonymie ist der, daß sie zwei grundsätzlich verschiedene Kriterien verknüpft und die Annahme ihrer Interdependenz vorwegnimmt. Es ist nützlich, hier eine terminologische Unterscheidung einzuführen. Vorausgesetzt daß die Scheidung zwischen ‹kognitivem› und ‹emotivem› Sinn Gültigkeit hat, können wir den Ausdruck ‹*reine* Synonymie (*complete* synonymy) für die Äquivalenz von sowohl kognitivem als auch emotivem Sinn verwenden; den Ausdruck ‹*totale* Synonymie› (*total* synonymy) beschränken wir dann auf jene Synonyme (seien sie nun rein synonym oder nicht), die in allen Kontexten auswechselbar sind. Nach diesem Klassifikationsschema sind vier Arten von Synonymie möglich (wir nehmen an, daß jeder der Variablen nur zwei Werte zugeordnet werden): (1) reine und totale Synonymie; (2) reine, aber nicht totale Synonymie; (3) nicht-reine, aber totale Synonymie; (4) nicht-reine und nicht-totale Synonymie. Die meisten Semantiker meinen reine *und* totale Synonymie, wenn sie von ‹wirklicher› (oder ‹absoluter›) Synonymie sprechen. Es ist ohne Zweifel richtig, daß es sehr wenige solche Synonyme in der Sprache gibt. Und wir erreichen nichts mit einer Definition des Begriffs der ‹absoluten› Synonymie, der auf der Annahme gründet, daß reine Äquivalenz und totale Auswechselbarkeit notwendigerweise verbunden sind. Wenn wir annehmen, daß dies nicht der Fall ist, und wenn wir zugleich den traditionellen Standpunkt aufgeben, daß Synonymie gleichzusetzen ist mit Identität zweier unabhängig voneinander bestimmter ‹Sinne›, dann wird die ganze Frage einfacher.

10.2.4 *‹Kognitive› und ‹emotive› Bedeutung*

Viele Semantiker beziehen sich bei der Diskussion der Synonymie auf die Unterscheidung zwischen ‹kognitiver› und ‹emotiver› (oder ‹affektiver›) Bedeutung. Darin spiegelt sich die Ansicht, daß für den Sprachgebrauch zwei oder mehr trennbare psychologische ‹Fähigkeiten› nötig sind – der Verstand einerseits und die Vorstellungskraft und die Emotionen andererseits. Sowohl in wissenschaftlichen Abhandlungen zur Semantik als auch in populärwissenschaftlichen Werken zu dem Thema wird häufig die Wichtigkeit von ‹emotiven› Faktoren beim sprachlichen Verhalten betont. Man sagt, daß zum Unterschied vom Wortgebrauch der wissenschaftlichen und technischen Sprache die Wörter der Alltagssprache über die primäre, rein ‹intellektuelle› Bedeutung hinaus mit emotionalen ‹Assoziationen› oder ‹Konnotationen› angereichert sind.

Es ist nicht nötig, hier über die psychologische Gültigkeit der Unterscheidung zwischen den verschiedenen geistigen ‹Fähigkeiten› zu diskutieren, die ursprünglich zur Grundlage für die semantische Distinktion von ‹kognitiver› und ‹nicht-kognitiver› Bedeutung gemacht wurde. Der Ausdruck ‹kognitive› Bedeutung wird von vielen Gelehrten gebraucht, die sich nicht unbedingt der These verschreiben, daß das ‹Verstandesmäßige (Intellektuelle)› scharf unterscheidbar ist vom ‹Affektiven›. Was den praktischen Sprachgebrauch anlangt, so ist ohne Zweifel richtig, daß dem einen oder dem anderen Wort auf Grund seiner verschiedenen emotiven oder assoziativen Eigenschaften der Vorzug gegeben werden kann. Aber das Ausmaß, in dem das von Bedeutung ist, wechselt je nach der Stillage oder der Situationen beträchtlich. Ullmann gibt als Beispiele englischer Wörter, die kognitiv, aber nicht emotiv synonym sind, folgende an *liberty* : *freedom* (Freiheit), *hide* : *conceal* (verbergen). Man kann sich unschwer Situationen ausdenken, in denen ein Sprecher oder Schreiber eines der Synonyme dem anderen bewußt vorzieht und dabei seine Wahl auf Grund dieser Konnotationen (Nebensinne), welche die Wörter wahrscheinlich evozieren, trifft. Es gibt aber auch viele Textzusammenhänge, in welchen das eine oder das andere Wort ohne jede merkliche Differenz im Ausdruck gebraucht werden kann. Es wäre falsch anzunehmen, daß die emotiven Konnotationen eines Wortes für seinen Gebrauch stets von Bedeutung sind.

Noch wichtiger ist der folgende Punkt. Die verschiedenen Autoren vollziehen die Trennung zwischen ‹kognitiver› und ‹nicht-kognitiver› Synonymie auf verschiedene Weise. Jedesmal wird aber ‹kognitive› Synonymie zuerst definiert. Niemand spricht davon, daß Wörter ‹emotiv›, aber nicht‹ kognitiv synonym› sind. Dieser Umstand alleine würde den Verdacht rechtfertigen, daß ‹emotiv› oder ‹affektiv› als Formeln gebraucht werden, mit denen man sich auf recht unterschiedliche Faktoren bezieht, welche die Auswahl bestimmter Synonyme in bestimmten Situationen oder in bestimmten Kontexten beeinflussen können. Was nötig ist, ist eine Beschreibung dieser Faktoren in einer ihnen angemessenen Form. Nichts wird dadurch erreicht, daß man die zweifellos wesentliche Kategorie der ‹emotiven› (oder ‹affektiven›) Konnotationen auf alles anwendet, was nicht im Rahmen der ‹kognitiven› Bedeutung liegt.

Einige der Faktoren, die unsere Wahl zwischen ‹kognitiv› synonymen Wörtern und Ausdrücken beeinflussen oder bestimmen, haben mit Sinn, Referenz oder dem, was man irgendwie noch zur ‹Bedeutung› zählen könnte, nichts zu tun. Man vermeidet es oft bewußt, wenn irgend möglich, das gleiche Wort in der gleichen Äußerung mehr als einmal zu gebrauchen. Andere folgen bewußt oder unbewußt der Übung, ein kürzeres Wort einem längeren vorzuziehen, eher ein ‹Alltagswort› als ein ›gelehrtes› Wort zu verwenden, ein ‹deutsches Wort anstatt eines lateinischen, griechischen oder romanischen Wortes zu gebrauchen u.s.w. Beim Schreiben von Versen führen die bestimmten phonologischen Bedingungen, die von Metrum oder Reim gesetzt werden, noch weitere nicht-semantische Faktoren ein. Es gibt darüber hinaus Faktoren, die man wohl als ‹semantisch› beschreiben kann, die aber eher mit der stilistischen oder situationellen Zulässigkeit bestimmter Formen zu tun haben als mit ihrem Sinn oder ihrer Referenz. Wir haben bereits klar gemacht, daß es viele ‹Dimensionen› der Akzeptabilität gibt, die man in einer vollständigen Beschreibung sprachlichen Verhaltens erklären müßte (vgl. 4.2.3). An dieser Stelle soll über diese anderen bestimmenden Faktoren vollständiger Akzeptabilität nichts weiter gesagt werden, da wir die allgemeineren Prinzipien semantischer Struktur im Auge haben. Es erscheint jedenfalls vorteilhaft, den Terminus ‹Synonymie› auf das zu beschränken, was viele Semantiker mit ‹kognitiver› Synonymie› beschrieben haben. Diese Übereinkunft wollen wir für den Rest dieses Kapitels einhalten. Die Unterscheidung zwischen ‹vollständiger› und ‹unvollständiger› Synonymie wird also keine Rolle mehr spielen.

10.2.5 *Synonymie definiert als bilaterale Implikation*

Synonymie kann als bilaterale Implikation oder *Äquivalenz* definiert werden. Wenn ein Satz S_1 einen anderen, S_2, impliziert und wenn auch die Umkehrung gilt, dann sind S_1 und S_2 äquivalent: d. h. wenn $S_1 \supset S_2$ und wenn $S_2 \supset S_1$ dann $S_1 \equiv S_2$ (wobei ‹$\equiv$› für ‹ist äquivalent› steht). Wenn nun die beiden äquivalenten Sätze die gleiche syntaktische Struktur haben und sich voneinander nur dahingehend unterscheiden, daß der eine x hat, wo der andere y hat, dann sind x und y synonym. Eine alternative Möglichkeit, die Definition der Äquivalenz zu formulieren, wäre die folgende: Wenn S_1 und S_2 dieselbe Klasse von Sätzen implizieren, dann sind sie einander äquivalent. Das Problem bei einer Definition dieser Form liegt jedoch darin, daß sie dem Grundsatz, daß die von irgendeinem gegebenen Satz implizierte Klasse von Sätzen undeterminiert ist (vgl. 9.2.10) nicht gerecht wird. Wenn wir Äquivalenz mit Hilfe der bilateralen Implikation definieren, dann können wir die Annahme treffen, daß einander implizierende Sätze auch dieselbe Klasse anderer Sätze implizieren, außer wenn und bis diese Annahme sich in bestimmten Fällen als falsch erweist.

10.2.6 *Synonymie und ‹normale› Auswechselbarkeit*

In der traditionellen Semantik ist Synonymie gewöhnlich als Beziehung zwischen lexikalischen Einheiten betrachtet worden. Die eben gegebene Definition spiegelt diesen Standpunkt. Es ist natürlich möglich, die Anwendung des Terminus ‹Synonymie› so auszuweiten, daß neben einzelnen lexikalischen Elementen auch ganze Gruppen solcher Elemente, die in besonderen syntagmatischen Konstruktionen gebunden sind, erfaßt werden. Man kann z. B. ohne weiteres sagen, daß die Ausdrücke *weiblicher Fuchs* und *männliche Ente* mit den lexikalischen Einheiten *Füchsin* bzw. *Enterich* (*Erpel*) synonym sind. Mit dieser Feststellung – darüber darf man nicht hinwegsehen – setzt man freilich voraus, daß die Syntagmen und lexikalischen Einheiten im normalen Sprachgebrauch auswechselbar sind. Zum Unterschied davon sind **männliche Kuh* und *Stier* bzw. **weiblicher Stier* und *Kuh* normalerweise (so wollen wir annehmen) nicht austauschbar, obschon man sich leicht eine Situation ausdenken kann, in welcher es am einfachsten ist, jemandem (der die Bedeutung von *Kuh* und *männlich* weiß) die Bedeutung von *Stier* mittels des normalerweise unzulässigen Satzes *Ein Stier ist eine weibliche Kuh* zu erklären. Der Grund, warum **weiblicher Stier* und **männliche Kuh* semantisch unzulässig sind, liegt darin, daß weder *Stier* noch *Kuh* zum Unterschied von *Fuchs* und *Ente* im Hinblick auf die Unterscheidung des Geschlechts ‹unmarkiert› sind (vgl. 2.3.7 dazu engl. *dog* und *bitch*). Soweit würden alle Semantiker übereinstimmen. Die Bedingung der ‹normalen› Auswechselbarkeit wird aber viele semantisch kompatible (signifikante) Gruppierungen lexikalischer Einheiten gleichzeitig mit semantisch inkompatiblen Ausdrücken wie **männliche Kuh* ausschließen. Der Ausdruck *erwachsenes, weibliches, zu den Rindern gehöriges Tier* (dies könnte als Wörterbuchdefinition für *Kuh* stehen) ist zweifellos semantisch wie grammatisch korrekt. Er ist aber wahrscheinlich weit weniger ‹normal› als das semantisch unkorrekte **männliche Kuh*. Ein Sprecher des Deutschen würde ‹normalerweise› keinen Ausdruck wie *erwachsenes, weibliches, zu den Rindern gehöriges Tier* formen und ihn in seinem alltäglichen Sprachgebrauch abwechselnd mit *Kuh* verwenden. Andererseits kann man sagen, daß die in diesem Zusammenhang entstehene interessanteste Frage nicht die ist, ob nun eine Synonymierelation vorliegt oder wie man diese gegebenenfalls erklären kann, sondern weshalb eine lexikalische Einheit wie *Kuh* und ein Syntagma wie *erwachsenes, weibliches, zu den Rindern gehöriges Tier* nun nicht frei vertauschbar sind. Viele Semantiker haben die Bedeutung dieser

Frage nicht erkannt. Wir werden später im Zusammenhang mit der ‹Komponentialanalyse› darauf zurückkommen (vgl. 10.5.5).

10.2.7 *Kontextabhängige Synonymie*

Abschließend soll noch auf einen Punkt in Zusammenhang mit der Synonymie hingewiesen werden: Mehr als jede andere Sinnrelation ist sie *kontextabhängig* (*context-dependent*) und dies in einer theoretisch interessanten Weise. Es ist offensichtlich, daß sie nicht per se eine strukturelle Beziehung darstellt. Es könnten alle Fälle von Synonymie aus dem Vokabular eliminiert werden, ohne daß der Sinn der verbleibenden lexikalischen Elemente dadurch beeinträchtigt würde. Das so ‹verarmte› Vokabular würde wohl weniger stilistische Variierungsmöglichkeiten bieten, es könnte jedoch mit diesem kleineren synonymenfreien Vokabular das Gleiche wie mit dem umfänglicheren gesagt werden.

Obgleich Synonymie für die semantische Struktur der Sprache nicht essentiell ist, tritt sie in bestimmten Kontexten als Folge der fundamentaleren strukturellen Zusammenhänge, Hyponymie (hyponymy) und Inkompatibilität (incompatibility), auf (vgl. die Diskussion im nächsten Kapitel). Er ereignet sich nicht selten, daß der Unterschied zwischen zwei lexikalischen Einheiten im Kontext neutralisiert wird. So erscheint z. B. der Unterschied zwischen dem markierten Ausdruck *bitch* und dem unmarkierten *dog* neutralisiert in einem Textzusammenhang wie *My* __ *has just had pups* (*Mein* __ *hat gerade Junge gehabt*), nach dem das Tier, auf das Bezug genommen wird, als weiblich festgelegt wird. Alle Sinnrelationen sind im Grunde genommen kontextabhängig, doch kontextuell bestimmte Synonymie ist von besonderer Bedeutung. Sie kann ganz offensichtlich in Zusammenhang mit dem allgemeinen Grundsatz gebracht werden, daß dieselbe Information in der Sprache entweder syntagmatisch oder paradigmatisch vermittelt werden kann (vgl. 2.3.8). Man kann entweder sagen *I'm flying to New York* (*Ich fliege nach New York*) oder *I'm going to New York by air* (*Ich fahre mit dem Flugzeug nach New York*), entweder *I'm driving to New York* oder *I'm going to New York by car*, vergleichbar *Ich chauffiere nach New York/Ich fahre mit dem Auto nach New York*. Im einen Fall wird die Unterscheidung paradigmatisch durch die Wahl zwischen den Verben *fly* und *drive* vollzogen, im anderen durch die syntagmatische Modifikation des semantisch weniger scharfen Verbs *go*. Wenn ein bestimmtes lexikalisches Element sehr häufig in einer bestimmten syntagmatischen Bindung steht, dann kann diachronisch gesehen aus dem syntagmatischen Unterschied ein paradigmatischer werden; die offenkundig syntagmatische Modifikation wird dann redundant. Wahrscheinlich erklärt dieses Phänomen die Sinnentwicklung des englischen Verbs *starve*. Es bedeutete einmal soviel wie ‹die› (vgl. das mit *starve* etymologisch verwandte deutsche *sterben*) und noch früher ‹to be stiff› (‹steif sein›); es stand jedoch gewöhnlich in syntagmatischer Bindung mit *of hunger* (*vor Hunger*) und erwarb so den Sinn, den es im modernen Umgangsenglischen innehat. (In gewissen Teilen Nordenglands war und ist die typische syntagmatische Bindung die mit *with cold* [*vor Kälte*], so daß *I'm starving* etwa so viel heißt wie im Standardenglisch *I'm freezing* [*mir ist eiskalt*]). Die Geschichte des englischen Vokabulars und zweifellos auch die aller anderen Sprachen ist voll von Beispielen solcher semantischer ‹Spezialisierungen›.

Es darf nicht übersehen werden, daß die Sinnfestlegung eines lexikalischen Elements in einem Textzusammenhang eher probabilistisch als absolut zu sehen ist. Die Ersetzung von *besorgen* durch *kaufen* z. B. in *Ich gehe in das Geschäft und besorge Brot* führt wohl für niemanden zusätzliche Implikationen ein: *kaufen* und *besorgen* können normalerweise in diesem Kontext als synonym betrachtet werden. Nach den Konventionen und vorauszusetzenden Kenntnissen der Gesellschaft gilt – wenn nicht irgendein Grund für eine andere Deutung vorliegt –, daß man das, was man in einem Geschäft erhält, durch Kaufen erhält. Zugleich muß aber eingeräumt werden, daß *besorgen* nicht unbedingt synonym mit *kaufen* ist (selbst mit der syntagmatischen Stützung *im Geschäft*). Dieses Beispiel zeigt auch noch, daß keine scharfe Trennung zwischen der probabilistischen Festlegung der Synonymie durch andere lexikalische Elemente in derselben Äußerung und derselben Festlegung durch Charakteristika der Situation, in welcher diese Äußerung gemacht wird, vollzogen werden kann. Wenn jemand, während er in ein Geschäft eintritt, sagt: *Ich gehe nur Brot holen*, dann ist die kontextabhängige Synonymie von *holen* und *kaufen* nicht schwächer, wie wenn die Wörter *im Geschäft* in der Äußerung enthalten wären. Sie ist aber nicht nur schwächer, sondern vielmehr grundsätzlich artgleich, denn die gleiche Klasse von kulturellen Bedingungen und Kenntnissen darüber (Präsuppositionen) bestimmen in beiden Fällen die Implikationen.

10.3 *Hyponymie und Inkompatibilität*

10.3.1 *Hyponymie*

Die grundlegendsten paradigmatischen Sinnrelationen, welche für die Struktur des Vokabulars bestimmend sind, sind Hyponymie und Inkompatibilität. Obwohl sie weitgehend zueinander in Beziehung stehen, werden wir sie der Einfachheit halber getrennt besprechen.

Der Terminus ‹Hyponymie› gehört nicht zum üblichen Inventar der

Semantik; er ist erst in jüngerer Zeit geprägt worden und zwar in Anlehnung an ‹Synonymie› und ‹Antonymie›. Wenn auch der Ausdruck neu ist, so ist doch der Begriff der Hyponymie alt und längst als eines der konstitutiven Prinzipien für die Gliederung des Vokabulars erkannt worden. Man spricht häufig auch von ‹Inklusion›. Ein Beispiel: Die ‹Bedeutung› von *purpurrot* gilt als ‹inkludiert› (‹enthalten›) in der ‹Bedeutung› von *rot*, die ‹Bedeutung› von *Tulpe* in der von *Blume* u.s.w.

Diese Beziehung, die ‹Inklusion› eines spezifischeren Ausdrucks in einem allgemeineren, ist von manchen Semantikern mit Hilfe der Klassenlogik formal dargestellt worden: Die Klasse der Entitäten, auf die sich das Wort *Blume* bezieht, ist größer als die Klasse derer, auf die sich das Wort *Tulpe* bezieht, und schließt diese mit ein. Die Klasse der Entitäten, die tatsächlich als *purpurrot* beschrieben werden können, ist eingeschlossen (‹inkludiert›) in der Klasse der Entitäten, die tatsächlich als *rot* gelten können u.s.w. Es ist zu beachten, daß diese Formulierung der Inklusionsbeziehung den Begriff der Referenz voraussetzt (sie operiert mit Klassen von ‹Entitäten›, die durch lexikalische Elemente benannt werden). Ein Grund, warum wir lieber den neuen Fachausdruck ‹Hyponymie› einführen, ist der, daß damit ‹Inklusion› für die Referenztheorie und ihre Formalisierung mittels der Klassenlogik reserviert bleiben kann. Wir haben bereits dargelegt, daß es wünschenswert ist, eine theoretische Trennung zwischen Sinn und Referenz vorzunehmen. Es ist zu beachten, daß Hyponymie als Sinnrelation, die zwischen lexikalischen Einheiten besteht, für Ausdrücke ohne Referenzbeziehung genau so gilt wie für Ausdrücke, für die Referenz besteht.

Ein weiteres gewichtiges Argument, das gegen die Verwendung von ‹Inklusion› spricht, ist, daß ‹Inklusion› etwas vieldeutig ist. Nach der einen Betrachtungsweise ist der allgemeinere Ausdruck mehr ‹inklusiv› (mehr einschließend) als der spezifischere – *Blume* ist inklusiver als *Tulpe* –, da er auf eine größere Klasse von Sachen Bezug nimmt. Von dem anderen Gesichtspunkt aus aber ist der spezifischere Ausdruck inklusiver – *Tulpe* ist inklusiver als *Blume* –, denn er verfügt über mehr Informationseinheiten, mehr ‹Bedeutungskomponenten› (vgl. 2.4.3, 10.5.1). Die verschiedenen Betrachtungsweisen des Ausdrucks ‹Inklusion› entsprechen in der traditionellen Logik und in manchen Semantiktheorien dem Unterschied zwischen der *Extension* und der *Intension* eines Ausdrucks. Extension eines Ausdrucks ist die Klasse von Entitäten, auf die der Ausdruck anwendbar ist oder auf die er sich bezieht; Intension eines Ausdrucks ist jene Menge von Attributen, die jede Entität auszeichnen, für welche der Ausdruck richtig angewendet ist. Extension und Intension stehen in einem verkehrt proportionalen Verhältnis zueinander: Je größer die Extension eines Ausdrucks, desto geringer seine Intension und umgekehrt. Die Extension von *Blume* z. B. ist größer als die von *Tulpe*, denn der erste Ausdruck nimmt auf mehr Dinge Bezug; andererseits ist die Intension von *Tulpe* größer als die von *Blume*, denn die Charakterisierung oder Definition von *Tulpe* muß sich auf eine größere Attributklasse beziehen als jene, die zur Charakterisierung von Blumen ausreicht. Es soll nur nebenbei erwähnt werden, daß manche Semantiker, insbesondere Carnap, versucht haben, den Unterschied zwischen Sinn und Referenz mit Hilfe der logischen Distinktion von Intension und Extension zu ziehen. Wir vertreten den Standpunkt, daß der Unterschied zwischen Sinn und Referenz von einer ganz anderen Ordnung ist (vgl. 9.2.2, 9.4.1, 9.4.2). Durch die Verwendung eines neutralen, unmetaphorischen Ausdrucks wie ‹Hyponym› wird jede Vieldeutigkeit ausgeschlossen. Wir wollen also sagen, daß *purpurrot*, *karmesinrot*, *zinnoberrot* u.s.w. Kohyponyme von *rot* sind, ebenso wie *Tulpe*, *Veilchen*, *Rose* u.s.w. Kohyponyme von *Blume* sind. Umgekehrt wollen wir sagen, daß *rot* in Bezug auf seine Hyponyme *superordiniert* ist (den naheliegenden, vom Griechischen abgeleiteten Ausdruck ‹Hyperonym› vermeiden wir wegen der akustischen Verwechslungsmöglichkeit mit ‹Hyponym›).

Hyponymie kann mittels der unilateralen Implikation definiert werden. (Z. B. gilt für *X ist purpurn*, daß damit *X ist rot* impliziert wird; die Umkehrung ist jedoch nicht allgemein gültig.) In den charakteristischsten Fällen wird ein Satz, der einen superordinierten Ausdruck enthält, entweder (I) die Disjunktion von Sätzen implizieren, von denen jeder ein anderes Glied einer Klasse von Kohyponymen enthält, oder aber (II) einen Satz, in dem die Kohyponyme sozusagen semantisch ‹koordiniert› sind. Beide Möglichkeiten können anhand des Satzes *Ich kaufte einige Blumen* veranschaulicht werden. Dieser Satz kann die Disjunktion von *Ich kaufte einige Tulpen*, *Ich kaufte einige Rosen*, *Ich kaufte einige Veilchen* u.s.w. implizieren. (Mit ‹Disjunktion› meinen wir in diesem Zusammenhang die Entscheidung für ein Element aus einer Klasse von Alternativen: Wenn p die Disjunktion von q, r und s impliziert, dann impliziert p entweder q oder r oder s.) Er kann aber auch einen Satz wie *Ich kaufte einige Rosen und einige Tulpen* oder *Ich kaufte einige Veilchen und einige Tulpen* u.s.w. implizieren. Es ist, wie man sieht, eines der vorteilhaftesten Merkmale des Hyponymieprinzips, daß man je nach den Umständen allgemeiner oder spezifischer sein kann. Es wäre ganz verfehlt zu sagen, daß *einige Blumen* ungenau oder mehrdeutig ist (bedeutend ‹einige Rosen›, ‹einige Tulpen› u.s.w. einerseits und ‹einige Rosen und einige Tulpen›, ‹eine Rose und einige Tulpen› u.s.w. andererseits).

10.3.2 *Synonymie als symmetrische Hyponymie*

Obwohl ein Hyponym im allgemeinen nicht von seinem superordinierten Ausdruck impliziert wird, so ist es doch häufig der Fall, daß dieser durch den situationellen Kontext oder durch die syntagmatischen Bindungen des superordinierten Ausdrucks in dem Sinne eines seiner Hyponyme determiniert wird. Dies ist die Quelle der kontextabhängigen Synonymie (vgl. 10.2.7). Es bietet sich die Möglichkeit an, das Synonymieverhältnis als symmetrische Hyponymie zu definieren: Wenn *x* ein Hyponym von *y* ist und wenn *y* auch ein Hyponym von *x* ist (d. h. wenn das Verhältnis bilateral oder symmetrisch ist), dann sind *x* und *y* Synonyma. In Anlehnung an die terminologische Trennung in der Mengenlehre und der Klassenlogik können wir im Falle des Verhältnisses der unilateralen oder asymmetrischen Implikation, die für *Tulpe* und *Blume* besteht, von *echter Hyponymie* sprechen. Hyponymie als solche ist transitiv in dem Sinne, daß eine Relation, die zwischen *a* und *b* und auch zwischen *b* und *c* besteht, auch zwischen *a* und *c* besteht. Für die Synonymie als speziellen Fall der Hyponymie gilt daher zusätzlich, daß sie eine *symmetrische* Relation ist (sie besteht zwischen *a* und *b* sowie zwischen *b* und *a*). Aus rein formalen Gründen kann sie auch als reflexiv definiert werden: Jede lexikalische Einheit ist in demselben Kontext ersetzbar durch sich selbst und synonym mit sich selbst (Synonymie ist daher im mathematischen Sinne eine Äquivalenzrelation).

10.3.3 *Zum Fehlen von superordinierten Ausdrücken*

Das Entscheidende der Hyponymenrelation, wie sie in natürlichen Sprachen vorkommt, ist aber, daß sie zum Unterschied von den verschiedenen Systemen der wissenschaftlichen Taxonomie (Botanik, Zoologie u.s.w.) nicht so durchgängig und systematisch wirksam ist. Im Wortschatz der natürlichen Sprachen finden sich viele Lücken, Asymmetrien und Unbestimmtheiten. So gibt es z. B. im Deutschen keinen superordinierten Ausdruck, dessen Kohyponyme die Farbwörter wären. (In der Logik wird als Beispiel der analytischen Implikation häufig *Wenn rot, dann gefärbt* angeführt. Diese Implikation gilt jedoch nicht unbedingt für alle Farbbezeichnungen im normalen deutschen Sprachgebrauch. Das Adjektiv *gefärbt* steht in bestimmten Kontexten in Gegensatz zu *weiß* – beim Sortieren der Wäsche, bei der Klassifikation der Menschen auf Grund ihrer Rassenzugehörigkeit u.s.w. – und zu *durchsichtig* oder *klar* in anderen Kontexten: z. B. *In der Flasche war eine klare Flüssigkeit*, so daß man sich fragen kann, ob nicht in solchen Textzusammenhängen *gefärbt* sowohl mit *weiß* als auch mit *klar* Gegensatzpaare bildet.) Ebensowenig gibt es ein Adjektiv, zu dem *viereckig* und *rund* als Kohyponyme gedacht werden können. Andererseits gibt es viele Wörter, die wohl als lexikalische Einheiten gelten, deren Anwendungsbereich aber so allgemein ist, daß sie in einer Analyse der ‹Tiefen›-Syntax ohne weiteres als grammatische ‹Stellvertretersymbole› (dummies) betrachtet werden könnten. Solche

Wörter sind z. B.*kommen/gehen*, *Person*, *Sache*, *Angelegenheit* u.s.w. Gerade hier ist die Übereinstimmung zwischen Semantik und Syntax sehr stark (vgl. 9.5.2).

10.3.4 *Die hierarchische Struktur des Wortschatzes*

In der Semantik war man vielfach von der Möglichkeit besonders angezogen, den Wortschatz einer Sprache in Form einer hierarchischen, taxonomischen Klassifikation zu beschreiben, wobei man von den allgemeinsten zu den spezifischeren Kategorien vordrang. Wir haben bereits auf ‹Roget's Thesaurus› hingewiesen, den bekanntesten Versuch einer derartigen Analyse des englischen Wortschatzes. Wir werden auf die Frage der hierarchischen Strukturierung des Wortschatzes im Zusammenhang mit den Grundsätzen der ‹Komponentialanalyse› zurückkommen (vgl. 10.5.1 und auch 4.3.3).

Der wesentlichste Faktor für eine hierarchische Gliederung des Wortschatzes mit Hilfe der Hyponymenrelation ist die Struktur der Kultur, in der die Sprache wirksam ist und in der sie als Hauptkommunikationsmittel dient. Es ist bekannt, daß Wörter, die sich auf künstlich geschaffene Gegenstände (Artefakte) beziehen, nicht anders als durch Bezugnahme auf Zweck oder normale Funktion des referierten Objekts definiert werden können: z. B. *Schule* ‹ein Gebäude, in dem man Kinder unterrichtet›, *Haus* ‹ein Gebäude, in dem Menschen wohnen›. Dies gilt jedoch für den Wortschatz insgesamt, da er nicht nur ‹anthropozentrisch› (im Hinblick auf allgemein menschliche Interessen und Wertmaßstäbe geordnet) ist, sondern auch ‹kulturorientiert› (Abbilder der spezifischeren Einrichtungen und Gebrauchsformen der verschiedenen Kulturen liefert). Ein Teil dessen, was ich semantischen Anisomorphismus verschiedener Sprachen genannt habe (vgl. 2.2.1), wird dadurch erklärt, daß die einzelnen Sprachen hinsichtlich der Extension der ‹grob äquivalenten› Ausdrücke beträchtlich auseinandergehen. Nicht selten kann man die Hyponyme eines bestimmten Ausdrucks einer Sprache mit lexikalischen Elementen einer anderen Sprache zur Deckung bringen (und zwar auf Grund ihrer Verwendung: vgl. 9.4.8), ohne daß jedoch ein Äquivalent für den superordinierten Ausdruck gefunden werden kann. Als Beispiel dafür können wir das griechische Wort *dēmiourgós* anführen.

Unter den Hyponymen von *dēmiourgós* (gewöhnlich übersetzt als ‹Handwerker›) finden wir eine Reihe von Ausdrücken, darunter *téktōn*, *iatrós*, *aulētḗs*, *skytotómos*, *kybernḗtēs*. Im Rahmen der Übertragung der klassischen Autoren gibt es für jeden einzelnen Ausdruck ein treffendes deutsches Äquivalent: ‹Tischler›, ‹Arzt›, ‹Flötenspieler›, ‹Schuster›, ‹Steuermann›. Es gibt hingegen im Deutschen kein Wort, das all den Übersetzungsäquivalenten von *dēmiourgós* superordiniert ist, ohne daß sich diese

Superordination nicht auch auf Nichtäquivalente der Übersetzung von *dēmiourgós* erstreckt. Die Unterscheidung zwischen Künsten, Handarbeiten, Gewerben, Ständen u.s.w. ist für die Bedeutung von *dēmiourgós* ohne Belang. Jeder der einem zivilisatorisch anerkannten Beruf nachging, der eine besondere Kenntnis oder Ausbildung voraussetzte, war ein *dēmiourgós*. Die Bedeutung dieses Wortes kann nur mit Hilfe seiner Hyponyme und der Sinnrelationen, in denen es mit anderen Wörtern des Griechischen (besonders mit dem Verbum *epistasthai* ‹wissen› [als Ergebnis eines Studiums oder einer Ausbildung]) steht, beschrieben werden. Mehr noch: Die Übersetzung vieler seiner Hyponyme gründet auf der Entscheidung, bestimmte Klassen von Menschen und ihre ‹beruflichen› Praktiken als kulturell äquivalent zu betrachten. Wir identifizieren die Anwendungsform des deutschen Wortes *Arzt* und des Griechischen *iatrós* auf Grund unserer Entscheidung, die durch diese Wörter bezeichneten kulturellen oder sozialen Funktionen als äquivalent zu beurteilen. Dabei handeln wir stillschweigend nach der Erkenntnis, daß viele der für den ‹Arzt› und den ‹iatrós› charakteristischen Tätigkeiten kulturspezifisch sind, d. h. keine ‹kulturinvariante› Funktion haben. Jede Übersetzung aus der einen in die andere Sprache hat derartige Entscheidungen zu treffen. Es ist ein vertretbares methodisches Prinzip, daß der Sinn in Übersetzungen nicht als invariant betrachtet wird (so daß es zwischen Wörtern verschiedener Sprachen keine Synonymie gibt), sondern daß mehr oder weniger starke Äquivalenz in der Wortverwendung gilt. Zum gegenwärtigen Zeitpunkt kann die Theorie der Semantik nicht viel mehr tun, als bei dem, der zwei Sprachen beherrscht, an die intuitive Entscheidung über Äquivalenz in diesem Raum der ‹kulturellen Überschneidungen› zu appellieren (vgl. 9.4.7).

10.3.5 *Inkompatibilität*

Inkompatibilität können wir mit Hilfe des Verhältnisses der *Kontradiktion* zwischen Sätzen definieren. Wenn ein Satz S_1 einen anderen Satz S_2 explizit oder implizit negiert, dann sind S_1 und S_2 kontradiktorisch (S_1 und S_2 sind explizit kontradiktorisch, wenn S_1 S_2 syntaktisch negiert; andernfalls sind sie implizit kontradiktorisch. Vgl. 10.1.2). Sind S_2 und S_1 implizit kontradiktorische Sätze identischer tiefensyntaktischer Struktur und unterscheiden sie sich nur durch die Vertretung durch die verschiedenen lexikalischen Elemente x und y in der gleichen Position, dann sind x und y inkompatibel.

Dazu ein einfaches und bekanntes Beispiel aus der Reihe der deutschen Farbwörter. Wenn jemand sagt *Maria trug einen roten Hut*, so liegt darin implizit die Verneinung von *Maria trug einen grünen* (*blauen*, *weißen*, *gelben* u.s.w.) *Hut*. Die Substitution von *rot* durch irgendeinen Ausdruck der Klasse *grün*, *blau*, *weiß*, *gelb* u.s.w. würde als Verneinung von *Maria trug einen roten Hut* gelten. Die Farbwörter bilden also eine Klasse inkompatibler lexikalischer Einheiten.

Darüber gibt es keine Unklarheit. Dagegen gab es in der Semantik bisher keine Klarheit über die Tatsache, daß die Inkompatibilität von *rot*, *grün* u.s.w. nicht sekundär aus dem Sinn, den sie alle (sozusagen unabhängig) haben, folgt, sondern auf den Stufen des Erlernens und Wissens des Sinnes jedes der Ausdrücke aus dieser Klasse notwendig miterfaßt wird. Wir haben bereits dargelegt, daß alle Farbwörter zusammengefaßt ein referentielles Kontinuum (Bezugskontinuum) ausfüllen. Zu lernen, wo die Grenzen in diesem Kontinuum für einen bestimmten Ausdruck, etwa *blau* zu ziehen sind, hängt von dem Wissen darüber ab, daß auf jeder Seite einer Grenze ‹nicht-blau› liegt (vgl. 9.4.5). Es wäre grundsätzlich vorstellbar, daß die Referenz von einer der Farben ohne Wissen über die Elemente, die sich auf die Abschnitte im Kontinuum außerhalb der ‹blau›-Grenzen (d. h. indem *blau* explizit mit *nicht ... blau* kontrastiert wird) beziehen, zu erlernen ist. Man könnte sich auch eine Sprache vorstellen, in der nicht an allen Punkten des Kontinuums Farbstufen zur Verfügung stehen. Für die Praxis ist aber wohl anzunehmen, daß Referenz und Sinn der meisten Farbausdrücke mehr oder weniger gleichzeitig unter fortwährender Korrektur der Grenzen erlernt werden, bis diese der Norm der Sprachgemeinschaft entsprechen. Eine weitere lexikalische Differenzierung ist auf der Basis der Hyponymie möglich: So wird *rot* ‹unterteilt› in *karmesinrot*, *purpurn* u.s.w. Eine weitere Differenzierung wird aber bei verschiedenen Sprechern große Unterschiede zeigen. Derjenige, der beruflich oder aus Interesse feinere Farbunterscheidungen anstrebt, wird eine reichere Farbterminologie aufstellen. Dies wird aber jedenfalls auf der Grundlage der gröberen Unterscheidungen, die den nicht-spezialisierten Wortschatz der gesamten Sprachgemeinschaft kennzeichnen, geschehen.

10.3.6 *Inkompatibilität und Sinnunterschied*

Man muß Inkompatibilität von bloßem Sinnunterschied trennen. Dies wird besonders deutlich im Falle von inkompatiblen Kohyponymen eines superordinierten Ausdrucks, welche sich innerhalb einer gewissen ‹Dimension› von Sinnähnlichkeiten unterscheiden. So sind etwa *karmesinrot* und *weich* von verschiedenem Sinn, aber nicht inkompatibel: Beide Adjektive können unkontradiktorisch für dasselbe Objekt gebraucht werden. In Gegensatz dazu sind *karmesin* und *purpurn* wohl ähnlich im Sinn (die Ähnlichkeit ist repräsentiert durch die Kohyponymie in Bezug auf *rot*), aber inkompatibel. Die ‹höherstufigen›, inkompatiblen Ausdrücke *rot*, *grün*, *blau* zeigen ebenfalls Sinnähnlichkeit, es gibt aber keinen superordinierten Ausdruck, für den sie Kohyponyme sind.

In anderen Fällen ist der Unterschied zwischen Inkompatibilität und

Sinnverschiedenheit weniger deutlich, besonders bei Wörtern, die physische Objekte (seien sie ‹natürlich› oder vom Menschen hergestellt) bezeichnen. Die Wörter *Stuhl* und *Tisch* sind inkompatibel (wir vernachlässigen hier die theoretisch uninteressanten Komplikationen, die sich aus der Annahme von Möbelstücken mit doppelter Funktion ergeben), aber wir würden wohl zu Recht sagen, daß die Bedeutung des einen unabhängig vom anderen erlernt werden kann. Wir würden natürlich nicht sagen, jemand kennt die Bedeutung von *Tisch*, wenn er das Wort unter Bezug auf jene Objekte verwendete, mit dem andere Sprecher des Deutschen ‹Stühle› beschreiben. Die Frage ist, ob es irgendeine ‹Dimension› der Gleichheit noch vor der Unterscheidung der beiden inkompatiblen Ausdrücke gibt. Dieselbe Frage gilt für das Verhältnis zwischen den Wörtern *Tür* und *Fenster*. Für *Tisch* und *Stuhl* gibt es den superordinierten Ausdruck *Möbel*; es gibt aber kein Wort, das *Tür* und *Fenster* in einen Zusammenhang stellt. Allerdings ist die Existenz bzw. die Nichtexistenz eines superordinierten Ausdrucks hier verhältnismäßig unwichtig. Und wenn wir Wortpaare wie *Stuhl* und *Kuh* (oder eine Vielzahl anderer lexikalischer Einheiten – nach dem Beispiel von Lewis Carroll etwa *shoe* [*Schuh*], *ship* [*Schiff*], *sealing wax* [*Siegellack*] oder *cabbage* [*Kohl*] und *king* [*König*] betrachten, die semantisch nicht mehr gemeinsam haben, als daß sie physische Einheiten bezeichnen, besteht kein Anlaß, einen Unterschied zwischen Inkompatibilität und Sinnverschiedenheit zu machen. Im Falle von Klassen lexikalischer Einheiten aber, die ein Kontinuum strukturieren, ist das Inkompatibilitätsverhältnis sowohl für das Lernen als auch für den praktischen Gebrauch der Sprache von entscheidender Bedeutung. Es wäre ebenso falsch zu glauben, daß die Distinktion zwischen Inkompatibilität und bloßer Verschiedenheit für die lexikalische Klassifikation von Wörtern, die Personen, Tiere und körperliche Objekte bezeichnen, überhaupt keine Bedeutung hätten. Man braucht nur an Klassen wie *Baum*, *Strauch*, *Busch* u.s.w. zu denken, um zu sehen, daß die Unterscheidung auch hier wesentlich ist.

Ein abschließendes Argument soll noch in Zusammenhang mit den Begriffen Hyponymie und Inkompatibilität vorgebracht werden. Wir haben wiederholt betont, daß grundsätzlich semantische Unterscheidungen entweder paradigmatisch oder syntagmatisch vorgenommen werden können. Um noch ein Beispiel anzuführen: Das Deutsche trennt *Bruder* und *Schwester* auf paradigmatischer Ebene; das Türkische hingegen tut das nicht: Das Wort *kardeş* ist in Hinblick auf natürliches Geschlecht ‹unmarkiert›, kann aber syntagmatisch ‹markiert› werden, wenn man das Geschlecht der referierten Person deutlich machen will: *kïzkardeş* ‹Schwester› (eigentlich ‹Mädchen-Bruder›). Andere Sprachen machen einen paradigmatischen Unterschied zwischen ‹ältestem Sohn›, ‹jüngerem Sohn› u.s.w.

10.4 *Antonymie, Komplementarität und Konversion*

10.4.1 *Bedeutungsgegensatz*

Antonymie oder Bedeutungsgegensatz galt lange Zeit als eine der wesentlichsten semantischen Beziehungen. Es herrschte jedoch diesbezüglich etwas Unklarheit, zum Teil deswegen weil Antonymie allgemein als komplementär zur Synonymie galt, zum andern Teil auch weil man nicht genügend beachtete, daß es verschiedene Typen von ‹Gegensätzlichkeit› gibt. Wir werden sehen, daß Synonymie und Antonymie Sinnrelationen von sehr unterschiedlicher Art sind. Der Einfachheit halber wollen wir zwischen drei Typen von ‹Gegensätzlichkeit› scheiden und den Terminus ‹Antonymie› auf eine dieser Typen beschränken. Eine gründlichere Behandlung der Gegensatztypen würde eine Menge von Unterscheidungen voraussetzen, die hier nicht diskutiert werden können.

10.4.2 *Komplementarität*

Das erste ‹Gegensatzverhältnis›, das wir hier diskutieren wollen, gilt für Wortpaare wie *alleinstehend* : *verheiratet*, *männlich* : *weiblich* u.s.w. Wir wählen dafür den Ausdruck *Komplementarität*: *alleinstehend* und *verheiratet* bzw. *männlich* und *weiblich* sind demnach komplementär zueinander. Solchen Paaren lexikalischer Einheiten kommt die Eigenschaft zu, daß die Negation des einen die Assertion des anderen impliziert bzw. umgekehrt: $\sim x \supset y$ und $y \supset \sim x$. *Hans ist nicht verheiratet* impliziert also *Hans ist alleinstehend*, und *Hans ist verheiratet* impliziert *Hans ist nicht alleinstehend*. Für jene Paare, auf die wir den Ausdruck ‹Antonymie› beschränken (z. B. *gut* : *böse*, *hoch* : *tief*) hat nur die zweite Implikation Gültigkeit: $y \supset \sim x$. *Hans ist gut* impliziert wohl die Negation von *Hans ist schlecht*; *Hans ist nicht gut* hingegen impliziert nicht die Feststellung *Hans ist schlecht*.

Komplementarität muß als Spezialfall der Inkompatibilität, die für Klassen mit Termpaaren gilt, betrachtet werden. Die Assertion eines Elementes aus der Klasse von inkompatiblen Ausdrücken impliziert die Verneinung jedes einzelnen anderen Elementes in dieser Klasse (*rot* impliziert ~ *blau*, ~ *grün* u.s.w.); die Negation eines Elementes aus einer Klasse von inkompatiblen Ausdrücken impliziert die Assertion der Disjunktion all der anderen Elemente (~ *rot* impliziert entweder *grün* oder *blau* oder ...). In einer Termpaarklasse von inkompatiblen Ausdrücken gibt es nur ein einziges anderes Element. Konjunktion und Disjunktion fallen deshalb zusammen: ‹sowohl *y* als auch *z*› und ‹entweder *y* oder *z*› laufen auf dasselbe hinaus, wenn *y* und *z* denselben Wert haben. Aus diesem Umstand ergeben sich die besonderen Bedingungen für die oben genannte Komplementarität. Es wäre jedoch falsch anzunehmen, daß Komplementarität nur der Grenzfall jenes Inkompatibilitättyps ist, dessen Klasse inkompatibler Ausdrücke zufällig auf zwei Elemente reduziert ist. Die Zweiteilung ist ein sehr wesentliches Prinzip in der semantischen Struktur der Sprache. Wir werden darauf weiter unten zurückkommen.

Alles was bisher über Komplementarität und die Implikationen zwischen lexikalischen Einheiten, die diese Relation herstellen, gesagt wurde, setzt die Verwendbarkeit der komplementären Ausdrücke voraus. Die Verwendung der Ausdruckspaare *verheiratet* und *alleinstehend* setzt die Anwendbarkeit dessen voraus, was man kulturell akzeptierte Kriterien der ‹Heiratsfähigkeit› nennen könnte. *John ist nicht verheiratet* ist semantisch kaum weniger anomal als *Der Stein ist nicht verheiratet*, wenn die referierte Person nicht tatsächlich ‹heiratsfähig› (auf Grund von Alter und anderen Kriterien) ist.

Noch etwas muß im Zusammenhang mit komplementären Ausdrükken erwähnt werden. Es ist wohl *normalerweise* der Fall, daß die Negation des einen die Behauptung des anderen impliziert und umgekehrt die Behauptung des einen die Negation des anderen; trotzdem ist es gewöhnlich möglich, eine oder beide Implikationen ‹abzubrechen›. Man sollte diesen Umstand aber nicht so deuten, daß er den normalen Gebrauch komplementärer Ausdrücke entwertet. Unser Argument wird vielleicht deutlicher, wenn wir das allgemeine Prinzip der ‹Normalität›, wie wir es hier verstanden wissen wollen, mit Hilfe der komplementären Ausdrücke *männlich* und *weiblich* veranschaulichen. Unter der Voraussetzung der Zulässigkeit der Geschlechtsunterscheidung kann man eine erste, ganz normale Scheidung in *männlich* und *weiblich* vornehmen. Diese Scheidung ist durch die Annahme zu erklären, daß eine Reihe von verschiedenen biologischen und verhaltensmäßigen Kennzeichen ‹normalerweise› in ein und derselben Person oder ein und demselben Tier vereinigt sind. Es gibt jedoch viele Beispiele, wo die dichotomische Klassifikation entweder biologisch oder vom Verhalten her unbefriedigend ist; um diese ‹Außernormformen› zu erklären, stehen Ausdrücke wie *zwittrig* oder *homosexuell* zur Verfügung. Die meisten der Komplementärausdrücke aus dem Alltagsvokabular der Sprachen werden auf eben diese Weise innerhalb des Ordnungsrahmens der wichtigen Präsuppositionen, Vorstellungen und Konventionen, die unter dem Begriff des ‹eingeschränkten Kontexts› (vgl. 9.3.9) zusammengefaßt werden können, wirksam. Wie Moravcsik in einer Arbeit, welche der philosophischen Unterscheidung des Analytischen und des Synthetischen galt, hervorhob, ist unschwer eine Situation zu finden, in der man die Feststellung machen kann, daß ein und dieselbe Person sowohl *Junggeselle* als auch *verheiratet* (oder weder *alleinstehend* noch *verheiratet*) ist. Eine solche Situation läge etwa dann vor, wenn die betreffende Person nach dem Gesetz und den Konventionen der Gesellschaft zwar unverheiratet wäre, wenn sie ihren Lebensumständen nach aber ‹normalerweise› als *verheiratet* bezeichnet werden müßte (indem ein Mann mit einer Frau regelmäßig zusammenlebt, mit ihr Kinder hat und einen Haushalt führt u.s.w.). Daß es möglich ist, manche der Implikationen jener ersten dichotomischen Klassifikation zu ‹brechen›, bedeutet, daß die Implikationen in solchen Fällen nur als ‹normhaft›, aber nicht ‹absolut› analytisch gelten können. Dieser Grundsatz hat jedoch für Sinnrelationen im allgemeinen Gültigkeit.

Es ist aber nicht nur möglich, Situationen zu finden, in denen die Behauptung eines Ausdrucks nicht unbedingt die Negation seines komplementären Ausdrucks impliziert; vielmehr kann man auch einem komplementären Ausdruck ‹nicht-normhaft› die Qualifikationen *mehr* oder *weniger* geben. Man kann z. B. sagen, eine Person ist *mehr verheiratet* als jemand anderer (womit gesagt wird, daß ihr Verhalten für das, was ‹normalerweise› als charakteristisch für Verheiratete gilt, typischer ist). Das ist vielleicht ungewöhnlich, ist aber eine Möglichkeit, die eine semantische Theorie vorsehen sollte. Es geht dabei um die Bewertung einer oder mehrerer Präsuppositionen (vorauszusetzender Kenntnisse), welche die ‹normale› Interpretation des betreffenden Ausdrucks festlegen. Im ‹normalen› Gebrauch sind komplementäre Ausdrücke jedoch nicht auf diese Weise bewertbar oder graduierbar.

10.4.3 *Antonymie*

Das Verhältnis, welches wir *Antonymie* nennen wollen (wir schließen dabei andere Typen der ‹Gegensätzlichkeit› aus), kann im Deutschen durch die Ausdrücke *groß* und *klein* dargestellt werden. Es ist kennzeichnend für Antonyme dieser Klasse, nämlich ‹Gegensätze› par excellence, daß sie ganz regelmäßig gradierbar sind. *Gradieren* (*grading*) – der Terminus, wie er engl. Verwendung findet, stammt von Sapir, auf den wir uns auch in der Folge beziehen werden – ist mit der Komparation (Vergleich) verknüpft. Die Komparation kann explizit oder implizit sein. Explizit komparative Sätze gehören zwei Typen an: (1) Zwei Dinge können unter Bezug auf eine bestimmte ‹Eigenschaft› verglichen werden, und diese ‹Eigenschaft› wird dem einen in größerem Ausmaß zugesprochen als dem anderen: z. B. *Unser Haus ist größer als eures.* (2) Es können zwei ‹Zustände› desselben Dings unter Bezug auf die betreffende Eigenschaft verglichen werden: z. B. *Unser Haus ist größer als früher.* Aktuelle Äußerungen (die aus dem Kontext herausgelöst sind) sind gelegentlich diesen beiden Typen des expliziten Vergleichs nicht eindeutig zuweisbar: z. B. die Äußerung *Unser Haus ist größer,* die von einem der beiden Satztypen durch Tilgung des Syntagmas oder des Teilsatzes – die jeweils durch *als* eingeleitet sind – abgeleitet worden ist. Sie sind jedoch noch explizit komparativ und können nur interpretiert werden, falls der zweite Ausdruck des Vergleichs aus dem Kontext wiederherstellbar ist.

Beide Typen des expliziten Vergleichs können in einem Satz kombiniert werden: z. B. *Unser Haus ist größer, als eures früher war; Er ist größer, als sein Vater war.* Die semantische Interpretation dieser komplexeren Vergleichssätze scheint jedoch keine zusätzlichen Probleme aufzuwerfen. Es kann vielmehr jeder der einfacheren Typen des expliziten Vergleichs in einer allgemeineren Formel erfaßt werden, die auch die komplexeren Sätze beschreibt:

$$Comp\ \{\ ([NP_1, x]\ \mathrm{T}_i + \mathrm{M}_k + \mathrm{A}_m)\ ([NP_2, x]\ \mathrm{T}_j + \mathrm{M}_l + \mathrm{A}_n)\ \}$$

In dieser Formel steht ‹*NP*› für ‹Nominalsyntagma› (noun-phrase) (als Bezeichnung für Ding oder Dinge, die verglichen werden), ‹*x*› symbolisiert jene lexikalische Einheit, die gradiert wird (im Deutschen und Englischen gewöhnlich realisiert mittels des Suffixes *-er*, z. B. *schöner*, *bigger*, im Englischen auch mit Hilfe des Wörtchens *more* vor dem nichtflektierten Adjektiv, z. B. *more beautiful*), ‹T› steht für ‹Tempus›, ‹M› für ‹Modus und ‹A› für ‹Aspekt›. Durch die Subskriptzeichen werden die verschieden zugrundezulegenden Werte unterschieden, die Nominalsyntagma und die Zeichen von Tempus, Modus und Aspekt annehmen können. Der Satz *Unser Haus ist größer, als eures früher war* kann mit Hilfe der Formel so analysiert werden:

$$Comp\ \{\ ([\textit{unser Haus, groß}]\ \mathrm{T}_{\textit{nicht-Präteritum}} + \mathrm{M}_0 + \mathrm{A}_0)\ ([\textit{euer Haus, groß}]\ \mathrm{T}_{\textit{Präteritum}} + \mathrm{M}_0 + \mathrm{A}_{\textit{habituell}})\ \}$$

Diese Analyse ist nicht endgültig, sondern zeigt nur die beteiligten veränderlichen Faktoren auf. Wir haben bereits erörtert, daß die Analyse von Tempus, Modus und Aspekt im Englischen ein schwieriges Unterfangen ist (vgl. 7.5.8). Um die Ausführungen zu vereinfachen, haben wir Tempus, Modus und Aspekt als unabhängige Variable in der Formel dargestellt. Unter dem Blickwinkel der Syntax ist dies wenig befriedigend, doch berührt das nicht unser gegenwärtiges Argument. Das Subskript 0 (‹null›) bezeichnet den ‹unmarkierten› Term in einer Kategorie; die anderen Subskriptzeichen erklären sich selbst. Die entsprechenden nichtkomparativen Sätze sind *Unser Haus ist groß* (hinsichtlich Modus und Aspekt unmarkiert, nicht-Präteritum) und *Euer Haus war groß* (unmarkiert hinsichtlich Modus, habituell bezüglich Aspekt, und Präteritum). Im Folgenden wollen wir uns mit der Frage beschäftigen, weshalb die semantische Analyse des Vergleichssatzes *Unser Haus ist größer, als eures früher war* nicht aus der semantischen Analyse der syntaktisch eingebetteten Sätze *Unser Haus ist groß* und *Euer Haus ist groß* hervorgehen kann.

Im Falle unseres Beispielsatzes *Unser Haus ist größer, als eures früher war* sind die beiden Nominalausdrücke verschieden (NP_1 ist nicht gleich NP_2, ebenso die Werte von T und A ($T_i \neq T_j$, $A_m \neq A_n$). Die beiden einfacheren Typen des expliziten Vergleichs können aus der Formel abgeleitet werden, indem eine Identitätsbedingung entweder für NP_1 und NP_2 oder i und j, k und l, und schließlich m und n gesetzt wird. In *Unser Haus ist größer als eures* gilt die zweite, aber nicht die erste Identität ($i = j$, $k = l$ und $m = n$, jedoch $NP_1 \neq NP_2$). In *Unser Haus ist größer als früher* ist es umgekehrt ($NP_1 = NP_2$; aber trotz $k = l$ gilt $i \neq j$ und $m \neq n$). Wenn beide Identitäten gleichzeitig gelten, ergibt sich natürlich ein kontradiktorischer Satz: *Unser Haus ist größer, als es ist.*

Wir können in diesem formalen Rahmen das wichtigste Definitionsmerkmal für die Antonymenrelation darstellen. Wenn x und y Antonyme sind, so gilt für einen x enthaltenden Vergleichssatz der Form

$$\text{(I)}\quad Comp\ \{\ ([NP_1, x]\ \mathrm{T}_i + \mathrm{M}_k + \mathrm{A}_m)\ ([NP_2, x]\ \mathrm{T}_j + \mathrm{M}_l + \mathrm{A}_n)\ \}$$

daß er einen entsprechenden, y enthaltenden Vergleichssatz impliziert als auch durch ihn impliziert wird:

$$\text{(II)}\quad Comp\ \{\ ([NP_2, y]\ \mathrm{T}_j + \mathrm{M}_l + \mathrm{A}_n)\ ([NP_1, y]\ \mathrm{T}_i + \mathrm{M}_k + \mathrm{A}_m)\ \}$$

Beispiele: *Unser Haus ist größer, als es eures war* impliziert und wird gleichzeitig impliziert durch *Euer Haus war kleiner, als es unseres ist*; *Unser Haus ist größer als eures* impliziert und wird impliziert von *Euer Haus ist kleiner als unseres*; schließlich impliziert und wird *Unser Haus ist größer als es (früher) war* impliziert von *Unser Haus war kleiner, als es (jetzt) ist.* Die Wörter *groß* und *klein* sind demnach in einem Kontextbereich, der durch diese Sätze veranschaulicht wurde, Antonyme.

10.4.4 ‹*Implizit gradierte*› *Antonyme*

Betrachten wir einmal Sätze, in denen Antonyme nicht explizit gradiert erscheinen. Zunächst ist festzustellen, daß die Negation des einen die Assertion des anderen nicht impliziert. *Unser Haus ist nicht groß* impliziert nicht *Unser Haus ist klein* (obwohl *Unser Haus ist groß* sehr wohl *Unser Haus ist nicht klein* impliziert). Dieses Verhältnis ist Logikern wohlbekannt. Es unterscheidet übrigens Antonyme von komplementären Ausdrücken. Wichtiger ist jedoch der Umstand, daß Sätze mit Antonymen wenn schon nicht explizit, so doch stets implizit komparativ sind. Darauf wurde vor vielen Jahren von Sapir an einer Stelle hingewiesen, die es verdient, vollständig zitiert zu werden: «Gegensätze wie *small* und *large* (*klein/groß*), *little* und *much* (*wenig/viel*), *few* und *many* (*wenige/*

viele) vermitteln ein trügerisches Gefühl, daß innerhalb des Feldes der Quantität absolute Werte gegeben sind, vergleichbar qualitativen Unterschieden wie *red* und *green* (*rot/grün*) im Bereich des Farbsehens. Dies ist jedoch eine Illusion, erklärbar im Wesentlichen durch die linguistische Tatsache, daß das in diesen Ausdrücken implizierte Gradieren formal nicht markiert ist, während es in Feststellungen wie ‹There were *fewer* people there *than* here› (‹Es war dort *weniger* Leute *als* hier›) oder ‹He has *more* milk *than* I› (‹Er hat *mehr* Milch *als* ich›) explizit gemacht wird. Anders ausgedrückt: *many* (*viele*), um nur ein Beispiel zu nehmen, stellt keine Klasse von Urteilen dar, die an eine bestimmte, für jeden Typus unserer Erfahrung verwendbare Quantitätsnorm in dem Sinne gebunden sind, in dem *red* und *green* jeder Erfahrung, in der Farbe vorkommen kann, zuzuordnen ist. Es ist vielmehr eigentlich nur ein relativer Begriff, ohne jede Bedeutung, wenn es ohne die begleitenden ‹more than› und ‹less than› (‹mehr als/weniger als›) steht. *Many* heißt bloß: Es wird irgendeine Anzahl als Ausgangsbasis gewählt. Diese Ausgangsbasis variiert offensichtlich je nach Kontext ganz bedeutend.» Im selben Artikel bemerkt er etwas später: «Gegensätzliche Eigenschaften werden nahezu absolut gesehen; *good* und *bad* (*gut/schlecht*) zum Beispiel, ja sogar *far* und *near* (*weit/nahe*) sind von ebenso spezifischem psychologischem Charakter wie *green* und *yellow* (*grün* und *gelb*). Das logische Mittel zwischen ihnen wird daher nicht als wirkliches Mittel erfaßt, sondern als ein Übergangsstreifen, in dem die in verschiedenen Richtungen gradierten Eigenschaften zusammentreffen. Für den Naiven ist jeder Mensch entweder gut oder böse; kann man ihn nicht recht einordnen, so ist er eher teils gut und teils böse als schlechthin menschlich normal oder weder gut noch böse.»

Die Bedeutung dieser Einsicht in das Wesen der Antonyme kann nicht hoch genug eingeschätzt werden. In Logik und Philosophie sind viele Pseudoprobleme als Folge der mangelnden Einsicht darin entstanden, daß Wörter wie *groß* und *klein* oder *gut* und *böse* sich nicht auf ‹gegensätzliche› Eigenschaften beziehen, sondern bloß ein lexikalisches Instrument zum Gradieren wie z. B. auch ‹mehr als› oder ‹weniger als› in Bezug auf eine implizite Norm sind. Plato sah sich zum Beispiel vor folgendem Problem: Wurde für X festgestellt, daß er ‹größer als› Y, aber ‹kleiner als› Z sei, so mußten offenbar derselben Person gleichzeitig zwei ‹gegensätzliche› Eigenschaften, nämlich ‹Größe› und ‹Kleinheit› prädiziert werden – X war also sowohl groß als auch klein. Ein ähnliches Pseudoproblem stellt der Satz *Ein kleiner Elephant ist ein großes Tier* dar. Würde man annehmen, daß *klein* und *groß* nur inkompatible oder komplementäre Ausdrücke sind, dann wäre dieser Satz kontradiktorisch (vgl. **Ein männlicher Elephant ist ein weibliches Tier*). Dies ist aber nicht der Fall. Wie immer wir dann die Regeln oder Grundsätze der semantischen Interpretation formulieren, so ist doch ganz klar, was diese Regeln formalisieren sollten. Die implizite ‹Größennorm› für Elephanten ist nicht unbedingt dieselbe wie die für Tiere als ganze Klasse. Die semantische Analyse von *Ein kleiner Elephant ist ein großes Tier* sollte etwa so aussehen: ‹Ein Elephant, der gemessen an der für Elephanten verbindlichen Norm eher-klein-als-groß ist, ist (trotzdem) gemessen an der für Tiere verbindlichen Norm eher-groß-als-klein›.

Gerade deswegen weil explizit ungradierte Antonyme als implizit gradiert, und zwar im Hinblick auf eine verbindliche Norm, zu verstehen sind, ist ein Vergleichssatz wie *Unser Haus ist größer als eures* (oder *Unser Haus ist größer, als es eures war*) nach einem semantischen Gesichtspunkt auf der Grundlage einer Analyse der syntaktisch eingebetteten Sätze *Unser Haus ist groß* und *Euer Haus ist* (oder *war*) *groß* nicht befriedigend zu analysieren. Ein Satz wie *Unser Haus ist groß* ist semantisch ein Komparativ: ‹Unser Haus ist größer als das normale Haus›.

Die implizite Gradierung von Antonymen erklärt auch den Umstand, daß in ‹unmarkierten› Fragen (und in verschiedenen anderen syntaktischen Funktionen) zwischen den beiden Gliedern eines bestimmten Paares kein Gegensatz besteht. Der Satz *Wie groß ist es?* zum Beispiel setzt nicht voraus, daß das Objekt, dem die Nachforschung gilt, eher ‹groß› als ‹klein› klassifiziert wird, sondern ist vielmehr völlig offen oder ‹unmarkiert›, was die Erwartungen des Fragestellers anlangt. Man könnte die Frage auch gleichsetzen mit ‹Ist es groß oder klein?›. Sie führt in das Gespräch einen Maßstab ein, der von den Partnern als verbindlich anerkannt wird, und stellt die Forderung, daß dieses Objekt sozusagen anhand dieses Maßstabes gemessen wird. Die erste Messung erfolgt dichotomisch mittels ‹eher-groß-als-klein› oder ‹eher-klein-als-groß› (in Bezug auf die Norm). Wenn die Beschreibung nach dieser ersten Stufe nicht ausreichend genau ist, kann immer noch eine weitere ‹markierte› Frage gestellt werden: *Wie groß ist es?* oder *Wie klein ist es?* (die sich hinsichtlich Akzent und Intonation vom ‹unmarkierten› *Wie groß ist es?* unterscheiden – dieser Unterschied ist für unsere Zwecke hier durch den Akzent auf dem Wort *wíe?* in den ‹markierten› Fragen zusammengefaßt). In den ‹markierten› Fragen *Wíe groß ist es?* und *Wíe klein ist es?* steckt bereits die Voraussetzung, daß das Objekt, um das es geht, mehr an dem einen Ende des Maßstabs als an dem anderen lokalisiert worden ist; mit ihnen wird die nähere Festlegung des genauen Punktes auf dem Maßstab und zwar in Bezug auf die verbindliche ‹Größennorm› gesucht.

Der Gegensatz zwischen Antonymen ist nicht nur in ‹unmarkierten› Fragen der Art, wie sie im vorausgehenden Absatz dargestellt wurden, sondern auch in zahlreichen Nominalisierungen ‹neutralisiert›: dt. *Wie groß ist die Breite des Flusses?*/engl. *What is the width of the river? Alles hängt von der Höhe ab*/*Everything depends upon the height* u.s.w. Die

Nomina *Schmalheit*/*narrowness* und *Tiefe*/*lowness* würden in solchen Kontexten nicht vorkommen. Allgemein tritt von einem Antonymenpaar nur eine Konstituente in ‹unmarkierten› Kontexten (*big, high, wide, good, tall*/*dick, hoch, breit, gut, groß* u.s.w.) auf; es ist interessant, daß viele der Nominalisierungen dieser ‹unmarkierten› Formen im Englischen unregelmäßig sind (vgl. *big* : *size, high* : *height, wide* : *width* u. a.), etwa im Vergleich mit den weniger häufigen ‹markierten› Formen (*small*: *smallness, low* : *lowness, narrow* : *narrowness* u. a.). Der Umstand, daß der Unterschied zwischen Antonymen in manchen syntaktischen Positionen neutralisiert ist, stützt ohne Zweifel unser Empfinden, daß ein Antonym von ‹positiver›, das andere von ‹negativer› Polarität ist. Wir sagen normalerweise, daß kleine Dinge ‹von geringer Größe› sind, und nicht daß große Dinge ‹von geringer Kleinheit› sind. Und allgemein wird das ‹unmarkierte› Antonym für das gebraucht, was ‹mehr als›, aber nicht was als ‹weniger als› die Norm empfunden wird.

10.4.5 *Konversion*

Die dritte Sinnrelation, die oft als ‹Gegensätzlichkeit› beschrieben wird, ist die zwischen dt. *kaufen* und *verkaufen*/engl. *buy* und *sell* oder dt. *Ehegatte* und *Ehefrau*/engl. *husband* und *wife*. Wir werden den Terminus *Konversion* für diese Relation verwenden. Das Wort engl. *buy* ist die Konverse von *sell*, und *sell* ist die Konverse von *buy*.

Antonymie und Konversion müssen wohl auseinandergehalten werden; trotzdem besteht zwischen den beiden Relationen eine Parallelität. So wie NP_1 *kaufte* NP_3 *von* NP_2 NP_2 *verkaufte* NP_3 *an* NP_1 impliziert und davon impliziert wird, so impliziert auch NP_1 *ist größer als* NP_2 – und wird auch impliziert von NP_2 *ist kleiner als* NP_1. In beiden Fällen ist die lexikalische Einsetzung des einen Terms für das entsprechende Antonym oder die entsprechende Konverse an eine syntaktische Transformation geknüpft, welche die Nominalausdrücke NP_1 und NP_2 permutiert und zudem noch andere ‹automatische› Änderungen bei der Auswahl der geeigneten Präpositionen (oder in anderen Sprachen der Kasusflexion) durchführt. Diese ‹permutationelle› Eigenschaft zeichnet auch das Verhältnis zwischen den einander entsprechenden Aktiv- und Passivsätzen aus: NP_1 *tötete* NP_2 impliziert und wird impliziert von NP_2 *wurde von* NP_1 getötet. Im Englischen ist es auch möglich, Passivsätze zu bilden, in denen das ‹Oberflächensubjekt› identisch mit dem ‹indirekten Objekt› des entsprechenden Aktivsatzes ist. *John's father gave him a book* (*Johns Vater gab ihm ein Buch*) ist semantisch sowohl mit (I) *John was given a book by his father* (*John wurde von seinem Vater ein Buch gegeben*) als auch (II) *John received a book from his father* (*John erhielt von seinem Vater ein Buch*) verwandt. In vielen Sprachen (einschließlich Französisch, Deutsch,

Russisch, Latein u.s.w.) kann das ‹indirekte Objekt› nicht auf diese Weise in das ‹Oberflächensubjekt› eines Passivsatzes transformiert werden. *John was given a book by his father* würde (um ein französisches Beispiel zu nehmen) entweder als *Le père de Jean lui a donné un livre* (*Johns Vater gab ihm ein Buch*) oder als *Jean a reçu un livre de son père* (*John erhielt ein Buch von seinem Vater*) übersetzt werden.

Interessant ist ein Vergleich der Entsprechungen für ‹heiraten› in den verschiedenen indogermanischen Sprachen mit Hilfe der Konversenrelation. (Wenn wir sagen, daß alle diese Verben ‹bedeutungsäquivalent› sind, so hat dies natürlich unter Berücksichtigung der Begriffe ‹Applikation› und ‹kulturelle Überschneidung› zu geschehen: vgl. 9.4.8. Wie wir sehen werden, handelt es sich nur um ‹grobe› Äquivalenz.) Das englische Verb *marry* ist symmetrisch oder reziprok, denn NP_1 *married* NP_2 impliziert und wird impliziert von NP_2 *married* NP_1. (Wir sprechen hier nicht vom transitiven oder ‹kausativen› Verbum etwa in *The priest married them* und *They were married by the priest*, sondern von dem Verb in Sätzen wie *John married Jane* oder *Jane married John*.) In einer Anzahl von Sprachen einschließlich Latein und Russisch gibt es zwei lexikalisch verschiedene konverse Verben oder Verbkomplexe. Im Lateinischen zum Beispiel wird *nubere* gebraucht, wenn das Subjekt des (Aktiv-)Satzes eine Frau ist, und *in matrimonium ducere* (‹in den Ehestand führen›), wenn ein Mann das Subjekt ist. Im Griechischen wird das Aktivum des Verbs *gameîn* für den Mann und das Medium (gelegentlich auch das Passiv) desselben Verbs für die Frau gebraucht: Es ist als würde man im Englischen sagen *John married Jane*, aber *Jane got herself married to John* (‹Medium›) oder *Jane was married by John* (‹Passiv›). Diese drei Möglichkeiten zeigen, wie ‹ein und dasselbe Verhältnis› zwischen zwei Personen oder Dingen entweder mit Hilfe eines symmetrischen ‹Prädikators› (wie *marry*) oder lexikalisch verschiedener ‹Prädikatoren› (wie *nubere* und *in matrimonium ducere*) oder mit Hilfe von ‹Grammatikalisierung› der Asymmetrie je nach den syntaktischen Mitteln, über die eine Sprache verfügt (wie bei *gameîn*), ausgedrückt werden kann.

Im Wortschatz für Verwandtschaft und soziale Stellung stecken viele Beispiele für Symmetrie und Konversion. NP_1 *ist* NP_2*s Cousin* impliziert und wird impliziert von NP_2 *ist* NP_1*s Cousin,* aber NP_1 *ist* NP_2*s Ehemann* impliziert und wird impliziert von NP_2 *ist* NP_1*s Ehefrau.* Konversivität überschneidet sich auch mit Komplementarität (des Geschlechts), so daß NP_1 *ist* NP_2*s Vater* entweder NP_2 *ist* NP_1*s Sohn* oder NP_2 *ist* NP_1*s Tochter* impliziert und NP_1 *ist* NP_2*s Nichte* entweder NP_2 *ist* NP_1*s Onkel* oder NP_2 *ist* NP_1*s Tante* u.s.w. impliziert.

Andere lexikalische Einheiten stehen ‹permutationell› in der gleichen Beziehung wie konverse Ausdrücke, obwohl sie einander nicht implizieren. NP_1 *fragte* (NP_2) ... zum Beispiel ‹läßt erwarten›, impliziert aber nicht NP_2 *antwortete* (NP_1) ...; und NP_2 *antwortete* (NP_1) ... ‹setzt voraus› NP_1 *fragte* (NP_2) ... Und ähnlich läßt NP_1 *bot* NP_3 NP_2 *an* die Disjunktion der komplementären Sätze NP_2 *nahm* NP_3 *an* und NP_2 *wies* NP_3 *zurück* ‹erwarten›. ‹Erwartung› und ‹Voraussetzung› dieses Typs sind im Hinblick auf den zeitlichen Ablauf geordnet; wir wollen darauf verweisen, daß dies bei konversen Ausdrücken wie *geben* und *erhalten* nicht der Fall ist.

10.4.6 *Eine Parallele zwischen Antonymie und Komplementarität*

Wir haben auf die Parallele zwischen konversen Ausdrücken und explizit gradierten Antonymen (und die rein grammatische Transformation, welche die Beziehung zwischen aktiven und passiven Sätzen ausdrückt) hingewiesen. Ebenso wichtig ist die Parallele zwischen Antonymie und Komplementarität. Gleichheit besteht darin, daß die Assertion eines Satzes, der einen antonymen oder komplementären Ausdruck enthält, die Negation eines entsprechenden Satzes impliziert, der den anderen antonymen oder komplementären Ausdruck enthält. Dieser Umstand könnte zu der Überlegung führen, daß jedes Vorkommen von Antonymie und Komplementarität aus dem Wortschatz ausgeschieden werden könnte. Statt *Hans ist alleinstehend* könnte man äquivalent sagen ‹Hans ist nicht verheiratet› und statt *Das Haus ist klein* und *Das Haus ist groß* ‹Das Haus ist weniger groß› bzw. ‹Das Haus ist größer› (wobei mitverstanden wird: ‹als die Norm›). Nun tun wir aber gerade dies nicht; und wie Sapir in dem oben erwähnten Artikel betont hat, ist dies einer der Gründe, weshalb «eine rein logische Analyse der Rede so oft ungenügend oder sogar irreführend ist».

Es scheint, daß die Existenz einer großen Zahl von Antonymen und komplementären Ausdrücken im Wortschatz natürlicher Sprachen mit einer allgemein menschlichen Neigung zusammenhängt, Erfahrung und Urteil zu ‹polarisieren› – ‹in Gegensätzen zu denken›. Obwohl wir zwischen komplementären Ausdrücken wie *alleinstehend* und *verheiratet* und Antonymen wie *gut* und *schlecht* unterschieden haben (und eine solche Unterscheidung ist wesentlich), so können wir doch nicht darüber hinwegsehen, daß diese Distinktion in der ‹Logik› der Alltagssprache nicht immer klar und scharf ist. Erhalten wir auf die Frage ‹War es ein guter Film?› die Antwort ‹Nein›, so ist mit dieser Antwort wahrscheinlich implizit ‹Es war ein schlechter Film› zu verstehen, vorausgesetzt die Person, die diese Antwort erteilt, gibt keine weitere Begründung für ihre negative Feststellung und macht auch nicht klar, daß sie ihr Urteil nicht mit Hilfe des polaren Gegensatzes von *gut* und *schlecht* bilden will. Es ist aus diesem Grund sehr gut möglich, daß die Gradierbarkeit von Antonymen (aber nicht ihre implizite Referenz auf eine zulässige Vergleichsnorm) ‹psycholinguistisch› sekundär ist – also etwas ist, das Sprecher bewußt und nur dann, wenn eine erste Scheidung in ‹ja› und ‹nein› unzureichend ist, gebrauchen.

10.5 *Komponentialanalyse und Universalsemantik*

10.5.1 *Einleitung*

Was der Ausdruck ‹Komponentialanalyse› in der Semantik bedeutet, kann am besten mit einem einfachen Beispiel erklärt werden – mit einem, das in der Linguistik für diesen Zweck oft herhalten mußte. Man betrachte die folgenden Klassen deutscher/englischer Wörter:

(1)	*Mann/man*	*Frau/woman*	*Kind/child*
(2)	*Stier/bull*	*Kuh/cow*	*Kalb/calf*
(3)	*Hahn/rooster*	*Henne/hen*	*Küken/chicken*
(4)	*Enterich/drake*	*Ente/duck*	*Entlein/duckling*
(5)	*Hengst/stallion*	*Stute/mare*	*Fohlen/foal*
(6)	*Widder/ram*	*Mutterschaf/ewe*	*Lamm/lamb*

Nach unserem intuitiven Verständnis des Sinnes dieser Wörter können wir etwa folgende Proportionsgleichungen aufstellen:

Mann : *Frau* : *Kind* = *Stier* : *Kuh* : *Kalb*

Diese Gleichung drückt die Tatsache aus (und für den Augenblick wollen wir annehmen, daß damit eine Tatsache gegeben ist), daß in semantischer Hinsicht die Wörter *Mann*, *Frau* und *Kind* einerseits und *Stier*, *Kuh* und *Kalb* andererseits etwas gemeinsam haben; daß weiter *Stier* und *Mann* etwas gemeinsam haben, was weder *Kuh* und *Frau* noch *Kalb* und *Kind* eignet; daß *Kuh* und *Frau* etwas gemeinsam haben, was weder *Stier* und *Mann* noch *Kalb* und *Kind* zukommt; daß *Kalb* und *Kind* etwas gemeinsam haben, was weder *Stier* und *Mann* noch *Kuh* und *Frau* eignet. Was diese verschiedenen Wortgruppen gemeinsam haben, wollen wir eine *semantische Komponente* nennen. (Andere in der Literatur gebräuchliche Termini sind ‹Plerem› [‹plereme›], ‹Semem› [‹sememe›], ‹semantisches Merkmal› [‹semantic marker›], ‹semantische Kategorie› [‹semantic category›] u.s.w.; Literaturhinweise in den Anmerkungen.)

Wir wollen nun einige elementare arithmetische Überlegungen anstellen. In einer bestimmten numerischen Proportion (welche die griechischen Mathematiker eine ‹Analogie› nannten: vgl. 1.2.3) der allgemeinen Form

$$a : b = c : d$$

in der der erste der vier Ausdrücke dividiert durch den zweiten gleich dem dritten dividiert durch den vierten ist, können wir eine Zerlegung vornehmen und zwar in Faktoren, die wir für unsere Zwecke ‹Komponenten› nennen wollen. Jeder der vier Ausdrücke kann dann als *Produkt* eines Paares von Komponenten betrachtet werden. (Wir haben von dieser Parallele bereits bei unserer Erörterung der distributionellen Definition des Morphems Gebrauch gemacht: vgl. 5.3.3.) Aus der Proportion

$$2 : 6 = 10 : 30$$

zum Beispiel können wir die Komponenten 1, 2, 3 und 10 gewinnen. Die Proportion können wir dann neuanschreiben als

$$(2 \times 1) : (2 \times 3) = (10 \times 1) : (10 \times 3)$$

wobei 2 als das Produkt von 2 und 1 analysiert ist, 6 als das Produkt von 2 und 3 u.s.w. Drei der Komponenten sind in diesem Fall *Primzahlen,* nämlich 1, 2 und 3; die vierte, 10, hingegen ist keine. Bei numerischen Proportionen kann man immer herausfinden, ob eine Zahl eine Primzahl ist oder nicht; wenn sie keine ist, dann kann man weiter ihre *Grundkomponenten* bestimmen – jene Klasse von Primzahlen, durch die sie faktoriell bestimmt wird. Wir dürfen hier annehmen, daß der Faktorisierungsprozeß voraussetzt, daß alle relevanten Proportionen verfügbar sind. Wenn wir zum Beispiel die weitere Proportion $1 : 2 = 5 : 10$ verwenden können, wäre 10 in die Primzahlen 2 und 5 zu zerlegen. Wir könnten dann unsere erste Proportion so anschreiben:

$$(2 \times 1) : (2 \times 3) = ((2 \times 5) \times 1) : ((2 \times 5) \times 3)$$

Jeder der vier Ausdrücke ist nun als Produkt seiner Grundkomponenten dargestellt.

Wenden wir nun diese Überlegungen auf die Analyse der oben aufgezählten deutschen Wörter an. Aus der Proportion *Mann* : *Frau* = *Stier* : *Kuh* lassen sich vier Sinnkomponenten extrapolieren: Wir wollen sie mit (männlich), (weiblich), (erwachsen-menschlich), (erwachsen-bovin [rindartig]) wiedergeben. Hätten wir jetzt die Wörter auf Grund der Proportionsgleichungen zu analysieren, so wären (erwachsen-menschlich) und (erwachsen-bovin) als Einzelkomponenten aufzufassen. Wenn wir jedoch die Proportion *Mann* : *Frau* : *Kind* = *Stier* : *Kuh* : *Kalb* darstellen als

(männlich) × (erwachsen-menschlich) : (weiblich) ×
(erwachsen-menschlich) : (nicht-erwachsen-menschlich)
= (männlich) × (erwachsen-bovin) : (weiblich) ×
× (erwachsen-bovin) : (nicht-erwachsen-bovin)

dann können wir noch weitere Komponenten, nämlich (erwachsen) und (nicht-erwachsen) herauslösen. Es ist zu beachten, daß keine dieser Komponenten als Grundkomponente (als ‹Primzahl›) aufzufassen ist; es ist vorstellbar, daß (menschlich) oder (männlich) in ‹kleinere› semantische Komponenten zerlegbar sind, wenn andere Wörter zum Vergleich herangezogen und weitere Proportionen aufgestellt werden, so wie 10 in 5 und 2 zerlegt werden konnte. Wir können hoffen, einmal den Sinn aller Wörter eines Vokabulars mit Hilfe ihrer Grundkomponenten beschreiben zu können. Unter der Voraussetzung, daß die oben vorgeschlagene Analyse der wenigen Wörter korrekt ist (wir werden sogleich erörtern, was ‹korrekt› hier bedeutet), können wir sagen, daß der Sinn von *Mann* das Produkt der Komponenten (männlich), (erwachsen) und (menschlich) ist; daß dieser Sinn von *Stute* das Produkt von (weiblich), (erwachsen) und (equid) [pferdartig] ist u.s.w.

Komponentielle Untersuchungen in der Semantik haben eine lange Vorgeschichte in Linguistik, Logik und Philosophie. Sie sind vorbereitet in der traditionellen Definitionsmethode, eine Gattung in Arten und weiter in Unterarten zu zerlegen. Diese Definitionsmethode wird in den meisten Wörterbüchern, die für Einzelsprachen zusammengestellt wurden, angewandt und bestimmt auch die Gliederung von Werken wie ‹Roget's Thesaurus› (vgl. 10.2.1). In den letzten Jahren sind eine Reihe von Versuchen angestellt worden, diese traditionellen Prinzipien der semantischen Analyse zu formalisieren. Wir wollen damit beginnen, einige der wichtigeren Annahmen zu besprechen, die die Grundlage für derzeit gebräuchliche Komponentialtheorien in der Semantik bilden oder an die in diesem Zusammenhang häufig angeknüpft wird. Die erste ist die Annahme, daß die semantischen Komponenten unabhängig von einer Einzelsprache, also universell sind.

10.5.2 *Die angebliche Universalität semantischer Komponenten*

Es ist vielfach die Vermutung geäußert worden, der Wortschatz aller menschlichen Sprachen sei entweder ganz oder doch teilweise mit Hilfe einer begrenzten Menge semantischer Komponenten, die selbst von der besonderen semantischen Struktur irgendeiner bestimmten Sprache unabhängig seien, analysierbar. Nach dieser These (sie ist ein Gemeinplatz des philosophischen und sprachwissenschaftlichen Denkens seit dem 17. Jahrhundert) können die semantischen Komponenten in den verschiedenen Sprachen auf verschiedene Weise verknüpft werden (und so ‹Sinne› bzw. ‹Begriffe› liefern, die für bestimmte Sprachen charakteristisch sind); sie wären aber in der Analyse der Vokabellisten aller Sprachen als identische Komponenten erkennbar. Wir zitieren dazu Katz, der diesen Standpunkt in einer Reihe von neuen Arbeiten vertreten hat: «Semantische Merkmale [d. h. semantische Komponenten] . . . muß man sich als theoretische Konstrukte vorstellen, die in die Theorie der Semantik eingeführt wurden, um sprachinvariante, aber doch sprachgebundene Komponenten eines Begriffssystems zu bezeichnen, welches zur kognitiven Struktur des menschlichen Geistes gehört.»

Zur angeblichen Universalität semantischer Komponenten ist wenig mehr zu sagen, als daß sie eine Annahme ist, die verschiedene Philosophen und Linguisten gewöhnlich auf anekdotische Beobachtungen einiger gut ausgesuchter Beispiele aus einer Handvoll von Sprachen stützen.

Chomsky hat dazu bemerkt: «Es ist sicher unsere Unkenntnis der relevanten psychologischen und physiologischen Fakten, die dem weit verbreiteten Glauben zugrunde liegt, daß für das System der ‹erfaßbaren Begriffe› (‹attainable concepts›) kaum eine oder keine Aprioristruktur vorliegt.» Die erste Anmerkung zu dieser Feststellung ist einfach die, daß die Überzeugung, es gebe wenn überhaupt solche, so nur wenige «für semantische Merkmale [d. h. semantische Komponenten] verbindliche universelle, sprachunabhängige Beschränkungen», wahrscheinlich am weitesten unter jenen Linguisten verbreitet ist, die die Problematik von Versuchen, die semantischen Strukturen verschiedener Sprachen auf systematische Weise zu vergleichen, kennen. Die vielen Versuche, eine Klasse universeller Komponenten zu entdecken, sind fehlgeschlagen. Zum zweiten ist folgendes anzumerken: Obwohl in Chomskys eigenen Untersuchungen eine Menge interessanter und wahrscheinlich auch richtiger Beobachtungen zu bestimmten Klassen lexikalischer Einheiten zu finden sind (z. B. «Eigennamen müssen in allen Sprachen Objekte bezeichnen, die eine Bedingung räumlicher und zeitlicher Berührung erfüllen»; «die Farbenbezeichnungen jeder Sprache müssen das Farbenspektrum in kontinuierliche Segmente aufteilen»; «Gebrauchsgegenstände sind in Hinblick auf bestimmte menschliche Ziele, Bedürfnisse und Funktionen definiert nicht allein durch ihre physikalischen Eigenschaften»), so reichen diese Beobachtungen doch bei weitem nicht aus, um die Annahme zu rechtfertigen, daß es «so etwas wie ein festes, universelles Vokabular semantischer Komponenten» gibt, «mit denen [mögliche Begriffe] beschrieben werden».

Es ist nicht unmöglich, daß künftige Entwicklungen in Semantik, Psychologie, Soziologie, Anthropologie und verschiedenen anderen Disziplinen die Annahme rechtfertigen, daß es bestimmte «sprachinvariante, aber doch sprachgebundene Komponenten eines Begriffssystems» gibt, «welches zur kognitiven Struktur des menschlichen Geistes gehört», wie Katz behauptet. Was jedoch an empirischem Belegmaterial dafür bisher zusammengetragen worden ist, scheint diese Hypothese eher zu widerlegen als zu bestätigen.

10.5.3 *Komponentialanalyse und Konzeptualismus*

Es ist klar, daß der Wert der Komponentialanalyse bei einer Beschreibung bestimmter Sprachen von der Frage der Universalität der semantischen Komponenten nicht berührt wird. Es ist auch hervorzuheben, daß Komponentialtheorien der Semantik nicht unbedingt ‹konzeptualistisch› oder ‹mentalistisch› sein müssen. Es verdient dies hervorgehoben zu werden, denn es haben nicht nur Katz und Chomsky, sondern auch Hjelmslev, Jakobson und viele andere, die für eine Komponentialmethode in der Semantik sprachen, sehr wohl diesen Standpunkt vertreten, und zwar in einem philosophischen und psychologischen Rahmen, in dem als erwiesen angenommen wird, daß der Sinn eines lexikalischen Elements der Begriff (das ‹Konzept›) ist, der sich bei den Sprechern der betreffenden Sprache mit diesem Element verknüpft. Katz führt zum Beispiel den Begriff der semantischen Komponenten (oder ‹semantischen Markierung›) folgendermaßen an: «Nehmen wir an, daß die Vorstellung (idea), die sich jeder von uns macht, Teil der Bedeutung der Wörter ‹Stuhl›, ‹Stein›, ‹Mann›, ‹Gebäude›, ‹Planet› u.s.w., jedoch nicht Teil der Bedeutung von Wörtern wie ‹Wahrheit›, ‹Zusammensein›, ‹Gefühl›, ‹Schatten›, ‹ganze Zahl›, ‹Abreise› u.s.w. ist – jener Vorstellung, mit der wir zum Ausdruck bringen, was den Bedeutungen der Wörter der ersten Gruppe gemeinsam ist und womit wir diese begrifflich von denen der zweiten trennen. Was unseren einzelnen Vorstellungen gemeinsam ist, können wir grob gesprochen als den Begriff eines räumlich und zeitlich zusammenhängenden, physischen Dings charakterisieren. Die semantische Markierung ‹(physisches Objekt)› wird eingeführt, um diesen Begriff zu bezeichnen.»

Wir haben bereits angedeutet, daß die Theorie der Semantik sich von jeder Abhängigkeit vom philosophischen und psychologischen Status von ‹Begriffen› (concepts), ‹Vorstellungen› (ideas) und dem ‹Geist› (mind) freihalten sollte (vgl. 9.2.6). Es genügt an dieser Stelle darauf hinzuweisen, daß das, was Katz über den Unterschied zwischen den beiden Wortgruppen zu sagen hat, auch ohne Rekurs auf die Termini ‹Begriff› oder ‹Vorstellung› auszudrücken ist. Die erste Wortgruppe bezeichnet Dinge, die im Deutschen als ‹physische Objekte› bezeichnet werden können (der Ausdruck ‹physisches Objekt› besteht natürlich selbst aus deutschen Wörtern), die zweite Gruppe hingegen nicht. Ob die richtige Wahl der ersten Wortgruppe für ihre Relata voraussetzt, daß der Sprecher sich in seinem ‹Geiste› eine ‹Vorstellung› von einem ‹physischen Objekt› macht, ist eine psychologische Frage, die wir hier beiseite lassen können. Was für den Linguisten von Bedeutung ist, ist die Frage, ob es irgendwelche Fakten gibt, die die Zulässigkeit oder Nichtzulässigkeit von Sätzen regeln oder bestimmend für die zwischen Sätzen gültigen Implikationsrelationen sind, die dadurch beschrieben werden können, daß allen Wörtern der ersten Gruppe eine distinktive semantische Komponente zugeordnet wird, die wir übereinstimmend ‹(physisches Objekt)› nennen wollen. Die Antwort auf diese Frage hängt in keiner Weise mit den Auseinandersetzungen zwischen den verschiedenen Richtungen der Philosophie und Psychologie über den Status ‹mentaler Konzepte› zusammen.

10.5.4 *Vorteile der Komponentialmethode*

Auf den ersten Blick ist die Komponentialmethode in der Semantik anderen Methoden klar überlegen. Es lassen sich nämlich mit Hilfe derselben Komponentenklasse zwei verschiedene Fragen beantworten. Die erste Frage betrifft die semantische Zulässigkeit syntagmatischer Verknüpfungen von Wörtern und Satzgliedern: ob nämlich eine bestimmte Verknüpfung als signifikant erzeugt wird oder als bedeutungslos ausgeschlossen werden muß. Die zweite Frage ist die: Welches ist die Bedeutung (d. h. der Sinn) einer bestimmten Verknüpfung lexikalischer Einheiten? Wir wollen jeder dieser Fragen einzeln nachgehen.

Wir haben gesagt, daß die Signifikanz grammatisch wohlgeformter Sätze (und von Teilen von Sätzen) von jeher nach bestimmten allgemeinen Grundsätzen der ‹Kompatibilität› zwischen den ‹Bedeutungen› der sie konstituierenden lexikalischen Einheiten erklärt wurde (vgl. 9.3.11). Eine Möglichkeit, diesen Begriff der semantischen ‹Kompatibilität› festzulegen, ist zu sagen, daß die durch die Syntax erzeugten relevanten semantischen Komponenten lexikalischer Einheiten in den syntagmatischen Kombinationen nicht *kontradiktorisch* sein dürfen. Nehmen wir an, die Wörter *schwanger/trächtig* enthalten eine Komponente, auf Grund welcher das Wort nur zur Modifikation solcher Nomina in Frage kommt, die die Komponente ‹(weiblich)› enthalten. Auf dieser Grundlage (‹Modifikation› wird durch syntaktische Regeln der Sprache interpretiert) würden Wortkomplexe wie *die schwangere Frau* oder *eine trächtige Stute* als ‹bedeutungshaft› erzeugt und Ausdrücke wie *der schwangere Mann* oder *ein trächtiger Hengst* als bedeutungslos (‹nicht interpretierbar›) ausgeschlossen. Ob Ausdrücke wie *die schwangere Ente* bedeutungsvoll sind, würde wohl erst nach Prüfung weiterer Sinnkomponenten, die mit dem Wort *Ente* assoziiert sind, und weiterer Beschränkungen der Verknüpfbarkeit von *schwanger* mit Nomina zu entscheiden sein.

Zweifellos ist dies eine elegante Lösung, die kombinatorischen Beschränkungen, die zwischen lexikalischen Einheiten in bestimmten grammatischen Konstruktionen bestehen, zu erklären. Man darf jedoch nicht übersehen, daß jede umfassende Behandlung der Signifikanz von Sätzen nach dieser Methode voraussetzt, daß eine adäquate syntaktische Analyse von Sätzen und befriedigende Regeln für die semantische Interpretation der wesentlichen grammatischen Beziehungen bereits vorliegen. Das eben angeführte Beispiel, in dem es um die ‹Modifikation› eines Nomens durch ein ‹Adjektiv› ging, ist in der Semantik noch nie als besonders schwierig betrachtet worden. Seine Formalisierung im Rahmen der modernen Syntaxtheorie ist trivial im Vergleich zu dem Problem der Formalisierung eines Großteils der Relationen der semantischen ‹Kompatibilität›, die zwischen den Sätzen irgendeiner Sprache bestehen. Gerade in den letzten Jahren hat sich das Interesse einiger Linguisten (besonders Katz, Weinreich und Bierwisch) ganz besonders auf jene Probleme konzentriert, die die Formalisierung verschiedener Relationen semantischer ‹Kompatibilität› berühren. Bisher sind die Ergebnisse nicht beeindrukkend, trotz der Verfeinerung des Apparats, der entwickelt wurde. Es scheint, daß zudem jeder Fortschritt auf diesem Gebiet von der Aufstellung einer Syntaxtheorie abhängt, die angemessener ist als die bis heute zur Verfügung stehenden.

Die zweite Frage, auf die die Komponentialanalyse eine Antwort sucht, ist: «Welche Bedeutung hat ein bestimmter Satz oder syntagmatischer Ausdruck (phrase)?» Allgemein gilt als Antwort darauf, daß die Bedeutung eines Satzes oder syntagmatischen Ausdrucks (Wortkomplexes) das ‹Produkt› der Sinne seiner konstituierenden lexikalischen Einheiten ist; und der Sinn jeder einzelnen lexikalischen Einheit ist das ‹Produkt› seiner konstituierenden semantischen Komponenten. Die Bedeutung eines Satzes oder eines syntagmatischen Ausdrucks wird daher bestimmt durch die ‹Amalgamierung› (amalgamation) aller semantischen Komponenten der lexikalischen Einheiten in Übereinstimmung mit einer Klasse von ‹Projektionsregeln› (projection rules), die mit den tiefenstrukturellen grammatischen Relationen zusammenhängen. Es wurde im vorausgehenden Absatz darauf hingewiesen, daß die Syntaxtheorie bisher nicht in der Lage war, viele der wichtigen tiefenstrukturellen grammatischen Relationen befriedigend zu beschreiben. Gerade dies belastete unsere Besprechung der ‹grammatischen Funktionen› in Kapitel 8 sehr. Wir sind daher noch nicht in der Lage, den Terminus ‹Produkt› (oder ‹kompositionelle Funktion›, um einen sachgemäßeren Ausdruck zu verwenden), der für die Definition der Bedeutung eines Satzes oder syntagmatischen Ausdrucks als das ‹Produkt der Sinne seiner konstituierenden lexikalischen Einheiten› vorgeschlagen wurde, zu interpretieren.

Zugleich ist klar, daß viele der im vorigen Kapitel diskutierten semantischen Relationen innerhalb einer Komponentialtheorie der Semantik neu formuliert werden könnten. Es ist naheliegend, daß Synonymie, Hyponymie, Inkompatibilität und Komplementarität auch mittels der semantischen Komponenten der lexikalischen Einheiten definiert werden können. (Zur Definition dieser Relationen mittels der Komponentialanalyse vgl. die Arbeiten in den Anmerkungen zu diesem Kapitel). Betont muß jedoch werden, daß die Komponentialanalyse lexikalischer Einheiten den Begriff der ‹Implikation› in Bezug auf Assertion und Negation von Sätzen voraussetzt. Die Komponentialanalyse ist eine Technik, bestimmte semantische Relationen zwischen lexikalischen Einheiten und den aus ihnen gebildeten Sätzen ohne großen Aufwand darzustellen. Sie kann jedoch nicht irgendeines der oben in Zusammenhang mit ‹Verständnis› und ‹analytischer Implikation› diskutierten Probleme der Undeterminiertheit (vgl. 10.1.2) unberücksichtigt lassen.

10.5.5 *Die ‹kognitive Wirklichkeit› semantischer Komponenten*

Der interessanteste Beitrag zur Komponentialsemantik ist bisher nicht von Philosophen oder Linguisten, sondern von Anthropologen geliefert worden. Sie haben gerade in jüngeren Arbeiten besondere Beachtung der, wie sie es nennen, ‹kognitiven Gültigkeit› oder ‹Wirklichkeit› semantischer Komponenten geschenkt. Genau das war bei der Feststellung gemeint, daß zu untersuchen ist, was ‹korrekt› im Zusammenhang mit der Komponentialanalyse (vgl. 10.5.1) heißt.

Ein beträchtlicher Teil der anthropologischen Forschung gilt der Analyse des Vokabulars für Verwandtschaftsbeziehungen in den verschiedenen Sprachen. Es wurde zum Beispiel gezeigt, daß die gebräuchlichsten Verwandtschaftsnamen des Englischen auf verschiedene Weise erklärt werden können. (Von *brother* [*Bruder*] und *sister* [*Schwester*] zum Beispiel kann man sagen, daß sie dieselbe Komponente, nämlich die ‹direkte Abstammungslinie› besitzen, und dies genauso wie *father* [*Vater*] und *mother* [*Mutter*] oder *son* [*Sohn*] und *daughter* [*Tochter*]; anders *cousin* [*Kousin*], welchem ebenso wie *uncle* [*Onkel*] und *aunt* [*Tante*] oder *nephew* [*Neffe*] und *niece* [*Nichte*] die Komponente ‹kollateral› eignet. Andererseits kann *brother* und *sister* die Komponente ‹kolinear› zugesprochen werden, ebenso wie *uncle* und *aunt* oder *nephew* und *niece*, nicht aber *cousin*, das die Komponente ‹ablinear› besitzt). Die Frage ist nun, ob eine der verschiedenen möglichen Analysen ‹korrekt› ist. Jede ist in sich konsistent; jede schafft eine klare Trennung zwischen allen Elementen des lexikalischen Systems; und jede von ihnen ist ‹prädiktiv› (‹vorausbestimmend›) in dem Sinne, daß sie dem Anthropologen ein Mittel in die Hand gibt, mit Hilfe des lexikalischen Systems die Verwandtschaftsbeziehungen aller Mitglieder der Familie untereinander zu bestimmen. Jede der möglichen Analysen geht jedoch auf eine andere Klasse von Proportionsgleichungen zurück, nämlich entweder

father : *mother* = *son* : *daughter* = *brother* : *sister*
Vater : *Mutter* = *Sohn* : *Tochter* = *Bruder* : *Schwester*

oder

uncle : *aunt* = *nephew* : *niece* = *brother* : *sister*
Onkel : *Tante* = *Neffe* : *Nichte* = *Bruder* : *Schwester*

Über die Frage der ‹Korrektheit› entscheidet also die ‹kognitive Gültigkeit› der einen oder der anderen Klasse von Proportionen (wenn diese Frage überhaupt zu entscheiden ist). Was die anthropologische Analyse der Verwandtschaftsgrade anlangt, so wird die ‹kognitive Gültigkeit› wahrscheinlich durch gesellschaftlichen Status und die Rollen, die den verschiedenen Klassen von Familienmitgliedern in der Gesellschaft zugedacht sind, bestimmt. Dies wiederum spiegelt sich wohl in den linguistischen ‹Intuitionen› der Mitglieder der Gemeinschaft.

Wir können der Frage der ‹Korrektheit› aber auch einen strengeren linguistischen Gesichtspunkt zugrunde legen. Kehren wir zu diesem Zweck zu dem einfachen Beispiel der Komponentialanalyse zu Beginn dieses Abschnittes zurück. Wir nahmen an, daß die folgenden Proportionen gültig wären:

Mann : *Frau* : *Kind* = *Stier* : *Kuh* : *Kalb*
Stier : *Kuh* : *Kalb* = *Hahn* : *Henne* : *Küken*
u.s.w.

Auf Grund dieser Proportionen gewannen wir die semantischen Komponenten (männlich) *gegen* (weiblich), (erwachsen) *g.* (nicht-erwachsen), (menschlich) *g.* (Rind) *g.* (Pferd) *g.* . . . (Schaf). Wir können fragen, was diese Komponenten linguistisch bedeuten.

Aufs erste sieht die Opposition der kontradiktorischen Komponenten (männlich) und (weiblich) befriedigend aus. Wenn wir wissen, daß jemand erwachsen, männlich, ein menschliches Wesen ist, dann wissen wir, daß das Wort *Mann* und nicht *Frau* oder *Kind* zurecht auf ihn bezogen wird. Wenn wir wissen, daß ein Stück des Hausgeflügels ein erwachsenes weibliches Tier einer bestimmten Rasse ist, dann wissen wir, daß *Henne* und nicht *Hahn* oder *Küken* der zutreffende Referenzausdruck ist. Man könnte aber auch auf dem Standpunkt stehen, *Mann* und *Frau*, *Hahn* und *Henne* u.s.w. auf Grund des Geschlechts ihrer Relata zu unterscheiden bedeute, daß einem der vielen sie unterscheidenden, linguistisch relevanten Merkmale der Vorrang gegeben wird. Fragt man ein kleines Kind (die meisten seiner Äußerungen sind durchaus zulässig und manifestieren, soweit man dies beurteilen kann, die gleichen semantischen Beziehungen wie die Äußerungen der Älteren), was der Unterschied zwischen Männern und Frauen ist, so antwortet es wahrscheinlich, indem es eine Liste von typischen Merkmalen aufzählt – welche Kleider sie tragen, wie ihr Haar geschnitten ist, ob sie arbeiten gehen oder zu Hause bleiben und auf die Kinder aufpassen u.s.w. So könnte eine ganz andere Menge von Kriterien für die Differenzierung von *Hahn* und *Henne*, von *Stier* und *Kuh* u.s.w. aufgestellt werden. Weshalb sollte, und wenn auch nur in der Sprache der Erwachsenen, das Geschlecht als einziges Kriterium gelten? Inwiefern ist es dann wahr zu sagen *Frau* : *Kind* = *Kuh* : *Kalb* = *Henne* : *Küken* u.s.w.?

Ganz offensichtlich gibt es eine Klasse von Sätzen, deren semantische Zulässigkeit oder Unzulässigkeit mittels dieser Proportionsgleichung erklärt werden kann: *Jene Frau ist die Mutter dieses Kindes, Jene Henne ist die Mutter dieses Kükens* u.s.w g. *Jener Mann ist die Mutter dieses Kükens, Jene Frau ist der Vater dieses Kindes, Jene Frau ist die Mutter dieses Kalbs* u.s.w. Und das grammatische Phänomen des Genus wird im Deutschen (und Englischen) zum Teil vom Geschlecht des Relatums bestimmt. Dies bedeutet jedoch nicht, daß (männlich) und (weiblich) die einzigen semantischen Merkmale sind, welche die komplementären Ausdrücke *Mann* g. *Frau*, *Stier* g. *Kuh* u.s.w. unterscheiden. Der Status solcher Komponenten wie (erwachsen) g. (nicht-erwachsen) ist noch unbestimmter. Wieder gibt es Klassen semantisch zulässiger oder semantisch unzulässiger Kombinationen, die im Hinblick auf diese Opposition erklärt werden können; es gibt aber auch andere, für die es eine Erklärung dieser Art nicht gibt.

Dieses Problem ist dem des Anthropologen bei der Beschäftigung mit der ‹kognitiven Gültigkeit› zweifellos verwandt. Man denke zum Beispiel an eine Gesellschaft, in der die Rollen von Mann und Frau so verschieden sind, daß es nur wenige Tätigkeiten gibt, die beide ausführen. Man nehme weiter an, daß es im Wortschatz dieser Sprache zwei lexikalische Einheiten gibt, die auf Grund ihrer Referenz auf männliche, erwachsene menschliche Wesen bzw. auf weibliche, erwachsene menschliche Wesen ins Deutsche als ‹Mann› und ‹Frau› übersetzt werden können. In Kenntnis dieser Referenz der beiden lexikalischen Einheiten könnte der Linguist diese Ausdrücke zurecht für Männer und Frauen gebrauchen. Er wäre dann ziemlich sicher, daß die Übersetzung solcher deutschen Sätze wie ‹Der Mann gebar ein Kind› (unter der Voraussetzung, daß ein Ausdruck existiert, der zutreffend als ‹gebären› übersetzt wird) semantisch unzulässig ist. Es könnte aber darüber hinaus eine sehr große Zahl von Sätzen, wie z. B. ‹Der Mann kochte ein Essen›, ‹Die Frau machte Feuer› geben, die ebenso unzulässig sind. Unsere eigenen vorgefaßten Meinungen gegenüber unserer Kultur und unsere eigene taxonomische Klassifikation der gegenständlichen Welt sollten für die Analyse der Kultur oder der Sprache anderer Gesellschaften nicht als verbindlich betrachtet werden, noch weniger aber für die Analyse irgendeines angeblichen «Begriffssystems (conceptual system), welches zur kognitiven Struktur des menschlichen Geistes gehört».

Noch eine Bemerkung wollen wir anfügen. Bei der Komponentialanalyse besteht immer die Gefahr, daß Unterschiede hinsichtlich der Häufigkeiten der lexikalischen Einheiten (und infolgedessen ihre mehr oder weniger ‹zentrale› Position im Wortschatz) sowie der Unterschied zwischen lexikalisierten Einheiten und semantischen Komponenten unbeachtet bleiben. So wird oft angedeutet, daß *brother* und *sister* durch die ‹Synonyme› *male sibling* und *female sibling* (*Geschwisterkind*) ersetzt werden können. Dies stimmt jedoch nur in dem Zusammenhang einer anthropologischen oder quasianthropologischen Diskussion. Die Wörter *brother* und *sister* sind sehr gebräuchliche Ausdrücke und vermutlich allen Englischsprechenden bekannt, wogegen *sibling* ein Fachausdruck ist, den Anthropologen für ihren speziellen Gebrauch prägten; den meisten Englischsprechenden ist er wahrscheinlich unbekannt. Der Umstand, daß es für die beiden komplementären Ausdrücke *brother* und *sister* keinen gemeinsamen übergeordneten Ausdruck gibt, beweist zur Genüge, daß der Gegensatz zwischen den beiden Ausdrücken semantisch von größerer Bedeutung ist als ihre Gemeinsamkeiten. Ebenso wesentlich für die Analyse der Struktur des englischen Wortschatzes ist die Tatsache, daß es zu dem Ausdruck *horse* (*Pferd*) als Hyponyme die komplementären Ausdrücke *stallion* (*Hengst*) und *mare* (*Stute*) gibt. Jede Semantiktheorie, die uns glauben machen will, das Syntagma *adult male elephant* (*erwachsener männlicher Elefant*) stehe zu *elephant* in derselben semantischen Relation wie *stallion* zu *horse*, wäre unbefriedigend.

Derartige Unzulänglichkeiten sind nicht unbedingt Merkmale von Komponentialtheorien in der Semantik. Aber es ist überraschend, wie wenig Beachtung das Verhältnis zwischen lexikalischen Elementen wie *männlich* oder *erwachsen* und semantischen Komponenten wie (männlich) oder (erwachsen) gefunden hat. Man kann sich nicht des Verdachts erwehren, daß die semantischen Komponenten mit Hilfe des intuitiven Verständnisses der lexikalischen Einheiten, mit denen der Linguist diese semantischen Komponenten etikettiert, interpretiert werden.

10.5.6 *Abschließende Bemerkungen*

Wir können aus Platzgründen nicht weiter auf Details der Komponentialanalyse der Semantik in jüngeren Arbeiten eingehen. Wenn unsere Stellungnahme dazu etwas negativ war, so ist dies absichtlich geschehen. Ich habe versucht, Aufmerksamkeit auf einige der Annahmen zu lenken, die Komponentialtheorien der Semantik gewöhnlich zugrunde gelegt werden – insbesondere die Annahme, daß semantische Komponenten universell sind. Wir haben gesehen, daß die Vorstellung von einer Komponentialanalyse auf die Erstellung von Proportionsgleichungen in Bezug auf den Sinn lexikalischer Einheiten zurückgeht. Die wesentliche Frage, die nicht immer berücksichtigt wird, ist, in welchem Maße diese Proportionen ‹kognitiv gültig› sind. Zu oft wird vorausgesetzt, daß diese Proportionen einfach auf der Grundlage der Introspektion aufgestellt werden können.

Trotz allem hat die Komponentialanalyse wesentliche Beiträge zu Fortschritten in der Semantik geleistet. Von allem anderen abgesehen sind durch sie die Formalisierung von Syntax und von Semantik (bzw. einigen Aspekten der Semantik) näher zusammen gerückt, als dies vorher der Fall gewesen war. Daß man sich in der Linguistik wieder ernsthaft mit den Beziehungen zwischen Syntax und Semantik befaßt, geht hauptsächlich auf die Arbeit von Katz und Fodor zurück, die systematischer im Rahmen einer ‹integrierten Theorie grammatischer Beschreibungen› von Katz und Postal wiederaufgenommen und von Katz in einer Reihe von nachfolgenden Publikationen weiterentwickelt wurde. Obwohl Katz und Postal dazu neigten, frühere Leistungen auf dem Gebiet der Komponentialanalyse zu gering zu bewerten, bestanden sie doch zurecht auf der Bedeutung der Spezifikation der Form der ‹Projektionsregeln› und ihrer spezifischen Wirkung «im Zusammenhang mit expliziten, generativen linguistischen Beschreibungen». Dies war vorher nicht versucht worden.

In einem früheren Kapitel erwogen wir die Möglichkeit einer Annäherung zwischen ‹formaler› und ‹inhaltbezogener› Grammatik (vgl. 4.3.4). Vieles von dem, was wir dann bei der Erörterung der ‹grammatischen Kategorien› und der ‹grammatischen Funktionen› (in den Kapiteln 7 und 8) festgestellt haben, deutet darauf hin, daß weitere Fortschritte in der Formalisierung der Syntax von einer solchen Annäherung abhängig sind. Wir wollen zum Abschluß dieses Buches unserer festen Erwartung Ausdruck geben, daß die nächsten Jahre eine Reihe von Büchern und Artikeln bringen werden, die dieses Ziel ansteuern.

Überdies wird wohl eine stärkere Verlagerung des Interesses auf die Theorie der Semantik die Linguisten zu dem traditionellen Standpunkt zurückführen, daß die syntaktische Struktur der Sprachen in hohem Grade von ihrer semantischen Struktur abhängig ist, etwas genauer: von den ‹modi significandi› grammatischer Kategorien, die auf der Semantik aufbauen (vgl. 7.6.10). Falls eine solche Entwicklung stattfindet, so darf man sie nicht so betrachten, als hätte sich damit die Theorie der Linguistik einfach auf den Standpunkt der traditionellen Grammatik zurückentwikkelt. Jede künftige Theorie der Grammatik und Semantik wird den strengen Anforderungen der ‹strukturellen› Linguistik des zwanzigsten Jahrhunderts zu genügen haben, so traditionell ihre Ziele auch sein mögen. Revolutionen können von Gegenrevolutionen abgelöst werden; aber es kann nicht einfach eine Restauration der Vergangenheit geben.

10.5.7 *Schlußstrophe*

Ohe iam satis est, ohe libelle,
iam pervenimus usque ad umbilicos . . .
iam lector queriturque deficitque,
iam librarius hoc et ipse dicit:
‹ohe iam satis est, ohe libelle›.

Martial

BEMERKUNGEN*

Zu Kapitel 1, S. 1

1.1.4 Zitat aus Bloomfield: *Language*, 3.

1.2 Traditionelle Grammatik: Viele der bekannten Einführungen in die Linguistik gehen auf die Leistungen der traditionellen Grammatik nicht oder wenig verläßlich ein (z. B. Bloomfield, *Language*; Jespersen, *Language*; de Saussure, *Cours*). Folgende Werke werden zur weiteren Lektüre empfohlen: Robins, *Short History*; Dinneen, *Introduction*; Arens, *Sprachwissenschaft*; Kukenheim, *Esquisse*; Leroy, *Grands Courants*; Mounin, *Histoire*; Sandys, *Short History*; *Ivic *Trends*.

1.2.1 Anfänge der griechischen Grammatiktheorie: vgl. Forbes, ‹Greek pioneers›; Koller, ‹Anfänge›. Zur Stoa, deren Bedeutung oft zu gering eingeschätzt wird, vgl. Barth, *Stoa*; Barwick, *Probleme*; Pohlenz, *Begründung*.

1.2.3. Analogie und Anomalie: Zur Annahme, daß Varro die Probleme unrichtig dargestellt habe, vgl. Fehling, ‹Varro›; ebenso Dihle, ‹Analogie›.

1.2.6 Römische Periode: Zu den allgemeinen Grundlagen vgl. Collart, *Varron*; Barwick, *Remmius Palaemon*.

1.2.7 Mittelalter: Zu den allgemeinen philosophischen Grundlagen vgl. Gilson, *History*; Copleston, *History*. Theorie der Sprachwissenschaft im Mittelalter: vgl. Dinneen, *Introduction*, 126–50; Robins, *Short History*; Bursill-Hall, ‹Medieval theories›; Roos, ‹Sprachdenken›. Genauer gehen darauf ein: Grabmann, *Mittelalt. Geistesleben*; Heidegger, *Kategorienlehre*; Roos, *Modi Significandi*; *Verburg, *Taal en Functionaliteit* (Übersetzung ins Englische erscheint.)

1.2.8 Chomsky, *Cartesian Linguistics*, vermittelt interessante Einsichten in die ‹rationalistische› Sprachwissenschaft im 17. Jahrhundert. Ich mag die Eigenständigkeit der Grammatiker von Port Royal unterschätzt haben.

1.2.10 Die indische Tradition: vgl. Belvalkar, *Systems*; Misra, *Descriptive Technique*; Allen, *Phonetics*; Brough, ‹Theories›; Bloomfield, Besprechung von Liebisch; Emeneau, ‹India›; Renous Einleitung zu Wackernagel und Debrunner, *Grammatik*.

1.3 Vergleichende Philologie: Das Standardwerk ist Pedersen, *Linguistic Science*. Es vernachlässigt allerdings Themen, die außerhalb der Hauptinteressen der ‹Junggrammatiker› lagen, und kann ergänzt werden durch Jespersen, *Language*, 32–99; Leroy, *Grands Courants*, 17–60; Mounin, *Histoire*, 152–212; Arens, *Sprachwissenschaft*, 139–337.

1.4 Moderne Linguistik: Dieser Abschnitt kann gelesen werden in Verbindung mit Gleason, *Introduction*, 1–13; Hockett, *Course*, 1–11, 569–86; Ro-

* Vollständige Titelangaben in der Bibliographie. Mit Sternchen bezeichnete Titel stehen nicht im englischen Original.

bins, *General Linguistics*, 1–17; Hall, *Introductory*, 3–35; Martinet, *Eléments*, 9–51; Lepschy, *Linguistica*, *17–41* [*deutsch: *Strukturale Sprachwissenschaft*, 11 ff.]; Dinneen, *Introduction*, 1–19; *Hill*, *Introduction*, 1–12; Sapir, *Language*, 3–12; Malmberg, *Nouvelles Tendances*; *Bühler et al. *Linguistik I*; *Langacker, *Sprache*; *Bierwisch, ‹Aufgaben›; ‹Strukturalismus›.

1.4.1 Ferdinand de Saussure: De Saussures eigene Notizen sind 1957 veröffentlicht worden, vgl. Godel, *Sources*; zu einer kritischen Ausgabe des *Cours*, vgl. Engler, *Cours*. Eine knappe Übersicht über Saussures Standpunkte gibt Dinneen, *Introduction*, 195–212; ebenso Lepschy, *Linguistica*, 42–48 [*dt. Übersetzung, 33 ff.] (enthält eine umfassende, auf den Stand von 1966 gebrachte Bibliographie).

1.4.2 Priorität der gesprochenen Sprache: vgl. Abercrombie, *Elements*, 1–19; Uldall, ‹Speech›; Vachek, ‹Some remarks›; Pulgram, ‹Graphic and phonic›.

1.4.3 Zur Sprachplanung: vgl. Haugen, ‹Linguistics›; Hoenigswald, ‹Proposal›; *Tauli, *Introduction*.

1.4.7 ‹Langue› und ‹parole›: Saussure, *Cours*, 23 ff. (Einleitung, Kapitel 3); vgl. Lepschy, *Linguistica*, 45–6; Dinneen, *Introduction*, 196–9; Leroy, *Grands Courants*, 108–10. Chomsky bringt seine eigene Unterscheidung von ‹Kompetenz› und ‹Performanz› in Zusammenhang mit Saussures Scheidung von ‹langue› und ‹parole›, vgl. *Aspects*, 4 [**Aspekte*, 14 f.]

Zu Kapitel 2, S. 55

2.1.3 ‹Doppelte Artikulation›: vgl. Martinet, *Linguistique Synchronique*, 1–35; ebenso Palmer, ‹Hierarchy›; Hockett, ‹Linguistic elements›.

2.1.4 ‹Stufe›, ‹Ebene›, ‹Ausdruck›, ‹Inhalt›: Die hier gebrauchte Terminologie stammt von Hjelmslev und seinen Nachfolgern, vgl. Hjelmslev, *Prolegomena*; Spang-Hassen, ‹Glossematics›. Der Ausdruck ‹level› wird sonst in diesem Buch in einem sehr allgemeinen Sinn verwendet (und schließt mit ein, was Hjelmslev ‹plane› nennt). [dt. allgemein ‹Ebene›]. Verwiesen sei auf 5.5.

2.2 Substanz und Form: vgl. Saussure, *Cours*, 155 ff. (Teil 2, Kapitel 4).

2.2.7 Willkür der substantiellen Realisierung: vgl. Householder, ‹Uniqueness›.

2.3. Paradigmatische und syntagmatische Beziehungen: De Saussure selbst gebrauchte nicht den Terminus ‹paradigmatisch›, sondern ‹assoziativ›. Überdies sind unter de Saussures ‹assoziativen Beziehungen› nicht paradigmatische Relationen verschiedener Art subsummiert: vgl. *Cours* 170 ff. (Teil 2, Kapitel 5). Der Terminus ‹paradigmatisch› geht auf Hjelmslev zurück, vgl. Robins *General Linguistics*, 78. (Der Terminus ist unglücklich gewählt, denn er wird nicht selten zu ‹Paradigma› gestellt: vgl. Index.)

2.3.7 ‹Markiert› und ‹nicht-markiert›: Diese Ausdrücke sind im besonderen mit der ‹Prager Schule› verknüpft (vgl. Vachek, *Reader*) [*Trubetzkoy gebrauchte die Termini ‹merkmaltragend› bzw. ‹merkmallos›, allerdings für phonologische Oppositionen. Vgl. *Grundzüge*, 67 ff.]. Zu einer Diskussion jüngeren Datums vgl. Greenberg, *Language Universals*.

2.4. Statistische Struktur: vgl. Cherry, *Human Communication*; Miller, *Language*; Roberts, *Statistical Linguistic Analysis*; Mandelbrot, ‹Theory›; Malmberg, *Nouvelles Tendances*, 278–304; Apostel et al., *Logique*; *Herdan, *Advanced Theory*; *Schnelle, ‹Methoden›, 155 ff.

2.4.1 Funktionslast: vgl. Martinet, *Économie*; Hockett, ‹Quantification›; *Szemerényi, ‹Methodology›, 13; *Herdan, *Advanced Theory*, 198 f; *als wesentlicher Faktor in der Lautgeschichte: King, ‹Functional load and sound change›.

2.4.2 Informationstheorie: Einen elementaren Einblick vermittelt Gleason, *Introduction*, pp. 373–90; *Meyer-Eppler, *Grundlagen*.

2.4.7 ‹Homonymik›: vgl. Orr, *Words*, bes. 91–160; Ullmann, *Principles*, 144–52 [**Grundzüge*, 117 ff.]. (Orr und Ullmann beziehen sich auf das Werk Gilliérons und seiner Nachfolger.)

2.4.9 Die Angaben über die Häufigkeit englischer Konsonanten stammen von Roberts, *Statistical Linguistic Analysis*. Die am meisten verwendete Worthäufigkeitsliste ist die von Thorndike und Lorge, *Teacher's Word-Book*.

Zu Kapitel 3, S. 102

3.2 Phonetik: vgl. Abercrombie, *Elements*; Jones, *Outline*; Pike, *Phonetics*; Ladefoged, *Elements*; *Fant*, *Acoustic Theory*. Siehe Addenda (1), p. 502; *Dieth, *Vademekum*; *von Essen, *Phonetik*; *Malmberg, *Manual*; *Zwirner, ‹Methodik›.

3.3. Phonologie: vgl. Robins, *General Linguistics*, 121–79; Martinet, *Élements*, 52–96; Hockett, *Manual*; Trubetzkoy, *Grundzüge*; Jones, *Phoneme*; Malmberg, *Structural Linguistics*, 30–127. Siehe Addenda (2), p. 502; vgl. 3.2., *bes. die einfache Darstellung bei Zwirner, ‹Methodik›, 93 ff.

3.3.9 ‹Germanische Lautverschiebung› (‹Grimmsches Gesetz›): vgl. Fourquet, *Mutations*; *Horacek, *Lautlehre*; *von Kienle, *Historische Laut- und Formenlehre*; *Sperber, *Geschichte*; *Bach, *Geschichte*; *Herrlitz, *Historische Phonologie*.

3.3.11. Zur letzten Entwicklung in der Theorie der distinktiven Merkmale, vgl. Jakobson, Fant und Halle, *Preliminaries*; Jakobson und Halle, *Fundamentals*; Chomsky und Halle, ‹Controversial questions›; **Sound pattern*; Fudge, ‹Phonological primes›; *Meyer-Eppler, *Grundlagen*, 401 ff.; *Malmberg, *Manual*; *Kiparsky, ‹How abstract›; *Wurzel, ‹Studien›.

3.3.12 Prosodische Analyse: vgl. Robins, *General Linguistics*, 157–68. Eine Reihe von Artikeln zur ‹Prosodie› sind wiederabgedruckt in Palmer, *Prosodic Analysis*.

3.3.13 Phonologie des Türkischen: vgl. Waterson, ‹Some aspects›; Lyons, ‹Phonemic and non-phonemic›. Zur Behandlung mit Mitteln der generativen Phonologie: vgl. Lees, *Phonology*.

Zu Kapitel 4, S. 136

4.1.3 Zitat aus Jespersen, *Philosophy*, 55.

4.1.5 Chomskys Gebrauch des Ausdrucks ‹formal› (im Gegensatz zu ‹substantiv›): vgl. *Aspects*, 27–30 [**Aspekte*, 43–47].

4.2. Formale Grammatik: Dieser Abschnitt stützt sich auf Harris, *Methods*, und Chomsky, *Syntactic Structures*.

4.2.3 Zu Russells Diskussion von ‹grammatischen›, doch ‹bedeutungslosen› Sätzen: *Inquiry*, 170 ff.

4.2.4 ‹Gemeinsamer Kern/common core›: der Ausdruck stammt von Hockett, *Course*, 332. Eine gute Darstellung der systematischen Vielschichtigkeit in der Sprache geben Halliday, McIntosh und Strevens, *Linguistic Sciences*, 75–110; Quirk, *Use of English*, 50–63, 79–96, 154–73. Über Mundarten, vgl. McIntosh, *Introduction*; ebenso Bach, *Mundartforschung*; Dauzat, *Géographie*.

4.2.5 Über ‹Akzeptierbarkeit› und ‹Grammatizität› vgl. Chomsky, *Aspects*, 10–15 [**Aspekte*, 21–28]

4.2.14 Zur Unterscheidung von Entdeckungsverfahren, Entscheidungsverfahren und Bewertungsverfahren, vgl. Chomsky, *Syntactic Structures*, 49–60.

4.3.3 Zitat aus Chomsky, *Aspects*, 79–80 [**Aspekte*, 107–108].

Zu Kapitel 5, S. 173

5.1.2 Zitate aus Harris: *Methods*, 14.

5.2 Der Satz: vgl. Robins, *General Linguistics*, 190–292; Hockett, *Course*, 199–208; Fries, *Structure*, 9–53; *Arens, *Sprachwissenschaft*, 397 ff.

5.2.1 Definition von Bloomfield: aus *Language*, 170.

5.2.5 ‹Klischeehafte› Äußerungen: vgl. *Saussure*, Cours, 172.

5.2.7 Phonologische Kriterien: Hill, *Introduction*, 336 ff., versuchte, den Satz nur mit phonologischen Kriterien zu definieren. Wenn wir aber zwischen Sätzen und Äußerungen unterscheiden (diese Unterscheidung wird von vielen Linguisten nicht getroffen), so gibt es keinen Grund zu der Annahme, daß phonologische Kriterien dazu ausreichen. Zu einer Diskussion der Methode von Hill vgl. Haas, ‹Linguistic structures›.

5.3 Das Morphem: vgl. Robins, *General Linguistics*, 201–13; Bazell, ‹Problem›; *Linguistic Form*, 51–64; Nida, *Morphology*; *Arens, *Sprachwissenschaft*, 560 f.; *Robins, ‹Morphologie›; *Bolinger, ‹On defining›.

5.3.6 Morphologische Typologie: vgl. Bazell, *Typology*. Verhältnis von Morphemen zu Wörtern: vgl. Greenberg, nach Mohrmann, et al., *Trends* 1, 119; *grundsätzlich dazu Dressler, ‹Wege›; *Lindgren ‹Morphem›.

5.3.7 Zu Türkisch: vgl. Godel, *Grammaire*; Swift, *Grammar*.

5.3.8 Zu Latein: vgl. Householder, ‹Descriptive analysis›; P. H. Matthews, ‹Inflexional component›; Hill, *Introduction*, 441–82.

5.3.9 Zitat aus Sapir, *Language*, 124 [**Die Sprache*, 117].

5.4 Das Wort: vgl. Robins, *General Linguistics*, 193–201; Rosetti, *Linguistica*, 11–46; Togeby, ‹Mot›; Sapir, *Language*, 24–41; Bazell, ‹Historical source›; *Arens, *Sprachwissenschaft*, 660 f.; *Robins, ‹*Morphology*›; *Lindgren ‹Morphem›.

5.4.7 ‹Potentielle Pause›: vgl. Hockett, *Course*, 166–9 (man beachte, daß Hockett den Terminus ‹Lexem› in anderer Bedeutung gebraucht, als es hier geschieht).

5.4.8 Semantische Definitionen des Wortes: vgl. Ullmann, *Principles*, 50–4 [**Grundzüge*, 47 f.].

5.4.9 ‹Kleinste freie Form›: vgl. Bloomfield, *Language*, 178; ebenso Robins,

General Linguistics, 194; Bazell, *Linguistic Form*, 67–8; Hockett, *Course*, 168–9; *Arens, *Sprachwissenschaft*, 560 f.

5.5 ‹Rang›: vgl. Halliday, ‹Categories›; Pike, *Integrated Theory*; Longacre, ‹Fundamental insights›; Lamb, *Outline*; Postal, *Constituent Structure*; P. H. Matthews, ‹Concept of rank›; Huddleston, ‹Rank and depth›. Siehe Addenda (3), p. 489.

Zu Kapitel 6, S. 212

6.1.2 Bloomfield: vgl. *Language*, 161 ff.

6.1.3 Grammatische Mehrdeutigkeit dieser Art: vgl. Wells, ‹Immediate constituents›; Hockett, ‹Two models›; Chomsky, ‹Syntactic Structures›, 28.

6.2 Konstituentenstrukturgrammatik (phrase structure grammar): vgl. Chomsky, ‹Three models›; *Syntactic Structures*; Postal, *Constituent Structure*; Bach, *Introduction*; B. Hall, *Foundations*. Speziellere Darstellungen in Luce et al., *Readings*, 75 ff., *Handbook*, 269 ff. Ebenso Gross, ‹Equivalence›.

6.3 Kategorialgrammatik: vgl. Bar-Hillel, *Language*, 99 ff.; ebenso Lambek, ‹Calculus›. Zu beachten ist in diesem Zusammenhang die ‹Dependenzgrammatik›, die gewisse übereinstimmende Merkmale besitzt: vgl. Hays, ‹Dependency theory›; Tesnière, *Éléments;* *Heringer, ‹Wertigkeiten›; *Theorie; Deutsche Syntax;* *Baumgärtner, ‹Spracherklärung›.

6.4 Endozentrisch und exozentrisch: vgl. Bloomfield, *Language*, 194 ff., 235 f.; Hockett, *Course*, 184 ff., Harris, *Methods*, 275 f.; Robins, *General Linguistics*, 234 f.

6.5.4 Kongruenz und Rektion: vgl. Hockett, *Course*, 214 ff.

6.5.5 Kontextabhängigkeit: vgl. Chomsky, *Syntactic Structures*, 28.

6.6 Transformationsgrammatik: vgl. Chomsky, *Syntactic Structures*; *Topics*; Harris, ‹Co-occurrence›; ‹Transformational theory›; Bach, *Introduction*; Schaumjan, *Strukturnaja*; Lamb, *Outline*; Koutsoudas, *Writing Grammars*; *elementare Einführung: Jacobs/Rosenbaum, *English Transformational Grammar*; **Studia Grammatica* 1–11 (für das Deutsche); *Ruwet, *Introduction* für das Französische); *Bechert et al., *Einführung*.

6.6.1 Tiefen- und Oberflächenstruktur: vgl. Hockett, *Course*, 246 ff.; Chomsky, *Aspects*, 16 [**Aspekte*, 30]; *Cartesian Linguistics*, 31 ff.

6.6.2 Transformationelle Mehrdeutigkeit: vgl. Chomsky, *Syntactic Structures*, 88 ff.

6.6.3 ‹Dissimilation› (‹diversification›): vgl. Lamb, *Outline*, 17.

6.6.4, 6.6.6 Zitate aus Chomsky, *Syntactic Structures*, 42; *Aspects*, 98 [**Aspekte*, 130].

6.6.9 Jüngere Entwicklungen: vgl. Chomsky, *Aspects*, [**Aspekte*]; *Topics*; *‹Deep structure›; Katz und Postal, *Integrated Theory*; Fillmore, ‹Embedding transformations›; *Lakoff, *Syntactic Irregularity*; *Bach/Harms (Hersg.), *Universals*; zu McCawleys Arbeiten vgl. zusammenfassend *Abraham/Binnick, ‹Syntax oder Semantik›. Zu einer kritischen Stellungnahme zu dieser Entwicklung: vgl. P. H. Matthews, Besprechung von Chomsky's *Aspects*; *Seuren, *Operators*. Zu einem generativen Modell mit semantischer Basis:

*Brekle, *Generative Satzsemantik*; *Rohrer, *Funktionelle Sprachwissenschaft*; *Lakoff *Linguistics and Natural Logic* [deutsch *Linguistik und natürliche Logik*].

Zu Kapitel 7, S. 274

Die Hauptquellen für dieses Kapitel über ‹grammatische Kategorien› und für Kapitel 8 über ‹grammatische Funktionen› waren (in der Bibliographie verzeichnete) Arbeiten von Bally, Benveniste, Bloomfield, Boas, Brøndal, Entwistle, Gray, Hjelmslev, Jakobson, Jespersen, Kuryłowicz, Martinet, Meillet, Vendryès.

7.2 Deiktische Kategorien: vgl. bes. Kuryłowicz, *Inflexional Categories*; ebenso Fillmore, ‹Deictic categories›, 220 ff.; *Heger, ‹Temporale Deixis›; *Wunderlich, ‹Pragmatik›.

7.3.5 Suaheli: vgl. Ashton, *Grammar*.

7.3.8 ‹Klassifikatoren›: Zum Chinesischen, vgl. Chao, *Primer*. Zum Vietnamesischen, vgl. Emeneau, *Studies*; Honey, ‹Word classes›; Thompson, *Grammar*. Zum Türkischen und Usbekischen, vgl. Waterson, ‹Numeratives›.

7.4 Kasus: Die klassischen Darstellungen sind Hjelmslev, *Catégorie*, und Jakobson, ‹Kasuslehre›. Zwei besonders interessante jüngere Arbeiten sind Fillmore, ‹Modern theory›; ‹Case for case›. Zum Türkischen: vgl. Swift, *Grammar*; Godel, *Grammaire*. Zum Finnischen: vgl. Sauvageot, *Esquisse*.

7.5.1 Tempus: vgl. Jespersen, *Philosophy*, 254 ff.; *zum Tempussystem des Deutschen: Baumgärtner/Wunderlich, „Ansatz"; *Wunderlich, *Tempus*.

7.5.3 Zitat aus Palmer: *English Verb*, III. Zitat aus Hockett, *Course*, 237.

7.5.5 Aspekt: Zum Russischen, vgl. Ward, *Russian Language*, 227 ff. Zitat aus Hockett, *Course*, 237.

7.5.7 Der Ausdruck ‹mutativ› (‹mutative›) stammt von Strang, *English Structure*, 146.

7.5.8 Die folgenden Veröffentlichungen jüngeren Datums (unter vielen anderen) stellen die Kategorien von Tempus, Aspekt und Modus unter Bezug auf das Englische dar: Joos, *English Verb*; Ota, *Tense and Aspect*; Palmer, *English Verb*; Ehrman, *Modals*; Crystal, ‹Specification›; McIntosh,‹ Predictive statements‹; *Heger, ‹Temporale Deixis›; *Anderson, ‹Ergative›; *Dressler, ‹Wege›.

7.6 Redeteile: vgl. Lyons, ‹Notional theory›.

7.6.6 Verwiesen wird auf Jespersen, *Philosophy*; *Analytical Syntax*; auf Hjelmslev, *Principes*. Verweise auf transformationelle Arbeiten jüngeren Datums: vgl. bes. Lakoff, *Irregularity*; *Deep and Surface*; Fillmore, ‹Case for case› [‹Plädoyer für Kasus›]; Postal und Rosenbaum, *Sentence Formation*.

7.6.10 Zitat aus Chomsky, *Aspects*, 118 [**Aspekte*, 152].

Zu Kapitel 8, S. 340

Hauptquellen zu diesem Kapitel: siehe die Anmerkung zu Beginn von Kapitel 7. Dazu die entsprechenden Abschnitte in: Grebe, **Grammatik-Duden*; *Erben, *Abriß*; *Brinkmann, *Gestalt*.

8.1.2 Zitat aus Sapir: *Language*, 119 [**Die Sprache*, 113]; Hockett, *Course*, 201. Zu ‹gegeben› (‹given›) und ‹neu› (‹new›): vgl. Halliday, ‹Notes›.

8.1.3 Zu ‹Ordnungs-› und ‹charakterisierenden› Universalien: vgl. Strawson, *Individuals*.
8.1.7 Eskimoisch: vgl. Hill, *Introduction*, 419–40.
8.1.8 Zitat aus Chomsky: *Aspects*, 221 [**Aspekte*, 274]. Frühere Auffassungen sind zusammengefaßt bei Sandmann, *Subject*; Sechehaye, *Structure*.
8.2.2 Zitat aus Robins: *General Linguistics*, 266.
8.2.3 Ergativ: vgl. Allen, ‹Transitivity›; Hockett, *Course*, 235; Martinet, ‹Ergatif›; W. K. Matthews, ‹Ergative›; Uhlenbeck, ‹Agnes›; Vaillant, ‹Ergatif›; *Anderson ‹Ergative› [deutsch ‹Ergativ›].
8.2.13 Zitat aus Halliday: ‹Notes›, *JL*, 3 (1967), 47.
8.3.1 Verweis auf Svartvik: *Voice* 2.
8.3.5 Zu anderen Vorschlägen: vgl. Anderson, ‹Ergative›; Fillmore, ‹Case for case›; Halliday, ‹Notes›.
8.4 Existential, Lokativ und Possessiv: vgl. Lyons, ‹Note›; Graham, ‹Being›; Kahn, ‹Greek verb›; Benveniste, ‹Être›; Bendix, *Componential Analysis*; *Fillmore, ‹Case for case›.
8.4.6 Chomsky's Beispiel: vgl. *Aspects*, 21 [**Aspekte*, 36].

Zu Kapitel 9, S. 409

(Vieles aus den Kapiteln 9 und 10 ist eine systematischere und auf den letzten Stand gebrachte Darstellung dessen, was als Teil 1 in Lyons, *Structural Semantics* erschien.) Die Literatur zur Semantik ist riesig; und es gibt kein Buch, das auch nur vorgibt, das gesamte Gebiet zu behandeln. Die umfassendste Darstellung jüngeren Datums ist Ullmann, *Principles* [*Grundzüge]; vgl. auch Kronasser, *Handbuch*; Nida, *Translating*; *Sperber, *Bedeutungslehre*; *Hayakawa, *Semantik*; *Vernay, ‹Übersetzungstheorie›; *Parkinson (Hersg.), *Theory of Meaning*; *Elwert (Hersg.), ‹Probleme›, *Heger, ‹Temporale Deixis›; ‹Semantik›; *Kainz, *Psychologie der Sprache*, 5/1. Über philosophische Semantik vgl. Bar-Hillel, ‹Logical Syntax›; Cohen, *Diversity*; Warnock, *English Philosophy*; Wells, ‹Meaning›. Eine Reihe von bedeutenden Artikeln ist wiederabgedruckt bei Caton, *Philosophy*; Linsky, *Semantics*. Zu einer kritischen Stellungnahme zur philosophischen Semantik des zwanzigsten Jahrhunderts vgl. Katz, *Philosophy* [**Philosophie*]. Über psychologische Semantik vgl. Brown, *Words*; Bruner et al., *Thinking*; Carroll, *Language and Thought*; Miller, *Language*. Eine verbreitete Darstellung zur philosophischen Semantik ist Salomon, *Semantics*. Ebenso Brower, *Translation*; Austin, *Words*. Zusammenfassend *Coseriu, *Geschichte*.
9.1.1 Zum Terminus ‹Semantik›: vgl. Bréal, *Essai*; Read, ‹Account›; *Arens, *Sprachwissenschaft*; *Heger, ‹Temporale Deixis›, 6 ff.
9.2.6 Konzeptualismus und Mentalismus: Zitat aus Haas, ‹Defining›, 74.
Zu Bloomfields Auffassung: vgl. *Language*, 139 ff.; Fries, ‹Meaning›. Meines Erachtens ist die Problemstellung bei Chomsky, *Aspects*, 193 f. [**Aspekte*, 241] und Katz, ‹Mentalism› nicht weiter geklärt, sondern eher verdunkelt worden.
9.2.9 ‹Bedeutung› und ‹Verwendung›: vgl. Wittgenstein, *Investigations*; Wells, ‹Meaning and use›. ‹Mißverstehen›: Es könnte mein Argument so verstanden

werden, daß die Begriffe ‹Verstehen› und ‹Mißverstehen› derselben Ebene angehören. Ganz abgesehen davon jedoch bietet sich ein erheblicher methodischer Vorteil, wenn wir davon ausgehen, daß das Mißverstehen direkter überprüfbar ist. Die meisten Semantiktheorien leiden darunter, daß sie davon ausgehen, ‹Verstehen› sei eine Sache des Übertragens eines bestimmten ‹Gehalts› von einer Person zu einer anderen.

9.3.6 Zitat aus Firth: *Papers,* 203. ‹Behaviorismus› in der Semantik: Meine Ausführungen wollen nicht unterstellen, daß die Semantiktheorie auf der Grundlage der stimulus-response-Theorie befriedigend entwickelt werden kann (vgl. meine Kritik an der behavioristischen Semantik in Lyons, *Structural Semantics*, 2 f.).

9.3.7 Malinowskis Begriff der ‹phatischen Kommunikation›: vgl. ‹Problem›, 309 ff.

9.4 Referenz und Sinn: Die Unterscheidung geht auf Frege, ‹Sinn›, zurück; eine ähnliche Unterscheidung ist bei Russell, ‹Denoting›, zu finden. Grundlegend zur traditionellen Darstellung *Coseriu, *Geschichte*. Meine Darstellung stützt sich hauptsächlich auf Carnap, *Meaning*; und Quine, *Logical Point of View*; vgl. auch Bar-Hillel, ‹Logical syntax›. Vgl. auch *Heger, ‹Semantik›, 163 ff.

9.4.4 Semantische Felder: vgl. *Trier, *Wortschatz*; *Porzig, ‹Bedeutungsbeziehungen›; Guiraud, *Sémantique*, 68 ff.; Öhman, ‹Theories›; Ullmann, *Principles*, 152 ff. [*Grundzüge, 141 ff.]; *Baumgärtner, ‹Struktur›; *Bierwisch, ‹Hierarchie›.

9.4.5 Hinweis auf Conklin: ‹Hanunóo›: vgl. auch Lenneberg und Roberts, *Experience*; Carroll, *Language and Thought*, 95, 107 ff.; André, *Étude*.

9.4.6 Zitat aus Sapir: *Selected Writings*, 162. Zum linguistischen ‹Determinismus›: vgl. Carroll, *Language and Thought*, 106 ff.; Black, ‹Relativity›.

9.5.1 Zitat aus Fries: *Structure*, 66.

9.5.2 Verweis auf Martinet, *Éléments*, 117 (Abschnitt 4.19); *Functional View*, 50 f.; auf Halliday, ‹Categories›; ‹Lexis›; McIntosh und Halliday, *Patterns*, 5 f. (Zur Kritik von Hallidays Unterscheidungen von ‹Grammatik› und ‹Lexis› und zwischen ‹kontextueller› und ‹formaler› Bedeutung vgl. Lyons, ‹Firth's Theory›, 298 f.)

9.5.3 Verweis auf Chomsky: *Aspects*, 71 [**Aspekte*, 98 f.]

9.5.4 Verweis auf Katz und Postal: *Integrated Theory*, 74 ff.

Zu Kapitel 10, S. 453

10.1.1 Definition von ‹Länge›, u.s.w.: vgl. Reichenbach, *Elements*, 210.

10.1.2 ‹Analytisch› und ‹synthetisch›: vgl. Cohen, *Diversity*, 153 ff.; Staal, ‹Analyticity›.

10.2.1 Zitat aus *Roget*: ‹Zur Verwendung dieses Buches›, p. vi; *Baumgärtner, ‹Struktur›, 195.

10.2.2 Quantifikation der Synonymie: Zum interessantesten Vorschlag siehe Sparck Jones, *Synonymy*; vgl. auch Needham, ‹Automatic classification›.

10.2.3 Zitat aus Ullmann, *Principles*, 108–9 [*Grundzüge, 102].

10.2.4 Der Gegensatz ‹kognitiv›/‹emotiv›: vgl. Ullmann, *Principles*, 96 ff.

[*Grundzüge, 90]; Salomon, *Semantics*, 27 ff. Zu einer gesamtkritischen Stellungnahme vgl. Henle, *Language*, 121–72.

10.3.1 ‹Hyponymie›: Soweit mir bekannt ist, wurde dieser Terminus zum ersten Mal von Bazell, ‹Logical syntax›, aber in einem etwas abweichenden Sinne benützt.

10.3.2 Die Definition der Synonymie mit Hilfe der Hyponymie wird in Staal, ‹Analyticity›, 78, vorgeschlagen.

10.3.4 Das griechische Wort *dēmiourgós* ist eines der vielen Wörter, die in diesem Zusammenhang in Lyons, *Structural Semantics*, diskutiert werden.

10.4.1 ‹Gegensätzlichkeit›: Eine der besten Erörterungen ist zu finden in Ogden, *Opposition*.

10.4.2 Verweis auf Moravcsik: ‹*Analytic*›.

10.4.4 Zitat aus Sapir: *Selected Writings*, 122. Zu einer Diskussion von Sätzen wie *A small elephant is a large animal*: vgl. Weinreich, ‹Explorations›, 422 ff., Katz, ‹Recent issues›, 184 ff.

10.5 Komponentialanalyse: vgl. Bendix, *Componential Analysis*; *Baumgärtner, ‹Struktur›; Bierwisch, ‹Hierarchie›; Bolinger, ‹Atomization›; Burling, ‹Cognition›; Conklin, ‹Lexicographical treatment›; *Coseriu, ‹Vorgeschichte›; Ebeling, *Linguistic Units*; Goodenough, ‹Componential analysis›; Hallig und Wartburg, ‹Begriffssystem›; Hjelmslev, *Prolegomena*; Katz, *Philosophy* [**Philosophie*]; ‹Recent issues›; Kiefer, ‹Semantic relations›; Lamb, ‹Sememic approach›; Lounsbury, ‹Semantic analysis›; ‹Structural Analysis›; *Pottier, *Recherches*; *Vernay, ‹Übersetzungstheorie›; Weinreich, ‹Explorations› [**Erkundungen*]; *Hundsnurscher, *Neuere Methoden*.

10.5.2 Zitat aus Katz: ‹Recent issues›, 129. Zitate aus *Chomsky*: Aspects, 160; 29 [**Aspekte*, 202; 46].

10.5.3 Zitat aus Katz: ‹Recent issues›, 129.

10.5.5 ‹Kognitive Wirklichkeit›: vgl. Burling, ‹Cognition›; Romney und D'Andrade, ‹Cognitive aspects›; Wallace und Atkins, ‹Kinship terms›.

NACHTRÄGE

1 Ich sagte nicht ganz richtig, daß die Werte der Grundvokale durch die IPA (p. 104) definiert werden. Die IPA hat vielmehr eine Reihe von Abschnitten oder Wertfeldern innerhalb des artikulatorischen Kontinuums aufgestellt. Daniel Jones hat dann in diesen Feldern eine Reihe von Festpunkten beschrieben und nannte diese Punkte die ‹Kardinalvokale›.

2 In dem Abschnitt über Neutralisierung in der Phonologie (3.3.5) sollte hervorgehoben werden, daß es noch eine dritte Möglichkeit zur Erklärung der ‹Fakten› gibt. Wenn wir die Bedingung der Bisingularität fallen lassen (so daß der gleiche Sprachlaut immer mit demselben Phonem verbunden ist), dann können wir sagen, daß /d/ realisiert wird als [t] in der Stellung am Wortende und als [d] sonstwo und daß /t/ allgemein als [t] realisiert wird. Vgl. Fudge, ‹phonological primes›.

3 Der Unterschied zwischen Hallidays ‹ranks› und Lambs ‹strata› ist größer, als möglicherweise aus 5.5.1 hervorgeht. Möglicherweise kann man sie überhaupt nur auf der Ebene der Morphologie und Syntax streng miteinander vergleichen.

4 Auf S. 382 ist dem Abschnitt 8.3.2 folgender Satz anzufügen: Gibt es in dem Satz eine ‹agentive› Adjunktion (z. B. *I am getting shaved by the barber*), dann ist selbstverständlich nur die Passivinterpretation möglich (vgl. *the shooting of the hunters* usw. in 8.2.15.). Ist das Subjekt von (42) jedoch ‹agentiv› zu verstehen, dann ist der Satz mit (43) mehr oder weniger äquivalent, also ein pseudo-intransitiver Satz.

BIBLIOGRAPHIE

Diese Liste enthält alle Arbeiten, auf die in den Bemerkungen und Literaturhinweisen Bezug genommen wurde. Zeitschriften werden in Übereinstimmung mit der *Linguistic Bibliography* des Permanent International Committee of Linguists (Comité International Permanent des Linguistes), die jährlich erscheint (Utrecht und Antwerpen: Spectrum), zitiert. Die folgenden Abkürzungen werden gebraucht:

AL — *Acta Linguistica.* Revue internationale de linguistique structurale. Copenhague.
ALH — *Acta Linguistica Academiae Scientiarum Hungaricae.* Budapest.
AmA — *American Anthropologist.* Menasha, Wisc.
ArchL — *Archivum Linguisticum.* Glasgow.
BPTJ — *Biuletyn Polskiego Towarzystwa Językoznawczego/Bulletin de la Société polonaise de Linguistique.* Wroclaw und Kraków.
BSE — *Brno Studies in English.* Brno.
BSL — *Bulletin de la Société de Linguistique de Paris.* Paris.
BSOAS — *Bulletin of the School of Oriental and African Studies, University of London.* London.
CFS — *Cahiers Ferdinand de Saussure,* Genève.
CJL — *Canadian Journal of Linguistics/Revue Canadienne de Linguistique.* Toronto.
C & M — *Classica et Mediaevalia.* Revue danoise de philologie et d'histoire. Copenhague.
CPh — *Classical Philology.* Chicago.
CQ — *The Classical Quarterly.* London.
CR — *The Classical Review.* London.
FL — *Foundations of Language.* International journal of language and philosophy. Dordrecht, Holland.
GK — *Gengo Kenkyû.* (Journal of the Linguistic Society of Japan.) Tokyo.
Glotta — *Glotta.* Zeitschrift für griechische und lateinische Sprache. Göttingen.
IF — *Indogermanische Forschungen.* Zeitschrift für Indogermanistik und allgemeine Sprachwissenschaft. Berlin.
IL — *Indian Linguistics.* Journal of the Linguistic Society of India. Poona.
IJAL — *International Journal of American Linguistics.* Baltimore.
IRAL — *International Review of Applied Linguistics in Language Teaching/Internationale Zeitschrift für angewandte Linguistik in der Spracherziehung.* Heidelberg.
JAOS — *Journal of the American Oriental Society.* New Haven, Connecticut.
JL — *Journal of Linguistics.* The Journal of the Linguistics Association of Great Britain. London and New York.
KNf — *Kwartalnik Neofilologiczny.* Warszawa.

KZ *Zeitschrift für vergleichende Sprachforschung auf dem Gebiete der indogermanischen Sprachen.* (Begründet von A. Kuhn). Göttingen.

Lg. *Language.* Journal of the Linguistic Society of America. Baltimore.

Lingua *Lingua.* International Review of General Linguistics/Revue internationale de linguistique générale. Amsterdam.

MSFOu *Soumolais-ugrilaisen seuran toimituksia/Mémoires de la Société Finno-ougrienne.* Helsinki.

MSLL *Monograph Series on Languages and Linguistics, Georgetown University.* Washington, D. C.

NTS *Norsk Tidsskrift for Sprogvidenskap.* Oslo.

PF *Prace filologiczne.* Warszawa.

PMLA *Publications of the Modern Language Association of America.* New York.

RLing *Revue de Linguistique.* Bucarest.

SJA *Southwestern Journal of Anthropology.* Albuquerque, N. M.

SL *Studia Linguistica.* Revue de linguistique générale et comparée. Lund.

SS *Slovo a Slovesnost.* Praha/Prague.

StGram *Studia Grammatica.* Berlin.

TCLC *Travaux du Cercle Linguistique de Copenhague.* Copenhague.

TCLP *Travaux du Cercle Linguistique de Prague.* Prague.

TLP *Travaux Linguistiques de Prague.* Prague.

TPhS *Transactions of the Philological Society.* Oxford.

UCPL *University of California Publications in Linguistics.* Berkeley and Los Angeles.

VJa *Voprosy Jazykoznanija.* Moskva.

WW *Wirkendes Wort.* Düsseldorf.

Word *Word.* Journal of the Linguistic Circle of New York. New York.

ZDS *Zeitschrift für deutsche Sprache.* Berlin.

ZFSL *Zeitschrift für französische Sprache und Literatur.* Tübingen.

Abercrombie, David. *Elements of General Phonetics.* Edinburgh: Edinburgh University Press and Chicago: Aldine, 1966.

Abraham, S. und Kiefer, F. *A Theory of Structural Semantics.* (Janua Linguarum, 49.) The Hague: Mouton, 1965.

Abraham, W. und Binnick, R. I. „Syntax oder Semantik als erzeugende Komponenten eines Grammatikmodells?". *Linguistische Berichte,* 4 (1969), 1–28.

Ajdukiewicz, Kasimierz. „Die syntaktische Konnexität." *Studia Philosophica* (Warszawa), I (1935), 1–28.

Allen, W. Sidney. *Phonetics in Ancient India.* London, 1951.

On the Linguistic Study of Languages. (Inaugural lecture.)

Cambridge: Cambridge University Press, 1957. Wiederabdruck bei Strevens, *Five Inaugural Lectures,* pp. 3–26.)

„Structure and system in Abaza." *TPhS* (1956), 127–76.

„Transitivity and possession." *Lg.* 40 (1964), 337–43.

Anderson, John M. „Ergative and nominative in English." *JL,* 4 (1968).

André, J. *Étude sur les Termes de Couleur dans la Langue Latine.* Paris, 1949.

Apostel, L. Mandelbrot, B. and Morf, A. *Logique, Language et Théorie d'Information.* Paris: Presses Universitaires de France, 1957.

Apresjan, Ju. D. *Eksperimental'noje Issledovanije Semantiki Russkogo Glagola.* Moskva: Izdatel'stvo ‚Nauka', 1967.

Arens, H. *Sprachwissenschaft.* Freiburg und München: Karl Alber, 1955. (zweite und erweiterte Auflage 1969).

Ashton, E. O. *Swahili Grammar.* London, 1944.

Austin, J. L. *How To Do Things With Words.* Cambridge. Mass.: Harvard University Press, 1962.

Bach, A. *Deutsche Mundartforschung: Ihre Wege, Ergebnisse und Aufgaben.* 2. Auflage, Heidelberg: Carl Winter Universitätsverlag, 1950.

Geschichte der deutschen Sprache. 7. Auflage, Heidelberg: Quelle & Meyer, 1961.

Bach, Emmon. *An Introduction to Transformational Grammars.* New York: Holt, Rinehart and Winston, 1964.

und Harms, R. J. (Hersg.), *Universals in Linguistic Theory.*

Bally, Charles. *Linguistique Générale et Linguistique Française.* Paris: Ernest Leroux, 1932.

Bar-Hillel, Y. *Language and Information.* Reading, Mass.: Addison-Wesley and Jerusalem: Jerusalem Academic Press, 1964.

„Logical syntax and semantics." *Lg.* 30 (1954), 230–7. (Wiederabdruck in *Language and Information.*)

Barth, P. *Die Stoa.* Stuttgart, 1946.

Barwick, K. *Remmius Palaemon und die Römische Ars Grammatica.* Leipzig, 1922.

Probleme der Stoischen Sprachlehre und Rhetorik. (Abhandlg. d. Sächs. Akad. d. Wiss. zu Leipzig, Phil.-hist. Klasse, 49, 3). Berlin: Akademie Verlag, 1957.

Baumgärtner, Klaus. „Spracherklärung mit den Mitteln der Abhängigkeitsstruktur (Lucien Tesnière: Éléments de Syntaxe Structurale)". *Beiträge zur Sprachkunde und Informationsverarbeitung,* 5 (1965), 31–53.

„Die Struktur des Bedeutungsfeldes". *Satz und Wort im heutigen Deutsch. Sprache der Gegenwart. Schriften des Instituts für deutsche Sprache in Mannheim.* Jahrbuch 1965/66 (erschienen 1967), 165–197.

Bazell, Charles E. *Linguistic Form.* Istanbul: Istanbul Press, 1953.

Linguistic Typology. (Inaugural lecture), London: School of Oriental and African Studies, 1958. (Wiederabdruck bei Strevens, *Five Inaugural Lectures,* pp. 29–49.)

„Logical and Linguistic syntax." *Litera* (Istanbul), 2 (1955), 32–4.

„On the historical source of some structural units." In *Miscelánea Homenaje I, A André Martinet.* La Laguna, 1957.

„Syntactic relations and linguistic typology". *CFS,* 8 (1949), 5–20.

„On the neutralization of syntactic oppositions." *TCLC,* 5 (1949), 77–86. (Wiederabdruck bei Hamp et al., *Readings.*)

„On the problem of the morpheme." *ArchL,* I (1949), 1–15. (Wiederabdruck bei Hamp et al., *Readings.*)

„The correspondence fallacy in structural linguistics." *Studies ... English Department, Istanbul University,* 3 (1952), 1–41. (Wiederabdruck bei Hamp et al., *Readings.*)

„The sememe." *Litera* (Istanbul), I (1954), 17–31. (Wiederabdruck bei Hamp et al., *Readings.*)

„Three misconceptions of grammaticalness." *MSLL,* 17 (1964), 3–9.

Bazell, Charles E., Catford, J. C., Halliday, M. A. K. and Robins, R. H. (Hersg.) *In Memory of J. R. Firth.* London: Longmans, 1966.

Bechert, J., Clément, D., Thümmel, W. und Wagner, K. H. *Einführung in die generative Transformationsgrammatik.* München: Hueber, 1970.

Belvalkar, K. *Systems of Sanskrit Grammar.* Poona, 1915.

Bendix, E. H., *Componential Analysis of General Vocabulary: The Semantic Structure of a Set of Verbs in English, Hindi, and Japanese.* (Teil 2 von *IJAL,* 32.) Bloomington: Indiana University and The Hague: Mouton, 1966.

Benveniste, É. *Problèmes de Linguistique Générale.* Paris: Gallimard, 1966.

„„Être" et „avoir" dans leurs fonctions linguistiques.' *BSL,* 55 (1960). (Wiederabdruck in *Problèmes.*)

Bierwisch, M. „Eine Hierarchie syntaktisch-semantischer Merkmale." *StGram,* 5 (1965).

„Zur semantischen Struktur natürlicher Sprachen". Unveröffentlichtes Manuskript, 1968.

„Some Semantic Universals of German Adjectivals". *FL,* 3 (1967), 1–36.

Black, Max. „Linguistic Relativity: The views of Benjamin Lee Whorf." *Philosophical Review,* 68 (1959), 228–38.

Bloch Bernard and Trager, G. *Outline of Linguistic Analysis.* Baltimore: Waverley Press, 1942.

Bloomfield, Leonard. *Language.* New York: Holt, Rinehart and Winston, 1933 und London: Allen and Unwin, 1935. (Die Verweise beziehen sich auf die britische Ausgabe).

Besprechung von Liebisch Konkordanz *Pāṇini-Candra* in *Lg.* 5 (1929), 267–76.

Boas, Franz. *Race, Language and Culture.* New York: Macmillan.

Bolinger, Dwight L. „On Defining the Morpheme". *Word* 4 (1948), 18–23.

„The atomization of meaning." *Lg.* 41 (1965), 555–73.

„Linear modification." *PMLA,* 67 (1952), 1117–44.

Bréal, Michel. *Essai de Sémantique.* Paris: Hachette, 1897 (Übersetzt als *Semantics: Studies in the Science of Meaning.* New York: Dover, 1964).

Brekle, H. E. *Generative Satzsemantik und transformationelle Syntax im System der englischen Nominalkomposition.* München: W. Fink, 1970.

Bright, William (Hersg.) *Sociolinguistics.* (Proceedings of the U. C. L. A. Sociolinguistics Conference, 1964.) The Hague: Mouton, 1966.

Brinkmann, Hennig. *Die deutsche Sprache. Gestalt und Leistung.* Sprache und Gemeinschaft. Grundlegung, Band 1. Düsseldorf: 1962.

Brøndal, Vigo. *Les Parties du Discours.* Copenhague: Munksgaard, 1948.

Brough, John. „Theories of general linguistics in the Sanskrit grammarians." *TPhS* (1951), 27–46.

Brower, Reuben, A. (Hersg.) *On Translation*. Cambridge, Mass.: Harvard University Press, 1959.

Brown, Roger W. „Language and categories." Anhang zu Bruner et al., *Thinking*.

Words and Things. Glencoe, Ill.: Free Press, 1958.

Bruner Jerome S., Goodnow, J. J. und Austin, G. A. *A Study of Thinking*. New York: Wiley, 1956.

Bühler, H., Fritz, G., Herrlitz, W., Hundsnurscher, F., Insam, B., Simon, G. und Weber, H. *Linguistik I*. Tübingen: Niemeyer, 1970.

Burger, A. „Sur le passage du système des temps et des aspects de l'indicatif du latin au roman commun." *CFS*, 8 (1949), 19–36.

Burling, Robbins. „Cognition and componential analysis." *AmA*, 66 (1964), 20–8.

Bursill-Hall, Geoffrey, „Medieval grammatical theories." *CJL*, 9 (1963), 39–54.

„Notes on the semantics of linguistic description." In Bazell et al., *In Memory*, pp. 40–51.

Capell, A. *Studies in Sociolinguistics*. The Hague: Mouton, 1966.

Carnap, Rudolph. *Meaning and Necessity*. 2. Auflage Chicago: University of Chicago Press, 1956.

Carroll, John B. *Language and Thought*. Englewood Cliffs, N. J.: Prentice-Hall, 1964.

Catford, J. C. *A Linguistic Theory of Translation*. London: Oxford University Press, 1965.

Caton, Charles E. (Hersg.) *Philosophy and Ordinary Language*. Urbana, Ill.: University of Illinois Press, 1963.

Chao, Y. R. *Mandarin Primer*. Cambridge, Mass.: Harvard University Press, 1948.

Cherry, Colin. *On Human Communication*. Cambridge, Mass.: M. I. T. Press, 1957, (Wiederabdruck New York: Science Editions, 1959.)

Deutsche Übersetzung: *Kommunikationsforschung – eine neue Wissenschaft*. Hamburg: S. Fischer. Zweite, erweiterte Auflage, 1967.

Chomsky, Noam, *Syntactic Structures*. The Hague: Mouton, 1957.

Current Issues in Linguistic Theory. The Hague: Mouton, 1965.

Aspects of the Theory of Syntax. Cambridge, Mass.: M. I. T. Press, 1965.

Deutsche Übersetzung *Aspekte der Syntax-Theorie*. Frankfurt/M.: Suhrkamp 1969.

Topics in the Theory of Generative Grammar. The Hague: Mouton, 1966. (Ebenso in Sebeok, *Current Trends*, Bd. 3.)

Cartesian Linguistics. New York und London: Harper and Row, 1966. Deutsch: *Cartesianische Linguistik*. Tübingen: Niemeyer, 1971.

„Three models for the description of a language." Wiederabdruck bei Luce et al., *Readings*.

„Remarks on nominalization." In Jacobs and Rosenbaum (Hersg.) *Readings in English Transformational Grammar*. Waltham, Mass.: Blaisdell, 1970 (Vorabdruck 1967).

„Deep structure, surface structure, and semantic interpretation." Reproduced by the Indiana University, 1969.

Chomsky, N. und Halle, M. „Some controversial questions in phonological theory." *JL*, I (1965), 97–138.

The Sound Pattern of English. New York und London: Harper and Row. 1968.

Cohen, L. Jonathan. *The Diversity of Meaning*. 1st ed. London: Methuen, 1962. (2. Aufl., 1966).

Collart, Jean. *Varron, Grammarien Latin*. Paris, 1954.

Conklin, H. C. „Hanunóo color categories." *SJA*, II (1955), 339–44. (Wiederabdruck bei Hymes, *Language in Culture*, pp. 189–92.)

„Lexicographical treatment of folk taxonomies." In Householder und Sapporta, *Problems*, pp. 119–41.

Copleston, Frederick. *A History of Philosophy*. Bd. 2 und 3. London: Burns Oates, 1950 und 1953.

Coseriu, Eugenio. *Die Geschichte der Sprachphilosophie von der Antike bis zur Gegenwart. Eine Übersicht* (Teil I: Von der Antike bis Leibniz). Stuttgart: Dr. Vogt KG, 1969.

„Zur Vorgeschichte der strukturellen Semantik. Heyses Analyse des Wortfeldes ‚Schall'". *To Honor Roman Jakobson*, I, 489 ff. Paris: 1967.

Crystal, David. „Specification and English tenses." *JL*, 2 (1966), 1–34.

Curry, Haskell B. „Some logical aspects of grammatical structure." In Jakobson, *Structure of Language*, pp. 56–68.

Dauzat, A. *La Géographie Linguistique*. Erweiterte Auflage, Paris: Flammarion, 1943.

Deese, James. *The Structure of Associations in Language and Thought*. Baltimore: John Hopkins Press, 1965.

Diderichsen, P. „Morpheme categories in modern Danish." *TCLC*, 5 (1949), 134–55.

Dieth, Eugen. *Vademekum der Phonetik*. Bonn: A. Francke, 1950.

Dihle, A. „Analogie und Attizismus." *Hermes*, 85 (1957), 170–205.

Dinneen, Francis P. *An Introduction to General Linguistics*. New York: Holt, Rinehart and Winston, 1967.

Diver, William. „The system of agency in the Latin noun." *Word*, 20 (1964), 178–96.

Dover, K. J. *Greek Word Order*. Cambridge University Press, 1960.

Dressler, W. „Wege der Sprachtypologie". *Die Sprache*, 13 (1967), 1–19.

Ebeling, C. L. *Linguistic Units*. (Janua Linguarum, Series Minor, 12.) The Hague: Mouton, 1960.

Ehrman, Madeline. *The Meaning of the Modals in Present-Day American English*. The Hague: Mouton, 1966.

Elson, Benjamin und Pickett, V. B. *An Introduction to Morphology and Syntax*. Santa Ana, Calif.: Summer Institute of Linguistics, 1962.

Elwert, Th. (Hersg.). „Probleme der Semantik". *ZFSL*, Beiheft. Neue Folge 1, 1968.

Emeneau, M. B. *Studies in Vietnamese (Annamese) Grammar*. (UCPL, 8.) Berkeley and Los Angeles: University of California Press, 1951.

„India and linguistics." *JAOS*, 75 (1955), 145–53.

Engler, Rudolph. *Cours de Linguistique Générale de F. de Saussure: Édition Critique*. Wiesbaden: Otto Harrassowitz. (1967, in fortlaufenden Faszikeln.)

Entwistle, William J. *Aspects of Language.* London, 1953.
Erben, Joh. *Abriss der deutschen Grammatik.* Berlin: Akademie-Verlag, [9]1966
Essen, O. v. *Allgemeine und Angewandte Phonetik.* Berlin: Akademie-Verlag, [4]1966.
Fant, Gunnar. *Acoustic Theory of Speech Production.* The Hague: Mouton, 1960.
Fehling, Detlef. „Varro und die grammatische Lehre von der Analogie und der Flexion." *Glotta,* 35 (1956), 214–70 und 36 (1957), 48–100.
Fillmore, Charles J. „The position of embedding transformations in a grammar." *Word,* 19 (1963), 208–31.
„Deictic categories in the semantics of ‚come'." *FL,* 2 (1966), 219–27.
„Towards a modern theory of case." (Project on Linguistic Analysis, Report No. 13.) Ohio State University, 1966.
„The case for case." (In Bach, E. und Harms, R. J., *Universals,* 1–88.). Deutsche Übersetzung: „Plädoyer für Kasus". In: Abraham, W. (Hrsg.) *Kasustheorie.* Frankfurt: Athenäum, 1971.
Firbas, Jan. „Thoughts on the communicative function of the verb in English, German und Czech." *BSE,* I (1959), 39–63.
Firth, J. R. *Papers in Linguistics, 1934–1951.* London: Oxford University Press, 1951.
„Ethnographic analysis and language." In Raymond Firth (Hersg.), *Man and Culture.* London, 1957, pp. 93–118.
Fleisch, H. „Esquisse d'une histoire de la grammaire arabe." *Arabica* (Leiden) 4 (1957), 1–22.
Fodor, J. A. and Katz, J. J. (Hersg.) *The Structure of Language: Readings in the Philosophy of Language.* Englewood Cliffs, N. J.: Prentice-Hall, 1964.
Forbes, P. B. R. „Greek pioneers in philology and grammar." *CR,* 47 (1933), 105–12.
Fourquet, J. *Les Mutations Consonantiques du Germanique.* Paris, 1948.
Frake, C. O. „The diagnosis of disease among the Subanun." *AmA,* 63 (1961), 113–32. (Wiederabdruck bei Hymes, *Language in Culture.*)
Frege, G. „Über Sinn und Bedeutung" In: *Funktion, Begriff, Bedeutung. Fünf logische Studien.* Hersgeg. und eingeleitet von G. Patzig. Göttingen: Vandenhoeck & Ruprecht, 1962. – Der Artikel erscheint übersetzt als „On sense and reference" bei Peter Geach und Max Black, *Translations from the Philosophical Writings of Gottlob Frege.* Oxford, 1952.
Fries, C. C. *The Structure of English: An Introduction to the Construction of English Sentences.* New York: Harcourt Brace, 1952 und London: Longmans, 1957. (Die Verweise beziehen sich auf die britische Ausgabe).
„Meaning and linguistic analysis." *Lg.* 30 (1954), 57–68.
Fudge, E. C. „The nature of phonological primes." *JL,* 3 (1967), 1–36.
Gabelentz, Georg von der. *Die Sprachwissenschaft.* Leipzig, 1891.
Geach, Peter T. *Reference and Generality: An Examination of Some Medieval and Modern Theories.* Ithaca, N. Y.: Cornell University Press, 1962.
Ghizzetti, Aldo (Hersg.) *Automatic Translation of Languages.* (Papers presented at a NATO Summer School, Venice, July 1962). Oxford, London, New York, etc.: Pergamon Press, 1966.

Gilliéron, Jules und Roques, Mario. *Études de Géographie Linguistique*. Paris: Champion, 1912.

Gilson, Étienne. *History of Christian Philosophy in the Middle Ages*. London, 1955. (Übersetzt von *La Philosophie au Moyen Âge*. Paris: Payot, 1922. Durchgesehene Auflage, 1962.)

Gleason, H. A. *An Introduction to Descriptive Linguistics*. 2. erweiterte Auflage. New York: Holt, Rinehart and Winston, 1961.

Godel, Robert. *Grammaire Turque*. Genève: Librairie de l'Université, 1945.

Les Sources Manuscrites du Cours de Linguistique Générale de Ferdinand de Saussure. Genève: Droz und Paris: Minard, 1957.

Goodenough, Ward H. „Componential analysis and the study of meaning." *Lg*. 32 (1956), 195–216.

Grabmann, M. *Mittelalterliches Geistesleben*, 3 Bände. München, 1956.

Graham, A. C. „,Being' in Classical Chinese." In Verhaar, *The Verb „Be" and its Synonyms*. Teil I, pp. 1–39.

Gray, Louis H. *The Foundations of Language*. New York: Macmillan 1939.

Grebe, Paul et al. *Duden. Grammatik der deutschen Gegenwartssprache*. Mannheim: Bibliographisches Institut. Zweite, vermehrte und verbesserte Auflage, 1966.

Greenberg, Joseph. *Essays in Linguistics*. Chicago: University of Chicago Press, 1957. (Hersg.) *Universals in Language*. Cambridge, Mass.: M. I. T. Press, 1963.

Language Universals. (Janua Linguarum, Series Minor, 59.) The Hague: Mouton, 1966.

Greimas, A. J. *Sémantique Structurale*. Paris: Larousse, 1966.

Gross, Maurice. „On the equivalence of models of language used in the fields of mechanical translation and information retrieval." In Ghizzetti, *Automatic Translation*, pp. 123–37.

Guiraud, Pierre. *La Sémantique:* Paris: Presses Universitaires de France, 1955.

Haas, William. „On defining linguistic units." *TPhS* (1954), 54–84.

„Linguistic structures." *Word*, 16 (1960), 251–76.

Hall, Barbara. *Mathematical Foundations for Language*. New York and London: Harper and Row.

Hall, Robert A. *Introductory Linguistics*. Philadelphia: Chilton, 1964.

Idealism in Romance Linguistics. Ithaca, N. Y.: Cornell University Press, 1964.

Halle, M. „Phonology in a generative grammar." *Word*, 18 (1962), 54–72. (Wiederabdruck bei Fodor and Katz, *Structure of Language*, pp. 324–33.)

Halliday, M. A. K. „Categories of the theory of grammar." *Word*, 17 241–92.

„Syntax and the consumer." *MSLL*, 17 (1964), 11–24.

„Lexis as a linguistic level." In Bazell et al., *In Memory*, pp. 148–62.

„Notes on transitivity and theme in English." *JL*, 3 (1967) und 4 (1968),

Halliday, M. A. J., McIntosh, A. und Strevens, P. D. *The Linguistic Sciences and Language Teaching*. London: Longmans, 1964.

Hallig, R. und Wartburg, W. von *Begriffssystem als Grundlage für die Lexikographie*. (Abhandlungen der deutschen Akademie der Wissenschaften zu Berlin, 4.) Berlin, 1952.

Hamp, Eric P., Householder, F. W. und Austerlitz, R. *Readings in Linguistics II.* Chicago and London: Chicago University Press, 1966.

Harris, Zellig, S. *Methods in Structural Linguistics.* Chicago: University of Chicago Press, 1951. (Neudruck als *Structural Linguistics,* 1961.)

„Discourse analysis." *Lg.* 28 (1952), 18–23 und 474–94.

„Distributional structure." *Word,* 10 (1954), 146–94.

„Co-occurrence and transformation in linguistic structure." *Lg.* 33 (1957), 283–340.

String Analysis of Sentence Structure. The Hague: Mouton, 1962.

„Transformational theory." *Lg.* 41 (1965), 363–401.

Haugen, Einar. „Linguistics and language-planning." In Bright, *Sociolinguistics.*

Hayakawa, S. I. *Semantik. Sprache im Denken und Handeln.* Darmstadt: Verlag Darmstädter Blätter. Zweite Auflage, o. J.

Hays, David G. *Introduction to Computational Linguistics.* (Mathematical Linguistics and Automatic Language Analysis, 2.) New York: American Elsevier, 1967.

„Dependency theory: A formalism and some observations." *Lg.* 40, (1964), 611–25.

Heger, Klaus. „Die methodologischen Voraussetzungen von Onomasiologie und begrifflicher Gliederung." *ZRPh,* 80 (1964), 486–516.

„Temporale Deixis und Vorgangsquantität (‚Aspekt' und ‚Aktionsart')." *ZRPh,* 83 (1967), 512–582.

„Die Semantik und die Dichotomie von Langue und Parole." *ZRPh,* 85 (1969), 144–215.

Heidegger, M. *Die Kategorienlehre und Bedeutungslehre des Duns Scotus.* Tübingen: Mohr, 1916.

Henle, Paul (Hersg.) *Language, Thought and Culture.* Ann Arbor, Mich.: University of Michigan Press, 1958.

Herdan, Gustav. *The Advanced Theory of Language as Choice and Chance.* Berlin-Heidelberg-New York: Springer, 1966.

Heringer, H. J. „Wertigkeiten und nullwertige Verben im Deutschen". *ZDS* 23 (1967), 13–34.

Deutsche Syntax. Berlin: Göschen, 1970.

Theorie der deutschen Syntax. München: M. Hueber, 1971.

Herrlitz, W. *Historische Phonologie des Deutschen.* Tübingen: Niemeyer, 1970.

Hill, Archibald A. *Introduction to Linguistic Structures: From Sound to Sentence in English.* New York: Harcourt, Brace and World, 1958.

Hjelmslev, Loüis. *Principes de Grammaire Générale.* (Kng. Danske Videnskabernes Selskab., Hist.-Filolog. Medd., 16, i.) Copenhague: Høst & Søn, 1928.

La Catégorie des Cas. Étude de Grammaire Générale. Acta Jutlandica Aarsskrift for Aarhus Universitet, 9.) Aarhus: Universitets-forlaget, 1935.

Essais Linguistiques. (TCLC, 12.) Copenhague: Nordisk Sprog- og Kulturforlag, 1959.

Prolegomena to a Theory of Language. (Übersetzung aus dem Dänischen von Francis J. Whitfield.) Bloomington, Ind.: Indiana University, 1953.

Hockett, C. F. *A Course in Modern Linguistics.* New York: Macmillan, 1958.

A Manual of Phonology. Bloomington, Ind.: Indiana University Press, 1955.

„The quantification of functional load: a linguistic problem." (Memorandum RM-5168-PR.) Santa Monica, Calif.: RAND Corporation, 1966.

„Two models of grammatical description." *Word*, 10 (1954), 210–33. (Wiederabdruck bei Joos, *Readings*.)

„Linguistic elements and their relations." *Lg.* 37 (1961), 29–53.

„Grammar for the hearer." In Jakobson, *Structure of Language*, pp. 220–36.

Hoenigswald, Henry M. *Language Change and Linguistic Reconstruction*. Chicago: University of Chicago Press, 1960.

„A proposal for the study of folk linguistics." In Bright, *Sociolinguistics*.

Hoijer, Harry. *Language in Culture*. Chicago: University of Chicago Press, 1954.

Honey, P. J. „Word classes in Vietnamese." *BSOAS*, 18 (1956) 534–44.

Horacek, Blanka. *Kleine historische Lautlehre des Deutschen*. Wien: Braumüller, 1958.

Householder, F. W. „On linguistic terms." In Saporta, *Psycholinguistics*, pp. 15–25.

„On some recent claims in phonological theory." *JL*, I (1965), 13–34.

„On the uniqueness of semantic mapping." *Word*, 18 (1962), 173–85.

„Descriptive analysis of Latin declension." *Word*, 3 (1947), 48–58.

Householder, F. W. und Saporta, S. (Hersg.) *Problems in Lexicography*. (Publications of Indiana Research Center in Anthropology, Folklore and Linguistics, 21.) Baltimore, 1962.

Huddleston, R. D. „Rank and depth." *Lg.* 41 (1965), 586.

Hughes, John P. *The Science of Language: An Introduction to Linguistics*. New York: Random House, 1962.

Humboldt, Wilhelm von. *Über die Verschiedenheit des menschlichen Sprachbaues*. Berlin, 1836. Neuausgabe Darmstadt: Claasen and Roether, 1949.

Hundsnurscher, F. *Neuere Methoden der Semantik*. Tübingen: Niemeyer, 1970.

Hymes, Dell (Hersg.) *Language in Culture and Society: A Reader in Linguistics and Anthropology*. New York: Harper and Row, 1964.

Ivic, M. *Trends in Linguistics*. Janua Linguarum 42. Den Haag: Mouton, 1965.

Jacobs, Roderick A. und Rosenbaum, Peter S. *English Transformational Grammar*. Waltham, Massachusetts: Blaisdell Publishing Co., 1968.

Jakobson, Roman. *Selected Writings I: Phonological Studies*. The Hague: Mouton, 1962.

„Beitrag zur allgemeinen Kasuslehre." *TCLP*, 6 (1936), 240–88. (Wiederabdruck bei Hamp et al., *Readings*.)

„Boa's view of grammatical meaning." *AmA*, 61 (1959), 139–45.

„Linguistics and communication theory." In Jakobson, *Structure of Language*, pp. 245–52.

„On linguistic aspects of translation." In Brower, *Translation*, pp. 232–9.

„Implications of language universals for linguistics." In Greenberg, *Universals*.

(Hersg.) *On the Structure of Language and its Mathematical Aspects*. (Proceedings of 12th Symposium on Applied Mathematics.) Providence, R. I.: American Mathematical Society, 1961.

Jakobson, R. and Halle, M. *Fundamentals of Language*. The Hague: Mouton, 1956.

Jespersen, Otto. *The Philosophy of Grammar.* London: Allen and Unwin, 1929.
Language, Its Nature, Development, and Origin. London: Allen and Unwin, 1922.
Deutsche Übersetzung: *Die Sprache, ihre Natur, Entwicklung und Entstehung.* Heidelberg (Indogermanische Bibliothek), 1925.
Analytic Syntax. Copenhagen: Munksgaard, 1937.
Jones, Daniel. *An Outline of English Phonetics.* 8. Auflage, Chambridge: Heffer, 1956. (1. Auflage, 1918.)
The Phoneme: Its Nature and Use. Cambridge: Heffer, 1950.
Joos, Martin (Hersg.) *Readings in Linguistics. Washington,* D. C.: American Council of Learned Societies, 1957. (Neuauflage als *Readings in Linguistics I.* Chicago and London: Chicago University Press, 1966.)
The English Verb. Madison and Milwaukee: University of Wisconsin Press, 1964.
Kachru, Yamuna. *Introduction to Hindi Syntax.* Urbana, Ill.: University of Illinois, 1966.
Kahn, C. H. „The Greek verb ‚to be' and the concept of being." *FL,* 2 (1966), 245–65.
Kainz, Friedrich. *Psychologie der Sprache.* Band 5/1. Stuttgart: F. Enke, 1965.
Katz, J. J. *The Philosophy of Language.* New York: Harper and Row, 1966.
Deutsche Übersetzung *Philosophie der Sprache.* Frankfurt/M.: Suhrkamp, 1969.
„Recent issues in semantic theory." *FL,* 3 (1967), 124–94.
„Mentalism and linguistics." *Lg.* 40 (1964), 124–37.
Katz, J. J. and Fodor, J. A. „The structure of a semantic theory." *Lg.* 39 (1963), 175–210. (Reprinted in Fodor and Katz, *Structure of Language.*)
Katz, J. J. and Postal, P. M. *An Integrated Theory of Linguistic Descriptions.* (Research Monographs, 26.) Cambridge, Mass.: M. I. T. Press, 1964.
Kiefer, F. „Some semantic relations in natural languages." *FL,* 2 (1966), 228–40.
Kienle, R. v. *Historische Laut- und Formenlehre des Deutschen.* Tübingen: M. Niemeyer, 1960.
King, Robert D. „Functional Load and Sound Change". *Lg.* 43 (1967), 831–852.
Kiparsky, Paul. „How abstract is phonology?" Reproduced by the Indiana University, Bloomington, 1969.
Koller, H. „Die Anfänge der griechischen Grammatik." *Glotta,* 37 (1958), 5–40.
Koutsoudas, Andreas. *Writing Transformational Grammars.* New York: McGraw-Hill, 1967.
Kronasser, H. *Handbuch der Semasiologie.* Heidelberg: Carl Winter, Universitätsverlag, 1952.
Kukenheim, L. *Esquisse Historique de la Linguistique Française et de ses Rapports avec la Linguistique Générale.* Leiden, 1962.
Kuroda, S.-Y. „Causative forms in Japanese." *FL,* I (1965), 30–50.
Kuryłowicz, J. *Esquisses Linguistiques.* Wroclaw-Kraków: Polska Akademia Nauk, Komitet Językoznawczy, 1960.
The Inflectional Categories of Indo-European. Heidelberg: Carl Winter Universitätsverlag, 1964.
„Dérivation lexicale et dérivation syntaxique." *DSL,* 37 (1936), 79–92.

(Wiederabdruck in *Esquisses,* pp. 41–50; ebenso bei Hamp et al., *Readings II,* pp. 42–50.)

„Ergativnost' i stadial'nost' v jazyke." *Izv. Akad. Nauk SSSR,* 5 (1946), 387–93. (Wiederabdruck in *Esquisses,* pp. 95–103.)

„La notion de l'isomorphisme." *TCLC,* 5 (1949), 48–60. (Wiederabdruck in *Esquisses,* pp. 16–26.)

„Les temps composés du roman." *PF,* 15 (1931), 448–53. (Wiederabdruck in *Esquisses.*)

Ladefoged, Peter. *Elements of Acoustic Phonetics.* Chicago: University of Chicago Press und Edinburgh: University of Edinburgh Press, 1962.

Lakoff, G. *On the Nature of Syntactic Irregularity.* (Report No. NSF-16, Mathematical Linguistics and Automatic Translation.) Cambridge, Mass.: Harvard University Computation Laboratory, 1965.

Linguistics and Natural logic. Studies in Generative Semantics No. 1. The University of Michigan, Ann Arbor, 1970. [deutsch: *Linguistik und natürliche Logik.* Frankfurt: Athenäum, 1971].

Deep and Surface Grammar. Cambridge, Mass.: M. I. T. Press, 1965.

Lamb, Sydney M. *Outline of Stratificational Grammar.* Washington, D. C.: Georgetown University Press, 1966.

„On alternation, transformation, realization and stratification." *MSFOu,* 17 (1964), 105–22.

„The sememic approach to structural semantics." In Romney und D'Andrade, *Transcultural Studies,* pp. 57–78. (Beiheft zu *AmA,* 66 (1964), 57–78.)

Lambek, J. „On the calculus of syntactic types." In Jakobson, *Structure of Language,* pp. 166–78.

Langacker, R. W. *Sprache und ihre Struktur. Grundbegriffe der Linguistik.* (Übersetzung aus dem Amerikan.). Tübingen: Niemeyer, 1971.

Lees, Robert B. *The Grammar of English Nominalizations.* Bloomington, Ind.: Research Center in Anthropology, Folklore and Linguistics, 1960.

The Phonology of Modern Standard Turkish. (Indiana University Publications: Uralic and Altaic Series, 6.) Bloomington, Ind., 1964.

Leisi, Ernst, *Der Wortinhalt: Seine Struktur im Deutschen und Englischen.* Heidelberg, 1953.

Lenneberg, Eric H. und Roberts, John M. *The Language of Experience: A Study in Methodology.* (Indiana University Publications in Anthropology and Linguistics.) (Einzeldarstellung 13 zu IJAL.) Bloomington, Ind., 1956.

Lepschy, Giulio C. *La Linguistica Strutturale.* Torino: Einaudi, 1966.

Deutsche Übersetzung *Die strukturale Sprachwissenschaft,* München: Nymphenburger, 1969 (Mit einem Kapitel „Die strukturale Sprachwissenschaft in Deutschland", von H. Stammerjohann).

Leroy, Maurice. *Les Grands Courants de la Linguistique Moderne.* Bruxelles: Presses Universitaires de Bruxelles and Paris: Presses Universitaires de France, 1964.

Lindgren, K. B. „Morphem – Wort – Wortart – Satzglied. Versuch einer Begriffsklärung." *WW* 1967, 217–228.

Linsky, Leonard (Hersg.). *Semantics and the Philosophy of Language.* Urbana, Ill.: University of Illinois Press, 1952.

Longacre, R. E. „Some fundamental insights of tagmemics." *Lg.* 41 (1965), 65–76.

Lounsbury, Floyd G. „A semantic analysis of the Pawnee kinship usage." *Lg.* 32 (1956), 158–94.

„The structural analysis of kinship semantics." In *Proceedings of the Ninth International Congress of Linguists* (herausgeg. von H. G. Lunt), pp. 1073–93. The Hague: Mouton, 1964.

Luce, R. D., Bush, R. R. und Galanter, E. (Hersg.) *Handbook of Mathematical Psychology*. Band 2, Kapitel 9–14. New York and London: Wiley, 1963.

(Hersg.). *Readings in Mathematical Psychology*. Band 2. New York und London: Wiley, 1965.

Lyons, John. *Structural Semantics*. (Publications of the Philological Society, 20.) Oxford: Blackwell, 1963.

„Firth's theory of ‚meaning'". In Bazell et al., *In Memory*, pp. 288–302.

„Phonemic and non-phonemic phonology." *IJAL*, 28 (1962), 127–33.

„Towards a ‚notical' theory of the parts of speech." *JL*, 2 (1966), 209–36.

„A note on possessive, existential and locative sentences." *FL*, 4 (1967).

McIntosh, Angus. *An Introduction to a Survey of Scottish Dialects*. Edinburgh: Nelson, 1952.

„Patterns and ranges." *Lg.* 37 (1961) 325–37 (Wiederabdruck bei McIntosh and Halliday, *Patterns of Language*, pp. 183–99.)

„Predictive statements." In Bazell et al., *In Memory*, pp. 303–20.

McIntosh, Angus und Halliday, M. A. K. *Patterns of Language: Papers in General, Descriptive and Applied Linguistics*. London: Longmans, 1966.

Magnusson, R. *Studies in the Theory of the Parts of Speech*. (Lund Studies in English, 24.) Lund: Gleerup und Copenhagen: Munksgaard, 1954.

Malinowski, B. „The problem of meaning in primitive languages." Supplement I to Ogden and Richards, *Meaning of Meaning*, pp. 296–346.

Malmberg, Bertil. *Structural Linguistics and Human Communication*. Heidelberg: Springer, 1963.

Les Nouvelles Tendances de la Linguistique. Paris: Presses Universitaires de France, 1966 (übersetzt aus dem Schwedischen, 1962).

(Hersg.) *Manual of Phonetics*. Amsterdam: North-Holland Publishing Co., 1968.

Mandelbrot, B. „On the theory of word-frequencies and on related Markovian models of discourse." In Jakobson, *Structure of Language*, pp. 190–219.

Martinet, André. *Éléments de Linguistique Générale*. Paris: Armand Colin, 1960. (Englische Übersetzung, *Elements of General Linguistics*. London: Faber, 1964). Deutsche Übersetzung: *Grundzüge der Allgemeinen Sprachwissenschaft*, Stuttgart, 1963.

Économie des Changements Phonétiques. Berne: A. Francke, 1955.

A Functional View of Language. Oxford: Clarendon Press, 1962.

La Linguistique Synchronique: Études et Recherches. Paris: Presses Universitaires de France, 1965.

„Le genre féminin en indo-européen: examen fonctionnel du problème." *BSL*, 52 (1956), 83–95.

„La construction ergative et les structures élémentaires de l'énoncé." *Journal de Psychologie Normale et Pathologique* (1958), pp. 377–92. (Wiederabdruck in *Linguistique Synchronique,* pp. 206–22).

Matoré, G. *La Méthode en Lexicologie. Domaine Français.* Paris: Didier, 1953.

Matthews, G. H. *Hidatsa Syntax.* (Papers in Formal Linguistics, 3.) The Hague: Mouton, 1965.

Matthews, P. H. „Transformational grammar." *ArchL,* 13 (1961), 196–209.

„Problems of selection in transformational grammar." *JL,* I (1965), 35–47.

„The inflexional component of a word-and-paradigm grammar." *JL,* I (1965), 139–71.

„The concept of rank." *JL,* 2 (1966), 101–10.

„Latin." *Lingua,* 17 (1967), 163–81.

Besprechung von Chomsky, *Aspects,* in *JL,* 3 (1967), 119–52.

Matthews, W. K. „The ergative construction in modern Indo-Aryan." *Lingua,* 3 (1953), 391–406.

Meillet, Antoine. *Linguistique Historique et Linguistique Générale.* 2 Bände. Paris: 1926 und 1938.

Miller, George A. *Language and Communication.* New York: McGraw-Hill, 1951.

Misra, Vidya Niwas. *The Descriptive Techniques of Pāṇini.* (Janua Linguarum, Series Practica, 18.) The Hague: Mouton, 1967).

Mohrmann, Ch., Sommerfelt, A. und Whatmough, J. *Trends in European and American Linguistics* 1930–1960. Utrecht: Spectrum, 1961.

Mohrmann, Ch., Norman, F. und Sommerfelt, A. *Trends in Modern Linguistics.* Utrecht: Spectrum, 1963.

Moravcsik, J. M. E. „The analytic and the nonempirical." *Journal of Philosophy,* 62 (1965), 415–29.

Morris, Charles W. *Signs, Language, and Behavior.* Englewood Cliffs, N. J.: Prentice-Hall, 1955.

Signification and Significance. Cambridge, Mass.: M. I. T. Press, 1964.

Mounin, Georges. *Histoire de la Linguistique des Origines au XXe Siècle.* Paris: Presses Universitaires de France, 1967.

Needham, R. M. *„Automatic classification in linguistics."* *The Statistician,* 17 (1967), 45–53.

Nida, Eugene A. *Morphology: A Descriptive Analysis of Words.* 2. Auflage. Ann Arbor, Mich.: University of Michigan Press, 1949.

A Synopsis of English Syntax. Norman, Okla.: Summer Institute of Linguistics, 1960. (Neuausgabe, The Hague: Mouton, 1966).

Towards a Science of Translating. Leiden: Brill, 1964.

Ogden, C. K. *Opposition.* London: Kegan Paul, 1932.

Ogden, C. K. and Richards, I. A. *The Meaning of Meaning* (8. Auflage). London: Routledge und Kegan Paul, 1946 (1. Auflage 1923).

Öhman, Suzanne, *Wortinhalt und Weltbild.* Stockholm, 1951.

„Theories of the ‚linguistic field'." *Word,* 9 (1953), 123–34.

Olsson, Yngve. *On the Syntax of the English Verb: With Special Reference to „Have a Look" and Similar Complex Structures.* (Gothenburg Studies in English, 12.) Gothenburg, Stockholm and Uppsala: Almqvist and Wiksell, 1961.

Orr, John. *Words and Sounds in English and French*. Oxford, 1953.
Ota, Akira, *Tense and Aspect of Present-Day American English*. Tokyo: Kenkyusha, 1963.
Palmer, F. R. „Linguistic hierarchy". *Lingua*, 7 (1958), 225–41.
„‚Sequence' and ‚order'." *MSLL*, 17 (1964), S. 123–30.
A Linguistic Study of the English Verb. London: Longmans, 1965.
(Hersg.) *Prosodic Analysis*. London: Oxford University Press.
Parkinson, G. H. R. (Hersg.) *The Theory of Meaning*. London: Oxford University Press, 1968.
Pedersen, Holger. *Linguistic Science in the Nineteenth Century*, übersetzt von J. W. Spargo, Cambridge, Mass.: Harvard University Press, 1931 (unter dem Titel *The Discovery of Language*. Bloomington, Ind.: Indiana University Press, 1959).
Pike, Kenneth L. *Language in Relation to a Unified Theory of Human Behavior*. (Janua Linguarum, Series Maior, 24.) 2. überarbeitete Auflage. The Hague: Mouton, 1967.
Phonetics. Ann Arbor, Mich.: University of Michigan Press, 1943.
Pohlenz, M. *Die Begründung der abendländischen Sprachlehre durch die Stoa*. Göttingen: Vandenhoeck und Ruprecht, 1939.
Porzig, W. *Das Wunder der Sprache. Bern*, 1950.
Postal, Paul M. *Constituent Structure: A Study of Contemporary Models of Syntactic Descriptions*. Bloomington, Ind.: Indiana University Publications in Folklore and Linguistics, 1964.
Postal, P. M. und Rosenbaum, P. S. *English Sentence Formation: Recent Advances in Transformational Analysis*. Reading, Mass.: Addison-Wesley.
Pulgram, E. „Graphic and phonic systems: figurae and signs". *Word*, 21 (1965), 208–24.
Quine, Willard V. *From a Logical Point of View*. Cambridge, Mass.: Harvard University Press, 1953.
Word and Object. Cambridge, Mass.: M. I. T. Press, 1960.
Quirk, Randolph. *The Use of English*. (Mit Ergänzungen von A. C. Gimson und J. Warburg.) London: Longmans, 1962.
Read, A. W. „An account of the word ‚semantics'." *Word*, 4 (1948), 78–97.
Reichenbach, Hans. *Elements of Symbolic Logic*. London and New York: Macmillan, 1947.
Roberts, A. Hood. *A Statistical Linguistic Analysis of American English*. (Janua Linguarum, Series Practica, 8.) The Hague: Mouton, 1965.
Robins, R. H. *General Linguistics: An Introductory Survey*. London: Longmans, 1964.
A Short History of Linguistics. London: Longmans, 1967.
„The development of the word class system of the European grammatical tradition." *FL*, 2 (1966), 3–19.
„Morphology and the methods of synchronic linguistics". Enzyklopädie der geisteswissenschaftlichen Arbeitsmethoden. 4. Lieferung: *Methoden der Sprachwissenschaft* (Hersg. M. Thiel). München u. Wien: R. Oldenbourg, 1968, 65–88.
Roget, Peter M. *Roget's Thesaurus*. Gekürzte Ausgabe mit Ergänzungen von

J. L. Roget und S. R. Roget. Harmondsworth, Middlesex: Penguin Books, 1953. (Erste Ausgabe, 1852).

Rohrer, Christian. *Funktionelle Sprachwissenschaft und transformationelle Grammatik.* München: W. Fink, 1971.

Romney, A. K. und D'Andrade, R. G. „Cognitive aspects of English kin terms." *AmA,* 66 (1964), 146–70.

Roos, H. „Sprachdenken im Mittelalter." *C & M,* 9 (1949).
Die Modi Significandi des Martinus von Dacia. Münster, 1952.

Rosengren, Inger. *Semantische Strukturen: Eine quantitative Distributionsanalyse einiger mittelhochdeutscher Adjektive.* (Lunder Germanistische Forschungen, 38.) Lund: Gleerup und Copenhagen: Munksgaard, 1966.

Rosetti, A. *Linguistica.* (Janua Linguarum, Series Maior, 16). The Hague: Mouton, 1965.

Russell, Bertrand. *An Inquiry into Meaning and Truth.* London, 1940.
„On denoting". *Mind,* 14 (1905), 479–93.

Ruwet, Nicolas. *Introduction à la Grammaire Générative.* (Recherches en Sciences d'Humaines, Band 22.) Paris: Plon, 1967.

Salomon, Louis B. *Semantics and Common Sense.* London and New York: Holt, Rinehart and Winston, 1964.

Sandman, M. *Subject and Predicate.* (Edinburgh University Publication, Language and Literature, 5.) Edinburgh, 1954.

Sandys, J. E. *History of Classical Scholarship.* Cambridge, 1903.

Sapir, Edward. *Language: An Introduction to the Study of Speech.* New York: Harcourt, Brace and World, 1921. Deutsche Übersetzung: *Die Sprache:* München: Hueber, 1961.
Selected Writings in Language, Culture and Personality. (Herausgegeben von D. G. Mandelbaum.) Berkeley, Calif.: University of California Press, 1949).

Saporta, S. (Hersg.) *Psycholinguistics: A Book of Readings.* New York: Holt, Rinehart and Winston, 1961.

Saussure, F. de. *Cours de Linguistique Générale.* 5. Auflage, Paris: Payot, 1955. (1. Auflage 1916.) (Englische Übersetzung von Wade Baskin, *Course in General Linguistics.* New York: Philosophical Library, 1959.)
Deutsche Übersetzung: *Grundfragen der allgemeinen Sprachwissenschaft,* Berlin: 1. Auflage 1931, 2. Auflage 1967.

Sauvageot, Aurélien. *Esquisse de la Langue Finnoise.* Paris: Klincksieck, 1949.

Schaumjan, S. K. *Strukturnaja Lingvistika.* (Akademija Nauk S. S. S. R., Institut Russkogo Jazyka.) Moskva: Izdatel'stvo „Nauka", 1965.
Englische Übersetzung: *Structural Linguistics.* The Hague: Mouton.

Schnelle, H. „Methoden mathematischer Linguistik". Enzyklopädie der geisteswissenschaftlichen Arbeitsmethoden. H. Lieferung: *Methoden der Sprachwissenschaft* (Hersg. M. Thiel). München und Wien: R. Oldenbourg, 1968, 135–160.

Schuchardt, H. *Hugo Schuchardt Brevier,* 2. Auflage (Herausgegeben von L. Spitzer.), Halle a. S., 1928.

Sebeok, Thomas. *Current Trends in Linguistics. Band 3: Theoretical Foundations.* The Hague: Mouton, 1966.

Sechehaye, Albert. *Essai sur la Structure Logique de la Phrase*. Paris, Honoré Champion, 1926.

Spang-Hanssen, H. „Glossematics." In Mohrmann, Sommerfelt und Whatmough, *Trends*.

Sparck, Jones, K. *Synonymy and Semantic Classification*. Cambridge: Cambridge Language Research Unit, 1964.

Sperber, Hans. *Einführung in die Bedeutungslehre*. Bonn-Leipzig: K. Schroeder, 1923.

Sperber, H. und Polenz, P. v. *Geschichte der deutschen Sprache*. Sammlung Göschen, Nr. 915. Berlin: de Gruyter, 1965.

Strang, Barbara H. H. *Modern English Structure*. London: Edward Arnold and New York: St. Martin's Press, 1962.

Strawson, P. F. *Individuals: An Essay in Descriptive Metaphysics*. London: Methuen, 1959.

Strevens, P. D. (Hersg.) *Five Inaugural Lectures*. Oxford University Press, 1966.

Sturtevant, Edgar H. *An Introduction to Linguistic Science*. New Haven, Conn.: Yale University Press, 1949.

Linguistic Change. Chicago: University of Chicago Press, 1961.

Sturtevant, William C. „Studies in ethnoscience." *AmA*, 66 (1964), 99–124.

Svartvik, Jan. *On Voice in the English Verb*. (Janua Linguarum, Series Practica, 63.) The Hague: Mouton, 1966.

Swift, Lloyd B. *A Reference Grammar of Modern Turkish*. (Indiana University Publications, Uralic and Altaic Series, 19.) Bloomington: Indiana University and The Hague: Mouton, 1963.

Tauli, Valter. *Introduction to a Theory of Language Planning*. (Acta Universitatis Upsaliensis. Studia Philologiae Scandinaviae Upsaliensia 6.) Uppsala, 1968.

Teeter, Karl V. „Descriptive linguistics in America: Triviality vs. Irrelevance." *Word*, 20 (1964), 197–206.

Tesnière, L. *Éléments de Syntaxe Structurale*. Paris: Klincksieck, 1959.

Thompson, Laurence C. A. *Vietnamese Grammar*. Seattle, Washington: University of Washington Press, 1965.

Thorndike, E. L. und Lorge, I. *The Teacher's Work Book of 30,000 Words*. New York: Columbia University Press, 1944.

Togeby, Knud. „Qu'est-ce qu'un mot." *TCLC*, 5 (1949), 99–111.

Trier, Jost. *Der deutsche Wortschatz im Sinnbezirk des Verstandes*. Heidelberg: Carl Winter, 1931.

Trubetzkoy, N. S. *Grundzüge der Phonologie*. Prague: Cercle Linguistique de Prague, 1939.

Uhlenbeck, C. C. „Agens und Patiens im Kasussystem der indogermanischen Sprachen." *IF*, 12 (1901), 170–2.

Uldall, H. J. *Outline of Glossematics* (= *TCLC*, 10). Copenhagen, 1957.

„Speech and writing." *AL*, 4 (1944), 11–16. (Wiederabdruck bei Hamp et al., *Readings*, pp. 147–51.)

Ullmann, Stephen. *The Principles of Semantics*. 2. Auflage, Glasgow: Jackson und Oxford: Blackwell, 1957.

Deutsche Übersetzung: *Grundzüge der Semantik*. Berlin: W. de Gruyter, 1967.

Semantics: An Introduction to the Science of Meaning. Oxford: Blackwell, 1962.

Vachek, Josef. *A Prague School Reader in Linguistics: Studies in the History and Theory of Linguistics.* Bloomington, Ind.: Indiana University Press, 1964.
„Some remarks on writing and phonetic transcription." *AL,* 5 (1945), 88–93. (Wiederabdruck bei Hamp et al., *Readings,* pp. 152–7.)

Vaillant, André, „L'ergatif indo-européen." *BSL,* 37 (1936), 93–108.

Vendryès, Joseph. *Le Langage.* Paris: Albin Michel, 1923.
Englische Übersetzung: *Language.* London: Kegan Paul und New York: Knopf, 1931.

Verburg, P. A. *Taal en Functionaliteit.* Wageningen: Veenman, 1952.
(Englische Übersetzung in Vorbereitung).

Verhaar, John W. M. (Hersg.) *The Verb ‚Be' and its Synonyms.* (Foundations of Language, Supplementary Series.) Band 1. Dordrecht: D. Reidel, 1967.

Vernay, Henri. „Die Bedeutung der Semantik für eine Übersetzungstheorie". *Ruperto-Carola,* 20. Jg., Bd. 43/44 (1968).

Vogt, Hans. *Esquisse d'une Grammaire de Géorgien Moderne.* In *NTS,* 9 (1938), 5–114 and 10 (1939), 5–188.

Wackernagel, J. *Vorlesungen über Syntax.* Basel: Emil Birkhäuser, 1920.

Wackernagel, J. and Debrunner, A. *Altindische Grammatik.* (Mit einer Einleitung von Renou.) 1957.

Wallace, F. C. and Atkins, J. „The meaning of kinship terms." *AmA,* 62 (1960), 58–80.

Ward, Dennis. *The Russian Language Today.* London: Hutchinson, 1965.

Warnock, G. J. *English Philosophy Since 1900.* Oxford, 1958 (Home University Library of Modern Knowledge, no. 234.) Oxford, 1958.

Wartburg, Walther von. *Einführung in Problematik und Methodik der Sprachwissenschaft.* 2. Aufl. Tübingen: Max Niemeyer, 1962.
Évolution et Structure de la Langue Française: 5th ed. Bern: Francke, 1958.

Waterson, N. „Some aspects of the phonology of the nominal forms of the Turkish word." *BSOAS,* 18 (1956), 578–91.
(Wiederabdruck in Palmer, *Prosodic Analysis.*)
„Numeratives in Uzbek." In Bazell et al., *In Memory,* pp. 454–74.

Weinreich, U. *„Explorations in semantic theory."* In Sebeok, *Current Trends,* vol. 3. Deutsch: *Erkundungen zur Theorie der Semantik.* Tübingen: M. Niemeyer, 1970.

Wells, Rulon S. „Immediate constituents." *Lg.* 23 (1947), 81–117.
(Reprinted in Joos, *Readings,* pp. 186–207).
„Meaning and use." *Word,* 10 (1954), 235–50.

Whorf, Benjamin L. „Grammatical categories." *Lg.* 21 (1945), 1–11.
(Reprinted in *Language, Thought and Reality,* pp. 87–101.)
Language, Thought and Reality: Selected Papers. (Hersg. John B. Carroll.) New York: Wiley, 1956.
Deutsche Übersetzung: *Sprache, Denken und Wirklichkeit.* Beiträge zur Metalinguistik und Sprachphilosophie. Hamburg: Rowohlt, 1963.

Wittgenstein, L. *Philosophical Investigations.* Oxford: Blackwell and New York: Macmillan, 1953.

Deutsche Übersetzung: *Philosophische Untersuchungen.* Frankfurt/Main: Suhrkamp, 1967.

Wunderlich, D. „Pragmatik, Sprechsituation, Deixis." Papier Nr. 9. Univ. Stuttgart. Lehrstuhl für Linguistik. Nov. 1968 (Hektographiert). Überarbeitete Fassung in *Zeitschrift für Literaturwissenschaft und Linguistik* 1/2 (1971), 153–190.

Tempus und Zeitreferenz im Deutschen. München: Hueber 1971.

Wurzel, W. v. *Studien zur deutschen Lautstruktur, StGram* VIII. Berlin, 1970.

Ziff, Paul. *Semantic Analysis.* Ithaca, N. Y.: Cornell University Press, 1960.

Zipf, G. K. *Human Behavior and the Principle of Least Effort.* Cambridge, Mass.: Addison-Wesley, 1949.

Zwirner, E. und Rensch, Karl H. „Methodik der Erforschung lebender (gesprochener) Sprachen: Phonetik oder Phonologie". (Enzyklopädie der geisteswissenschaftlichen Arbeitsmethoden. 4. Lieferung: *Methoden der Sprachwissenschaft.*) München und Wien: R. Oldenbourg, 1968, 89–134.

NAMENREGISTER

SACHREGISTER

BUCHANZEIGE